高等院校财经类专业系列教材

高等学校经济管理类核心课程教材
江西省精品资源共享课程教材

计量经济学 （第二版）

主　编　陶长琪
副主编　徐　晔　万建香
　　　　江海峰　齐亚伟

扫码申请更多资源

南京大学出版社

图书在版编目(CIP)数据

计量经济学 / 陶长琪主编. — 2版. —南京：南京大学出版社，2021.1

ISBN 978-7-305-23440-8

Ⅰ. ①计⋯　Ⅱ. ①陶⋯　Ⅲ. ①计量经济学　Ⅳ. ①F224.0

中国版本图书馆 CIP 数据核字(2020)第 098426 号

出版发行　南京大学出版社

社　　址　南京市汉口路 22 号　　　　邮　　编　210093

出 版 人　金鑫荣

书　　名　**计量经济学**

主　　编　陶长琪

责任编辑　武　坦　　　　　　　编辑热线　025-83592315

照　　排　南京开卷文化传媒有限公司

印　　刷　南京凯德印刷有限公司

开　　本　787×1092　1/16　印张 25.25　字数 679 千

版　　次　2021 年 1 月第 2 版　2021 年 1 月第 1 次印刷

ISBN 978-7-305-23440-8

定　　价　65.00 元

网　　址：http://www.njupco.com

官方微博：http://weibo.com/njupco

微信服务号：njuyuexue

销售咨询热线：(025)83594756

前　言

计量经济学是现代经济分析最主要的分析工具之一,在经济学实证研究中不可或缺,是经济和管理类专业的核心课程。计量经济学是以经济理论为指导,通过经济关系建立计量经济模型,以实际观测数据或实验数据为基础,运用数学和统计学的方法,采用现代计算机技术,对具有随机影响的社会经济现象的数量关系进行定量分析的一门经济学科。

计量经济学内容丰富、体系庞大,包含众多的理论、模型和分析技术。由于本书是为经济和管理类专业本科生同名课程编写的基本教材,因此,在内容选择方面侧重介绍基本原理,以经典线性回归分析及其扩展为核心,对计量经济分析的基本思想、模型、方法和内在联系等做了比较深入细致的介绍。同时,对一些研究生教材中做过一般介绍的计量经济学专题,如时间序列模型、面板数据模型、空间计量模型等,进行更全面和更深入的讨论。目的是使硕士研究生对于当前计量经济学的上述重点研究和应用领域的前沿发展有较全面和深入的了解,能够将这些研究成果应用于自己的科研工作。

为了避免增加读者学习的难度,本书努力避免使用过多的数学语言和推导,尽量增加文字说明和举例解释。以计量经济分析软件 EViews 7.0 作为教学支持软件,教学内容中始终贯穿了 EViews 7.0 的具体使用,理解计量经济学的基本理论和方法,掌握计量经济方法的实际应用。为了给教师选择教学内容留下较大的空间和余地,本书尽量控制基本内容和保持体系的开放性。教师可以在本书的基础上自由增减教学内容,如增加特殊变量和数据的计量分析等。

内容上包括经典计量经济学、非经典计量经济学、时间序列计量经济学、微观计量经济学、面板数据计量经济学和空间计量经济学,既涵盖了当前各个层次计量经济学的主要内容,也体现了计量经济学的新发展。全书共分十章。绪论,主要介绍计量经济学的研究内容和研究步骤以及相关知识的进展。第一章,一元线性回归模型,了解并掌握在经典假定下一元线性回归模型的估计、检验原理和方法。第二章,多元线性回归模型,介绍了多元线性回归模型的基本假设、估计方法以及检验程序。第三章,线性回归模型的扩展,掌握检验多重共线性的几种方法以及多重共线性的解决方法;掌握检验异方差性的几种方法以及出现异方差性的解决方法;掌握自相关的基本理论与方法,能够独立解决模型中的自相关问题。第四章,特殊变量,了解虚拟变量的含义和包含虚拟变量的回归模型的设定、参数的经济学解释,理解随机解释变量的概念及存在随机解释变量时的估计性质,知道经济活动中的滞后现象,了解滞后效应产生的原因,理解分布滞后模型与自回归模型的区别与联系。第五章,联立方程模型,掌握联立方程模型的基本理论和方法,能够根据本章的知识来解决相关的问题。第六章,二元选择模型,了解选择模型的分类及其经济应用背景,尤其是变量受限问题;掌握二元 Logit、二元 Probit、二元 Tobit 受限模型的一般形式、估计原理,了解二元离散选择模型与一般模型的异同。第七章,时间序列模型,掌握时间序列相关概念,时间序列数据模型常见分类,时间序列数据的识别、估计和检验;熟练掌握单位根检验、协整分析、误差修正模型与 VAR 模型的原理。第八章,面板数据模型,掌握面板数据概念,面板数据模型的分类、判断和设定检验;掌握固定效应模型与随机效应模型选择的 Hausman 检验原理。第九章,空间计量经济学模型,掌握空间权重矩阵的设定、空间相关性的各种统计检验方法与线性空间模型的极大似然估计法,熟悉运用 GeoDa 软件进行线性空间模型估计的详细步骤。

本教材由陶长琪担任主编,徐晔、万建香、江海峰、齐亚伟担任副主编,具体分工如下:陶长琪负责编写绪论及第一、二、三章,徐晔负责编写第四、五章,万建香负责编写第六、八章,江海峰负责编写第七章,齐亚伟负责编写第九章,最后由陶长琪负责总撰。

本教材的主要特点是体现两个结合:理论知识与应用实践相结合,基础知识与前沿知识相结合。克服同类教材理论与实践脱节、基础与前沿不分的不足。本书既适合作为经济和管理类专业本科生学习计量经济学课程的教学用书,也可以作为经济工作者和经济管理类研究生的学习教材,同时还可以作为经济管理部门、金融业技术分析人员的计量经济学自学教材或参考书。当然,限于作者的水平,本版仍然难免会有缺点、错误。恳请使用本书的教师和读者不吝赐教,以便我们做进一步的改进。

陶长琪

2020 年 11 月

目　　录

绪 论

第一节 计量经济学概述

一、计量经济学的定义

计量经济学,英文名为"Econometrics",在 1910 年 Pawel Ciompa 使用过该词,不过他并没有对该词作更细致的论述。1926 年,挪威经济学家拉格纳·弗里希(Ragnar Frisch)仿效生物计量学(Biometrics)提出了 Econometrics 一词,但人们一般认为 1930 年世界计量经济学会的成立及其创办的刊物 Econometrica 在 1933 年的出版,标志着计量经济学的正式诞生。

弗里希在首期的计量经济学 Econometrica 创刊号上的论述:"……其主要目的应该是促进有助于理论数理方法与实证数理方法相统一的研究,促进富有建设性的严格的思考的研究,类似的思考已经主导了自然科学研究;研究经济学的定量方法有好几个方面,但单纯的任何一方面都不应与计量经济学混为一谈。计量经济学与经济统计学绝非一码事;它也不同于我们所说的一般经济理论,尽管经济理论大部分具有确定的数量特征,也不应该把计量经济学视为数学应用于经济学的同义语。经验表明,经济理论、统计学和数学这三者对真正了解现代经济生活的数量关系来说都是必要的,但任何单一方面本身都不是充分条件。这三者的统一才是强有力的工具,正是由于这三者的统一才构成了计量经济学。"

从弗里希的定义可以看出,计量经济学是统计学、经济理论和数学的一个完美结合。弗里希的出发点实际上是强调计量经济学的应用与构成,并没有提到计量经济学的理论研究方法。1969 年与弗里希共同获得诺贝尔经济学奖的荷兰经济学家简·丁伯根(J. Timbergen),在1951 年指出:"计量经济学的范围,也包括用数学表示那些从统计检验观点所做的经济假设和对这些假设进行统计检验的实际过程。"著名经济学家保罗·萨缪尔森(Paul A. Samuerson)等(1954)把计量经济学定义为"把数学和统计学应用于经济数据分析的学科",反映的是一个理论经济学家的看法。著名华人计量经济学邹至庄(1983)则把计量经济学定义为"使用统计学方法分析经济数据的艺术和科学",反映的是一个统计学家的思维。对于统计学家而言,统计是强调思想和方法的,其次才是严谨的数学证明。另外,劳伦斯·克莱因(Lawrence R. Klein)和威廉·H. 格林(William H. Greene)等人分别在其著作中给出了计量经济学定义。

不同的经济学家对计量经济学的定义不尽相同。主要的区别在于不同的学者对其定义的角度不同,也反映了计量经济学不同的侧重点。定义虽不完全相同,但其本质是一致的。给计量经济学下一个较为确切的定义,可以这样界定:计量经济学是以经济理论为指导,通过经济关系建立计量经济模型,以实际观测数据或实验数据为基础,运用数学和统计学的方法,采用现代计算机技术,对具有随机影响的社会经济现象的数量关系进行定量分析的一门经济学科。

该定义强调了:计量经济学的理论基础是由经济学、数学、统计学的理论构成;计量经济学是对实际经济现象通过建立计量模型进行定量分析;计量经济学研究的是经济变量之间的随机关系,目的在于揭示经济关系与经济活动数量规律;计量经济学是一门经济学科,是以经济现象为研究对象的应用经济学。

计量经济学模型研究的完整框架是:关于经济活动的观察(即行为分析)→关于经济理论的抽象(即理论假说)→建立总体回归模型→获取样本观测数据→估计模型→检验模型→应用模型。从计量经济学的实际研究中,可以看出计量经济学是对经济关系进行经验分析的经济学分支之一。"计量"表示度量,计量经济学主要是度量经济变量之间的关系。计量经济学运用经济理论、事实和统计理论,度量经济变量之间的关系并进行经验检验,因此在经济推理中加入了经验方面的内容。其中,经济理论体现在经济模型中;事实是通过相关数据的总结来反映的;统计理论体现在计量经济方法上。尽管计量经济学的定义偏重于经济学,但计量经济方法绝不仅限于经济学,它也适用于其他学科,特别是一些社会科学,如历史学、政治学、社会学和心理学等。计量经济方法也可以应用到公共政策领域,包括健康、教育、运输、住房供给和环境保护等。

为了对计量经济学的概念和思想有进一步的认识,我们来了解一下计量经济学的发展简史。

二、计量经济学的发展简史

计量经济学的发展历史研究比较少,我们下面的描述大部分来源于 Morgan(1990)、Epstein(1987)、Qin Duo(1997)。计量经济学历史的划分比较复杂,不同的学者有不同的看法,实际上计量经济学理论研究的发展都是交叉的,所以任何严格的划分都必然存在某些不合理的地方。下面我们为了表述的方便,简单把其分为如下三个发展时期。

(一) 计量经济学发展的早期(1941 年前)

1930 年 12 月 29 日,在挪威奥斯陆大学弗里希教授和美国耶鲁大学费歇教授的提议下,在美国成立了计量经济学会。1933 年 1 月,该学会又创刊了 *Econometrica* 杂志,这两件事可以说是计量经济学成为一门学科的重要标志。

计量经济学会的成立和 *Econometrica* 杂志的创刊并不意味着之前就没有经济学家采用计量经济学方法来研究经济问题。在这之前,莫尔在他的著作《综合经济学》中已发表了关于经济周期、工资决定以及某些商品的需求的研究。此外,在数学家柯伯(Cobb)的协助下,经济学家道格拉斯曾做过关于产出同投入要素之间关系的一系列著名研究。这些都可以认为是计量经济学研究的先驱。如果再追溯上去,则 19 世纪德国统计学家恩格尔关于消费模式同收入水平之间关系的研究,配第的"政治算术"等,从其着眼点和方法论来看,都可以看成是计量经济学。不过作为一门明确的学问的开端,以创立相应的协会、创办相应的会刊作为其开端也是一个不错的选择。

从 20 世纪 30 年代以后,计量经济学得到了很大的发展,其研究范围从供需函数、生产函数、消费函数等经济理论中的基础概念扩展到价格、工资、金融、国家贸易和国际收支等领域,进一步发展到了用一组方程式来对一个地区、国家乃至整个世界的经济体系进行研究,并广泛地应用于经济预测、经济计划和政策分析。

从统计方法来看,在 20 世纪 30 年代,计量经济学研究中的主要数学方法是原来自然科学中用于数据分析的最小二乘法。当然,这种方法现在仍然是最常用的工具之一。但是,由于经济数据的特殊性,还必须研究一些更加科学的方法。比如说,在经济分析中,常采用时间序列数据,但是这些时间序列中出现的随机因素常常发现并不是相互独立的;还有,经济变量之间往往互为因果关系,经济系统通常只能用一组方程式来描述。在这样一些情况下,人们发现传统的最小二乘方法估计并不是最好的,甚至在样本足够多时,参数的估计值也不能接近于真实值。正是由于这些原因,从 40 年代起,主要是针对经济模型中误差的序列相关性和联立方程组模型的参数估计,产生了许多计量经济学中所特有的统计方法,如二阶段最小二乘法、有限信息最大似然估计法、三阶段最小二乘法等等。

从 40 年代起,计量经济学研究从微观向局部地区扩大,以至整个社会的宏观经济体系,处理总体形态的数据,如国民消费、国民收入、投资、失业问题等。但模型基本上属于单一方程形式。

(二)现代意义上的计量经济学形成(1941—1970 年)

1941 年哈维尔莫在计量经济学期刊上发表了《计量经济学的概率方法》,标志着计量经济学第一次革命的到来。

计量经济学研究经历了从简单到复杂,从单一方程到联立方程的变化过程。1950 年以 Koopman 发表论文"动态经济模型的统计推断"和 Koopman-Hood 发表论文"线性联立经济关系的估计"为标志,计量经济学理论进入联立方程模型时代。进入 50 年代人们开始用联立方程模型描述一个国家整体的宏观经济活动。比较著名的是 Klein 的美国经济波动模型(1921—1941,1950 年做)和美国宏观经济模型(1928—1950,1955 年做),后者包括 20 个方程。联立方程模型的应用是计量经济学发展的第二个里程碑。

在英国伦敦政治经济学院(简称 LSE)于 1951—1952 年间开始为本科生开设计量经济学课程(以前均称为经济统计),见 Gilbert(1989)。1964—1965 年 LSE 开始设立一个叫经济和计量经济学本科学士学位。

20 世纪 70 年代是联立方程模型发展最辉煌的时代。进入 70 年代西方国家致力于更大规模的宏观模型研究。从建立国内宏观模型发展到建立国际的大型计量经济模型。研究国际经济波动的影响,国际经济发展战略可能引起的各种后果,以及制定评价长期的经济政策。最著名的联立方程模型是联合国的"连接计划"(link project)。截至 1987 年,已包括 78 个国家 2 万个方程。这一时期最有代表性的学者是 Klein 教授,他于 1980 年获诺贝尔经济学奖。

苏联在 20 世纪 20 年代也开展过这方面的研究,但到 30 年代就中止了。60 年代中期以来,苏联及东欧一些国家开始大量编制投入产出模型并取得有益成果。

(三)非经典计量经济学时代的到来(1970 年至今)

20 世纪 70 年代以前的建模技术都是以假定"经济时间序列平稳"为前提设计的。其中,统计学家 Box 和 Jenkins(1967)年出版《时间序列分析,预测与控制》一书,为时间序列在经济领域应用奠定了理论基础。时间序列分析是一种全新的方法,它是依靠变量本身的外推机制建立模型。不过,经济学家发现多数国家的宏观经济变量均呈非平稳特征。Granger 和 Nebold(1974)还发现数据的非平稳性会直接影响计量经济模型参数估计的准确性,导致人们得出错误的结论,这或许也是过去经济学家利用联立方程模型对非平稳经济变量进行预测时常常失败的一个原因。从 70 年代开始,宏观经济变量的非平稳性问题以及虚假回归问题越来越引起人们的注意。

而 Granger-Newbold 于 1974 年首先提出虚假回归问题,引起了计量经济学界极大的关注。其后的一段时间内,计量经济工作者则致力于解决的如下三个问题:① 如何检验经济变量的非平稳性;② 把时间序列模型引入计量经济分析领域;③ 进一步修改传统的计量经济模型。

Dickey-Fuller 1979 年首先提出检验时间序列非平稳性(单位根)的 DF 检验法,1981 年又提出 ADF 检验法(Dickey 是 Fuller 的学生)。耶鲁大学著名计量经济学家 Phillips 和他的学生 Perron 1988 年提出 PP 检验法,Phillips 在其后同其学生极大推进了单位根检验的研究。

由于经济时间序列大部分数据是非平稳的,导致学者对传统回归方法的怀疑,那么对经济时间序列进行回归分析是否还有意义呢? Engler 和 Granger(1987)给出解决这个问题的正确方法,他们首次提出了协整的概念,并给出了一个误差修正模型的表示,这在很大程度上消除了应用人员对回归的顾虑。1988—1992 年 Johansen(丹麦)连续发表了 4 篇关于建立向量误差修正模型(VEC)的文章,进一步丰富了协整理论,也极大推进了时间序列的研究和发展。

上面提到的误差修正模型,其实早在 1964 年就由 Sargan 提出,最初主要用于研究进货量、存储问题。Hendry-Anderson (1977) 和 Davidson (1978) 的论文进一步完善了这种模型,并尝试用这种模型解决非平稳变量的建模问题。Hendry 还提出动态回归理论。1980 年 Sims 提出向量自回归模型(VAR)。这是一种用一组内生变量作动态结构估计的联立模型,这种模型的特点是不以经济理论为基础,然而预测能力强。这种模型是对联立方程模型的一次革命。以上成果为协整理论的提出奠定基础。

在时间序列非平稳性研究取得很大进展的同时,20 世纪 80 年代,White(1980)提出了异方差检验的一个简便方法,称为 White 检验;1982 年 Engle(1982)在一篇应用性文献中提出了条件异方差自回归模型,Engle 因此获得了诺贝尔经济学奖。同年 Hansen(1982)也给出了 GMM 的一个大样本理论结果,从而为动态经济学的经验分析提供了理论基础,Hansen 因此获得了 2009 年的诺贝尔经济学奖提名,遗憾的是并没有获奖。

随着经济的发展,人们越来越意识到线性模型的局限性,大量的实证分析表明,许多经济现象都呈现非线性特征,所以非线性计量经济学模型在计量经济学模型中占据重要的地位,非线性计量经济学的理论与方法的研究已经变成了一个非常广泛的领域。尤其在 20 世纪 70 年代至 80 年代初,关于非线性模型理论与方法的研究成为一个热点。大多线性领域的理论与方法都已延伸到了非线性领域,包括非线性 Granger 因果检验、非线性联立方程模型和非线性的面板数据模型等。另外,非线性时间序列研究已经形成了内容丰富的专门学科,且在计量领域变得比较活跃,这与非线性时间序列分析能够更好地解决实际问题,特别是大量金融问题有关,同时非线性时间序列模型也变得越来越复杂。在 20 世纪 70 年代初 80 年代末,门限自回归(TAR)模型和自回归条件异方差(ARCH)模型族(包括 GARCH 模型、EGARCH 模型、(G)ARCH-M 、IGARCH 模型等)得到了较多的关注。20 世纪 90 年代之后,非线性时间序列中的平滑转移自回归模型(STAR)及其一系列相关模型(如 MRASTAR 模型、SETAR 模型)被提出,使得非线性时间序列模型得到了不断的更新与发展。

近 20 年来面板数据(panel data)计量经济学则成为计量经济学理论方法的热点和重要的发展分支。面板数据在国内又被译成"平行数据""纵列数据"。面板数据模型由于集中考虑了截面数据和时间序列数据,从而具有单纯一维数据不可比拟的优点。面板模型可以充分利用时间段和截面单元的信息,加大了样本数据容量,提高了模型估计的有效性。早在 1968 年,为了研究美国的贫困特征及其原因,密西根大学社会科学研究所建立了研究收入动态行为的面板数据 PSID(panel study of income dynamics),俄亥俄州立大学人力资源研究中心开发了国家劳动力市场长期调查面板数据 NLS(national longitudinal surveys of labor market experience)。之后,美国又相继建立了面板数据 LRHS(longitudinal retirement history study)、CPS(current population survey)和 HRS(health retirement study)。1989 年德国建立了德国社会经济面板数据集 GSOEP(German socio-economic panel),1993 年加拿大建立了加拿大劳动力收入动态调查面板数据 CSLID(Canadian survey of labor income dynamics),2002 年欧共体统计办公室建立了欧共体家庭面板数据 ECHP(European community household panel)。

Mundlak(1961)、Balestra 和 Nerlove(1966)最早把 panel data 引入到经济计量中,此后,面板数据的分析方法在国际金融学、世界经济学和发展经济学中都得到广泛应用和深入研究。例如,在国际金融学领域,Chinn 与 Johnston(1996)和 MacDonald 与 Nagayasu(2000)等使用一些国家宏观面板数据检验购买力平价理论(PPP),研究实际汇率决定问题;在世界经济学领域,Michael 与 Ralf(2003)和 Jansen(2000)等应用宏观面板数据研究国际资本流动问题、东欧转型经济国家的出口变化和经济增长问题以及欧美国家的失业问题;在发展经济学中,Strauss(2000)、Nerlove(2002)和 Migue(2002)分别应用面板数据的计量经济学方法研究经济增长的决定因素和经济增长收敛理论等等。近年来,由于面板数据资料的搜集变得相对容易,其应用范围也不断扩大,管理学、社会学、心理学等领域的文章如雨后春笋般出现。

如今,面板数据的计量理论也几乎涉及以往截面分析和时间序列分析中所有可能出现的主题,尤其基于截面分析和时间序列分析中的热点主题的基础上发展起来的动态面板数据模型、离散数据(discrete data)模型、面板数据的离散选择模型、面板向量自回归模型(panel VAR)、面板单位根检验(panel unit root test)、面板协整分析(panel cointegeration)等理论成果层出不穷。同时,面板模型也变得越来越复杂,使得面板模型分析越来越具有挑战性。目前,世界上已经成立了专门研究面板数据的协会,每两年举办一次全球性的面板数据学术交流大会。

空间经济计量学是一门新兴的边缘学科,近十几年空间计量模型在国外社会科学很多领域,尤其在应用经济领域的运用呈现出爆炸的态势,成为经济计量学理论中的一个亮点。空间经济计量学以具有地理空间信息特性的事物对象的空间相互作用及变化规律为研究对象,将统计学和现代图形计算技术结合起来,用直观的方法展现空间数据中所隐含的空间分布、空间模式以及空间相互作用等为特征。空间计量经济学的发展源于空间统计学,两者在发展过程中相互促进,空间统计学更侧重数据驱动的研究方法,而空间计量经济学更侧重于模型驱动的研究方法。

Moran (1950)首次引出空间自相关测度;Matheron (1963,1967)提出地理统计的克里金(kriging)方法;Cliff & Ord (1973,1981)出版专著,明确定义"空间自相关"概念,提出了空间依赖度统计评估步骤,奠定了空间回归模型的基础;Paelinck(1974)在荷兰统计协会年会上首次提出"空间计量经济学"——spatial econometrics 的名词;Paelinck and Klaassen (1979)进一步定义空间计量经济学的 5 个研究领域;Tobler(1979)提出地理学第一定律(Tobler's first law);Getis & Ord (1992)提出 G 统计量,聚焦于空间异质性的局域统计;Anselin (1995)提出空间自相关的局域指标(LISA);Anselin(1988)发表的"空间计量经济学:方法和模型"成为空间计量经济发展的里程碑;Durlauf(1995)提出的相邻溢出效应模型、Aoki(1996)提出均值域相互作用宏观模型;Akerlof(1997)提出了相互作用粒子系统模型(interacting part icle systems)、Durlauf(1997)阐述了随机域(random field models)模型、Getis and Ying (1997)提出 spatial filter (空间滤波);Kelejian-Prucha(1998,1999)提出 GMM (广义距估计);Fujita 等(1999)提出的报酬递增、路径依赖和不完全竞争等新经济地理模型等等。空间动态面板数据模型是由静态面板数据模型(Anselin,1988)发展而来,这类模型具有截面和空间相关性,大多被用于探究待估模型的渐近性质(Elhorst,2003),使用面板数据进行预测等(Baltagi 等,2014)。正是这些理论创新使空间相互作用研究的可能性成为现实。

三、计量经济学在经济学中的地位

计量经济学在经济学科中占据极其重要的地位,它在经济学中的地位犹如数学在自然科学中的地位。克莱因(R. Klein):"计量经济学已经在经济学科中居于最重要的地位","在大多数大学和学院中,计量经济学的讲授已经成为经济学课程表中最有权威的一部分"。萨缪尔森(P. Samuelson)说:"第二次大战后的经济学是计量经济学的时代"。对计量经济学发展的贡献而获得诺贝尔经济学奖的经济学家的数量,已经居所有经济学分支学科之首。在进行计量经济建模时,经济理论起着非常重要的指导作用,特别是确定重要的经济变量及解释它们之间的因果关系。经济理论或经济假说常常可表述为对经济系统的概率规律的约束条件,通过检验这些约束条件的有效性,我们就可以验证经济理论或经济假说是否正确。

二战以来,世界范围内计量经济学的研究和应用飞速发展,大量的经济学论文都使用不同的计量经济模型论述和解决所研究的实际问题。我国计量经济学的研究始于 20 世纪 50 年代末,1980 年以前,虽然我国已经有多位经济学家在推动计量经济学教学与研究方面做了大量工作,但是计量经济学仍然是经济学中一个鲜为人知的分支。1998 年,教育部经济学类学科教学指导委员会将计量经济学列为经济学类各专业必修的八门核心课程之一。计量经济学已经成为现代经济学和管理学教育必不可少的一部分,它和微观经济学与宏观经济学一起构成了中国高校经济管理类本科生和研究生必修的三门经济学核心理论课程,计量经济学在中国经济学界受到越来越广泛的关注,其方法与工具也在实证研究中被大量应用。计量经济学的理论与方法已经广泛应用于社会经济的各个领域,成为用于分析非确定性对经济和管理活动影响效应最有力的工具之一。翻开国内主要的经济类学术期刊可以看到,利用计量经济学模型研究分析我国现实经济问题已经成为论文的主体。近 20 年来,以计量经济学模型方法为代表的实证已经成为我国经济学理论研究和实际经济分析的主流方法。仅以《经济研究》发表的论文为例,对 1984—2007 年《经济研究》发表的近 3 300 余篇论文进行统计分析,以计量经济学模型方法作为主要分析方法的论文占全部论文的比例,1984 年为 0,1992 年为 5%,1998 年为 11%,然后迅速提高,2007 年达到 53%。而且研究对象遍及经济的各个领域,所应用的模型方法遍及计量经济学的各个分支。进入 21 世纪以来,随着微观计量经济学模型方法的发展与传播,计量经济学应用研究在社会学、管理学领域迅速扩张,已经成为一种趋势,这一趋势也有力地促进了计量经济学知识在经济管理类专业的普及。毫无疑问,在我国,计量经济学模型已经成为经济理论研究和实际经济分析的一种主流的实证研究方法。目前,"计量经济学"已成为我国经济管理类专业最为关注、最受欢迎的课程之一。

第二节　计量经济学的三大内容体系

一、理论计量经济学与应用计量经济学

计量经济学的内容可以概括为两个方面:一是它的方法论;二是它的实际应用。由此构成了计量经济学的两大部分:理论计量经济学和应用计量经济学。

理论计量经济学研究如何建立合适的方法去测定由计量经济模型所确定的经济关系,目的在于为应用计量经济学提供方法论。理论计量经济学以介绍、研究计量经济学的理论、方法为主要内容,侧重于计量经济模型的数学理论基础、参数估计方法和模型检验方法,应用了广泛的数学和数理统计知识。

应用计量经济学是运用理论计量经济学提供的工具,以建立与应用计量经济模型为主要内容,侧重于实际经济问题,例如生产函数、消费函数、投资函数、供给函数、劳动就业问题等。应用计量经济学研究的是具体的经济现象和经济关系,研究它们在数量上的联系及变动的规律性。

应用计量经济学的内容主要包括微观计量经济模型和宏观计量经济模型。微观计量经济模型是对微观经济主体的经济行为的定量描述,如描述消费者需求特征的消费者需求模型、描述投入产出行为的生产者供给模型等。宏观计量经济模型是对宏观经济活动的总体特征及其内容结构关系的定量描述。应用计量经济学的研究目的在于进行经济结构分析、经济预测、经济政策评价、检验与发展经济理论。

20世纪30年代计量经济学初创之时,它既包含从数学的观点研究纯理论的发展,也包含进行经济关系经验估计方法的研究。目前,计量经济学主要研究后者,也就是理论经济学研究比较多。

二、经典计量经济学和非经典计量经济学

李子奈的《高等计量经济学》(2000)和《高级应用计量经济学》(2012)将计量经济学理论方法分为"经典"和"非经典",经典计量经济学(classical econometrics)一般指20世纪70年代以前发展并广泛应用的计量经济学。

经典计量经济学在理论方法方面特征是:① 模型类型:采用随机模型;② 模型导向:以经济理论为导向建立模型;③ 模型结构:变量之间的关系表现为线性或者可以化为线性,属于因果分析模型,解释变量具有同等地位,模型具有明确的形式和参数;④ 数据类型:以时间序列数据或者截面数据为样本,被解释变量为服从正态分布的连续随机变量;⑤ 估计方法:仅利用样本信息,采用最小二乘法或者最大似然法估计变量。

经典计量经济学在应用方面的特征是:① 应用模型方法论基础:实证分析、经验分析、归纳;② 应用模型的功能:结构分析、政策评价、经济预测、理论检验与发展;③ 应用模型的领域:传统的应用领域,例如生产、需求、消费、投资、货币需求,以及宏观经济等。把不具有上述特征的都称之为"非经典"。

非经典计量经济学(non classical econometrics)一般指20世纪70年代以来发展的计量经济学理论、方法及应用模型,也称为现代计量经济学(modern econometrics)。非经典计量经济学主要包括:微观计量经济学、非参数计量经济学、时间序列计量经济学和动态计量经济学

等。非经典计量经济学的模型类型、模型导向、模型结构、数据类型和估计方法都是非经典的计量经济学问题。这五类非经典的计量经济学问题构成了非经典计量经济学的内容体系。

从理论方法角度,经典计量经济学理论方法是非经典计量经济学理论方法的基础;从应用的角度,经典计量经济学模型仍然是目前应用最为普遍的计量经济学模型。本课程以经典计量经济学为主,适当引入一些简单的、应用较多的现代计量经济学理论方法。

三、微观计量经济学和宏观计量经济学

微观计量经济学(Microeconometrics)是在 2000 年诺贝尔经济学奖公报中正式提出的,获得诺贝尔经济学奖的经济学家赫克曼(J. Heckman)和麦克法登(D. McFaddan)对微观计量经济学的理论方法做出原创性贡献,也说明了这一分支在经济学科中正式形成,且具有重要的地位。

微观计量经济学的内容主要是以个人和家庭或企业构成的微观数据(主要由截面数据构成,也包括面板数据)为基础,研究选择行为和个人的决策问题。近年来,微观数据显著增加,使得微观计量经济学得到了较快的发展。微观计量经济学的主要内容包括:面板数据模型的理论方法、离散选择模型的理论方法、计数数据模型的理论方法、选择性样本模型的理论方法和持续时间数据模型的理论方法。

宏观计量经济学(Macroeconometrics),其名称由来已久,但目前的文献仍没有一个统一的界定,宏观计量的提出是基于早期的时间序列模型,这就使得早期宏观计量的基本内容是以时间序列为主。宏观计量与宏观经济理论紧密相连,以研究非稳定数据的宏观经济问题为主,方法论更多集中于检验和收敛等问题。宏观计量经济学又分为经典宏观计量经济学和现代宏观计量经济学。经典宏观计量经济学主要是利用计量经济学理论方法,建立宏观经济模型,对宏观经济进行结构分析、政策评价、决策研究和发展预测。但是近 20 多年来宏观计量经济学的主要内容和研究方向发生了变化,单位根检验、协整理论以及动态计量以及结构突变等成为宏观计量经济学的主要研究方向,从而形成了现代宏观计量经济学。

第三节 应用计量经济学的主要研究步骤

一、模型的建立

模型的建立主要包含三部分工作,即选择变量、确定变量之间的数学关系、拟定模型中待估计参数的数值范围。

变量的选择:首先,我们要正确理解和把握所研究的经济现象中暗含的经济学理论和经济行为规律,这是选择解释变量和被解释变量的基础,变量的选择对于要研究对象的重要性犹如物理学中研究物体运动速度时对参照物的选择,参照物选择得好,则能很好解释问题;其次,我们选择的变量应该是实际中可以获得的;再次,选择变量时也要考虑所有入选变量之间的关系,使得每一个解释变量都是没有重复信息的。

数学关系的确定:选择模型数学形式的主要依据是经济行为理论,可以借鉴数理经济学研究成果。也可以通过观察解释变量与被解释变量之间的散点图,由散点图显示的变量之间的函数关系作为理论模型的数学形式。这也是人们在建模时经常采用的方法。

待估参数的理论期望值:理论模型中的待估参数一般都具有特定的经济含义,它们的数

值,要待模型估计、检验后,即经济数学模型完成后才能确定,但对于它们的数值范围,即理论期望值,可以根据它们的经济含义在开始时拟定。这一理论期望值可以用来检验模型的估计结果。

一般来说,建模是一个复杂的过程。对于统计学家而言,建模是一个艺术,所谓的艺术很大程度上追求的是美学上的观感,而对于潜在的本质本身就不是很重要。高级宏观经济学作者 David Romer 就曾指出,最好的模型就是现实本身,但是现实世界本身,我们很难把握。大统计学家 Box 也说,严格来说所有的模型都是错误的,有些模型能够很好解释我们要研究的问题,有些模型不能。

建模在计量统计中是如此之重要,但是至今很少有文献来详细的论述,并提出建模的一般准则,可见建模的复杂性。不过,对于应用经济学研究人员来说,以现有的经济理论为基础来建立相应的模型是适当的。

二、参数的估计

建立模型之后,通常需要根据实际资料来估计模型中的参数。参数估计是理论计量经济学的核心内容,也可以说是一个纯技术处理的过程。统计学中常见的估计方法,如最小二乘方法、极大似然方法、矩估计方法,在计量经济学中依然可以使用,初等的计量经济一般以介绍简单的最小二乘方法为主,中级的计量经济学主要分析最小二乘、极大似然、矩估计方法及其相应的理论结果,本书定位为中级计量经济学,我们将在其后对上述方法的原理和理论予以介绍。

三、模型的检验

在模型的参数估计量已经得到后,可以说一个计量经济学模型已经初步建立起来了。但是,它能否客观揭示所研究的经济现象中诸因素之间的关系,能否付诸应用,还要通过检验才能决定。一般讲,计量经济学模型必须通过四级检验,即经济意义检验、统计学检验、计量经济学检验和预测检验。

经济意义检验主要检验模型参数估计量在经济意义上的合理性。主要方法是将模型参数的估计量与预先拟定的理论期望值进行比较,包括参数估计量的符号、大小、相互之间的关系,以判断其合理性。

统计检验是由统计理论决定的,目的在于检验模型的统计学性质。通常最广泛应用的统计检验准则有拟合优度检验、变量和方程的显著性检验等。

计量经济学检验是由计量经济学理论决定的,目的在于检验模型的计量经济学性质。通常最主要的检验准则有随机干扰项的序列相关检验和异方差性检验、解释变量的多重共线性检验等。

预测检验主要检验模型参数估计量的稳定性以及相对样本容量变化时的灵敏度,确定所建立的模型是否可以用于样本观测值以外的范围,即模型的所谓超样本特性。

第四节 计量经济学模型的应用

建立计量经济学模型的重要目的是为了应用。计量经济学模型的应用大体可以被概括为四个方面:结构分析、经济预测、政策评价、检验与发展经济理论。下面对这四个方面做一些简单介绍。

一、结构分析

结构分析是对经济现象中变量之间的数量关系的研究。当计量经济模型估计好以后,可以分析当一个或几个变量发生变化时会对其他变量乃至整个经济系统产生的影响,计量经济学模型结构式揭示了变量之间的直接因果关系。计量经济学模型的结构参数反映了解释变量与被解释变量之间的关系,因为结构参数能够被定量估计,并且具有明确的经济含义,计量经济学模型才具有结构分析的功能。于是,结构参数的性质成为计量经济学模型用于结构分析的一个核心问题。结构分析所采用的主要方法有边际分析、弹性分析和乘数分析等。注意它不同于人们通常所说的产业结构、产品结构、消费结构、投资结构中的结构分析。结构分析的结果能够形成经济理论的'反馈'。例如,对通货膨胀率和失业率之间关系的数量研究(菲利普斯曲线),产生了新的失业理论的发展。

在计量经济学模型用于结构分析的研究中,需要防止的是实用主义的"从简单到复杂"。具体表现为:不愿下大力气对研究对象进行详细的观察和深入分析,仅根据先验的认识或者研究目的设定模型,将计量经济学模型方法作为一种实用主义工具,一旦先验的认识被检验通过,或者研究目的已经达到,研究就到此为止。如果发现检验(主要是模型的拟合优度检验)效果不理想,再设法增加解释变量,于是呈现了"从简单到复杂"的模型1、模型2……而且推断结论不是来自最终的模型,而是来自包括已经被检验为非有效的简单模型。这样的结构分析结论并不能揭示经济活动中客观的变量之间的关系。对于微观计量经济学结构模型,在模型设定正确的情况下,不必看重拟合优度,关键是模型总体是否显著成立、变量是否显著。

二、经济预测

计量经济模型的经济预测通常指利用估计好的模型去推测一些变量在实际观测的样本之外的数量值。计量经济学模型作为一类经济数学模型,是从用于经济预测,特别是短期预测而发展起来的。它以模拟历史、从已经发生的经济活动中找出变化规律为主要技术手段。对未来的经济问题做出经济预测具有重要的意义,可以使决策者增加对未来的了解,把不确定性或无知程度降到最低,可以减少不确定性对经济活动的影响。但是,另一方面,模型只是复杂的现实经济的简化和抽象,并不能刻画现实经济运行的全部特征,从而经济预测总是在一定的精度范围内的预测,并不存在完全精确的预测。

用于经济预测的计量经济学结构模型一般可以分为两类:静态模型(即截面模型)和动态模型(即时间序列模型),二者都是揭示变量之间因果关系的结构模型。静态模型以截面数据为样本,动态模型以时间序列数据为样本。在进行样本外预测时,都需要给定预测点(期)的解释变量(原因变量)的数值,然后根据模型计算被解释变量(结果变量)的预测值,以及预测值的置信区间,这是共同点。由于静态模型是基于独立随机抽样的截面样本数据构建的,而动态模型是基于时间序列样本数据构建的,数据基础不同,导致它们在预测应用中面临不同的问题。

20世纪五六十年代,西方国家在经济预测中不乏成功的实例,计量经济学模型的预测方法成为经济预测的一种主要方法。但是,进入70年代以来,由于几乎所有的模型都无法预测"石油危机"对经济造成的影响,人们对计量经济学模型的预测功能提出了质疑,形成了计量经济学模型对经济预测的一大挑战。另外,对于非稳定发展的经济过程和缺乏规范行为理论的经济活动,计量经济学模型显得无能为力。预测功能的发展是和经济模型的发展密切联系的,所以随着计量经济、统计和其他经济数学模型的发展,经济预测会获得同步发展。

三、政策评价

政策评价是为了全面而准确地分析政策,对政策效果、政策效益、政策效应做出评价,并以此为政策调整提供依据。经济研究中的政策评价大体可以归纳为以下几个方面:一是政策有效性评价,即评价已经实施的经济政策是否有效;二是政策效果评价,即对于有效的经济政策,评价其效果是什么;三是政策传导路径检验,即检验宏观经济政策的传导机制;四是政策模拟,即对尚未实施的政策,评价它们实施后可能产生的宏观经济效果;五是宏观经济政策的微观效果评价,即评价宏观经济政策对微观个体的决策和行为产生什么影响;六是政策选择,即在准备实施的不同的经济政策或者政策的不同力度之间,选择最优者;七是辅助政策制定,即在给定政策目标的情况下,选择能够实现目标的政策。

计量模型的政策评价是利用估计好的计量经济模型在不同政策方案之间进行选择,通常做法是先将模型做一个基准运行,也就是现行政策不变的情况下,经济系统的运行结果,然后做一些政策假设,如利率提高一个百分点,再运行模型,比较前后两次运行的结果,从而模拟出某项政策或政策组合的效果。可以看出这种政策评价是以实践是检验真理唯一标准为指导思想的政策评价,虽可得出政策优劣的判断,但无法得出对导致政策优劣原因的认识。所以,需要特别强调的是,一个完整客观的政策评价需要建立一个全面合理的评价体系,而不只是通过以实际数据为基础建立的计量模型就完全断言政策的绝对优劣。

政策评价是经济研究领域的一个普遍问题,但是经济政策却不具有可试验性,这时利用经济数学模型可以起到"经济政策实验室"的作用。尤其是计量经济学模型,揭示了经济系统中变量之间的相互联系,将经济目标作为被解释变量,经济政策作为解释变量,可以很方便地评价各种不同的政策对目标的影响。将计量经济学模型和计算机技术结合起来,可以建成名副其实的"经济政策实验室"。

计量经济学模型用于政策评价,主要有三种方法:一是工具—目标法:给定目标变量的预期值,通过求解模型,可以得到政策变量值;二是政策模拟:即将不同的政策代入模型,计算各自的目标值,然后比较其优劣,决定政策的取舍;三是最优控制方法:将计量经济学模型与最优化方法结合起来,选择使得目标最优的政策或政策组合。

四、检验与发展经济理论

实践是检验真理的唯一标准,任何经不住实践检验的理论都不会被人们所接受。同样,任何经济学理论只有当它成功地解释了过去,才能为人们所接受。计量经济学模型是检验经济理论的有效工具,在对经济学理论的检验过程中推动着经济学理论的发展。

检验理论:按照某种经济理论出发,建立计量模型,然后用已经发生的经济活动的样本数据去拟合,如果拟合很好,则这种理论得到了检验。在实际应用研究中,根据对经济学理论和计量经济学模型之间关系的不同处理,计量经济学模型的理论检验功能的实现具有不同的研究路线。一是严格按照计量经济学模型研究的路线,由观察开始,经过分析和抽象,提出理论假设,并以此为导向建立总体模型,完成演绎推理的过程;然后,收集样本数据,进行模型估计和检验,完成归纳推理的过程;进而实现理论检验。大部分的应用研究属于这一类。二是给出不同的理论假设,构建不同的模型,以经验检验结果取舍决定。对于具有多种先验理论的研究对象,例如消费函数模型,或者具有多种模型形式的问题,例如面板数据(panel data)模型,经常采用这样的研究路线。

发现和发展理论：用经济活动中已经发生的经济数据（即经济活动的客观再现）去拟合最优的计量模型，得到经济活动所表现出来的数量关系，则是经济活动所遵循的经济规律，这种经济规律就是经济理论。所谓"理论"就是指人们从实践推演和抽象概括出来的规律性的认知体系。但在某种意义上来说，这只是发现理论。要发展新的经济理论还须经历反复地从过去、特殊和局部到未来、一般、整体的抽象认知，从而得到全新的理解和论述。

最后，将计量经济学模型的主要研究步骤及其应用的关系，以图形的方式做以简要概括，如下图所示。

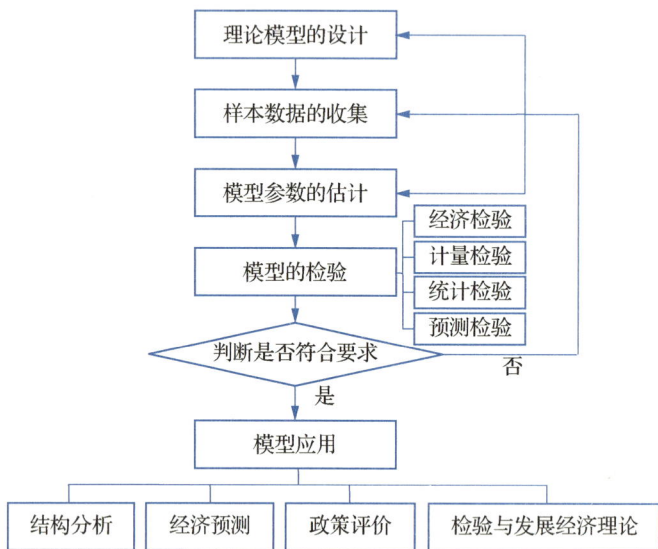

图　计量经济学模型的主要研究步骤及其应用的关系

本章小结

计量经济学是以经济理论为指导，通过经济关系建立计量经济模型，以观测实际数据或实验数据为基础，运用数学和统计学的方法，采用现代计算机技术，对具有随机影响的社会经济现象的数量关系进行定量分析的一门经济学科。计量经济学是经济理论、统计学和数学的完美结合。

计量经济学主要包括计量经济学发展的早期、现代意义上的计量经济学形成、非经典计量经济学时代的到来三个发展时期。

作为一门独立的学科，计量经济学有丰富的内容体系，其中，理论计量经济学与应用计量经济学、经典计量经济学和非经典计量经济学、微观计量经济学和宏观计量经济学是它的三大重要内容体系。

建立计量模型的一个重要目的是为了应用。应用计量经济学的主要研究步骤包括建立理论模型、估计模型中的参数、模型的检验三大步骤。计量经济学模型的应用大体可以被概括为结构分析、经济预测、政策评价、检验与发展经济理论四个方面。

本章关键词

计量经济学　计量经济学简史　理论计量经济学　应用计量经济学　经典计量经济学
非经典计量经济学　微观计量经济学　宏观计量经济学　非参数计量经济学
时间序列分析　非线性时间序列分析　动态计量经济学　非线性计量经济学
面板数据计量经济学　空间计量经济学　结构分析　经济预测　政策评价
检验与发展经济理论

复习思考题

1. 建立计量经济模型的主要工作步骤有哪些?

2. 什么是计量经济学? 简单分析计量经济学与统计学之间的关系。

3. 简述计量经济学的发展简史。

4. 计量经济学的主要内容体系是什么?

5. 结合计量经济学的发展简史和三大重要内容体系,试想一下计量经济学将来可能出现的研究方向和新的内容体系。

6. 经典计量经济学和非经典计量经济学的各自主要特征是什么?

7. 建立应用计量经济学模型主要有哪些步骤?

8. 选择一个自己感兴趣的微观经济或宏观经济问题,根据应用计量经济学建立的一般步骤尝试建立一个简单模型,并思考应该如何实现经验分析。

第一章
一元线性回归模型

计量经济学的主要问题之一就是要探寻各种经济变量之间的相互联系程度、联系方式及其运动规律。而经典计量经济学方法的核心是采用回归分析的方法解释变量之间的依存关系。因此,回归分析是建立计量经济学模型中一个十分重要的概念。在了解回归分析的概念之前,首先需要对相关关系与因果关系作简要的说明。

相关关系,是指两个以上的变量的样本观测值序列之间表现出来的随机数学关系,用相关系数来衡量。如果两个变量样本观测值序列之间的相关系数的绝对值为1,则两者之间具有完全相关性(完全正相关或完全负相关);如果相关系数的绝对值比较大,或接近于1,则两者之间具有较强相关性;如果相关关系绝对值为0或接近于0,则两者之间不具有相关性。如果一个变量与其他两个或两个以上变量的线性组合之间具有相关性,那么它与每一个变量之间的相关系数称为偏相关系数。相关关系是变量之间所表现出来的一种纯数学关系,判断变量之间是否具有相关关系的依据只有数据。

因果关系,是指两个或两个以上变量在行为机制上的依赖性,作为结果的变量是由作为原因的变量所决定的,原因变量的变化引起结果变量的变化。因果关系有单向因果关系和互为因果关系之分。例如,劳动力与国内生产总值之间具有单向因果关系,在经济行为上是劳动力影响国内生产总值,而不是相反;但是在国内生产总值与商品房销售之间则存在经济行为上的互为因果关系,国内生产总值既决定商品房销售量反过来又受商品房销售的拉动。

具有因果关系的变量之间一定具有数学上的相关关系。但有相关关系的变量之间并不一定具有因果关系。例如中国的国内生产总值与印度的人口之间有较强的相关性,因为二者都以较快的速度增长,但是显然二者之间不具有因果关系。

相关分析是判断变量之间是否具有相关关系的数学分析方法,通过计算变量之间的相关系数来实现。回归分析也是判断变量之间是否具有相关关系的一种数学分析方法,它着重判断一个随机变量与一个或几个可控变量之间是否具有相关关系。由于它特定的功能,所以也被用来进行变量之间的因果分析。

回归分析是研究一个变量关于另一个(些)变量的依赖关系的计算方法和理论。其目的在于通过后者的已知或设定值,去估计和(或)预测前者的(总体)均值。前一个变量称为被解释变量(explained variable)或因变量(dependent variable),后一个变量被称为解释变量(explanatory variable)或自变量(independent variable)。

回归分析的主要内容包括:
(1) 根据样本观测值对参数进行估计,求得回归方程;
(2) 对回归方程参数估计进行显著性检验;
(3) 利用回归方程进行分析、评价及预测。

第一节　一元线性回归的基本概念

一、散点图

在进行回归分析时,我们必须首先知道或假定在被解释变量与解释变量之间存在的某种依赖关系。而线性关系是变量之间最简单的依赖关系,线性关系中最简单的情况就是只有一个解释变量的情况,这时称之为一元线性回归,又称为双变量线性回归或简单线性回归(simple linear regress model)。

这种线性关系的确定常常可以通过两类方法,一类是根据实际问题所对应的理论分析,如各种经济理论常常会揭示一些基本的数量关系;另一种直观的方法是分别以被解释变量 Y 和解释变量 X 在二维平面上绘制的散点图来初步确认(如图 1-1 所示)。

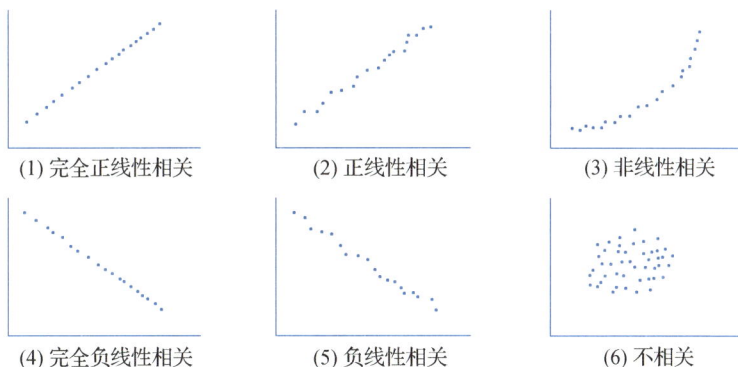

| (1) 完全正线性相关 | (2) 正线性相关 | (3) 非线性相关 |
| (4) 完全负线性相关 | (5) 负线性相关 | (6) 不相关 |

图 1-1　散点图示意图

散点图将数据以点的形式画在直角坐标平面上,显示在同一个个体上度量到的两个数量变量之间的关系。其中一个变量的值在横坐标上标示,另一个变量的值在纵坐标上标示。每一对数据对应图中的一个点,点的位置由该个体的两个变量的值决定。散点图表示因变量随自变量而变化的大致趋势,据此可以选择合适的函数对数据点进行拟合。散点图起到了直观地、定性地表示了两个变量之间的关系的作用,是我们经常使用的重要工具。

二、总体回归曲线与总体回归函数

在解释变量已知的条件下被解释变量的期望轨迹称为总体回归曲线。总体回归曲线可用下面的函数来表示:

$$E(Y|X_i) = f(X_i) \tag{1.1.1}$$

这样一个函数,我们称之为总体回归函数(population regression function,PRF)。至于总体回归函数的具体函数形式,在实际应用过程中,是由总体特征来决定的。只有一个解释变量的线性回归模型为一元线性回归函数。其具体形式可写为

$$E(Y|X_i) = \beta_0 + \beta_1 X_i \tag{1.1.2}$$

其中,β_0 和 β_1 代表未知参数,称为回归系数(regression coefficients)。也可称 β_0 为截距(intercept)项,β_1 为斜率系数(slope coefficients),(1.1.2)式称为线性总体回归函数。在回归

分析中,我们的主要目的,是通过所取得的样本观测值去估计回归系数的值,以达到预测经济现象的目的。

三、随机干扰项

一般由数据绘制的散点图上的点并不在一条直线上(不呈函数关系),而是在直线的周围。即 Y_i 与总体期望值 $E(Y|X_i)$ 是有一些差别的,我们称这个差别为离差(deviation),用函数表示为

$$u_i = Y_i - E(Y|X_i) \qquad (1.1.3)$$

其中,Y_i 表示第 i 个被解释变量的具体观测值,u_i 是用于表示离差的一个随机变量,在计量经济学中,我们称之为随机干扰(stochastic disturbance)项。

由(1.1.2)式和(1.1.3)式可知,Y_i 可以用式(1.1.4)表示:

$$Y_i = \beta_0 + \beta_1 X_i + u_i \qquad (1.1.4)$$

(1.1.4)式分为两部分:① $E(Y|X_i) = \beta_0 + \beta_1 X_i$ 称为系统性部分或确定性部分;② 随机干扰项 u_i 则称为随机性部分或非系统性部分。由于随机干扰项 u_i 的引入,总体回归函数从一个确定性的数学模型成为一个具有随机性的计量经济学模型,我们称(1.1.4)式为总体回归模型(population regression model)。

(1.1.4)式表明,影响被解释变量 Y 的因素除了已列入总体回归模型的解释变量 X 外还有其他因素,而这种对 Y 有影响却未归入模型的影响因素,都由随机干扰项 u_i 表示。综合来说,主要有以下五个方面:

(1) 包含了被遗漏的影响因素。由于考察总体认识上不可能达到绝对的精确,有部分未知的因素不可避免地无法归入模型。还有一些已知的影响因素,因为对其被解释变量的影响力相对而言非常小。在权衡模型的准确性和简洁性时,会综合考虑省略一部分这样的影响因素,将其包括在随机干扰项 u_i 中。

(2) 包含了无法取得数据的影响因素。有一些影响因素也许对被解释变量有相当的影响力,但这些因素的数据很难获取,甚至无法获取。所以在建立模型时我们不得不将这一影响因素省略掉,归入随机干扰项 u_i 中。

(3) 包含了模型设定上的误差。建立回归模型的时候,为了便于检验和预测,一般都力图让模型尽可能地简单明了,因此会刻意地在模型中减少一些影响因素。另外,对经济现象理解不透彻,会导致模型函数使用了错误的函数形式。以上都会造成模型设定上的误差,这些原因导致的误差也被包含在 u_i 中。

(4) 包含数据测量误差。由于某些主客观原因,数据在测量或观测时出现了误差,使其偏于实际值,这种误差只能归入 u_i 中。

(5) 包含变量内在的随机性。模型变量本身具有其内在的随机性,会对被解释变量产生随机性的影响,这种随机性的影响也一同被随机干扰项 u_i 包含。

由此可知,随机干扰项 u_i 包含着十分丰富且重要的内容,它是计量经济学回归模型不可或缺的,在计量经济学研究上有着重要的作用,也在一定程度上决定了计量经济方法的选择和使用。

四、样本回归函数

在现实问题的计量经济学研究中,总体的信息往往无法全部获得。这种情况下,总体回归函数是无法估计的。在实际应用中,往往是通过抽样,得到总体的样本,再通过样本数据做回归分析来估计总体回归函数。假设表 1-1 中的数据是从一个总体中随机抽取的一个样本,根据表 1-1 的数据做散点图,如图 1-2 所示。我们的任务就是:能否用所抽取的样本去预测整个总体呢?

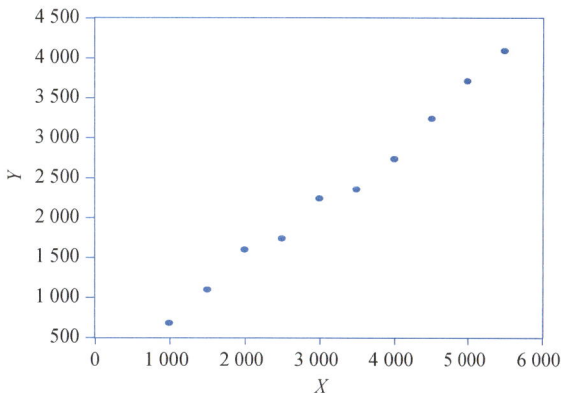

图 1-2 总体中随机抽取的一个样本的散点图

表 1-1 总体中抽取一个随机样本

X	1 000	1 500	2 000	2 500	3 000	3 500	4 000	4 500	5 000	5 500
Y	676	1 093	1 593	1 734	2 239	2 351	2 733	3 235	3 710	4 088

根据图 1-2,该样本的散点图可通过一条直线尽可能地拟合。由于此样本是取自于总体,所以这条直线可以近似地代表总体回归线,我们称之为样本回归线(sample regression lines),它的函数形式可以用式(1.1.5)表示:

$$\hat{Y}_i = f(X_i) = \hat{\beta}_0 + \hat{\beta}_1 X_i \tag{1.1.5}$$

函数(1.1.5)式称作样本回归函数(sample regression function,SRF)。其中 $\hat{Y}_i$ 表示是总体条件均值 $E(Y|X_i)$ 的一个估计量,读作"Y-帽"。$\hat{\beta}_0 = \beta_0$ 的估计量,$\hat{\beta}_1 = \beta_1$ 的估计量。与总体回归函数(1.1.2)式有其等价的随机形式(1.1.4)式相似。样本回归函数也可以表示为如下的随机形式,即

$$Y_i = \hat{Y}_i + \hat{u}_i = \hat{\beta}_0 + \hat{\beta}_1 X_i + e_i \tag{1.1.6}$$

其中,e_i 称为(样本)残差(或剩余)项(residual),可将其认为是 u_i 的估计量 $\hat{u}$。由于残差 e_i 的引入,样本回归函数从一个确定性的数学模型成为一个具有随机性的计量经济学模型,我们称(1.1.6)式为样本回归模型(sample regression model)。样本回归模型具有如下性质:

(1) 参数估计由样本信息所形成;

(2) $\hat{\beta}_0$、$\hat{\beta}_1$ 这两个估计称为点估计。即给定一组样本,可得到相应的参数估计值,它们是对于总体参数 β_0、β_1 的一个点估计。不同的样本,得到的估计可能不完全相同。但不同的样本所得到的估计均是对总体的一个点估计。

计量经济学中回归分析的目的便是设计一种方法来构造样本回归函数,使其尽可能地接近总体回归函数。如图 1-3 所示说明了样本与总体回归线之间的基本关系。

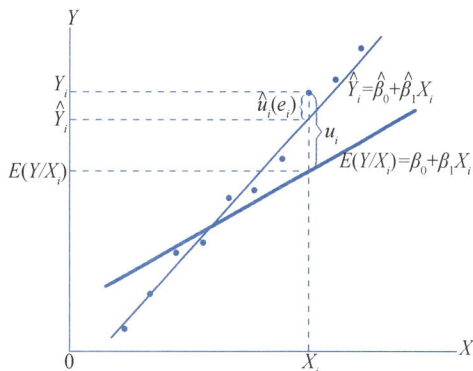

图 1-3 样本和总体回归线的关系示意图

第二节　一元线性回归模型的参数估计

上节说明,对于所研究的经济问题,通常真实的总体回归线是很难观测到的。所以回归分析的一个主要目的便是收集样本并设计一种方法来构造样本回归函数,使其尽可能地接近总体回归函数。估计的方法有许多,其中最常用的两种方法是普通最小二乘法(OLS)和极大似然法(ML)。普通最小二乘法(OLS)的使用更加广泛,也更简单。本书着重讨论这种方法。

一、最小二乘估计法的经典假定

首先,为保证参数估计量的良好性质,除了需要建立正确的模型,还需要对使用普通最小二乘估计法时变量 X_i 和随机干扰项 u_i 做必要的假设,使得在此基础下计算出的 $\hat{\beta}_0$、$\hat{\beta}_1$ 以及依此建立的样本回归函数对真实总体具有有效的解释。这种对最小二乘估计法假定,称作经典假定。满足经典假定的模型,称作经典(或标准)线性回归模型(CLRM)。

假定 1:解释变量 X_i 是非随机的,即在重复抽样中,解释变量 X_i 取固定值。这表明模型中的解释变量和随机干扰项 u_i 对被解释变量的影响是完全独立的。

假定 2:随机干扰项 u_i 与解释变量 X_i 之间不相关,即

$$\text{Cov}(u_i, X_i) = 0 \quad (i = 1, 2, \cdots, n) \tag{1.2.1}$$

这个假定说明 X_i 与随机干扰项 u_i 相互独立,互不相关,它们对被解释变量 Y_i 的影响同样也是独立的。

假定 3:随机干扰项 u_i 服从零均值、同方差、零协方差,即

$$E(u_i) = 0 \quad \text{Var}(u_i) = \sigma^2 \quad E(u_i u_j) = 0 \quad (i \neq j; i, j = 1, 2, \cdots, n) \tag{1.2.2}$$

这个假定中,$E(u_i) = 0$ 表明,每一个解释变量 X_i 相对应的真实的 y_i 值在其均值附近上下波动,与均值之间的偏差 u_i 有正有负,但在大样本观测下,这个偏差总和等于 0;$\text{Var}(u_i) = \sigma^2$ 表明,每一个解释变量 X_i 相对应的随机干扰项 u_i 围绕自己的均值具有同样的离差程度;$E(u_i u_j) = 0 (i \neq j)$ 表明,两个不同的任意随机干扰项互不相关,也就是说它们之间不存在自相关性,即

$$E(u_i u_j) = E[u_i - E(u_i)][u_j - E(u_j)] = \text{COV}(u_i, u_j) = 0 \tag{1.2.3}$$

假定 4:随机干扰项 u_i 服从零均值,同方差的正态分布,即

$$u_i \sim N(0, \sigma^2) \quad (i = 1, 2, \cdots, n) \tag{1.2.4}$$

假定 5:正确设定了回归模型。回归模型的正确设定有三个方面的要求:① 选择了正确的变量进入模型;② 对模型的形式进行正确的设定;③ 对模型的解释变量、被解释变量以及随机干扰项做了正确的假定。

二、普通最小二乘法(OLS)

假设样本有 n 个数据 $(X_1, Y_1)(X_2, Y_2) \cdots (X_n, Y_n)$,那我们的目的就是使每个数据的真实值 Y_i 与样本回归函数得到的估计值 $\hat{Y}_i$ 的残差 e_i(即为 $\hat{u}_i$)$(i = 1, 2, \cdots, n)$ 尽可能地小。即

需要：

$$e_i = Y_i - \hat{Y}_i = Y_i - (\hat{\beta}_0 + \hat{\beta}_1 X_i) \tag{1.2.5}$$

尽可能的小。因为 $\hat{u}_i$ 有正有负，$\sum \hat{u}_i$ 可能会使 $\hat{u}_i$ 之间相互抵消，造成 $\sum \hat{u}_i$ 很小，但是存在每个 $\hat{u}_i$ 都很大的情况。因此，建立样本回归函数的准则为使

$$Q = \sum (Y_i - \hat{Y}_i)^2 = \sum (Y_i - \hat{\beta}_0 - \hat{\beta}_1 X_i)^2 \tag{1.2.6}$$

最小。这个准则称为最小二乘准则。只有这个条件达到时，得出的 $\hat{\beta}_0$ 和 $\hat{\beta}_1$ 才能使 $\hat{Y}_0$ 与 Y_i 尽可能地接近。

通过求 Q 最小，即确定 $\hat{\beta}_0$、$\hat{\beta}_1$ 的估计值。Q 是关于变量 $\hat{\beta}_0$、$\hat{\beta}_1$ 的函数，这是一个求极值的问题。求 Q 对 $\hat{\beta}_0$、$\hat{\beta}_1$ 的偏导数并令其等于零，得

$$\begin{cases} \dfrac{\partial Q}{\partial \hat{\beta}_0} = \sum -2[Y_i - (\hat{\beta}_0 + \hat{\beta}_1 X_i)] = 0 \\ \dfrac{\partial Q}{\partial \hat{\beta}_1} = \sum -2X_i[Y_i - (\hat{\beta}_0 + \hat{\beta}_1 X_i)] = 0 \end{cases} \tag{1.2.7}$$

整理可得

$$\begin{cases} n\hat{\beta}_0 + \hat{\beta}_1 \sum X_i = \sum Y_i \\ \hat{\beta}_0 \sum X_i + \hat{\beta}_1 \sum X_i^2 = \sum X_i Y_i \end{cases} \tag{1.2.8}$$

在 (1.2.8) 式中，n 是样本容量，方程组 (1.2.8) 式被称作正规方程组 (normal equations)。解 (1.2.8) 式，可得

$$\hat{\beta}_1 = \frac{n\sum Y_i X_i - \sum X_i \sum Y_i}{n\sum X_i^2 - (\sum X_i)^2} \tag{1.2.9}$$

将 (1.2.9) 式化简，得

$$\hat{\beta}_1 = \frac{\sum (X_i - \overline{X})(Y_i - \overline{Y})}{\sum (X_i - \overline{X})^2} \tag{1.2.10}$$

定义 $x_i = (X_i - \overline{X})$，$y_i = (Y_i - \overline{Y})$，这里涉及了计量经济学的一个惯例：用小写字母来表示变量对均值的离差。顺便指出，在离差形式下的样本回归函数及样本回归模型分别为

$$\hat{y}_i = \hat{\beta}_1 x_i \tag{1.2.11}$$

和

$$y_i = \hat{\beta}_1 x_i + e_i \tag{1.2.12}$$

(1.2.10) 式用 x_i、y_i 表示为

$$\hat{\beta}_1 = \frac{\sum (X_i - \overline{X})(Y_i - \overline{Y})}{\sum (X_i - \overline{X})^2} = \frac{\sum x_i y_i}{\sum x_i^2} \tag{1.2.13}$$

同理，可得

$$\hat{\beta}_0 = \frac{\sum X_i^2 \sum Y_i - \sum X_i \sum Y_i X_i}{n \sum X_i^2 - (\sum X_i)^2} = \overline{Y} - \hat{\beta}_1 \overline{X} \qquad (1.2.14)$$

通过上面的方法得到的 $\hat{\beta}_0$、$\hat{\beta}_1$ 的估计结果是从最小二乘原理得到的，因此称作普通最小二乘估计量(ordinary least squares estimators)。

例 1-1 根据凯恩斯的绝对收入假说，建立最简单的消费函数。下面利用我国 1995—2010 年城镇居民家庭人均消费性支出与城镇居民家庭人均可支配收入数据，使用普通最小二乘法建立一元线性回归模型。有关数据如表 1-2 所示。

表 1-2 我国城镇居民家庭人均消费性支出与人均可支配收入　　　　单位:元

年　份	X_i	Y_i	x_i	y_i	$x_i y_i$	x_i^2	y_i^2
1995	4 283	3 537.57	−5 242.04	−3 602.21	18 882 903	27 478 937	12 975 903
1996	4 838.9	3 919.47	−4 686.14	−3 220.31	15 090 801	21 959 867	10 370 384
1997	5 160.3	4 185.64	−4 364.74	−2 954.14	12 894 032	19 050 917	8 726 932
1998	5 425.05	4 331.62	−4 099.99	−2 808.16	11 513 408	16 809 882	7 885 752
1999	5 854.02	4 615.92	−3 671.02	−2 523.86	9 265 123	13 476 356	6 369 860
2000	6 279.98	4 997.99	−3 245.06	−2 141.79	6 950 222	10 530 386	4 587 256
2001	6 859.58	5 308.99	−2 665.46	−1 830.79	4 879 885	7 104 654	3 351 785
2002	7 702.8	6 029.9	−1 822.24	−1 109.88	2 022 459	3 320 543	1 231 829
2003	8 472.2	6 510.97	−1 052.84	−628.808	662 031.6	1 108 463	395 399.7
2004	9 421.6	7 182.1	−103.436	42.321 88	−4 377.59	10 698.93	1 791.141
2005	10 493.03	7 942.86	967.994 4	803.081 9	777 378.7	937 013.1	644 940.5
2006	11 759.45	8 696.55	2 234.414	1 556.772	3 478 473	4 992 608	2 423 539
2007	13 785.81	9 997.47	4 260.774	2 857.692	12 175 980	18 154 198	8 166 403
2008	15 780.76	11 242.9	6 255.724	4 103.122	25 668 000	39 134 087	16 835 609
2009	17 174.65	12 265	7 649.614	5 125.222	39 205 971	58 516 600	26 267 899
2010	19 109.44	13 471.5	9 584.404	6 331.722	60 685 783	91 860 807	40 090 702
总和	152 400.6	114 236.5			224 148 072	334 446 017	150 325 986
均值	9 525.036	7 139.778					

资料来源:根据《国家统计数据库》整理

表 1-2 中，X_i 代表的是城镇居民家庭人均可支配收入，Y_i 代表城镇居民家庭人均消费性支出。用 $\overline{X}$、$\overline{Y}$ 分别表示 X_i、Y_i 的均值，x_i、y_i 分别表示 X_i、Y_i 对均值的离差，即 $x_i = X_i - \overline{X}$，$y_i = Y_i - \overline{Y}$。通过上面样本的已知数据 X_i、Y_i，根据前面讨论的一元回归分析方法，得到样本回归方程。

由表 1-2 以及(1.2.13)式和(1.2.14)式，计算得

$$\hat{\beta}_1 = \frac{\sum x_i y_i}{\sum x_i^2} = \frac{224\,148\,072}{334\,446\,017} = 0.670\,207$$

$$\hat{\beta}_0 = \overline{Y} - \hat{\beta}_1 \overline{X} = 7\,139.778 - 0.670\,207 \times 9\,525.036 = 756.03$$

用该样本所估计的回归方程为

$$\hat{Y}_i = 756.03 + 0.670\,207 X_i$$

上式中，常数项为正，说明假如人均可支配收入为 0 时，人均消费性支出为 756.03，也就是自发性消费支出。当然在实际生活中，对这样截距项的解释并没有什么意义，因为人均可支配收入值的变化范围通常不包括 0 这个观察值。系数 β_1 表示边际消费倾向，可解释为城镇居民总收入增加 1 亿元，导致居民消费平均增加 0.670 207 亿元。

三、最小二乘估计量的性质

利用普通最小二乘法计算出的 $\hat{\beta}_0$、$\hat{\beta}_1$ 是样本观测值的函数，所以同一总体的不同样本就会计算出不同的 $\hat{\beta}_0$、$\hat{\beta}_1$，我们称之为最小二乘估计量，用于对总体回归模型真实参数 β_0、β_1 的估计。用样本回归直线去代表总体回归直线，其实用性和准确性是依靠 $\hat{\beta}_0$、$\hat{\beta}_1$ 这两个参数的。所以，必须了解估计量 $\hat{\beta}_0$、$\hat{\beta}_1$ 的性质。

（一）线性性

线性性是指一个变量是否是另一个变量的线性函数。OLS 估计量 $\hat{\beta}_0$、$\hat{\beta}_1$ 均为随机观测值 Y_i 的线性函数。

证明：由

$$\hat{\beta}_1 = \frac{\sum x_i y_i}{\sum x_i^2} = \frac{\sum x_i (Y_i - \overline{Y})}{\sum x_i^2} = \frac{\sum x_i Y_i}{\sum x_i^2} - \frac{\overline{Y} \sum x_i}{\sum x_i^2}$$

$$\sum x_i = \sum (X_i - \overline{X}) = \sum x_i - \sum \overline{X} = n\overline{X} - n\overline{X} = 0$$

所以

$$\hat{\beta}_1 = \frac{\sum x_i Y_i}{\sum x_i^2} = \sum k_i Y_i \tag{1.2.15}$$

其中 $k_i = \dfrac{x_i}{\sum x_i^2}$，所以 $\hat{\beta}_1$ 是 Y_i 的函数。同样地，有

$$\hat{\beta}_0 = \overline{Y} - \hat{\beta}_1 \overline{X} = \frac{1}{n} \sum Y_i - \sum k_i Y_i \overline{X}$$

$$= \sum \left(\frac{1}{n} - \overline{X} k_i \right) Y_i = \sum w_i Y_i \tag{1.2.16}$$

其中 $w_i = \dfrac{1}{n} - \overline{X} k_i$，所以 $\hat{\beta}_0$ 也是 Y_i 的一个线性组合。

（二）无偏性

无偏性是指估计量的均值或期望等于总体真实值。在 OLS 中，参数估计量 $\hat{\beta}_0$、$\hat{\beta}_1$ 的均值等于总体参数值 β_0、β_1。即 $E(\hat{\beta}_1) = \beta_1$，$E(\hat{\beta}_0) = \beta_0$。

证明：由

$$\hat{\beta}_1 = \sum k_i Y_i = \sum k_i (\beta_0 + \beta_1 X_i + u_i) = \beta_0 \sum k_i + \beta_1 \sum k_i X_i + \sum k_i u_i$$

$$\sum k_i = \sum \frac{x_i}{\sum x_i^2} = \frac{\sum x_i}{\sum x_i^2} = 0$$

$$\sum k_i X_i = \sum \frac{x_i}{\sum x_i^2} (\overline{X} + x_i) = \overline{X} \frac{\sum x_i}{\sum x_i^2} + \frac{\sum x_i^2}{\sum x_i^2} = 1$$

所以

$$\hat{\beta}_1 = \beta_1 + \sum k_i u_i$$

$$E(\hat{\beta}_1) = E(\beta_1 + \sum k_i u_i) = \beta_1 + \sum k_i E(u_i) = \beta_1 \tag{1.2.17}$$

同样地，容易得出

$$E(\hat{\beta}_0) = E(\beta_0 + \sum w_i u_i) = \beta_0 + \sum w_i E(u_i) = \beta_0 \tag{1.2.18}$$

(三) 有效性

有效性也称最小方差性，指估计量在所有线性无偏估计量中有最小方差。OLS 估计量 $\hat{\beta}_0$、$\hat{\beta}_1$ 具有最小方差。它们的方差分别为

$$\mathrm{Var}(\hat{\beta}_1) = \frac{\sigma^2}{\sum x_i^2} \tag{1.2.19}$$

$$\mathrm{Var}(\hat{\beta}_0) = \frac{\sigma^2 \sum X_i^2}{n \sum x_i^2} \tag{1.2.20}$$

其中，σ^2 代表随机干扰项 u_i 的方差，即 $\mathrm{Var}(u_i) = \sigma^2$。

证明：首先

$$\mathrm{Var}(\hat{\beta}_1) = \mathrm{Var}\left(\sum k_i Y_i\right) = \sum k_i^2 \mathrm{Var}(\beta_0 + \beta_1 X_i + u_i)$$

$$= \sum k_i^2 \mathrm{Var}(u_i) = \sum \left(\frac{x_i}{\sum x_i^2}\right)^2 \sigma^2$$

$$= \frac{\sigma^2}{\sum x_i^2} \tag{1.2.21}$$

$$\mathrm{Var}(\hat{\beta}_0) = \mathrm{Var}\left(\sum w_i Y_i\right) = \sum w_i^2 \mathrm{Var}(\beta_0 + \beta_1 X_i + u_i)$$

$$= \sum \left(\frac{1}{n} - \overline{X} k_i\right)^2 \sigma^2 = \sum \left[\left(\frac{1}{n}\right)^2 - 2 \frac{1}{n} \overline{X} k_i + \overline{X}^2 k_i^2\right] \sigma^2$$

$$= \left[\frac{1}{n} - 2 \frac{1}{n} \overline{X} \sum k_i + \overline{X}^2 \sum \left(\frac{x_i}{\sum x_i^2}\right)^2\right] \sigma^2$$

$$= \left(\frac{1}{n} + \frac{\overline{X}^2}{\sum x_i^2}\right) \sigma^2 = \frac{\sigma^2 \sum X_i^2}{n \sum x_i^2} \tag{1.2.22}$$

其次，假设 $\hat{\beta}_1^*$ 是其他估计方法得到的 β_1 的线性无偏估计量：

$$\hat{\beta}_1^* = \sum c_i Y_i$$

其中,$c_i = k_i + d_i$,d_i 为不全为零的常数,则容易证明

$$\text{Var}(\hat{\beta}_1^*) \geqslant \text{Var}(\hat{\beta}_1)$$

同理,假设 $\hat{\beta}_0^*$ 是其他估计方法得到的 β_0 的线性无偏估计量,有

$$\text{Var}(\hat{\beta}_0^*) \geqslant \text{Var}(\hat{\beta}_0)$$

综上,普通最小二乘估计量具有有效性。

OLS 估计量 $\hat{\beta}_0$、$\hat{\beta}_1$ 的这三个性质也称作估计量的小样本性质(small-sample properties)。而拥有这类性质的估计量,我们称作最佳线性无偏估计量(best linear unbiased estimator,BLUE)。

除此之外,还可以从如下几个方面考察估计量的优劣性:① 一致性:指样本容量趋于无穷大时,参数估计量依概率收敛于总体真值;② 渐进无偏性:指样本容量趋于无穷大时,参数估计量的均值趋向于总体真值;③ 渐进有效性:指样本容量趋于无穷大时,参数的一致估计量具有最小的渐进方差。这三个性质,我们称作估计量的大样本性质(large-sample properties)。在实际样本估计应用中,当参数估计量不满足小样本性质时,要考虑扩大样本容量,考察参数估计量的大样本性质。

四、极大似然法

极大似然(maximum likelihood,简记 ML)法,是一种估计原理与最小二乘估计完全不同的参数估计方法。对于极大似然法,当从模型总体随机抽取 n 组样本观测值后,最合理的参数估计量应该使从模型中抽取该 n 组样本观测值的概率最大。极大似然法对随机干扰项的分布做出正态分布假定,同时假定样本是固定的,n 个观测值都是独立观测的。在任一次随机抽取中,样本观测值都以一定的概率出现,如果已经知道总体的参数,当然由变量的频率函数可以估计其概率。我们将样本观测值联合概率函数称为似然函数。通过似然函数极大化以求得总体参数估计量的方法,称为极大似然法。

例如,已知样本($X_1, X_2, X_3, X_4, X_5, X_6, X_7, X_8$)来自方差已知但均值未知的一个正态分布。假设观测值或者来自正态分布 A,或者来自正态分布 B。如果真正的总体是 A,则以上观测数据的位置出现在图 1-4 中的概率应该很小;如果真正的总体是 B,则以上观测数据的位置出现在图 1-4 中的概率应该很大。所以观测值"选择"了总体 B,因为它最有可能产生观测到的数据。

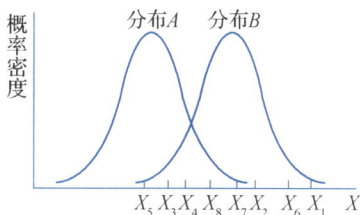

图 1-4 极大似然估计

极大似然估计法一般可分为四个步骤:① 写出似然函数;② 对似然函数取对数并整理;③ 关于参数求偏导数;④ 求解似然方程。

以正态分布的总体为例:假设一元线性回归模型 $Y_i = \beta_0 + \beta_1 X_i + u_i$ 满足经典假定,且 Y_i 是服从均值为 $\beta_0 + \beta_1 X_i$,方差为 σ^2 的正态分布,所以

$$P(Y_i) = \frac{1}{\sigma \sqrt{2\pi}} e^{-\frac{1}{2\sigma^2}(Y_i - \beta_0 - \beta_1 X_i)^2} \quad (i = 1, 2, \cdots, n)$$

因为 Y_i 是独立的,所以样本观测值的联合概率函数,即似然函数为

$$L(\beta_0,\beta_1,\sigma^2) = P(Y_1,Y_2,\cdots,Y_n) = \frac{1}{(2\pi)^{\frac{n}{2}}\sigma^n}e^{-\frac{1}{2\sigma^2}\sum(Y_i-\beta_0-\beta_1X_i)^2} \tag{1.2.23}$$

为求得模型参数的极大似然估计量,将(1.2.23)式极大化。又因为似然函数的极大化与似然函数的对数极大化是等价的,所以取对数似然函数为

$$L^* = \ln L = -n\ln(\sqrt{2\pi}\sigma) - \frac{1}{2\sigma^2}\sum(Y_i-\beta_0-\beta_1X_i)^2 \tag{1.2.24}$$

对 L^* 求极大值,等价于对 $\sum(Y_i-\beta_0-\beta_1X_i)^2$ 求极小值。所以,可推得用于估计 $\hat{\beta}_0$、$\hat{\beta}_1$ 的方程组为

$$\begin{cases} \dfrac{\partial}{\partial\hat{\beta}_0}\sum(Y_i-\beta_0-\beta_1X_i)^2 = 0 \\[3mm] \dfrac{\partial}{\partial\hat{\beta}_1}\sum(Y_i-\beta_0-\beta_1X_i)^2 = 0 \end{cases}$$

解得模型参数估计量为

$$\begin{cases} \hat{\beta}_0 = \dfrac{\sum X_i^2\sum Y_i - \sum X_i\sum Y_iX_i}{n\sum X_i^2 - (\sum X_i)^2} \\[5mm] \hat{\beta}_1 = \dfrac{n\sum Y_iX_i - \sum Y_i\sum X_i}{n\sum X_i^2 - (\sum X_i)^2} \end{cases}$$

由上式可知,在满足经典假定的条件下,使用最大似然估计法得出的模型参数估计量等于使用普通最小二乘估计法得出的模型参数估计量。

第三节　一元线性回归模型的检验

回归模型的参数估计出来之后,并不能将所得的回归模型直接应用。还必须了解所得的回归模型是否正确。换句话说,所估计的参数是否可以比较好的代替总体的真实参数。因此必须将所得到的参数估计值进行检验,了解它与总体真值的差异到底有多大,是否显著。

一、对模型的经济意义的检验

对模型的经济意义检验,主要检验模型参数估计量在经济意义上的合理性。主要方法是将模型参数的估计量与预先拟定的理论期望值进行比较,包括参数估计量的符号、大小、相互之间的关系以判断其合理性。如果估计值的这几个方面明显与常识经验或经济学理论等相背离,就说明它不能很好地解释客观事实。对模型参数估计量的经济意义检验是回归检验的第一步,也是非常重要的一步。如果估计值出现不合理的情况,可能是样本容量过小,没有足够的代表性,也可能是模型的设定出现了错误等。

二、拟合优度检验

前面介绍的样本回归线是对样本数据的一种拟合。对于同一组样本数据，不同的方法可得出不同的参数估计量，继而得出不同的样本回归线。为了分析所得出的样本回归线是否很好地拟合了样本数据，可以考察回归线的拟合优度（goodness of fit）。判断样本回归模型拟合程度优劣，常用的指标是可决系数（coefficient of determination），用 R^2 表示。

首先需要了解，为什么使用了最小二乘法后还需要考察回归线的拟合优度。对拟合优度的检验是为了了解解释变量 X_i 对被解释变量 Y_i 的解释程度，X_i 对 Y_i 解释程度越好，则回归线对数据点的拟合就越好，残差 e_i 就越小。但是，是否残差平方和最小了，拟合程度一定好呢？显然不是。我们需要考察所得出的最小的 e_i^2 是否达到了所需要的程度。如图 $1-5$ 所示两条样本回归线都是通过两个样本进行 OLS 估计的结果，所以都具有残差平方和 e_i^2 最小的性质，但是仅通过图即可知，图 $1-5(2)$ 所代表样本回归线对观测值的拟合是好于图 $1-5(1)$ 的。所以我们说图 $1-5(2)$ 的拟合程度更好。

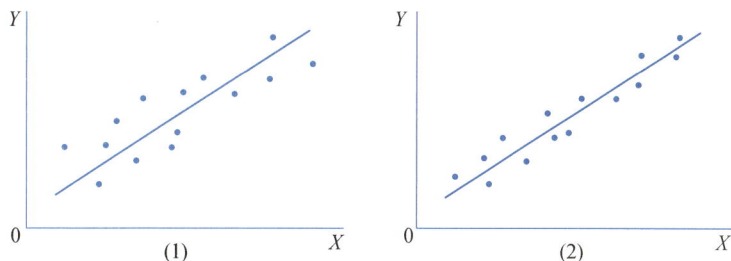

图 $1-5$ 样本回归线对样本点的拟合比较

首先回顾 $(1.2.11)$ 式与 $(1.2.12)$ 式：

$$\hat{y}_i = \hat{\beta}_1 x_i$$

$$y_i = \hat{\beta}_1 x_i + e_i$$

得

$$y_i = \hat{y}_i + e_i \tag{1.3.1}$$

$(1.3.1)$ 式两边平方并求和，得

$$\sum y_i^2 = \sum \hat{y}_i^2 + \sum e_i^2 + 2\sum \hat{y}_i e_i$$

由式 $(1.2.7)$ 得

$$\sum e_i = 0 \qquad \sum X_i e_i = 0$$

$$\sum \hat{y}_i e_i = \hat{\beta}_1 \sum x_i e_i = \hat{\beta}_1 \sum (X_i - \overline{X}) e_i$$

$$= \hat{\beta}_1 \sum X_i e_i - \hat{\beta}_1 \overline{X} \sum e_i = 0$$

所以

$$\sum y_i^2 = \sum \hat{y}_i^2 + \sum e_i^2 \tag{1.3.2}$$

对于(1.3.2)式,各项平方和可描述为

$$\sum y_i^2 = \sum (Y_i - \overline{Y})^2 = TSS \qquad (1.3.3)$$

是指实测的 Y 值 Y_i 围绕其均值 $\overline{Y}$ 的总体离差,称为总离差平方和(total sum of squares)。

$$\sum \hat{y}_i^2 = \sum (\hat{Y}_i - \overline{Y})^2 = ESS \qquad (1.3.4)$$

是指估计的 Y 值 $\hat{Y}_i$ 围绕其均值 $\overline{Y}$ 的离差,称为回归平方和(explained sum of squares)。

$$\sum e_i^2 = \sum (Y_i - \hat{Y}_i)^2 = RSS \qquad (1.3.5)$$

是指未被解释的因素导致回归线的变异,称为残差平方和(residual sum of squares)。这样,(1.3.2)式就可以用

$$TSS = ESS + RSS \qquad (1.3.6)$$

进行表示,为了让读者更好地了解拟合优度以及拟合优度检验的意义,图1-6形象地表示出各个部分的意义。

图1-6和(1.3.6)式表明了总体离差平方和可分解为两部分:一部分来自回归线,另一部分来自残差所代表的随机因素。可以用来自回归的回归平方和与总离差平方和的比例来判断观测点是否都很好被样本回归线拟合。

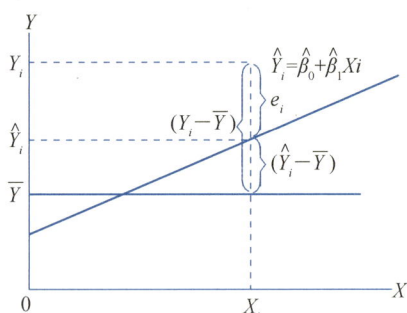

图1-6 总离差的分解

通过上述关系,定义判断样本回归模型拟合程度优劣的可决系数 R^2 为

$$R^2 = \frac{ESS}{TSS} = 1 - \frac{RSS}{TSS} \qquad (1.3.7)$$

R^2 测度了总体离差中由回归模型解释那部分所占的比例。这部分比例越大,来自残差那部分占总体离差的比例就越小。那么样本点就越靠近回归线,回归线对样本点就拟合的越好。所以 R^2 越大,模型的拟合优度就越高。

这里需要注意:可决系数 R^2 是一个非负的系数;它是一个大于等于 0、小于等于 1 的数,即 $0 \leqslant R^2 \leqslant 1$;它是样本的函数,也是一个统计量。

将(1.3.7)做简单的变换,使其更便于计算。可得

$$R^2 = \frac{ESS}{TSS} = \frac{\sum \hat{y}_i^2}{\sum y_i^2} = \frac{\hat{\beta}_1^2 \sum x_i^2}{\sum y_i^2} = \hat{\beta}_1^2 \left(\frac{\sum x_i^2}{\sum y_i^2} \right) \qquad (1.3.8)$$

回顾例1-1,计算该模型的模型拟合优度,即

$$R^2 = \hat{\beta}_1^2 \left(\frac{\sum x_i^2}{\sum y_i^2} \right) = 0.670\,207^2 \times \frac{334\,446\,017}{150\,325\,986} \approx 0.999\,332$$

由以上结果可知,约有 99.93% 的城镇居民家庭人均消费性支出的变异,能由城镇居民家

庭人均可支配收入来解释。由于 R^2 接近于 1,所以由(1.3.8)式所计算出来的 R^2 表明样本回归线对样本数据拟合得很好。

三、变量的假设检验

考察了拟合程度之后,还需要检验回归模型中解释变量与被解释变量之间的线性关系是否显著成立,即检验所选择解释变量 X 与截距项是否对被解释变量有显著的线性影响。要做到这些,需运用统计学上的假设检验。

在假设检验的基础上,有两个互补的方法,分别是变量的显著性检验和置信区间。两种方法都考虑了变量所遵循的概率分布,在此基础下做出判断。

已知在经典假定下,随机干扰项 u_i 服从正态分布,所以被解释变量 Y_i 也服从正态分布,则 OLS 估计量 $\hat{\beta}_0$、$\hat{\beta}_1$ 服从正态分布,且

$$\hat{\beta}_0 \sim N\left(\beta_0, \frac{\sigma^2 \sum X_i^2}{n \sum x_i^2}\right) \quad \hat{\beta}_1 \sim N\left(\beta_1, \frac{\sigma^2}{\sum x_i^2}\right) \tag{1.3.9}$$

OLS 估计量 $\hat{\beta}_0$、$\hat{\beta}_1$ 的方差是个非常重要的变量,它可用来衡量估计量对真实值的接近程度,以此来判断估计量的准确性。

σ^2 代表随机干扰项 u_i 的方差,即 $\text{Var}(u_i) = \sigma^2$。但是 σ^2 是一个未知的参数,故 $\hat{\beta}_0$、$\hat{\beta}_1$ 的真实方差是无法算出来的,所以必须找一个 σ^2 的估计值 $\hat{\sigma}^2$ 进行替代。可以证明 σ^2 的无偏估计量为

$$\hat{\sigma}^2 = \frac{\sum e_i^2}{n-2} \tag{1.3.10}$$

它是关于 σ^2 的一个无偏估计量,其中 n 是样本容量。因此 $\hat{\beta}_0$、$\hat{\beta}_1$ 的样本方差分别为

$$S_{\hat{\beta}_1}^2 = \frac{\hat{\sigma}^2}{\sum x_i^2} \quad S_{\hat{\beta}_0}^2 = \frac{\hat{\sigma}^2 \sum X_i^2}{n \sum x_i^2} \tag{1.3.11}$$

(一) 显著性检验法（t 检验）

显著性检验指的是利用样本结果,来证实一个原假设真伪的一种检验程序。由(1.3.9)式,回归方程的参数估计量 $\hat{\beta}_0$、$\hat{\beta}_1$ 服从正态分布:

$$\hat{\beta}_0 \sim N\left(\beta_0, \frac{\sigma^2 \sum X_i^2}{n \sum x_i^2}\right) \quad \hat{\beta}_1 \sim N\left(\beta_1, \frac{\sigma^2}{\sum x_i^2}\right)$$

又因为真实的 σ^2 未知,所以用 σ^2 的估计量 $\hat{\sigma}^2 = \frac{\sum e_i^2}{n-2}$ 替代时,可构造如下的随机量:

$$t_1 = \frac{\hat{\beta}_1 - \beta_1}{\sqrt{\frac{\hat{\sigma}^2}{\sum x_i^2}}} = \frac{\hat{\beta}_1 - \beta_1}{S_{\hat{\beta}_1}} \tag{1.3.12}$$

$t_1 \sim t(n-2)$,其中 n 是样本容量。这个统计量可作为 β_1 显著性检验的统计量。现在按照假设检验步骤,设定一个原假设。我们的目的是考察解释变量是否显著。如果变量 X 是显著的,那么参数 β_1 就应该显著的不为 0,所以显著性检验中的原假设和备择假设可分别为

$$H_0 : \beta_1 = 0, \qquad H_1 : \beta_1 \neq 0$$

然后,给定显著性水平 χ。又因为统计量 t_1 服从自由度为 $n-2$ 的 t 分布,所以可查表得一个临界值 $t_{\alpha/2}(n-2)$。将样本数据计算的 t 统计量的值与临界值相比较。如果 $|t_1| < t_{\alpha/2}(n-2)$,则 t_1 在可接受区域内,因此接受原假设 $H_0 : \beta_1 = 0$;如果 $|t_1| > |t_{\alpha/2}(n-2)|$,即落入否定区域,此时拒绝原假设 $H_0 : \beta_1 = 0$,接受备择假设 $H_1 : \beta_1 \neq 0$。如图 1-7 所示。

同理,构造 β_0 的统计量:

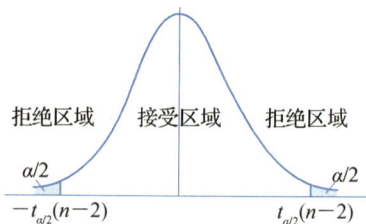

图 1-7 t 检验的接受区域与拒绝区域

$$t_0 = \frac{\hat{\beta}_0 - \beta_0}{\sqrt{\dfrac{\hat{\sigma}^2 \sum X_i^2}{n \sum x_i^2}}} = \frac{\hat{\beta}_0 - \beta_0}{S_{\hat{\beta}_0}} \qquad\qquad (1.3.13)$$

与 β_1 的统计量相似,$t_0 \sim t(n-2)$,其中 n 是样本容量。

对例 1-1 得出的回归方程进行显著性检验。首先计算出 σ^2 估计量 $\hat{\sigma}^2$。又因为 $\hat{\sigma}^2 = \dfrac{\sum e_i^2}{n-2}$,所以必须先计算出 $\sum e_i^2$,即

$$\sum e_i^2 = \sum y_i^2 - \hat{\beta}_1^2 \sum x_i^2 \approx 100\,373$$

然后算得

$$\hat{\sigma}^2 = \frac{\sum e_i^2}{n-2} \approx 7\,169.5$$

得到了 σ^2 之后,可计算 $\hat{\beta}_0$、$\hat{\beta}_1$ 的样本方差:

$$S_{\hat{\beta}_1}^2 = \frac{\hat{\sigma}^2}{\sum x_i^2} \approx 0.000\,021\,4$$

$$S_{\hat{\beta}_0}^2 = \frac{\hat{\sigma}^2 \sum X_i^2}{n \sum x_i^2} \approx 2\,393$$

则 $\hat{\beta}_1$、$\hat{\beta}_0$ 的 t 统计量值分别为

$$t_1 = \frac{\hat{\beta}_1}{S_{\hat{\beta}_1}} = 144.8, t_0 = \frac{\hat{\beta}_0}{S_{\hat{\beta}_0}} = 15.5$$

在给定显著性水平 σ 为 0.05 时,查附录部分的 t 分布表 $t_{\alpha/2}(n-2) = t_{0.025}(14) = 2.145$。显然 $|t_1| > t_{\alpha/2}(n-2)$,这说明了解释变量城镇居民家庭人均可支配收入在 95% 的置信度下对城镇居民家庭人均消费性支出的影响是显著的,即通过了变量的显著性检验。同理 $|t_0| > t_{\alpha/2}(n-2)$,说明了截距项在 95% 的置信程度下对城镇居民家庭人均消费性支出的影响是显著的。

(二)回归参数 β_1、β_0 的置信区间

用 OLS 得到的回归方程参数估计值只是一个点估计,虽然根据 OLS 的无偏性可知,在重复抽样中参数估计值的期望会等于参数的真实值,但不能说明这个参数估计是一个可靠的估

计。开始已经确定了 β_1、β_0 的方差分别为 $\mathrm{Var}(\hat{\beta}_1)=\dfrac{\sigma^2}{\sum x_i^2}$，$\mathrm{Var}(\hat{\beta}_1)=\dfrac{\sigma^2}{\sum x_i^2}$，可是方差只是说明了估计值和其均值的离散程度，并不能说明参数真实值的分布范围。所以须确定一个区间，使得在 $\hat{\beta}_i$ 左右的这个区间范围内可能包含了 β_i，并且确定这样的范围包含参数真实值的概率是多少，这就是参数的区间估计。

进行区间估计，首先选定一个概率 $\alpha(0<\alpha<1)$，并确定一个正数 δ，使得随机区间 $(\hat{\beta}_i-\delta,\hat{\beta}_i+\delta)$ 包含参数 β_1 的概率为 $1-\alpha$，用公式表示为

$$P(\hat{\beta}_i-\delta\leqslant\beta_i\leqslant\hat{\beta}_i+\delta)=1-\alpha \quad (i=0,1) \tag{1.3.14}$$

区间 $(\hat{\beta}_i-\delta,\hat{\beta}_i+\delta)$ 称之为置信区间，$1-\alpha$ 称为置信度，α 称为显著性水平。置信区间的端点称为置信限。在临界值中，较小的端点 $(\hat{\beta}_i-\delta)$ 被称为置信下限，较大的端点 $(\hat{\beta}_i+\delta)$ 被称为置信上限。对于 (1.3.14) 的理解是：置信区间是一个构造出来的区间，这个区间把参数的真值包括在区间的界限内有一个特定的概率为 $1-\alpha$。在实际运用中，$1-\alpha$ 一般都是比较大，比较接近 1。

同样建立统计量 t_1，服从 t 分布，所以若给定置信度 $1-\alpha$，并且得到自由度为 $n-2$ 的临界值 $t_{\alpha/2}(n-2)$，则置信区间可表示为

$$P(-t_{\alpha/2}(n-2)\leqslant t_i\leqslant t_{\alpha/2}(n-2))=1-\alpha \tag{1.3.15}$$

将 $t_i=\dfrac{\hat{\beta}_i-\beta_i}{S_{\hat{\beta}_i}}$ 代入 (1.3.15) 式得

$$P(-t_{\alpha/2}(n-2)\leqslant\frac{\hat{\beta}_i-\beta_i}{S_{\hat{\beta}_i}}\leqslant t_{\alpha/2}(n-2))=1-\alpha \tag{1.3.16}$$

整理后可得

$$P(\hat{\beta}_i-t_{\alpha/2}(n-2)S_{\hat{\beta}_i}\leqslant\beta_i\leqslant\hat{\beta}_i+t_{\alpha/2}(n-2)S_{\hat{\beta}_i})=1-\alpha \tag{1.3.17}$$

由上式可知，β_1 在置信度为 $1-\alpha$ 下的置信区间为

$$\hat{\beta}_i\pm t_{\alpha/2}(n-2)S_{\hat{\beta}_i} \tag{1.3.18}$$

值得注意的是，由 (1.3.18) 式可知，置信区间的宽度和参数估计量的标准差 $S_{\hat{\beta}_i}$ 呈正比关系。标准差越大，置信区间越宽。所以，当标准差越大的话，对未知参数进行估计的不确定性就会越大。这也是估计量的标准差常常被称作估计量的精度的原因。根据这个原理，在实际运用中可以通过增大样本容量 n 的方法，使参数估计量的标准差变小，达到缩小置信区间的目的。

在例 1-1 中 β_1 的置信区间为

$$\hat{\beta}_1\pm t_{\alpha/2}(n-2)S_{\hat{\beta}_1}=0.670207\pm2.145\times0.004626$$

也可以写为 $(0.6603,0.6801)$。同理，β_0 的置信区间为 $(651.1,860.96)$。

第四节 一元线性回归模型的预测

研究一个经济变量对经济现象的影响时,首先根据经济理论建立一元线性回归模型 $Y_i = \beta_0 + \beta_1 X_i + u_i$。之后利用统计资料对模型的参数进行估计,建立样本回归方程 $\hat{Y}_i = \hat{\beta}_0 + \hat{\beta}_1 X_i$,并进行参数估计的假设检验。如果我们能判断所建立的回归模型能正确地反映经济现象,就可以利用回归方程进行一些预测。预测是指给定解释变量 X 的一个特定值,利用所建立的回归方程对被解释变量 Y 进行一个估计。

在例 1-1 中,我们建立了一个回归模型:

$$\hat{Y}_i = 756.032\,2 + 0.670\,207 X_i$$

这个回归的方程只是对前十几年的一个归纳,即它是对历史的一个回归,那它的作用是什么呢? 其中一个重要的作用就是对于某个给定的城镇居民家庭人均可支配收入 X,以此来预测未来的城镇居民家庭人均消费性支出 Y。这里有两种预测:

(1) 对于给定的 X_0 值来预测 Y 的条件均值,也就是预测总体回归线本身的点。我们把这种预测成为均值预测(mean prediction)。

(2) 对于给定的 X_0 值来预测 Y 的一个个别值。我们将这种预测称为个值预测(individual prediction)。

一、均值预测

设总体回归函数为 $E(Y|X) = \beta_0 + \beta_1 X$,$Y$ 在 $X = X_0$ 时条件均值为

$$E(Y|X=X_0) = \beta_0 + \beta_1 X_0$$

通过样本的回归函数 $\hat{Y} = \hat{\beta}_0 + \hat{\beta}_1 X$,可得到在 $X = X_0$ 时,

$$\hat{Y}_0 = \hat{\beta}_0 + \hat{\beta}_1 X_0$$

上式的 $\hat{Y}_0$ 是一个估计量,所以并不能等同于真值。真值与估计量之间必定存在某种误差。为了评估这个误差,我们必须了解 $\hat{Y}_0$ 的分布,又因为 $\hat{\beta}_0$、$\hat{\beta}_1$ 服从正态分布,所以 $\hat{Y}_0$ 也服从正态分布,可以证明:

$$\hat{Y}_0 \sim N\left\{\beta_0 + \beta_1 X_0, \sigma^2\left[\frac{1}{n} + \frac{(X_0 - \overline{X})^2}{\sum x_i^2}\right]\right\} \tag{1.4.1}$$

得到 $\hat{Y}_0$ 的分布后,将 σ^2 用它的估计值 σ^2 进行替代,并构造 t 统计量:

$$t = \frac{\hat{Y}_0 - (\beta_0 + \beta_1 X_0)}{S_{\hat{Y}_0}} \sim t(n-2) \tag{1.4.2}$$

使用(1.4.2)式可以用来推导出 $E(Y|X=X_0)$ 的置信区间,可表示为

$$P(\hat{Y}_0 - t_{\alpha/2} \times S_{\hat{Y}_0} \leqslant E(Y|X=X_0) \leqslant \hat{Y}_0 + t_{\alpha/2} \times S_{\hat{Y}_0}) = 1 - \alpha \tag{1.4.3}$$

或表示成在 $1 - \alpha$ 的置信度下,均值预测的置信区间为

$$(\hat{Y}_0 - t_{\alpha/2}(n-2) \times S_{\hat{Y}_0}, \hat{Y}_0 + t_{\alpha/2}(n-2) \times S_{\hat{Y}_0}) \tag{1.4.4}$$

二、个值预测

如果我们不是要预测 Y 在 $X = X_0$ 时的条件均值,即我们不需要推导出真实的 $E(Y|X=X_0)$ 的置信区间。而是想要预测对于给定的 X 值时 Y 的值预测。由 $Y_0 = \beta_0 + \beta_1 X_0 + u_0$,可得

$$Y_0 \sim N(\beta_0 + \beta_1 X_0, \sigma^2) \tag{1.4.5}$$

可以证明,$\hat{Y}_0 - Y_0$ 服从正态分布,且

$$\hat{Y}_0 - Y_0 \sim N\left\{0, \sigma^2\left[1 + \frac{1}{n} + \frac{(X_0 - \overline{X})^2}{\sum x_i^2}\right]\right\} \tag{1.4.6}$$

与均值预测相似,得到 $\hat{Y}_0 - Y_0$ 的分布后,将 σ^2 以它的估计值 $\hat{\sigma}^2$ 进行替代,并构造 t 统计量:

$$t = \frac{\hat{Y}_0 - Y_0}{S_{\hat{Y}_0 - Y_0}} \sim t(n-2) \tag{1.4.7}$$

由此可得在置信度为 $1 - \alpha$,Y_0 的置信区间可表示为

$$P(\hat{Y}_0 - t_{\alpha/2} \times S_{\hat{Y}_0 - Y_0} \leqslant Y_0 \leqslant \hat{Y}_0 + t_{\alpha/2} \times S_{\hat{Y}_0 - Y_0}) = 1 - \alpha \tag{1.4.8}$$

或表示成

$$(\hat{Y}_0 - t_{\alpha/2}(n-2) \times S_{\hat{Y}_0 - Y_0}, \hat{Y}_0 + t_{\alpha/2}(n-2) \times S_{\hat{Y}_0 - Y_0}) \tag{1.4.9}$$

在例 1-1 中,得到了样本回归函数为

$$\hat{Y}_i = 756.03 + 0.670\,207 X_i$$

则在 $X_0 = 8\,000$ 处,

$$\hat{Y}_0 = 756.03 + 0.670\,207 \times 8\,000 \approx 6\,117.69$$

它可以作为总体均值 $E(Y|X=8\,000)$ 或 Y 的个别值在 $X=8\,000$ 处预测的估计值。有兴趣的读者,可以根据上边介绍的理论来计算总体条件均值和个值预测的置信区间。

第五节　案例分析

政府支出(GE)是指一国(或地区)为了完成其公共职能,对购买的所需商品和劳务进行的各种财政资金的支付活动,是政府必须向社会付出的成本。经济增长给政府支出提供了资金来源。国内生产总值(GDP)越高的省份,其财政支出也越高吗?为了验证这一想法,我们运用一元线性回归得到的简单模型来进行分析,并通过这个案例来说明计量经济学软件 EViews 的相关操作,数据如表 1-3 所示。

表 1-3 2012 年我国各地区国内生产总值与政府支出　　　　　　单位:亿元

地 区	国内生产总值	政府支出	地 区	国内生产总值	政府支出
北 京	11 115.00	3 685.31	湖 北	11 328.92	3 759.79
天 津	6 719.01	2 143.21	湖 南	11 555.00	4 119.00
河 北	16 011.97	4 079.44	广 东	36 796.71	7 387.86
山 西	7 315.40	2 759.46	广 西	7 021.00	2 985.23
内蒙古	8 496.20	3 425.99	海 南	1 503.06	911.67
辽 宁	13 668.58	4 558.59	重 庆	5 793.66	3 046.36
吉 林	6 426.10	2 471.20	四 川	12 601.23	5 450.99
黑龙江	8 314.37	3 171.52	贵 州	3 561.56	2 755.68
上 海	14 069.87	4 184.02	云 南	5 692.12	3 572.66
江 苏	30 981.98	7 027.67	西 藏	394.85	905.34
浙 江	21 462.69	4 161.88	陕 西	7 314.58	3 323.80
安 徽	8 851.66	3 961.01	甘 肃	3 166.82	2 059.56
福 建	10 823.01	2 607.50	青 海	1 018.62	1 159.05
江 西	6 971.05	3 019.22	宁 夏	1 203.93	864.36
山 东	30 933.28	5 904.52	新 疆	4 183.21	2 720.07
河 南	18 018.53	5 006.40			

资料来源:《中国统计年鉴(2013)》

为了和本章介绍的符号统一,我们将两者之间的关系设定为以下一元线性回归模型,即

$$Y_i = \beta_0 + \beta_1 X_i + u_i \quad (i = 1, 2, \cdots, 31)$$

其中,Y_i 为政府支出,X_i 为国内生产总值,u_i 为随机干扰项。假设所建立的模型中 u_i 满足经典假定,则可运用 OLS 法估计模型的参数。下面利用计量经济学软件 EViews 进行操作。

一、建立工作文件

首先,启动 EViews 程序,进入 EViews 主界面。

(一) 菜单方式

在主菜单栏中依次点击 File\New\Workfile,弹出创建工作文件(workfile create)窗口,如图 1-8 所示。

图中工作文件结构类型（Workfile structured type）项中有三种结构的数据类型：非结构/非时间（Unstructured/Undated）数据、时间频率数据（Data-regular frequency）、平衡面板数据（Balanced Panel）。如果选择时间频率数据，则在日期（Data specification）框可根据具体情况选择数据频率：

Annual(年度数据)

Semi-Annual(半年度数据)

Quarterly(季度数据)

Monthly(月度数据)

Weekly(周数据)

Daily(5-day week)（每周 5 天日数据）

图 1-8　工作文件的建立 1

Daily(7-day week)（每周 7 天日数据）

Integer data(整数数据)

如果选定的是年度数据，则起初日期（Start data）为开始年度，结束日期（End data）为结束年度。例如，数据起始日期为 1978 年，结束日期为 2008 年，则在"起初日期"框中输入 1978，在"结束日期"框中输入 2008。

如果选定是半年度数据，则日期的表示格式为年度：1 或 2。若为上半年，则为 1，否则为 2。例如，数据起始日期为 1978 年上半年，结束日期为 2008 年下半年，则在"起初日期"框中输入 1978:1，在"结束日期"框中输入 2008:2。

如果选定是季度数据，则日期的表示格式为年度：季度。例如，数据起始日期为 1978 年第二季度，结束日期为 2008 年第三季度，则在"起初日期"框中输入 1978:2，在"结束日期"框中输入 2008:3。

如果选定是月度数据，则日期的表示格式为年度：月度。例如，数据起始日期为 1978 年 5 月，结束日期为 2008 年 12 月，则在"起初日期"框中输入 1978:5，在"结束日期"框中输入 2008:12。

如果选定是周数据或日数据，则日期的表示格式为月/日/年。

在本例中只有 1 年（2012 年）的 31 个数据，故应在工作文件结构类型中选择非结构/非时间（Unstructured/Undated）数据，并在右边的数据范围（Data range）的观察值个数（Observations）中输入 31，并在工作文件名的可选项（Workfile names（optional））的工作文件（WF）中输入"GE"，如图 1-9 所示。

单击确定 OK 按钮，得到如图 1-10 所示的 GE 工作文件窗口（Workfile:GE）。在 GE 工作文件窗口中已有的两个对象中，c 为系数向量，即回归模型中的参数估计值；resid 代表残差序列 e_i。

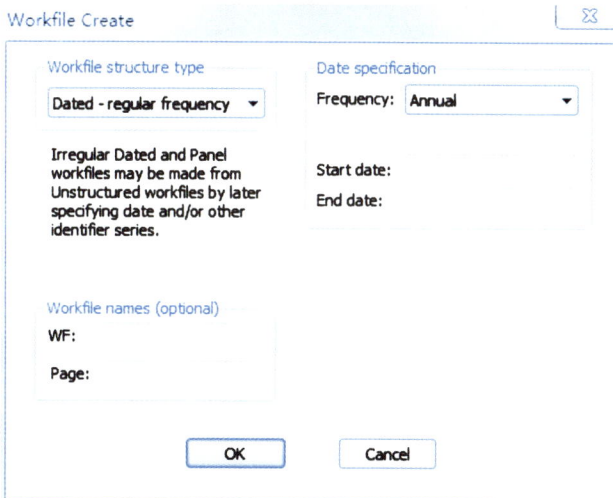

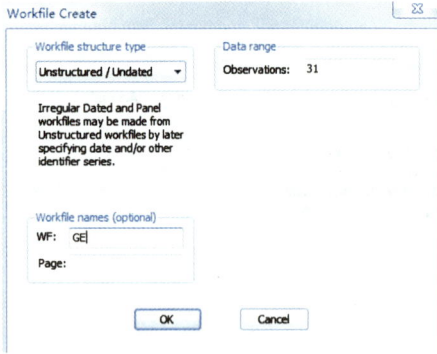

图 1 - 9　工作文件的建立 2

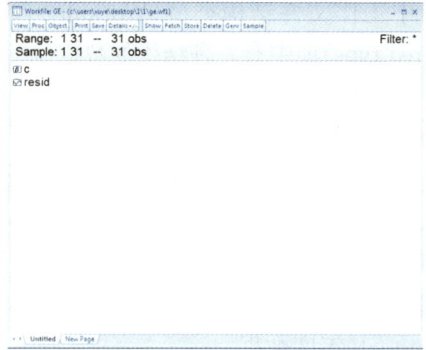

图 1 - 10　GE 工作文件窗口

(二) 命令方式

也可以在命令窗口直接输入建立工作文件的命令 CREATE,命令格式为

CREATE　数据频率类型　起始期　终止期

其中,数据频率类型分别为 A(年)、Q(季)、M(月),U(非时间序列数据)。输入 EViews 命令时,用空格分隔。如本例可键入命令:

CREATE　U　1　31

二、输入和编辑数据

建立工作文件后,可以输入和编辑数据。

(一) 菜单方式

在主菜单栏中依次点击 Object\New object,在弹出的 New Object 对话框中选择 Series,并在 Name for Object 上定义变量名(如变量 X),如图 1 - 11 所示。

点击"OK",在 GE 工作文件窗口出现序列 X 对象。双击序列 X 图标,得数据编辑框,如图 1 - 12 所示。

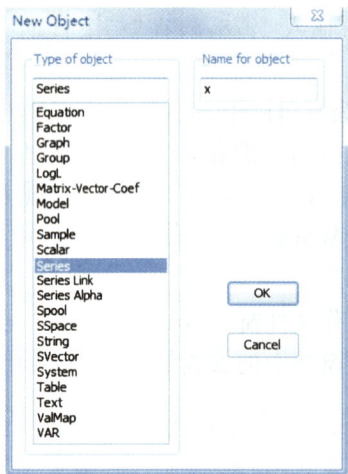

图 1 - 11　序列设置窗口

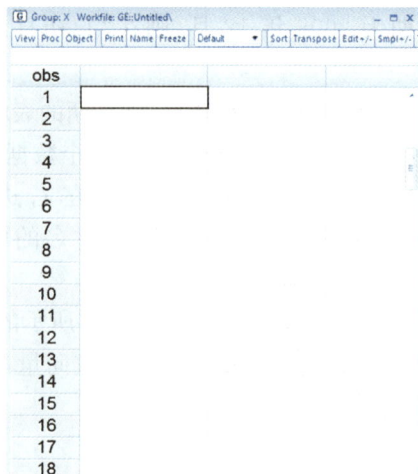

图 1 - 12　数据编辑窗口

(二) 命令方式

使用输入命令,对组数据进行输入或编辑。命令格式为

DATA <序列名 1> <序列名 2> … <序列名 n >

本例中,可在 EViews 命令框中直接输入:DATA　X　Y 然后回车,如图 1-13 所示。点击图 1-13 工具栏中的"Edit+/—",将数据进行输入。如图 1-14 所示。

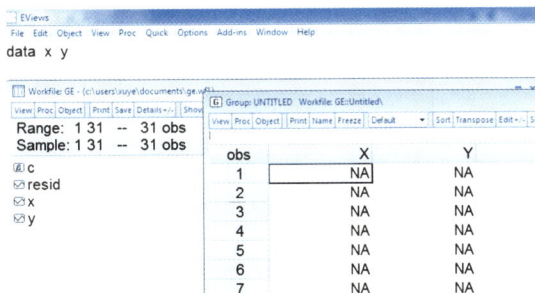

图 1-13　数据窗口

obs	X	Y
1	11115.00	3685.310
2	6719.010	2143.210
3	16011.97	4079.440
4	7315.400	2759.460
5	8496.200	3425.990
6	13668.58	4558.590
7	6426.100	2471.200
8	8314.370	3171.520
9	14069.87	4184.020
10	30981.98	7027.670
11	21462.69	4161.880
12	8851.660	3961.010
13	10823.01	2607.500
14	6971.050	3019.220
15	30933.28	5904.520
16	18018.53	5006.400
17	11328.92	3759.790
18	11555.00	4119.000
19	36796.71	7387.860
20	7021.000	2985.230

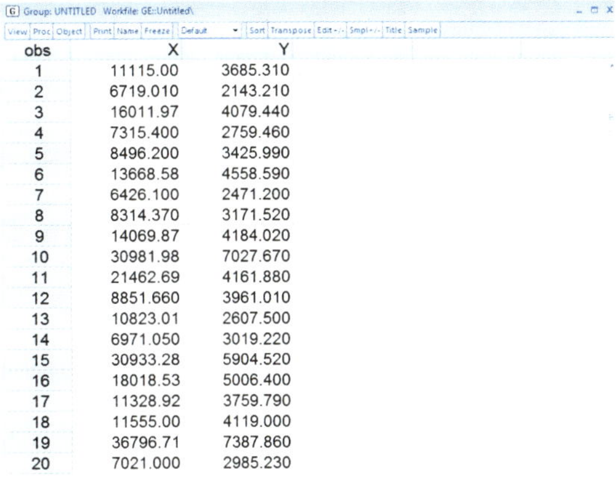

图 1-14　数据的输入

三、做散点图并建立模型

在估计计量经济模型之前,需要借助散点图直观地观察经济变量的相关关系,以便合理地确定模型的数学形式。

(一) 菜单方式

在 X、Y 数组窗口工具条上 EViews 的下拉式菜单中选择 Graph,在弹出的 Graph Options 中的对话框 Specific 中选择 Scatter,点击"OK",可得 X、Y 散点图,如图 1-15 所示。

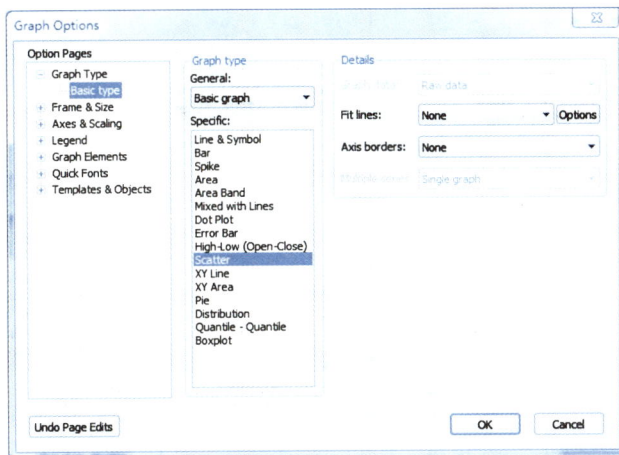

图 1-15　菜单方式设置 X、Y 散点图

(二) 命令方式

在 EViews 命令框中直接键入"SCAT　X　Y"然后回车,得到如图 1-16 所示的 X、Y 的散点图,点击命名(Name)按钮,将散点图以"graph01"为名保存。从图 1-16 显示的散点图来看 GDP(X)与 GE(Y)关系可能是线性关系。

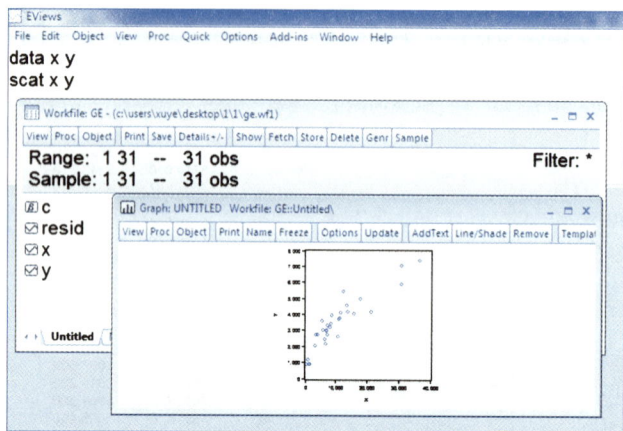

图 1-16　X 与 Y 关系的散点图

四、用 OLS 法估计模型参数

基于图 1-16,本例可建立一元线性回归模型。

(一) 菜单方式

在主菜单栏中依次点击 Object\New object,在弹出的 New Object 对话框中选择 Equation,点击"OK",出现估计对话框 Equation Estimation,在 Equation Specification 框中填入:Y　C　X(C 表示一元线性回归模型的截距项),在 method 框中选择 LS-Least Squares,如图 1-17 所示。

然后点击"确定",得 OLS 法的回归结果,如图 1-18 所示。

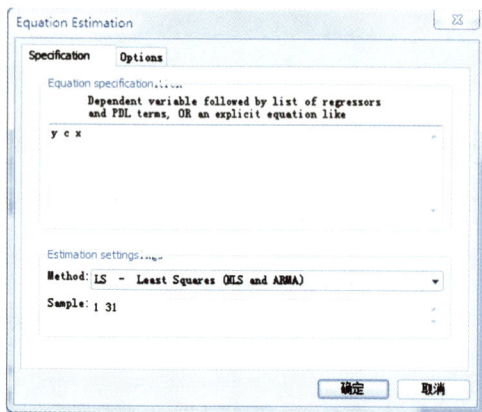

图 1-17　估计方程设定窗口

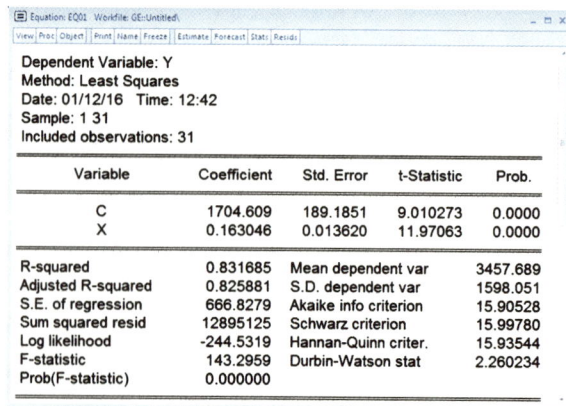

图 1-18　模型的估计结果

(二) 命令方式

在 EViews 命令框中直接键入"LS　Y　C　X"然后回车,即可直接得到如图 1-18 所示

的估计结果。点击命名(Name)按钮,将估计式以"eq01"为名保存。根据图 1-18,模型估计结果的标准格式为

$$\hat{Y}_i = 1\,704.609 + 0.163\,046X_i$$

$$s = (189.185\,1)(0.013\,620)$$

$$t = (9.010\,273)(11.970\,63)$$

$$R^2 = 0.831\,685 \quad \overline{R}^2 = 0.825\,881 \quad S.E = 666.827\,9 \quad F = 143.295\,9 \quad DW = 2.260\,234$$

五、模型检验

(一)经济意义检验

这里所估计的参数 $\hat{\beta}_1 = 0.163\,046$ 表示国内生产总值每增加 1 亿元,将会导致政府财政平均支出增加 0.163 046 亿元。

(二)拟合优度和统计检验

在用 EViews 得出回归模型参数估计结果的同时,软件已经给出了用于模型检验的相关数据。由回归结果可知,本例中的可决系数 $R^2 = 0.831\,685$,说明用 GDP 能够很好地解释 GE。解释变量"国内生产总值"对被解释变量"政府财政支出"的 83.17% 的变化做出了解释。

针对 $H_0: \beta_0 = 0$ 与 $H_0: \beta_1 = 0$,回归系数 $\hat{\beta}_0$ 的标准误差和 t 值分别为 189.185 1 和 9.010 273,回归系数 $\hat{\beta}_1$ 的标准误差和 t 值分别为 0.013 620 和 11.970 63,在给定显著性水平 α 为 0.05 时,$t_{\alpha/2}(n-2) = t_{0.025}(29) = 2.045$。显然 $\hat{\beta}_0$、$\hat{\beta}_1$ 的 t 值均大于 2.045,即拒绝原假设,所以参数的估计值显著不为零,这说明了解释变量国内生产总值在 0.05 的显著性水平下对政府财政支出的影响是显著的。

如果给定 α 为 0.05,由图 1-18 所得数据通过(1.3.18)式计算可得,$\hat{\beta}_0$ 与 $\hat{\beta}_1$ 的置信区间分别为(1 317.682,2 091.536) 和(0.135 189,0.190 903)。

六、预测

得到回归函数后,假设 2012 年某省份的 GDP 是 20 000 亿元,EViews 预测该省份的政府支出步骤为:

(1) 在 GE 工作文件窗口选择过程(Proc)菜单项中的修改数据范围(Structure/Resize Current Page...)选项。如图 1-19 所示。

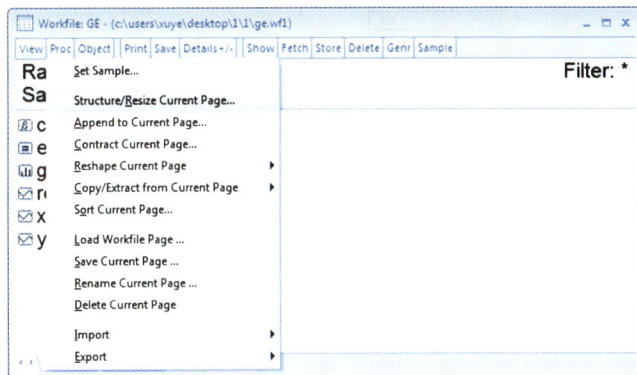

图 1-19　修改观测值的范围

（2）在弹出的窗口中的数据范围中输入观测值个数为 32，如图 1-20 所示。

（3）双击工作文件窗口中的 X 序列，打开 X 数据窗口。点击 Edit＋/－键，是 X 数据窗口处于可编辑状态。在 X 的观测值最后一行中输入20000。

（4）打开估计式 eq01 窗口，点击 forecast 键。Forecast name 编辑框用于输入所要预测的被解释变量名，默认的名字是变量后面加"f"；在标准差(S. E.)选择框处填入 yfse，图 1-21 表示即需要计算 Y_i 的预测值序列，又需要计算 Y_i 的预测标准差序列。

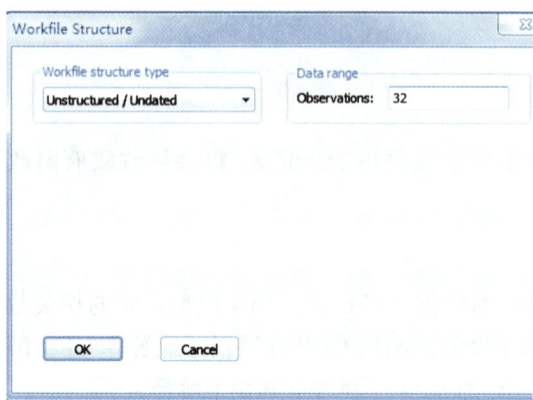

图 1-20　修改观测值个数

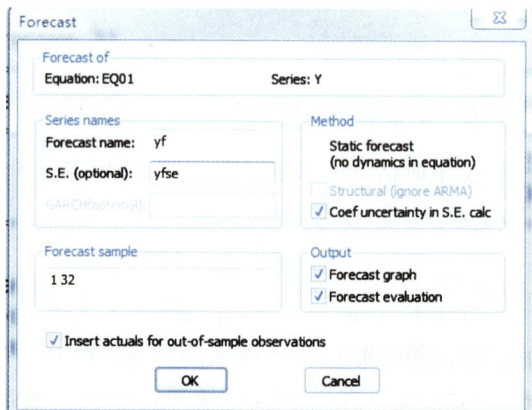

图 1-21　模型预测对话框

点击 OK，得到图 1-22 所示。图 1-22 的实线代表各个省份的政府支出预测值，虚线表示了两个正负预测标准差的范围。

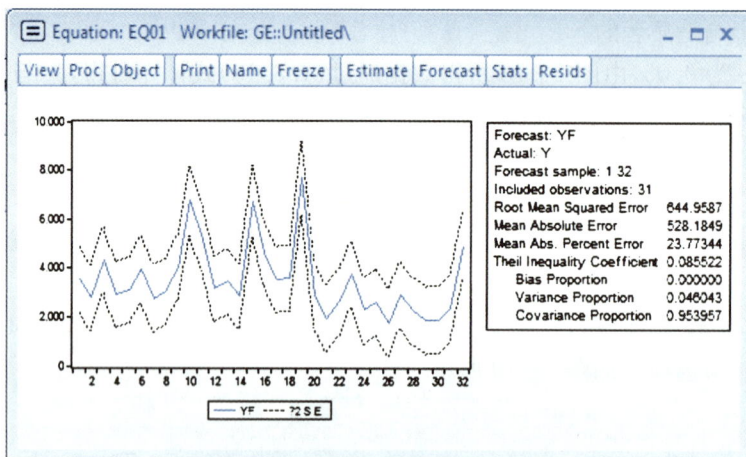

图 1-22　模型预测结果图

回到工作文件窗口，此时已经出现 yf、yfse 两个序列。

（5）在工作文件中，双击 yf 序列，可以看到 $\hat{Y}_{32}=4\,965.527$；双击打开 yfse 序列，得 $\hat{Y}_{32}$ 个别值的标准差 $S_{\hat{Y}_{32}-Y_{32}}=689.107\,9$。

如果给定 $\alpha=0.05$，查表得 $t_{\alpha/2}(n-2)=t_{0.025}(29)=2.045$，根据(1.4.9)式得 Y 在 $X=20\,000$ 亿处的个别值预测的 95% 置信区间为

$$(4\,965.527-2.045\times689.107\,9,4\,965.527+2.045\times689.107\,9)$$

又根据(1.4.4)式得 Y 在 $X=20\ 000$ 亿处的均值预测的 95% 置信区间为

$$(4\ 965.527-2.045\times\sqrt{689.107\ 9^2-666.827\ 9^2},$$
$$4\ 965.527+2.045\times\sqrt{689.107\ 9^2-666.827\ 9^2})。$$

复习思考题

1. 回归的目的是什么？总体回归函数和样本回归函数之间的区别与联系？

2. 什么是随机干扰项？它与残差之间的区别是什么？

3. 最小二乘估计方法的经典假定有哪些？最小二乘估计量有哪些统计性质？

4. 从某公司分布在 11 个地区的销售点的销售量(Y)和销售价格(X)观测值得出以下结果：

$$\overline{X}=519.8\quad\overline{Y}=217.82$$

$$\sum X_i^2=3\ 134\ 543\quad\sum X_iY_i=1\ 296\ 836\quad\sum Y_i^2=539\ 512$$

(1) 估计截距 β_0 和斜率系数 β_1 及其标准差,并进行 t 检验;

(2) 销售的总离差平方和中,样本回归直线未解释的比例是多少？

(3) 对 β_0 和 β_1 分别建立 95% 的置信区间。

5. 对没有截距项的一元回归模型

$$Y_i=\beta_1X_i+u_i$$

称之为过原点回归。试证明：

(1) 如果通过相应的样本回归模型可得到通常的正规方程组

$$\sum e_i=0$$
$$\sum e_iX_i=0$$

则可以得到 β_1 的两个不同的估计值：$\tilde{\beta}_1=\overline{Y}/\overline{X}$,$\hat{\beta}_1=\sum X_iY_i\big/\sum X_i^2$。

(2) 在基本假设 $E(u_i)=0$ 下,$\tilde{\beta}_1$ 与 $\hat{\beta}_1$ 均为无偏估计量。

(3) 拟合线 $\hat{Y}=\hat{\beta}_1X$ 通常不会经过均值点 $(\overline{X},\overline{Y})$,但拟合线 $\tilde{Y}=\tilde{\beta}_1X$ 则相反。

(4) 只有 $\hat{\beta}_1$ 是 β_1 的 OLS 估计量。

6. 假设对某地区的人均存款 Y 与人均收入 X 的年份数据回归得到如下估计模型(括号内为标准差)：

$$\hat{Y}_i=464.126+0.086X_i$$
$$(172.302)\ (0.018)$$
$$R^2=0.566,\hat{\sigma}=201.044$$

(1) 变量 X 前的系数的经济解释是什么？

(2) 常数项和系数项的实际符号与你的直觉一致吗？如果有冲突的话,你可以给出可能的原因吗？

（3）对于拟合优度你有什么看法？

7. 有人通过抽样调查的方式获得了某城镇居民年人均鲜蛋需求量 Y（公斤），年人均可支配收入 X（元,1980 年不变价格）的数据,如表 1-4 所示。

表 1-4　某城镇居民年人均鲜蛋需求量和年人均可支配收入的数据　　　　单位:元

年　份	人均鲜蛋需求量	年人均可支配收入	年　份	人均鲜蛋需求量	年人均可支配收入
1988	14.4	847.26	1994	18.0	1 200.90
1989	14.4	820.99	1995	18.5	1 289.77
1990	14.4	884.21	1996	18.2	1 432.93
1991	14.7	903.66	1997	19.3	1 538.97
1992	17.0	984.09	1998	17.1	1 663.63
1993	16.3	1 035.26			

（1）画散点图,建立人均鲜蛋需求量 Y 随年人均可支配收入 X 变化的一元线性回归模型,并解释斜率系数的经济含义。

（2）对所建立的一元线性回归模型进行拟合优度、参数的显著性检验、求回归系数的置信区间。（$\alpha = 0.05$）

（3）若 1999 年年人均可支配收入为 2 000 元,计算 1999 年人均鲜蛋需求量的预测值及 95% 的置信区间。

第二章

多元线性回归模型

在第一章中，我们介绍了简单线性回归分析的原理与方法，在模型中它仅考虑了一个解释变量。本章将把模型扩展到多个解释变量的情形。例如：我国的粮食产量，除了受农用化肥施用量的影响外，还受粮食种植面积、成灾面积、农业机械总动力、农业劳动力等多种因素的影响，表现在线性模型中的解释变量有多个。这种在两个或两个以上的解释变量之间建立的因果关系模型，称为多元线性回归模型。对两个或两个以上变量之间的关系进行估计的回归分析，就是所谓的多元回归分析。多元回归分析的原理与一元回归分析基本相同，只是计算更为复杂。

第一节　多元线性回归模型及假定

一、多元线性回归模型

多元线性总体回归模型的一般形式为

$$Y_i = \beta_0 + \beta_1 X_{1i} + \beta_2 X_{2i} + \cdots + \beta_k X_{ki} + u_i \quad (i=1,2,\cdots,n) \tag{2.1.1}$$

其中，k 是解释变量的数目，其他变量和符号的含义与一元线性回归模型相同。由于习惯上把常数项看成为一个虚变量的系数，在参数估计过程中该虚变量的样本观测值始终取 1。这样，模型中解释变量的数目为 $(k+1)$。u_i 代表众多影响变化的微小因素。模型(2.1.1)所表达的是，当解释变量 $X_1, X_2, \cdots, X_k$ 发生变化时，被解释变量 Y 平均的变化程度。

模型(2.1.1)的经济意义是 X_{ji} 是 y_i 的重要解释变量，模型中每个回归系数 $\beta_j = \partial Y_i / \partial X_j$，可以解释为在其他因素(变量)不变的条件下，解释变量 X_j(对任意 i 的 X_{ji})每变动一个单位，被解释变量变动 β_j 个单位。

当给定一个样本 $(Y_i, X_{1i}, X_{2i}, \cdots, X_{ki})$，$i=1,2,\cdots,n$ 时，模型(2.1.1)表示为

$$\begin{cases} Y_1 = \beta_0 + \beta_1 X_{11} + \beta_2 X_{21} + \cdots + \beta_k X_{k1} + u_1 \\ Y_2 = \beta_0 + \beta_1 X_{12} + \beta_2 X_{22} + \cdots + \beta_k X_k + u_2 \\ \qquad\qquad\qquad \cdots \\ Y_n = \beta_0 + \beta_1 X_{1n} + \beta_2 X_{2n} + \cdots + \beta_k X_{kn} + u_n \end{cases} \tag{2.1.2}$$

得到多元线性总体回归模型(2.1.2)的矩阵表达式为

$$Y = X\beta + u \tag{2.1.3}$$

其中, $Y = \begin{bmatrix} Y_1 \\ Y_2 \\ \vdots \\ Y_n \end{bmatrix}_{n \times 1}$, $X = \begin{bmatrix} 1 & X_{11} & X_{21} & \cdots & X_{k1} \\ 1 & X_{12} & X_{22} & \cdots & X_{k2} \\ \vdots & \vdots & \vdots & & \vdots \\ 1 & X_{1n} & X_{2n} & \cdots & X_{kn} \end{bmatrix}_{n \times (k+1)}$, $\beta = \begin{bmatrix} \beta_0 \\ \beta_1 \\ \vdots \\ \beta_k \end{bmatrix}_{(k+1) \times 1}$, $u = \begin{bmatrix} u_1 \\ u_2 \\ \vdots \\ u_n \end{bmatrix}_{n \times 1}$。

相应地,多元线性总体回归函数可用矩阵形式表示为

$$E(Y \mid X) = X\beta \tag{2.1.4}$$

类似地,多元线性样本回归模型、多元线性样本回归函数的矩阵表达式分别为

$$Y = X\hat{\beta} + e \tag{2.1.5}$$

$$\hat{Y} = X\hat{\beta} \tag{2.1.6}$$

其中, $\hat{\beta} = \begin{bmatrix} \hat{\beta}_0 \\ \hat{\beta}_1 \\ \vdots \\ \hat{\beta}_k \end{bmatrix}_{(k+1) \times 1}$ 为回归系数估计值向量, $e = \begin{bmatrix} e_1 \\ e_2 \\ \vdots \\ e_n \end{bmatrix}_{n \times 1}$ 为模型的残差向量。

二、多元线性回归模型的若干经典假定

为了使 OLS 估计量具有良好的统计性质,对多元线性回归模型(2.1.1)式或(2.1.4)式作类似于一元线性回归分析那样的若干经典假设。

假定 1:解释变量是非随机的,且相互之间互不相关。

这一假定表明:(1) 矩阵 X 列满秩($\mathrm{rank}(X) = k+1$),矩阵 $X'X$ 可逆且正定;(2) 保证参数估计值的唯一性。

假定 2:随机干扰项与解释变量之间不相关。即

$$\mathrm{Cov}(u_i, X_{ji}) = 0 \quad (j = 1, 2, \cdots, k; i = 1, 2, \cdots, n) \tag{2.1.7}$$

这个假定说明 X_{ji} 与随机干扰项 u_i 相互独立,互不相关,模型中的解释变量 X_{ji} 和随机干扰项 u_i 对被解释变量 Y_i 的影响是完全独立的。

用矩阵表示为

$$E(X'u) = E \begin{bmatrix} 1 & X_{11} & X_{21} & \cdots & X_{k1} \\ 1 & X_{12} & X_{22} & \cdots & X_{k2} \\ \vdots & \vdots & \vdots & & \vdots \\ 1 & X_{1n} & X_{2n} & \cdots & X_{kn} \end{bmatrix}' \begin{bmatrix} u_1 \\ u_2 \\ \vdots \\ u_n \end{bmatrix} = 0 \tag{2.1.8}$$

假定 3:随机干扰项服从零均值,同方差,零协方差。即

$$E(u_i) = 0 \quad (i = 1, 2, \cdots, n)$$

$$\mathrm{Var}(u_i) = E(u_i^2) = \sigma^2 \quad (i = 1, 2, \cdots, n)$$

$$\mathrm{Cov}(u_i, u_j) = E(u_i u_j) = 0 \quad (i \neq j, \ i, j = 1, 2, \cdots, n) \tag{2.1.9}$$

用矩阵形式表示为

$$E(u)=E\begin{bmatrix} u_1 \\ u_2 \\ \vdots \\ u_n \end{bmatrix}=\begin{bmatrix} E(u_1) \\ E(u_2) \\ \vdots \\ E(u_n) \end{bmatrix}=0 \tag{2.1.10}$$

$$E(uu')=E\left[\begin{bmatrix} u_1 \\ u_2 \\ \vdots \\ u_n \end{bmatrix}(u_1 \quad u_2 \quad \cdots \quad u_n)\right]=E\begin{bmatrix} u_1^2 & u_1u_2 & \cdots & u_1u_n \\ u_2u_1 & u_2^2 & \cdots & u_2u_n \\ \vdots & \vdots & & \vdots \\ u_nu_1 & u_nu_2 & \cdots & u_n^2 \end{bmatrix}$$

$$=\begin{bmatrix} E(u_1^2) & E(u_1u_2) & \cdots & E(u_1u_n) \\ E(u_2u_1) & E(u_2^2) & \cdots & E(u_2u_n) \\ \vdots & \vdots & & \vdots \\ E(u_nu_1) & E(u_nu_2) & \cdots & E(u_n^2) \end{bmatrix}=\begin{bmatrix} \text{var}(u_1) & \text{cov}(u_1,u_2) & \cdots & \text{cov}(u_1,u_n) \\ \text{cov}(u_2,u_1) & \text{var}(u_2) & \cdots & \text{cov}(u_2,u_n) \\ \vdots & \vdots & & \vdots \\ \text{cov}(u_n,u_1) & \text{cov}(u_n,u_2) & \cdots & \text{var}(u_n) \end{bmatrix}$$

$$=\begin{bmatrix} \sigma^2 & 0 & \cdots & 0 \\ 0 & \sigma^2 & \cdots & 0 \\ \vdots & \vdots & & \vdots \\ 0 & 0 & \cdots & \sigma^2 \end{bmatrix}=\sigma^2 I_n \tag{2.1.11}$$

假定 4：随机干扰项服从正态分布。即

$$u_i \sim N(0,\sigma^2) \quad (i=1,2,\cdots,n) \tag{2.1.12}$$

用矩阵形式表示为

$$u \sim N(0,\sigma^2 I)$$

假定 5：正确设定回归模型。

与一元回归模型一样，多元回归模型的正确设定也有三个方面的要求：① 选择了正确的变量进入模型；② 对模型的形式进行正确的设定；③ 对模型的解释变量、被解释变量以及随机干扰项做了正确的假定。

上述假定条件称为多元线性回归模型的经典假定。在实际经济问题中，这些假定条件有时可能不成立。如何识别这些假定条件是否满足，以及假定条件不成立时如何进行参数估计和检验，后面有关章节将进行介绍。在本章，我们假定以上条件都成立。

第二节 多元线性回归模型的参数估计

多元线性回归模型参数估计与一元线性回归模型的参数估计一样：① 求参数估计量 $\hat{\beta}_j(j=0,1,2,\cdots,k)$；② 求随机干扰项的方差估计值 $\hat{\sigma}^2$，多元线性回归模型在满足经典假定的情况下，可以采用普通最小二乘法、极大似然法估计参数。

一、普通最小二乘法

(一) 普通最小二乘估计

对于多元线性回归模型(2.1.1)式,利用最小二乘法估计模型的参数,同样应该使残差平方和达到最小,即

$$RSS: Q = \sum e_i^2 = \sum (Y_i - \hat{Y}_i)^2 = \sum (Y_i - \hat{\beta}_0 - \hat{\beta}_1 X_{1i} - \hat{\beta}_2 X_{2i} - \cdots - \hat{\beta}_k X_{ki})^2$$

取最小值。根据多元函数的极值原理,Q 分别对 $\hat{\beta}_0, \hat{\beta}_1, \hat{\beta}_2, \cdots, \hat{\beta}_k$ 求一阶偏导数,并令其为零,即

$$\frac{\partial Q}{\partial \hat{\beta}_j} = 0 \quad (j = 0, 1, 2, \cdots, k)$$

得到的方程组为

$$\begin{cases} \sum 2(Y_i - \hat{\beta}_0 - \hat{\beta}_1 X_{1i} - \hat{\beta}_2 X_{2i} - \cdots - \hat{\beta}_k X_{ki})(-1) = -2\sum e_i = 0 \\ \sum 2(Y_i - \hat{\beta}_0 - \hat{\beta}_1 X_{1i} - \hat{\beta} X_{2i} - \cdots - \hat{\beta}_k X_{ki})(-X_{1i}) = -2\sum e_i X_{1i} = 0 \\ \cdots \\ \sum 2(Y_i - \hat{\beta}_0 - \hat{\beta}_1 X_{1i} - \hat{\beta}_2 X_{2i} - \cdots - \hat{\beta}_k X_{ki})(-X_{ki}) = -2\sum e_i X_{ki} = 0 \end{cases} \quad (2.2.1)$$

上述 $k+1$ 个方程称为正规方程。用矩阵表示就是

$$\begin{bmatrix} \sum e_i \\ \sum e_i X_{1i} \\ \vdots \\ \sum e_i X_{ki} \end{bmatrix} = \begin{bmatrix} 1 & X_{11} & X_{21} & \cdots & X_{k1} \\ 1 & X_{12} & X_{22} & \cdots & X_{k2} \\ \vdots & \vdots & \vdots & & \vdots \\ 1 & X_{1n} & X_{2n} & \cdots & X_{kn} \end{bmatrix}' \begin{bmatrix} e_1 \\ e_2 \\ \vdots \\ e_n \end{bmatrix} = X'e = 0 \quad (2.2.2)$$

样本回归模型 $Y = X\hat{\beta} + e$ 两边同乘样本观测值矩阵 X 的转置 X',有

$$X'Y = X'X\hat{\beta} + X'e$$

将(2.2.2)式代入上式,得正规方程组:

$$X'Y = X'X\hat{\beta} \quad (2.2.3)$$

由经典假定条件 1 知 $(X'X)^{-1}$ 存在,用 $(X'X)^{-1}$ 左乘(2.2.3)式两端,得到参数向量 $\hat{\beta}$ 的最小二乘估计为 $\hat{\beta} = (X'X)^{-1}X'Y$,这就是多元线性回归模型中向量 β 的普通最小二乘估计值。

特别地,对于一元线性回归模型 $Y_i = \beta_0 + \beta_1 X_{1i} + \boldsymbol{u}_i$,若给定解释变量 X_i 和被解释变量 Y_i 的 n 对样本观测值 $(X_1, Y_1), (X_2, Y_2), \cdots, (X_n, Y_n)$,有

$$X'X = \begin{bmatrix} 1 & 1 & \cdots & 1 \\ X_1 & X_2 & \cdots & X_n \end{bmatrix} \begin{bmatrix} 1 & X_1 \\ 1 & X_2 \\ \vdots & \vdots \\ 1 & X_n \end{bmatrix} = \begin{bmatrix} n & \sum X_i \\ \sum X_i & \sum X_i^2 \end{bmatrix}$$

$$X'Y = \begin{bmatrix} 1 & 1 & \cdots & 1 \\ X_1 & X_2 & \cdots & X_n \end{bmatrix} \begin{bmatrix} Y_1 \\ Y_2 \\ \vdots \\ Y_n \end{bmatrix} = \begin{bmatrix} \sum Y_i \\ \sum X_i Y_i \end{bmatrix}$$

由正规方程组(2.2.3)式得一元线性回归参数的正规方程组:

$$\begin{bmatrix} n & \sum X_i \\ \sum X_i & \sum X_i^2 \end{bmatrix} \begin{bmatrix} \hat{\beta}_0 \\ \hat{\beta}_1 \end{bmatrix} = \begin{bmatrix} \sum Y_i \\ \sum X_i Y_i \end{bmatrix}$$

即

$$\begin{cases} n\hat{\beta}_0 + \hat{\beta}_1 \sum X_i = \sum Y_i \\ \hat{\beta}_0 \sum X_i + \hat{\beta}_1 \sum X_i^2 = \sum X_i Y_i \end{cases}$$

(二) 随机干扰项方差估计值 $\hat{\sigma}^2$ 的普通最小二乘估计

可以证明:随机干扰项的方差的无偏估计为

$$\hat{\sigma}^2 = \frac{\sum e_i^2}{n-k-1} = \frac{e'e}{n-k-1} \tag{2.2.4}$$

其中,$(n-k-1)$ 为自由度,这是因为在估计 $RSS = \sum e_i^2$ 时,必须先求出 $\hat{\beta}_0$、$\hat{\beta}_1$、$\hat{\beta}_2 \cdots \hat{\beta}_k$,即消耗了 $(k+1)$ 个自由度。

二、极大似然法估计

对于多元线性回归模型:

$$Y_i = \beta_0 + \beta_1 X_{1i} + \beta_2 X_{2i} + \cdots + \beta_k X_{ki} + u_i \quad (i=1,2,\cdots,n)$$

$$u_i \sim N(0,\sigma^2) \quad Y_i \sim N(X_i\beta,\sigma^2)$$

其中,$X_i = (1, X_{1i}, X_{2i}, \cdots, X_{ki})$,$\beta = \begin{bmatrix} \beta_0 \\ \beta_1 \\ \beta_2 \\ \vdots \\ \beta_k \end{bmatrix}$。

于是,Y_i 的概率函数为

$$P(Y_i) = \frac{1}{\sigma\sqrt{2\pi}} e^{-\frac{1}{2\sigma^2}[Y_i - (\beta_0 + \beta_1 X_{1i} + \beta_2 X_{2i} + \cdots + \beta_k X_{ki})]^2} \quad (i=1,2,\cdots,n) \tag{2.2.5}$$

因为 Y_i 是相互独立的。所以 Y 是随机抽取的 n 组样本观测值的联合概率,即似然函数为

$$L(\beta,\sigma^2) = P(Y_1, Y_2, \cdots, Y_n) = P(Y_1)P(Y_2) \cdots P(Y_n)$$

$$= \frac{1}{(2\pi)^{\frac{n}{2}}\sigma^n} e^{-\frac{1}{2\sigma^2}[Y_i-(\beta_0+\beta_1X_{1i}+\beta_2X_{2i}+\cdots+\beta_kX_{ki})]^2}$$

$$= \frac{1}{(2\pi)^{\frac{n}{2}}\sigma^n} e^{-\frac{1}{2\sigma^2}(Y-X\beta)'(Y-X\beta)} \tag{2.2.6}$$

由于 $\ln L$ 是的单调函数,使 $\ln L$ 极大的参数值也将使 L 极大,即 $\partial(\ln L)/\partial\beta=(1/L)\times(\partial L/\partial\beta)=0$,所以对数似然函数为

$$\ln L = -\frac{n}{2}\ln(2\pi) - \frac{n}{2}\ln(\sigma^2) - \frac{1}{2\sigma^2}(Y-X\beta)'(Y-X\beta) \tag{2.2.7}$$

求上式对 β 和 σ^2 求偏导数,并令其等于零:

$$\frac{\partial(\ln L)}{\partial\sigma^2} = -\frac{n}{2\sigma^2} + \frac{1}{2\sigma^4}(Y-X\beta)'(Y-X\beta) = 0 \tag{2.2.8}$$

可以求出 β 和 σ^2 的估计参数:

$$\hat{\beta} = (X'X)^{-1}X'Y, \hat{\sigma}^2 = \frac{(Y-X\hat{\beta})'(Y-X\hat{\beta})}{n} = \frac{\sum e_i^2}{n} \tag{2.2.9}$$

三、参数估计量的性质

如果多元线性回归模型满足经典假设,则其参数的估计量与一元线性回归模型一样具有线性性、无偏性和有效性,即 $\hat{\beta}$ 是 β 的最佳线性无偏估计(BLUE),并且可以证明

$$\hat{\beta} \sim N(0, \sigma^2(X'X)^{-1})$$

(一) 线性性

参数估计量是线性估计量,即是随机变量 Y 的线性函数。由于

$$\hat{\beta} = (X'X)^{-1}X'Y = CY$$

$$\begin{bmatrix} \hat{\beta}_0 \\ \hat{\beta}_1 \\ \hat{\beta}_2 \\ \vdots \\ \hat{\beta}_k \end{bmatrix} = \begin{bmatrix} C_{11} & C_{12} & \cdots & C_{1n} \\ C_{21} & C_{22} & \cdots & C_{2n} \\ \vdots & \vdots & & \vdots \\ C_{(k+1)1} & C_{(k+1)2} & \cdots & C_{(k+1)n} \end{bmatrix}_{(k+1)\times n} \begin{bmatrix} Y_1 \\ Y_2 \\ \vdots \\ Y_n \end{bmatrix}$$

可见,参数估计量是被解释变量 Y 的线性组合。其中,X 是非随机的(即为固定值),$C=(X'X)^{-1}X'$ 仅与 X 有关,为 $(k+1)\times n$ 阶矩阵。

(二) 无偏性

将 $Y=X\beta+u, E(u)=0$ 代入 $E(\hat{\beta})$,得

$$E(\hat{\beta}) = E(X'X)^{-1}X'Y = E[(X'X)^{-1}X'(X\beta+u)]$$
$$= \beta + (X'X)^{-1}X'E(u) = \beta \tag{2.2.10}$$

(三) 有效性

由于有效性的证明较为烦琐,这里只给出参数估计量的方差。因为 $\hat{\beta}=\beta+(X'X)^{-1}X'u$,$E(uu')=\sigma^2 I$,$I$ 为单位矩阵,故 $\hat{\beta}$ 的方差-协方差矩阵为

$$
\begin{aligned}
\operatorname{Cov}(\hat{\beta}) &= E\{[\hat{\beta}-E(\hat{\beta})][\hat{\beta}-E(\hat{\beta})]'\} = E\{[\hat{\beta}-\beta][\hat{\beta}-\beta]'\}\\
&= E[(X'X)^{-1}X'uu'X(X'X)^{-1}] = (X'X)^{-1}X'E(uu')X(X'X)^{-1}\\
&= (X'X)^{-1}X'\sigma^2 I X(X'X)^{-1} = \sigma^2(X'X)^{-1}
\end{aligned}
\tag{2.2.11}
$$

(四) 随机干扰项方差估计量的性质

由于被解释变量的估计值与观察值之间的残差:

$$
\begin{aligned}
e &= Y-X\hat{\beta} = X\beta+u-X(X'X)^{-1}X'Y = X\beta+u-X(X'X)^{-1}X'(X\beta+u)\\
&= u-X(X'X)^{-1}X'u = (I-X(X'X)^{-1}X')u = Mu
\end{aligned}
\tag{2.2.12}
$$

因为 $M=I-X(X'X)^{-1}X'=M'$:

$$
\begin{aligned}
M^2 &= M'M = [I-X(X'X)^{-1}X'][I-X(X'X)^{-1}X']\\
&= I-2X(X'X)^{-1}X'+X(X'X)^{-1}X'X(X'X)^{-1}X'\\
&= I-X(X'X)^{-1}X' = M
\end{aligned}
\tag{2.2.13}
$$

故 M 为对称幂等矩阵。所以残差平方和为 $e'e=u'Mu$,

$$
\begin{aligned}
E(e'e) &= E(u'(I-X(X'X)^{-1}X')u) = \sigma^2 tr(I-X(X'X)^{-1}X')\\
&= \sigma^2(trI-tr(X(X'X)^{-1}X'))\\
&= \sigma^2(n-(k+1))
\end{aligned}
\tag{2.2.14}
$$

其中,tr 表示矩阵的迹,其定义为矩阵主对角线元素的和。于是

$$
\sigma^2 = \frac{E(e'e)}{n-k-1}
\tag{2.2.15}
$$

以上过程导出了随机干扰项方差的估计量为

$$
\hat{\sigma}^2 = \frac{e'e}{n-k-1}
\tag{2.2.16}
$$

也证明了该估计量是线性无偏估计量。

例 2-1 在宏观经济学中,美国经济学家杜森贝利提出了杜森贝利理论,即相对收入消费理论,他认为消费者会受到自己过去的消费习惯和周围的消费水准的影响而决定消费,因此消费具有惯性,前期的消费水平会影响下一期的消费水平,这告诉我们,除了当期收入外,前期消费也很可能是建立消费函数时应该考虑的因素。利用 1978—2010 年的 33 年数据作为样本区间,我国实际居民消费 Y 为被解释变量,其滞后一期 Y 和实际可支配收入 X 为解释变量(其中的数据均为剔除了价格因素的实际年份数据,CPI 为 GDP 平减指数,1978=1),来建立多元线性回归模型。数据如表 2-1 所示。

表 2-1 我国实际居民消费、实际可支配收入、GDP 平减指数数据　　　单位:亿元

年 份	实际居民消费	实际可支配收入	GDP 平减指数(1978=1)	年 份	实际居民消费	实际可支配收入	GDP 平减指数(1978=1)
1978	1 592.291	1 647.82	1	1995	7 831.688	8 621.289	3.320 275
1979	1 868.61	1 945.748	1.035 787	1996	8 775.869	9 746.501	3.533 499
1980	2 150.134	2 266.219	1.075 008	997	9 506.782	10 578.58	3.587 503
1981	2 462.51	2 542.53	1.099 041	1998	10 124.91	11 404.52	3.555 646
1982	2 895.716	3 021.595	1.097 21	1999	10 919.31	12 462.46	3.509 976
1983	3 273.631	3 391.609	1.108 244	2000	11 491.46	13 134.55	3.581 771
1984	3 609.034	3 800.437	1.163 19	2001	12 132.12	14 171.08	3.655 174
1985	3 821.693	3 950.665	1.282 213	2002	13 502.32	15 786.81	3.676 907
1986	4 131.266	4 331.422	1.342 3	2003	14 382.97	17 106.2	3.772 092
1987	4 407.902	4 638.601	1.411 898	2004	15 177.16	18 191.11	4.033 47
1988	4 834.176	4 972.145	1.582 947	2005	16 440.72	19 860.67	4.191 548
1989	4 993.286	5 273.346	1.718 229	2006	17 680.75	21 783.72	4.351 243
1990	5 300.455	5 684.561	1.817 963	2007	19 263.73	24 168.23	4.683 406
1991	5 421.881	5 818.306	1.942 585	2008	20 541.38	26 152.13	5.047 049
1992	5 729.332	6 272.602	2.101 882	2009	22 854.75	29 168.75	5.016 414
1993	6 141.304	6 780.676	2.420 896	2010	24 506.45	31 627.44	5.302 835
1994	6 918.988	7 673.601	2.920 118				

数据来源:根据《中国统计年鉴(2011)》数据整理

线性回归模型设定为

$$Y_i = \beta_0 + \beta_1 Y_{i-1} + \beta_2 X_i + u_i \quad (i=2,3,\cdots,33)$$

用矩阵表示为:$Y = X\beta + u$。其中

$$Y = \begin{bmatrix} Y_2 \\ Y_3 \\ \vdots \\ Y_{33} \end{bmatrix} = \begin{bmatrix} 1868.61 \\ 2150.134 \\ \vdots \\ 24506.45 \end{bmatrix}, X = \begin{bmatrix} 1 & Y_1 & X_2 \\ 1 & Y_2 & X_3 \\ \vdots & \vdots & \vdots \\ 1 & Y_{32} & X_{33} \end{bmatrix} = \begin{bmatrix} 1 & 1592.291 & 1945.748 \\ 1 & 1868.61 & 2266.219 \\ \vdots & \vdots & \vdots \\ 1 & 22854.75 & 31627.44 \end{bmatrix}$$

估计的样本回归模型表示为

$$Y = X\hat{\beta} + \hat{u}$$

由于

$$X'X = \begin{bmatrix} 1 & 1 & \cdots & 1 \\ Y_1 & Y_2 & \cdots & Y_{32} \\ X_2 & X_3 & \cdots & X_{33} \end{bmatrix} \begin{bmatrix} 1 & Y_1 & X_2 \\ 1 & Y_2 & X_3 \\ \vdots & \vdots & \vdots \\ 1 & Y_{32} & X_{33} \end{bmatrix}$$

$$= \begin{bmatrix} 32.000 & 280\ 178.128 & 356\ 328.103 \\ 280\ 178.128 & 3\ 571\ 681\ 688.522 & 4\ 685\ 596\ 602.484 \\ 356\ 328.103 & 4\ 685\ 596\ 602.484 & 6\ 170\ 078\ 621.339 \end{bmatrix}$$

$$(X'X)^{-1} = \begin{bmatrix} 0.218\ 464\ 036\ 5 & -0.000\ 156\ 073\ 2 & 0.000\ 105\ 906\ 4 \\ -0.000\ 156\ 073\ 2 & 0.000\ 000\ 186\ 1 & -0.000\ 000\ 132\ 3 \\ 0.000\ 105\ 906\ 4 & -0.000\ 000\ 132\ 3 & 0.000\ 000\ 094\ 5 \end{bmatrix}$$

$$X'Y = \begin{bmatrix} 1 & 1 & \cdots & 1 \\ Y_1 & Y_2 & \cdots & Y_{32} \\ X_2 & X_3 & \cdots & X_{33} \end{bmatrix} \begin{bmatrix} Y_2 \\ Y_3 \\ \vdots \\ Y_{33} \end{bmatrix} = \begin{bmatrix} 303\ 092.287 \\ 3\ 858\ 324\ 737.745 \\ 5\ 063\ 982\ 119.802 \end{bmatrix}$$

所以

$$\hat{\beta} = (X'X)^{-1} X'Y$$

$$= \begin{bmatrix} 0.218\ 464\ 036\ 5 & -0.000\ 156\ 073\ 2 & 0.000\ 105\ 906\ 4 \\ -0.000\ 156\ 073\ 2 & 0.000\ 000\ 186\ 1 & -0.000\ 000\ 132\ 3 \\ 0.000\ 105\ 906\ 4 & -0.000\ 000\ 132\ 3 & 0.000\ 000\ 094\ 5 \end{bmatrix} \begin{bmatrix} 303\ 092.287 \\ 3\ 858\ 324\ 737.745 \\ 5\ 063\ 982\ 119.802 \end{bmatrix}$$

$$= \begin{bmatrix} 342.092\ 1 \\ 0.703\ 011 \\ 0.267\ 105 \end{bmatrix}$$

又

$$e = Y - X\hat{\beta} = \begin{bmatrix} 1\ 868.61 \\ 2\ 150.134 \\ \vdots \\ 24\ 506.45 \end{bmatrix} - \begin{bmatrix} 1 & 1\ 592.291 & 1\ 945.748 \\ 1 & 1\ 868.61 & 2\ 266.219 \\ \vdots & \vdots & \vdots \\ 1 & 22\ 854.75 & 31\ 627.44 \end{bmatrix} \begin{bmatrix} 342.092\ 1 \\ 0.703\ 011 \\ 0.267\ 105 \end{bmatrix}$$

$$= \begin{bmatrix} -112.599\ 1 \\ -110.929\ 7 \\ \vdots \\ -350.6327 \end{bmatrix}$$

$$\hat{\sigma} = \sqrt{\frac{e'e}{n-k-1}} = \sqrt{\frac{\hat{u}'\hat{u}}{n-k-1}}$$

$$= \sqrt{\frac{\begin{bmatrix} -112.599\ 269\ 1 & -110.929\ 986\ 2 & \cdots & -350.631\ 656\ 3 \end{bmatrix} \begin{bmatrix} -112.599\ 269\ 1 \\ -110.929\ 986\ 2 \\ \vdots \\ -350.631\ 656\ 3 \end{bmatrix}}{32-3}}$$

$$= 182.605\ 8$$

借助于计量经济软件 EViews 对表 2-1 进行回归分析,具体步骤为:

(1) 建立工作文件。首先,启动 EViews 程序,进入 EViews 主界面。在菜单栏中依次点击 File\New\Workfile,打开 Workfile create 窗口,在 Workfile structured type 选项中,选择 Annual,在对话框 Start data 中输入 1978,在对话框 End data 中输入 2010,单击 OK,出现工作文件窗口。

（2）输入样本数据。直接在命令窗口输入命令

DATA　Y　X

（3）建立回归方程。输入样本数据后，在命令窗口输入命令

LS　Y　C　Y(−1)　X

得到图 2-1 回归结果，将估计式以"eq01"为名保存。

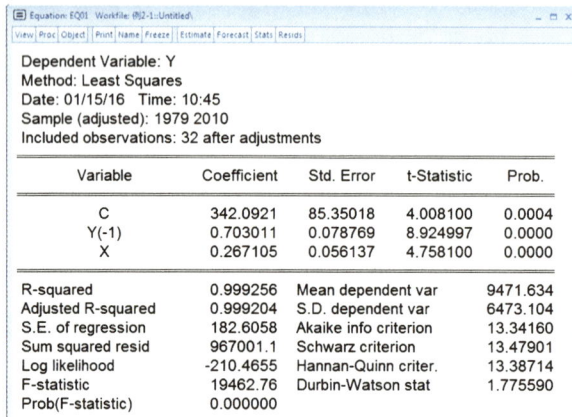

Dependent Variable: Y
Method: Least Squares
Date: 01/15/16   Time: 10:45
Sample (adjusted): 1979 2010
Included observations: 32 after adjustments

Variable	Coefficient	Std. Error	t-Statistic	Prob.
C	342.0921	85.35018	4.008100	0.0004
Y(-1)	0.703011	0.078769	8.924997	0.0000
X	0.267105	0.056137	4.758100	0.0000

R-squared	0.999256	Mean dependent var	9471.634
Adjusted R-squared	0.999204	S.D. dependent var	6473.104
S.E. of regression	182.6058	Akaike info criterion	13.34160
Sum squared resid	967001.1	Schwarz criterion	13.47901
Log likelihood	-210.4655	Hannan-Quinn criter.	13.38714
F-statistic	19462.76	Durbin-Watson stat	1.775590
Prob(F-statistic)	0.000000		

图 2-1　模型的估计结果

对应的回归方程为

$$\hat{Y}_i = 342.0921 + 0.703011 Y_{i-1} + 0.267105 X_i$$
$$s = (85.35018)\quad(0.078769)\quad(0.056137)$$
$$t = (4.008100)\quad(8.924997)\quad(4.758100)$$
$$R^2 = 0.999256\quad \overline{R}^2 = 0.999204\quad S.E = 182.6058\quad F = 19462.76\quad DW = 1.775590$$

图 2-1 所显示的回归分析结果与前面的计算结果是一致的。在方程窗口点击 Resids 和 View/Actual,Fitted,Residual/ Actual,Fitted,Residual Table 可显示模型拟合情况（如图 2-2 和图 2-3 所示）。

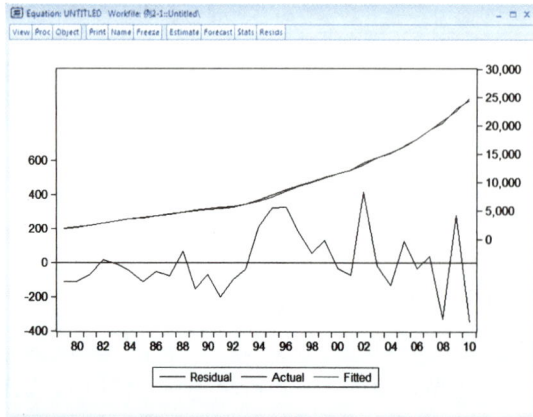

图 2-2　观测值与拟合值

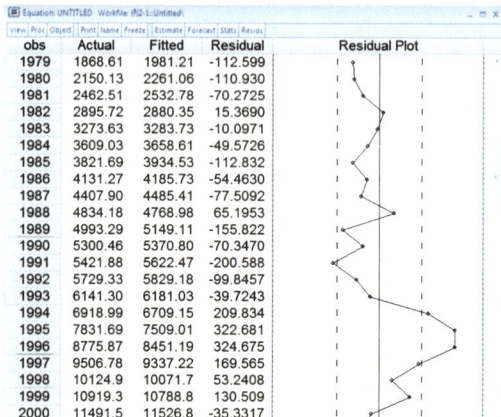

obs	Actual	Fitted	Residual	Residual Plot
1979	1868.61	1981.21	-112.599	
1980	2150.13	2261.06	-110.930	
1981	2462.51	2532.78	-70.2725	
1982	2895.72	2880.35	15.3690	
1983	3273.63	3283.73	-10.0971	
1984	3609.03	3658.61	-49.5726	
1985	3821.69	3934.53	-112.832	
1986	4131.27	4185.73	-54.4630	
1987	4407.90	4485.41	-77.5092	
1988	4834.18	4768.98	65.1953	
1989	4993.29	5149.11	-155.822	
1990	5300.46	5370.80	-70.3470	
1991	5421.88	5622.47	-200.588	
1992	5729.33	5829.18	-99.8457	
1993	6141.30	6181.03	-39.7243	
1994	6918.99	6709.15	209.834	
1995	7831.69	7509.01	322.681	
1996	8775.87	8451.19	324.675	
1997	9506.78	9337.22	169.565	
1998	10124.9	10071.7	53.2408	
1999	10919.3	10788.8	130.509	
2000	11491.5	11526.8	-35.3317	

图 2-3　观测值、拟合值与残差

第三节　多元线性回归模型的检验

多元线性回归模型的参数估计出来后,即求出样本回归模型后,需要进一步对该样本回归模型进行检验,以判断模型估计的可靠程度。模型的检验包括对模型的经济意义检验、统计推断检验、计量经济检验。经济意义检验是第一位的,如果模型不能通过经济意义检验,则必须寻找原因,修正模型或重新估计模型。如果通过了经济意义检验,则进行下一步的统计检验。统计推断检验主要包括:拟合优度检验、回归模型的总体显著性检验(F 检验)、回归系数的显著性检验(t 检验)。

一、模型的拟合优度检验

(一) R^2 检验

并非每一个 Y 值都准确地落在估计的总体回归线上,即并非所有 $e_i = Y_i - \hat{Y}_i$ 都为 0,有些 e 值为正,有些为负。在一元线性回归模型中,使用可决系数 R^2 来衡量样本回归线对样本观测值的拟合程度。在多元线性回归模型中,也可用该统计量来衡量样本回归线对样本观测值的拟合程度,度量 X_i 对应变量 Y 变动的联合解释比例。

1. 总离差平方和的分解

对于有 k 个解释变量的多元线性回归模型:

$$e_i = Y_i = \beta_0 + \beta_1 X_{1i} + \beta_2 X_{2i} + \cdots + \beta_k X_{ki} + u_i \quad (i = 1, 2, \cdots, n)$$

其对应的回归方程为

$$\hat{Y}_i = \hat{\beta}_0 + \hat{\beta}_1 X_{1i} + \hat{\beta}_2 X_{2i} + \cdots + \hat{\beta}_k X_{ki} \tag{2.3.1}$$

将 Y_i 与其平均值 $\overline{Y}$ 之间的离差分解,即

$$Y_i - \overline{Y} = (\hat{Y}_i - \overline{Y}) + (Y_i - \hat{Y}_i)(\text{即 } e_i) \tag{2.3.2}$$

令 $TSS = \sum (Y_i - \overline{Y})^2$ 为总离差平方和,$ESS = \sum (\hat{Y}_i - \overline{Y})^2$ 为回归平方和,$RSS = \sum (Y_i - \hat{Y}_i)^2$ 为残差平方和,则

$$
\begin{aligned}
TSS &= \sum (Y_i - \overline{Y})^2 = \sum [(Y_i - \hat{Y}_i) + (\hat{Y}_i - \overline{Y})]^2 \\
&= \sum (Y_i - \hat{Y}_i)^2 + 2\sum (Y_i - \hat{Y}_i)(\hat{Y}_i - \overline{Y}) + \sum (\hat{Y}_i - \overline{Y})^2 \\
&= \sum (Y_i - \hat{Y}_i)^2 + 2\sum e_i(\hat{Y}_i - \overline{Y}) + \sum (\hat{Y}_i - \overline{Y})^2 \\
&= \sum (Y_i - \hat{Y}_i)^2 + 0 + \sum (\hat{Y}_i - \overline{Y})^2 \\
&= RSS + ESS
\end{aligned}
\tag{2.3.3}
$$

即总离差平方和分解为回归平方和与残差平方和两部分。

2. 多元样本决定系数 R^2 与拟合优度检验

与一元线性回归模型中的样本决定系数相类似,多元样本决定系数:

$$R^2 = \frac{ESS}{TSS} = 1 - \frac{RSS}{TSS} \tag{2.3.4}$$

可用回归平方和占总离差平方和的比重来衡量样本回归线对样本观测值的拟合同程度。容易看出,$0 \leqslant ESS \leqslant TSS$,所以总有 $0 \leqslant R^2 \leqslant 1$。$R^2$ 的数值越接近 1,表明 Y 中总离差平方和中可由样本回归线解释的部分越大,残差平方和越小,样本回归线与样本观测值的拟合程度越高;反之则拟合得越差。R^2 作为度量回归值 $\hat{Y}_i$ 对样本观测值 Y_i 拟合优度的指标,显然其数值越接近 1 越好。

3. 修正样本决定系数

在使用 R^2 时,容易发现 R^2 的大小与模型中解释变量的数目有关。如果模型中增加一个新解释变量,总离差(即 TSS)不会改变,但总离差中由解释变量解释的部分,即回归平方和:$ESS \sim \chi^2(k)$ 将会增加,这就是说 R^2 与模型中解释变量个数有关。判定系数 R^2 的一个重要性质就是模型中解释变量的个数越多,R^2 值就越大。但通过增加模型中解释变量的数目而使 R^2 增大是错误的,需要对 R^2 进行调整,调整的思想是将残差平方和与总离差平方和之比的分子分母分别用各自的自由度去除,变成均方差之比,以剔除解释变量个数对拟合优度的影响。修正的样本决定系数为

$$\overline{R}^2 = 1 - \frac{RSS/(n-k-1)}{TSS/(n-1)} \tag{2.3.5}$$

其中,$(n-k-1)$ 为残差平方和自由度,$(n-1)$ 为总离差平方和的自由度。调整的可决系数与未经调整的可决系数之间存在如下关系:

$$\overline{R}^2 = 1 - \frac{RSS}{TSS} \cdot \frac{n-1}{(n-k-1)} = 1 - (1-R^2)\frac{n-1}{n-k-1} \tag{2.3.6}$$

其中,n 是样本观测值的个数,k 是解释变量的个数。

$\overline{R}^2$ 或 R^2 仅仅说明了在给定的样本条件下,估计的回归方程对于样本观测值的似合优度。在实际应用中,$\overline{R}^2$ 或 R^2 究竟要多大才算模型通过了检验,没有绝对的标准,要视具体情况而定。模型的拟合优度并不是评价模型优劣的唯一标准,有时为了追求模型的经济意义宁可牺牲一点拟合优度。因此,不能仅仅凭 $\overline{R}^2$ 或 R^2 的大小来选择模型,而必须对回归方程和模型中各参数的估计量做进一步的显著性检验。

在例 2-1 中,借助于计量经济软件 EViews 对样本回归模型做拟合优度检验:样本决定系数 $R^2 = 0.999\ 256$;修正样本决定系数 $\overline{R}^2 = 0.999\ 204$。可见 R^2 和 $\overline{R}^2$ 都大于 0.9,说明模型对数据拟合程度较好。$\overline{R}^2 = 0.999\ 204$ 说明消费惯性与实际可支配收入对实际居民消费的解释能力为 99.92%,只有 8% 的其他因素影响。

(二)赤池信息准则和施瓦茨准则

为了比较所含解释变量个数不同的多元回归模型的拟合优度,常用的标准还有:

1. 赤池信息准则(Akaike information criterion,AIC)

$$AIC = -\frac{2L}{n} + \frac{2k}{n} \tag{2.3.7}$$

其中,L 是对数似然值,n 是观测值数目,k 是被估计的参数个数。AIC 准则要求 AIC 取值越小越好。容易看出,AIC 的大小取决于 L 和 k。k 取值越小,AIC 值越小,L 取值越大,AIC 值

越小。k 小意味着模型简洁，L 大意味着模型精确。因此 AIC 和修正的决定系数类似，在评价模型优劣时兼顾了简洁性和精确性。

2. 施瓦茨准则(Schwarz criterion，SC)

$$SC = -\frac{2L}{n} + \frac{k}{n}\ln n \tag{2.3.8}$$

其中，L、n、k 的意义同(2.3.7)式。可以看出 SC 的用法和特点与 AIC 十分相近。在使用时，也要求 SC 值越小越好。这两个准则均要求仅当所增加的解释变量能够减少 AIC 值或 SC 值时才在原模型中增加该解释变量。

在例 2-1 中，EViews 软件的估计结果显示：二元(消费惯性 Y_{i-1} 与实际可支配收入 X)模型 AIC 与 SC 的值分别为 13.34 和 13.48 分别小于只包含一个解释变量(实际可支配收入 X)时的相应值 14.65 和 14.75，从这一点来看，可以说消费惯性 Y_{i-1} 可以作为解释变量包括在模型中。

二、方程总体线性显著性检验(F 检验)

方程总体线性显著性检验是指在一定的显著性水平下，从总体上对模型中被解释变量与解释变量之间的线性关系是否显著成立而进行的一种统计检验。

对于多元线性回归模型：

$$Y_i = \beta_0 + \beta_1 X_{1i} + \beta_2 X_{2i} + \cdots + \beta_k X_{ki} + u_i \, (i=1,2,\cdots,n)$$

为了从总体上检验模型中被解释变量 Y 与解释变量 X_1，X_2，$\cdots$，X_k 之间的线性关系是否显著，必须对其进行显著性检验。检验的原假设与备择假设分别为：

$$H_0 : \beta_1 = 0, \beta_2 = 0, \cdots, \beta_k = 0$$

$$H_1 : \beta_j (j=1,2,\cdots,k) \text{不全为零}$$

检验的思想来自总离差平方和的分解式：

$$TSS = ESS + RSS$$

由于 Y_i 服从正态分布，根据数理统计学中的定义，Y_i 的一组样本的平方和服从 χ^2 分布。所以有

$$ESS = \sum (\hat{Y}_i - \overline{Y})^2 \sim \chi^2(k)$$

$$RSS = \sum (Y_i - \hat{Y}_i)^2 \sim \chi^2(n-k-1)$$

回归平方和 $ESS = \sum (\hat{Y}_i - \overline{Y})^2$ 是解释变量的联合对被解释变量的线性作用的结果，考虑比值：

$$\frac{ESS}{RSS} = \frac{\sum (\hat{Y}_i - \overline{Y})^2}{\sum (Y_i - \hat{Y}_i)^2}$$

如果这个比值较大，则 X 的联合体对 Y 的解释程度高，可认为总体存在线性关系，反之总体上可能不存在线性关系。因此，可通过该比值的大小对总体线性关系进行推断。

进一步根据数理统计学中的定义，在 H_0 成立的条件下，构造一个统计量：

$$F = \frac{ESS/k}{RSS/(n-k-1)} \tag{2.3.9}$$

则该统计量服从自由度为$(k, n-k-1)$的F分布。根据变量的样本观测值和估计值，计算F统计量的数值；给定一个显著性水平α，查F分布表，得到一个临界值$F_\alpha(k, n-k-1)$。如果$F > F_\alpha(k, n-k-1)$，则在显著性水平α下拒绝原假设H_0，即模型的线性关系显著成立，模型通过方程显著性检验。如图$2-4$所示。

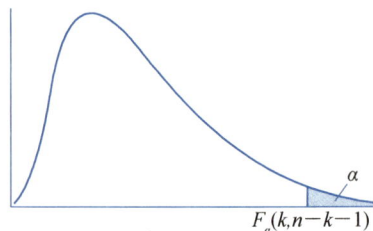

图 2-4　F检验示意图

在例$2-1$中，借助于计量经济软件 EViews 对样本回归模型进行方程显著性作F检验。从图$2-4$可以看出F统计量的值$F = 19\,462.76$，$n = 32$，$n-k-1 = 32-2-1 = 29$，在5%的显著性水平下，查自由度为$(2, 29)$的F分布表，得临界值$F_{0.05}(2, 29) = 3.33$，因为$F = 19\,462.76 > 3.33$，故模型总体是显著的。即消费惯性Y_{i-1}与实际可支配收入X对实际居民消费Y的共同影响是相当显著的。

下面讨论拟合优度检验与F检验之间关系。拟合优度检验与F检验都是把总离差TSS分解为回归平方和ESS与残差平方和ESS，并在此基础上构造统计量进行的检验，区别在于后者有精确的分布，而前者没有。一般来说，模型对观测值的拟合程度越高，模型总体线性关系的显著性越强。拟合优度$\overline{R}^2$检验与方程总体线性的显著性检验之间有如下关系：

$$\overline{R}^2 = 1 - \frac{n-1}{n-k-1+kF} \tag{2.3.10}$$

$$F = \frac{R^2/k}{(1-R^2)/(n-k-1)} \tag{2.3.11}$$

上式表明，这两个统计量同向变化：当$\overline{R}^2 = 0$时(即与解释变量不相关时)，$F = 0$；$\overline{R}^2$越大，F值也越大；当$\overline{R}^2 = 1$时，F为无穷大。因此，F检验可用于度量总体回归直线的显著性，也可用于检验$\overline{R}^2$的显著性。亦即，检验原假设$H_0: \beta_1 = 0, \beta_2 = 0, \cdots, \beta_k = 0$，等价于检验$\overline{R}^2 = 0$(即解释变量对应变量变化的解释比例为零)这一虚拟假设。

对于例$2-1$，给定显著性水平$\alpha = 0.05$时，查F分布表，得临界值$F_{0.05}(2, 29) = 3.33$，这就是说，只要F统计量的值大于3.33，模型的线性关系在显著性水平0.05下是显著成立的。将F临界值3.33代入$(2.3.10)$式，计算得到对应$\overline{R}^2$的临界值：

$$\overline{R}^2 = 1 - \frac{32-1}{32-2-1+2 \times 3.33} = 0.130\,679$$

三、变量的显著性检验(t检验)

如果模型通过了F检验，则表明模型中所有解释变量对被解释变量的"总体线性关系"是显著的，但这并不意味着模型中的每一个解释变量对被解释变量都有重要影响，或者说并不是每个解释变量的单独影响都是显著的。因此，在多元线性回归模型中，模型经过F显著性检验后，有必要对每个解释变量进行显著性检验，即t检验。这样就能把对被解释变量影响不显著的解释变量从模型中剔除，而只在模型中保留那些对被解释变量影响显著的解释变量，以建立更为简单、合理的多元线性回归模型。

显然，在多元线性回归模型中，如果某个解释变量X_j对被解释变量Y的影响不显著，那么在回归模型中,它的回归系数 β_j 的值应等于零。因此,检验解释变量 X_j 是否显著,等价于检验它的系数 β_j 的值是否等于零。检验的原假设与备择假设分别为

$$H_0 : \beta_j = 0, j = 1, 2, \cdots, k$$

$$H_0 : \beta_j \neq 0, j = 1, 2, \cdots, k$$

也就是说,如果接受原假设 H_0 ,则 X_j 不显著;如果拒绝原假设 H_0 ,则 X_j 是显著的。与一元线性回归系数的显著性检验一样,构造如下的 t 检验统计量:

$$t = \frac{\hat{\beta}_j - \beta_j}{S_{\hat{\beta}_j}} \sim t(n - k - 1) \tag{2.3.12}$$

其中, $S_{\hat{\beta}_j}$ 是 $\hat{\beta}_j$ 的标准差,其计算公式为

$$S_{\hat{\beta}_j} = \sqrt{C_{jj} \sigma^2} \tag{2.3.13}$$

其中, C_{jj} 为 $(X'X)^{-1}$ 中 $j+1$ 行, $j+1$ 列处的元素。 σ^2 为随机干扰项的方差,在实际计算时,用它的估计量 $\hat{\sigma}^2 = \dfrac{\sum e_i^2}{n-k-1}$ 代替。这样就可以利用统计量 t 对原假设 H_0 进行检验。

t 检验的步骤:

(1) 提出假设。提出原假设 $H_0 : \beta_j = 0, j = 1, 2, \cdots, k$

　　　　　　备择假设 $H_0 : \beta_j \neq 0, j = 1, 2, \cdots, k$

(2) 计算 t 统计量。在假设 $H_0 : \beta_j = 0$ 成立的条件下,计算 t 统计量:

$$t = \frac{\hat{\beta}_j}{S_{\hat{\beta}_j}} \sim t(n - k - 1) \tag{2.3.14}$$

(3) 查临界值。在给定显著性水平 α 下,查自由度为 $n-k-1$ 的 t 分布表,得到临界值 $t_{\frac{\alpha}{2}}(n-k-1)$ 。

(4) 判断。若 $|t| > t_{\frac{\alpha}{2}}(n-k-1)$,则在显著性水平 α 水平下拒绝原假设 H_0 ,即 β_j 对应的解释变量 X_j 是显著的;若 $|t| \leqslant t_{\frac{\alpha}{2}}(n-k-1)$,则在显著性水平 α 水平下接受原假设 H_0 ,即 β_j 对应的解释变量 X_j 是不显著的。

在例 2-1 中,检验 β_1 和 β_2 是否为零。由 $\mathrm{Var}(\hat{\beta}) = \hat{\sigma}^2 (X'X)^{-1}$,得

$$\mathrm{Var}(\hat{\beta}) = 33\,344.86 \begin{bmatrix} 0.218\,464\,036\,5 & -0.000\,156\,073\,2 & 0.000\,105\,906\,4 \\ -0.000\,156\,073\,2 & 0.000\,000\,186\,1 & -0.000\,000\,132\,3 \\ 0.000\,105\,906\,4 & -0.000\,000\,132\,3 & 0.000\,000\,094\,5 \end{bmatrix}$$

$$= \begin{bmatrix} 7\,284.653 & -5.204\,24 & 3.531\,436 \\ -5.204\,239 & 0.006\,205 & -0.004\,41 \\ 3.531\,436 & -0.004\,41 & 0.003\,151 \end{bmatrix}$$

$$S_{\hat{\beta}_0} = \sqrt{7\,284.653} = 85.350, t_0 = \frac{\hat{\beta}_0}{S_{\hat{\beta}_0}} = \frac{342.092\,1}{85.350} = 4.008$$

$$S_{\hat{\beta}_1} = \sqrt{0.006\,205} = 0.078\,77, t_1 = \frac{\hat{\beta}_1}{S_{\hat{\beta}_1}} = \frac{0.703\,011}{0.078\,77} = 8.925$$

$$S_{\hat{\beta}_2}=\sqrt{0.003\ 151}=0.056\ 13, t_2=\frac{\hat{\beta}_2}{S_{\hat{\beta}_2}}=\frac{0.267\ 105}{0.056\ 13}=4.758$$

因为 t_1 和 t_2 分别大于临界值 $t_{0.025}(29)=2.045$，结论是拒绝零假设 $\beta_1=\beta_2=0$。说明 Y_{i-1} 和 X 对于 Y 都是重要解释变量，应保留在模型中。

第四节 多元线性回归模型的置信区间

多元线性回归模型的置信区间包括参数估计量的置信区间和被解释变量预测值的置信区间两个方面，在数理统计学中属于区间估计问题。所谓区间估计是研究未知参数的点估计值（从一组样本观测值算得的）作为近似值的精确程度和误差范围。

一、预测值的点估计值

预测值的点估计值就是求解释变量 $(1, X_1, X_2, \cdots, X_k)$ 对应的被解释变量 Y 的估计值。在得到回归直线 $\hat{Y}=X\hat{\beta}$ 后，点估计是比较简单的，只要把样本以外的解释变量的观测值 $(1, X_1, X_2, \cdots, X_k)$ 代入回归方程中，计算出被解释变量的点估计值：

$$\hat{Y}=\hat{\beta}_0+\hat{\beta}_1 X_1+\hat{\beta}_2 X_2+\cdots+\hat{\beta}_k X_k \tag{2.4.1}$$

预测值 $\hat{Y}$ 与实际值 Y 之间存在的误差为

$$e=Y-\hat{Y}=(\beta_0-\hat{\beta})+(\beta_1-\hat{\beta}_1)X_1+(\beta_2-\hat{\beta}_2)X_2+\cdots+(\beta_k-\hat{\beta}_k)X_k+u \tag{2.4.2}$$

由于 $\hat{\beta}_k$ 和 $\hat{\beta}_k$ 之间都存在差异，并且有随机干扰项 u 的影响，因此预测误差 e 一般不会等于零。

二、参数估计量的置信区间

假设检验可以通过一次抽样的结果检验总体参数可能值的范围，但它并没有指出在一次抽样中样本参数值到底距离总体参数的真值有多"近"。要判断样本参数的估计值在多大程度上可以近似地替代总体参数的真值，往往需要通过构造一个以样本参数的估计值为中心的区间来考察它以多大的概率包含着真实的参数值。这种方法就是参数检验的置信区间估计。

在变量的显著性检验中已经知道：

$$t=\frac{\hat{\beta}_j-\beta_j}{S_{\hat{\beta}_j}}\sim t(n-k-1) \tag{2.4.3}$$

因为 t 分布的分布曲线对称于纵坐标轴，所以在给定的置信度 $1-\alpha$ 下，我们选取对称于原点的区间 $(-t_{\frac{\alpha}{2}}(n-k-1), t_{\frac{\alpha}{2}}(n-k-1))$，使得 $P(|t|<t_{\frac{\alpha}{2}}(n-k-1))=1-\alpha$，即

$$P(-t_{\frac{\alpha}{2}}(n-k-1)<\frac{\hat{\beta}_j-\beta_j}{S_{\hat{\beta}_j}}<t_{\frac{\alpha}{2}}(n-k-1))=1-\alpha \tag{2.4.4}$$

$$P(\hat{\beta}_j-t_{\frac{\alpha}{2}}(n-k-1)\cdot S_{\hat{\beta}_j}<\beta_j<\hat{\beta}_j+t_{\frac{\alpha}{2}}(n-k-1)\cdot S_{\hat{\beta}_j})=1-\alpha \tag{2.4.5}$$

于是得到：参数 β_j 的置信度为 $1-\alpha$ 的置信区间为

$$(\hat{\beta}_j-t_{\frac{\alpha}{2}}(n-k-1)\cdot S_{\hat{\beta}_j}, \hat{\beta}_j+t_{\frac{\alpha}{2}}(n-k-1)\cdot S_{\hat{\beta}_j}) \tag{2.4.6}$$

置信区间半径 $t_{\frac{\alpha}{2}}(n-k-1)\cdot S_{\hat{\beta}_j}$ 越小,对回归系数的估计精度就越高。从置信区间的计算公式可以看出,置信区间的长度为 $2\cdot t_{\frac{\alpha}{2}}(n-k-1)\cdot S_{\hat{\beta}_j}$,在 α 取定的情况下,$t_{\frac{\alpha}{2}}(n-k-1)$ 是一个常数,所以置信区间的长度主要取决于系数的标准差 $S_{\hat{\beta}_j}=\sqrt{c_{jj}\dfrac{e'e}{n-k-1}}$,可以通过增大样本容量 n,减小残差平方和 $e'e$ 和减小 c_{jj} 的方法来缩小置信区间。$S_{\hat{\beta}_j}$ 越小,估计值 $\hat{\beta}_j$ 与真值 β_j 越接近。

在例 2-1 中,$t_{0.025}(29)=2.045$,$\hat{\beta}_0=342.0921$,$\hat{\beta}_1=0.703011$,$\hat{\beta}_2=0.267105$,$S_{\hat{\beta}_0}=85.350$,$S_{\hat{\beta}_1}=0.07877$,$S_{\hat{\beta}_2}=0.05613$,由此,可以计算出的 β_0、β_1、β_2 的 95% 置信区间分别为 $(167.5,516.6)$、$(0.5419,0.8641)$ 和 $(0.152,0.3819)$。

三、预测值的置信区间

为了进行科学预测,需要求出预测值的置信区间,包括均值 $E(Y_0)$ 和个值 Y_0 的置信区间。

(一) $E(Y_0)$ 的预测区间

由参数估计的性质,易知:

$$E(\hat{Y}_0)=E(X_0\hat{\beta})=X_0E(\hat{\beta})=X_0\beta=E(Y_0)$$

$$\mathrm{Var}(\hat{Y}_0)=E[(X_0\hat{\beta}-X_0\beta)^2]=E[X_0(\hat{\beta}-\beta)X_0(\hat{\beta}-\beta)] \tag{2.4.7}$$

由于 X_0 为 $1\times(k+1)$ 阶矩阵,$(\hat{\beta}-\beta)$ 为 $(k+1)\times1$ 阶矩阵,因此 $X_0(\hat{\beta}-\beta)$ 为 1×1 阶矩阵。

$$\mathrm{Var}(\hat{Y}_0)=X_0E[(\hat{\beta}-\beta)(\hat{\beta}-\beta)']X_0'=\sigma^2 X_0(X'X)^{-1}X_0' \tag{2.4.8}$$

$\hat{Y}_0$ 是服从正态分布的。因此,$\hat{Y}_0\sim N(E(Y_0),\sigma^2 X_0(X'X)^{-1}X_0')$。

将随机干扰项的方差 σ^2 用其无偏估计量 $\hat{\sigma}^2$ 代替,可构造如下 t 统计量为

$$t=\frac{\hat{Y}_0-E(Y_0)}{\hat{\sigma}\sqrt{X_0(X'X)^{-1}X_0'}}\sim t(n-k-1) \tag{2.4.9}$$

于是,得到置信度为 $1-\alpha$ 下的 $E(Y_0)$ 的置信区间为

$$\hat{Y}_0-t_{\frac{\alpha}{2}}\times\hat{\sigma}\sqrt{X_0(X'X)^{-1}X_0'}<E(Y_0)<\hat{Y}_0+t_{\frac{\alpha}{2}}\times\hat{\sigma}\sqrt{X_0(X'X)^{-1}X_0'} \tag{2.4.10}$$

(二) Y_0 的预测区间

设 e_0 是实际预测值 Y_0 与预测值 $\hat{Y}_0$ 之差:$\mathrm{Var}(e_0)=\sigma^2[1+X_0(X'X)^{-1}X_0']$

$$e_0=Y_0-\hat{Y}_0 \tag{2.4.11}$$

e_0 是一项随机变量,它服从均值 $E(e_0)=0$ 为零,方差为 $\mathrm{Var}(e_0)=\sigma^2[1+X_0(X'X)^{-1}X_0']$ 的正态分布,即

$$e_0\sim N\{0,\sigma^2[1+X_0(X'X)^{-1}X_0']\} \tag{2.4.12}$$

因为　　　　$E(e_0)=E(X_0\beta+u_0-X_0\hat{\beta})=E[u_0+X_0\beta-X_0(X'X)^{-1}X'Y]$

$$=E[u_0+X_0\beta-X_0(X'X)^{-1}X'(X\beta+u)]$$
$$=E[u_0-X_0(X'X)^{-1}X'u]=0$$
$$\mathrm{Var}(e_0)=E(e_0^2)=E[u_0-X_0(X'X)^{-1}X'u]^2$$
$$=\sigma^2[1+X_0(X'X)^{-1}X_0']$$

将上式中的 σ^2 用它的估计值 $\hat{\sigma}^2$ 代替,则得到 e_0 的标准差估计值为

$$\hat{\sigma}_{e_0}=\hat{\sigma}\sqrt{1+X_0(X'X)^{-1}X_0'} \tag{2.4.13}$$

其中,$\hat{\sigma}=\sqrt{\dfrac{e'e}{n-k-1}}$。

构造 t 统计量为

$$t=\frac{\hat{Y}_0-Y_0}{\hat{\sigma}_{e_0}}\sim t(n-k-1) \tag{2.4.14}$$

对于给定的显著性水平 α,可以从 t 分布表中查得临界值 $t_{\frac{\alpha}{2}}(n-k-1)$。于是,对于给定的置信度 $1-\alpha$,Y_0 的预测区间为

$$\hat{Y}_0-t_{\frac{\alpha}{2}}\times\hat{\sigma}\sqrt{1+X_0(X'X)^{-1}X_0'}<Y_0<\hat{Y}_0+t_{\frac{\alpha}{2}}\times\hat{\sigma}\sqrt{1+X_0(X'X)^{-1}X_0'} \tag{2.4.15}$$

在例 2-1 中,如果已知实际可支配收入 $X=50\,000$ 亿元,即已知 $X_0=(1,24\,506.45,50\,000)$,则实际居民消费为

$$\hat{Y}_0=342.092\,1+0.703\,011*24\,506.45+0.267\,105*50\,000=30\,925.7$$

由于

$$t_{\frac{\alpha}{2}}(n-k-1)=t_{0.025}(32-2-1)=t_{0.025}(29)=2.045 \quad \hat{\sigma}=182.605\,8$$

$$(X'X)^{-1}=\begin{bmatrix}0.218\,464\,036\,5 & -0.000\,156\,073\,2 & 0.000\,105\,906\,4\\ -0.000\,156\,073\,2 & 0.000\,000\,186\,1 & -0.000\,000\,132\,3\\ 0.000\,105\,906\,4 & -0.000\,000\,132\,3 & 0.000\,000\,094\,5\end{bmatrix}$$

因此有

$$X_0(X'X)^{-1}X_0'=$$

$$\begin{bmatrix}1 & 24\,506.45 & 50\,000\end{bmatrix}\begin{bmatrix}0.218\,464\,036\,5 & -0.000\,156\,073\,2 & 0.000\,105\,906\,4\\ -0.000\,156\,073\,2 & 0.000\,000\,186\,1 & -0.000\,000\,132\,3\\ 0.000\,105\,906\,4 & -0.000\,000\,132\,3 & 0.000\,000\,094\,5\end{bmatrix}\begin{bmatrix}1\\24\,506.45\\50\,000\end{bmatrix}$$

$$=26.981$$

于是,对于给定的置信度为 0.95 下,利用(2.4.15)式得预测值 Y_0 的置信区间为

$$(30\,925.7\pm2.045\times182.605\,8\times\sqrt{1+26.981})=(28\,950.4,32\,901)$$

EViews 软件操作过程如下:

(1) 扩大工作文件范围,将样本结束日期由原来的 2010 修改为 2011。

(2) 输入解释变量 X 的观测值 50 000,然后点击 OLS 估计输出结果(EQ01)上方的菜单

Forecast,在 Series names 框中 S. E(optional)处填写 yfse,且在 Method 框中选择 Static forecast,会出现图 2-5 所示对话框,点击 OK,回到工作文件窗口,此时已经出现 yf、yfse 两个序列。

(3) 打开 yf 序列,yf 序列最后的数据是 $\hat{Y}_0 = 30\,925.7$。打开 yfse 序列,yfse 序列最后的数据是 $\sqrt{\mathrm{Var}(e_0)} = \hat{\sigma}\sqrt{1 + X_0(X'X)^{-1}X_0'} = 965.9$,于是,对于给定的置信度 0.95,预测值 Y_0 的置信区间为:

图 2-5　Forecast 对话框

$$\hat{Y}_0 - t_{\frac{\alpha}{2}} \times \sqrt{\mathrm{Var}(e_0)} < Y_0 < \hat{Y}_0 + t_{\frac{\alpha}{2}} \times \sqrt{\mathrm{Var}(e_0)}$$

$$(30\,925.7 - 2.045 \times 965.9, 30\,925.7 + 2.045 \times 965.9) = (28\,950.4, 32\,901)$$

在大样本下,$t_{\frac{\alpha}{2}}(n-k-1) \approx 2$,于是,预测值 Y_0 的置信区间为:

$$(\hat{Y}_0 - 2 \times \sqrt{\mathrm{Var}(e_0)}, \hat{Y}_0 + 2 \times \sqrt{\mathrm{Var}(e_0)})$$

在实际应用中,我们希望置信度越高越好,置信区间越小越好。如何才能缩小置信区间?通常可以通过以下几种途径:

(1) 增大样本容量 n。在同样的置信度下,n 越大,临界值 $t_{\frac{\alpha}{2}}(n-k-1)$ 越小;同时,增大样本容量 n,可使 $\hat{\sigma} = \sqrt{\dfrac{e'e}{n-k-1}}$ 减小。

(2) 提高模型的拟合优度,以减小残差平方和 $e'e$。如果模型完全拟合样本观测值,残差平方和为 0,则置信区间也为 0。

(3) 提高样本观测值的分散度。在一般情况下,样本观测值越分散,作为 $(X'X)^{-1}$ 的分母的 $|X'X|$ 的值越大,使得区间缩小。

第五节　可线性化的非线性回归模型

迄今为止,我们已经解决了多元线性回归模型的估计、检验和预测问题,但是在实际问题中,被解释变量与解释变量之间的关系往往并不呈线性关系,而是一种比较复杂的非线性关系。刻画变量间非线性关系的回归模型就是所谓的非线性回归模型。例如,反应消费支出 C_i 与收入 I_i 之间数量依赖关系的二次曲线模型:

$$C_i = \beta_0 + \beta_1 I_i + \beta_1 I_i^2 + u_i \tag{2.5.1}$$

以及著名的 Cobb-Dauglas 生产函数:

$$Q_i = AK_i^\alpha L_i^\beta e^{u_i} \tag{2.5.2}$$

其中,Q_i、K_i、L_i 分别表示产出量、资本投入量和劳动力数量,都是非线性回归模型。而模型 (2.5.1)、(2.5.2) 有一个特点就是经过数学变换可以转化为线性回归模型,因此可以利用本章前面介绍的线性回归模型的方法对其进行估计。像这样的非线性回归模型称为可线性化的非线性回归模型。本节以一元或二元回归模型为例介绍几种常见的可线性化的非线性回归模型

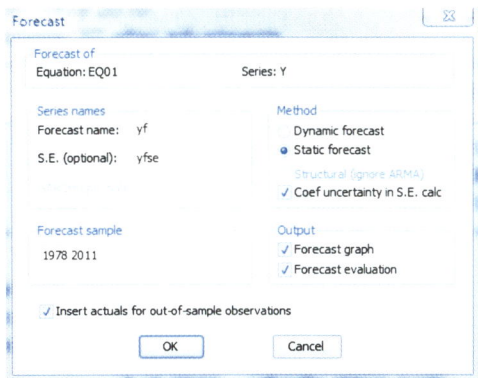

及其线性化的处理过程,包括倒数模型、k 阶多项式模型、半对数模型、双对数模型等,并假设解释变量均为连续取值的变量(对于包括离散解释变量的模型的讨论见第六章)。

一、倒数模型

如果变量是以倒数形式出现在模型中,但对参数而言却是线性的模型,形如:

$$Y_i = \beta_0 + \beta_1 \frac{1}{X_i} + u_i \quad (i=1,2,\cdots,n) \tag{2.5.3}$$

的回归模型称为倒数模型。只要令 $X_i^* = \dfrac{1}{X_i}$,则有 $Y_i = \beta_0 + \beta_1 X_i^* + u_i$,即为标准的线性模型。该模型的一个显著特点是,随着 X 的无限增大,$\beta_1 \dfrac{1}{X}$ 项趋于零,Y 的趋于极限 β_0。如宏观经济学中著名的菲利普斯曲线函数就具有这种形式。

由于 $\beta_1 = \dfrac{\mathrm{d}Y_i}{\mathrm{d}\dfrac{1}{X_i}} = \dfrac{\mathrm{d}Y_i}{-\dfrac{\mathrm{d}X_i}{X_i^2}}$,$-\dfrac{\beta_1}{X_i Y_i} = \dfrac{\mathrm{d}Y_i}{Y_i} \Big/ \dfrac{\mathrm{d}X_i}{X_i}$,$-\dfrac{\beta_1}{X_i^2} = \dfrac{\mathrm{d}Y_i}{\mathrm{d}X_i}$,所以倒数模型的弹性系数为 $-\dfrac{\beta_1}{X_i Y_i}$,边际系数为 $-\dfrac{\beta_1}{X_i^2}$。

例 2-2 表 2-2 给出了 1985—2001 年 17 年间某国通货膨胀率与失业率的统计数据。记失业率为 X,通货膨胀率为 Y。我们知道,著名的菲利普斯曲线描述了失业率与通货膨胀率之间的关系,该曲线凸向原点的,而且随着失业率上升,通货膨胀率下降;失业率下降,通货膨胀率上升,这正是(2.5.3)式所具有的性质。利用表 2-2 的统计数据,得到通货膨胀率 Y 对失业率 X 的回归结果,如图 2-6 所示。

表 2-2　1985—2001 年 17 年间某国通货膨胀率与失业率的统计数据

年　份	失业率(%)	通胀率(%)	年　份	失业率(%)	通胀率(%)	年　份	失业率(%)	通胀率(%)
1985	1.4	1.8	1991	1.1	8.0	1997	1.8	3.6
1986	1.1	8.5	1992	1.3	5.0	1998	2.1	3.7
1987	1.5	8.4	1993	1.8	3.6	1999	1.5	4.8
1988	1.5	4.5	1994	1.9	2.6	2000	1.3	4.3
1989	1.2	4.3	1995	1.5	2.6	2001	1.4	4.6
1990	1.0	6.9	1996	1.4	4.2			

从图 2-6 所示的回归结果可以看出,可决系数 R^2 的值为 0.384 878,F 统计量的值为 9.385 404,其对应的概率 p 值为 0.007 882,在 0.05 的显著性水平下应拒绝原假设,即在总体上通货膨胀率 Y 与失业率的倒数($1/X$)之间的线性关系是显著成立的。

从残差图 2-7 我们发现,第一个观测值和第三个观测值的残差值特别大,这意味着它们可能是异常点。

Equation: UNTITLED Workfile: UNTITLED::Untitled\

View | Proc | Object | Print | Name | Freeze | Estimate | Forecast | Stats | Resids

Dependent Variable: Y
Method: Least Squares
Date: 01/26/16 Time: 20:35
Sample: 1985 2001
Included observations: 17

Variable	Coefficient	Std. Error	t-Statistic	Prob.
C	-1.428177	2.067478	-0.690782	0.5003
1/X	8.724344	2.847779	3.063561	0.0079

R-squared	0.384878	Mean dependent var	4.788235
Adjusted R-squared	0.343870	S.D. dependent var	2.017078
S.E. of regression	1.633871	Akaike info criterion	3.929912
Sum squared resid	40.04300	Schwarz criterion	4.027937
Log likelihood	-31.40425	Hannan-Quinn criter.	3.939656
F-statistic	9.385404	Durbin-Watson stat	1.569828
Prob(F-statistic)	0.007882		

图 2-6 通货膨胀率 Y 对失业率 X 的回归结果(1)

Equation: UNTITLED Workfile: UNTITLED::Untitled\

View | Proc | Object | Print | Name | Freeze | Estimate | Forecast | Stats | Resids

obs	Actual	Fitted	Residual
1985	1.80000	4.80350	-3.00350
1986	8.50000	6.50304	1.99696
1987	8.40000	4.38805	4.01195
1988	4.50000	4.38805	0.11195
1989	4.30000	5.84211	-1.54211
1990	6.90000	7.29617	-0.39617
1991	8.00000	6.50304	1.49696
1992	5.00000	5.28286	-0.28286
1993	3.60000	3.41868	0.18132
1994	2.60000	3.16358	-0.56358
1995	2.60000	4.38805	-1.78805
1996	4.20000	4.80350	-0.60350
1997	3.60000	3.41868	0.18132
1998	3.70000	2.72627	0.97373
1999	4.80000	4.38805	0.41195
2000	4.30000	5.28286	-0.98286
2001	4.60000	4.80350	-0.20350

Residual Plot

图 2-7 全部数据回归结果的残差图

为此,把这两个异常点删除,重新估计模型,如图 2-8 所示。

从剔除两个异常点后通货膨胀率 Y 与失业率倒数线性回归模型结果可以看到,可决系数 R^2 的值为 0.657 857,F 统计量的值为 24.995 85,其对应的概率 p 值为 0.000 243,与没有剔除两个异常点之前相比,拟合优度和精度明显提高。在 0.05的显著性水平下应拒绝原假设。

Equation: UNTITLED Workfile: 1::Untitled\

View | Proc | Object | Print | Name | Freeze | Estimate | Forecast | Stats | Resids

Dependent Variable: Y
Method: Least Squares
Date: 01/26/16 Time: 21:14
Sample (adjusted): 1986 2001
Included observations: 15 after adjustments

Variable	Coefficient	Std. Error	t-Statistic	Prob.
C	-1.916129	1.360745	-1.408147	0.1826
1/X	9.312373	1.862629	4.999585	0.0002

R-squared	0.657857	Mean dependent var	4.746667
Adjusted R-squared	0.631539	S.D. dependent var	1.754532
S.E. of regression	1.065018	Akaike info criterion	3.087427
Sum squared resid	14.74543	Schwarz criterion	3.181834
Log likelihood	-21.15570	Hannan-Quinn criter.	3.086421
F-statistic	24.99585	Durbin-Watson stat	1.414541
Prob(F-statistic)	0.000243		

图 2-8 通货膨胀率 Y 对失业率 X 的回归结果(2)

二、k 阶多项式模型

形如

$$Y_i=\beta_0+\beta_1X_i+\beta_2X_i^2+\cdots+\beta_kX_i^k+u_i \quad (i=1,2,\cdots,n) \tag{2.5.4}$$

的回归模型称为 k 阶多项式模型。只要令 $X_{1i}=X_i, X_{2i}=X_i^2, X_{ki}=X_i^k$,则有 $Y_i=\beta_0+\beta_1X_{1i}+\beta_2X_{2i}+\cdots\beta_kX_{ki}+u_i$,即为标准的线性模型。这类模型的总体回归函数是解释变量 X 的一个 k 次多项式函数,经常被用于反应生产活动中成本与产量、税收与税率之间的关系等。例如,研究投入的边际成本(Y)与产出(X)的函数关系中,一般而言,随着产出的增加,边际成本与产出之间是二次曲线的关系。也就是说,边际成本是先降后升,用计量经济模型可表示为

$$Y_i=\beta_0+\beta_1X_i+\beta_2X_i^2+u_i \quad (i=1,2,\cdots,n) \tag{2.5.5}$$

令 $X_{1i}=X_i, X_{2i}=X_i^2$,便可将模型(2.5.5)转变为线性回归模型

$$Y_i=\beta_0+\beta_1X_{1i}+\beta_2X_{2i}+u_i$$

又如,描述税收(Y)与税率(X)之间数量关系的著名的拉弗曲线就可以用二次多项式模型表示:

$$Y_i=\beta_0+\beta_1X_i+\beta_2X_i^2+u_i \quad (i=1,2,\cdots,n;\beta_2<0)$$

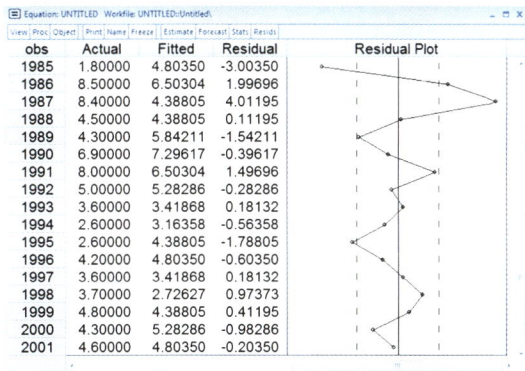

三、半对数模型

半对数模型一般包含对数模型和指数模型两类,是指被解释变量和解释变量中,要么被解释变量一方为对数形式,要么解释变量一方都为对数形式,半对数中的"半"指只有一方是对数形式,与下面讨论的双对数模型相对应,"双"是指解释变量和被解释变量两方。

对数模型的一般形式为

$$Y_i = \beta_0 + \beta_1 \ln X_i + u_i \quad (i=1,2,\cdots,n) \tag{2.5.6}$$

只要令 $X_i^* = \ln X_i$,则有 $Y_i = \beta_0 + \beta_1 X_i^* + u_i$,即为标准的线性模型。

由于 $\beta_1 = \dfrac{\mathrm{d}Y_i}{\mathrm{d}\ln X_i} = \mathrm{d}Y_i \Big/ \dfrac{\mathrm{d}X_i}{X_i}$,$\dfrac{\beta_1}{Y_i} = \dfrac{\mathrm{d}Y_i}{Y_i} \Big/ \dfrac{\mathrm{d}X_i}{X_i}$,$\dfrac{\beta_1}{X_i} = \dfrac{\mathrm{d}Y_i}{\mathrm{d}X_i}$,所以对数模型的弹性系数为 $\dfrac{\beta_1}{Y_i}$,边际系数为 $\dfrac{\beta_1}{X_i}$。

指数模型的一般形式为

$$\ln Y_i = \beta_0 + \beta_1 X_i + u_i \quad (i=1,2,\cdots,n) \tag{2.5.7}$$

只要令 $Y_i^* = \ln Y_i$,则有 $Y_i^* = \beta_0 + \beta_1 X_i + u_i$,即为标准的线性模型。

指数模型的弹性系数和边际系数都不是常数。由于 $\beta_1 = \dfrac{\mathrm{d}\ln Y_i}{\mathrm{d}X_i} = \dfrac{\mathrm{d}Y_i}{Y_i} \Big/ \mathrm{d}X_i$,$\beta_1 X_i = \dfrac{\mathrm{d}Y_i}{Y_i} \Big/ \dfrac{\mathrm{d}X_i}{X_i}$,$\beta_1 Y_i = \dfrac{\mathrm{d}Y_i}{\mathrm{d}X_i}$,所以指数模型的弹性系数为 $\beta_1 X_i$,边际系数为 $\beta_1 Y_i$。

指数模型的一个重要应用是估计经济变量的增长率。若我们把(2.5.7)式中的变量 X_i 换成时间变量 t:

$$\ln Y_i = \beta_0 + \beta_1 t + u_i \tag{2.5.8}$$

那么,

$$\beta_1 = \frac{\mathrm{d}\ln Y_i}{\mathrm{d}t} = \frac{\mathrm{d}Y_i / Y_i}{\mathrm{d}t} \approx \frac{Y_{i+1} - Y_i}{Y_i} \tag{2.5.9}$$

回归系数 β_1 是近似等于单位时间内的增长率。$\ln Y_i = \beta_0 + \beta_1 t + u_i$ 也称为增长模型。

例 2 - 3 分析中国税收的增长率。1990—2006 年中国税收(Tax,亿元)数据见表 2 - 3。

表 2 - 3 1990—2006 年中国税收数　　　　　　　　　　　　　　　　　单位:亿元

年　份	中国税收	年　份	中国税收	年　份	中国税收
1990	2 821.86	1996	6 909.82	2002	17 636.45
1991	2 990.17	1997	8 234.04	2003	20 017.31
1992	3 296.91	1998	9 262.8	2004	24 165.68
1993	4 255.3	1999	10 682.58	2005	28 778.54
1994	5 126.88	2000	12 581.51	2006	34 809.72
1995	6 038.04	2001	15 301.38		

数据来源:《中国统计年鉴(2007)》

打开 EViews 软件,输入 1990—2006 年中国税收数据,在 EViews 命令窗口中输入genrt=@trend(1989),生成时间对象 t。作中国税收序列图(EViews 命令:SCAT　T　Tax)和对数中国税收序列图(EViews 命令:SCAT　T　log(Tax)),分别如图 2-9 和图 2-10 所示。中国税收序列 Tax 对时间 t 呈现指数函数变化特征(见图 2-9)。对 Tax 建立指数模型,估计结果如图 2-11 所示。

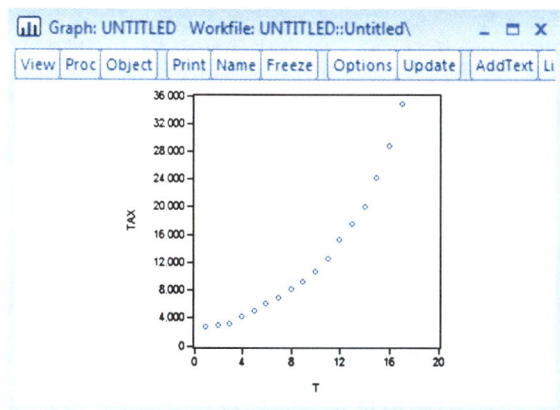

图 2-9　中国税收序列图

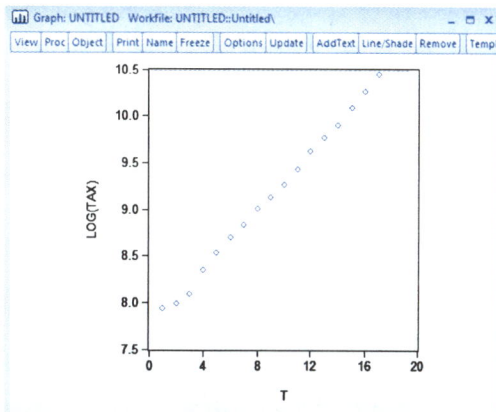

图 2-10　对数中国税收序列图

图 2-11　log(Tax)对 t 的估计结果

因为解释变量是时间,所以回归系数 0.158 908 近似测量的是中国税收的年增长率,即1990—2006 年中国税收的年平均增长率近似是 15.89%。

四、双对数模型(幂函数模型)

双对数模型是指被解释变量和解释变量双方都为对数形式,与上面讨论的半对数模型相对应。

双对数模型的一般形式为

$$\ln Y_i = \beta_0 + \beta_1 \ln X_i + u_i \quad (i=1,2,\cdots,n) \tag{2.5.10}$$

只要令 $Y_i^* = \ln Y_i$,$X_i^* = \ln X_i$,则有 $Y_i^* = \beta_0 + \beta_1 X_i^* + u_i$,即为标准的线性模型。

双对数模型的弹性系数和边际系数都不是常数。由于 $\beta_1 = \dfrac{\mathrm{d}\ln Y_i}{\mathrm{d}\ln X_i} = \dfrac{\mathrm{d}Y_i}{Y_i} / \dfrac{\mathrm{d}X_i}{X_i}$，$\beta_1 \dfrac{Y_i}{X_i} =$

$\dfrac{\mathrm{d}Y_i}{\mathrm{d}X_i}$，所以双对数模型的弹性系数为 β_1，边际系数为 $\beta_1 \dfrac{Y_i}{X_i}$。

著名的 Cobb-Douglas 生产函数模型就属于双对数模型。其形式是

$$Q_i = A K_i^{\alpha} L_i^{\beta} e^{u_i} \quad (i = 1, 2, \cdots, n) \tag{2.5.11}$$

其中，Q_i、K_i、L_i 分别表示产出量、资本投入量和劳动力数量，A、α、β 为待估的参数。该模型是美国经济学家柯布和道格拉斯根据 1899—1922 年美国关于生产方面的数据研究得出的。α 的估计值是 0.75，β 的估计值是 0.25。

这是一个非线性模型，无法用最小二乘法直接估计。对(2.5.11)式两边同时取对数，得

$$\ln Q_i = \ln A + \alpha \ln K_i + \beta \ln L_i + u_i \tag{2.5.12}$$

令 $Y_i = \ln Q_i$，$X_{1i} = \ln K_i$，$X_{2i} = \ln L_i$，$\ln A = \beta_0$，$\alpha = \beta_1$，$\beta = \beta_2$，(2.5.12)式可写为

$$Y_i = \beta_0 + \beta_1 X_{1i} + \beta_2 X_{2i} + u_i \tag{2.5.13}$$

(2.5.13)式为线性模型。只要 u_i 满足经典假定，就可用最小二乘法估计式(2.5.13)，再返回原模型(2.5.11)式。

例 2-4 台湾地区 1958—1972 年农业生产总值 Y_i、劳动力投入(X_{1i})、资本投入(X_{2i})数据见表 2-4。应用柯布-道格拉斯生产函数模型评价台湾地区农业生产效率。

表 2-4　台湾地区 1958—1972 年农业生产总值(Y_i)、劳动力投入(X_{1i})、资本投入(X_{2i})数据

年　份	Y_i(百万元新台币)	X_{1i}(百万人)	X_{2i}(百万元新台币)
1958	16 607.7	275.5	17 803.7
1959	17 511.3	274.4	18 096.8
1960	20 171.2	269.7	18 271.8
1961	20 932.9	267	19 167.3
1962	20 406	267.8	19 647.6
1963	20 831.6	275	20 803.5
1964	24 806.4	283	22 076.6
1965	26 465.8	300.7	23 445.2
1966	27 403	307.5	24 939
1967	28 628.7	303.7	26 713.7
1968	29 904.5	304.7	29 957.8
1969	27 508.2	298.6	31 585.9
1970	29 035.5	295.5	33 474.5
1971	29 281.5	299	34 821.8
1972	31 535.8	288.1	41794.3

资料来源：古扎拉蒂.《计量经济学》[M].林少宫,译.北京:中国人民大学出版社,2000:201.

用样本得估计结果如图 2-12 所示。

还原模型后为

$$\hat{Y}_i = 0.035\,492 X_{1i}^{1.498\,767} X_{2i}^{0.489\,858}$$

因为 1.498 767+0.489 858=1.988 625，所以，此生产函数属于规模报酬递增函数。当劳动力和资本投入都增加 1%时，产出增加近 2%。

双对数模型的 EViews 估计：在命令窗口中输入

```
LS  LOG(Y)  C  LOG(X1)  LOG(X2)
```

估计结果如图 2-12 所示。由此得到的残差序列为 $\ln Y_i - \beta_0 - \beta_1 \ln X_{1i} - \beta_2 \ln X_{2i}$。这样估计模型有一个好处，可以直接对 $\ln Y_i$ 或 Y_i 进行预测。在进行预测时，与基于线性回归模型进行预测的不同之处是，在 Forecast 窗口中对预测的序列(Series to forecast)进行选择，即选择 $\ln Y_i$ 或 Y_i。如图 2-13 所示。

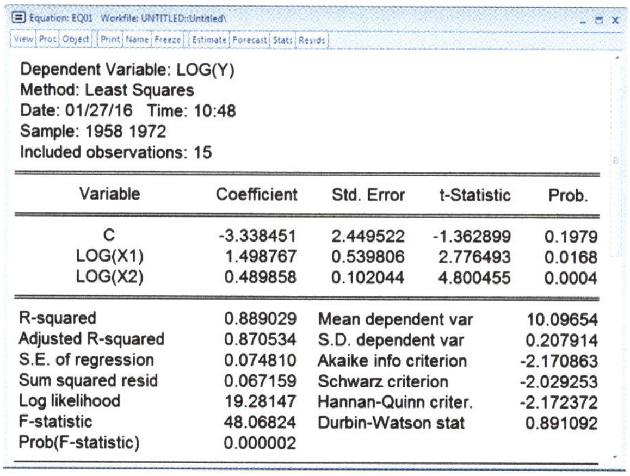
Equation: EQ01 Workfile: UNTITLED::Untitled\
View | Proc | Object | Print | Name | Freeze | Estimate | Forecast | Stats | Resids

Dependent Variable: LOG(Y)
Method: Least Squares
Date: 01/27/16 Time: 10:48
Sample: 1958 1972
Included observations: 15

Variable	Coefficient	Std. Error	t-Statistic	Prob.
C	-3.338451	2.449522	-1.362899	0.1979
LOG(X1)	1.498767	0.539806	2.776493	0.0168
LOG(X2)	0.489858	0.102044	4.800455	0.0004

R-squared	0.889029	Mean dependent var	10.09654
Adjusted R-squared	0.870534	S.D. dependent var	0.207914
S.E. of regression	0.074810	Akaike info criterion	-2.170863
Sum squared resid	0.067159	Schwarz criterion	-2.029253
Log likelihood	19.28147	Hannan-Quinn criter.	-2.172372
F-statistic	48.06824	Durbin-Watson stat	0.891092
Prob(F-statistic)	0.000002		

图 2-12　估计模型回归结果

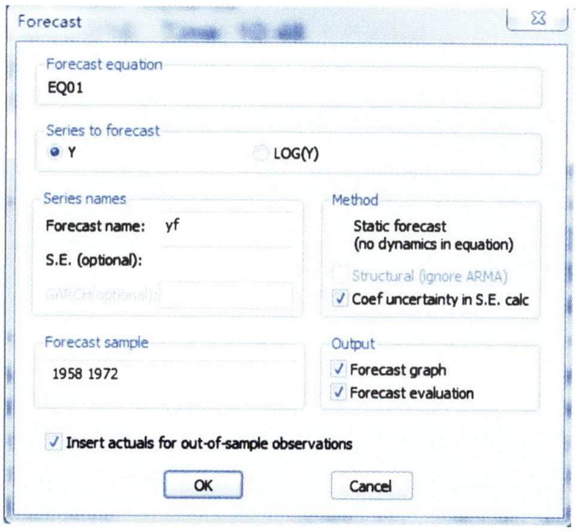

图 2-13　双对数模型的 Forecast 对话框

第六节　受约束回归

在计量经济分析中，通常是通过样本信息对未知参数进行估计。但有些时候可能会遇到非样本信息——根据经济理论需要对模型中变量的参数施加一定的约束条件。例如，在估计柯布-道格拉斯生产函数 $Y_i = \beta_0 K_i^{\beta_1} L_i^{\beta_2} e^{u_i}$($\beta_1, \beta_2$ 分别为资本和劳动的产出弹性)时，如果规模报酬不变，则未知参数有 $\beta_1 + \beta_2 = 1$ 的线性约束。模型施加约束条件后进行回归，称为受约束回归(restricted regression)，与此对应，不加任何约束的回归称为无约束回归(unrestricted regression)。

一、模型参数的线性约束

对模型

$$Y = \beta_0 + \beta_1 X_1 + \beta_2 X_2 + \cdots + \beta_k X_k + u \tag{2.6.1}$$

施加约束

$$\beta_1 + \beta_2 = 1 \qquad \beta_{k-1} = \beta_k \tag{2.6.2}$$

得

$$Y = \beta_0 + \beta_1 X_1 + (1 - \beta_1) X_2 + \cdots + \beta_{k-1} X_{k-1} + \beta_{k-1} X_k + u^* \tag{2.6.3}$$

或

$$Y^* = \beta_0 + \beta_1 X_1^* + \beta_3 X_3 + \cdots + \beta_{k-1} X_{k-1}^* + u^* \tag{2.6.4}$$

如果对 (2.6.4) 式进行普通最小二乘回归得到参数的估计结果 $\hat{\beta}_0, \hat{\beta}_1, \hat{\beta}_3, \cdots, \hat{\beta}_{k-1}$，则由约束条件得到

$$\hat{\beta}_2 = 1 - \hat{\beta}_1, \quad \hat{\beta}_k = \hat{\beta}_{k-1}$$

然而，对所考查的具体问题能否施加约束条件，需进一步进行相应的检验。常用的检验有：F 检验、χ^2 检验与 t 检验，这里主要介绍 F 检验。

在同一样本数据下，记无约束样本回归模型为 $Y = X\hat{\beta} + e$，受约束样本回归为 $Y = X\hat{\beta}_* + e_*$。于是

$$e_* = Y - X\hat{\beta}_* = X\hat{\beta} + e - X\hat{\beta}_* = e - X(\hat{\beta}_* - \hat{\beta}) \tag{2.6.5}$$

得到受约束样本回归模型的残差平方和 RSS_R 为

$$e_*' e_* = e'e + (\hat{\beta}_* - \hat{\beta})' X'X (\hat{\beta}_* - \hat{\beta}) \tag{2.6.6}$$

于是

$$e_*' e_* \geqslant e'e \tag{2.6.7}$$

其中，$e'e$ 为无约束样本回归模型的残差平方和 RSS_U。

受约束与无约束模型都有相同的 TSS，(2.6.7) 式表明受约束样本回归模型的残差平方和大于或等于无约束样本回归模型的残差平方和（$RSS_R \geqslant RSS_U$），于是，受约束样本回归模型的回归平方和大于或等于无约束样本回归模型的回归平方和（$ESS_R \leqslant ESS_U$）。这意味着，通常情况下，对模型施加约束条件会降低模型的解释能力。

也就是说，可否施加诸多约束条件，如 $\beta_1 + \beta_2 = 1$，$\beta_{k-1} = \beta_k$，等价于，约束条件是否施加的恰当，模型在约束条件施加前后的解释能力是否有变化，即 RSS_U 和 RSS_R 在统计意义上是否显著相等。其中，RSS_U、RSS_R 分别是无约束和有约束条件下的残差平方和。于是得到结论 $H_0 : RSS_U = RSS_R$，即约束条件为真，$H_1 : RSS_U \neq RSS_R$，即不可施加约束条件。就是说，如果约束条件为真，则受约束回归模型与无约束回归模型具有相同的解释能力，RSS_R 与 RSS_U 的差异变小。于是，可用 $RSS_R - RSS_U$ 的大小来检验约束的真实性。

根据数理统计学的知识：

$$\frac{RSS_U}{\sigma^2} \sim \chi^2(n - k_U - 1) \tag{2.6.8}$$

$$\frac{RSS_R}{\sigma^2} \sim \chi^2(n - k_R - 1) \tag{2.6.9}$$

$$\frac{RSS_R - RSS_U}{\sigma^2} \sim \chi^2(k_U - k_R) \tag{2.6.10}$$

于是

$$F = \frac{(RSS_R - RSS_U)/(k_U - k_R)}{RSS_U/(n - k_U - 1)} \sim F(k_U - K_R, n - k_U - 1) \tag{2.6.11}$$

如果约束条件无效,RSS_R 与 RSS_U 的差异较大,计算的 F 值也较大。于是,可用计算的 F 统计量的值与所给定的显著性水平下的临界值做比较,对约束条件的真实性进行检验。其中,分别为 k_U,k_R 无约束与受约束回归模型的解释变量的个数(不包括常数项),k_U-k_R 恰为约束条件的个数。

例 2-5 以我国 2010 年按行业分规模以上工业企业的工业生产总值(Y,亿元)、资产总计(K,亿元)和从业人员人数(L,万人)的数据(见表 2-5),来分析柯布—道格拉斯生产函数 $Y=AK^{\alpha}L^{\beta}$ 的规模效益不变的约束条件:$\alpha+\beta=1$ 是否成立。

表 2-5 我国 2010 年按行业分规模以上工业企业的工业生产总值、资产总计和从业人员人数的数据

行　业	工业生产总值	资产总计	从业人员人数
煤炭开采和洗选业	22 109.27	29 941.66	527.19
石油和天然气开采业	9 917.84	16 692.05	106.06
黑色金属矿采选业	5 999.33	5 985.13	67.04
有色金属矿采选业	3 799.41	3 083.47	55.4
非金属矿采选业	3 093.54	1 882.3	56.54
其他采矿业	31.31	16.23	0.45
农副食品加工业	34 928.07	16 731.35	369.01
食品制造业	11 350.64	7 229.41	175.88
饮料制造业	9 152.62	7 852.83	130.02
烟草制品业	5 842.51	5 484.04	21.1
纺织业	28 507.92	18 789.99	647.32
纺织服装、鞋、帽制造业	12 331.24	7 026.08	447
皮革、毛皮、羽毛(绒)及其制品业	7 897.5	3 907.44	276.37
木材加工及木、竹、藤、棕	7 393.18	3 541.83	142.29
家具制造业	4 414.81	2 639.07	111.73
造纸及纸制品业	10 434.06	9 655.29	157.91
印刷业和记录媒介的复制	3 562.91	3 216.39	85.06
文教体育用品制造业	3 135.43	1 829.93	128.11
石油加工、炼焦及核燃料加工业	29 238.79	15 669.15	92.15
化学原料及化学制品制造业	47 920.02	38 771.99	474.14
医药制造业	11 741.31	11 116.4	173.17
化学纤维制造业	4 953.99	4 204.8	43.93
橡胶制品业	5 906.67	4 133.98	102.93
塑料制品业	13 872.22	9 210.97	283.3
非金属矿物制品业	32 057.26	25 567.37	544.61
黑色金属冶炼及压延加工业	51 833.58	45 984.25	345.63
有色金属冶炼及压延加工业	28 119.02	20 298.13	191.59
金属制品业	20 134.61	13 155.29	344.64
通用设备制造业	35 132.74	27 615.27	539.38

续 表

行 业	工业生产总值	资产总计	从业人员人数
专用设备制造业	21 561.83	19 561.45	334.22
交通运输设备制造业	55 452.63	47 981.05	573.72
电气机械及器材制造业	43 344.41	31 717.94	604.3
通信设备、计算机及其他	54 970.67	37 719.8	772.75
仪器仪表及文化、办公用	6 399.07	5 168.62	124.86
工艺品及其他制造业	5 662.66	3 329.98	140.43
废弃资源和废旧材料回收加工业	2 306.13	923.56	13.92
电力、热力的生产和供应业	40 550.83	76 725.41	275.64
燃气生产和供应业	2 393.42	2 982.87	19.02
水的生产和供应业	1 137.1	5 539.15	45.92

数据来源:《中国统计年鉴(2011)》

无约束回归模型的 EViews 估计:在命令窗口中输入

LS LOG(Y) C LOG(K) LOG(L)

估计结果如图 2-14 所示。

将约束条件 $\alpha+\beta=1$ 代入,得到要回归的模型 $Y=AK^{\alpha}L^{1-\alpha}e^{u}$,两边除以 L,模型变换为 $Y/L=A\,(K/L)^{\alpha}e^{u}$。

受约束回归模型的 EViews 估计:在命令窗口中输入

LS LOG(Y/L) C LOG(K/L)

估计结果如图 2-15 所示。

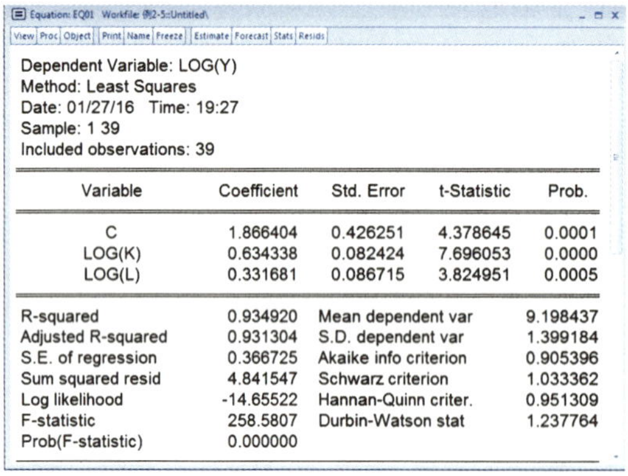

Dependent Variable: LOG(Y)
Method: Least Squares
Date: 01/27/16 Time: 19:27
Sample: 1 39
Included observations: 39

Variable	Coefficient	Std. Error	t-Statistic	Prob.
C	1.866404	0.426251	4.378645	0.0001
LOG(K)	0.634338	0.082424	7.696053	0.0000
LOG(L)	0.331681	0.086715	3.824951	0.0005

R-squared	0.934920	Mean dependent var	9.198437
Adjusted R-squared	0.931304	S.D. dependent var	1.399184
S.E. of regression	0.366725	Akaike info criterion	0.905396
Sum squared resid	4.841547	Schwarz criterion	1.033362
Log likelihood	-14.65522	Hannan-Quinn criter.	0.951309
F-statistic	258.5807	Durbin-Watson stat	1.237764
Prob(F-statistic)	0.000000		

图 2-14 无约束回归模型估计结果

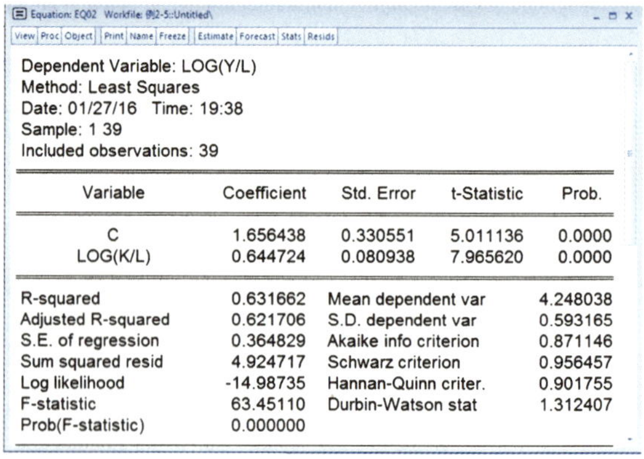

Dependent Variable: LOG(Y/L)
Method: Least Squares
Date: 01/27/16 Time: 19:38
Sample: 1 39
Included observations: 39

Variable	Coefficient	Std. Error	t-Statistic	Prob.
C	1.656438	0.330551	5.011136	0.0000
LOG(K/L)	0.644724	0.080938	7.965620	0.0000

R-squared	0.631662	Mean dependent var	4.248038
Adjusted R-squared	0.621706	S.D. dependent var	0.593165
S.E. of regression	0.364829	Akaike info criterion	0.871146
Sum squared resid	4.924717	Schwarz criterion	0.956457
Log likelihood	-14.98735	Hannan-Quinn criter.	0.901755
F-statistic	63.45110	Durbin-Watson stat	1.312407
Prob(F-statistic)	0.000000		

图 2-15 受约束回归模型估计结果

由图 2-14、图 2-15 可以看出,无约束回归模型与受约束回归模型的残差平方和分别为

$$RSS_U=4.841\ 547\ 497 \quad RSS_R=4.924\ 717$$

本例中原假设为 $H_0:\alpha+\beta=1$,备择假设为 $H_1:\alpha+\beta\neq1$,$k_R=1$,$k_U=2$,$n=39$,故,检验的 F 统计量为

$$F = \frac{(RSS_R - RSS_U)/(k_U - k_R)}{RSS_U/(n - k_U - 1)}$$

$$= \frac{(4.924\,717\,108 - 4.841\,547\,497)/1}{4.841\,547\,497/36}$$

$$= 0.618\,419$$

查 F 表,得 5% 显著性水平的 $F_{0.05}(1,36) = 4.11$,因为 $F = 0.618\,419 < F_{0.05}(1,36) = 4.11$,故接受原假设 $H_0 : \alpha + \beta = 1$,即支持规模收益不变的假设。

在 EViews 软件中,当估计出无约束回归模型后,选中 View/coefficient Diagnostics/Wald Test-coefficient Retrictions... 出现 Wald Test 对话框,在对话框中输入 "C(2)+C(3)=1"图 2-16 所示,点击 OK,得 $F = 0.618\,419$。

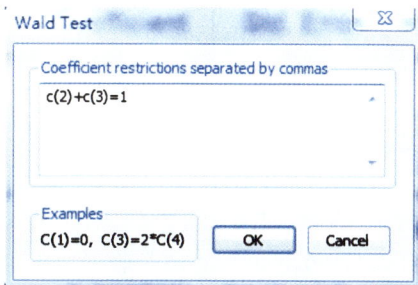

图 2-16　Wald Test 对话框

注意:这里的 F 检验适合所有关于参数线性约束的检验,前面对回归模型总体的线性检验,可以归结到这里的 F 检验上来。例如,多元线性回归模型中回归模型的总体显著性 F 检验:

$$H_0 : \beta_j = 0 \quad j = 1, 2, \cdots, k$$

这里,受约束回归模型为

$$Y = \beta_0 + u_*$$

由(2.6.11)式:

$$F = \frac{(RSS_R - RSS_U)/(k_U - k_R)}{RSS_U/(n - k_U - 1)} = \frac{(TSS - ESS_R - RSS_U)/k}{RSS_U/(n - k - 1)}$$

$$= \frac{(TSS - RSS_U)/k}{RSS_U/(n - k - 1)} = \frac{ESS_U/k}{RSS_U/(n - k - 1)} \quad (ESS_R = 0)$$

二、对回归模型增加或减少解释变量

本章第三节中介绍过对每个解释变量进行显著性检验的 t 检验,把对解释变量影响不显著的解释变量从模型中剔除,而 F 检验除对单个变量的取舍进行判断外,还可对多个变量的同时取舍进行判断。

考虑如下两个回归模型:

$$Y = \beta_0 + \beta_1 X_1 + \beta_2 X_2 + \cdots + \beta_k X_k + u \tag{2.6.12}$$

$$Y = \beta_0 + \beta_1 X_1 + \beta_2 X_2 + \cdots + \beta_k X_k + \beta_{k+1} X_{k+1} + \cdots + \beta_{k+q} X_{k+q} + u \tag{2.6.13}$$

(2.6.12)式可以看成是(2.6.13)式的受约束回归,即

$$H_0 : \beta_{k+1} = \beta_{k+2} = \cdots = \beta_{k+q} = 0 \tag{2.6.14}$$

相应的 F 统计量为

$$F = \frac{(RSS_R - RSS_U)/q}{RSS_U/[n-(k+q+1)]}$$
$$= \frac{(ESS_U - ESS_R)/q}{RSS_U/[n-(k+q+1)]} \sim F(k_U - K_R, n - k_U - 1) \quad (2.6.15)$$

F 统计量的另一个等价式为

$$F = \frac{(R_U^2 - R_R^2)/q}{(1 - R_U^2)/[n-(k+q+1)]} \quad (2.6.16)$$

其中,R_U^2,R_R^2 分别为无约束回归与受约束回归方程的可决系数。

如果约束条件为真,即额外的变量 $X_{k+1}, X_{k+2}, \cdots, X_{k+q}$ 对 Y 没有解释能力,则 F 统计量较小;否则,约束条件为假,意味着额外的变量对 Y 有较强的解释能力,则 F 统计量较大。因此,可通过 F 的计算值与临界值的比较,来判断额外变量是否应包括在模型中。

三、参数的稳定性

对于时间序列数据,因变量和解释变量之间的关系可能会发生结构变化,这可能是由经济系统的需求或供给冲击带来的,也可能是制度转变的结果。例如,我国改革开放后经济关系方方面面都逐渐发生了改变,市场经济体制的逐步建立也使得经济关系不断调整。因此,建立模型时往往希望模型的参数和设定关系是稳定的,即所谓的结构不变,那么如何检验结构变化。

(一) 邹氏参数稳定性检验

假设需要建立的模型为

$$Y = X\beta + u \quad (2.6.17)$$

在两个连续的时间序列 $(1, 2, \cdots, n_1)$ 与 $(n_1+1, n_1+2, \cdots, n_1+n_2)$ 中,相应的模型分别为

$$Y_1 = X_1\beta + u_1 \quad (2.6.18)$$

$$Y_2 = X_2\alpha + u_2 \quad (2.6.19)$$

假设模型(2.6.18)和(2.6.19)都满足经典假定条件,随机误差项 u_1,u_2 相互独立且具有相同的方差。合并两个时间序列为 $(1, 2, \cdots, n_1, n_1+1, n_1+2, \cdots, n_1+n_2)$,则可写出如下无约束回归模型,即

$$\begin{bmatrix} Y_1 \\ Y_2 \end{bmatrix} = \begin{bmatrix} X_1 & 0 \\ 0 & X_2 \end{bmatrix} \begin{pmatrix} \beta \\ \alpha \end{pmatrix} + \begin{bmatrix} u_1 \\ u_2 \end{bmatrix} \quad (2.6.20)$$

如果 $\alpha = \beta$,表示没有发生结构变化,因此可针对如下假设进行检验。即由

$$H_0 : \alpha = \beta$$

对(2.6.20)式施加后,变换为受约束回归模型为

$$\begin{bmatrix} Y_1 \\ Y_2 \end{bmatrix} = \begin{bmatrix} X_1 \\ X_2 \end{bmatrix} \beta + \begin{bmatrix} u_1 \\ u_2 \end{bmatrix} \quad (2.6.21)$$

因此,检验 F 的统计量为

$$F = \frac{(RSS_R - RSS_U)/(k+1)}{RSS_U/[n_1 + n_2 - 2(k+1)]} \sim F[k+1, n_1 + n_2 - 2(k+1)] \quad (2.6.22)$$

记 RSS_1 与 RSS_2 为在两时间段上分别回归后所得的残差平方和,容易验证:

$$RSS_U = RSS_1 + RSS_2$$

于是

$$F = \frac{[RSS_R - (RSS_1 + RSS_2)]/(k+1)}{(RSS_1 + RSS_2)/[n_1 + n_2 - 2(k+1)]} \sim F[k+1, n_1 + n_2 - 2(k+1)] \quad (2.6.23)$$

参数稳定性的检验步骤:

第一步,分别在两连续时间序列作为两个样本进行回归,得到相应的残差平方: RSS_1 与 RSS_2;

第二步,将两序列并为一个大样本后进行回归,得到大样本下的残差平方和 RSS_R;

第三步,计算 F 统计量的值 $F = \dfrac{[RSS_R - (RSS_1 + RSS_2)]/(k+1)}{(RSS_1 + RSS_2)/[n_1 + n_2 - 2(k+1)]}$,与临界值比较:若 F 值大于临界值 $F_a[k+1, n_1 + n_2 - 2(k+1)]$,则拒绝原假设,认为发生了结构变化,参数是非稳定的。该检验也被称为邹氏参数稳定性检验(chow test for parameter stability)。

关于邹氏参数稳定性检验的几点说明:

(1)在应用之前,应该验证该检验成立的前提条件。关于两个时间段上随机干扰项的同方差性检验,可以利用如下 F 统计量进行:

$$F = \frac{RSS_大/(n_大 - k - 1)}{RSS_小/(n_小 - k - 1)} \sim F(n_大 - k - 1, n_小 - k - 1)(在 H_0: \alpha = \beta 的条件下)$$

(注意:上述统计量中的分子要大于分母)

(2)邹氏参数稳定性检验拒绝原假设只表明在整个样本区间模型存在结构变化,并不能告诉我们这种变化是来自截距项、斜率系数,还是两者都有。

(3)首先要对可能发生结构变化的点做出判断。

例 2-6　1985—2002 年中国家用汽车拥有量(Y)与城镇居民家庭人均可支配收入(X),数据见表 2-6。

表 2-6　中国 1985—2002 年家用汽车拥有量与城镇居民家庭人均可支配收入数据

年　份	汽车拥有量（万辆）	人均可支配收入（元）	年　份	汽车拥有量（万辆）	人均可支配收入（元）
1985	28.49	739.1	1994	205.42	3 496.2
1986	34.71	899.6	1995	249.96	4 283
1987	42.29	1002.2	1996	289.67	4 838.9
1988	60.42	1181.4	1997	358.36	5 160.3
1989	73.12	1375.7	1998	423.65	5 425.1
1990	81.62	1510.2	1999	533.88	5 854
1991	96.04	1700.6	2000	625.33	6 280
1992	118.2	2026.6	2001	770.78	6 859.6
1993	155.77	2577.4	2002	968.98	7 702.8

在 EViews 软件命令窗口,输入命令"SCAT　X　Y",得家用汽车拥有量 Y 与城镇居民家庭人均可支配收入 X 的散点图 2-17,根据图 2-17 初步判断 1996 年是家用汽车拥有量与城镇居民家庭人均可支配收入回归模型的一个突变点。

对于 1996 年是否是回归模型的结构突变点,我们使用邹氏参数稳定性检验步骤如下:

(1) 在 1985—1995 年和 1996—2002 年的时间段里,有如下回归结果,如图 2 - 18、图 2 - 19 所示。

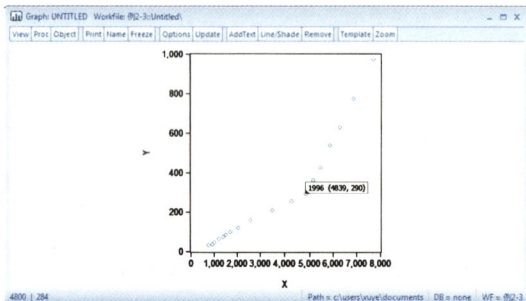

图 2 - 17　X、Y 散点图

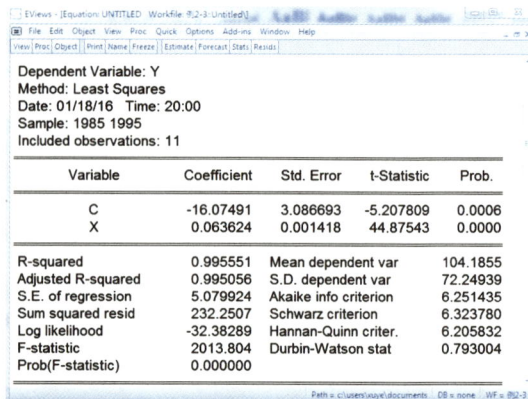

图 2 - 18　1985—1995 年回归结果

(2) 在 1985—2002 年的时间段里,有如下回归结果,图 2 - 20 所示。

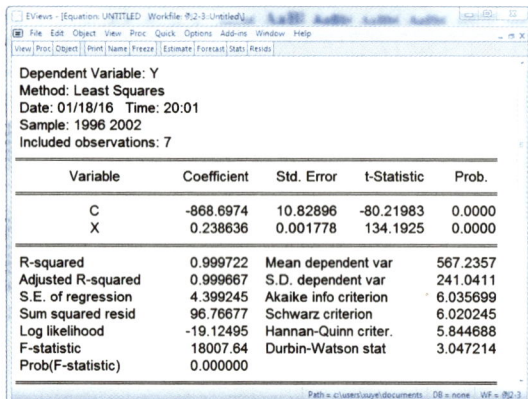

图 2 - 19　1996—2002 年回归结果

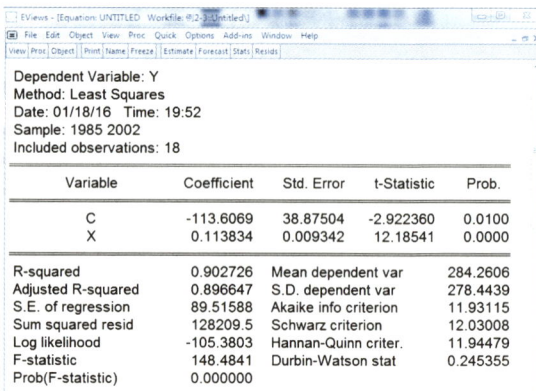

图 2 - 20　1985—2002 年回归结果

由图 2 - 18、图 2 - 19、图 2 - 20 可知,$RSS_1 = 232.2507$,$RSS_2 = 96.76677$,$RSS_R = 128209.5$,$k=1$,$n_1=11$,$n_2=7$,首先对两个时间段上随机干扰项同方差性进行检验,检验的 F 统计量值为

$$F = \frac{232.2507/9}{96.76677/5} = 1.33339334$$

在 5% 的显著性水平下,自由度为 $(9,5)$ 的 F 分布的临界值为 $F_{0.05}(9,5) = 4.77$,可见计算的 F 值小于临界值,所以可以认为 1985—1995 年、1996—2002 年两个时间段上随机干扰项是同方差的。其次,对 1996 年是家用汽车拥有量与城镇居民家庭人均可支配收入回归模型的一个突变点作 F 检验,参数稳定性 F 检验值为

$$F = \frac{[128209.5 - (232.2507 + 96.76677)]/2}{(232.2507 + 96.76677)/14} = 2720.717$$

在 5% 的显著性水平下，自由度为 $(2,14)$ 的 F 分布的临界值为 $F_{0.05}(2,14)=3.74$，因为 $F=2\,720.717>F_{0.05}(2,14)=3.74$，所以拒绝参数稳定的原假设，表明 1996 年是家用汽车拥有量与城镇居民家庭人均可支配收入回归模型的一个突变点。

在 EViews 软件下可直接利用 OLS 法估计的受约束回归模型进行邹氏参数稳定性检验。在 1985—2002 年回归方程（受约束回归模型）窗口工具栏中，点击 View/Stability Diagnostics/ Chow Breakpoint Test，出现 Chow Test 对话框，在对话框中输入"1996"如图 2-21 所示，点击 OK，输出图 2-22 所示的检验结果。

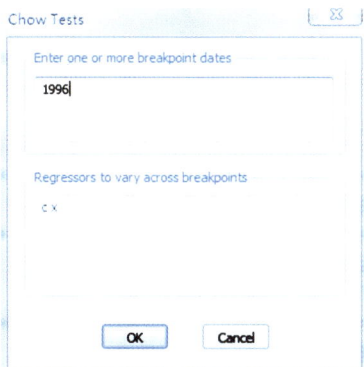

图 2-21 邹氏参数稳定性检验对话框

图 2-22 邹氏参数稳定性检验检验结果

图 2-22 检验结果显示，F 统计量的值 $=2\,720.717$，相应的概率 P 值非常小，因此拒绝参数稳定的原假设。

（二）邹氏预测检验

上述参数稳定性检验要求 $n_2>k$，如果出现 $n_2<k$，则往往进行如下的邹氏预测检验（Chow test for predictive failure）。

邹氏预测检验的基本思想如下：

先用前一时间段 n_1 个样本估计原模型，再用估计出的参数进行后一时间段 n_2 个样本的预测。如果预测误差较大，则说明参数发生了变化，否则说明参数是稳定的。

分别以 β、α 表示第一与第二时间段的参数，则

$$\begin{cases} Y_1=X_1\beta+u_1 \\ Y_2=X_2\alpha+u_2=X_2\beta+X_2(\alpha-\beta)+u_2 \end{cases} \tag{2.6.24}$$

其中，$\gamma=X_2(\alpha-\beta)$。如果 $\gamma=0$，则 $\alpha=\beta$，表明参数在估计期与预测期相同。(2.6.24) 的矩阵式为

$$\begin{bmatrix} Y_1 \\ Y_2 \end{bmatrix}=\begin{bmatrix} X_1 & 0 \\ X_2 & I_{n_2} \end{bmatrix}\begin{bmatrix} \beta \\ \gamma \end{bmatrix}+\begin{bmatrix} u_1 \\ u_2 \end{bmatrix} \tag{2.6.25}$$

可见，用前 n_1 个样本估计可得前 k 个参数 β 的估计，而 γ 不外是用后 n_2 个样本测算的预测误差 $X_2(\alpha-\beta)$。如果参数没有发生变化，则 $\gamma=0$，矩阵式简化为

$$\begin{bmatrix} Y_1 \\ Y_2 \end{bmatrix}=\begin{bmatrix} X_1 \\ X_2 \end{bmatrix}\beta+\begin{bmatrix} u_1 \\ u_2 \end{bmatrix} \tag{2.6.26}$$

(2.6.26)式与(2.6.25)式分别可看成受约束与无约束回归模型,于是有如下 F 检验,即:

$$F=\frac{(RSS_R-RSS_U)/(k_U-k_R)}{RSS_U/(n-k_U-1)}=\frac{(RSS_R-RSS_1)/n_2}{RSS_1/(n_1-k-1)}$$

这里,$k_U-k_R=n_2$,$RSS_U=RSS_1$。

邹氏预测检验步骤:

第一步,在两时间段的合成大样本下做 OLS 回归,得受约束模型的残差平方和 RSS_R;

第二步,对前一时间段的 n_1 个子样做回归,得残差平方和 RSS_1;

第三步,计算检验的 F 统计量,做出判断。给定显著性水平 α,查 F 分布表,得临界值 F_α (n_2,n_1-k-1),如果 $F>F_\alpha(n_2,n_1-k-1)$,则拒绝原假设,认为预测期发生了结构变化。

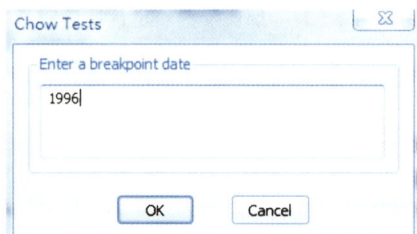

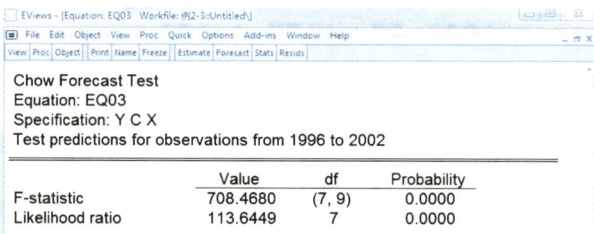

图 2 - 23　邹氏预测检验对话框　　　　　　图 2 - 24　邹氏预测检验结果

在例 2 - 6 中,利用 EViews 软件,可直接进行邹氏预测检验。在 1985—2002 年回归方程 (受约束回归模型)窗口工具栏中,点击 View/Stability Diagnostics/ Chow Forecast Test,出现 Chow Test 对话框,在对话框中输入"1996"如图 2 - 23 所示,点击 OK,输出图 2 - 24 所示的检验结果。

如图 2 - 24 所示检验结果显示,F 统计量的值 $=708.468\ 0$,相应的概率 P 值非常小,因此拒绝原假设 H_0,即认为 1996 年是模型的突变点。

四、三大经典的非线性约束检验

估计线性模型时也可对模型参数施加非线性约束。如对模型

$$Y=\beta_0+\beta_1X_1+\beta_2X_2+\cdots+\beta_kX_k+u \tag{2.6.27}$$

施加非线性约束 $\beta_1\beta_2=1$,得到受约束回归模型为

$$Y=\beta_0+\beta_1X_1+\frac{1}{\beta_1}X_2+\cdots+\beta_kX_k+u^* \tag{2.6.28}$$

该模型无法运用普通最小二乘法进行估计的,必须采用非线性最小二乘法(nonlinear least squares)进行估计。非线性约束检验是建立在最大似然原理基础上的,有最大似然比检验(likelihood ratio test,LR)、沃尔德检验(Wald test,WD)与拉格朗日乘数检验(Lagrange multiplier test,LM)。

(一) 最大似然比检验 (likelihood ratio test)

最大似然比检验需要估计无约束回归模型与受约束回归模型,运用最大似然估计法,检验两个似然函数的值的差异是否"足够"大。记 $L(\beta,\sigma^2)$ 为似然函数,无约束回归就是求一组参数 $\hat{\beta}$ 与 $\hat{\sigma}^2$,使 $\mathrm{Max}L(\hat{\beta},\hat{\sigma}^2)$。受约束回归就是给定约束条件 $g(\beta)=0$,求另一组参数 $\tilde{\beta}$ 与 $\tilde{\sigma}^2$,使

$\text{MaxL}(\tilde{\beta},\tilde{\sigma}^2)$。就是求拉格朗日函数 $\Phi=L(\beta,\sigma^2)-\lambda'g(\beta)$ 的极值。其中,$g(\beta)$ 是以各约束条件为元素的列向量,λ' 是以相应拉格朗日乘数为元素的行向量。显然受约束模型的似然函数值不会超过无约束模型的似然函数值,但如果约束条件为真,则两个函数值就非常"接近"。由此,定义似然比(likelihood ratio)为

$$\frac{L(\tilde{\beta},\tilde{\sigma}^2)}{L(\hat{\beta},\hat{\sigma}^2)} \tag{2.6.29}$$

如果比值不接近 1,说明两似然函数值差距较大,则应拒绝约束条件为真的假设;如果比值接近于 1,说明两似然函数值很接近,应接受约束条件为真的假设。在具体检验时,由于大样本下($n \geqslant 30$)

$$LR=-2[\ln L(\tilde{\beta},\tilde{\sigma}^2)-\ln L(\hat{\beta},\hat{\sigma}^2)]\sim\chi^2(h) \tag{2.6.30}$$

其中,h 是约束条件的个数。因此,通过 LR 统计量的 χ^2 分布特性来进行判断。

例 2 - 7　中国国债发行总量(DEBT,亿元)模型如下:

$$\text{DEBT}_i=\beta_0+\beta_1\,\text{GDP}_i+\beta_2\,\text{DEF}_i+\beta_3\,\text{REPAY}_i+u_i$$

其中 GDP 表示国内生产总值(百亿元),DEF 表示年财政赤字额(亿元),REPAY 表示年还本付息额(亿元),1980—2001 年数据见表 2 - 7。

表 2 - 7　我国 1980—2001 年国债发行总量、GDP、财政赤字额、年还本付息额数据

年　份	DEBT	GDP	DEF	REPAY	年　份	DEBT	GDP	DEF	REPAY
1980	43.01	45.178	68.9	28.58	1991	461.4	216.178	237.14	246.8
1981	121.74	48.624	−37.38	62.89	1992	669.68	266.381	258.83	438.57
1982	83.86	52.947	17.65	55.52	1993	739.22	346.344	293.35	336.22
1983	79.41	59.345	42.57	42.47	1994	1175.25	467.594	574.52	499.36
1984	77.34	71.71	58.16	28.9	1995	1549.76	584.781	581.52	882.96
1985	89.85	89.644	−0.57	39.56	1996	1967.28	678.846	529.56	1 355.03
1986	138.25	102.022	82.9	50.17	1997	2476.82	744.626	582.42	1 918.37
1987	223.55	119.625	62.83	79.83	1998	3310.93	783.452	922.23	2 352.92
1988	270.78	149.283	133.97	76.76	1999	3715.03	820.675	1 743.59	1 910.53
1989	407.97	169.092	158.88	72.37	2000	4180.1	894.422	2 491.27	1 579.82
1990	375.45	185.479	146.49	190.07	2001	4 604	959.333	2 516.54	2 007.73

利用以上数据建立多元线性回归模型,有以下回归结果,如图 2 - 25 所示。

```
Equation: EQ01  Workfile: 例2-4::Untitled\                              _ □ ✕
View Proc Object | Print Name Freeze | Estimate Forecast | Stats | Resids

Dependent Variable: DEBT
Method: Least Squares
Date: 01/19/16   Time: 16:32
Sample: 1980 2001
Included observations: 22
```

Variable	Coefficient	Std. Error	t-Statistic	Prob.
C	4.313999	21.66725	0.199102	0.8444
GDP	0.345202	0.154470	2.234756	0.0384
DEF	0.995403	0.031613	31.48699	0.0000
REPAY	0.879759	0.049508	17.77021	0.0000

R-squared	0.998955	Mean dependent var		1216.395
Adjusted R-squared	0.998781	S.D. dependent var		1485.993
S.E. of regression	51.88705	Akaike info criterion		10.89898
Sum squared resid	48460.78	Schwarz criterion		11.09735
Log likelihood	-115.8888	Hannan-Quinn criter.		10.94571
F-statistic	5735.347	Durbin-Watson stat		2.116834
Prob(F-statistic)	0.000000			

图 2 - 25   中国国债发行总量线性模型回归结果

由于 $\hat{\beta}_1 = 0.345\,202$，数值比较小，故我们想利用最大似然比(LR)统计量检验 GDP 对应的回归系数 β_1 等于零是否成立，以判断模型中是否应该保留解释变量 GDP。

为了构造检验的最大似然比(LR)统计量，利用 OLS 法估计受约束回归模型($H_0:\beta_1=0$)，回归结果如图 2 - 26 所示。

```
Equation: EQ02  Workfile: 例2-4::Untitled\                              _ □ ✕
View Proc Object | Print Name Freeze | Estimate Forecast | Stats | Resids

Dependent Variable: DEBT
Method: Least Squares
Date: 01/19/16   Time: 17:09
Sample: 1980 2001
Included observations: 22
```

Variable	Coefficient	Std. Error	t-Statistic	Prob.
C	40.50217	15.83705	2.557432	0.0193
DEF	1.040628	0.026718	38.94864	0.0000
REPAY	0.977764	0.025272	38.68906	0.0000

R-squared	0.998665	Mean dependent var		1216.395
Adjusted R-squared	0.998524	S.D. dependent var		1485.993
S.E. of regression	57.08088	Akaike info criterion		11.05294
Sum squared resid	61906.32	Schwarz criterion		11.20172
Log likelihood	-118.5823	Hannan-Quinn criter.		11.08799
F-statistic	7106.592	Durbin-Watson stat		1.814741
Prob(F-statistic)	0.000000			

图 2 - 26   受约束回归模型估计结果

由图 2 - 25、图 2 - 26 显示，无约束模型的似然函数值 $\ln L(\hat{\beta},\hat{\sigma}^2)=-115.888\,8$，受约束模型的似然函数值 $\ln L(\tilde{\beta},\tilde{\sigma}^2)=-118.582\,3$，于是

$$LR=-2[-118.582\ 3-(-115.888\ 8)]=5.387$$

在 5% 的显著性水平下，χ^2 分布的临界值为 $\chi^2_{0.05}(1)=3.841$，因为 $LR=5.387>\chi^2_{0.05}(1)=3.841$，所以拒绝原假设 $\beta_1=0$，即模型中应该保留解释变量 GDP。

最大似然比（LR）检验的 EViews 操作有两个途径：

（1）在无约束回归模型估计窗口（见图 2-25）工具栏中，点击 View/Coefficient Diagnostics/Redundant Variables Tests-Likelihood Ratio... 在随后弹出的对话框中填入要检验的变量名称 GDP，如图 2-27 所示，点击 OK，输出图 2-28 所示的检验结果。

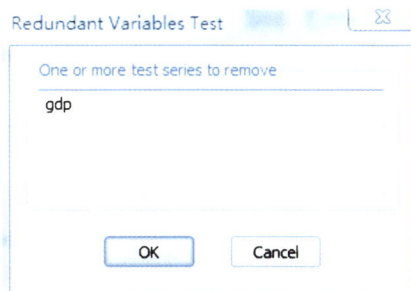

图 2-27　最大似然比（LR）检验对话框

图 2-28　最大似然比（LR）检验结果

图 2-28 检验结果显示，χ^2 统计量的值 =5.087\ 083，相应的概率 P 值为 0.020\ 3 小于 0.05，因此拒绝原假设 H_0，即回归系数 β_1 值不等于零。

（2）在受约束回归模型估计窗口（图 2-26）工具栏中，点击 view/coefficient Diagnostics/ Omitted variables Test-Likelihood Ratio... 在随后弹出的对话框中填入要检验的各量名称 GDP，点击 OK，即可输出检验结果。

（二）沃尔德检验（Wald test）

沃尔德检验中，只需估计无约束模型。如对

$$Y=\beta_0+\beta_1 X_1+\beta_2 X_2+\cdots+\beta_k X_k+u \tag{2.6.31}$$

要检验约束 $\beta_1+\beta_2=1$，只需对该模型进行回归，并判断 $\hat{\beta}_1+\hat{\beta}_2$ 与 1 的差距是否足够大。在所有古典假设都成立的条件下，容易证明：

$$\hat{\beta}_1+\hat{\beta}_2\sim N(\beta_1+\beta_2,\sigma^2_{\hat{\beta}_1+\hat{\beta}_2})$$

因此，在 $\beta_1+\beta_2=1$ 的约束条件下：

$$z=\frac{\hat{\beta}_1+\hat{\beta}_2-1}{\sigma_{\hat{\beta}_1+\hat{\beta}_2}}\sim N(0,1) \tag{2.6.32}$$

$\sigma_{\hat{\beta}_1+\hat{\beta}_2}^2$ 是 $\hat{\beta}_1+\hat{\beta}_2$ 的方差,$\sigma_{\hat{\beta}_1+\hat{\beta}_2}^2=\sigma_{\hat{\beta}_1}^2+\sigma_{\hat{\beta}_2}^2+2\mathrm{Cov}(\hat{\beta}_1,\hat{\beta}_2)$,记 $S_{\hat{\beta}_1+\hat{\beta}_2}^2$ 为 $\hat{\beta}_1+\hat{\beta}_2$ 的样本方差,可建立沃尔德统计量,即

$$W=\frac{(\hat{\beta}_1+\hat{\beta}_2-1)^2}{S_{\hat{\beta}_1+\hat{\beta}_2}^2}\sim\chi^2(1) \tag{2.6.33}$$

在例 2-7 中所建立的模型对约束条件 $\beta_2=3\beta_1$($H_0:\beta_2-3\beta_1=0$)进行沃尔德检验(WD)检验步骤如下:

在无约束回归模型估计窗口(图 2-25)工具栏中,点击 View/Covariance Matrix,得回归系数的方差协方差矩阵,如图 2-29 所示。

	C	GDP	DEF	REPAY
C	469.4698	-2.501379	0.305172	0.597303
GDP	-2.501379	0.023861	-0.003126	-0.006774
DEF	0.305172	-0.003126	0.000999	0.000448
REPAY	0.597303	-0.006774	0.000448	0.002451

图 2-29　回归系数的方差协方差矩阵

由图 2-29 可看出:$S_{\hat{\beta}_1}^2=0.023\,861$,$S_{\hat{\beta}_2}^2=0.000\,999$,$\mathrm{Cov}(\hat{\beta}_1,\hat{\beta}_2)=-0.003\,126$,所以 $\hat{\beta}_2-3\hat{\beta}_1$ 的样本方差为

$$\begin{aligned}S_{\hat{\beta}_2-3\hat{\beta}_1}^2&=S_{\hat{\beta}_2}^2+9S_{\hat{\beta}_1}^2-6\mathrm{Cov}(\hat{\beta}_1,\hat{\beta}_{2\,1})\\&=0.000\,999+9\times0.023\,861-6\times(-0.003\,126)\\&=0.234\,504\end{aligned}$$

又由图 2-25 看出:

$$\hat{\beta}_1=0.345\,202,\hat{\beta}_2=0.995\,403$$

故检验 $H_0:\beta_2-3\beta_1=0$ 的沃尔德统计量的值为

$$W=\frac{(0.995\,403-3*0.345\,202)^2}{0.234\,503}=0.006\,892$$

在 5% 的显著性水平下,χ^2 分布的临界值为 $\chi_{0.05}^2(1)=3.841$,因为

$$W=0.006\,892<\chi_{0.05}^2(1)=3.841$$

所以不拒绝原假设 $H_0:\beta_2-3\beta_1=0$。

例 2-7 中沃尔德检验的 EViews 操作如下:

在无约束回归模型估计窗口(见图 2-25)工具栏中,View/Coefficient Diagnostics/Wald Test-Coefficient Restrictions...在随后弹出的对话框中填入要检验的系数表达式 C(3)-3*C(2)=0,如图 2-30 所示,点击 OK,输出图 2-31 所示的检验结果。

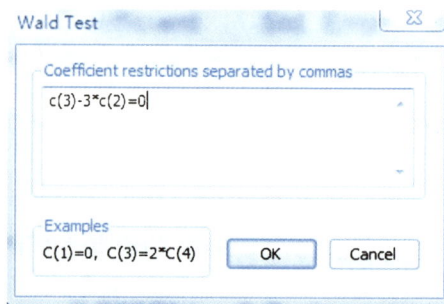

图 2-30　沃尔德检验(WD)检验对话框

Equation: EQ01 Workfile: 例2-4::Untitled\

View | Proc | Object | Print | Name | Freeze | Estimate | Forecast | Stats | Resids

Wald Test:
Equation: EQ01

Test Statistic	Value	df	Probability
t-statistic	-0.083020	18	0.9348
F-statistic	0.006892	(1, 18)	0.9348
Chi-square	0.006892	1	0.9338

图 2-31 沃尔德检验(WD)检验结果

图 2-31 检验结果显示，χ^2 统计量的值＝0.006 892，相应的概率 P 值为 0.933 8 大于 0.05，因此不拒绝原假设 H_0，即回归系数 $\beta_2=3\beta_1$。

如果有 h 个约束条件，则可得到 h 个类似于(2.6.32)式统计量 $z_1, z_2, \cdots, z_h$，当它们相互独立时，其平方和服从自由度 h 的 χ^2 分布。然而，一般情况下，由 h 个约束条件得到的 h 个 z 统计量不相互独立，因此，无法得到精确的 χ^2 分布。但是在各约束条件为真时，可建立大样本下($n\geqslant 30$)的服从自由度为 h 的渐近 χ^2 分布统计量为

$$W=Z'C^{-1}Z\sim\chi^2(h) \tag{2.6.34}$$

其中，Z 为以 z_i 为元素的列向量，C 是 Z 方差－协方差矩阵。因此，统计量 W 从总体上测量了无约束回归不满足约束条件的程度。

仍以例 2-7 为例，用沃尔德检验(WD)检验统计量检验两个约束条件：

$$\beta_2=1 \text{ 且 } \beta_3=1$$

由(2.6.32)式可知：

$$z_1=\frac{\hat{\beta}_2-1}{\sigma_{\hat{\beta}_2}}\sim N(0,1) \qquad z_2=\frac{\hat{\beta}_3-1}{\sigma_{\hat{\beta}_3}}\sim N(0,1)$$

令

$$Z=\begin{bmatrix} z_1 \\ z_2 \end{bmatrix} \quad C=\begin{bmatrix} 1 & \text{Cov}(z_1,z_2) \\ \text{Cov}(z_1,z_2) & 1 \end{bmatrix}$$

而

$$\text{Cov}(z_1,z_2)=\text{Cov}\left(\frac{\hat{\beta}_2-1}{\sigma_{\hat{\beta}_2}},\frac{\hat{\beta}_3-1}{\sigma_{\hat{\beta}_3}}\right)=\frac{1}{\sigma_{\hat{\beta}_2}\times\sigma_{\hat{\beta}_3}}\text{Cov}(\hat{\beta}_2,\hat{\beta}_3)$$

由图 2-25 可得

$$Z=\begin{bmatrix} z_1 \\ z_2 \end{bmatrix}=\begin{bmatrix} \dfrac{\hat{\beta}_2-1}{\sigma_{\hat{\beta}_2}} \\ \dfrac{\hat{\beta}_3-1}{\sigma_{\hat{\beta}_3}} \end{bmatrix}=\begin{bmatrix} \dfrac{0.995\,403-1}{0.031\,613} \\ \dfrac{0.879\,759-1}{0.049\,508} \end{bmatrix}=\begin{bmatrix} -0.145\,414\,861 \\ -2.428\,718\,591 \end{bmatrix}$$

由图 2-25、图 2-29 可得

$$\text{Cov}(z_1,z_2)=\frac{0.000\,448}{0.031\,613\times 0.049\,508}=0.286\,244\,348$$

故

$$C=\begin{bmatrix} 1 & 0.286\ 244\ 348 \\ 0.286\ 244\ 348 & 1 \end{bmatrix} \quad C^{-1}=\begin{bmatrix} 1.089\ 248\ 474 & -0.311\ 791\ 22 \\ -0.311\ 791\ 22 & 1.089\ 248\ 474 \end{bmatrix}$$

于是检验 $H_0:\beta_2=\beta_3=1$ 的沃尔德统计量的值 $W=Z'C^{-1}Z\approx6.227\ 8$,在 5% 的显著性水平下,$\chi^2$ 分布的临界值为 $\chi^2_{0.05}(2)=5.99$,因为 $W=6.227\ 8>\chi^2_{0.05}(2)=5.99$,所以拒绝原假设 $H_0:\beta_2=\beta_3=1$。

对非线性约束,也可类似地建立沃尔德统计量 W,但算法描述要复杂得多,而沃尔德检验的 EViews 操作却简单得多。在图 2-30 沃尔德检验(WD)检验对话框中输入模型系数的约束条件时,可以是线性的约束条件,也可以是非线性的,并且可以是多个约束条件,各约束条件用逗号隔开。本例中,在图 2-30 所示的对话框中输入"C(3)=1, C(4)=1(即 $H_0:\beta_2=\beta_3=1$)",然后点击"OK",得沃尔德统计量的值 $W\approx6.2278$。

(三) 拉格朗日乘数检验(lagrange multiplier test)

与沃尔德检验不同的是拉格朗日乘数检验只需估计受约束模型。所以当施加约束条件后模型形式变得简单,更适用于这种检验。受约束回归是求最大似然法的极值问题:

$$\Phi=L(\beta,\sigma^2)-\lambda'g(\beta) \tag{2.6.35}$$

其中,λ' 是拉格朗日乘数行向量,衡量各约束条件对最大似然函数值的影响程度。如果某一约束为真,则该约束条件对最大似然函数值的影响很小,于是,相应的拉格朗日乘数的值应接近于零。因此,拉格朗日乘数检验就是检验某些拉格朗日乘数的值是否"足够大",如果"足够大",则拒绝约束条件为真的假设。拉格朗日统计量 LM 本身是一个关于拉格朗日乘数的复杂的函数,在各约束条件为真的情况下,服从一自由度恰为约束条件个数的渐近 χ^2 分布。同样地,如果为线性约束,LM 服从一精确的 χ^2 分布,即

$$LM=nR^2 \tag{2.6.36}$$

其中,n 为样本容量,R^2 为如下辅助回归(auxiliary regression)的可决系数。

$$\hat{e}_R=\hat{\tilde{\delta}}_0+\tilde{\delta}_1X_1+\hat{\tilde{\delta}}_2X_2+\cdots+\hat{\tilde{\delta}}_kX_k$$

其中,$\hat{e}_R$ 为受约束回归模型的残差序列。

如果约束是非线性的,辅助回归方程的估计比较复杂,但仍可按(2.6.36)式计算 LM 统计量的值。

复习思考题

1. 给定二元回归模型:$Y_i=\beta_0+\beta_1X_{1i}+\beta_2X_{2i}+u_i(i=1,2,\cdots,n)$。① 叙述模型的经典假定;② 写出总体回归函数、样本回归函数与样本回归模型;③ 写出回归模型的矩阵表示;④ 写出回归系数及随机干扰项方差的最小二乘估计量,并叙述参数估计量的性质;⑤ 叙述总离差平方和、回归平方和、残差平方和之间的关系。

2. 多元线性回归最小二乘估计的正规方程组,能解出唯一的参数估计的条件是什么? 为什么说最小二乘估计量是最优的线性无偏估计量?

3. 在多元线性回归分析中,为什么用修正的样本决定系数衡量估计模型对样本观测值

的拟合优度？

4. 样本决定系数 R^2 与总体显著性检验（F 检验）之间的关系；在多元线性回归分析中，F 检验与 t 检验有何不同？在一元线性回归分析中二者是否有等价的作用？

5. 为研究中国各地区入境旅游状况，建立了各省市旅游外汇收入（Y，百万美元）、旅行社职工人数（X_1，人）、国际旅游人数（X_2，万人次）的模型，用某年 31 个省市的截面数据估计结果如下：

$$\hat{Y}_i = -151.026\,3 + 0.117\,9X_{1i} + 1.545\,2X_{2i}$$

$$t = (-3.066\,806)(6.652\,983)(2.378\,064)$$

$$R^2 = 0.934\,3 \quad \overline{R}^2 = 0.929\,64 \quad F = 191.189\,4 \quad n = 31$$

（1）从经济意义上考察估计模型的合理性。

（2）在 5% 显著性水平上，分别检验参数 β_1，β_2 的显著性。

（3）在 5% 显著性水平上，检验模型的总体显著性。

6. 表 2-8 为有关批准的私人住房单位及其决定因素的 4 个模型的估计量和相关统计值（括号内为 p 值，如果某项为空，则意味着模型中没有此变量）。数据为美国 40 个城市的数据。模型如下：

$$\text{housing} = \beta_0 + \beta_1 \text{density} + \beta_2 \text{value} + \beta_3 \text{income} + \beta_4 \text{popchang} +$$
$$\beta_5 \text{unemp} + \beta_6 \text{localtax} + \beta_7 \text{statetax} + u$$

式中，housing——实际颁发的建筑可证数量，density——每平方英里的人口密度，value——自有房屋的均值（单位：百美元），income——平均家庭的收入（单位：千美元），popchang——人口增长百分比（1980—1992），unemp——失业率，localtax——人均交纳的地方税，statetax——人均缴纳的州税。

表 2-8　美国的城市实际颁发的建筑可证数量回归模型

变　量	模型 A	模型 B	模型 C	模型 D
C	813(0.74)	−392(0.81)	−1279(0.34)	−973(0.44)
Density	0.075(0.43)	0.062(0.32)	0.042(0.47)	
Value	−0.855(0.13)	−0.873(0.11)	−0.994(0.06)	−0.778(0.07)
Income	110.41(0.14)	133.03(0.04)	125.71(0.05)	116.60(0.06)
Popchang	26.77(0.11)	29.19(0.06)	29.41(0.001)	24.86(0.08)
Unemp	−76.55(0.48)			
Localtax	−0.061(0.95)			
Statetax	−1.006(0.40)	−1.004(0.37)		
RSS	4.763e+7	4.843e+7	4.962e+7	5.038e+7
R^2	0.349	0.338	0.322	0.312
$\hat{\sigma}^2$	1.488e+6	1.424e+6	1.418e+6	1.399e+6
AIC	1.766e+6	1.634e+6	1.593e+6	1.538e+6

（1）检验模型 A 中的每一个回归系数在 10% 水平下是否为零（括号中的值为双边备择 p 值）。根据检验结果，你认为应该把变量保留在模型中还是去掉？

（2）在模型 A 中，在 10% 水平下检验联合假设 $H_0 : \beta_i = 0 (i = 1, 5, 6, 7)$。说明被择假设计

算检验统计值,说明其在零假设条件下的分布,拒绝或接受零假设的标准。说明你的结论。

(3)哪个模型是"最优的"?解释你的选择标准。

(4)说明最优模型中有哪些系数的符号是"错误的"。说明你的预期符号并解释原因。确认其是否为正确符号。

7. 经研究发现,家庭书刊消费支出受家庭收入和户主受教育年数的影响。表2-9给出了对某地区部分家庭抽样调查的样本数据。

表2-9 家庭书刊消费支出、家庭收入和户主受教育年数的数据

序号	家庭书刊年消费支出 Y(元)	家庭月平均收入 X(元)	户主受教育年数 T(年)	序号	家庭书刊年消费支出 Y(元)	家庭月平均收入 X(元)	户主受教育年数 T(年)
1	450	1 027.2	8	10	793.2	1 998.6	14
2	507.7	1 045.2	9	11	660.8	2 196	10
3	613.9	1 225.8	12	12	792.7	2 105.4	12
4	563.4	1 312.2	9	13	580.8	2 147.4	8
5	501.5	1 316.4	7	14	612.7	2 154	10
6	781.5	1 442.4	15	15	890.8	2 231.4	14
7	541.8	1 641	9	16	1 121	2 611.8	18
8	611.1	1 768.8	10	17	1 094.2	3 143.4	16
9	1222.1	1 981.2	18	18	1 253	3 624.6	20

(1)建立家庭书刊年消费支出 Y 随家庭月平均收入 X 与户主受教育年数 T 变化的二元线性回归模型,并解释系数的经济含义。

(2)对所建立的二元线性回归模型进行拟合优度、总体显著性检验、回归系数的显著性检验,并求回归系数的置信区间。($\alpha=0.05$)

(3)对于家庭月平均收入 X 为 2 500 元、户主受教育年数 T 为 16 年的家庭,预测该家庭的书刊年消费支出额 Y,并在 95% 的置信度下,求其预测区间。

8. 表2-10列出了我国2000年按行业分的全部制造业国有企业及规模以上制造业非国有企业的工业总产值 Y,资产合计 K 及职工人数 L。

表2-10 我国2000年按行业分的工业总产值、资产合计及职工人数数据

序号	工业总产值(亿元)	资产合计(亿元)	职工人数(万人)	序号	工业总产值(亿元)	资产合计(亿元)	职工人数(万人)
1	3 722.7	3 078.22	113	8	656.77	694.94	31
2	1 442.52	1 684.43	67	9	370.18	363.48	16
3	1 752.37	2 742.77	84	10	1 590.36	2 511.99	66
4	1 451.29	1 973.82	27	11	616.71	973.73	58
5	5 149.3	5 917.01	327	12	617.94	516.01	28
6	2 291.16	1 758.77	120	13	4 429.19	3 785.91	61
7	1 345.17	939.1	58	14	5 749.02	8 688.03	254

序号	工业总产值（亿元）	资产合计（亿元）	职工人数（万人）	序号	工业总产值（亿元）	资产合计（亿元）	职工人数（万人）
15	1 781.37	2 798.9	83	24	2 192.63	3 255.29	163
16	1 243.07	1 808.44	33	25	5 364.83	8 129.68	244
17	812.7	1 118.81	43	26	4 834.68	5 260.2	145
18	1 899.7	2 052.16	61	27	7 549.58	7 518.79	138
19	3 692.85	6 113.11	240	28	867.91	984.52	46
20	4 732.9	9 228.25	222	29	4 611.39	1 8626.94	218
21	2 180.23	2 866.65	80	30	170.3	610.91	19
22	2 539.76	2 545.63	96	31	325.53	1 523.19	45
23	3 046.95	4 787.9	222				

（1）利用上述资料，在 EViews 中建立如下双对数变换模型：

$$\ln Y = \ln A + \alpha \ln K + \beta \ln L + \mu$$

对回归结果中的拟合优度和 F 统计量进行说明，并在显著性水平 0.1 的条件下，对各项回归系数进行 t 检验。

（2）通过本章学习的受约束回归知识，分析中国 2000 年的制造业总体呈现规模报酬不变状态吗？

第三章

线性回归模型的扩展

在前一章中,我们学习了经典线性回归模型。我们知道:如果线性回归模型满足五项经典假定,则普通最小二乘法是估计模型参数的理想方法。但是,在实际的计量经济学问题中,完全满足这些经典假定的情况并不多见。如果违背了某一项经典假定,那么应用普通最小二乘法估计模型就不能得到无偏的、有效的参数估计量,OLS 失效,这就需要发展新的方法估计模型。

第一节　多重共线性

建立计量经济模型的目的是为了分析因变量与解释变量之间的关系。然而,如果模型中的解释变量不止一个,那么很可能在某些解释变量之间存在相关关系。在本节,我们将讨论多元计量经济模型中普遍存在的一种解释变量违反经典假定的问题,即多重共线性。

一、多重共线性的基本知识

(一) 多重共线性的含义

在多元线性回归模型经典假定中,其重要假定之一是回归模型的解释变量之间不存在线性关系。也就是说,解释变量 $X_1, X_2, \cdots, X_k$ 中的任何一个都不能是其他解释变量的线性组合。如果违背这一假定,即线性回归模型中某一个解释变量与其他解释变量间存在线性关系,就称线性回归模型中存在多重共线性(multicollinearity)。

(二) 多重共线性的类型

多重共线性包含完全多重共线性和不完全多重共线性两种类型。

1. 完全多重共线性

完全多重共线性是指线性回归模型中至少有一个解释变量可以被其他解释变量线性表示,存在严格的线性关系。

例如,对于多元线性回归模型:

$$Y_i = \beta_0 + \beta_1 X_{1i} + \beta_2 X_{2i} + \cdots + \beta_k X_{ki} + u_i \quad (i = 1, 2, \cdots, n) \tag{3.1.1}$$

如果存在不全为零的数 $\lambda_1, \lambda_2, \cdots, \lambda_k$,使得式

$$\lambda_1 X_{1i} + \lambda_2 X_{2i} + \cdots + \lambda_k X_{ki} = 0 \tag{3.1.2}$$

成立。则可以说,解释变量 $X_1, X_2, \cdots, X_k$ 之间存在完全的线性相关关系,即存在完全多重共线性。

从矩阵形式来看,就是$|X'X|＝0$,即$rank(X)<k+1$,观测值矩阵是降秩的,表明在矩阵X中至少有一个列向量可以由其他列向量线性表示。

2. 不完全多重共线性

不完全多重共线性是指多元线性回归模型中,解释变量间存在不严格的线性关系,即近似线性关系。

例如,对于多元线性回归模型(3.3.1)存在不全为零的数$\lambda_1,\lambda_2,\cdots,\lambda_k$,使得式

$$\lambda_1 X_{1i}+\lambda_2 X_{2i}+\cdots+\lambda_k X_{ki}+u_i＝0 \tag{3.1.3}$$

成立。其中,u_i为随机干扰项。则可以说,解释变量$X_1,X_2,\cdots,X_k$之间存在不完全多重共线性。加随机干扰项表明上述线性关系是一种近似的关系式,大体上反映了解释变量间的相关性。

完全多重共线性与完全非线性都是极端情况,一般说来,统计数据中多个解释变量之间或多或少都存在一定程度的相关性,对多重共线性程度强弱的判断和解决方法是本节讨论的重点。

二、多重共线性产生的原因与后果

(一) 多重共线性产生的原因

1. 经济变量之间的内在联系

这是产生多重共线性的根本原因。例如,工业生产函数中资本投入量与劳动投入量、需求函数中商品自身价格与其替代品价格、消费函数中收入与财产、农业生产函数中耕地面积与施肥量等,都存在一定的相互关系。

2. 经济变量在时间上有共同变化的趋势

有些经济变量并没有明显的内在联系,但由于在样本期内,其变化的方向是一致的,这就使得样本数据高度相关。例如在经济上升时期,收入、消费、投资、价格、就业率等都趋向于增长;而当经济收缩期,又几乎一致地下降。如果当这些具有共同趋势的相关变量同时作为解释变量时,多元线性回归模型就会产生多重共线性问题。

3. 解释变量与其滞后变量同作解释变量时也会导致多重共线性问题

即使是在同期无多重共线性,异期也会存在多重共线性。在计量经济学模型中,往往需要引入滞后解释变量来反映真实的经济关系。例如,消费＝f(当前收入,前期收入),显然,两期收入存在较强的线性关系。

4. 样本资料的限制

由于完全符合理论模型所需要的数据较难收集,特定样本可能导致多重共线性。例如,由于数据的缺失需要进行数据补充的,采用数据生成器生成的数据可能导致多重共线性的存在。

(二) 多重共线性产生的后果

计量经济学模型一旦出现多重共线性,如果仍采用普通最小二乘法估计模型参数,会产生下列不良后果。

1. 完全共线性下参数估计量不存在且解释变量的单独影响难以区分

多元线性回归模型

$$Y＝X\beta+u \tag{3.1.4}$$

的普通最小二乘参数估计量为

$$\hat{\beta} = (X'X)^{-1}X'Y \tag{3.1.5}$$

如果出现完全共线性,则$(X'X)^{-1}$不存在,无法得到参数的估计量。

如果模型中两个解释变量具有线性相关性,如X_1和X_2,那么它们中的一个变量可以由另一个变量表示。例如,对二元线性回归模型:

$$Y = \beta_0 + \beta_1 X_1 + \beta_2 X_2 + u \tag{3.1.6}$$

如$X_2 = \lambda X_1$,则该二元线性回归模型退化为一元线性回归模型:

$$Y = \beta_0 + (\beta_1 + \lambda \beta_2)X_1 + u \tag{3.1.7}$$

这时,只能确定综合参数$\beta_1 + \lambda \beta_2$的估计值。各自的参数已经失去了应有的经济含义,甚至参数的符号也发生了改变。经验告诉我们,在多元线性回归模型的估计中,如果出现参数估计量的经济意义明显不合理的情况,应该首先怀疑是否存在多重共线性。

2. 近似共线性下普通最小二乘法参数估计量的方差变大

在近似共线性下,虽然可以得到普通最小二乘参数估计量,但是由参数估计量方差的表达式为

$$\text{Cov}(\hat{\beta}) = \sigma^2 (X'X)^{-1}$$

可见,由于此时$|X'X| \approx 0$,引起$(X'X)^{-1}$主对角线元素较大,使得参数估计量的方差增大,从而不能对总体参数做出准确推断。

3. t检验的可靠性会下降

存在多重共线性时,参数估计值的方差与标准差会变大,从而容易使通过样本计算的t统计量的值小于t临界值,误导做出参数为零的推断,这可能将重要的解释变量排除在模型之外。

4. 回归模型缺乏稳定性

从同一总体中抽取不同的样本估计多元线性回归模型的参数,得到的估计值不会完全相同,但不应该有显著差异,这时我们把模型称为是稳定的。但是,当多元线性回归模型存在着多重共线性时,样本数据即使有微小的变化,也可能导致系数估计值发生明显的变化。

三、多重共线性的检验

在多元回归模型中,多重共线性是普遍存在的现象。而较高程度的多重共线性会对普通最小二乘估计产生比较严重的后果。因此,在运用普通最小二乘法进行多元线性回归时,不但要检验解释变量间是否存在多重共线性,还要检验多重共线性的严重程度。由于多重共线性是一个程度问题,而不是一个存在不存在的问题,所以下面给出的方法都是检测方法而不是检验方法。

(一)观察回归估计式法

情况 1 拟合优度R^2比较高,而t统计量的值却普遍较低

这是多重共线性的"经典"特征。如果回归估计式的拟合优度R^2的值很大(一般来说在0.8以上),然而回归估计式中的全部或部分参数值估计值的t检验通不过,那么解释变量间有可能存在较严重的多重共线性。

情况 2　理论性强,检验值弱

如果从经济理论或常识来看某个解释变量对被解释变量有重要影响,但是从线性回归模型的拟合结果来看,该解释变量的参数估计值经检验却不显著,那么可能是解释变量间存在多重共线性所导致的。

情况 3　新引入解释变量后,方差增大

在多元线性回归模型中新引入一个解释变量后,发现模型中原有参数估计值的方差明显增大,则说明新加进来的变量与模型中的解释变量可能存在多重共线性。

(二) 拟合优度检验法

对多元线性回归模型中各个解释变量相互建立回归方程,分别求出各回归方程的可决系数 R_j^2,如果其中最大的一个接近 1,且 F_i 显著大于临界值,该变量可以被其他变量线性解释,则其所对应的解释变量与其余解释变量间存在多重共线性。

例如,设某多元线性回归模型中原有 k 个解释变量 X_1、$X_2\cdots X_k$,将每个解释变量对其他解释变量进行回归,得到 k 个回归方程:

$$X_1 = f(X_2, X_3, \cdots, X_k)$$
$$X_2 = f(X_1, X_3, \cdots, X_k)$$
$$\cdots$$
$$X_k = f(X_1, X_2, \cdots, X_{k-1})$$

(3.1.8)

分别求出上述各个方程的可决系数 R_1^2、$R_2^2\cdots R_k^2$,如果其中最大的一个 R_i^2 接近于 1,则它所对应的解释变量 X_i 与其余解释变量间存在多重共线性。

(三) 相关系数矩阵法

考察多元线性回归模型:

$$Y_i = \beta_0 + \beta_1 X_{1i} + \cdots + \beta_k X_{ki} + u_i$$

(3.1.9)

其解释变量之间的相关系数矩阵为

$$R = \begin{bmatrix} r_{11} & r_{12} & \cdots & r_{1k} \\ r_{21} & r_{22} & \cdots & r_{2k} \\ \cdots & \cdots & \cdots & \cdots \\ r_{k1} & r_{k2} & \cdots & r_{kk} \end{bmatrix} = \begin{bmatrix} 1 & r_{12} & \cdots & r_{1k} \\ r_{21} & 1 & \cdots & r_{2k} \\ \cdots & \cdots & \cdots & \cdots \\ r_{k1} & r_{k2} & \cdots & 1 \end{bmatrix}$$

(3.1.10)

因为 $r_{ij} = r_{ji}$,所以上面相关阵为对称阵,$r_{jj} = 1$,所以只需考察 R 主对角线元素上方(或下方)某个元素绝对值是否很大(一般在 0.8 以上),就可以判断两个解释变量间是否存在多重共线性。

另外需要特别注意的是,如果相关系数很大,则一定存在多重共线性;如果相关系数很小,不一定没有多重共线性。我们有时候可以"容易"地检验出多重共线性,但有的时候却必须综合运用上面讨论的各种方法来诊断多重共线性的严重程度。

四、多重共线性的修正

如果存在多重共线性,怎么办我们有两种选择:① 听之任之;② 采用某些克服多重共线性的方法。理论上不存在很好的多重共线性的处理方法。不过,很多情况下,一些简单的数据处理可以有效地减少多重共线性。

(一) 增大样本容量

除完全多重共线性的情况外,样本容量越大,解释变量观测值之间的相关性越弱。

(二) 先验信息法

先验信息法是指根据经济理论或者其他已有研究成果事前确定回归模型参数间的某种关系,将这种约束条件与样本信息综合考虑,进行最小二乘估计。运用参数间的先验信息来消除多重共线性。

例如,对 Cobb-Douglas 生产函数进行回归估计:

$$Y_i = AL_i^{\alpha} K_i^{\beta} e^{u_i} \tag{3.1.11}$$

其中,Y_i、L_i、K_i 分别表示产出、劳动力和资本。

由先验信息可知劳动投入量 L_i 与资金投入量 K_i 之间通常是高度相关的,如果按照经济理论"生产规模报酬不变"的假定,则

$$\alpha + \beta = 1$$

则

$$Y_i = AL_i^{\alpha} K_i^{\beta} e^{u_i} = AL_i^{1-\beta} K_i^{\beta} e^{u_i} = AL_i \left(\frac{K_i}{L_i}\right)^{\beta} e^{u_i} \tag{3.1.12}$$

$$\frac{Y_i}{L_i} = A \left(\frac{K_i}{L_i}\right)^{\beta} e^{u_i}$$

两边取对数:

$$\ln \frac{Y_i}{K_i} = \ln A + \beta \ln \frac{L_i}{K_i} \tag{3.1.13}$$

此时(3.1.13)式为一元线性回归模型,已不存在多重共线性问题。

(三) 改变变量的定义形式

在进行回归模型共线性处理时,有时要根据所分析的具体经济问题及模型的形式对解释变量重新修正,一般有如下几种方法。

(1) 用相对数变量替代绝对数变量。

例如,设需求函数为

$$Y_i = \beta_0 + \beta_1 X_i + \beta_2 P_i + \beta_3 P_{1i} + u_i \tag{3.1.14}$$

其中,Y_i、X_i、P_i、P_{1i} 分别代表需求量、收入、商品价格与替代商品价格。由于商品价格与替代商品价格往往是同方向变动,该需求函数模型可能存在多重共线性。

考虑用两种商品价格之比作解释变量,代替原模型中商品价格与替代商品价格两个解释变量,则模型为如下形式为

$$Y_i = \beta_0 + \beta_1 X_i + \beta_2 \left(\frac{P_i}{P_{1i}}\right) + u_i \tag{3.1.15}$$

原模型中两种商品价格变量之间的多重共线性得以避免。

（2）删去模型中次要的或可替代的解释变量。

如果回归模型解释变量间存在较严重的多重共线性，根据经济理论、实践经验、相关系数检验、统计分析等方法鉴别变量是否重要及是否可替代，删去那些对被解释变量影响不大，或认为不太重要的变量，则可减轻多重共线性。但这一补救措施也许比多重共线性本身还糟糕。当我们构建一个经济模型，总是以一定的经济理论为基础。但是从模型中删除这些变量将会导致所谓的"模型设定偏误"，如果为了消除多重共线性问题而从模型中删除一个解释变量，并对缺少这一变量的模型作估计，则所估计的参数可能是有偏的。建议不要仅仅因为多重共线性很严重就从一个经济上可行的模型中删除变量。

（3）差分法。

对回归模型中所有变量作差分变换，也是消除多重共线性的一种有效方法。

例如，设原回归模型为

$$Y_t = \beta_0 + \beta_1 X_{1t} + \beta_2 X_{2t} + u_t \tag{3.1.16}$$

其中，解释变量 X_{1t} 与 X_{2t} 间存在多重共线性，X_{1t} 与 X_{2t} 都是时间序列资料。对于 $t-1$ 期有

$$Y_{t-1} = \beta_0 + \beta_1 X_{1(t-1)} + \beta_2 X_{2(t-1)} + u_{t-1} \tag{3.1.17}$$

（3.1.16）式减（3.1.17），得到原模型 t 期与 $t-1$ 期的一阶差分形式：

$$Y_t - Y_{t-1} = \beta_1(X_{1t} - X_{1(t-1)}) + \beta_2(X_{2t} - X_{2(t-1)}) + u_t - u_{t-1} \tag{3.1.18}$$

令一阶差分为

$$\begin{cases} \Delta Y_t = Y_t - Y_{t-1} \\ \Delta X_{1t} = X_{1t} - X_{1(t-1)} \\ \Delta X_{2t} = X_{2t} - X_{2(t-1)} \\ \Delta u_t = u_t - u_{t-1} \end{cases} \tag{3.1.19}$$

可以得到一阶差分模型为

$$\Delta Y_t = \beta_1 \Delta X_{1t} + \beta_2 \Delta X_{2t} + \Delta u_t \tag{3.1.20}$$

模型（3.1.20）的解释变量不再是原模型的解释变量而是解释变量的一阶差分，即使原模型中存在严重的多重共线性，变换后的一阶差分模型一般也可以解决此类问题。

值得注意的是，差分变换法也有一定的负面作用。由于 $\Delta u_t = u_t - u_{t-1}$，$\Delta u_{t-1} = u_{t-1} - u_{t-2}$，$\Delta u_{t-2} = u_{t-2} - u_{t-3}$，而 Δu_t 与 Δu_{t-1}、Δu_{t-2} 等必然相关，因此差分变换法在减少多重共线性的同时，却带来了随机干扰项自相关问题。

（四）逐步回归法

逐步回归法又称 Frisch 综合分析法，其基本思想利用被解释变量 Y 对每一个解释变量 X_i 作一个线性回归模型，称为基本回归模型。再对每一个基本回归模型进行统计检验，并根据经济理论分析选出最优基本模型，然后再将模型之外的其他解释变量逐一引入模型。一般根据如下标准将解释变量引入模型。

（1）如果新引入的解释变量使可决系数 R^2 值得到提高，而其他参数回归系数在统计上和经济

理论上仍然合理,则认为这个新引入的变量对回归模型是有利的,可以作为解释变量予以保留。

（2）如果新引入的解释变量对可决系数 R^2 值改进不明显,对其他回归系数也没有多大影响,则不必保留在回归模型中。

（3）如果新引入的解释变量不仅改变了可决系数 R^2 的值,而且对其他回归系数的数值或符号具有明显影响,则可认为引入这个新变量后,回归模型解释变量间存在严重多重共线性。这个新引入的变量如果从理论上分析是十分重要的,则不能简单舍弃,而是应研究改善模型的形式,寻找更符合实际的模型,重新进行估计。如果通过检验证实存在明显线性相关的两个解释变量中的一个可以被另一个解释,则可略去其中对被解释变量影响较小的那个变量,模型中保留影响较大的那个变量。

例 3-1 钢铁工业是民族经济的基础,钢铁产量的高低是衡量一个国家经济实力的重要标志之一。近年来,随着经济的不断发展,我国钢铁产量及供应量也在不断提升。为了全面反映影响我国钢铁供应量的主要因素,选取了我国 1990—2010 年我国钢材供应量的具体数据,选择"钢材供应量(万吨)Y"作为被解释变量,"GDP(亿元)X_1""生铁产量(万吨)X_2""粗钢产量(万吨)X_3""金属切割机床(万吨)X_4""汽车产量(亿万辆)X_5""发电量(亿千瓦小时)X_6""焦炭产量(万吨)X_7"作为解释变量。收集的数据如表 3-1 所示。

表 3-1　我国 1990—2010 年钢材供应等相关数据

年　份	钢材供应量(Y)(万吨)	GDP(X_1)(亿元)	生铁产量(X_2)(万吨)	粗钢产量(X_3)(万吨)	金属切削机床(X_4)(万台)	汽车产量(X_5)(万辆)	发电量(X_6)(亿千瓦小时)	焦炭产量(X_7)(万吨)
1990	5 153.00	18 667.82	6 238.00	6 635.00	13.45	51.40	6 212.00	7 328.00
1991	5 638.00	21 781.50	6 765.00	7 100.00	16.39	71.42	6 775.00	7 352.00
1992	6 697.00	26 923.48	7 589.00	8 094.00	22.87	106.67	7 539.00	7 984.00
1993	7 716.00	35 333.92	8 739.00	8 956.00	26.20	129.85	8 395.00	9 320.00
1994	8 428.00	48 197.86	9 741.00	9 261.00	20.65	136.69	9 281.00	11 477.00
1995	8 979.80	60 793.73	10 529.27	9 535.99	20.34	145.27	10 070.30	13 510.00
1996	9 338.02	71 176.59	10 722.50	10 124.06	17.74	147.52	10 813.10	13 643.00
1997	9 978.93	78 973.03	11 511.41	10 894.17	18.65	158.25	11 355.53	13 731.00
1998	10 737.80	84 402.28	11 863.67	11 559.00	11.91	163.00	11 670.00	12 806.00
1999	12 109.78	89 677.05	12 539.24	12 426.00	14.22	183.20	12 393.00	12 073.70
2000	13 146.00	99 214.55	13 101.48	12 850.00	17.66	207.00	13 556.00	12 184.00
2001	16 067.61	109 655.17	15 554.25	15 163.44	25.58	234.17	14 808.02	13 130.70
2002	19 251.59	120 332.69	17 084.60	18 236.61	30.86	325.10	16 540.00	14 279.80
2003	24 108.01	135 822.76	21 366.68	22 233.60	30.58	444.39	19 105.75	17 775.70
2004	31 975.72	159 878.34	26 830.99	28 291.09	48.72	509.11	22 033.00	20 619.00
2005	37 771.14	184 937.37	34 375.19	35 323.98	51.14	570.49	25 002.60	25 411.70
2006	46 893.36	216 314.43	41 245.19	41 914.85	57.30	727.89	28 657.26	29 768.30
2007	56 560.87	265 810.31	47 651.63	48 928.80	64.69	888.89	32 815.53	33 553.40
2008	60 460.29	314 045.43	47 824.00	50 305.75	71.73	930.59	34 957.61	32 031.48
2009	69 405.40	340 902.81	55 283.46	57 218.23	58.55	1 379.53	37 146.51	35 510.14
2010	80 276.58	401 202.03	59 733.34	63 722.99	69.73	1 826.53	42 071.60	38 864.03

资料来源:《中国统计年鉴(2011)》

为了分析影响中国钢铁供应量的主要影响因素，首先将全部解释变量考虑进来，采用普通最小二乘法估计。在 EViews 软件中输入表 3－1 中的数据之后，在 EViews 软件命令窗口中输入命令 LS Y C X_1 X_2 X_3 X_4 X_5 X_6 X_7，得回归结果见图 3－1 所示。

Equation: UNTITLED　Workfile: 例3-3::Untitled\

View | Proc | Object | Print | Name | Freeze | Estimate | Forecast | Stats | Resids

Dependent Variable: Y
Method: Least Squares
Date: 01/24/16　Time: 16:03
Sample: 1990 2010
Included observations: 21

Variable	Coefficient	Std. Error	t-Statistic	Prob.
C	-452.8154	801.0981	-0.565243	0.5815
X1	0.062684	0.014012	4.473631	0.0006
X2	0.104551	0.359731	0.290635	0.7759
X3	0.976119	0.350913	2.781658	0.0156
X4	73.91190	29.37302	2.516319	0.0258
X5	5.991195	1.657092	3.615487	0.0031
X6	-0.560294	0.200419	-2.795617	0.0152
X7	-0.136624	0.130769	-1.044776	0.3152

R-squared	0.999713	Mean dependent var	25747.28
Adjusted R-squared	0.999558	S.D. dependent var	23439.99
S.E. of regression	492.7001	Akaike info criterion	15.52001
Sum squared resid	3155794.	Schwarz criterion	15.91792
Log likelihood	-154.9601	Hannan-Quinn criter.	15.60637
F-statistic	6464.825	Durbin-Watson stat	2.119103
Prob(F-statistic)	0.000000		

图 3－1　加入全部解释变量的输出结果

从图 3－1 可以看出，虽然模型可决系数为 0.999 713，修正的可决系数为 0.999 558，可决系数非常高，F 统计量的值为 6 464.825，回归模型显著。但是当 $\alpha=0.05$ 时，$t_{\alpha/2}(n-k-1)=t_{0.025}(21-8)=2.160$，不仅 X_2、X_7 的系数 t 检验不显著，且 X_6、X_7 系数的符号与预期相反，这种情况表明可能存在严重的多重共线性。

在 EViews 软件命令窗口中输入命令 COR　X_1 X_2 X_3 X_4 X_5 X_6 X_7，得到各解释变量之间的相关系数，如图 3－2 所示。

Group: UNTITLED　Workfile: 例3-3::Untitled\

View | Proc | Object | Print | Name | Freeze | Sample | Sheet | Stats | Spec

Correlation

	X1	X2	X3	X4	X5	X6	X7
X1	1.000000	0.985582	0.986416	0.921206	0.971793	0.993415	0.977554
X2	0.985582	1.000000	0.999358	0.955089	0.961173	0.994638	0.992460
X3	0.986416	0.999358	1.000000	0.957215	0.965818	0.994735	0.989021
X4	0.921206	0.955089	0.957215	1.000000	0.882979	0.950293	0.945986
X5	0.971793	0.961173	0.965818	0.882979	1.000000	0.958868	0.944466
X6	0.993415	0.994638	0.994735	0.950293	0.958868	1.000000	0.988418
X7	0.977554	0.992460	0.989021	0.945986	0.944466	0.988418	1.000000

图 3－2　全部解释变量的相关系数矩阵

从图 3－2 可以看出各解释变量之间的相关系数最小的是 0.92 以上，都很接近于 1，可以认为确实存在严重的多重共线性。为了进一步检测模型是否具有多重共线性，可作如下辅助回归：

表 3－2　各辅助回归模型的可决系数

建立辅助回归模型	可决系数
LS　X_1　C　X_2　X_3　X_4　X_5　X_6　X_7	0.994 994
LS　X_2　C　X_1　X_3　X_4　X_5　X_6　X_7	0.999 693
LS　X_3　C　X_1　X_2　X_4　X_5　X_6　X_7	0.999 712
LS　X_4　C　X_1　X_2　X_3 X_5　X_6　X_7	0.966 172
LS　X_5　C　X_1　X_2　X_3 X_4　X_6　X_7	0.980 099
LS　X_6　C　X_1　X_2　X_3 X_4　X_5　X_7	0.997 521
LS　X_7　C　X_1　X_2　X_3 X_4　X_5　X_6	0.992 960

从表 3－2 知，各辅助回归模型的可决系数均大于 0.9，说明 7 个解释变量中的每个变量都可由其他 6 个变量近似线性表示，即存在多重共线性。

下面采用逐步回归法消除多重共线性的影响。首先分别估计 Y 对 X_1、X_2、X_3、X_4、X_5、X_6、X_7 的一元线性回归模型,得到如表 3-3 所示的 7 个一元线性回归模型的参数估计结果,如表 3-3 所示。

表 3-3 Y 分别对 7 个解释变量进行一元线性回归估计结果

参数估计值	X_1	X_2	X_3	X_4	X_5	X_6	X_7
系数估计值	0.208 9	1.336 5	1.266 0	1 091.653	48.557 0	2.109 4	2.298 5
t 统计量	31.282	55.579 1	79.574 5	13.226 0	19.654 3	38.118 2	24.556 7
R^2	0.981 0	0.993 9	0.997 0	0.902 0	0.953 1	0.987 0	0.969 5
修正的 R^2	0.980 0	0.993 6	0.996 9	0.896 9	0.950 7	0.986 4	0.967 8
F 统计量	978.58	3 089.04	6 332.093	174.926	386.292	1 452.995	603.031

从表 3-3 可以发现,Y 对 X_3 拟合的效果最佳,即粗钢的产量对钢材的供应量起主要作用。现在按照各个解释变量一元回归模型的拟合优度大小进行排序:X_3、X_2、X_6、X_1、X_7、X_5、X_4,以 Y 对 X_3 的一元回归模型为最优基本模型,将其他解释变量引入,寻找最优回归模型。

(1) 加入 X_2,以 X_3、X_2 为解释变量,重新估计方程得到回归结果为

$$\hat{Y} = -3\,060.436 + 2.176\,269X_3 - 0.963\,160X_2$$

$$t = (-5.948\,8)\quad(5.408\,8)\quad(-2.263\,9)$$

$$R^2 = 0.998\quad F = 3\,856.011$$

可以发现 X_2 的系数估计值为负,参数经济意义不合理,予以剔除。

(2) 加入 X_6,以 X_3、X_6 为解释变量,重新估计方程得到回归结果为

$$\hat{Y} = -3\,962.184 + 1.232\,4X_3 + 0.056\,5X_6$$

$$t = (-3.168\,9)\quad(7.736\,7)\quad(0.211\,7)$$

$$R^2 = 0.997\,0\quad F = 3\,006.902$$

可以发现 X_6 的系数估计值不显著,予以剔除。

(3) 加入 X_1,以 X_3、X_1 为解释变量,重新估计方程得到回归结果为

$$\hat{Y} = -3\,688.969 + 1.011\,4X_3 + 0.042\,9X_1$$

$$t = (-9.680\,9)\quad(12.843\,4)\quad(3.276\,7)$$

$$R^2 = 0.998\,1\quad F = 4\,793.929$$

可以发现系数估计值高度显著,故保留 X_1。

(4) 加入 X_7,以 X_3、X_1、X_7 为解释变量,重新估计方程得到回归结果为

$$\hat{Y} = -1\,641.885 + 1.190\,0X_3 + 0.045\,3X_1 - 0.358\,5X_7$$

$$t = (-1.873\,7)\quad(12.041\,6)\quad(3.927\,6)\quad(-2.527\,3)$$

$$R^2 = 0.998\,6\quad F = 4\,154.565$$

可以发现 X_7 的系数估计值不显著,剔除 X_7。

（5）加入 X_5，以 X_3、X_1、X_5 为解释变量，重新估计方程得到回归结果为

$$\hat{Y} = -2\,749.775 + 0.960\,7X_3 + 0.020\,6X_1 + 7.430\,8X_5$$

$$t = (-9.449\,2)\quad(19.398\,2)\quad(2.278\,0)\quad(5.491\,1)$$

$$R^2 = 0.999\,3\quad F = 8\,382.125$$

可以发现 X_3、X_1、X_5 的系数估计值都显著，拟合优度为 0.999 3，拟合效果很好，且方程整体也高度显著，保留 X_5。

（6）加入 X_4，以 X_3、X_1、X_5、X_4 为解释变量，重新估计方程得到回归结果为

$$\hat{Y} = -3\,096.231 + 0.847\,7X_3 + 0.025\,7X_1 + 8.513\,5X_5 + 53.229\,2X_4$$

$$t = (-9.220\,3)\quad(10.780\,0)\quad(2.860\,2)\quad(6.033\,1)\quad(1.783\,9)$$

$$R^2 = 0.999\,4\quad F = 7\,094.460$$

可以发现在显著水平 $\alpha=0.05$ 的条件下，X_4 的系数估计值不显著，剔除 X_4。

那么消除多重共线性后的最终回归模型为

$$\hat{Y} = -2\,749.775 + 0.960\,7X_3 + 0.020\,6X_1 + 7.430\,8X_5$$

$$t = (-9.449\,2)\quad(19.398\,2)\quad(2.278\,0)\quad(5.491\,1)$$

$$R^2 = 0.999\,3\quad F = 8\,382.125.$$

这个结果说明影响中国钢铁供应量的主要影响因素是 GDP、粗钢产量和汽车产量。

EViews 6.0 以上估计方法中新增了逐步最小二乘法（STEPLS-stepwise least squares），下面利用 EViews 7.0 解决例 3-1 存在的多重共线性问题。

在主菜单窗口，选择 object/New object，从 Type of object 选中 Equation，点击"OK"，在弹出的方程设定对话框通过估计方法的下拉单选择逐步最小二乘法（STEPLS-stepwise least squares），EViews 软件将显示逐步最小二乘法的设定标签页，如图 3-3 所示。本例在第一个设定框内输入"Y　C"，在第二个设定框内输入"X_1　X_2　X_3　X_4　X_5　X_6　X_7"，然后，可以利用选项（Options）标签页来控制逐步回归具体采用的方法。

打开选项（Options），如图 3-4 所示。程序终止准则区选择 P 值为 0.05，其余采用默认设置，点击"确定"，得有进有出逐步回归结果，如图 3-5 所示。

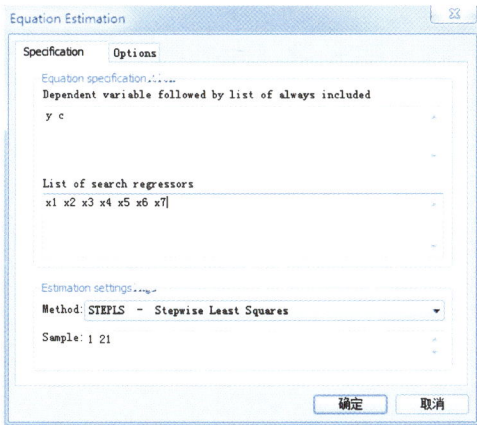

图 3-3　方程设定标签页　　　　图 3-4　逐步最小二乘法设定

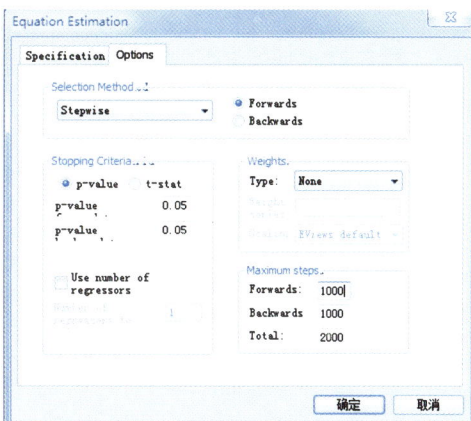

Equation: UNTITLED Workfile: 例3-3::Untitled\
View | Proc | Object | Print | Name | Freeze | Estimate | Forecast | Stats | Resids

Dependent Variable: Y
Method: Stepwise Regression
Date: 01/24/16 Time: 21:26
Sample: 1 21
Included observations: 21
Number of always included regressors: 1
Number of search regressors: 7
Selection method: Stepwise forwards
Stopping criterion: p-value forwards/backwards = 0.05/0.05

Variable	Coefficient	Std. Error	t-Statistic	Prob.*
C	-2749.775	291.0058	-9.449208	0.0000
X3	0.960694	0.049525	19.39822	0.0000
X5	7.430757	1.353228	5.491134	0.0000
X1	0.020629	0.009056	2.277972	0.0359

R-squared	0.999324	Mean dependent var	25747.28
Adjusted R-squared	0.999205	S.D. dependent var	23439.99
S.E. of regression	660.8273	Akaike info criterion	15.99451
Sum squared resid	7423776.	Schwarz criterion	16.19346
Log likelihood	-163.9423	Hannan-Quinn criter.	16.03768
F-statistic	8382.125	Durbin-Watson stat	1.565396
Prob(F-statistic)	0.000000		

Selection Summary

Added X3
Added X5
Added X1

*Note: p-values and subsequent tests do not account for stepwise selection.

图 3-5 逐步回归结果

图 3-5 的逐步回归结果可以分为上、中、下三部分。上面部分显示方程设定和逐步回归方法的信息;中间部分显示最终估计方程的信息;下面部分显示根据选择方法获得的逐步回归步骤的简要说明,本例中添加了 3 个解释变量,根据顺序依次为 X_3、X_5 和 X_1,与本节中逐步回归的结果是完全相同的。

第二节 异方差性

异方差性是指模型违反了经典假定中的同方差性,它是计量经济分析中的一个专门问题。本章将在认识异方差性基本意义的基础上,分析异方差性的原因及引起的严重后果,讨论检验异方差性和修正异方差性的基本方法。

一、异方差的基本知识

(一) 异方差的概念

设线性回归模型为

$$Y_i = \beta_0 + \beta_1 X_{1i} + \beta_2 X_{2i} + \cdots + \beta_k X_{ki} + u_i \quad (i = 1,2,\cdots,n) \tag{3.2.1}$$

同方差假定为

$$\mathrm{Var}(u_i \mid X_{1i}, X_{2i}, \cdots, X_{ki}) = \sigma^2 \tag{3.2.2}$$

如果出现

$$\mathrm{Var}(u_i \mid X_{1i}, X_{2i}, \cdots, X_{ki}) = \sigma_i^2 \tag{3.2.3}$$

即对于不同的样本点,随机干扰项的方差不再是常数,而是互不相同,则认为出现了异方差性(heteroscedasticity)。也就是说,对于不同的 i 有不同的 σ_i^2 值,则认为出现了异方差性。

(二)异方差的几种常见类型

异方差通常有三种表现形式,如图 3 - 6 所示。递增型异方差:σ_i^2 随解释变量 X 的增大而增大,递减型异方差:σ_i^2 随解释变量 X 的增大而减小,复杂型异方差:σ_i^2 与解释变量 X 的变化呈复杂形式。

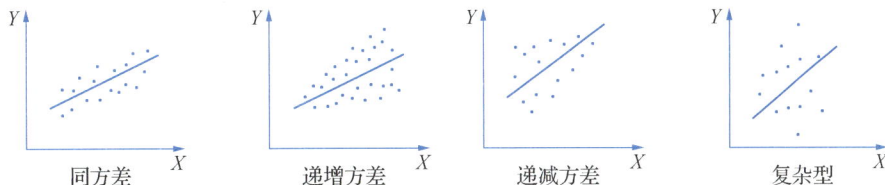

图 3 - 6　常见的异方差类型示意图

二、异方差的原因与后果

(一)异方差产生的原因

在计量经济研究中,异方差产生的原因主要有以下几个方面。

1. 由于模型中略去了某些解释变量引起

如果模型中只包含所要研究的几个主要因素,其他被省略的因素的被解释变量的影响都归入了随机干扰项中,引起随机干扰项偏离均值的程度不同,可能使随机干扰项产生异方差性。

例如,建立消费模型,根据凯恩斯的绝对收入假说,设一元线性回归模型为

$$Y_i = \beta_0 + \beta_1 X_i + u_i \quad (i = 1, 2, \cdots, n) \tag{3.2.4}$$

其中,Y_i 为人均消费性支出,X_i 为人均可支配收入。在该模型中,前期消费 Y_{i-1}(消费惯性)没有包括在解释变量中,但它对消费支出是有影响的,该影响因素在随机干扰项中。如果消费惯性 Y_{i-1} 是影响消费的一个主要因素,且 Y_{i-1} 与 X_i 呈同方向变化的趋势,这就使得 Y 的观察值 Y_i 与回归值 $\hat{Y}_i$ 的离差 e_i 随着 X_i 增大(减小)而增大(减小),从而使得模型中的 u_i 具有异方差性。

2. 由于样本数据的测量误差引起

样本数据的测量误差有可能随研究范围的扩大而增加,这时随机干扰项的方差随着解释变量值的递增而递增。如生产函数模型,由于生产要素投入的增加与生产规模相联系,在其他条件不变的情况下,测量误差可能会随生产规模的扩大而增加,随机干扰项的方差会随资本和劳动力的增加而增加。另外,由于抽样技术和其他各种数据收集技术方法的改进,测量误差可能减少,这时,随机干扰项的方差随着时间而变化。因此,在时间序列数据中,常常由于测量误差的影响,使得随机干扰项不是同方差。

3. 由于截面数据中总体各单位的差异引起

在截面数据中,常常涉及一定时点上的总体单位,这些单位各有不同的规模和水平,因而包括在随机干扰项中的误差量也不相同,也会产生异方差。例如,利用截面数据研究消费和收入之间的关系时,对收入较少的家庭,用在购买生活必需品上的比例比较大,消费支出不太可

能离开他们的均值 $E(Y)$ 太远,消费的分散幅度不大。而收入较高的家庭有更多可自由支配的收入,使消费的分散幅度增大。这种解释变量的分散幅度的变化,反应在模型中,可以理解为异方差性。

经验表明,采用横截面样本数据建模,由于在不同的样本点上解释变量之外的其他影响因素的差异较大,因而往往存在异方差性。

(二)异方差的后果

计量经济学模型一旦出现异方差性,如果仍采用普通最小二乘法估计模型参数,参数估计量的部分优良性将受到影响。

1. 回归系数的 OLS 估计量不再具有最小方差性

在满足经典假定的模型中,用普通最小二乘法估计的估计量具有线性性、无偏性、有效性。存在异方差性的模型的普通最小二乘法参数估计量仍然具有无偏性,但不具有有效性。因为在有效性证明中利用了:

$$E(uu') = \sigma^2 I \tag{3.2.5}$$

其中,I 为单位矩阵。而且,在大样本情况下,参数估计量仍然不具有渐近有效性。

证明:模型 $Y = X\beta + u$ 的参数估计量 $\hat{\beta}$ 的协方差矩阵为

$$
\begin{aligned}
E(\hat{\beta} - \beta)(\hat{\beta} - \beta)' &= E[(X'X)^{-1}X'Y - \beta][(X'X)^{-1}X'Y - \beta]' \\
&= E[(X'X)^{-1}X'(X\beta + u) - \beta][(X'X)^{-1}X'(X\beta + u) - \beta]' \\
&= E[\beta + (X'X)^{-1}X'u - \beta][\beta + (X'X)^{-1}X'u - \beta]' \\
&= E[(X'X)^{-1}X'u][(X'X)^{-1}X'u]' \\
&= E[(X'X)^{-1}X'u][u'X(X'X)^{-1}] \\
&= (X'X)^{-1}X'E(uu')X(X'X)^{-1} \\
&= \sigma^2(X'X)^{-1}X'\sum X(X'X)^{-1}
\end{aligned}
$$

其中,$\sum$ 是随机干扰项 u 的方差协方差矩阵。

由第二章可知,当模型 $Y = X\beta + u$ 具有同方差性时,$\hat{\beta}$ 的协方差矩阵为

$$E(\hat{\beta} - \beta)(\hat{\beta} - \beta)' = \sigma^2(X'X)^{-1}$$

所以,当模型 $Y = X\beta + u$ 中存在异方差时,$\sigma^2(X'X)^{-1}$ 不再是 $\hat{\beta}$ 的协方差矩阵的正确计算公式,$\hat{\beta}$ 的有效性不能得到保障,因此异方差存在时,回归系数的 OLS 估计量不再是所有线性无偏估计中方差最小的。

2. t 检验和 F 检验失效

以一元线性回归模型

$$Y_i = \beta_0 + \beta_1 X_i + u_i \quad (i = 1, 2, \cdots, n) \tag{3.2.6}$$

为例。模型 $Y = X\beta + u$ 显著性检验之一是构造 t 统计量,即

$$t_1 = \frac{\hat{\beta}_1}{S_{\hat{\beta}_1}} \tag{3.2.7}$$

它是建立在随机干扰项 u_i 是同方差 σ^2 条件下,正确估计了样本标准差 $S_{\hat{\beta}_1}$ 的基础之上

的。如果模型出现了异方差，$S_{\hat{\beta}_1}$ 与 X_i 的变化有关，$S_{\hat{\beta}_1}$ 不是固定的值，因而 $S_{\hat{\beta}_1}$ 出现了偏误，t 检验就会失去意义。F 检验也是如此。

3. 模型的预测功能失效

由于预测值的置信区间中包含了随机干扰项的方差 σ^2，所以当模型出现异方差性时，将导致预测区间变大或变小，预测功能失效。

三、异方差性的检验

异方差性后果的严重性意味着我们在建模时必须了解模型是否存在异方差性。常用的检验方法有：图示检验法、戈德费尔德－匡特检验法（Goldfeld-Quandt test）、怀特检验法（White test）、帕克检验法（Park test）、戈里瑟检验法（Glejser test）。

（一）图示检验法

1. 相关图形分析

方差描述的是随机变量相对其均值的离散程度。由于被解释变量 Y 与随机干扰项 u 有相同的方差，因此通过观察被解释变量 Y 与解释变量 X 的相关图形，可以粗略地看到 Y 的离散程度与 X 之间是否有相关关系。如果随着 X 值的增加，Y 的离散程度有逐渐增大（或减小）的变化趋势，则大致可以判断模型存在着递增型（或递减型）的异方差性。如图 3-6 所示。

2. 残差检验法

虽然随机干扰项无法观测，但样本回归模型的残差一定程度上反映了随机干扰项的某些分布特征，所以可通过残差的图形对异方差性做观察。例如，一元回归模型：

$$Y_i = \beta_1 + \beta_2 X_i + u_i$$

在 OLS 估计基础上得到残差的平方 $\tilde{e}_i^2$，然后绘制出 $\tilde{e}_i^2$ 对 X_i 的散点图。如图 3-7（1）所示。如果 $\tilde{e}_i^2$ 不随 X_i 的变化而变化，则表明 u_i 不存在异方差；如图 3-7（2）、（3）、（4）所示，如果 $\tilde{e}_i^2$ 随 X_i 而变化，则表明 u_i 可能存在异方差。

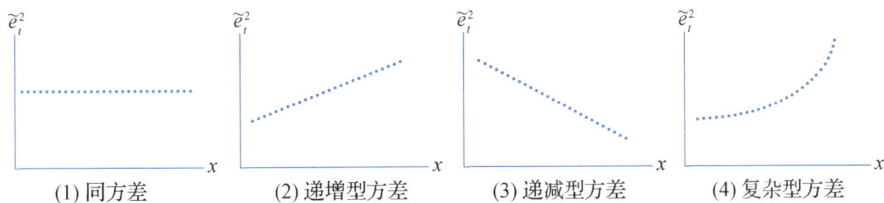

图 3-7　常见的异方差类型示意图

对于多元线性回归模型，如果我们事先无法确定针对哪一个解释变量合适，可以对每一个解释变量都作相关图形分析、作其与 $\tilde{e}_i^2$ 的散点图，利用上述检验进行检验。我们还可以将 $\tilde{e}_i^2$ 对 Y_i 的估计值 $\hat{Y}_i$ 作散点图，若 $\tilde{e}_i^2$ 对 $\hat{Y}_i$ 的散点图也出现如图 3-7（2）、（3）、（4）中的某种形式，则表明 u_i 可能存在异方差。

例 3-2　表 3-4 列出了我国 2010 年各地区限额以上零售业企业税金及附加费用（Y，亿元）和主营业务利润（X，亿元）的数据资料，现以此数据资料为例，建立一元线性回归模型 $Y_i = \beta_0 + \beta_1 X_i + u_i$，并用图示检验法来检验模型的异方差性。

表 3 - 4　我国 2010 年各地区限额以上零售业企业的税金及
附加费用和主营业务利润的数据　　　　　　单位:亿元

地　区	税金及附加	主营业务利润	地　区	税金及附加	主营业务利润
北　京	12.113 68	483.927 3	湖　北	11.649 42	197.740 23
天　津	2.858 61	135.851 09	湖　南	10.546 4	133.068 46
河　北	4.066 32	92.119 3	广　东	17.974 37	690.734 42
山　西	13.254 87	83.946 34	广　西	2.408 52	59.171 68
内蒙古	5.042 98	127.161 32	海　南	0.585 66	25.984 64
辽　宁	11.884 86	187.538 75	重　庆	10.530 77	127.334 73
吉　林	3.718	51.067 17	四　川	10.361 38	213.861 84
黑龙江	13.169 49	94.204 59	贵　州	1.205 33	41.668 54
上　海	11.104 24	438.427 11	云　南	2.402 18	93.537 96
江　苏	15.952 84	448.683 66	西　藏	0.365 2	7.248 23
浙　江	9.775 83	300.623 64	陕　西	10.390 98	181.984 51
安　徽	5.847 08	106.420 92	甘　肃	1.842 54	32.424 31
福　建	6.146 99	140.869 02	青　海	3.875 5	8.732 72
江　西	3.418 15	58.723 32	宁　夏	0.572 11	15.872 82
山　东	38.136 49	573.698 45	新　疆	1.689 41	45.836 93
河　南	18.538 9	168.407 77			

（1）相关图形分析。

打开 EViews 软件,输入数据,在 EViews 命令窗口中输入:SCAT　X　Y,得到税金及附
加费用(Y)和主营业务利润(X)的散点图,如图 3-8 所示。

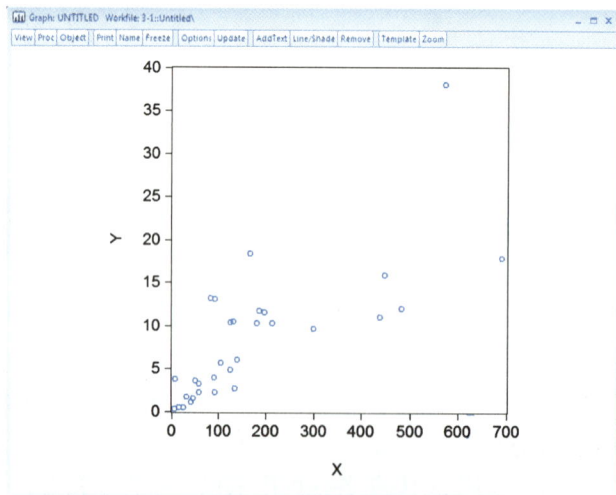

图 3-8　Y 与 X 的相关图

从图 3-8 中可以看出,随着主营业务利润的增加,税金及附加费用也不断提高,但其离散
程度同时也在逐步扩大。这说明,可能存在递增异方差。

（2）残差检验法。

先用 OLS 法估计模型，估计结果如图 3 - 9 所示。

建立回归模型之后，注意使用残差检验法之前需要先将解释变量 X 序列的数据从小到大排序，故在 EViews 命令窗口中输入：SORT X，然后在命令窗口输入：LINE RESID，得到如图 3 - 10 所示的模型残差分布图。图 3 - 10 显示回归方程的残差分布有明显的扩大趋势，即表明存在异方差性。

图 3 - 9 模型估计结果

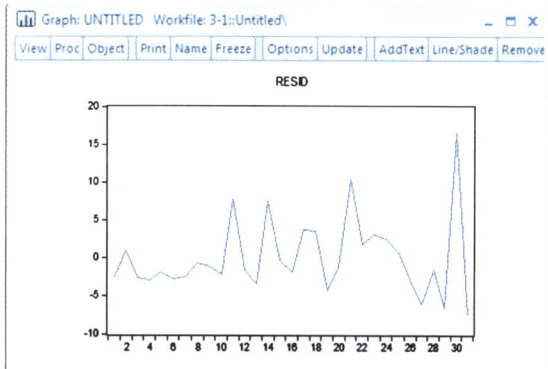

图 3 - 10 模型残差分布图

在 EViews 命令窗口中输入：GENR E2＝RESID^2，得到随机干扰项的方差估计量残差平方 $\tilde{e}_i^2$ 序列。绘制 $\tilde{e}_i^2$ 对 X_i 的散点图（SCAT X $\tilde{e}_i^2$），如图 3 - 11 所示。从图 3 - 11 可以看出随机干扰项可能存在递增的异方差性。

图示检验法简单易操作，但对异方差性的判断比较粗糙。由于引起异方差性的原因比较复杂，仅靠图形有时很难准确对是否存在异方差性的判断下结论，因此该方法通常是作为对异方差性的一种初步判断。

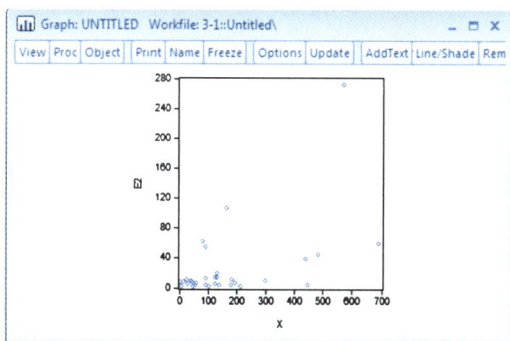

图 3 - 11 E_2 对 X_i 的散点图

（二）解析分析法

1. 戈德费尔德-匡特检验法（Goldfeld-Quandt test）

戈德费尔德-匡特检验法（Goldfeld-Quandt test）又称为样本分段法、集团法，由 Goldfeld 和 Quandt 1965 年提出。这种检验的思想是以引起异方差的解释变量的大小为顺序，去掉中间若干个值，从而把整个样本分为两个子样本。用两个子样本分别进行回归，并计算残差平方和。用两个残差平方和构造检验异方差的统计量。

Goldfeld-Quandt 检验有两个前提条件，一是该检验只应用于大样本（$n > 30$），异方差为单调递增或单调递减的情况；二是除了同方差假定不成立以外，要求其他假设都成立，随机干扰项没有自相关，并且服从正态分布。Goldfeld-Quandt 检验假设检验设定为：H_0：具有同方差；H_1：具有异方差（不妨假设具有递增型异方差）。

具体实施步骤：

（1）将观测值按照某一被认为有可能引起异方差的解释变量 X_i 的大小顺序排序。

(2)将排在中间部分的 $c=n/4$ 观测值删去,再将剩余的观测值分成相等的两个部分,每个部分的个数为 $\dfrac{n-c}{2}$。

(3)分别对上述两个部分的观测值进行回归,得到两个部分的回归残差平方和,分别用 $e_1'e_1'$ 与 $e_2'e_2'$ 表示数值较小与较大的残差平方和。

(4)构造 F 统计量 $F=\dfrac{e_2'e_2\left/\left(\dfrac{n-c}{2}-k-1\right)\right.}{e_1'e_1\left/\left(\dfrac{n-c}{2}-k-1\right)\right.}=\dfrac{e_2'e_2}{e_1'e_1}$,在 H_0 成立条件下,F 统计量满足 $F\sim F\left(\dfrac{n-c}{2}-k-1,\dfrac{n-c}{2}-k-1\right)$。

(5)给定显著性水平 α,确定 F 分布中相应的临界值 $F_\alpha\left(\dfrac{n-c}{2}-k-1,\dfrac{n-c}{2}-k-1\right)$,若 $F<F_\alpha\left(\dfrac{n-c}{2}-k-1,\dfrac{n-c}{2}-k-1\right)$,则接受 H_0,认为 u_i 具有同方差性;若 $F>F_\alpha\left(\dfrac{n-c}{2}-k-1,\dfrac{n-c}{2}-k-1\right)$,则拒绝 H_0,认为 u_i 存在异方差性,并且是递增型的。

下面我们用戈德费尔德-匡特检验法来检验例 3-2 中模型 $Y_i=\beta_0+\beta_1 X_i+u_i$ 是否存在异方差性。

(1)将样本按解释变量排序(输入命令 SORT X),去掉中间 7 个样本并分成两部分,分别为子样 1(样本 1~12)和子样本 2(样本 20~31)两组样本。

(2)利用子样 1 建立回归模型 1,其残差平方和为 $RSS_1=80.770\ 60$。

(3)利用子样本 2 建立回归模型 2,其残差平方和为 $RSS_2=513.875\ 5$。

(4)计算 F 统计量的值为 $F=RSS_2/RSS_1=513.875\ 5/80.770\ 60=6.362\ 16$。

当 $\alpha=0.05$ 时,查 F 分布表得 $F_{0.05}(12\sim2,12\sim2)=2.97$,故 $F=6.362\ 16>F_{0.05}(10,10)=2.97$,即模型存在(递增的)异方差性。

对于多元线性回归模型,与图示检验法的说明类似,如果我们事先无法确定针对哪一个解释变量排序,可以对每一个可能与随机干扰项有递增或递减关系的解释变量进行戈德费尔德-匡特检验。

2. 怀特检验法(White test)

White 检验由 H. White1980 年提出。和 Goldfeld-Quandt 检验相比,White 检验不需要对观测值排序,且对任何形式的异方差都适应,也不依赖于随机干扰项服从正态分布,它是通过一个辅助回归模型构造 χ^2 统计量进行异方差检验。

怀特(White)提出的检验异方差性的方法在实践中用起来很方便,下面以二元回归模型 $Y_i=\beta_0+\beta_1 X_{1i}+\beta_2 X_{2i}+u_i$ 为例,说明其检验的具体步骤如下:

(1)首先对上式进行 OLS 回归,求残差平方 $\widetilde{e}_i^2$。

(2)做如下辅助回归模型

$$\widetilde{e}_i^2=\alpha_0+\alpha_1 X_{1i}+\alpha_2 X_{2i}+\alpha_3 X_{1i}^2+\alpha_4 X_{2i}^2+\alpha_5 X_{1i}X_{2i}+\varepsilon_i \qquad (3.2.8)$$

即用残差平方 $\widetilde{e}_i^2$ 对原回归模型中的各解释变量、解释变量的平方项、交叉乘积项进行 OLS 回归。

(3)计算统计量 nR^2,其中 n 为样本容量,R^2 为辅助回归模型(3.2.8)中的未调整的可决系数。

（4）在 $H_0:u_i$ 不存在异方差假设条件下，即 $H_0:\alpha_1=\alpha_2=\alpha_3=\alpha_4=\alpha_5=0$，$nR^2$ 渐进地服从自由度为 5（(3.2.8)式中解释变量个数，不包含常数项）χ^2 分布。

（5）判别规则是：给定显著性水平 α，若 $nR^2<\chi_\alpha^2(5)$，不拒绝 H_0（随机干扰项 u_i 具有同方差）；若 $nR^2>\chi_\alpha^2(5)$，拒绝 H_0（随机干扰项 u_i 具有异方差）

需要注意的是，辅助回归仍是检验 $\tilde{e}_i^2$ 与解释变量可能的组合的显著性，因此，辅助回归模型中还可引入解释变量的更高次方。如果存在异方差，则表明 $\tilde{e}_i^2$ 确与解释变量的某种组合有显著的相关性，这时往往显示出有较高的可决系数 R^2，并且某一参数的 t 检验值较大。当然，在多元回归中，由于辅助回归模型中可能有太多解释变量，从而使自由度减少，有时可去掉交叉项。

下面我们用怀特检验法来检验例 3-2 中模型 $Y_i=\beta_0+\beta_1X_i+u_i$ 是否存在异方差性。利用 EViews 软件可以直接进行 White 检验。具体步骤为：

（1）建立回归模型：LS　Y　C　X，回归结果如图 3-9 所示。

（2）在方程窗口（图 3-9）工具栏上依次点击 View/Residual Diagnostics/Heteroskedastcity Tests，弹出异方差性检验设定窗口，如图 3-12 所示，在 Test type 中选择 White，此时可以选择在辅助回归模型中是否包含解释变量的交叉乘积项（include White cross terms）。例 3-2 辅助回归模型中只有 X 和 X^2，不存在交叉项。点击"OK"，得 White 检验辅助回归模型的估计结果及检验结果，如图 3-13 所示。

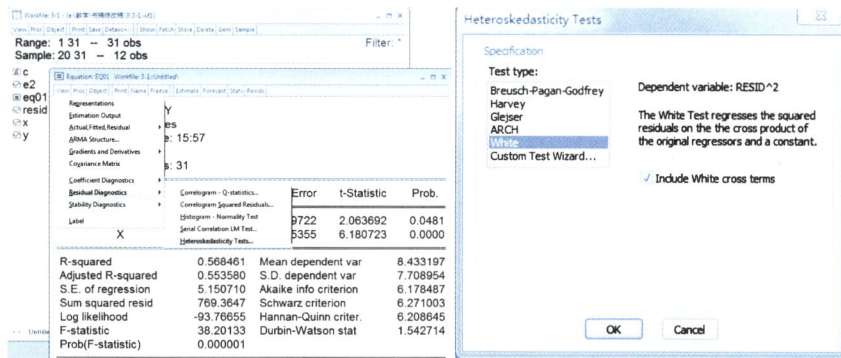

图 3-12　异方差性检验设定窗口

（3）取显著水平 $\alpha=0.05$，得 $\chi_{0.05}^2(2)=5.99$。由如图 3-13 所示 $nR^2=9.332655$，由于 $\chi_{0.05}^2(2)=5.99<nR^2=9.332655$，所以存在异方差性。实际应用中可以直接观察相伴概率 p 值的大小，在显著水平 $\alpha=0.05$ 的条件下，若 p 值小于 0.05，则认为模型存在异方差性。反之，则认为模型不存在异方差性。

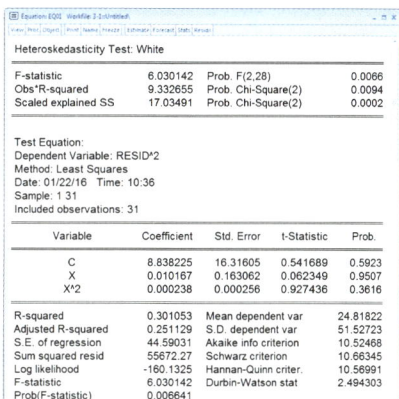

图 3-13　White 检验辅助回归模型的
估计结果及检验结果

3. 帕克检验法（Park test）

Park 检验的基本思路是：如果模型存在异方差，异方差方差 σ_i^2 就能与一个或多个解释变量系统相关。为了弄清楚情况是否果真如此，帕克建议以 $\tilde{e}_i^2$ 为被解释变量，以原模型的某一个（或多

个)解释变量为解释变量,建立回归模型。例如模型如下:

$$\widetilde{e}_i^2 = f(X_{ij}) + \varepsilon_i \qquad (3.2.9)$$

选择关于变量 X_j 的不同函数形式,然后对(3.2.9)式进行显著性检验。如果存在某一函数形式,使得(3.2.9)式是显著成立,则说明原模型存在异方差。Park 检验常用

$$f(X_{ij}) = \sigma^2 X_{ij}^a e^{\varepsilon_i} \qquad (3.2.10)$$

或者

$$\ln \widetilde{e}_i^2 = \ln\sigma^2 + \alpha \ln X_{ij} + \varepsilon_i \qquad (3.2.11)$$

进行检验,若 α 在统计上显著地异于零,表明存在异方差性。

下面我们用帕克检验法来检验例 3-2 中模型 $Y_i = \beta_0 + \beta_1 X_i + u_i$ 是否存在异方差性。

(1) 建立回归模型:LS Y C X,结果如图 3-9 所示。

(2) 生成新变量序列:GENR LNE2=log(RESID^2)

　　　　　　　　　　GENR LNX=log(X)

(3) 建立回归模型残差序列对解释变量的回归模型:LS LNE2 C LNX,回归结果如图 3-14 所示。

从图 3.2.9 所示的回归结果中可以看出,LNX 的系数估计值不为 0 且能通过显著性检验,即随机误差项的方差与解释变量存在较强的相关关系,即认为存在异方差性。

其实,Park 检验可以直接利用 EViews 进行检验,步骤为:在方程窗口(图 3.2.4)工具栏上依次点击 View/Residual Diagnostics/Heteroskedastcity Tests,弹出异方差性检验设定窗口,如图 3-15 所示,在 Test type 中选择 Harvey,在 Regressors 中输入 C LOG(X),点击"OK",得残差平方的对数的回归模型估计结果及 Park 检验结果,如图 3-16 所示。

图 3-14　残差平方的对数的回归模型

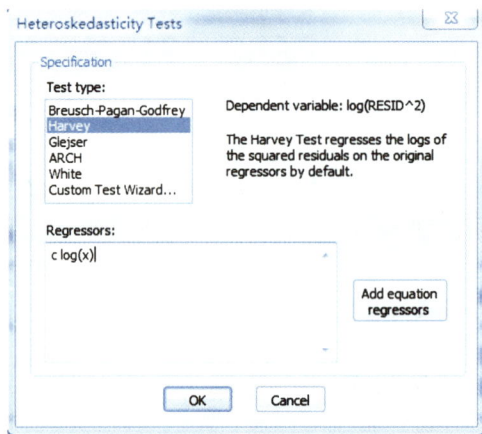

图 3-15　Park 检验设定窗口

```
Equation: EQ01  Workfile: 3-1:Untitled\                                      _ □ X
View Proc Object Print Name Freeze Estimate Forecast Stats Resids

Heteroskedasticity Test: Harvey

F-statistic              4.242032    Prob. F(1,29)           0.0485
Obs*R-squared            3.955925    Prob. Chi-Square(1)     0.0467
Scaled explained SS      2.256765    Prob. Chi-Square(1)     0.1330


Test Equation:
Dependent Variable: LRESID2
Method: Least Squares
Date: 01/22/16   Time: 13:45
Sample: 1 31
Included observations: 31

    Variable         Coefficient   Std. Error    t-Statistic    Prob.

       C              -0.530078    1.235044     -0.429198     0.6710
     LOG(X)            0.533592    0.259073      2.059619     0.0485

R-squared              0.127610    Mean dependent var        1.942019
Adjusted R-squared     0.097528    S.D. dependent var        1.705588
S.E. of regression     1.620284    Akaike info criterion     3.865421
Sum squared resid     76.13427     Schwarz criterion         3.957936
Log likelihood       -57.91402     Hannan-Quinn criter.      3.895578
F-statistic            4.242032    Durbin-Watson stat        2.176558
Prob(F-statistic)      0.048512
```

图 3-16　残差平方的对数的回归模型估计结果及 Park 检验结果

4. 戈里瑟检验法(Glejser test)

Glejser 检验实质上与 Park 检验很相似。从原模型中获得残差 $\tilde{e}_i$ 之后，Glejser 建议以 $|\tilde{e}_i|$ 为被解释变量，以原模型的某一解释变量 X_j 为解释变量，建立如下方程：

$$|\tilde{e}_i| = f(X_{ij}) + \varepsilon_i \tag{3.2.12}$$

选择关于变量 X_j 的不同函数形式，如果存在某一函数形式，使得(3.2.12)式显著成立，则说明原模型存在异方差。

Glejser 检验常用的回归模型的函数形式为

$$f(X_{ij}) = \alpha_0 + \alpha_1 X_j^h + \varepsilon_i \quad (h = \pm 1, h = \pm 2, h = \pm 1/2, \cdots) \tag{3.2.13}$$

例如：

$$|\tilde{e}_i| = \alpha_0 + \alpha_1 X_{ij} + \varepsilon_i$$

$$|\tilde{e}_i| = \alpha_0 + \alpha_1 X_{ij}^2 + \varepsilon_i$$

$$|\tilde{e}_i| = \alpha_0 + \alpha_1 \sqrt{X_{ij}} + \varepsilon_i$$

$$|\tilde{e}_i| = \alpha_0 + \alpha_1 \frac{1}{X_{ij}} + \varepsilon_i$$

$$|\tilde{e}_i| = \alpha_0 + \alpha_1 \frac{1}{\sqrt{X_{ij}}} + \varepsilon_i$$

每一种情形的原假设都是不存在异方差，也即 $\alpha_1 = 0$。如果原假设被拒绝，则表明可能存在异方差性。一般来说，对于大样本情况，选择上述五个模型可以得出较为满意的结果，而小样本情况，它只能作为了解异方差性某些信息的一种手段。

下面我们用戈里瑟检验法来检验例 3-2 中模型 $Y_i = \beta_0 + \beta_1 X_i + u_i$ 是否存在异方差性。

(1) 建立回归模型：LS　Y　C　X，结果如图 3-9 所示。

（2）生成新变量序列：GENR E＝ABS(RESID)。

（3）分别建立新残差序列 E 对各解释变量 $\left(X, X\wedge2, X\wedge(1/2), X\wedge\left(-\dfrac{1}{4}\right)\right)$ 的回归模型，回归结果如图 3－17 所示。

由图 3－17 各回归结果可知，上述四个回归结果中解释变量的系数估计值显著不为 0 且均能通过显著性检验。所以认为模型存在异方差性。

（4）由 F 值或 R^2 确定异方差类型。

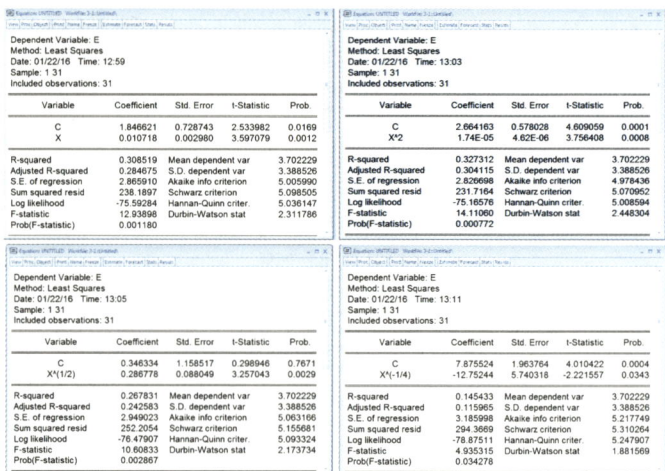

图 3－17　残差绝对值的回归模型

Gleiser 检验中可以通过 F 值或 R^2 值确定异方差的具体形式。本例中，E 对 X^2 所示的回归方程 F 值最大，可以据此来确定异方差的形式。

其实，Gleiser 检验也可以直接利用 EViews 进行检验，步骤为：在方程窗口工具栏上依次点击 View/Residual Diagnostics/Heteroskedastcity Tests，弹出异方差性检验设定窗口，如图 3－18 所示，在 Test type 中选择 Gleiser，在 Regressors 中分别输入"C X""C X∧2，""C X∧(1/2)""C X∧(－1/4)"，则得到图 3－17 的四个回归结果。

White 检验法、Park 检验法和 Glejser 检验法的基本原理都是相近的，都是通过建立残差序列对解释变量的辅助回归模型，判断随机干扰项是否存在异方差性。这几种方法统称为残差回归检验。

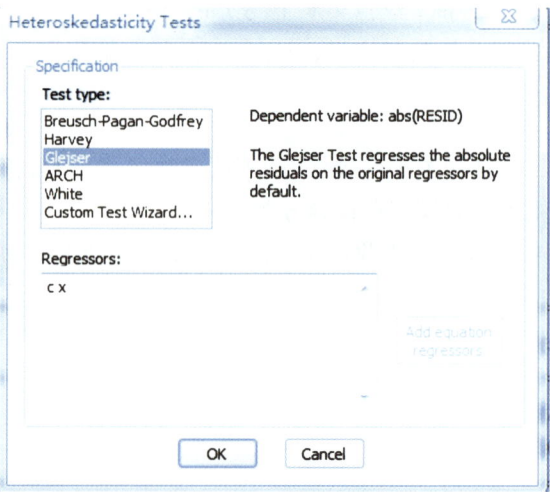

图 3－18　Gleiser 检验设定窗口

四、异方差的修正

（一）加权最小二乘法(WLS 法)

用普通最小二乘法估计模型中的参数时，要求残差平方和 $\sum e_i^2$ 为最小，这里对每个 e_i^2 的地位是同等看待的，即权数为 1；但在前面已经说明，在存在异方差性的情况下，OLS 方法已不是一个适宜的估计方法，因为在异方差的情况下（例如方差为递增型），随着 X_i 的增加，扰动项的方差也将偏大，进而 e_i^2 也将偏大，这就使得回归的精确度降低，因此在考虑"使回归误差达到最小"时，需要对不同的 e_i^2 给予必要的折扣，以使不同的 e_i^2 变为同一方差或接近同一方差。合理的做法是：对较小的 e_i^2 给予较大的权数，对较大的 e_i^2 给予较小的权数，以对残差提供的信息的重要程度做一番校正，提高参数估计的精度。

加权最小二乘法就是对加了权重的残差平方和实施 OLS 法,即

$$\sum w_i e_i^2 = \sum w_i \left[Y_i - (\hat{\beta}_0 + \hat{\beta}_1 X_1 + \cdots + \hat{\beta}_k X_k) \right]^2 \tag{3.2.14}$$

其中 w_i 为权数。

例如,原模型

$$Y_i = \beta_0 + \beta_1 X_{1i} + \beta_2 X_{2i} + \cdots + \beta_k X_{ki} + u_i \quad (i = 1, 2, \cdots, n) \tag{3.2.15}$$

如果在检验过程中已经知道:

$$\mathrm{Var}(u_i) = E(u_i^2) = \sigma_i^2 = f(X_{2i})\sigma^2 \quad (i = 1, 2, \cdots, n)$$

即随机干扰项的方差与解释变量 X_2 之间存在相关性,模型存在异方差。那么可以用 $\sqrt{f(X_{2i})}$ 去除原模型,使之变成如下形式的新模型为

$$\frac{1}{\sqrt{f(X_{2i})}} Y_i = \beta_0 \frac{1}{\sqrt{f(X_{2i})}} + \beta_1 \frac{1}{\sqrt{f(X_{2i})}} X_{1i} + \beta_2 \frac{1}{\sqrt{f(X_{2i})}} X_{2i} + \cdots + \beta_k \frac{1}{\sqrt{f(X_{2i})}} X_{ki} +$$

$$\frac{1}{\sqrt{f(X_{2i})}} u_i \quad (i = 1, 2, \cdots, n) \tag{3.2.16}$$

在模型(3.2.16)中,有

$$\mathrm{Var}\left(\frac{1}{\sqrt{f(X_{2i})}} u_i \right) = E\left(\frac{1}{\sqrt{f(X_{2i})}} u_i \right)^2 = \frac{1}{f(X_{2i})} E(u_i^2) = \sigma^2 \tag{3.2.17}$$

即同方差性。于是可以对(3.2.16)式用普通最小二乘法估计其参数,得到的参数估计量为 BLUE。

(二) 异方差稳健标准误法

加权最小二乘法的关键是寻找模型中随机扰动项 u_t 的方差与解释变量间的适当的函数形式,而这并非一件易事。在有些情况下很难得到正确的 u_t 的方差与解释变量的函数关系式,这时,可采用下面介绍的异方差稳健标准误法来消除异方差的存在带来的不良后果。

由于回归模型随机干扰项出现异方差时,普通最小二乘法只是影响到了参数估计量方差或标准差的正确估计,从而无法保证普通最小二乘估计量的有效性,但并不影响估计量的无偏性与一致性。因此,另一种针对异方差的修正的估计方法:仍采用普通最小二乘估计量,但修正相应的方差。

如何修正普通最小二乘估计量相应的方差,怀特 1980 年提出的方法是,用普通最小二乘估计的残差的平方 $\tilde{e}_i^2$ 作为相应 σ_i^2 的代表。如在一元线性回归中,估计的斜率 $\hat{\beta}_1$ 正确的方差应为

$$\mathrm{Var}(\hat{\beta}_1) = \frac{\sum x_i^2 \sigma_i^2}{\left(\sum x_i^2 \right)^2} \tag{3.2.18}$$

于是用普通最小二乘估计的残差平方 $\tilde{e}_i^2$ 作为相应 σ_i^2 的代表,即用下式作为 $\mathrm{Var}(\hat{\beta}_1)$ 的估计:

$$\frac{\sum x_i^2 \tilde{e}_i^2}{\left(\sum x_i^2\right)^2} \tag{3.2.19}$$

怀特证明了大样本下,3.1.19 式是 3.1.18 式的一致估计。3.1.19 式的平方根称为 $\hat{\beta}_1$ 的异方差稳健标准误(heteroscedasticity-robust standard error)。

通过使用每个方差的怀特异方差一致估计量代替 OLS 估计值,我们解决了异方差性造成系数的置信区间和假设检验结果不可信赖的问题,从而也就解决了在异方差性存在的情况下能否使用 OLS 法估计方程的问题。结论是我们仍可用 OLS 法估计模型的参数。因而,尽管存在异方差性,参数的 OLS 估计值毕竟还是无偏和一致估计量,应该说还是具有优良性质的估计量。只不过方差—协方差矩阵不能再用 OLS 法估计,而要采用怀特之类的方法,得到一致估计量,如怀特的异方差一致估计量。这类估计量的性质不是"最好",但他们对于某些假设条件(在这里是同方差性)的违背不敏感,这类的估计量称为稳健估计量(robust estimators)。

与前面介绍的 WLS 法相比,异方差稳健标准误法的优越在于,不需知道异方差性的具体形式。因此,在异方差性的基本结构未知的情况下,建议仍采用 OLS 法估计系数,而采用其方差的稳健估计量,如怀特的异方差一致估计量。

(三) 模型的对数变换

如果在模型 $Y_i = \beta_0 + \beta_1 X_i + u_i$(多元类似)中,变量 Y_i、X_i 分别用 $\ln Y_i$、$\ln X_i$ 取代,则对模型 $\ln Y_i = \beta_0 + \beta_1 \ln X_i + u_i$ 进行回归,通常可以降低异方差性的影响。其原因在于:① 对数变换能使测定变量值的尺度缩小。② 经过对数变换后的线性模型,其残差 e_i 表示为相对误差,而相对误差往往具有较小的差异。

(四) 广义最小二乘法

对于多元线性回归模型:

$$Y = X\beta + u \tag{3.2.20}$$

其中,随机干扰项向量 u 的数学期望和方差—协方差矩阵分别为 $E(u) = 0$,

$$E(uu') = \begin{bmatrix} \text{Var}(u_1) & \text{Cov}(u_1, u_2) & \cdots & \text{Cov}(u_1, u_n) \\ \text{Cov}(u_2, u_1) & \text{Var}(u_2) & \cdots & \text{Cov}(u_2, u_n) \\ \vdots & \vdots & & \vdots \\ \text{Cov}(u_n, u_1) & \text{Cov}(u_n, u_2) & \cdots & \text{Var}(u_n) \end{bmatrix} = \hat{\sigma}^2 \Omega$$

其中,σ^2 为常数,Ω 为 n 阶实对称矩阵,在经典假定下 $\Omega = I$,如果 $\Omega \neq I$(I 为单位矩阵)。因为 Ω 为 n 阶实对称矩阵,根据线性代数知识,存在 n 阶可逆矩阵 P,使得 $P\Omega P' = I$,由此可得

$$\Omega = P^{-1}(P')^{-1} = (P'P)^{-1}, \Omega^{-1} = P'P$$

用 P 左乘(3.2.20)式,得

$$PY = PX\beta + Pu$$

令 $Y^* = PY, X^* = PX, u^* = Pu$,则(3.2.20)式变换为

$$Y^* = X^*\beta + u^* \tag{3.2.21}$$

随机干扰项的方差—协方差矩阵为

$$E(u^* u^{*\prime}) = E[Pu(Pu)'] = E[Puu'P'] = PE(uu')P' = P\sigma^2 \Omega P' = \sigma^2 I$$

这表明模型(3.2.21)是满足经典假定条件的同方差和零协方差,由于是线性变换,其他假定也显然满足,因此可以用 OLS 法估计模型(3.2.21),参数的 OLS 估计量为

$$\hat{\beta} = (X^{*\prime} X^*)^{-1} X^{*\prime} Y^* = [(PX)' PX]^{-1} (PX)' (PY) = (X'\Omega^{-1}X)^{-1}(X'\Omega^{-1}Y)$$

即

$$\hat{\beta} = (X'\Omega^{-1}X)^{-1}(X'\Omega^{-1}Y) \tag{3.2.22}$$

称(3.2.22)式为广义最小二乘估计量(generalized least square,GLS)。

当模型(3.2.20)仅存在异方差,这时随机干扰项 u 的方差—协方差矩阵为

$$E(uu') = \begin{bmatrix} \sigma_1^2 & 0 & \cdots & 0 \\ 0 & \sigma_2^2 & \cdots & 0 \\ \vdots & \vdots & & \vdots \\ 0 & 0 & \cdots & \sigma_n^2 \end{bmatrix} = \hat{\sigma}^2 \Omega \quad \Omega = \begin{bmatrix} \sigma_1^2/\sigma^2 & 0 & \cdots & 0 \\ 0 & \sigma_2^2/\sigma^2 & \cdots & 0 \\ \vdots & \vdots & & \vdots \\ 0 & 0 & \cdots & \sigma_n^2/\sigma^2 \end{bmatrix}$$

而利用加权最小二乘法修正模型时,若 w_i 为权数,则可得

$$P = \begin{bmatrix} 1/\sqrt{w_1} & & \\ & \ddots & \\ & & 1/\sqrt{w_n} \end{bmatrix} \quad Y^* = \begin{bmatrix} Y_1/\sqrt{w_1} \\ \vdots \\ Y_n/\sqrt{w_n} \end{bmatrix} \quad X^* = \begin{bmatrix} X_1/\sqrt{w_1} \\ \vdots \\ X_n/\sqrt{w_n} \end{bmatrix} \quad u^* = \begin{bmatrix} u_1/\sqrt{w_1} \\ \vdots \\ u_n/\sqrt{w_n} \end{bmatrix}$$

可以看出,加权最小二乘法是广义最小二乘估计的一个特例。

由前面的讨论我们知道,例 3-2 中的一元线性回归模型 $Y_i = \beta_0 + \beta_1 X_i + u_i$ 存在异方差性,下面来修正异方差性。

1. 利用加权最小二乘法

(1) 确定权数变量。

比如根据 Park 检验,可以得出 $\tilde{e}_i^2$ 的一般形式为

$$\ln \tilde{e}_i^2 = -0.530\,078 + 0.533\,592 \ln X_i$$

生成权数变量:

$$\text{GENR} \quad W = 1/@\text{SQRT}(\exp(-0.530\,078)X \wedge 0.533\,592)$$

(2) 利用加权最小二乘法估计模型。

在 EViews 命令窗口中依次键入命令:LS(W=W) Y C X,得到加权最小二乘回归结果。如图 3-19 所示。

(3) 对所估计的模型再进行 White 检验,观察异方差的修正情况。

对所估计的模型再进行 White 检验,其结果对应如图 3-20 所示。图 3-20 所对应的 White 检验显示,P 值较大,所以不拒绝存在异方差的原假设,即认为已经消除了回归模型的异方差性。

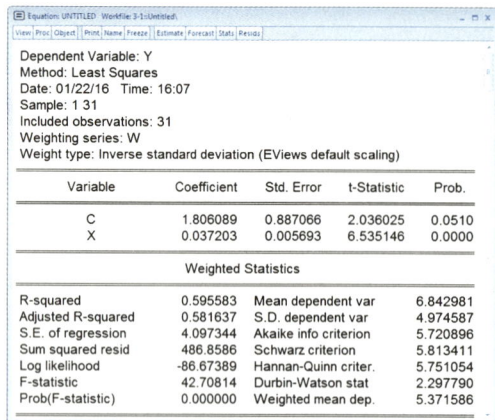

图 3-19　加权最小二乘的回归模型

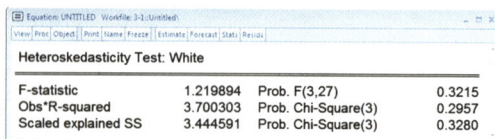

图 3-20　加权最小二乘估计的 White 检验结果

2. 异方差稳健标准误法

在方程(图 3-19)的估计窗口,如图 3-21 所示,点击 Options,选择 White,如图 3-22 所示。

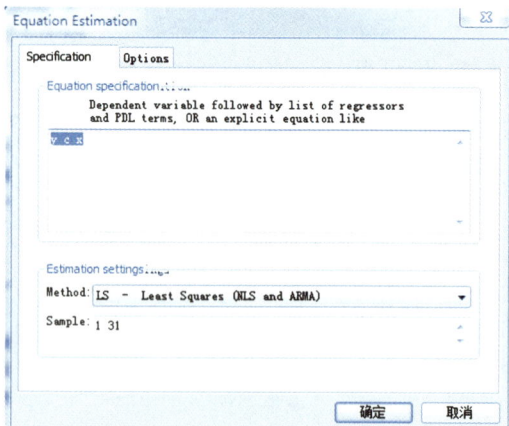

图 3-21　方程的估计窗口

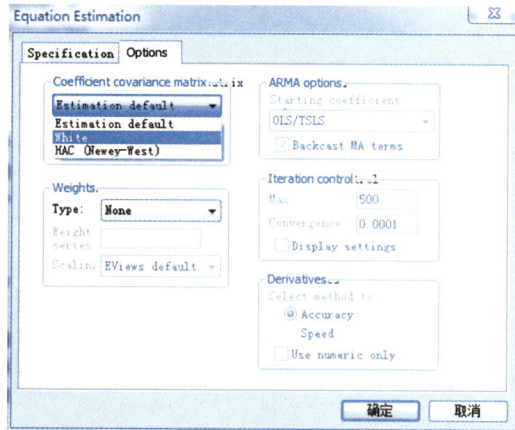

图 3-22　异方差稳健标准误法的选项

在图 3-22 中单击确定,得到如图 3-23 所示的估计结果,即怀特异方差性一致估计结果。

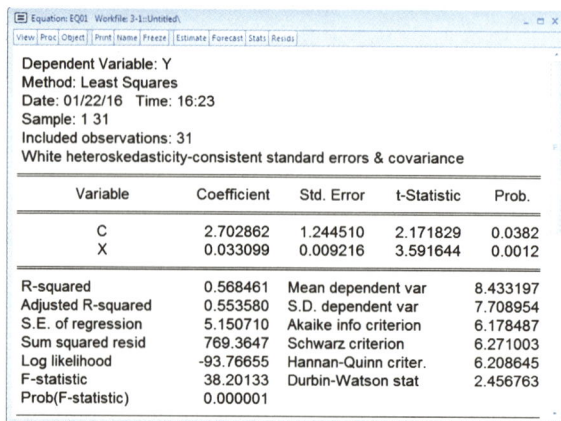

图 3-23　怀特异方差性一致估计结果

第三节 自相关性

一、自相关性的基本知识

（一）自相关性的概念

对于模型

$$Y_i = \beta_0 + \beta_1 X_{1i} + \beta_2 X_{2i} + \cdots + \beta_k X_{ki} + u_i \quad (i = 1, 2, \cdots, n) \tag{3.3.1}$$

在其他经典假定仍成立的条件下，随机干扰项自相关（autocorrelation）即意味着：

$$\mathrm{Cov}(u_i, u_j) = E(u_i u_j) \neq 0$$

或

$$\mathrm{Cov}(u) = E(uu') = \begin{bmatrix} \sigma^2 & \cdots & E(u_1 u_n) \\ \vdots & \ddots & \vdots \\ E(u_n u_1) & \cdots & \sigma^2 \end{bmatrix} = \begin{bmatrix} \sigma^2 & \cdots & \sigma_{1n} \\ \vdots & \ddots & \vdots \\ \sigma_{n1} & \cdots & \sigma^2 \end{bmatrix} = \sigma^2 \Omega \neq \sigma^2 I$$

$$\tag{3.3.2}$$

如果仅存在

$$E(u_i u_{i+1}) \neq 0 \quad (i = 1, 2, \cdots, n-1) \tag{3.3.3}$$

则称为自相关。一阶自相关往往可写成如下形式：

$$u_i = \rho u_{i-1} + \varepsilon_i \quad (-1 \leqslant \rho \leqslant 1, \rho \neq 0) \tag{3.3.4}$$

其中，ρ 称为自协方差系数或一阶自相关系数，ε_i 是满足以下经典假定的随机干扰项，即

$$E(\varepsilon_i) = 0 \quad \mathrm{Var}(\varepsilon_i) = \sigma^2 \quad \mathrm{Cov}(\varepsilon_i, \varepsilon_{i-s}) = 0 \quad (s \neq 0)$$

由于自相关性经常出现在以时间序列数据为样本的模型中，因此，本节将代表不同样本点的下标 i 用 t 表示。u_t 的一般表达式为

$$u_t = \rho u_{t-1} + \varepsilon_t, u_{t-1} = \rho u_{t-2} + \varepsilon_{t-1} \cdots$$

将它逐期代入，可得

$$\begin{aligned} u_t &= \rho u_{t-1} + \varepsilon_t \\ &= \rho(\rho u_{t-2} + \varepsilon_{t-1}) + \varepsilon_t \\ &= \cdots \\ &= \varepsilon_t + \rho \varepsilon_{t-1} + \rho^2 \varepsilon_{t-2} + \cdots + \rho^k \varepsilon_{t-k} + \rho^{k+1} u_{t-k} \end{aligned}$$

当 $k \rightarrow \infty$ 时，$\rho^{k+1} \approx 0$，则有

$$u_t = \sum_{k=0}^{\infty} \rho^k \varepsilon_{t-k} \tag{3.3.5}$$

（二）随机干扰项为一阶线性自相关形式时的期望、方差与协方差公式

下面推导当随机干扰项 u_t 为一阶线性自相关形式时，u_t 的期望、方差与协方差公式：

$$E(u_t) = E(\varepsilon_t)/(1-\rho) = 0 \tag{3.3.6}$$

$$\mathrm{Var}(u_t) = \sigma_u^2 = \sigma^2/(1-\rho^2) \tag{3.3.7}$$

$$\mathrm{Cov}(u_t, u_{t-1}) = E(u_t u_{t-1}) = E((\rho u_{t-1} + \varepsilon_t) u_{t-1})$$
$$= \rho \mathrm{Var}(u_{t-1}) = \rho \mathrm{Var}(u_t) = \rho \sigma_u^2 \tag{3.3.8}$$

同理,

$$\mathrm{Cov}(u_t, u_{t-2}) = \rho^2 \mathrm{Var}(u_t) = \rho^2 \sigma_u^2$$

一般地,

$$\mathrm{Cov}(u_t, u_{t-s}) = \rho^s \mathrm{Var}(u_t) = \rho^s \sigma_u^2 \quad (s \neq 0) \tag{3.3.9}$$

令

$$u = (u_1 \quad u_2 \quad u_3 \quad \cdots \quad u_T)'$$

且 u 的方差—协方差矩阵用 Ω 表示。则由公式(3.3.8),(3.3.9)得

$$E(uu') = \frac{\sigma^2}{1-\rho^2} \begin{bmatrix} 1 & \rho & \rho^2 & \cdots & \rho^{T-1} \\ \rho & 1 & \rho & \cdots & \rho^{T-2} \\ \vdots & \vdots & \vdots & & \vdots \\ \rho^{T-1} & \rho^{T-2} & \rho^{T-3} & \cdots & 1 \end{bmatrix} \tag{3.3.10}$$

从而验证了当回归模型的随机干扰项 u_t 存在一阶自相关形式时,$\mathrm{Cov}(u_i, u_j) \neq 0$。同理,也可证明当 u_t 为高阶自相关形式时,仍有 $\mathrm{Cov}(u_i, u_j) \neq 0$。

二、自相关性产生的原因与后果

(一) 自相关产生的主要原因

在实际经济问题中,自相关性产生的原因主要来自以下三个方面。

1. 经济系统的惯性

自相关现象大多出现在时间序列数据中,而经济系统的经济行为都具有时间上的惯性。例如,GDP、价格、就业等经济数据,都会随经济系统的周期而波动。又如,在经济高涨时期,较高的经济增长率会持续一段时间;而在经济衰退期,较高的失业率也会持续一段时间,这种情况下经济数据很可能表现为自相关。

2. 经济活动的滞后效应

滞后效应是指某一指标对另一指标的影响不仅限于当期而是延续若干期,由此会带来变量的自相关。例如,居民当期可支配收入的增加,不会使居民的消费水平在当期就达到应有水平,而是要经过若干期才能达到。因为人的消费观念的改变,客观上存在自适应期。

3. 模型设定偏误

模型设定偏误包括模型数学形式设定不当和模型丢失了重要的解释变量。例如,消费函数模型本应该设定为

$$C_t = \beta_0 + \beta_1 Y_t + \beta_2 Y_{t-1} + \beta_3 C_{t-1} + u_t \tag{3.3.11}$$

式中,C_t 表示第 t 期消费,Y_t 表示第 t 期可支配收入。然而,而实际建模过程中,若忽略消费支

出的滞后作用,把模型设定为

$$C_t = \beta_0 + \beta_1 Y_t + \beta_2 Y_{t-1} + \varepsilon_t \qquad (3.3.12)$$

那么,随机干扰项 $\varepsilon_t = \beta_3 C_{t-1} + u_t$ 就很可能存在自相关。由于该现象是因设定失误造成的自相关,因此,也称其为虚假自相关。

4. 数据处理造成自相关

在实际研究中,有些数据是由已知数据经处理得到的,因此,新生成的数据与原数据间有了内在联系,表现出自相关。例如,季度数据来自月度数据的简单平均,这种平滑处理减弱了月度数据的波动性,而使得生成数据表现出自相关。

一般经验告诉我们,对于采用时间序列数据作样本的计量经济学问题,由于在不同样本点上解释变量以外的其他因素在时间上的连续性,带来它们对被解释变量的影响的连续性,所以往往存在自相关性。

(二) 自相关性产生的后果

当线性回归模型的随机干扰项存在自相关,即违背了线性回归模型的经典假定时,如果仍采用普通最小二乘法估计未知参数,将会产生什么后果呢? 本节仍以具有一阶自相关形式的随机干扰项模型为例,探讨自相关问题产生的不良后果。

1. 所得到的参数估计量虽是无偏的,但却非有效考虑具有一阶自相关形式的随机干扰项模型

$$Y_t = \beta X_t + u_t \qquad (3.3.13)$$

其中,$u_t = \rho u_{t-1} + \varepsilon_t$。用普通最小二乘法,可得回归系数 β 的估计值为

$$\hat{\beta} = \frac{\sum X_t Y_t}{\sum X_t^2} = \frac{\sum X_t (\beta X_t + u_t)}{\sum X_t^2} = \beta + \frac{\sum X_t u_t}{\sum X_t^2} \qquad (3.3.14)$$

由于 $E(u_t) = 0$,所以

$$E(\hat{\beta}) = \beta + \frac{\sum X_t E(u_t)}{\sum X_t^2} = \beta \qquad (3.3.15)$$

这说明在随机干扰项存在一阶自相关形式下,线性模型回归系数的普通最小二乘估计仍然是无偏的。

而关于估计量 $\hat{\beta}$ 的方差,有

$$\mathrm{Var}(\hat{\beta}) = \mathrm{Var}\left[\frac{\sum X_t u_t}{\sum X_t^2}\right] = \frac{1}{(\sum X_t^2)^2} \sum_t \sum_s \mathrm{Cov}(u_t, u_s)$$

$$= \frac{1}{\sum X_t^2} \mathrm{Var}(u_t) + \frac{1}{(\sum X_t^2)^2} \sum_{t \neq s} X_t X_s \mathrm{Cov}(u_t, u_s) \qquad (3.3.16)$$

由于自相关的存在,$\mathrm{Cov}(u_t, u_s) \neq 0$,所以这时 $\hat{\beta}$ 的方差已不同于经典假设之下 $\hat{\beta}$ 的方差。

若随机干扰项 u_t 和解释变量 X_t 同时存在正自相关或者同时存在负自相关,那么此时得到的 $\hat{\beta}$ 的方差大于经典假设下 $\hat{\beta}$ 的方差;若随机干扰项 u_t 自相关的方向与解释变量 X_t 自相关的方向相反,那么 $\hat{\beta}$ 的方差将小于经典假设之下 $\hat{\beta}$ 的方差。因此,若不考虑自相关性,仍用

普通最小二乘法估计$\hat{\beta}$的方差,则可能会导致不小的偏误。

2. 参数的显著性检验失去意义

很显然,由于估计量$\hat{\beta}$的方差已不同于经典假设之下$\hat{\beta}$的方差,所以由$\hat{\beta}$估计量和其方差估计量所构造的t检验统计量和F检验统计量将不能给出有效地结论,所用的t检验和F检验一般来说是不可靠的。

3. 模型的预测失效

模型预测的精度决定于抽样误差和总体随机干扰项的方差σ^2。抽样误差来自对$\hat{\beta}$的估计,在自相关情形下,$\hat{\beta}$的方差最小二乘估计变得不可靠,由此必定会加大抽样误差。同时,在自相关情形下,对σ^2的估计也是不可靠的。由此可以看出,影响预测精度的两大因素都因自相关的存在而加大不确定性,使预测的置信区间不可靠,从而使模型预测失效。

三、自相关性的检验

由于随机干扰项u_t是不可观测的,根据异方差性检验时的同样理由,要检验u_t的自相关性,首先采用普通最小二乘法估计模型,以求得随机干扰项的"近似估计量",用$\tilde{e}_t$表示:

$$\tilde{e}_t = Y_t - (\hat{Y}_t)_{OLS}$$

然后通过分析$\tilde{e}_t$之间的相关性达到判断随机干扰项是否具有自相关性的目的。自相关性的检验方法有多种,如图示检验法、杜宾-沃森检验法(Durbin-Watson test)、拉格朗日乘数检验法(Lagrange muitiplier test)、回归检验法等。

(一) 图示检验法

由于残差项$\tilde{e}_t$可以作为随机干扰项u_t的估计,如果u_t存在自相关,必然会由残差项$\tilde{e}_t$反映出来,因此可通过$\tilde{e}_t$的趋势图或$\tilde{e}_t$与其滞后值的散点图,从几何直观上对u_t的自相关性进行判断。

1. 绘制$\tilde{e}_t$的趋势图

假如$\tilde{e}_t$随时间t的变化表现出有规律的变化,就可断言u_t存在自相关性。假如$\tilde{e}_t$并不随时间t发生规律性的变化,那么u_t不存在自相关性。

如图3-24(1)所示,$\tilde{e}_t$随着时间t的变化不频繁地改变符号,而是几个正的$\tilde{e}_t$后面跟着几个负的,推断随机干扰项u_t存在正自相关;如图3-24(2)所示,$\tilde{e}_t$随着时间t的变化不断地改变符号,则推断随机干扰项u_t存在负自相关。

2. 绘制$(\tilde{e}_{t-1}, \tilde{e}_t)$的散点图

如果$(\tilde{e}_{t-1}, \tilde{e}_t)$的大部分点落在第Ⅰ、Ⅲ象限,表明随机干扰项$u_t$存在着正自相关,如图3-25(1)所示;如果$(\tilde{e}_{t-1}, \tilde{e}_t)$大部分点落在第Ⅱ、Ⅳ象限,表明随机干扰项$u_t$存在着负自相关,如图3-25(2)所示。

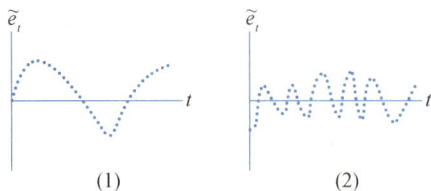

(1) (2) (1) (2)

图3-24 $\tilde{e}_t$的趋势图 图3-25 $(\tilde{e}_t, \tilde{e}_{t-1})$的自相关示意图

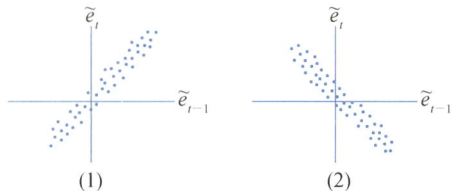

例 3-3 消费模型是研究居民消费行为的常用工具。通过中国农村居民消费模型的分析可判断农村居民的边际消费倾向,这是宏观经济分析的重要参数。同时,农村居民消费模型也可用于农村居民消费水平的预测。

影响居民消费的因素很多,但由于受各种条件的限制,通常只引入居民收入一个变量做解释变量,即消费模型设定为:

$$Y_t = \beta_0 + \beta_1 X_t + u_t \tag{3.3.17}$$

其中,Y_t 为农村居民人均消费支出,X_t 为农村人均居民纯收入,u_t 为随机干扰项。

表 3-5 是《中国统计年鉴》收集的中国农村居民 1985—2010 年的人均收入与消费数据。为了消除价格变动因素对农村居民收入和消费支出的影响,不宜直接采用现价人均纯收入和现价人均消费支出的数据,而需要用消费价格指数进行修正后的 1985 年可比价格计算的人均纯收入和人均消费支出的数据作回归分析。

表 3-5 1985—2010 年的农村居民人均收入与消费数据　　　　单位:元

年　份	全年人均纯收入（现价）	全年人均消费支出(现价)	消费价格指数（1985＝100）	人均实际纯收入（1985 可比价）	人均实际消费支出（1985 可比价）
1985	397.60	317.42	100.0	397.60	317.42
1986	423.80	357.00	106.1	399.43	336.48
1987	462.60	398.30	112.7	410.47	353.42
1988	544.90	476.70	132.4	411.56	360.05
1989	601.50	535.40	157.9	380.94	339.08
1990	6 686.30	584.63	165.1	415.69	366.96
1991	708.60	619.80	168.9	419.51	366.96
1992	784.00	659.80	176.8	443.44	373.19
1993	921.60	769.70	201.0	458.51	382.94
1994	1 221.00	1 016.81	248.0	492.34	410.00
1995	1 577.70	1 310.36	291.4	541.42	449.68
1996	1923.10	1 572.10	314.4	611.67	500.03
1997	2 090.10	1 617.15	322.3	648.50	501.75
1998	2 162.00	1 590.33	319.1	677.53	498.53
1999	2 214.30	1 577.42	314.3	704.52	501.88
2000	2 253.70	1 670.00	314.0	717.64	531.85
2001	2 366.40	1 741.00	316.5	747.68	550.08
2002	2 475.60	1 843.00	315.2	785.41	584.71
2003	2 622.24	1 943.30	320.2	818.94	606.9
2004	2 936.40	2 184.65	343	856.09	636.92

年 份	全年人均纯收入 （现价）	全年人均消费 支出(现价)	消费价格指数 （1985＝100）	人均实际纯收入 （1985 可比价）	人均实际消费支出 （1985 可比价）
2005	3 254.93	2 555.40	343.1	948.68	744.8
2006	3 587.04	2 829.02	348.2	1 030.17	812.47
2007	4 140.40	3 223.85	367	1 128.17	878.43
2008	4 760.62	366.68	390.9	1 217.86	936.47
2009	5 153.17	3 993.45	389.8	1 322	1 024.49
2010	5 919.01	4 381.82	403.8	1 465.83	1 085.15

资料来源:《中国统计年鉴(1986—2011)》

根据表 3-5 中修正后的 1985 年可比价格计算的人均纯收入和人均消费支出的数据,在 EViews 软件中先用 OLS 法估计(3.3.17)式模型,估计结果如图 3-26 所示。

则消费模型为

$$\hat{Y}_t = 46.114\ 10 + 0.717\ 480X_t$$
$$t = (4.057\ 834) \quad (48.825\ 59)$$
$$R^2 = 0.990\ 033 \quad F = 2\ 383.939 \quad \mathrm{DW} = 0.517\ 147$$

(1) 绘制 $\tilde{e}_t$ 的趋势图。

建立回归模型之后,在方程窗口(如图 3-26 所示)工具栏上依次点击 View/Actual,Fitted Residual/Actual,Fitted Residual Graph,如图 3-27 所示,得到残差 $\tilde{e}_t$ 的趋势图,如图3-28所示。

由图 3-28 可知,残差的趋势图是循环型的, $\tilde{e}_t$ 不是频繁改变符号,而是连续几个正值后再连续几个负值,表明 u_t 存在正相关性。

(2) 绘制 $(\tilde{e}_{t-1}, \tilde{e}_t)$ 的散点图。

在 EViews 命令窗口中输入:GENR E＝RESID,保存模型(图 3-26)的残差 $\tilde{e}_t$ 序列。在 EViews 命令窗口中输入:SCAT E(-1) E,绘制 $\tilde{e}_t$ 对 $\tilde{e}_{t-1}$ 的散点图,如图 3-29 所示。从图 3-29 可以看出 $(\tilde{e}_{t-1}, \tilde{e}_t)$ 的大部分点落在第 Ⅰ、Ⅲ 象限,表明 u_t 存在着正自相关。

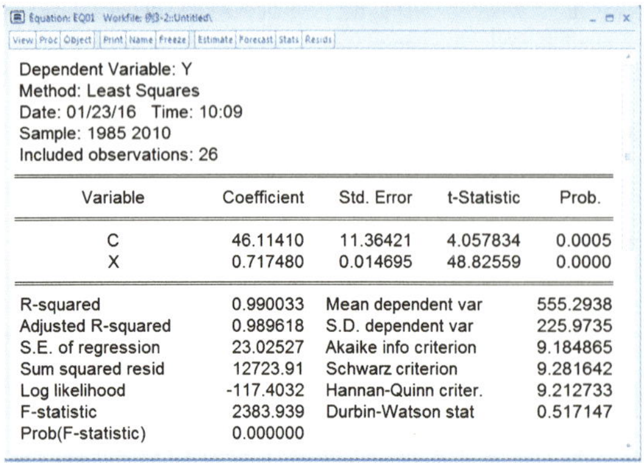

图 3-26　模型估计结果

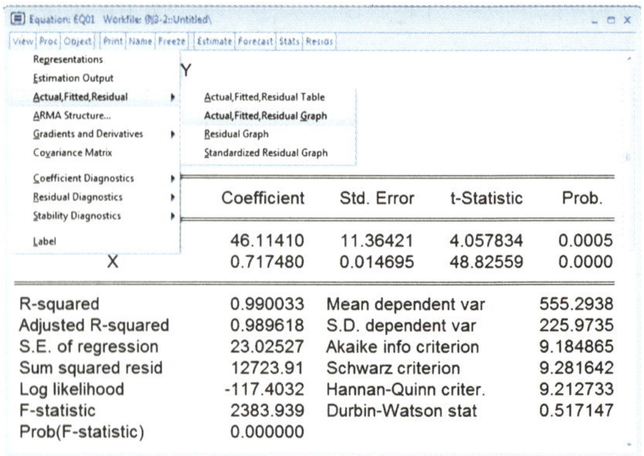

图 3-27　$\tilde{e}_t$ 的趋势图设定窗口

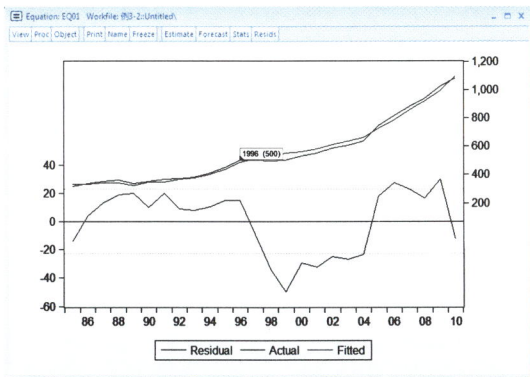

图 3-28 模型的残差图

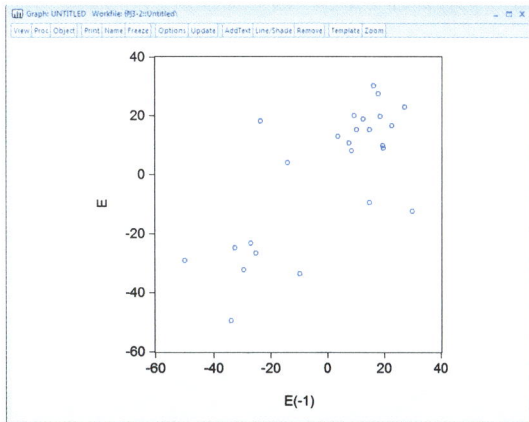

图 3-29 $\tilde{e}_i$ 对 $\tilde{e}_{i-1}$ 的散点图

(二) 杜宾-沃森检验法(Durbin-Watson Test)

杜宾-沃森(Durbin-Watson)检验是杜宾(J. Durbin)和瓦森(G. S. Watson)于 1951 年提出的一种检验自相关的方法,也是较为常用的检验自相关的方法。该方法的假设条件是:

(1) 解释变量 X 非随机;

(2) 随机干扰项 u_t 为一阶自相关形式:$u_t = \rho u_{t-1} + \varepsilon_t (-1 \leqslant \rho \leqslant 1)$;

(3) 因变量的滞后期 Y_{t-1} 不能在回归模型中作解释变量,即模型中不能出现下列形式:
$Y_t = \beta_0 + \beta_1 X_{1t} + \cdots + \beta_k X_{kt} + \gamma Y_{t-1} + u_t$;

(4) 模型中含有截距项,样本容量应充分大($T > 15$)。

杜宾-沃森检验的思想就是构造统计量检验自相关系数 ρ 是否等于 0。DW 检验步骤如下。给出如下假设:

$$H_0 : \rho = 0 (u_t \text{ 不存在一阶自相关})$$

$$H_1 : \rho \neq 0 (u_t \text{ 存在一阶自相关})$$

用残差值 $\tilde{e}_t$ 计算统计量 DW,即

$$DW = \frac{\sum_{t=2}^{T} (\tilde{e}_t - \tilde{e}_{t-1})^2}{\sum_{t=1}^{T} \tilde{e}_t^2} \tag{3.3.18}$$

其中,分子是残差的一阶差分平方和,分母是残差平方和。把上式展开为

$$DW = \frac{\sum_{t=2}^{T} \tilde{e}_t^2 + \sum_{t=2}^{T} \tilde{e}_{t-1}^2 - 2\sum_{t=2}^{T} \tilde{e}_t \tilde{e}_{t-1}}{\sum_{t=1}^{T} \tilde{e}_t^2} \tag{3.3.19}$$

因为在样本容量充分大的条件下,有

$$\sum_{t=2}^{T} \tilde{e}_t^2 \approx \sum_{t=2}^{T} \tilde{e}_{t-1}^2 \approx \sum_{t=1}^{T} \tilde{e}_t^2$$

将上式代入(3.3.19)式,得

$$\text{DW} \approx \frac{2\sum\limits_{t=2}^{T}\tilde{e}_{t-1}^{2} - 2\sum\limits_{t=2}^{T}\tilde{e}_{t}\tilde{e}_{t-1}}{\sum\limits_{t=2}^{T}\tilde{e}_{t-1}^{2}} = 2\left(1 - \frac{\sum\limits_{t=2}^{T}\tilde{e}_{t}\tilde{e}_{t-1}}{\sum\limits_{t=2}^{T}\tilde{e}_{t-1}^{2}}\right) = 2(1-\hat{\rho}) \qquad (3.3.20)$$

其中:

$$\hat{\rho} = \frac{\sum\limits_{t=2}^{T}\tilde{e}_{t}\tilde{e}_{t-1}}{\sum\limits_{t=2}^{T}\tilde{e}_{t-1}^{2}} \qquad (3.3.21)$$

因为 ρ 的取值范围是 $[-1,1]$,所以 DW 统计量的取值范围是 $[0,4]$。ρ 与 DW 值的对应关系见表 3-6。

表 3-6 ρ 与 DW 值的对应关系及意义

ρ	DW	u_t 的表现
$\rho=0$	DW=2	u_t 非自相关
$\rho=-1$	DW=0	u_t 完全正自相关
$\rho=-1$	DW=4	u_t 完全负自相关
$0<\rho<1$	$0<\text{DW}<2$	u_t 有某种程度的正自相关
$-1<\rho<0$	$2<\text{DW}<4$	u_t 有某种程度的负自相关

杜宾-沃森检验只适用于一阶自回归形式的自相关,实际运用中 DW=0,2,4 的情形是不多见的。当 DW 取值在 $(0,2)$,$(2,4)$ 之间时,怎么判别 u_t 是否存在自相关呢? 推导统计量 DW 的精确抽样分布是困难的,因为 DW 是依据残差 $\tilde{e}_t$ 计算的,而 $\tilde{e}_t$ 的值又与 X_t 的形式有关。DW 检验与其他统计检验不同,它没有唯一的临界值用来制定判别规则。根据样本容量和被估计参数个数,在给定的显

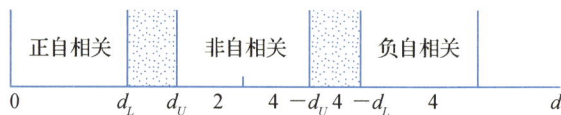

图 3-30 DW 检验

著水平下,给出了检验用得上、下两个临界值 d_U 和 d_L。判别规则如图 3-30 所示。

(1) 若 DW 取值在 $(0,d_L)$ 之间,拒绝原假设 H_0,认为 u_t 存在正自相关。

(2) 若 DW 取值在 $(4-d_L,4)$ 之间,拒绝原假设 H_0,认为 u_t 存在负自相关。

(3) 若 DW 取值在 $(d_U,4-d_U)$ 之间,不拒绝原假设 H_0,认为 u_t 非自相关。

(4) 若 DW 取值在 (d_L,d_U) 或 $(4-d_U,4-d_L)$ 之间,这种检验没有结论,即不能判别 u_t 是否存在自相关,这是 DW 检验的一个局限性。

当 DW 值落在第 4 种情况时,有两种处理方法:加大样本容量或重新选取样本,重新做 DW 检验;选用其他检验方法。

书末附录中,给出检验水平 $\alpha=0.05$ 条件下 DW 检验临界值。DW 检验临界值与三个参数有关:检验水平 α、样本容量 n、原回归模型中解释变量个数 k(不包括常数项)。

下面我们用杜宾-沃森检验法来检验例 3-3 中模型 $Y_t = \beta_0 + \beta_1 X_t + u_t$ 是否存在一阶自相

关性。

在 EViews 的最小二乘回归输出结果中直接给出了回归模型的 DW 值。根据图 3 - 26 所示 DW= 0.517 147。给定显著性 α=0.05,查 DW 检验临界值表,因为 n=26,解释变量的个数 k 为 1,得下限临界值 d_L=1.30,上限临界值 d_U=1.46。因为 0<0.517 147=DW<d_L=1.30,故表明模型存在正的一阶自相关性。

(三) 拉格朗日乘数检验法(lagrange muitiplier test)

拉格朗日乘数检验法克服了杜宾-沃森检验法的缺陷,适合于高阶自相关及模型中存在滞后被解释变量的情形,它比杜宾-沃森检验法更具有一般性。拉格朗日乘数检验法是由统计学家布劳殊(Breusch)与戈弗雷(Godfrey)于 1978 年提出的,也被称为 BG 检验。

对于模型(3.3.1)式,如果怀疑随机干扰项存在 p 阶自相关,即

$$u_t = \rho_1 u_{t-1} + \rho_2 u_{t-2} + \cdots + \rho_p u_{t-p} + \varepsilon_t \tag{3.3.22}$$

式中,ε_t 满足经典假定。拉格朗日乘数检验就是检验如下受约束回归方程:

$$Y_t = \beta_0 + \beta_1 X_{1t} + \cdots + \beta_k X_{kt} + \rho_1 u_{t-1} + \cdots + \rho_p u_{t-p} + \varepsilon_t \tag{3.3.23}$$

其约束条件为

$$H_0 : \rho_1 = \rho_2 = \cdots = \rho_p = 0 \tag{3.3.24}$$

如果约束条件 H_0 为真,则 LM 统计量服从大样本下自由度为 p 的渐近 χ^2 分布:

$$LM = TR^2 \sim x^2(p) \tag{3.3.25}$$

式中 T,R^2 分别为如下辅助回归的样本容量与可决系数:

$$\tilde{e}_t = \beta_0 + \beta_1 X_{1t} + \cdots + \beta_k X_{kt} + \rho_1 \tilde{e}_{t-1} + \cdots + \rho_p \tilde{e}_{t-p} + \varepsilon_t \tag{3.3.26}$$

$\tilde{e}_t$ 为原模型(3.3.1)式经普通最小二乘估计的残差序列。

给定显著性水平 α,查自由度为 p 的 χ^2 分布的相应临界值 $\chi_\alpha^2(p)$,如果计算的 LM 统计量的值超过该临界值,则拒绝约束条件为真的原假设,表明 u_t 可能存在直到 p 阶的自相关性。在实际检验中,可从 1 阶、2 阶……逐次向更高阶检验,并用辅助回归(3.3.26)式中各 $\tilde{e}_t$ 前参数的显著性来帮助判断自相关的阶数。

在 EViews 中可以直接进行 BG 检验。以例 3 - 3 为例。具体步骤:

建立回归模型:LS　Y　C　X,回归结果如图 3 - 26 所示。

在方程窗口工具栏上依次点击 View/Residual Diagnostics /Serial Correlation LM Test,如图 3 - 31 所示,得 BG 检验的滞后期图,如图 3 - 32 所示。选择滞后期为 2,输出结果如图 3 - 33 所示。

如图 3 - 33 所示,可得 $TR^2 = 26 \times 0.561\ 727=14.604\ 902$,相伴概率(即 p 值)为 0.000 7,因此在显著性水平 α=

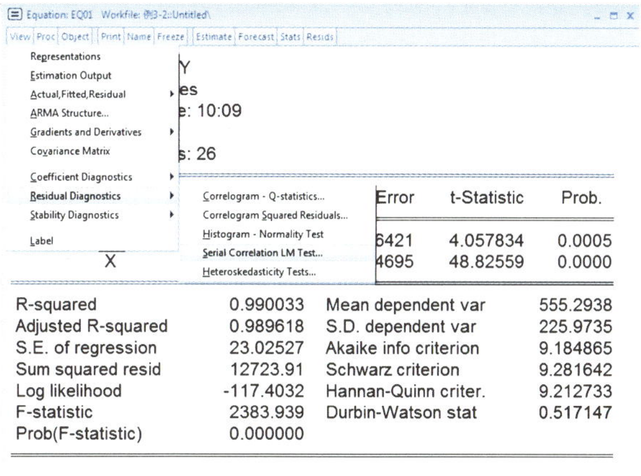

图 3 - 31　BG 检验设定窗口

0.05 的条件下，拒绝无自相关的原假设，即随机干扰项 u_t 存在自相关。又 $\tilde{e}_{t-1}$ 的回归系数显著不为 0（p 值为 0.000 7），表明存在一阶自相关。

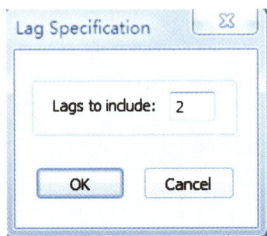

图 3-32　BG 检验的滞后期

图 3-33　BG 检验输出结果

（四）回归检验法

以 $\tilde{e}_t$ 为被解释变量，以各种可能的相关量，诸如 $\tilde{e}_{t-1}$、$\tilde{e}_{t-2}$ 等为解释变量，建立各种方程，即

$$\tilde{e}_t = \rho \tilde{e}_{t-1} + \varepsilon_t \quad (t = 2, \cdots, T)$$

$$\tilde{e}_t = \rho_1 \tilde{e}_{t-1} + \rho_2 e \sim_{t-2} + \varepsilon_t \quad (t = 3, \cdots, T)$$

$$\cdots$$

对方程进行估计，并进行显著性检验。如果存在某一种函数形式，使得方程显著成立，则说明原模型存在自相关性。回归检验法的优点是一旦确定了模型存在自相关性，也就同时知道了相关的具体形式即相关系数的估计值，而且它适用于任何类型的自相关的检验，但缺点是需要建立各种形式的回归模型对 $\tilde{e}_t$ 与 $\tilde{e}_{t-1}$、$\tilde{e}_{t-2}$ 等的相关性进行试验分析，工作计算量大，显得较为烦琐。

四、自相关性的修正

如果模型的随机干扰项存在自相关，首先应分析产生自相关的原因。如果自相关是由错误地设定模型的数学形式所致，那么就应当修改模型的数学形式。查明自相关是由模型数学形式不妥造成的一种方法是利用回归估计的残差对解释变量的较高次幂进行回归，然后对新模型的残差做 DW 检验，如果此时自相关消失，则说明模型的数学形式不妥。

如果自相关是由模型中省略了重要解释变量造成的，那么解决办法就是找出略去的解释变量，把它作为重要解释变量列入模型。怎样查明自相关是由略去重要解释变量引起的一种方法是利用回归估计的残差对那些可能影响被解释变量但又未被列入模型的解释变量作回归，并作显著性检验，从而确定该解释变量的重要性。

只要当以上这种引起自相关的原因都消除后,才能认为随机干扰项 u_t"真正"存在自相关。在这种情况下,解决办法是对回归估计方程进行变换,然后利用普通最小二乘法回归估计参数,这种估计方法称作广义差分估计法。下面介绍这种方法。

设原回归模型是

$$Y_t = \beta_0 + \beta_1 X_{1t} + \beta_2 X_{2t} + \cdots + \beta_k X_{kt} + u_t \quad (t = 1, 2, \cdots, T) \tag{3.3.27}$$

其中,u_t 具有一阶自回归形式为

$$u_t = \rho u_{t-1} + \varepsilon_t \tag{3.3.28}$$

其中,ε_t 满足经典假定,把(3.3.28)式代入(3.3.27)式,得

$$Y_t = \beta_0 + \beta_1 X_{1t} + \beta_2 X_{2t} + \cdots + \beta_k X_{kt} + \rho u_{t-1} + \varepsilon_t \tag{3.3.29}$$

将(3.3.27)式的 t 换成 $t-1$,并在两侧同乘 ρ:

$$\rho Y_{t-1} = \rho \beta_0 + \rho \beta_1 X_{1t-1} + \rho \beta_2 X_{2t-1} + \cdots + \rho \beta_k X_{kt-1} + \rho u_{t-1} \tag{3.3.30}$$

用(3.3.29)式与(3.3.30)式相减,得

$$Y_t - \rho Y_{t-1} = \beta_0(1-\rho) + \beta_1(X_{1t} - \rho X_{1t-1}) + \cdots + \beta_k(X_{kt} - \rho X_{kt-1}) + \varepsilon_t \tag{3.3.31}$$

令

$$Y_t^* = Y_t - \rho Y_{t-1}, X_{jt}^* = X_{jt} - \rho X_{jt-1} \quad (j = 1, 2, \cdots, k) \tag{3.3.32}$$

$$\beta_0^* = \beta_0(1-\rho) \tag{3.3.33}$$

则模型(3.3.31)表示如下:

$$Y_t^* = \beta_0^* + \beta_1 X_{1t}^* + \beta_2 X_{2t}^* + \cdots + \beta_k X_{kt}^* + \varepsilon_t \quad (t = 2, 3, \cdots, T) \tag{3.3.34}$$

因为新模型(3.3.34)式中的随机干扰项 ε_t 满足经典假设条件,所以可对模型(3.3.34)用普通最小二乘法估计回归参数,所得估计量具有最佳线性无偏性。(3.3.32)式的变换称作广义差分变换。

注意:

(1)(3.3.34)式中的 $\beta_1 \cdots \beta_k$ 就是原模型(3.3.26)中的 $\beta_1 \cdots \beta_k$,而 β_0^* 与模型(3.3.27)中的 β_0 有如下关系:

$$\beta_0 = \beta_0^* / (1-\rho) \tag{3.3.35}$$

用普通最小二乘法估计(3.3.34)式得到的 $\hat{\beta}_0, \hat{\beta}_1, \cdots, \hat{\beta}_k$ 称作(3.3.27)式中相应回归系数的广义差分估计量。

(2)广义差分估计法损失了一个观测值,样本容量由 T 变成 $T-1$。为避免这种损失,K. R. Kadiyala(1968)提出对 Y_t 与 $X_{jt}(j=1,2,\cdots,k)$ 的第一个观测值分别如下定义:

$$Y_1^* = Y_1 \sqrt{1-\rho^2} \quad X_{j1}^* = X_{j1} \sqrt{1-\rho^2} \quad (j = 1, 2, \cdots, k) \tag{3.3.36}$$

于是模型(3.3.34)的样本容量仍然为 T。

这种变换的目的就是使相应随机干扰项 u_1 的方差与其他随机干扰项 $u_2, u_3, \cdots, u_T$ 的方差保持相等。作上述变换后,有

$$u_1^* = u_1 \sqrt{1-\rho^2}$$

则

$$\mathrm{Var}(u_1^*) = (1-\rho^2)\mathrm{Var}(u_1) = (1-\rho^2)[\sigma_v^2/(1-\rho^2)] = \sigma^2$$

与其他随机干扰项的方差相同。

（3）当随机干扰项 u_t 的自相关具有高阶自相关形式时，仍可用与上述相类似的方法进行广义差分变换。比如 u_t 具有二阶自相关形式：

$$u_t = \rho_1 u_{t-1} + \rho_2 u_{t-2} + \varepsilon_t$$

则变换过程应首先得出模型（3.2.27）式的（$t-1$）期与（$t-2$）期的两个关系式，然后利用与上述相类似的变换方法建立广义差分模型。若 u_t 具有 k 阶自回归形式，则首先求 k 个不同滞后期的关系式，然后再通过广义差分变换。需要注意的是，对二阶自回归形式，作广义差分变换后，会损失两个观测值；对 k 阶自回归形式，作广义差分变换后，将损失 k 个观测值。

（4）当用广义差分变量回归的结果中仍存在自相关时，可以对广义差分变量继续进行广义差分，直至回归模型中不存在自相关为止。

五、自相关系数的估计

广义差分法应用的关键是自相关系数 ρ 值已知，但往往自相关系数 ρ 值是未知的，所以我们必须采用一些方法对自相关系数 ρ 进行估计。下面介绍三种常用估计 ρ 的方法。

（一）用 DW 统计量的值估计 ρ

由（3.3.21）式得

$$\hat{\rho} = 1 - (\mathrm{DW}/2) \tag{3.3.37}$$

首先求出 DW 统计量的值，然后利用（3.3.37）式得出自相关系数 ρ 的估计值。注意，使用这种方法时样本容量不宜过小。

（二）杜宾(Durbin)两步估计法

杜宾两步估计法的第一步是通过打开广义差分回归式（3.3.31）中的括号求 ρ 的估计值 $\hat{\rho}$；第二步是利用 $\hat{\rho}$ 进行广义差分变换，然后对原模型求广义差分估计值。以一阶自回归形式 $u_t = \rho u_{t-1} + \varepsilon_t$ 为例。

（1）把由原模型：

$$Y_t = \beta_0 + \beta_1 X_{1t} + \beta_2 X_{2t} + \cdots + \beta_k X_{kt} + u_t \quad (t=1,2,\cdots,T)$$

做广义差分变换后所得模型：

$$Y_t - \rho Y_{t-1} = \beta_0(1-\rho) + \beta_1(X_{1t} - \rho X_{1t-1}) + \cdots + \beta_k(X_{kt} - \rho X_{kt-1}) + \varepsilon_t$$

改写如下：

$$Y_t = \beta_0(1-\rho) + \rho Y_{t-1} + \beta_1 X_{1t} - \rho \beta_1 X_{1t-1} + \cdots + \beta_k X_{kt} - \rho \beta_k X_{kt-1} + \varepsilon_t \tag{3.3.38}$$

用普通最小二乘法估计（3.3.38）式，Y_{t-1} 的系数就是 ρ 的估计值 $\hat{\rho}$。

（2）利用（1）求到的 $\hat{\rho}$，按（3.3.32）式介绍的广义差分变换，再对模型（3.3.34）用普通最小二乘法估计回归参数，就得到原模型的广义差分估计值。

(三) 科克伦-奥克特(Cochrane-Orcutt)迭代估计法

科克伦-奥克特(Cochrane-Orcutt)迭代估计法主要是用逐次逼近的方法来求出 ρ 的估计值,具体步骤如下:

以一元线性回归模型为例:

$$Y_t = \beta_0 + \beta_1 X_t + u_t \quad (t = 1, 2, \cdots, T) \tag{3.3.39}$$

其中, $u_t = \rho u_{t-1} + \varepsilon_t$, ε_t 满足经典假定。

第一步:用普通最小二乘法求出(3.3.39)式的估计式为

$$\hat{Y}_t = \hat{\beta}_0 + \hat{\beta}_1 X_t \tag{3.3.40}$$

从而得到"第一轮"残差 $\hat{e}_t$ 为

$$\hat{e}_t = Y_t - \hat{Y}_t = Y_t - \hat{\beta}_0 - \hat{\beta}_1 X_t \quad (t = 1, 2, \cdots, T) \tag{3.3.41}$$

根据这些残差 $\hat{e}_t$,由(3.3.21)式,可得 ρ 的"第一轮"估计值 $\hat{\rho}$,即

$$\hat{\rho} = \left(\sum_{t=2}^{n} \hat{e}_t \hat{e}_{t-1} \right) \Big/ \sum_{t=1}^{n} \hat{e}_t^2 \tag{3.3.42}$$

第二步:利用第一步得到的 $\hat{\rho}$ 对(3.3.39)式进行广义差分变换得到广义差分模型为

$$Y_t - \hat{\rho} Y_{t-1} = (1 - \hat{\rho})\beta_0 + \beta_1(X_t - \hat{\rho} X_{t-1}) + \varepsilon_t^{(1)} \tag{3.3.43}$$

其中, $\varepsilon_t^{(1)} = u_t - \hat{\rho} u_{t-1}$ 。

用普通最小乘法估计(3.3.43)式,得到"第二轮"的 $\hat{\hat{\beta}}_0$ 和 $\hat{\hat{\beta}}_1$ 。但要注意, $\hat{\hat{\beta}}_0$ 是根据(3.3.44)的截距项 $\beta_0^* = (1 - \hat{\rho})\beta_0$ 的估计式 $\hat{\beta}_0^*$ 求出的,即

$$\hat{\hat{\beta}}_0 = \hat{\beta}_0^* / (1 - \hat{\rho}) \tag{3.3.44}$$

接着,用 $\hat{\hat{\beta}}_0$ 和 $\hat{\hat{\beta}}_1$ 可算出"第二轮"残差 $\hat{\hat{e}}_t$ 为

$$\hat{\hat{e}}_t = Y_t - \hat{\hat{\beta}}_0 - \hat{\hat{\beta}}_1 X_t \tag{3.3.45}$$

从而得到 ρ 的"第二轮"估计值 $\hat{\hat{\rho}}$,即

$$\hat{\hat{\rho}} = \left(\sum_{t=2}^{n} \hat{\hat{e}}_t \hat{\hat{e}}_{t-1} \right) \Big/ \sum_{t=1}^{n} \hat{\hat{e}}_t^2 \tag{3.3.46}$$

重复这一迭代过程,直到 ρ 的估计值收敛时为止。一般是事先给出一个精度,当相邻两次的 ρ 值的估计值之差小于这一精度时,迭代终止。实践中,有时只要迭代两次,就能得到较满意的结果。

在 EViews 软件中,如果我们采用科克伦-奥克特(Cochrane-Orcutt)迭代估计法来估计自相关系数 ρ ,则可用很简单的操作方法来实现广义差分法的参数估计。

若原模型存在 p 阶自相关性,就将 $AR(1)$, $AR(2)$, $\cdots$, $AR(p)$ 加在解释变量中,即可得到参数和 $\rho_1, \rho_2, \cdots, \rho_p$ 的估计值。 $AR(p)$ 表示随机误差项是 p 阶自相关性,在参数估计过程中

EViews 软件会自动完成 $\rho_1, \rho_2, \cdots, \rho_p$ 的迭代。

由前面的讨论我们知道,例 3-3 中的一元线性回归模型 $Y_t=\beta_0+\beta_1 X_t+u_t$ 存在一阶自相关性,下面用广义差分法来消除自相关性。

(1) 用 DW 统计量的值估计 ρ,消除自相关性。

如图 3-26 所示得到 DW=0.517 147,根据 $\hat{\rho}\approx 1-DW/2$,可得 $\hat{\rho}\approx 0.741\ 427$。在 EViews 命令窗口输入

$$GENRX_1 = X-0.741\ 427*X(-1)$$

$$GENRY_1 = Y-0.741\ 427*Y(-1)$$

分别对 X 和 Y 作广义差分。然后 Y_1 对 X_1 进行普通最小二乘回归,回归结果如图3-34所示。

给定显著性水平 $\alpha=0.05$,$n=25$,解释变量的个数 k 为 1,查表得 DW 下限临界值 $d_L=1.29$,上限临界值 $d_U=1.45$,由于 DW=1.457 924>d_U=1.45,故表明广义差分法对模型进行了修正。

(2) 杜宾(Durbin)两步估计法估计 ρ,消除自相关性。

在 EViews 命令窗口输入:LS Y C Y(-1) X X(-1),回归结果如图 3-35 所示,得 $\hat{\rho}\approx 0.694\ 084$。

Equation: UNTITLED Workfile: 例3-2::Untitled\

View | Proc | Object | Print | Name | Freeze | Estimate | Forecast | Stats | Resids

Dependent Variable: Y1
Method: Least Squares
Date: 01/23/16 Time: 16:35
Sample (adjusted): 1986 2010
Included observations: 25 after adjustments

Variable	Coefficient	Std. Error	t-Statistic	Prob.
C	16.17190	7.161048	2.258314	0.0337
X1	0.698868	0.029502	23.68855	0.0000

R-squared	0.960626	Mean dependent var	168.8132
Adjusted R-squared	0.958914	S.D. dependent var	77.06253
S.E. of regression	15.62024	Akaike info criterion	8.411630
Sum squared resid	5611.811	Schwarz criterion	8.509140
Log likelihood	-103.1454	Hannan-Quinn criter.	8.438675
F-statistic	561.1475	Durbin-Watson stat	1.457924
Prob(F-statistic)	0.000000		

图 3-34 广义差分法估计结果(1)

Equation: UNTITLED Workfile: 例3-2::Untitled\

View | Proc | Object | Print | Name | Freeze | Estimate | Forecast | Stats | Resids

Dependent Variable: Y
Method: Least Squares
Date: 01/24/16 Time: 09:12
Sample (adjusted): 1986 2010
Included observations: 25 after adjustments

Variable	Coefficient	Std. Error	t-Statistic	Prob.
C	24.33451	15.28218	1.592345	0.1262
Y(-1)	0.694084	0.166701	4.163640	0.0004
X	0.825680	0.182581	4.522271	0.0002
X(-1)	-0.627744	0.178914	-3.508647	0.0021

R-squared	0.995500	Mean dependent var	564.8088
Adjusted R-squared	0.994857	S.D. dependent var	225.2548
S.E. of regression	16.15469	Akaike info criterion	8.547945
Sum squared resid	5480.455	Schwarz criterion	8.742965
Log likelihood	-102.8493	Hannan-Quinn criter.	8.602035
F-statistic	1548.395	Durbin-Watson stat	1.479720
Prob(F-statistic)	0.000000		

图 3-35 Durbin 两步估计法估计 ρ 窗口

在 EViews 命令窗口输入

$$GENRX_2 = X-0.694\ 084*X(-1)$$

$$GENRY_2 = Y-0.694\ 084*Y(-1)$$

分别对 X 和 Y 作广义差分。然后 Y_2 对 X_2 进行普通最小二乘回归,回归结果如图3-36所示。

给定显著性水平 $\alpha=0.05$,$n=25$,解释变量的个数 k 为 1,查表得 DW 下限临界值 $d_L=1.29$,上限临界值 $d_U=1.45$,由于 1.29<DW=1.400 378<d_U=1.45,故根据杜宾-沃森检验无法判断自相关性是否消除,但 BG 检验值却显出该模型已无自相关性,如图 3-37 所示。

Equation: UNTITLED Workfile: 例3-2::Untitled\

View | Proc | Object | Print | Name | Freeze | Estimate | Forecast | Stats | Resids

Dependent Variable: Y2
Method: Least Squares
Date: 01/24/16 Time: 09:21
Sample (adjusted): 1986 2010
Included observations: 25 after adjustments

Variable	Coefficient	Std. Error	t-Statistic	Prob.
C	18.23448	7.324655	2.489466	0.0205
X2	0.701834	0.026421	26.56306	0.0000

R-squared	0.968432	Mean dependent var	194.0988
Adjusted R-squared	0.967060	S.D. dependent var	86.32050
S.E. of regression	15.66665	Akaike info criterion	8.417564
Sum squared resid	5645.211	Schwarz criterion	8.515074
Log likelihood	-103.2196	Hannan-Quinn criter.	8.444609
F-statistic	705.5960	Durbin-Watson stat	1.400378
Prob(F-statistic)	0.000000		

图 3-36 广义差分法估计结果(2)

Equation: UNTITLED Workfile: 例3-2::Untitled\

View | Proc | Object | Print | Name | Freeze | Estimate | Forecast | Stats | Resids

Breusch-Godfrey Serial Correlation LM Test:

F-statistic	1.384484	Prob. F(1,22)	0.2519
Obs*R-squared	1.480131	Prob. Chi-Square(1)	0.2238

Test Equation:
Dependent Variable: RESID
Method: Least Squares
Date: 01/24/16 Time: 09:31
Sample: 1986 2010
Included observations: 25
Presample missing value lagged residuals set to zero.

Variable	Coefficient	Std. Error	t-Statistic	Prob.
C	1.996945	7.459813	0.267694	0.7914
X2	-0.009246	0.027356	-0.337980	0.7386
RESID(-1)	0.276242	0.234772	1.176641	0.2519

R-squared	0.059205	Mean dependent var	-3.94E-14
Adjusted R-squared	-0.026322	S.D. dependent var	15.33679
S.E. of regression	15.53732	Akaike info criterion	8.436534
Sum squared resid	5310.985	Schwarz criterion	8.582799

图 3-37 BG 检验输出结果

(3) 用科克伦-奥克特(Cochrane-Orcutt)迭代估计法估计 ρ,来消除自相关性。

在 EViews 命令窗口输入:LS Y C X AR(1),则可得回归结果如图 3-38 所示。Convergence achieved after 6 iterations 指经过 6 次迭代才得到满意的结果。

给定显著性 $\alpha=0.05$,因为 $d_U=1.29<DW=1.463\ 725<4-d_U=2.71$,所以表明含$AR(1)$的回归结果不存在自相关。由图 3-38 可知,中国农村居民的边际消费倾向为0.698 487,即中国农民每增加收入 1 元,将增加消费支出 0.698 93 元。

Equation: UNTITLED Workfile: 例3-2::Untitled\

View | Proc | Object | Print | Name | Freeze | Estimate | Forecast | Stats | Resids

Dependent Variable: Y
Method: Least Squares
Date: 01/23/16 Time: 16:47
Sample (adjusted): 1986 2010
Included observations: 25 after adjustments
Convergence achieved after 6 iterations

Variable	Coefficient	Std. Error	t-Statistic	Prob.
C	62.93392	31.38605	2.005156	0.0574
X	0.698487	0.032946	21.20110	0.0000
AR(1)	0.746705	0.147545	5.060866	0.0000

R-squared	0.995392	Mean dependent var	564.8088
Adjusted R-squared	0.994973	S.D. dependent var	225.2548
S.E. of regression	15.97081	Akaike info criterion	8.491570
Sum squared resid	5611.472	Schwarz criterion	8.637835
Log likelihood	-103.1446	Hannan-Quinn criter.	8.532137
F-statistic	2376.124	Durbin-Watson stat	1.463725
Prob(F-statistic)	0.000000		

Inverted AR Roots .75

图 3-38 广义差分法估计结果(3)

六、广义最小二乘法与广义差分法的关系

在第二节异方差性的讨论中,我们已经知道广义最小二乘法与加权最小二乘法的关系,下面将讨论广义最小二乘法与广义差分法的关系。

仍设原回归模型(3.3.27)中的 u_t 除了具有一阶自回归形式满足其他经典假定。由(3.3.10)式知,u 的方差—协方差矩阵:

$$E(uu')=\frac{\sigma^2}{1-\rho^2}\begin{bmatrix}1 & \rho & \rho^2 & \cdots & \rho^{T-1}\\ \rho & 1 & \rho & \cdots & \rho^{T-2}\\ \vdots & \vdots & \vdots & & \vdots\\ \rho^{T-1} & \rho^{T-2} & \rho^{T-3} & \cdots & 1\end{bmatrix}=\sigma^2\Omega \tag{3.3.47}$$

其中:

$$\Omega = \frac{1}{1-\rho^2}\begin{bmatrix} 1 & \rho & \cdots & \rho^{T-1} \\ \rho & 1 & \cdots & \rho^{T-2} \\ \cdots & \cdots & \cdots & \cdots \\ \rho^{T-1} & \rho^{T-2} & \cdots & 1 \end{bmatrix} \tag{3.3.48}$$

Ω 的逆矩阵为

$$\Omega^{-1} = \begin{bmatrix} 1 & -\rho & 0 & \cdots & 0 & 0 & 0 \\ -\rho & 1+\rho^2 & -\rho & \cdots & 0 & 0 & 0 \\ 0 & -\rho & 1+\rho^2 & \cdots & 0 & 0 & 0 \\ \vdots & \vdots & \vdots & & \vdots & \vdots & \vdots \\ 0 & 0 & 0 & \cdots & -\rho & 1+\rho^2 & -\rho \\ 0 & 0 & 0 & \cdots & 0 & -\rho & 1 \end{bmatrix} = P'P \tag{3.3.49}$$

$$\Omega = (P'P)^{-1} = P^{-1}(P')^{-1} \tag{3.3.50}$$

其中：

$$P = \begin{bmatrix} \sqrt{1-\rho^2} & 0 & 0 & \cdots & 0 & 0 & 0 \\ -\rho & 1 & 0 & \cdots & 0 & 0 & 0 \\ 0 & -\rho & 1 & \cdots & 0 & 0 & 0 \\ \vdots & \vdots & \vdots & & \vdots & \vdots & \vdots \\ 0 & 0 & 0 & \cdots & -\rho & 1 & 0 \\ 0 & 0 & 0 & \cdots & 0 & -\rho & 1 \end{bmatrix} \tag{3.3.51}$$

用矩阵 P 左乘 $Y = X\beta + u$，得

$$PY = PX\beta + Pu \tag{3.3.52}$$

令

$$Y^* = PY = \begin{bmatrix} \sqrt{1-\rho^2}Y_1 \\ Y_2 - \rho Y_1 \\ \vdots \\ Y_n - \rho Y_{n-1} \end{bmatrix} \quad X^* = PX = \begin{bmatrix} \sqrt{1-\rho^2}X_1 \\ X_2 - \rho X_1 \\ \vdots \\ X_n - \rho X_{n-1} \end{bmatrix} \quad u^* = Pu \tag{3.3.53}$$

(3.3.52)式变换为

$$Y^* = X^*\beta + u^* \tag{3.3.54}$$

(3.3.54)式满足 OLS 法的经典假定，从而

$$\hat{\beta} = (X^{*'}X^*)^{-1}X^{*'}Y^* = [(PX)'PX]^{-1}(PX)'(PY) = (X'\Omega^{-1}X)^{-1}(X'\Omega^{-1}Y)$$

即

$$\hat{\beta} = (X'\Omega^{-1}X)^{-1}(X'\Omega^{-1}Y) \tag{3.3.55}$$

(3.3.55)式为原回归模型(3.3.27)的广义最小二乘估计量。实际上,从变换(3.3.53)式知,(3.3.55)式也是原回归模型(3.3.27)的广义差分估计量,故广义差分法也是广义最小二乘估计法的一个特例。

复习思考题

1. 对于存在异方差性的线性回归模型,利用 OLS 会产生什么后果? 在实践中常用的估计异方差性模型的方法有哪几种? 与 OLS 相比它们有什么优点?

2. 对于存在自相关性的线性回归模型,利用 OLS 回归会产生什么后果? 在实践中常用的估计自相关性模型的方法有哪几种? 与 OLS 相比它们有什么优点?

3. 多重共线性的产生与样本容量、解释变量的个数是否有关多重共线性的经济背景是什么? 具有严重多重共线性的回归方程能否用来预测?

4. 设消费函数为

$$Y_i = \beta_0 + \beta_1 X_{1i} + \beta_2 X_{2i} + u_i$$

式中,Y_i 为消费支出,X_{1i} 为个人可支配收入,X_{2i} 为个人的流动资产,u_i 为随机干扰项,并且 $E(u_i)=0$,$Var(u_i)=\sigma^2 X_{1i}^2$(其中 σ^2 为常数)。试回答以下问题:

(1) 选用适当的变换修正异方差,要求写出变换过程;

(2) 写出修正异方差后的参数估计量的表达式。

5. 表 3-7 列出了 2008 年我国部分省市城镇居民每个家庭平均全年可支配收入 X 与消费性支出 Y 的统计数据。

表 3-7　2008 年我国部分省市城镇居民每个家庭平均全年可支配收入与消费性支出数据

地　区	可支配收入	消费性支出	地　区	可支配收入	消费性支出
北　京	24 724.89	16 460.26	湖　北	13 152.86	9 477.51
天　津	19 422.53	13 422.47	湖　南	13 821.16	9 945.52
河　北	13 441.09	9 086.73	广　东	19 732.86	15 527.97
山　西	13 119.05	8 806.55	广　西	14 146.04	9 627.40
内蒙古	14 432.55	10 828.62	海　南	12 607.84	9 408.48
辽　宁	14 392.69	11 231.48	重　庆	14 367.55	11 146.80
吉　林	12 829.45	9 729.05	四　川	12 633.38	9 679.14
黑龙江	11 581.28	8 622.97	贵　州	11 758.76	8 349.21
上　海	26 674.90	19 397.89	云　南	13 250.32	9 076.61
江　苏	18 679.52	11 977.55	西　藏	12 481.51	8 323.54
浙　江	22 726.66	15 158.30	陕　西	12 857.89	9 772.07
安　徽	12 990.35	9 524.04	甘　肃	10 969.41	8 308.62
福　建	17 961.45	12 501.12	青　海	11 640.43	8 192.56
江　西	12 866.44	8 717.37	宁　夏	12 931.53	9 558.29

(1) 对以上数据是否符合 OLS 经典假设中同方差性的假设,用所学方法进行检验;

(2) 若存在异方差性,用所学方法进行修正。

6. 表 3-8 给出了我国 1995—2007 年名义服务业产出(Y)、服务员就业人数(X_1)、软件外包服务收入(X_2)和技术进步指数(X_3)的数据。

表 3-8　我国 1995—2007 年名义服务业产出、服务员就业人数、软件外包服务收入和技术进步指数的数据

年　份	名义服务业 产出(亿元)	服务员就业 人数(万人)	软件外包服务 收入(亿美元)	技术进步指数
1995	19 978.5	16 880	0.09	1.086
1996	23 326.2	17 927	0.08	1.089
1997	26 988.1	18 432	0.11	1.047
1998	30 580.5	18 860	0.14	1.065
1999	33 873.4	19 205	0.58	1.015
2000	38 714	19 823	1.06	0.999
2001	44 361.6	20 228	1.8	1.021
2002	49 898.9	21 090	3.26	1.139
2003	56 004.7	21 809	4	0.772
2004	64 561.3	23 011	6.33	1.34
2005	73 432.9	23 771	9.6	1.45
2006	84 721.4	24 614	14.3	1.58
2007	100 053.5	24 917	22.06	1.64

(1) 根据表 3-8 的数据建立多元回归模型,并进行估计。

(2) 用 White 检验法对回归模型的随机干扰项进行异方差检验。

(3) 用 LM 检验法回归模型的随机干扰项进行自相关检验。

(4) 根据回归方程的结果判断各项系数是否通过了 t 检验,方程是否通过了 F 检验。

7. 根据某地区居民对农产品的消费 Y_t 和居民收入 X_t 的样本资料,应用最小二乘法估计模型,估计结果和拟合效果如下:

$$\hat{Y}_t = 27.912\ 3 + 0.352\ 4X_t$$

$$(14.934\ 3)\quad (64.072\ 8)$$

$$R^2 = 0.996\ 6 \quad \mathrm{DW} = 0.680\ 0 \quad F = 4\ 122.531$$

由所给资料完成以下问题:

(1) 在 $n=16, \alpha=0.05$ 的条件下,查 DW 表得临界值分别为 $d_l = 1.10, d_u = 1.37$,试判断模型中是否存在一阶自相关;

(2) 如果模型存在一阶自相关,求出相关系数 $\hat{\rho}$,并利用广义差分变换写出无自相关的广义差分模型。

8. 根据经济理论和经验分析,影响河南省粮食产量的主要因素有粮食种植面积、种植粮食使用的化肥数量及机械化作业的程度、成灾面积、有效灌溉面积、从事粮食生产的劳动力数量等。成灾面积主要是自然灾害现成的,不能看作可控变量,因此这里暂且不把它作为解释变量。考虑到样本的可得性,除粮食种植面积(X_1)外,我们使用农业生产的总体数据代替影响粮食生产的各种因素的指标数据,即以农用化肥施用量(X_2),农用机械总动力(X_3),农田有效

灌溉面积(X_4),农、林、牧、渔业劳动力(X_5)分别代替种植粮食使用的化肥数量及机械化作业的程度、成灾面积、有效灌溉面积、从事粮食生产的劳动力数量等,建立如下粮食生产函数模型

$$Y_i = \beta_0 + \beta_1 X_{1i} + \beta_2 X_{2i} + \beta_3 X_{3i} + \beta_4 X_{4i} + \beta_5 X_{5i} + u_i \quad (i = 1\,978, \cdots, 2\,000)$$

表 3-9 给出了有关河南省粮食生产的相关数据。

表 3-9 河南省粮食生产的相关数据

年 份	粮食产量 (万吨)	粮食播种 面积 (千公顷)	农用化肥 施用量 (万吨)	农用机械 总动力 (万千瓦)	农、林、牧、 渔业劳动力 (万人)	有效灌溉 面积 (千公顷)
1978	2 097.40	9 123.30	52.54	974.40	2 251.00	3 722.67
1979	2 134.50	9 066.70	60.05	1 079.30	2 300.00	3 636.00
1980	2 148.68	8 858.90	72.52	1 178.00	2 365.00	3 536.23
1981	2 314.50	9 029.30	81.90	1 262.10	2 457.00	3 388.00
1982	2 217.10	8 923.30	105.50	1 356.30	2 515.00	3 265.33
1983	2 904.00	9 286.70	130.67	1 405.90	2 537.00	3 210.00
1984	2 893.50	8 996.70	140.16	1 507.00	2 565.00	3 278.67
1985	2 710.53	9 029.30	143.58	1 590.00	2 558.00	3 189.97
1986	2 545.67	9 372.20	148.73	1 737.90	2 561.00	3 212.71
1987	2 948.41	9 365.20	135.58	1 865.90	2 583.00	3 250.07
1988	2 663.00	9 053.80	150.57	2 004.20	2 636.00	3 358.76
1989	3 149.44	9 262.00	184.25	2 153.40	2 706.00	3 438.00
1990	3 303.66	9 316.10	213.18	2 264.00	2 820.00	3 550.09
1991	3 010.30	9 040.40	239.74	2 330.40	2 913.00	3 676.59
1992	3 109.61	8 804.70	251.13	2 424.40	2 947.00	3 779.72
1993	3 639.21	8 969.00	288.21	2 624.00	2 902.00	3 868.33
1994	3 253.80	8 810.90	292.47	2 780.50	2 859.00	3 931.30
1995	3 466.50	8 810.00	322.21	3 115.40	2 808.00	4 044.19
1996	3 839.90	8 965.30	345.33	4 256.40	2 816.00	4 191.05
1997	3 894.66	8 879.90	355.31	4 337.90	2 903.00	4 333.06
1998	4 009.61	9 101.98	382.80	4 764.40	2 940.00	4 513.86
1999	4 253.25	9 032.30	399.85	5 342.90	3 299.00	4 648.78
2000	4 101.50	9 029.60	420.71	5 780.60	3 559.00	4 725.31

数据来源:《河南省统计年鉴(2001)》

(1) 根据表 3-9 中的数据对该模型进行 OLS 回归,并运用你所学过的各种检验方法检验其是否存在多重共线性。

(2) 如果存在多重共线性,是否需要采取必要的措施进行补救若是,你将采取什么补救措施结果如何?

第四章

特殊变量

第一节 虚拟变量

一、虚拟变量及其作用

建立计量经济模型的一个的基本要求是模型中的所有变量都是可以用数值计量。例如产量、销售量、成本、价格、利润、消费物价指数、收入等等。但是,经济变量的影响因素有时还包括一些定性因素。例如,消费习惯、地区差异将直接影响居民的消费支出,劳动者素质、季节因素都会对产品的生产和销售产生影响,财政货币政策的变化也会影响许多经济变量的增长。为了在模型中反映这类因素的影响,并提高模型的精度,需要将这类变量"量化"。为此,根据这类变量的属性类型,人们构造仅取"0"或"1"的人工变量,通常称这类变量为虚拟变量(dummy variables),用符号 D 表示。例如:

$$D = \begin{cases} 1 & \text{城镇居民} \\ 0 & \text{农村居民} \end{cases} \quad D = \begin{cases} 1 & \text{销售旺季} \\ 0 & \text{销售淡季} \end{cases} \quad D = \begin{cases} 1 & \text{政策紧缩} \\ 0 & \text{政策宽松} \end{cases} \quad D = \begin{cases} 1 & \text{男性} \\ 0 & \text{女性} \end{cases}$$

在计量经济模型中引入虚拟变量有以下作用:

(1)可以描述和测量定性因素的影响。

(2)能够正确反映经济变量之间的相互关系,提高模型的精度。

(3)便于处理异常数据,当样本资料存在异常数据时,可以设置虚拟变量(即将异常数据作为一个特殊的定性因素)为:

$$D = \begin{cases} 1 & \text{异常时期} \\ 0 & \text{正常时期} \end{cases}$$

二、虚拟变量的设置

(一) 虚拟变量的引入方式

虚拟变量作为解释变量引入模型有三种方式:加法方式、乘法方式和混合方式。

1. 加法方式

考虑模型为

$$Y_i = \beta_0 + \beta_1 X_i + \beta_2 D_i + u_i \tag{4.1.1}$$

其中，Y_i 为居民的消费支出，X_i 为居民的年均可支配收入，D_i 为虚拟变量。

$$D_i = \begin{cases} 1 & 城镇居民 \\ 0 & 其他 \end{cases}$$

(4.1.1)式的意义在于描述收入和城乡差别对居民消费支出的影响。当(4.1.1)式中的 u_i 服从经典假定条件时，非城镇居民消费支出和城镇居民消费支出分别为

$$E(Y_i \mid X_i, D_i = 0) = \beta_0 + \beta_1 X_i \tag{4.1.2}$$

$$E(Y_i \mid X_i, D_i = 1) = (\beta_0 + \beta_2) + \beta_1 X_i \tag{4.1.3}$$

(4.1.2)式与(4.1.3)式表明非城镇居民与城镇居民两种类型收入函数的斜率相同(均为 β_1)，若 $\beta_2 \neq 0$，则两者的差别仅在截距水平。因此，设置虚拟变量确实能够描述定性因素的影响。并且当以加法方式引入虚拟变量时，实际上反映的是定性因素对截距的影响，即平均水平的差异情况：在相同的收入水平情况下，城镇居民的消费支出比非城镇居民多支出 β_2 个单位。

2. 乘法方式

定性因素的影响不仅表现在截距上，有时还可能会影响斜率。例如，居民家庭的教育费用支出 Y_i 除了受收入水平 X_i 的影响之外，还与子女的年龄结构密切相关。随着收入水平的提高，家庭教育支出的边际消费倾向可能会发生变化。为了反映"子女的年龄结构"这一定性因素对斜率的影响，可设置虚拟变量为

$$D_i = \begin{cases} 1 & 有适龄子女 \\ 0 & 无适龄子女 \end{cases}$$

将家庭教育费用支出函数表示为

$$Y_i = \beta_0 + \beta_1 X_i + \beta_2 D_i X_i + u_i \tag{4.1.4}$$

当(4.1.4)式中的 u_i 服从经典假定条件时，无适龄子女和有适龄子女的家庭教育支出分别为

$$E(Y_i \mid X_i, D_i = 0) = \beta_0 + \beta_1 X_i \tag{4.1.5}$$

$$E(Y_i \mid X_i, D_i = 1) = \beta_0 + (\beta_1 + \beta_2) X_i \tag{4.1.6}$$

比较(4.1.5)式和(4.1.6)式可以看出，以乘法方式引入虚拟变量，两者的差别仅在于 X_i 的斜率系数。若 $\beta_2 \neq 0$，则表明家庭教育支出的边际消费倾向发生了变化，系数 β_2 描述了定性因素的影响程度。

3. 混合方式

以混合方式引入虚拟变量，是指同时采用加法方式和乘法方式将虚拟变量引入模型中。通过这种方式引入虚拟变量，能够同时考查在样本期内定性因素对模型截距项和斜率系数的影响。例如，设某行业职工收入 Y_i 主要受教育年数 X_i、性别和地理位置(东部、西部)的影响，考虑到不同性别在收入上的差异可能与其所在的地理位置有关，即两个定性因素之间可能存在交互影响，而且不同性别、所处地理位置不同的职工平均收入可能存在一定的差异。因此，可以采用混合方式引入虚拟变量建立如下回归模型为

$$Y_i = \beta_0 + \beta_1 X_i + \beta_2 D_{1i} + \beta_3 D_{2i} + \beta_4 (D_{1i} D_{2i}) + u_i \tag{4.1.7}$$

其中:

$$D_{1i} = \begin{cases} 1 & \text{第 } i \text{ 个职工为男性} \\ 0 & \text{第 } i \text{ 个职工为女性} \end{cases} \qquad D_{2i} = \begin{cases} 1 & \text{第 } i \text{ 个职工位于东部} \\ 0 & \text{第 } i \text{ 个职工位于西部} \end{cases}$$

当(4.1.7)式中的 u_i 服从经典假定条件时,则由(4.1.7)式可得不同性别职工的平均收入函数分别为

女职工: $\qquad E(Y_i \mid X_i, D_{2i}, D_{1i} = 0) = (\beta_0 + \beta_3 D_{2i}) + \beta_1 X_i$ $\qquad$ (4.1.8)

男职工: $\quad E(Y_i \mid X_i, D_{2i}, D_{1i} = 1) = [\beta_0 + \beta_2 + (\beta_3 + \beta_4) D_{2i}] + \beta_1 X_i$ $\qquad$ (4.1.9)

由此可知,若 $\beta_4 \neq 0$,则表明不同性别在收入上的差异与其所在的地理位置有关。

例 4-1 表 4-1 列出了 1998 年我国城镇居民人均收入与彩电每百户拥有量的统计资料。

表 4-1 我国城镇居民家庭抽样调查资料

收入等级	彩电拥有量 Y_i(台/百户)	人均收入 X_i(元/年)
困难户	83.64	2 198.88
最低收入户	87.01	2 476.75
低收入户	96.75	3 303.17
中等收入偏下户	100.9	4 107.26
中等收入户	105.89	5 118.99
中等收入偏上户	109.64	6 370.59
高收入户	115.13	7 877.69
最高收入户	122.54	10 962.16

数据来源:根据《中国统计年鉴(1999)》整理计算得到

从表 4-1 中资料绘制的散点图可以看出,低收入家庭(即前 3 个样本)与中高收入家庭(即后 5 个样本)的拥有量存在较大差异。而低收入家庭与中高收入家庭这两类家庭所对应的观测点各自都表现出明显的线性关系。于是给模型加一个定性变量,反映"收入层次"的影响,用 D_i 表示。虚拟变量 D_i 定义为

$$D_i = \begin{cases} 1 & \text{中高收入家庭} \\ 0 & \text{低收入家庭} \end{cases}$$

故将我国城镇居民的彩电需求函数模型设为

$$Y_i = \beta_0 + \beta_1 X_i + \beta_2 D_i + \beta_3 D_i X_i + u_i$$

在 EViews 软件的命令窗口依次键入如下命令:

CREATE	U	8	建立工作文件
DATA	Y	X	输入彩电每百户拥有量、人均收入数据
SCAT	X	Y	绘制 X,Y 的散点图
SMPL	1	3	调整样本区间
GENR	D1=0		定义虚拟变量的值

SMPL	4	8	调整样本区间
GENR	D1＝1		定义虚拟变量的值
SMPL	1	8	重新回到原样本区间
LS Y	C	X D1 X＊D1	估计需求函数模型

我国城镇居民的彩电需求函数模型的估计结果,如图 4-1 所示。

虚拟变量的回归系数 β_2、β_3 的 t 检验都是显著的,且模型的拟合优度很高,说明我国城镇居民低收入家庭与中高收入家庭对彩电的消费需求,在截距和斜率上都存在着明显差异,所以用加法和乘法方式引入虚拟变量是合理的。低收入家庭与中高收入家庭各自的需求函数为:

低收入家庭:

$$\hat{Y}_i = 57.611\,32 + 0.011\,852X_i$$

中高收入家庭:

$$\hat{Y}_i = (57.611\,32 + 31.873\,05) + (0.011\,852 - 0.008\,754)X_i$$
$$= 89.484\,37 + 0.003\,098X_i$$

Dependent Variable: Y
Method: Least Squares
Date: 01/29/16   Time: 16:14
Sample: 1 8
Included observations: 8

Variable	Coefficient	Std. Error	t-Statistic	Prob.
C	57.61132	3.545435	16.24944	0.0001
X	0.011852	0.001313	9.028053	0.0008
D1	31.87305	3.831027	8.319716	0.0011
X*D1	-0.008754	0.001328	-6.593044	0.0027

R-squared	0.996374	Mean dependent var	102.6875
Adjusted R-squared	0.993654	S.D. dependent var	13.38747
S.E. of regression	1.066439	Akaike info criterion	3.273379
Sum squared resid	4.549164	Schwarz criterion	3.313100
Log likelihood	-9.093516	Hannan-Quinn criter.	3.005478
F-statistic	366.3741	Durbin-Watson stat	2.292063
Prob(F-statistic)	0.000025		

图 4-1 我国城镇居民的彩电需求函数模型的估计结果

由此可见,我国城镇居民家庭 1998 年彩电消费需求的特点:对于人均年收入在 3 300 元以下的低收入家庭,彩电需求量随着收入水平的提高而快速上升,人均年收入每增加 1 000 元,百户拥有彩电量将平均增加近 12 台;而对于人均年收入在 4 100 元以上的中高收入家庭,虽然彩电需求量随着收入水平的提高也在增加,但增速趋缓,人均年收入每增加 1 000 元,百户拥有彩电量只增加 3 台。事实上,1998 年我国城镇居民中高收入家庭的彩电普及率已达到百分之百,所以我国城镇居民中高收入家庭对彩电的消费需求是处于更新换代阶段。

(二) 虚拟变量的设置原则

在考察家庭的年医疗保健费用支出时,户主的性别、民族、受教育程度以及家庭所属的地理位置等这些因素都有可能影响消费行为,为了说明上的方便,我们仅仅考虑户主的受教育程度这一个因素。

考虑家庭的年医疗保健费用支出模型为

$$Y_i = \beta_0 + \beta_1 X_i + \beta_2 D_{1i} + \beta_3 D_{2i} + u_i \qquad (4.1.10)$$

其中,Y_i 第 i 个家庭的年医疗保健费用支出,X_i 为第 i 个家庭的收入水平,D_{1i}、D_{2i} 为虚拟变量。其中:

$$D_{1i} = \begin{cases} 1 & \text{第 } i \text{ 个家庭户主只是高中教育} \\ 0 & \text{其他} \end{cases}$$

$$D_{2i} = \begin{cases} 1 & \text{第 } i \text{ 个家庭户主大专及大专以上} \\ 0 & \text{其他} \end{cases}$$

显然,(4.1.10)式是描述家庭的年医疗保健费用支出与家庭的可支配收入和受教育程度间的关系。这里,定性因素(受教育程度)划分为三种类型:高中以下、高中、大专及大专以上。

当(4.1.10)式中的 u_i 满足经典假定条件时,有:

受教育程度在高中以下的居民年医疗保健费用支出为

$$E(Y_i \mid X_i, D_{1i} = 0, D_{2i} = 0) = \beta_0 + \beta_1 X_i$$

受教育程度在高中的居民年医疗保健费用支出为

$$E(Y_i \mid X_i, D_{1i} = 1, D_{2i} = 0) = (\beta_0 + \beta_2) + \beta_1 X_i$$

受教育程度在大专及大专以上的居民年医疗保健费用支出为

$$E(Y_i \mid X_i, D_{1i} = 0, D_{2i} = 1) = (\beta_0 + \beta_3) + \beta_1 X_i$$

这表明,三种不同教育程度居民的医疗保健费用年均支出的起点水平(截距)不同,差异截距系数为 β_2 和 β_3。对(4.1.10)式进行回归,作 $H_0: \beta_2 = 0$ 和 $H_0: \beta_3 = 0$ 的 t 检验,可以判断受教育程度与高中以下教育水平相比,高中和大专及大专以上这两种类型截距的差异在统计上是否存在显著差异。关于 $\beta_2 = \beta_3 = 0$ 的联合假设检验,也可由方差分析或 F 检验完成。

再比如,城镇居民和农村居民住房消费支出的模型可设定为

$$C_i = \beta_0 + \beta_1 X_i + \beta_2 D_i + u_i$$

其中,C_i 为居民的住房消费支出,X_i 为居民的可支配收入,D_i 为虚拟变量。

$$D_i = \begin{cases} 1 & \text{城镇居民} \\ 0 & \text{农村居民} \end{cases}$$

这里,区分城镇居民和农村居民的定性变量的类型有两个。但是,如果引入了两个虚拟变量:

$$D_{1i} = \begin{cases} 1 & \text{城镇居民} \\ 0 & \text{其他} \end{cases} \qquad D_{2i} = \begin{cases} 1 & \text{农村居民} \\ 0 & \text{其他} \end{cases}$$

则城镇居民和农村居民住房消费支出的模型应设定为

$$C_i = \beta_0 + \beta_1 X_i + \beta_2 D_{1i} + \beta_3 D_{2i} + u_i \tag{4.1.11}$$

这时,当 $D_{1i} = 1$ 时,有 $D_{2i} = 0$;反之,当 $D_{1i} = 0$ 时,有 $D_{2i} = 1$。即对于任何被调查的居民家庭都有 $D_{1i} + D_{2i} = 1$,模型(4.1.11)式存在完全多重共线性,无法利用 OLS 估计其参数,从而陷入"虚拟变量陷阱"。

因此,若一个定性因素含有 m 个类型时,应向模型中引入 $m-1$ 个虚拟变量,不能引入 m 个虚拟变量。否则,当模型中存在截距项时,就会陷入"虚拟变量陷阱"(dummy variable trap),产生完全多重共线性,无法利用 OLS 估计回归参数。但在无截距项的模型中,一个定性因素有 m 个相互排斥的类型时,则需要引入 m 个虚拟变量。不过这时虚拟变量参数的估计结果,实际上是 $D = 1$ 时的样本均值。

当模型中同时考虑多个定性因素的影响,每个定性因素又有若干不同的属性类型,引入虚拟变量仍按上述规定设置。

例如,在考察家庭的年医疗保健费用支出模型(4.1.10)中,如果我们除了考虑户主的受教

育程度外,还考虑户主性别,则家庭的消费模型可设为

$$Y_i = \beta_0 + \beta_1 X_i + \beta_2 D_{1i} + \beta_3 D_{2i} + \beta_4 D_{3i} + u_i \qquad (4.1.12)$$

其中:

$$D_{3i} = \begin{cases} 1 & \text{户主是女性} \\ 0 & \text{户主是男性} \end{cases}$$

当(4.1.12)式满足经典假定条件时,有以下类型:

户主为高中以下文化程度的男性家庭年医疗保健费用支出为

$$E(Y_i \mid X_i, D_{1i} = 0, D_{2i} = 0, D_{3i} = 0) = \beta_0 + \beta_1 X_i$$

户主为高中以下文化程度的女性家庭年医疗保健费用支出为

$$E(Y_i \mid X_i, D_{1i} = 0, D_{2i} = 0, D_{3i} = 1) = (\beta_0 + \beta_4) + \beta_1 X_i$$

户主为高中文化程度的男性家庭消费支出为

$$E(Y_i \mid X_i, D_{1i} = 1, D_{2i} = 0, D_{3i} = 0) = (\beta_0 + \beta_2) + \beta_1 X_i$$

户主为高中文化程度的女性家庭消费支出为

$$E(Y_i \mid X_i, D_{1i} = 1, D_{2i} = 0, D_{3i} = 1) = (\beta_0 + \beta_2 + \beta_4) + \beta_1 X_i$$

户主为大专及大专以上程度的男性家庭年医疗保健费用支出为

$$E(Y_i \mid X_i, D_{1i} = 0, D_{2i} = 1, D_{3i} = 0) = (\beta_0 + \beta_3) + \beta_1 X_i$$

户主为大专及大专以上程度的女性家庭年医疗保健费用支出为

$$E(Y_i \mid X_i, D_{1i} = 0, D_{2i} = 1, D_{3i} = 1) = (\beta_0 + \beta_3 + \beta_4) + \beta_1 X_i$$

一般地,把虚拟变量取值为"0"所对应的类别称作基础类别,"0"表示这种属性或特征不存在,虚拟变量取"1"代表与基础类型相比较的类型。当虚拟变量做解释变量时,对其回归系数的一切估计和统计检验方法都与定量解释变量相同。

三、虚拟变量的特殊应用

(一) 分段回归

有的社会经济现象的变动,会在解释变量达到某个临界值时发生突变,为了区分不同阶段的截距和斜率,可利用虚拟变量进行分段回归。

例 4 - 2　改革开放以来,随着经济的发展中国城乡居民的收入快速增长,同时城乡居民的储蓄存款也迅速增长。经济学界的一种观点认为,20 世纪 90 年代以后由于经济体制、住房、医疗、养老等社会保障体制的变化,使居民的储蓄行为发生了明显改变。为了考察改革开放以来中国居民的储蓄存款与收入的关系是否已发生变化,以城乡居民人民币储蓄存款年底余额代表居民储蓄(Y_i),以国民总收入(GNI_i)代表城乡居民收入,分析居民收入对储蓄存款影响的数量关系。表 4 - 2 为 1978—2003 年中国的国民总收入和城乡居民人民币储蓄存款年底余额及增加额的数据。

表4-2　国民总收入与居民储蓄存款　　　　　　　　　单位:亿元

年　份	国民总收入 (GNI_i)	城乡居民人民币储蓄 存款年底余额(Y_i)	城乡居民人民币储蓄 存款年增加额(YY_i)
1978	3 624.1	210.6	NA
1979	4 038.2	281.0	70.4
1980	4 517.8	399.5	118.5
1981	4 860.3	532.7	124.2
1982	5 301.8	675.4	151.7
1983	5 957.4	892.5	217.1
1984	7 206.7	1 214.7	322.2
1985	8 989.1	1 622.6	407.9
1986	10 201.4	2 237.6	615.0
1987	11 954.5	3 073.3	835.7
1988	14 922.3	3 801.5	728.2
1989	16 917.8	5 146.9	1 374.2
1990	18 598.4	7 119.8	1 923.4
1991	21 662.5	9 241.6	2 121.800
1992	26 651.9	11 759.4	2 517.800
1993	34 560.5	15 203.5	3 444.100
1994	46 670.0	21 518.8	6 315.300
1995	57 494.9	29 662.3	8 143.500
1996	66 850.5	38 520.8	8 858.500
1997	73 142.7	46 279.8	7 759.000
1998	76 967.2	53 407.5	7 615.400
1999	80 579.4	59 621.8	6 253.000
2000	88 254.2	64 332.4	4 976.700
2001	95 727.9	73 762.4	9 457.600
2002	103 935.3	86 910.6	13 233.20
2003	116 603.2	103 617.7	16 631.90

数据来源:《中国统计年鉴(2004)》

注:表中"城乡居民人民币储蓄存款年增加额"为年鉴数值,与用年底余额计算的数值有差异。

　　为了研究1978—2003年期间城乡居民储蓄存款随收入的变化规律是否有变化,考证城乡居民储蓄存款、国民总收入随时间的变化情况,画出1978—2003年中国的国民总收入和城乡居民人民币储蓄存款年底余额的时序图。打开EViews软件,输入数据,在EViews命令窗口中输入PLOT　GNI　Y,得到国民总收入(GNI)和城乡居民人民币储蓄存款年底余额(Y)的时序图,如图4-2所示。

　　从图4-2中,尚无法得到居民的储蓄行为发生明显改变的详尽信息。若取城乡居民人民币储蓄存款增加额(YY)作时序图(在 EViews 命令窗口中输入 PLOT YY)，如图 4-3 所示。

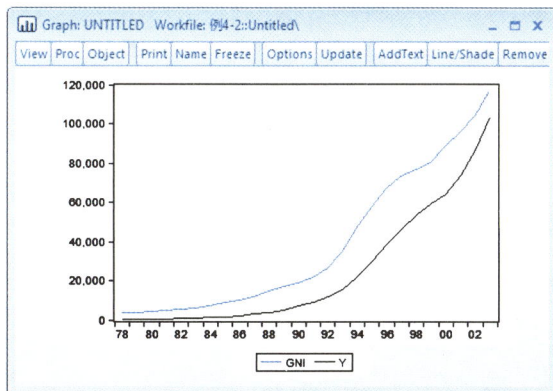

图 4-2　国民总收入和城乡居民人民币储蓄
存款年底余额的时序图

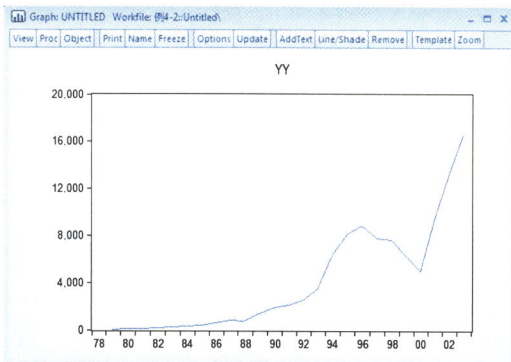

图 4-3　城乡居民人民币储蓄存款年
增加额(YY)时序图

从城乡居民人民币储蓄存款增加额时序图 4-3 可以看出，城乡居民的储蓄行为表现出了明显的阶段特征：在 1996 年和 2000 年有两个明显的转折点。再从城乡居民储蓄存款增加额与国民总收入之间关系的散点图(在 EViews 命令窗口中输入 SCAT GNI YY)如图 4-4 所示，也呈现出了相同的阶段性特征。

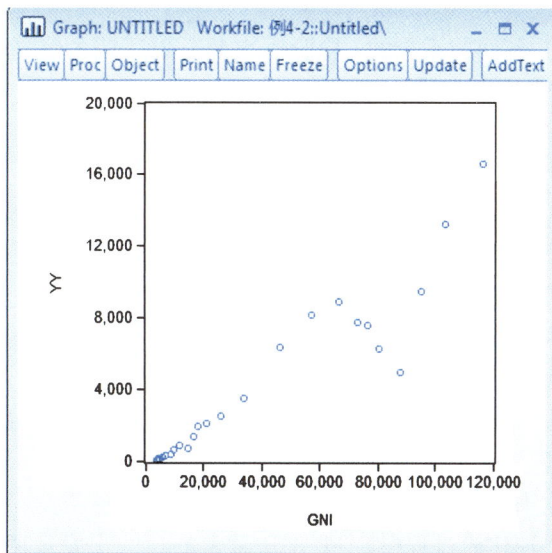

图 4-4　城乡居民人民币储蓄存款年增加额与国民总收入散点图

为了分析居民储蓄行为在 1996 年前后和 2000 年前后三个阶段的数量关系，引入虚拟变量 D_{1t} 和 D_{2t}：

$$D_{1t} = \begin{cases} 1 & t \geqslant 1996 \\ 0 & t < 1996 \end{cases} \qquad D_{2t} = \begin{cases} 1 & t \geqslant 2000 \\ 0 & t < 2000 \end{cases}$$

D_{1t} 和 D_{2t} 的选择，是以 1996、2000 年两个转折点作为依据，1996 年的 GNI 为 66 850.50 亿元，2000 年的 GNI 为 88 254.00 亿元，并设定了如下以加法和乘法两种方式同时引入虚拟

变量的模型,即

$$YY_t = \beta_0 + \beta_1 GNI_t + \beta_2(GNI_t - 66\,850.50)D_{1t} + \beta_3(GNI_t - 88\,254.00)D_{2t} + u_t$$

对上式进行回归后,如图 4-5 所示。

```
▣ Equation: UNTITLED  Workfile: 例4-2::Untitled\                          _ □ ×
View Proc Object  Print Name Freeze  Estimate Forecast Stats Resids

Dependent Variable: YY
Method: Least Squares
Date: 01/29/16   Time: 19:49
Sample (adjusted): 1979 2003
Included observations: 25 after adjustments

     Variable        Coefficient    Std. Error    t-Statistic      Prob.

        C             -830.4045      172.1626     -4.823374       0.0001
       GNI             0.144486      0.005740     25.17001        0.0000
 (GNI-66850.5)*D1     -0.291371      0.027182    -10.71920        0.0000
  (GNI-88254)*D2       0.560219      0.040136     13.95810        0.0000

R-squared             0.989498    Mean dependent var      4168.652
Adjusted R-squared    0.987998    S.D. dependent var      4581.447
S.E. of regression    501.9182    Akaike info criterion   15.42040
Sum squared resid     5290359.    Schwarz criterion       15.61542
Log likelihood       -188.7550    Hannan-Quinn criter.    15.47449
F-statistic           659.5450    Durbin-Watson stat      1.677712
Prob(F-statistic)     0.000000
```

图 4-5 模型回归结果

从图 4-5 可能看出,各回归系数的 t 检验值均大于 2,表明各解释变量的系数显著地不等于 0,城乡居民人民币储蓄存款年增加额的回归模型分别为

$$YY_t = \begin{cases} -830.404\,5 + 0.144\,486 GNI_t + \hat{u}_{1t} & t < 1\,996 \\ 18\,647.892\,5 - 0.146\,885 GNI_t + \hat{u}_{2t} & 1\,996 \leqslant t < 2\,000 \\ -30\,793.68 + 0.413\,334 GNI_t + \hat{u}_{3t} & t \geqslant 2\,000 \end{cases}$$

上式表明:三个时期城乡居民储蓄增加额的回归方程在统计意义上确实是不相同的。1996 年以前国民总收入每增加 1 亿元,城乡居民储蓄存款的增加额为 0.144 486 亿元;在 1996—1999 年间,国民总收入每增加 1 亿元,城乡居民储蓄存款的增加额减少 0.146 885 亿元,显然这与当时的通货紧缩情况相符;在 2000 年以后,城乡居民储蓄存款的增加额则为 0.413 334亿元,已发生了很大变化。上述模型与城乡居民储蓄存款年增加额与国民总收入之间的散布图是吻合的,与当时中国的实际经济运行状况也是相符的。

需要指出的是,在上述建模过程中,主要是从教学的目的出发运用虚拟变量法则,没有考虑通货膨胀因素。而在实证分析中,储蓄函数还应当考虑通货膨胀因素。

(二)模型结构的稳定性检验

利用不同的样本数据估计同一形式的计量经济模型,可能会得到不同的估计结果。如果估计的参数之间存在显著差异,则称模型结构是不稳定的;反之,则认为是稳定的。

模型结构的稳定性检验主要有两个用途:一是分析模型结构对样本变化的灵敏度;二是比较两个(或多个)回归模型的差异情况,即分析模型结构是否发生了显著变化。

例 4-3 表 4-3 中给出了中国 1980—2001 年以城乡储蓄存款新增额代表的居民储蓄 S_i 以及以 GNP_i 代表的居民收入的数据。以 1991 年为界,判断 1991 年前后的两个时期中国居

民的储蓄-收入关系是否已发生变化。

表 4 - 3　1980—2000 年中国居民储蓄与收入数据　　　　单位:亿元

年　份	储蓄 S_i	居民收入 GNP_i	年　份	储蓄 S_i	居民收入 GNP_i
1980	118.5	4 517.8	1991	2 072.8	21 662.5
1981	124.2	4 860.3	1992	2 438.4	26 651.9
1982	151.7	5 301.8	1993	3 217	34 560.5
1983	217.1	5 957.4	1994	6 756.4	46 670
1984	322.2	7 206.7	1995	8 143.5	57 494.9
1985	407.9	8 989.1	1996	8 858.5	66 850.5
1986	615	10 201.4	1997	7 759	73 142.7
1987	835.7	11 954.5	1998	7 127.7	76 967.2
1988	728.2	14 922.3	1999	6 214.3	80 579.4
1989	1 345.4	16 917.8	2000	4 710.6	88 228.1
1990	1 887.3	18 598.4	2001	9 430.0	94 346.4

数据来源:根据《中国统计资料 50 年汇编》与《中国统计年鉴(2002)》相关数据整理

这一问题可以运用邹氏结构变化的检验,也可通过引入虚拟变量的方式来解决。

设虚拟变量为

$$D_t = \begin{cases} 1 & t < 1\,991 \\ 0 & t \geq 1\,991 \end{cases}$$

将 1980—1990 年与 1991—2001 年的样本观察值合并,并用于估计以下回归:

$$S_t = \beta_0 + \beta_1 GNP_t + \beta_2 D_t + \beta_3 (D_t GNP_t) + u_t$$

于是有

$$E(S_t \mid GNP_t, D_t = 0) = \beta_0 + \beta_1 GNP_t$$

$$E(S_t \mid GNP_t, D_t = 1) = (\beta_0 + \beta_2) + (\beta_1 + \beta_3) GNP_t$$

分别表示 1991 年后期与 1991 年前期的储蓄函数。在统计检验中,如果 $\beta_2 = 0$ 的假设被拒绝,则说明两个时期中储蓄函数的截距是不同的;如果 $\beta_3 = 0$ 的假设被拒绝,则说明两个时期中储蓄函数的斜率是不同的。

将 1980—1990 年与 1991—2001 年的样本观察值合并后,具体的回归结果,图 4 - 6 所示。

由 β_2 与 β_3 的 t 检验可知:参数并非显著地不等于 0,显示出 1980—1990 年与 1991—2001 年这两个时期的回归结果是相同的。所以共同的储蓄函数,图 4 - 7 所示。

在 1980—2001 年储蓄函数的回归结果(2)窗口工具栏中,点击 View/Stability Diagnostics/Chow Breakpoint Test,出现 Chow Test 对话框,在对话框中输入"1991"如图 4 - 8 所示。

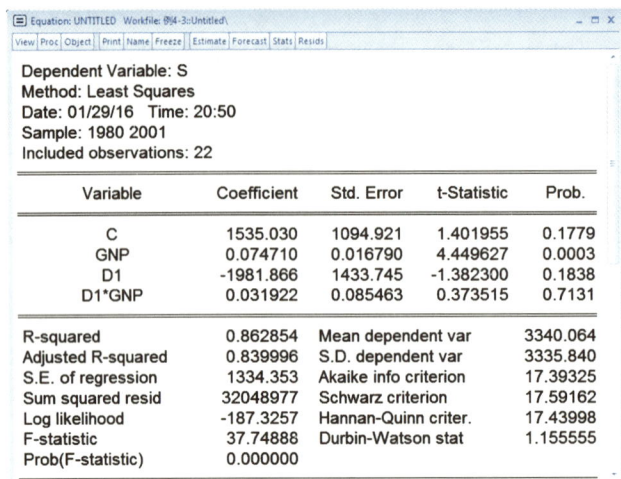

图 4-6　1980—2001 年储蓄函数的回归结果(1)

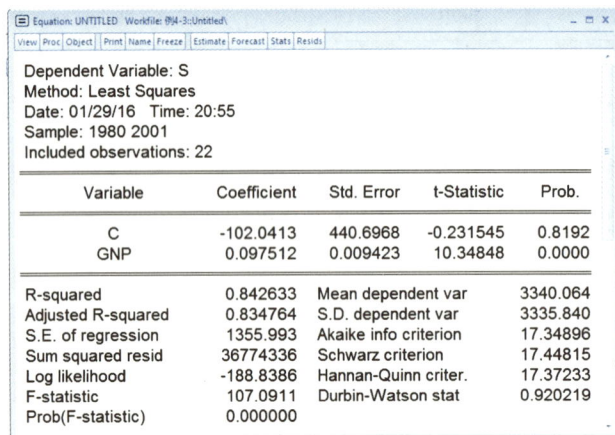

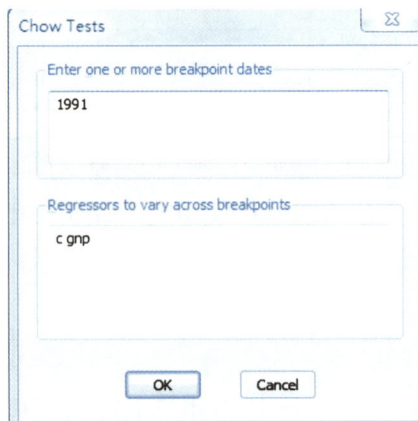

图 4-7　1980—2001 年储蓄函数的回归结果(2)　　　图 4-8　邹氏参数稳定性检验对话框

点击 OK,输出图 4-9 所示的检验结果。

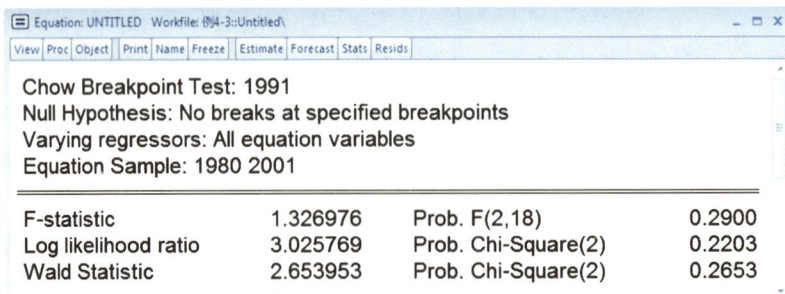

图 4-9　邹氏参数稳定性检验检验结果

图 4-9 检验结果显示,F 统计量的值 $F=1.326\,976$,该值小于 5% 显著性水平下自由度为 $(2,18)$ 的 F 临界值 $F_{0.05}(2,18)=3.55$,则接受 1991 年之前与 1991 年之后中国居民的储蓄-收入关系没有发生变化的假设,可见引入虚拟变量的稳定性检验与邹氏参数稳定性检验结

果相同。

当然,从 S 与 GNP 的散点图(EViews 命令:SCAT GNP S)可以看出,1997 年前后的两个时期中中国居民的储蓄-收入关系可能已发生变化。重复上述过程进行检验,只不过这时虚拟变量设置为

$$D_t = \begin{cases} 1 & t \geqslant 1\,997 \\ 0 & t < 1\,997 \end{cases}$$

具体的回归结果如图 4-10 所示。

```
Equation: UNTITLED  Workfile: 例4-3::Untitled\
View Proc Object | Print Name Freeze | Estimate Forecast Stats Resids

Dependent Variable: S
Method: Least Squares
Date: 01/31/16   Time: 11:26
Sample: 1980 2001
Included observations: 22

Variable        Coefficient   Std. Error    t-Statistic    Prob.

C               -913.4075     338.0093      -2.702315     0.0146
GNP              0.147991     0.011920      12.41506      0.0000
D1               5344.952     4440.398      1.203710      0.2443
D1*GNP          -0.116331     0.054654      -2.128512     0.0474

R-squared            0.935379    Mean dependent var     3340.064
Adjusted R-squared   0.924608    S.D. dependent var     3335.840
S.E. of regression   915.9398    Akaike info criterion  16.64074
Sum squared resid    15101023    Schwarz criterion      16.83912
Log likelihood      -179.0482    Hannan-Quinn criter.   16.68747
F-statistic          86.84846    Durbin-Watson stat     2.044984
Prob(F-statistic)    0.000000
```

图 4-10 1980—2001 年储蓄函数的回归结果(3)

可见 β_3 显著地不等于 0,显示出两个时期的回归结果在斜率项上是不相同的。同样地,如果使用邹氏参数稳定性检验,可得 $F=12.916\,99$,该值大于 5% 显著性水平下自由度为 (2,18) 的 F 临界值 $F_{0.05}(2,18)=3.55$,则拒绝 1997 年之前与 1997 年之后中国居民的储蓄-收入关系没有发生变化的假设,可见引入虚拟变量的稳定性检验与邹氏参数稳定性检验结果仍相同。但不同的是,引入虚拟变量可以检验结构的变化来自截距项还是来自斜率项,而邹氏检验却不能。

(三)调整季节波动

虚拟变量的一个常见应用是季节调整。设定代表季节的虚拟变量,然后将这些变量与其他解释变量一起加入回归模型消除季节因素的影响。

例 4-4 表 4-4 给出了 1965—1970 年美国制造业利润和销售额的季度数据。建立利润 (Y) 对销售额 (X) 的回归模型。

表 4-4 1965—1970 年美国制造业利润和销售额的季度数据　　单位:亿美元

年　份	利润 Y	销售额 X	年　份	利润 Y	销售额 X
1965-Ⅰ	10 503	114 862	1965-Ⅱ	12 092	123 968
1965-Ⅲ	10 834	121 454	1965-Ⅳ	12 201	131 917

年 份	利润 Y	销售额 X	年 份	利润 Y	销售额 X
1966 – Ⅰ	12 245	129 911	1968 – Ⅲ	13 203	155 727
1966 – Ⅱ	14 001	140 976	1968 – Ⅳ	14 947	168 409
1966 – Ⅲ	12 213	137 828	1969 – Ⅰ	14 151	162 781
1966 – Ⅳ	12 820	145 645	1969 – Ⅱ	15 949	176 057
1967 – Ⅰ	11 349	136 989	1969 – Ⅲ	14 024	172 419
1967 – Ⅱ	12 615	145 126	1969 – Ⅳ	14 315	183 327
1967 – Ⅲ	11 014	141 536	1970 – Ⅰ	12 381	170 415
1967 – Ⅳ	12 730	151 776	1970 – Ⅱ	13 991	181 313
1968 – Ⅰ	12 539	148 826	1970 – Ⅲ	12 174	176 712
1968 – Ⅱ	14 849	158 913	1970 – Ⅳ	10 985	180 370

为了建立 1965—1970 年美国制造业利润和销售额的回归模型,我们先画出 1965—1970 年美国制造业利润的时序图。打开 EViews 软件,输入数据,在 EViews 命令窗口中输入 PLOT Y,得到 1965—1970 年美国制造业利润(Y)的时序图,如图 4 - 11 所示。从图 4 - 11 初步判断,1965—1970 年美国制造业利润与季度因素有关。

若暂时不考虑季度因素,直接建立 Y 对 X 的利润一元回归模型,回归的具体结果,如图 4 - 12 所示。

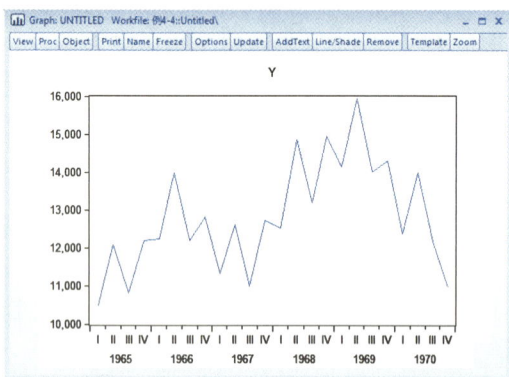

图 4 - 11 1965—1970 年美国制造业利润(Y)的时序图

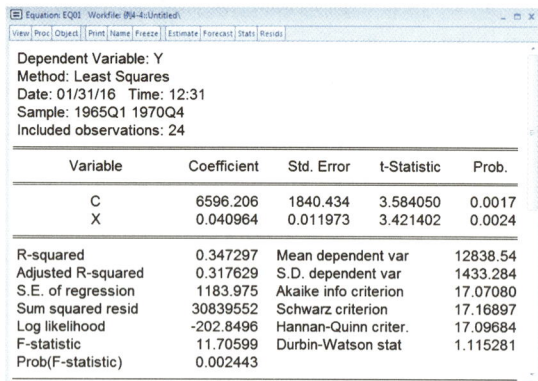

图 4 - 12 美国制造业利润对销售额的一元回归模型

由图 4 - 12 所示的模型,得美国制造业利润的拟合值 YF,画出 1965—1970 年美国制造业利润(Y)和其拟合值(YF)的时序图,如图 4 - 13 所示。从图 4 - 13 看到,美国制造业利润(Y)值与其拟合值(YF)误差比较大,因此认为美国制造业利润不仅与销售额有关,而且与季度因素有关,因把季度因素作为模型中的解释变量。

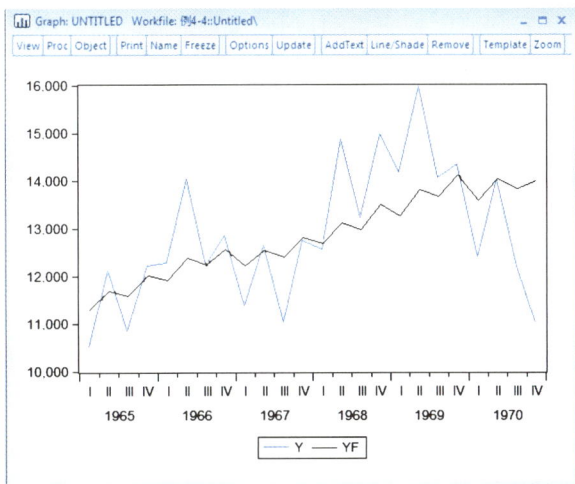

图 4 - 13 美国制造业利润(Y)和其拟合值(YF)的时序图

如果仅考虑季度影响使美国制造业利润平均值发生变异,可对利润模型 $Y_t = \beta_0 + \beta_1 X_t + u_t$ 按加法方式引入虚拟变量 D_{2t}、D_{3t}、D_{4t}(研究四个季度对利润的影响,应引入三个虚拟变量(设第一季度为基础类型)),则

$$Y_t = \beta_0 + \beta_1 X_t + \beta_2 D_{2t} + \beta_3 D_{3t} + \beta_4 D_{4t} + u_t$$

其中:

$$D_{2t} = \begin{cases} 1 & 二季度 \\ 0 & 其他 \end{cases} \qquad D_{3t} = \begin{cases} 1 & 三季度 \\ 0 & 其他 \end{cases} \qquad D_{4t} = \begin{cases} 1 & 四季度 \\ 0 & 其他 \end{cases}$$

在 EViews 软件下,命令 LS Y C X @seas(2) @seas(3) @seas(4) 得回归结果,如图4 - 14 所示。

从图 4 - 14 回归结果表明,只有销售额 X_t 与第二季度 D_{2t} 对利润有显著影响。销售额每增加 1 美元,则平均利润可增加 4 美分;第一季度的平均利润水平是 6 685.8 美元,而在第二季度中则可提高 1 322.5 美元。

由于其他季度的影响不显著,故可只引入第二季度虚拟变量 D_{2t},得如下回归结果,如图 4 - 15 所示。

Dependent Variable: Y Method: Least Squares Date: 01/31/16 Time: 12:04 Sample: 1965Q1 1970Q4 Included observations: 24				
Variable	Coefficient	Std. Error	t-Statistic	Prob.
C	6685.846	1711.618	3.906155	0.0009
X	0.038265	0.011483	3.332252	0.0035
@SEAS(2)	1322.463	638.4258	2.071444	0.0522
@SEAS(3)	-218.1681	632.1991	-0.345094	0.7338
@SEAS(4)	182.1690	654.3568	0.278394	0.7837
R-squared	0.525596	Mean dependent var		12838.54
Adjusted R-squared	0.425721	S.D. dependent var		1433.284
S.E. of regression	1086.160	Akaike info criterion		17.00174
Sum squared resid	22415107	Schwarz criterion		17.24716
Log likelihood	-199.0208	Hannan-Quinn criter.		17.06685
F-statistic	5.262563	Durbin-Watson stat		0.388380
Prob(F-statistic)	0.005024			

图 4 - 14 加入季度后美国制造业利润
对销售额的回归模型(1)

Dependent Variable: Y Method: Least Squares Date: 01/31/16 Time: 12:09 Sample: 1965Q1 1970Q4 Included observations: 24				
Variable	Coefficient	Std. Error	t-Statistic	Prob.
C	6513.115	1623.055	4.012873	0.0006
X	0.039325	0.010574	3.718903	0.0013
@SEAS(2)	1331.629	492.9331	2.701439	0.0134
R-squared	0.515624	Mean dependent var		12838.54
Adjusted R-squared	0.469493	S.D. dependent var		1433.284
S.E. of regression	1043.946	Akaike info criterion		16.85587
Sum squared resid	22886273	Schwarz criterion		17.00313
Log likelihood	-199.2705	Hannan-Quinn criter.		16.89494
F-statistic	11.17737	Durbin-Watson stat		0.469639
Prob(F-statistic)	0.000495			

图 4 - 15 加入季度后美国制造业利润
对销售额的回归模型(2)

如果仅考虑季度因素对利润率产生影响,则可按乘法方式引入虚拟变量,即

$$Y_t = \beta_0 + \beta_1 X_t + \beta_2 D_{2t} X_t + \beta_3 D_{3t} X_t + \beta_4 D_{4t} X_t + u_t$$

在 EViews 软件下,命令 LS Y C X @seas(2)*X @seas(3)*X @seas(4)*X 得回归结果,如图 4-16 所示。

可以看出,仍然是第二季度对利润的影响,其他季度的影响不显著,因此只引入第二季度虚拟变量,得如下回归结果,如图 4-17 所示。

图 4-16　加入季度后美国制造业利润对销售额的回归模型(3)

图 4-17　加入季度后美国制造业利润对销售额的回归模型(4)

由图 4-17 可知,在其他季度,利润率为 0.037 161,第二季度则增加到 0.045 882。

第二节　随机解释变量

到目前为止,我们所研究回归模型中的解释变量都是确定性变量,但在许多实际经济问题中影响一个被解释变量的变量有些与被解释变量一样是随机变量。例如,影响粮食产量的自然灾害导致的成灾面积,一个国家的国内生产总值、总消费支出、总投资,失业率、通货膨胀率、2012 年第二季度汽油消费量等,都是由非控制实验产生的随机变量。若将这样的随机变量加入模型作为解释变量,由此得到的模型称为随机解释变量模型。如果一个线性回归模型中存在随机解释变量,那么该模型就违背了线性回归模型经典假定条件 1,这种违背可能会对模型的估计、检验产生严重的影响。

一、随机解释变量问题

对于模型:

$$Y_i = \beta_0 + \beta_1 X_{1i} + \beta_2 X_{2i} + \cdots + \beta_k X_{ki} + u_i \quad (i = 1, 2, \cdots, n) \tag{4.2.1}$$

如果存在一个或多个随机变量作为解释变量,则称模型(4.2.1)式存在随机解释变量问题,为讨论方便,假设(4.2.1)式中 X_2 为随机解释变量,对于随机解释变量问题,又分三种不同情况:

(1) 随机解释变量与随机干扰项相互独立,即

$$\text{Cov}(X_2, u) = E(X_2 u) = 0 \tag{4.2.2}$$

（2）随机解释变量与随机干扰项同期无关但异期相关，即

$$\text{Cov}(X_{2i}, u_i) = E(X_{2i} u_i) = 0 \quad (i = 1, 2, \cdots, n) \tag{4.2.3}$$

$$\text{Cov}(X_{2i}, u_{i-s}) = E(X_{2i} u_{i-s}) \neq 0 \quad (s \neq 0) \tag{4.2.4}$$

（3）随机解释变量与随机干扰项同期相关，即

$$\text{Cov}(X_{2i}, u_i) = E(X_{2i} u_i) \neq 0 \quad (i = 1, 2, \cdots, n) \tag{4.2.5}$$

二、随机解释变量的后果

单方程模型假设解释变量是确定性变量，这一假设对保证模型最小二乘估计量的性质、确定参数估计量的分布性质和数字特征方面都起到了很重要的作用。但是，计量经济学模型一旦出现随机解释变量，如果仍采用普通最小二乘法估计模型参数，不同性质的随机解释变量会产生不同的后果。

例如，一元线性回归模型：

$$Y_i = \beta_0 + \beta_1 X_i + u_i \quad (i = 1, 2, \cdots, n) \tag{4.2.6}$$

在第一章第三节曾得到参数 β_1 的最小二乘估计量如下：

$$\hat{\beta}_1 = \beta_1 + \sum \frac{x_i u_i}{\sum x_i^2} = \beta_1 + \sum k_i u_i \quad \left(k_i = \frac{x_i}{\sum x_i^2} \right) \tag{4.2.7}$$

随机解释变量 X 与随机干扰项 u 的关系不同，参数 OLS 估计量的统计性质也会不一样，分三种不同情况：

（1）如果 X 与 u 相互独立，得到的参数估计量仍然是无偏一致估计量。这在第一章与第三节中已经得到证明。

（2）如果 X 与 u 同期不相关，而异期相关，得到的参数估计量有偏，但却是一致的，由 (4.2.7) 式易知：

$$E(\hat{\beta}_1) = E(\beta_1) + E\left(\sum k_i u_i \right) = \beta_1 + \sum E(k_i u_i)$$

尽管 X_i 与 u_i 同期无关，但对任一 u_i，由 k_i 的表达式知，k_i 的分母中包含不同期的 X，可知 k_i 与 u_i 相关，即 $E(k_i u_i) \neq 0$，所以 $E(\hat{\beta}_1) \neq \beta_1$，即最小二乘估计量是有偏的，但是

$$P \lim_{n \to \infty} \hat{\beta}_1 = P \lim_{n \to \infty} \beta_1 + P \lim_{n \to \infty} \sum \frac{x_i u_i}{\sum x_i^2} = \beta_1 + P \lim_{n \to \infty} \frac{\sum x_i u_i}{\sum x_i^2}$$

$$= \beta_1 + \frac{P \lim_{n \to \infty} \left[\dfrac{\sum x_i u_i}{n} \right]}{P \lim_{n \to \infty} \left[\dfrac{\sum x_i^2}{n} \right]} = \beta_1 + \frac{\text{Cov}(X_i, u_i)}{\text{Var}(X_i)} = \beta_1$$

故 $\hat{\beta}_1$ 是 β_1 的一致估计。

（3）如果 X 与 u 同期相关，则得到的参数估计量是有偏且非一致。X 与 u 相关，即

$Cov(X_i, u_i) \neq 0$，所以 $P \lim\limits_{n \to \infty} \hat{\beta}_1 \neq \beta_1$。由此可看出，$\hat{\beta}_1$ 是 β_1 的非一致估计量。

可见，随机解释变量带来的后果取决于它与随机干扰项是否相关。

三、工具变量法

由以上讨论可以看出，如果模型中含有随机解释变量，而且又与随机干扰项相关的话，运用普通最小二乘法求得的模型参数估计量是有偏的。如果随机解释变量与随机干扰项异期相关，则可通过增大样本容量的办法来得到一致估计量；但如果同期相关，即使增大样本容量也无济于事，这时，最常用的办法就是使用工具变量法。

(一) 工具变量与工具变量法

工具变量(instrument variables)，即在模型估计过程中作为工具来使用，以替换模型中与随机干扰项相关的随机解释变量。其基本思路是，设法找到另外一个变量 Z，它与随机解释变量 X 高度相关，而与随机干扰项 u 不相关，从而用 Z 替换 X，变量 Z 称为工具变量。

工具变量法(instrumental variable method)是克服解释变量与随机干扰项相关影响的一种参数估计的方法。

下面以一元线性回归模型

$$Y_i = \beta_0 + \beta_1 X_i + u_i \quad (i = 1, 2, \cdots, n) \tag{4.2.8}$$

为例，介绍工具变量法的估计过程。由第一章知，用 OLS 估计模型(4.2.8)式的正规方程组为

$$\begin{cases} n\hat{\beta}_0 + \hat{\beta}_1 \sum X_i = \sum Y_i \\ \hat{\beta}_0 \sum X_i + \hat{\beta}_1 \sum X_i^2 = \sum X_i Y_i \end{cases} \tag{4.2.9}$$

实际上(4.2.9)式也可以这样得到，分别用 1 与 X_i 去乘(4.2.8)式两边，然后对 i 求和，得

$$\begin{cases} \sum Y_i = n\beta_0 + \beta_1 \sum X_i + \sum u_i \\ \sum X_i Y_i = \beta_0 \sum X_i + \beta_1 \sum X_i^2 + \sum X_i u_i \end{cases} \tag{4.2.10}$$

如果模型(4.2.8)满足经典假定，则有

$$E(u_i) = 0, Cov(X_i, u_i) = E(X_i u_i) = 0 \quad (i = 1, 2, \cdots, n) \tag{4.2.11}$$

故在大样本下，有

$$\frac{1}{n} \sum u_i \to 0, \frac{1}{n} \sum X_i u_i \to 0 \tag{4.2.12}$$

在大样本下，(4.2.10)式中省略掉 $\sum u_i$ 与 $\sum X_i u_i$ 项后，得到一个关于(4.2.8)式参数估计量的正规方程组，即

$$\begin{cases} \sum Y_i = n\hat{\beta}_0 + \hat{\beta}_1 \sum X_i \\ \sum X_i Y_i = \hat{\beta}_0 \sum X_i + \hat{\beta}_1 \sum X_i^2 \end{cases} \tag{4.2.13}$$

求解正规方程组(4.2.13)式，得到

$$\hat{\beta}_1 = \frac{\sum x_i y_i}{\sum x_i^2}, \quad \hat{\beta}_0 = \overline{Y} - \hat{\beta}_1 \overline{X} (x_i = X_i - \overline{X}, y_i = Y_i - \overline{Y}) \tag{4.2.14}$$

但如果 X_i 与 u_i 相关，即使在大样本下，也不存在

$$\frac{1}{n} \sum X_i u_i \to 0$$

即(4.2.11)式在大样本下也不成立。如果按照

$$\text{Cov}(Z_i, u_i) = E(Z_i u_i) = 0 \quad (i = 1, 2, \cdots, n) \tag{4.2.15}$$

(4.2.15)式条件来选择 Z_i 为 X_i 的工具变量，那么在(4.2.10)式中不用 X_i 而改用 Z_i 乘以 (4.2.8)式两边，并对 i 求和。利用工具变量与随机干扰项不相关的性质((4.2.15)式假设)，在大样本下可略去 $\sum u_i$ 与 $\sum Z_i u_i$，得到如下正规方程组为

$$\begin{cases} \sum Y_i = n\tilde{\beta}_0 + \tilde{\beta}_1 \sum X_i \\ \sum Z_i Y_i = \tilde{\beta}_0 \sum Z_i + \tilde{\beta}_1 \sum Z_i X_i \end{cases} \tag{4.2.16}$$

于是

$$\tilde{\beta}_1 = \frac{\sum z_i y_i}{\sum z_i x_i} \quad \tilde{\beta}_0 = \overline{Y} - \tilde{\beta}_1 \overline{X} \quad (z_i = Z_i - \overline{Z}, y_i = Y_i - \overline{Y}) \tag{4.2.17}$$

这种求模型参数估计量的方法称为工具变量法，$\tilde{\beta}_0$、$\tilde{\beta}_1$ 称为工具变量法估计量。

对于多元线性回归模型，其矩阵形式为

$$Y = X\beta + u$$

采用工具变量法(假设 X_2 与随机干扰项相关，用工具变量 Z 替代)得到的正规方程组为

$$Z'Y = Z'X\tilde{\beta}$$

参数估计量为

$$\tilde{\beta} = (Z'X)^{-1} Z'Y \tag{4.2.18}$$

其中：

$$Z' = \begin{bmatrix} 1 & 1 & \cdots & 1 \\ X_{11} & X_{12} & \cdots & X_{1n} \\ Z_1 & Z_2 & \cdots & Z_n \\ \vdots & \vdots & \vdots & \vdots \\ X_{k1} & X_{k2} & \cdots & X_{kn} \end{bmatrix}$$

一般地，对于没有选择另外的变量作为工具变量的解释变量，可以认为用自身 X 作为工具变量。于是 Z 称为工具变量矩阵。

(二) 工具变量的选择

工具变量法估计的关键问题是工具变量的选择，作为工具变量应满足以下条件：

（1）以其所替代的模型中的随机变量高度相关；

（2）它必须是非随机变量，与模型中的随机干扰项 u 不相关；

（3）它必须和模型中的其他解释变量相关性很小，以避免多重共线性；

（4）如果在同一个模型中采用一个以上的工具变量，这些工具变量之间的相关性也必须很小，避免产生多重共线性。

下面介绍几种常用的工具变量选择方法。

1. 根据经济理论或对所研究问题的经验分析

选择影响随机解释变量的外生变量作为工具变量。例如，已婚妇女的工资收入（Y）受到工作年限（X_1）、受教育程度（X_2，用受教育年限代替）以及能力（X_3）的影响。由于能力不可观察，所以把（X_3）放入模型随机干扰项中，由此得出工资模型为

$$\ln Y = \beta_0 + \beta_1 X_1 + \beta_2 X_1^2 + \beta_3 X_2 + u \tag{4.2.19}$$

由于能力（X_3）和受教育程度（X_2）相关性导致变量（X_2）是随机解释变量。为了得到模型参数的一致估计，可以选用母亲的受教育年限（Z_1）作为女儿受教育程度（X_2）的工具变量，理由是女儿受教育年限和母亲的受教育年限正相关，但其能力大小与母亲受教育情况相关性很小，即（X_2）与（Z_1）相关，（X_3）与（Z_1）不相关。实际上，模型（4.2.19）还可以用被调查者父亲受教育年限（Z_2）、丈夫的受教育年限（Z_3）作为被调查者受教育程度（X_2）的工具变量。最好的方法是选用 Z_1、Z_2、Z_3 的线性组合作为 X_2 的工具变量，使这三个变量的信息都得到应用。

2. 对于时间序列资料

（1）随机解释变量 X_t 的滞后值 X_{t-1} 可作为工具变量。对于

$$Y_t = \beta X_t + u_t$$

有

$$\text{Cov}(X_t, u_t) \neq 0$$
$$\text{Cov}(X_{t-1}, u_t) = 0$$

这时可用 X_{t-1} 作为工具变量，得 β 的工具变量估计量为

$$\hat{\beta}^* = \frac{\sum X_{t-1} Y_t}{\sum X_{t-1} X_t} \tag{4.2.20}$$

（2）被解释变量 Y_t 的滞后值 Y_{t-1} 作为工具变量，得 β 的工具变量估计量为

$$\hat{\beta}^* = \frac{\sum Y_{t-1} Y_t}{\sum Y_{t-1} X_t} \tag{4.2.21}$$

3. 对于截面数据资料

常见的一种较简便的工具变量法是组平均方法。有以下三种：

（1）A. Wald 法。

首先将解释变量 X 按从小到大的顺序排列，并以中位数 m_e 为界，将数据分为两部分，并且记大于 m_e 的每一个观测值为 1 作为 Z 值；记小于 m_e 的每一个观测值为 -1 作为 Z 值。即取工具变量 Z 值为

$$Z = \begin{cases} +1 & X > m_e \\ -1 & X < m_e \end{cases}$$

实际上就是对于每一个观测值,大于 m_e 的取正值,小于 m_e 的取负值。将上式代入 $\hat{\beta}^* = \dfrac{\sum ZY}{\sum ZX}$,得

$$\hat{\beta}^* = \frac{\sum Y_2 - \sum Y_1}{\sum X_2 - \sum X_1} = \frac{\overline{Y_2} - \overline{Y_1}}{\overline{X_2} - \overline{X_1}} \tag{4.2.22}$$

其中,小于其中位数的一组样本数据总和用 $\sum X_1$ 和 $\sum Y_1$ 表示,大于其中位数的一组样本数据总和用 $\sum X_2$ 和 $\sum Y_2$ 表示。

(2) M. S. Bartlett 法。

巴特莱特建议将解释变量 X 的样本观测值按大小顺序排列后,平均分成三份,然后取工具变量 Z 的值为

$$Z = \begin{cases} +1 & X \text{ 值最大的一组} \\ 0 & X \text{ 值处中间一组} \\ -1 & X \text{ 值最小的一组} \end{cases}$$

将此 Z 值代入 $\hat{\beta}^* = \dfrac{\sum ZY}{\sum ZX}$,得

$$\hat{\beta}^* = \frac{\sum Y_3 - \sum Y_1}{\sum X_3 - \sum X_1} = \frac{\overline{Y_3} - \overline{Y_1}}{\overline{X_3} - \overline{X_1}} \tag{4.2.23}$$

其中,数值最小的一组样本数据总和用 $\sum X_1$ 和 $\sum Y_1$ 表示,数值最大的一组样本数据总和用 $\sum X_3$ 和 $\sum Y_3$ 表示,其他的为 0。

(3) J. Durbin 法。

德宾则建议将 X_i 的序号作为工具变量 Z。即将解释变量 X 的观测值按从小到大的顺序排列后,取 X 的升序排列序号 $1,2,\cdots,n$ 作为工具变量 Z,得

$$\hat{\beta}^* = \frac{\sum iY_i}{\sum iX_i} \tag{4.2.24}$$

如果上述各种方法的大小排序正好与随机干扰项相关,那么用这些方法所得到的估计量就会有偏或者不一致。不过,这种情况极少出现。有人曾做过研究表明,以上分组法所得到的估计量在很多情况下是一致的。

例 4-5 考察中国居民收入与消费支出的关系。表 4-5 给出的两组数据是以 1990 年不变价测算的中国人均国内生产总值 X 与以居民消费价格指数(1990 年为 100)计算的人均居民消费支出 Y。

表 4-5　中国居民人均消费支出(Y)与人均 GDP(X)的统计数据　　单位:元/人

年　份	人均居民消费	人均 GDP	年　份	人均居民消费	人均 GDP
1978	395.8	675.1	1990	797.1	1 602.3
1979	437	716.9	1991	861.4	1 727.2
1980	464.1	763.7	1992	966.6	1 949.8
1981	501.9	792.4	1993	1 048.6	2 187.9
1982	533.5	851.1	1994	1 108.7	2 436.1
1983	572.8	931.4	1995	1 213.1	2 663.7
1984	635.6	1 059.2	1996	1 322.8	2 889.1
1985	716	1 185.2	1997	1 380.9	3 111.9
1986	746.5	1 269.6	1998	1 460.6	3 323.1
1987	788.3	1 393.6	1999	1 564.4	3 529.3
1988	836.4	1 527	2 000	1 690.8	3 789.7
1989	779.7	1 565.9			

采用 OLS 估计模型:

$$Y_t = \beta_0 + \beta_1 X_t + u_t$$

可得到回归分析结果如图 4-18 所示。

从图 4-18 回归分析的结果来看,决定系数 $R^2=0.996\ 8$,表明模型在整体上拟合得比较好,截距项与斜率项都通过了 t 检验,且斜率项 $\hat{\beta}_1=0.381\ 464$,符合经济理论中边际消费倾向在 0 与 1 之间的绝对收入假说。

然而,如果考虑到居民人均消费支出由人均 GDP 决定的同时,人均 GDP 又反过来受同期居民人均消费支出的影响,那么,就容易判断人均 GDP 与随机干扰项同期相关,从而 OLS 估计量有偏并且是非一致的。由于测量误差等原因,易知人均 GDP 与随机干扰项往往呈现正相关,即随着人均 GDP 的增加,随机干扰项倾向于增大。这样,OLS 估计量可能会低估截距项而高估斜率项。为了修正随机解释变量问题,如果用滞后一期人均 GDP 作为工具变量,在 EViews 软件下,输入命令　TSLS　Y　C　X　AR(1)　@　X(-1)　可得到如图 4-19 所示工具变量法估计结果。

Equation: UNTITLED　Workfile: UNTITLED::Untitled\

View | Proc | Object | Print | Name | Freeze | Estimate | Forecast | Stats | Resids

Dependent Variable: Y
Method: Least Squares
Date: 01/31/16　Time: 17:04
Sample (adjusted): 1979 2000
Included observations: 22 after adjustments
Convergence achieved after 4 iterations

Variable	Coefficient	Std. Error	t-Statistic	Prob.
C	221.3430	29.55993	7.487940	0.0000
X	0.381464	0.012123	31.46544	0.0000
AR(1)	0.632859	0.148959	4.248557	0.0004

R-squared	0.996775	Mean dependent var	928.4909
Adjusted R-squared	0.996436	S.D. dependent var	372.6339
S.E. of regression	22.24612	Akaike info criterion	9.168336
Sum squared resid	9402.911	Schwarz criterion	9.317115
Log likelihood	-97.85170	Hannan-Quinn criter.	9.203384
F-statistic	2936.586	Durbin-Watson stat	1.602491
Prob(F-statistic)	0.000000		

图 4-18　含 AR(1)的回归结果

Equation: UNTITLED　Workfile: UNTITLED::Untitled\

View | Proc | Object | Print | Name | Freeze | Estimate | Forecast | Stats | Resids

Dependent Variable: Y
Method: Two-Stage Least Squares
Date: 01/31/16　Time: 18:40
Sample (adjusted): 1979 2000
Included observations: 22 after adjustments
Instrument specification: X(-1)
Constant added to instrument list
Lagged dependent variable & regressors added to instrument list

Variable	Coefficient	Std. Error	t-Statistic	Prob.
C	224.8404	30.21357	7.441701	0.0000
X	0.379836	0.012296	30.89226	0.0000
AR(1)	0.634136	0.149173	4.251009	0.0004

R-squared	0.996772	Mean dependent var	928.4909
Adjusted R-squared	0.996433	S.D. dependent var	372.6339
S.E. of regression	22.25667	Sum squared resid	9411.825
Durbin-Watson stat	1.605264	J-statistic	2.66E-19
Instrument rank	3		

Inverted AR Roots　.63

图 4-19　含 AR(1)的工具变量法估计结果

尽管不知道中国居民人均消费函数的真实参数,但正如所期望的那样,工具变量法估计,对 OLS 估计对截距项的低估和斜率项的高估均做出了修正。

四、豪斯曼检验(Hausman test)

模型中的随机解释变量(解释变量内生性)会造成 OLS 估计的不一致性,因此需要采用工具变量估计方法。但如果解释变量本身不是随机的,即解释变量是外生的,却作为随机解释变量而采用工具变量法估计模型,则会降低模型估计的精度。因此,需要对解释变量是否内生性做出判断。尽管也可以从经济理论和问题本身来判断,但采用数据对可疑的解释变量进行内生性检验是十分必要的。下面举例说明 Hausman 于 1978 年提出的一种检验方法。

以三元线性回归模型

$$Y_i = \beta_0 + \beta_1 X_{1i} + \beta_2 X_{2i} + \beta_3 X_{3i} + u_i \quad (i = 1, 2, \cdots, n) \tag{4.2.25}$$

为例进行说明。其中,X_{1i}、X_{2i} 为外生变量,对 X_{3i} 的内生性进行检验。设 Z_{1i}、Z_{2i} 为 X_{3i} 的工具变量。检验 X_{3i} 是否为随机解释变量,就是要检验 X_{3i} 与 u_i 是否相关。为此,建立如下辅助回归模型:

$$X_{3i} = \alpha_0 + \alpha_1 X_{1i} + \alpha_2 X_{2i} + \gamma_1 Z_{1i} + \gamma_2 Z_{2i} + v_i \quad (i = 1, 2, \cdots, n) \tag{4.2.26}$$

式中的解释变量为原模型中所有外生解释变量和所有工具变量。由于模型(4.2.26)中每个解释变量 X_{1i}、X_{2i}、Z_{1i}、Z_{2i} 均与 u_i 不相关,所以 X_{3i} 与 u_i 不相关当且仅当 v_i 与 u_i 不相关。设

$$u_i = \delta v_i + \varepsilon_i \tag{4.2.27}$$

其中,$E(\varepsilon_i) = 0$,$Cov(v_i, \varepsilon_i) = 0$,那么检验 u_i 与 v_i 不相关性就归结为检验 $\delta = 0$ 是否成立。在模型(4.2.27)中,由于 u_i 与 v_i 都是不可观测的,因此我们可以用 OLS 估计模型(4.2.26)得到的残差 $\hat{v}_i$ 来代替 v_i,并将(4.2.27)式代入原模型(4.2.25),得

$$Y_i = \beta_0 + \beta_1 X_{1i} + \beta_2 X_{2i} + \beta_3 X_{3i} + \delta v_i + \varepsilon_i \quad (i = 1, 2, \cdots, n) \tag{4.2.28}$$

该模型不存在随机解释变量。于是,利用 OLS 估计模型(4.2.28),应用通常的 t 检验便可以对 $\delta = 0$ 进行检验,从而完成对变量 X_{3i} 的内生性检验。当模型(4.2.28)存在异方差时,也可以考虑使用异方差稳健性 t 统计量。

一般地,当我们怀疑模型

$$Y_i = \beta_0 + \beta_1 X_{1i} + \beta_2 X_{2i} + \beta_3 X_{3i} + \cdots + \beta_k X_{ki} + u_i \quad (i = 1, 2, \cdots, n) \tag{4.2.29}$$

有 m 个随机解释变量时,可以对于每一个被怀疑的解释变量进行类似(4.2.26)式的 OLS 回归,得到残差 $\hat{v}_{1i}$、$\hat{v}_{2i}$ $\cdots \hat{v}_{mi}$,然后将这些残差作为解释变量同时添加到原模型(4.2.29)式中,建立回归模型:

$$Y_i = \beta_0 + \beta_1 X_{1i} + \beta_2 X_{2i} + \beta_3 X_{3i} + \cdots + \beta_k X_{ki} + \delta_1 \hat{v}_{1i} + \delta_2 \hat{v}_{2i} + \cdots + \delta_m \hat{v}_{mi} + \varepsilon_i \tag{4.2.30}$$

利用 F 检验法检验线性约束 $H_0 : \delta_1 = \cdots = \delta_m = 0$ 是否显著成立。若 H_0 显著不成立,则表明在被怀疑的解释变量中至少有一个是随机解释变量;否则,则认为所有随机变量均是外生的。

在例 4－5 中，对解释变量 GDP 作豪斯曼检验。首先利用 OLS 法估计辅助回归模型：

$$X_t = \alpha_0 + \gamma_1 X_{t-1} + v_t$$

如图 4－20 所示。得残差序列：

$$\hat{v}_t = X_t - 14.199\,50 - 1.073\,450X_{t-1}$$

然后，利用 OLS 估计模型：

$$Y_t = \beta_0 + \beta_1 X_t + \delta\hat{v}_t + \varepsilon_t$$

得估计结果，如图 4－21 所示。

Equation: UNTITLED Workfile: 例4-5::Untitled\

View | Proc | Object | Print | Name | Freeze | Estimate | Forecast | Stats | Resids

Dependent Variable: X
Method: Least Squares
Date: 02/04/16 Time: 19:27
Sample (adjusted): 1979 2000
Included observations: 22 after adjustments

Variable	Coefficient	Std. Error	t-Statistic	Prob.
C	14.19950	22.77127	0.623571	0.5400
X(-1)	1.073450	0.011700	91.74857	0.0000

R-squared	0.997630	Mean dependent var	1875.732
Adjusted R-squared	0.997511	S.D. dependent var	971.9370
S.E. of regression	48.48788	Akaike info criterion	10.68701
Sum squared resid	47021.49	Schwarz criterion	10.78620
Log likelihood	-115.5571	Hannan-Quinn criter.	10.71038
F-statistic	8417.799	Durbin-Watson stat	0.812990
Prob(F-statistic)	0.000000		

图 4－20 辅助回归模型结果

Equation: UNTITLED Workfile: 例4-5::Untitled\

View | Proc | Object | Print | Name | Freeze | Estimate | Forecast | Stats | Resids

Dependent Variable: Y
Method: Least Squares
Date: 02/04/16 Time: 19:38
Sample (adjusted): 1980 2000
Included observations: 21 after adjustments
Convergence achieved after 7 iterations

Variable	Coefficient	Std. Error	t-Statistic	Prob.
C	223.9028	34.02861	6.579841	0.0000
X	0.381263	0.013713	27.80208	0.0000
V	0.255872	0.119619	2.139055	0.0472
AR(1)	0.689630	0.170275	4.050094	0.0008

R-squared	0.997199	Mean dependent var	951.8952
Adjusted R-squared	0.996705	S.D. dependent var	364.8911
S.E. of regression	20.94608	Akaike info criterion	9.091423
Sum squared resid	7458.550	Schwarz criterion	9.290380
Log likelihood	-91.45994	Hannan-Quinn criter.	9.134602
F-statistic	2017.492	Durbin-Watson stat	1.653783
Prob(F-statistic)	0.000000		

图 4－21 豪斯曼检验模型

从图 4－21 可以看出，变量 $\hat{v}_t$ 显著性 t 检验的 P 值小于 0.05，因此在 5%的显著性水平下，t 检验拒绝回归系数 δ 等于 0 的原假设。由此可以推断人均 GDP 是随机解释变量。

第三节 滞后变量

一、滞后变量的含义

前面各章所讨论的回归模型属于静态模型，即被解释变量的变化仅仅依赖于解释变量的同期影响。事实上，在经济运行过程中，广泛存在时间滞后效应。某些经济变量不仅受到同期各种因素的影响，而且也受到过去某些时期的各种因素，甚至自身的过去值的影响。因此，为了探索时滞因素影响的经济变量的变化规律，需要在回归模型中引入滞后变量进行分析。滞后变量(lagged variable)是指回归模型中，因变量与解释变量的时间滞后量。比如解释变量的同期值记作 X_t，则 X_{t-1} 叫作 X_t 的一阶滞后变量。模型中还可以出现 X_{t-2}、X_{t-3}…它们分别称为 X_t 的二阶、三阶……滞后变量。被解释变量的滞后变量也可以看作解释变量。

二、滞后变量模型的种类

在回归模型中，含有滞后变量的模型称为滞后变量模型。滞后变量模型考虑了时间因素的作用，使静态分析的问题有可能成为动态分析。含有滞后解释变量的模型，又称动态模型

(dynamical model)。当样本容量为 n 的回归模型中出现 p 阶滞后变量时,估计模型参数的样本个数实际为 $n-p$,估计区间为 $(p+1,n)$。$\sum e_i^2$ 的自由度为 $n-p-k-1$,其中 k 为回归模型中解释变量的个数。

在回归模型中,引入滞后变量作为解释变量的滞后变量模型一般以下包括三类。

(一) 分布滞后模型

分布滞后模型是指在解释变量中,仅有解释变量 X 的同期值及其若干期的滞后期值的模型(distributed lag model,DL)。其一般形式为

$$Y_t = \alpha + \beta_0 X_t + \beta_1 X_{t-1} + \cdots + \beta_p X_{t-p} + u_t \tag{4.3.1}$$

其中,p 为滞后期长度。若滞后长度 P 是一个确定数,(4.3.1)式被称为有限分布滞后模型;若滞后期无限,(4.3.1)式被称为无限分布滞后模型。在(4.3.1)式中,假设 u_t 满足最小二乘法的经典假定条件,即

$$E(u_t) = 0 \quad \text{Var}(u_t) = \sigma^2 \quad \text{Cov}(u_t, u_s) = 0 \quad (t \neq s; t, s = 1, 2, \cdots, n)$$

在分布滞后模型中,回归系数 β_0 称为短期影响乘数,它表示解释变量 X 变化一个单位对同期被解释变量 Y 产生的影响;$\beta_1, \beta_2, \cdots$ 称为延期影响乘数,因为它们是测量以前不同时期 X 变化一个单位对同期被解释变量 Y 产生的滞后影响;$\sum \beta_i = \beta_0 + \beta_1 + \cdots = \beta < \infty$ 称为长期影响乘数,表示解释变量 X 变化一个单位对被解释变量 Y 产生的总影响。

(二) 自回归模型

自回归模型是指在解释变量中,仅有解释变量 X 的同期值及被解释变量 Y 的一个或多个滞后期值的模型(autoregressive model,AR)。如:

$$Y_t = \alpha + \alpha_0 X_t + \beta_1 Y_{t-1} + \cdots + \beta_q Y_{t-q} + u_t \tag{4.3.2}$$

其中,q 称为自回归模型阶数(order)。而

$$Y_t = \alpha + \alpha_0 X_t + \beta_1 Y_{t-1} + u_t \tag{4.3.3}$$

称为一阶自回归模型(first-order autoregressive model)。

(三) 自回归分布滞后模型

解释变量中,既包括被解释变量的滞后变量,又包括解释变量的滞后变量的模型被称为自回归分布滞后模型(autoregressive distributed lag model,ADL)。如:

$$Y_t = \alpha + \alpha_0 X_t + \alpha_1 X_{t-1} + \cdots + \alpha_p X_{t-p} + \beta_1 Y_{t-1} + \beta_2 Y_{t-2} + \cdots + \beta_q Y_{t-q} + u_t \tag{4.3.4}$$

本节重点考察分布滞后模型以及一阶自回归模型的估计问题。

三、分布滞后模型的估计

在分布滞后模型(4.3.1)式中,由于我们已经假设 X_t 是非随机的,因而 X_{t-1} 仅其他所有 X 的滞后值都是非随机的。所以模型本身并不违背线性回归模型的经典假定,原则上可以利用 OLS 方法进行参数估计。但在具体应用中,也存在以下几个问题:

(1) 难以客观地确定滞后期的长度;

(2) 对于有限分布滞后模型,由前面分析可知,由于滞后变量的存在,使得 $\sum e_i^2$ 的自由

度变小,滞后长度 p 越大,自由度越小,最小二乘估计量偏差越大;

(3) 经济变量的各期值之间经常是高度相关的,所以直接利用 OLS 方法估计模型会受到多重共线性的影响,尤其是利用滞后变量的系数进行滞后效应分析时,系数的估计值往往不可靠;

(4) 对于无限分布滞后模型,OLS 根本无法使用。

尽管存在以上问题,人们还是针对某些特殊经济现象,提出了一些分布滞后模型的参数估计的解决方法。

(一) 序贯回归法

这种方法类似于逐步回归法,实施方法是将解释变量 X 的本期值 X_t 及各期滞后值 X_{t-1}、X_{t-2}…作为解释变量,按滞后期由近到远,序贯引入分布滞后模型,进行回归,并作检验。当滞后变量的回归系数变得在统计上不显著,或者至少有一个变量的系数估计值符号发生变化,由正变负或由负变正,序贯回归过程即告终止。经过分析比较,从中确定"最佳"方程作为回归模型的估计。

(二) 经验加权估计法

所谓经验加权估计法,是根据实际经济问题的特点及经验判断,对滞后变量赋予一定的权数,利用这些权数构成各期滞后变量的线性组合,以形成新的变量,再利用 OLS 方法进行参数估计。常见的滞后形式主要有以下几种。

1. 递减型滞后形式

在这种滞后形式中,近期 X 对 Y 的影响大于远期的影响,人们常常根据实际情况给出各阶滞后变量的权数,且权数是递减的。

例如,在估计消费函数模型

$$C_t = \alpha + \beta_0 I_t + \beta_1 I_{t-1} + \beta_2 I_{t-2} + \beta_3 I_{t-3} + \beta_4 I_{t-4} + u_t \qquad (4.3.5)$$

时,由于收入 I 的近期值对消费支出 C 的影响作用显然大于远期值的影响。因此可以设定权分布为递减型的。

比如,设定 $I_t, I_{t-1}, I_{t-2}, I_{t-3}, I_{t-4}$ 的权数为

$$\frac{1}{2} \quad \frac{1}{3} \quad \frac{1}{4} \quad \frac{1}{5} \quad \frac{1}{6}$$

令

$$Z_t = \frac{1}{2} I_t + \frac{1}{3} I_{t-1} + \frac{1}{4} I_{t-2} + \frac{1}{5} I_{t-3} + \frac{1}{6} I_{t-4}$$

代入(4.3.5)式中,得

$$C_t = \alpha + \alpha_0 Z_t + u_t \qquad (4.3.6)$$

利用 OLS 方法估计出 α 和 α_0 后,(4.3.5)式中 I_t 及其滞后变量的参数分别为 $\frac{1}{2}\alpha_0$,$\frac{1}{3}\alpha_0$,$\frac{1}{4}\alpha_0$,$\frac{1}{5}\alpha_0$,$\frac{1}{6}\alpha_0$。

2. 常数型滞后形式

常数型滞后形式也称矩形滞后形式。常数型滞后形式就是为各阶滞后变量指定相同的权

数。与递减型滞后形式类似,可利用 OLS 方法估计模型。

3. "倒 V 形"滞后形式

"倒 V 形"滞后形式为各阶滞后变量指定的权数是先递增后递减,其形状呈倒写的"V"。与以上类似,可利用 OLS 方法估计模型。

例 4-6 已知 1955—1974 年期间美国制造业库存量 Y 和销售额 X 的统计资料(单位:亿美元)。设定有限分布滞后模型为

$$Y_t = \alpha + \beta_0 X_t + \beta_1 X_{t-1} + \beta_2 X_{t-2} + \beta_3 X_{t-3} + u_t$$

运用经验加权法,选择下列三组权数:

(1) $1, \frac{1}{2}, \frac{1}{4}, \frac{1}{8}$;　　(2) $\frac{1}{4}, \frac{1}{4}, \frac{1}{4}, \frac{1}{4}$;　　(3) $\frac{1}{4}, \frac{1}{2}, \frac{2}{3}, \frac{1}{4}$。

分别估计上述模型,并从中选择最佳的方程(数据略)。

记新的线性组合变量分别为

$$Z_{1t} = X_t + \frac{1}{2} X_{t-1} + \frac{1}{4} X_{t-2} + \frac{1}{8} X_{t-3}$$

$$Z_{2t} = \frac{1}{4} X_t + \frac{1}{4} X_{t-1} + \frac{1}{4} X_{t-2} + \frac{1}{4} X_{t-3}$$

$$Z_{3t} = \frac{1}{4} X_t + \frac{1}{2} X_{t-1} + \frac{2}{3} X_{t-2} + \frac{1}{4} X_{t-3}$$

由上述公式生成线性组合变量 Z_{1t}、Z_{2t}、Z_{3t},根据数据,回归分析结果整理如下:

模型一

$$\hat{Y}_t = -66.604\,04 + 1.071\,502 Z_{1t}$$

$$t = (-3.663\,3) \quad (50.919\,1)$$

$$R^2 = 0.994 \quad F = 2\,592 \quad DW = 1.44$$

模型二

$$\hat{Y}_t = -133.198\,8 + 1.366\,7 Z_{2t}$$

$$t = (-5.029) \quad (37.358\,52)$$

$$R^2 = 0.989 \quad F = 1\,396 \quad DW = 1.04$$

模型三

$$\hat{Y}_t = -121.739\,4 + 2.239\,73 Z_{3t}$$

$$t = (-4.813\,1) \quad (38.685\,78)$$

$$R^2 = 0.990 \quad F = 1\,496 \quad DW = 1.16$$

从上述回归分析结果可以看出,模型一的随机干扰项不存在一阶自相关,模型二、模型三随机干扰项存在一阶正自相关;再综合判断拟合优度 R^2、F 检验值、t 检验值,可以认为:最佳的方程是模型一,即权数为 $1, \frac{1}{2}, \frac{1}{4}, \frac{1}{8}$ 的分布滞后模型。

经验加权法的优点是简单、易行,缺点是设置权数的主观随意性很大。在实际应用中,采用哪一种方法要根据理论分析、事实观察、显著性检验、拟合优度检验及 DW 检验等从中选出一个较为合适的模型。

(三) 阿尔蒙(Almon)多项式法

1. 阿尔蒙多项式法的原理

对于有限分布滞后模型,阿尔蒙(Almon)于 1965 年提出利用多项式来逼近滞后效应的变化结构。阿尔蒙建议滞后变量参数 β_i 可近似地用一个关于 i 的低阶(小于滞后长度)多项式表示,即

$$\beta_i = \alpha_0 + \alpha_1 i + \alpha_2 i^2 + \cdots + \alpha_r i^r \tag{4.3.7}$$

其中 $r<p$。如果知道了 α 项及 r 的值,则可以求出 β_i 的估计值。

例如,考虑滞后长度 $p=3$ 的分布滞后模型

$$Y_t = \alpha + \beta_0 X_t + \beta_1 X_{t-1} + \beta_2 X_{t-2} + \beta_3 X_{t-3} + u_t$$

如果选择二次多项式近似滞后系数,将滞后系数 β_j 用二次多项式

$$\beta_j = \alpha_0 + \alpha_1 j + \alpha_2 j^2$$

代替,将模型变形为

$$
\begin{aligned}
Y_t &= \alpha + \alpha_0 X_t + (\alpha_0 + \alpha_1 + \alpha_2) X_{t-1} + (\alpha_0 + 2\alpha_1 + 4\alpha_2) X_{t-2} + \\
&\quad (\alpha_0 + 3\alpha_1 + 9\alpha_2) X_{t-3} + u_t \\
&= \alpha + \alpha_0 (X_t + X_{t-1} + X_{t-2} + X_{t-3}) + \alpha_1 (X_{t-1} + 2X_{t-2} + 3X_{t-3}) + \\
&\quad \alpha_2 (X_{t-1} + 4X_{t-2} + 9X_{t-3}) + u_t
\end{aligned}
\tag{4.3.8}
$$

作变换

$$
\begin{cases}
Z_{0t} = X_t + X_{t-1} + X_{t-2} + X_{t-3} \\
Z_{1t} = X_{t-1} + 2X_{t-2} + 3X_{t-3} \\
Z_{2t} = X_{t-1} + 4X_{t-2} + 9X_{t-3}
\end{cases}
\tag{4.3.9}
$$

则(4.3.8)式变为

$$Y_t = \alpha + \alpha_0 Z_{0t} + \alpha_1 Z_{1t} + \alpha_2 Z_{2t} + u_t \tag{4.3.10}$$

由(4.3.9)式的变换公式可以看出,Z 项之间的多重共线性已大大减弱。前面已假设有限分布滞后模型中的 u_t 满足最小二乘法的经典假定条件,用最小二乘法估计式(4.3.10)的参数 α_0、α_1、α_2 的估计值 $\hat{\alpha}_0$、$\hat{\alpha}_1$、$\hat{\alpha}_2$,代入阿尔蒙多项式 $\beta_i = \alpha_0 + \alpha_1 i + \alpha_2 i^2$,就可求出原分布滞后模型参数的估计值。

一般而言,通过阿尔蒙多项式变换,新模型中的变量个数会少于原分布滞后模型中的变量个数,从而提高了自由度,并在一定程度上缓解多重共线性问题。在实际应用中,多项式次数可根据经济理论和实际经验加以确定。例如,滞后结构为递减型和常数型时,可选择一次多项式;倒 V 形时,可选择二次多项式;有两个转向点时,可选择三次多项式等。多项式次数 r 一般不超过 4。如果多项式次数取得过大,则达不到通过阿尔蒙多项式变换减少解释变量个数的目的。

2. 阿尔蒙多项式法的 EViews 软件实现

在 EViews 软件 LS 命令中使用 PDL 项,系统将自动使用阿尔蒙法估计分布滞后模型。其命令格式为

$$LS \quad Y \quad C \quad PDL(X,p,r,m)$$

其中,p 为分布滞后模型的滞后期长度,r 为阿尔蒙多项式的次数,m 为对分布滞后特征进行控制的选择项。取值为 1、2、3、0,分别表明对多项式系数分布的约束信息:$m=1$,限制在分布的近期接近于 0;$m=2$,限制在分布的远期接近于 0;$m=3$,限制在分布的两端都接近于 0;$m=0$,对参数分布不做任何限制。

在 LS 命令中使用 PDL 项,应注意以下几点:

(1)在解释变量 X 之后必须指定 p 和 r 的值,m 为可选项,不指定默认为 0。

(2)如果模型中有多个具有滞后效应的解释变量,则分别用几个 PDL 项表示。如:

$$LS \quad Y \quad C \quad PDL(X1,3,2) \quad PDL(X2,4,2,1)$$

(3)在估计分布滞后模型之前,最好使用互相关命令 CROSS,初步判断滞后期的长度 p。互相关命令格式为

$$CROSS \quad Y \quad X$$

输入滞后期长度 p 之后,系统将输出 Y_t 与 $X_t,X_{t-1},\cdots,X_{t-p}$ 的各期相关系数。也可以在 PDL 项中逐步加大 p 的值,再利用 $\overline{R}^2$ 和 AIC、SC 判断较为合适的滞后长度。

例 4-7 表 4-6 给出了 1978—1997 某地区制造行业销售额 X 与库存 Y 的相关资料,试利用分布滞后模型建立库存函数。

表 4-6 1978—1997 某地区制造行业销售额 X 与库存 Y 的数据 　　　　　　单位:亿元

年　份	销售额 X	库存 Y	年　份	销售额 X	库存 Y
1978	26 480	45 069	1988	41 003	68 221
1979	27 740	50 642	1989	44 869	77 965
1980	28 736	51 871	1990	46 449	84 655
1981	27 280	50 070	1991	50 282	90 875
1982	30 219	52 707	1992	53 555	97 074
1983	30 796	53 814	1993	52 859	101 645
1984	30 896	54 939	1994	55 917	102 445
1985	33 113	58 213	1995	62 017	107 719
1986	35 032	60 043	1996	71 398	120 870
1987	37 335	63 383	1997	82 078	147 135

(1)确定滞后长度。先利用互相关分析命令 CROSS 做初步判断,在 EViews 命令窗口输入

$$CROSS \quad Y \quad X$$

并输入滞后长度 6,输出如图 4-22 所示的相关图。

从图 4-22 中 Y 与 X 各期滞后的相关系数可知,滞后期长度可初步判定为 3 或 4。但相关系数只能大致判断 Y 与 X 各期滞后的相关情况,利用 $\overline{R}^2$ 和 AIC、SC 指标可以做更精确的判断。在 EViews 命令窗口输入

LS　Y　C　PDL(X,p,2)

其中,p 依次取 $2,3,\cdots,6$,计算出的各个检验指标值统一列入表 4-7 中。

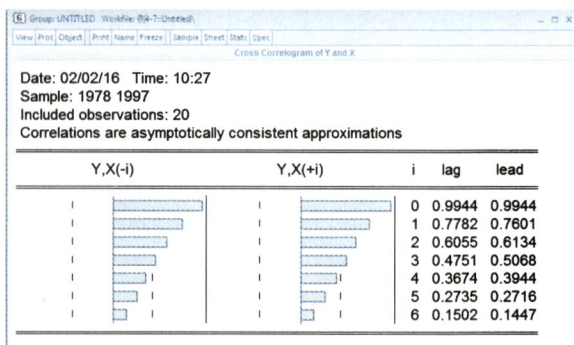

图 4-22　互相关分析图

表 4-7　判断滞后期长度的检验指标值

滞后期 p	$\overline{R}^2$	AIC	SC
2	0.995 085	18.199 82	18.397 68
3	0.996 058	17.983 45	18.179 50
4	0.996 625	17.813 19	18.006 34
5	0.994 822	18.226 37	18.415 18
6	0.994 185	18.316 24	18.498 83

从表 4-7 的计算结果可以看出,在二阶阿尔蒙多项式变换下,当 $p=4$ 时,$\overline{R}^2$ 值最大,AIC、SC 值最小。因此,滞后期数可以定为 4 期。

(2)利用阿尔蒙多项式法估计模型。在 EViews 命令窗口输入

LS　Y　C　PDL(X,4,2)

输出结果如图 4-23 所示。

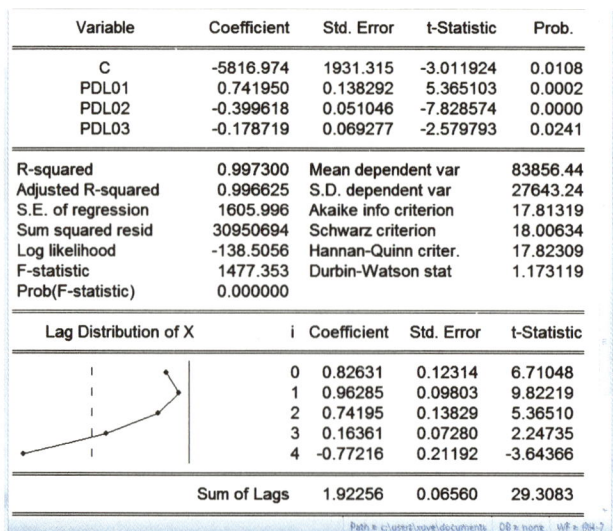

Variable	Coefficient	Std. Error	t-Statistic	Prob.
C	-5816.974	1931.315	-3.011924	0.0108
PDL01	0.741950	0.138292	5.365103	0.0002
PDL02	-0.399618	0.051046	-7.828574	0.0000
PDL03	-0.178719	0.069277	-2.579793	0.0241

R-squared	0.997300	Mean dependent var	83856.44
Adjusted R-squared	0.996625	S.D. dependent var	27643.24
S.E. of regression	1605.996	Akaike info criterion	17.81319
Sum squared resid	30950694	Schwarz criterion	18.00634
Log likelihood	-138.5056	Hannan-Quinn criter.	17.82309
F-statistic	1477.353	Durbin-Watson stat	1.173119
Prob(F-statistic)	0.000000		

Lag Distribution of X	i	Coefficient	Std. Error	t-Statistic
	0	0.82631	0.12314	6.71048
	1	0.96285	0.09803	9.82219
	2	0.74195	0.13829	5.36510
	3	0.16361	0.07280	2.24735
	4	-0.77216	0.21192	-3.64366
Sum of Lags		1.92256	0.06560	29.3083

图 4-23　阿尔蒙估计的输出结果

输出结果由三部分组成,第一部分是经过阿尔蒙变换之后的估计结果(其中变量 Z_t 用 PDL 变量表示);第二部分是变换后模型的统计检验结果;第三部分是将变换后的模型还原成原来的分布滞后模型时的相应估计结果。利用阿尔蒙估计法得到的分布滞后模型估计结果为

$$\hat{Y}_t = -5\ 816.974 + 0.826\ 31X_t + 0.962\ 85X_{t-1} + 0.741\ 95X_{t-2} + 0.163\ 61X_{t-3} - 0.772\ 16X_{t-4}$$
$$t = -3.011\ 924 \quad (6.710\ 48) \quad (9.822\ 19) \quad (5.365\ 10)(2.247\ 35)(-3.643\ 66)$$

需要指出的是,EViews 用"PDL"估计分布滞后模型时,采用的滞后系数多项式变换不是形如(4.3.7)式的阿尔蒙多项式,而是阿尔蒙多项式的派生形式。因此,输出结果中 PDL01、PDL02、PDL03 对应的估计系数不是(4.3.10)式的系数估计值 $\hat{\alpha}_0$、$\hat{\alpha}_1$、$\hat{\alpha}_2$,但最终的分布滞后估计系数 $\hat{\beta}_0$、$\hat{\beta}_1$、$\hat{\beta}_2$、$\hat{\beta}_3$ 是相同的。

四、自回归模型

在经典计量经济学结构建模中,引入自回归模型主要有两条途径:一是对无限分布滞后模型的滞后结构做出某种假设,通过变换而形成,如库伊克(Koyck)模型;另一条途径是在模型中考虑了预期因素,然后基于经济原理对"期望模型"做出某种假定而导出,如自适应预期模型和局部调整模型。

(一)库伊克(Koyck)模型

一些经济变量的滞后效应可能长期存在,尽管随时间的推移,这种滞后的影响会逐步削弱。对于这种滞后现象,可以用无限分布滞后模型来处理。由于无限分布滞后模型中滞后项无限多,而样本观测值总是有限的,因此不可能直接对其进行 OLS 估计。要使模型估计能够顺利进行,就必须对滞后效应的分布施加一些约束或假定条件,从而简化模型的结构。库伊克(Koyck)变换就是其中较具代表性的方法。

对于无限分布滞后模型,库伊克于 1954 年提出利用几何分布滞后模型来逼近滞后效应的变化结构的估计方法:将无限分布滞后模型转化为形式较为简单的自回归模型进行估计。

设模型为无限分布滞后模型为

$$Y_t = \alpha + \beta_0 X_t + \beta_1 X_{t-1} + \beta_2 X_{t-2} + \cdots + u_t \tag{4.3.11}$$

在许多情况下,滞后变量的影响随着时间的推移将越来越小,即系数 β_i 的值呈递减趋势。因此,库伊克假设所有的 β 具有相同的符号(此处假定为正号),分布滞后变量的参数是按几何级数递减的,即

$$\beta_i = \beta_0 \lambda^i \quad (i = 1, 2, \cdots, n) \tag{4.3.12}$$

其中,$0 < \lambda < 1$ 称作分布滞后衰减率。由此可以看出,解释变量的滞后阶数越高,对 Y 的影响就越小。

将(4.3.12)式代入(4.3.11)式得

$$Y_t = \alpha + \beta_0 X_t + \beta_0 \lambda X_{t-1} + \beta_0 \lambda^2 X_{t-2} + \cdots + u_t \tag{4.3.13}$$

将(4.3.13)式滞后一期并在方程两端同乘以 λ,得

$$\lambda Y_{t-1} = \alpha \lambda + \beta_0 \lambda X_{t-1} + \beta_0 \lambda^2 X_{t-2} + \cdots + \lambda u_{t-1} \tag{4.3.14}$$

整理得

$$Y_t = \alpha(1-\lambda) + \beta_0 X_t + \lambda Y_{t-1} + v_t \tag{4.3.15}$$

其中,$v_t = u_t - \lambda u_{t-1}$,(4.3.15)式称为库伊克模型。

通过库伊克变换,将一个无限分布滞后模型化为自回归模型,模型中除包括 X_t 外,还有 Y_t 的一阶滞后变量 Y_{t-1},仅有三个参数需要估计:α、β_0、λ。另外,由模型的变换可以看出,解释变量之间的多重共线性已大大减弱。

对于满足经典假定条件下的无限分布滞后模型(4.3.11),经库伊克变换得到的库伊克模型(4.3.15)存在自相关性和随机解释变量问题,即

$$\begin{aligned}
\mathrm{Cov}(v_t, v_{t-1}) &= E(u_t - \lambda u_{t-1})(u_{t-1} - \lambda u_{t-2}) \\
&= E(u_t u_{t-1}) - \lambda E u_{t-1}^2 - \lambda E(u_t u_{t-2}) + \lambda^2 E(u_{t-1} u_{t-2}) \\
&= -\lambda E u_{t-1}^2 = -\lambda \sigma^2 \neq 0
\end{aligned} \tag{4.3.16}$$

$$\begin{aligned}
\mathrm{Cov}(Y_{t-1}, v_t) &= \mathrm{Cov}(Y_{t-1}, u_t - \lambda u_{t-1}) \\
&= \mathrm{Cov}(Y_{t-1}, u_t) - \lambda \mathrm{Cov}(Y_{t-1}, u_{t-1}) \\
&= -\lambda \mathrm{Cov}(Y_{t-1}, u_{t-1}) \neq 0
\end{aligned} \tag{4.3.17}$$

(二) 自适应预期(adaptive expectation)模型

在实际经济活动中,经济活动的主体经常根据他们对某些经济变量未来走势的"预期"来改变自己的决策行为。例如,一家公司的价值在过去稳步增长,投资者就可能预期这种情况会持续下去,并依据这种预期做出投资决策。又如,当期居民消费水平的高低,在一定程度上取决于对未来收入水平的预期,即取决于预期的收入水平。这些例子表明,某些经济变量的变化会或多或少地受到另一些经济变量预期值的影响。为了处理这种经济现象,我们可以将变量的预期值引入模型,建立"预期模型",用其解释所研究的经济行为。预期模型最简单的情形是如下只包含一个预期解释变量的一元线性回归模型,即

$$Y_t = \alpha + \beta X_t^* + u_t \tag{4.3.18}$$

其中,Y_t 为被解释变量,X_t^* 为解释变量预期值,u_t 为随机扰动项。

预期是对未来的判断,在大多数情况下,预期值是不可观测的。因此在回归分析中,需要对预期的形成机理做出某种假定。自适应预期假定就是这样一种假定,认为:经济活动的主体会根据自己过去所做的预期偏离现实的程度,来修正他们以后每一时期的预期,使其更符合新的经济环境。这种预期调整过程叫作自适应调整过程,可以用数学形式表示为

$$X_t^* = X_{t-1}^* + \gamma(X_t - X_{t-1}^*) \tag{4.3.19}$$

其中,参数 γ 为预期系数(coefficient of expectation),在一般情况下,$0 \leqslant \gamma \leqslant 1$。如果上一期预期值偏高,即 $X_t - X_{t-1}^* < 0$,那么本期预期值就会自动降低;反之,如果上一期预期值偏低,即 $X_t - X_{t-1}^* > 0$,那么本期预期值就会自动升高。通常将解释变量预期值满足自适应调整过程的预期模型(4.3.18)称为自适应预期模型。

自适应过程(4.3.19)式可以改写为

$$X_t^* = \gamma X_t + (1-\gamma) X_{t-1}^* \tag{4.3.20}$$

此式表明本期预期值是本期实际值和上前一期预期值的加权平均,权数分别为 γ 和 $1-\gamma$。

将(4.3.20)式代入(4.3.18)式,得

$$Y_t = \alpha + \beta[\gamma X_t + (1-\gamma)X_{t-1}^*] + u_t \tag{4.3.21}$$

将(4.3.18)式滞后一个时期并乘以 $1-\gamma$,得

$$(1-\gamma)Y_{t-1} = (1-\gamma)\alpha + (1-\gamma)\beta X_{t-1}^* + (1-\gamma)u_{t-1} \tag{4.3.22}$$

再将(4.3.21)式减去(4.3.22)式并整理,得

$$Y_t = \alpha^* + \beta_0^* X_t + \beta_1^* Y_{t-1} + v_t \tag{4.3.23}$$

其中, $\alpha^* = \gamma\alpha, \beta_0^* = \gamma\beta, \beta_1^* = 1-\gamma, v_t = u_t - (1-\gamma)u_{t-1}$。

如果取 $\lambda = 1-\gamma$,则 $v_t = u_t - (1-\gamma)u_{t-1} = u_t - \lambda u_{t-1}$,与库伊克模型的随机干扰项完全一致。上述推导过程说明,自适应预期模型本质上是一个一阶自回归模型。如果能得到(4.3.23)式参数 α^*、β_0^*、β_1^* 的估计值 $\hat{\alpha}^*$、$\hat{\beta}_0^*$、$\hat{\beta}_1^*$,便可求得自适应预期模型(4.3.18)中的参数 α、β 估计值。

对于满足经典假定条件下的自适应预期模型(4.3.18),其对应的一阶自回归模型(4.3.23)存在自相关性和随机解释变量问题,即

$$\text{Cov}(v_t, v_{t-1}) = E(u_t - \lambda u_{t-1})(u_{t-1} - \lambda u_{t-2}) = -\lambda\sigma^2 \neq 0 \tag{4.3.24}$$

$$\text{Cov}(Y_{t-1}, v_t) = \text{Cov}(Y_{t-1}, u_t - \lambda u_{t-1}) = -\lambda\text{Cov}(Y_{t-1}, u_{t-1}) \neq 0 \tag{4.3.25}$$

自适应预期模型本身是一个无限分布滞后模型。因为把自适应预期假设(4.3.20)式展开,有

$$\begin{aligned} X_t^* &= \gamma X_t + (1-\gamma)X_{t-1}^* = \gamma X_t + \gamma(1-\gamma)X_{t-1} + (1-\gamma)^2 X_{t-2}^* \\ &= \gamma X_t + \gamma(1-\gamma)X_{t-1} + \gamma(1-\gamma)^2 X_{t-2} + \cdots \end{aligned} \tag{4.3.26}$$

(4.3.26)式表明,预期的形成实际上是过去观测值累计的结果,但其中越是近期的观测值对预期形成的影响越大,随着滞后期的增大,滞后观测值的作用会越来越小。将(4.3.26)式代入(4.3.18)式,即可得到无限分布滞后模型为

$$Y_t = \alpha + \beta\gamma X_t + \beta\gamma(1-\gamma)X_{t-1} + \beta\gamma(1-\gamma)^2 X_{t-2} + \cdots + u_t \tag{4.3.27}$$

在模型(4.3.27)中,短期影响乘数为 $\beta\gamma$;延期影响乘数为 $\beta\gamma(1-\gamma)^i (i=1,2,\cdots,n)$;长期影响乘数为 $\beta\gamma + \beta\gamma(1-\gamma) + \beta\gamma(1-\gamma)^2 + \cdots = \beta$。

例 4-8 1946—1972 年美国短期和长期总消费函数。

假设消费 C_t 和永久收入 X_t^* 有线性关系为

$$C_t = \beta_1 + \beta_2 X_t^* + u_t \tag{4.3.28}$$

由于 X_t^* 不可直接观测,有必要明确产生永久收入的机制,类似于自适应预期假设,这里对永久收入的形成作假定为

$$X_t^* - X_{t-1}^* = \gamma(X_t - X_{t-1}^*) \Rightarrow X_t^* = \gamma X_t + (1-\gamma)X_{t-1}^* \tag{4.3.29}$$

其中, $0 < \gamma \leqslant 1$。将(4.3.29)式代入(4.3.28)式,得

$$C_t = \beta_1 + \gamma\beta_2 X_t + (1-\gamma)\beta_2 X_{t-1}^* + u_t \tag{4.3.30}$$

将(4.3.28)式滞后一期并乘以$(1-\gamma)$，然后将此乘积与(4.3.30)式相减，整理得

$$C_t = \gamma\beta_1 + \gamma\beta_2 X_t + (1-\gamma)C_{t-1} + u_t - (1-\gamma)u_{t-1} \tag{4.3.31}$$

令 $\alpha_1 = \gamma\beta_1, \alpha_2 = \gamma\beta_2, \alpha_3 = 1-\gamma, v_t = u_t - (1-y)u_{t-1}$。代入(4.3.31)式，得

$$C_t = \alpha_1 + \alpha_2 X_t + \alpha_3 C_{t-1} + v_t$$

显然，β_2 与 α_2 之间的经济含义是不相同的。β_2 表示永久收入每增加 1 美元消费的变化量，而 α_2 表示现期收入每增加 1 美元消费的变化量。

根据 1946—1972 年美国的季度数据(扣除价格变动因素)，M. C. 洛弗尔(Lovell)得到如下估计结果为

$$\hat{C}_t = 2.361 + 0.295\,9X_t + 0.675\,5C_{t-1}$$

回归结果表明，边际消费倾向(MPC)为 0.295 9，约 0.3。也就是说，当前可支配收入每增加 1 美元，消费平均增加约 30 美分。但若收入的这种增加一直持续下去，则永久收入的边际消费倾向(MPC)最终为 $\beta_2 = \alpha_2/\gamma = 0.295\,9/(1-0.675\,5) \approx 0.91$。

(三) 局部调整(Partial Adjustment)模型

在实际经济活动中，还会遇到为了适应一个变量的变化，另一个变量有一个理想的最佳值与之对应的现象。例如，企业为了确保生产或供应，对应于一定的产量或销售量，必须保持一定的原材料或产品储备，存在着理想的最佳库存量。再如，为了确保一国经济健康发展，中央银行必须保持一定的货币供应，对应于一定的经济总量水平，应该有一个理想的最佳货币供应量。也就是说，一个变量的现值影响另一个变量理想的最佳值。度量变量之间这种关系的最简单的模型，可以表示为

$$Y_t^* = \alpha + \beta X_t + u_t \tag{4.3.32}$$

其中，Y_t^* 为被解释变量 Y_t 的理想最佳值，X_t 为解释变量的现值。在回归分析中，这里存在着与自适应预期模型同样的问题，即如何获取模型中的理想最佳值的问题，因此也需要对理想最佳值的形成机理做出某种假设，局部调整假设就是其中之一。局部调整假设认为，变量 Y_t 的实际变化仅仅是理想最佳变化的一部分，用数学形式表示就是

$$Y_t - Y_{t-1} = \delta(Y_t^* - Y_{t-1}) \tag{4.3.33}$$

其中，δ 为调整系数。(4.3.33)式改写为

$$Y_t = \delta Y_t^* + (1-\delta)Y_{t-1} \tag{4.3.34}$$

从(4.3.34)式可看出，Y_t 是现期理想值和前期实际值的加权平均。δ 的值越高，调整过程越快。若 $\delta=1$，则 $Y_t = Y_t^*$，在一期内实现全调整；若 $\delta=0$，则根本不做调整。通常将满足局部调整假设模型(4.3.32)称为局部调整模型(partial adjustment model)。

将(4.3.32)式代入(4.3.34)式，并整理得到

$$Y_t = \alpha\delta + \delta\beta X_t + (1-\delta)Y_{t-1} + \delta u_t \tag{4.3.35}$$

令 $\alpha^* = \delta\alpha, \beta_0^* = \delta\beta, \beta_1^* = 1-\delta, v_t = \delta u_t$，则(4.3.35)式可写成

$$Y_t = \alpha^* + \beta_0^* X_t + \beta_1^* Y_{t-1} + v_t \tag{4.3.36}$$

这说明局部调整模型本质上也是一个一阶自回归模型。如果能得到(4.3.36)式参数 α^*、β_0^*、β_1^* 的估计值 $\hat{\alpha}^*$、$\hat{\beta}_0^*$、$\hat{\beta}_1^*$，便可求得局部调整模型(4.3.32)中的参数 α、β 估计值。

若局部调整模型(4.3.32)满足经典假定条件，则模型(4.3.36)的随机干扰项 $v_t = \delta u_t$ 具有零均值、无自相关性和同方差因性，而且

$$\text{Cov}(Y_{t-1}, v_t) = \text{Cov}(Y_{t-1}, \delta u_t) = \delta \text{Cov}(Y_{t-1}, u_t) = 0 \tag{4.3.37}$$

局部调整模型也是一个无限分布滞后模型。因为把(4.3.35)式展开，有

$$Y_t = \alpha + \beta\delta X_t + \beta\delta(1-\delta)X_{t-1} + \beta\delta(1-\delta)^2 X_{t-2} + \cdots + v_t \tag{4.3.38}$$

其中，$v_t = \delta u_t + \delta(1-\delta)u_{t-1} + \delta(1-\delta)^2 u_{t-2} + \cdots$。

由乘数的定义可知，在模型(4.3.38)中，短期影响乘数为 $\beta\delta$；延期影响乘数为 $\beta\delta(1-\delta)^i$ $(i=1,2,\cdots,n)$；长期影响乘数为 $\sum_{i=0}^{\infty}\beta\delta(1-\delta)^i = \beta$。

局部调整模型在实践中有着广泛的应用。例如，需求函数就常常设定为

$$\ln Q_t = \beta_0 + \beta_1 \ln P_t + \beta_2 \ln Q_{t-1} + u_t \tag{4.3.39}$$

其中，Q_t 表示需求量，P_t 表示价格水平。因为在双对数模型中，回归系数本身就是弹性，故需求量关于价格水平的短期弹性和长期弹性分别为 β_1 和 $\dfrac{\beta_1}{1-\beta_2}$。

例 4-9　林特纳(Lintner)的股息调整模型。

林特纳建立的股息调整模型是应用局部调整模型的一个著名例子。在对公司股息行为的研究中，林特纳发现，所有股份公司都将其税后利润的一部分以股息的形式分配给股东，其余部分则用作投资。当利润增加时，股息一般也增加，但通常不会将增加的利润都用作股息分配。这是因为利润的增加可能是暂时的，如果股息增加过快，以后可能还会被迫掉下来，但减少股息通常会损害公司的声誉，因而公司管理层通常会对此非常谨慎；不将增加的利润都用于股息的另一个原因是，可能有很好的投资机会。

为了建立一个描述这种行为的模型，林特纳假设各公司有一个长期的目标派息率 γ，理想的股息 D_t^* 与现期利润 Π_t 有关，其关系为

$$D_t^* = \gamma \prod_t$$

而实际股息服从局部调整机制，即

$$\Delta D_t = \lambda(D_t^* - D_{t-1}) + u_t$$

其中，u_t 为随机干扰项。因此，

$$D_t - D_{t-1} = \lambda(D_t^* - D_{t-1}) + u_t = \gamma\lambda \prod_t - \lambda D_{t-1} + u_t$$

$$D_t = \gamma\lambda \prod_t + (1-\lambda)D_{t-1} + u_t$$

使用美国公司部门 1918—1941 年数据，得到的回归结果为

$$\hat{D}_t = 352.3 + 0.15 \prod_t + 0.70 D_{t-1}$$

各系数在 1% 显著水平下都显著异于零。

从回归结果可知,$(1-\lambda)$ 的估计值为 0.70,因而调整系数 λ 的估计值为 0.30,即调整速度为 0.30。由于 $\prod_t$ 的系数是 $\gamma\lambda$ 的估计值,除以 0.30,则得到长期派息率(γ)的估计值为 0.50。

五、一阶自回归模型的估计

库伊克模型、自适应预期模型与局部调整模型,在模型结构上最终都可表示为一阶自回归模型的形式,因此,对这三个模型的估计就转化为对一阶自回归模型的估计。但利用最小二乘法估计一阶自回归模型:

$$Y_t = \alpha + \alpha_0 X_t + \beta_1 Y_{t-1} + v_t$$

主要会遇到两个问题:(1) 模型中含有随机解释变量 Y_{t-1} 很可能与随机干扰项 v_t 相关,使 OLS 估计成为有偏估计;(2) 模型很可能存在自相关性,这样 OLS 估计非有效。下面分别讨论不同情况下的估计问题。

(一) v_t 不存在自相关性

在局部调整模型中,由于 $v_t = \delta u_t$,这样若 u_t 不存在自相关性,则 v_t 也自然不存在自相关性。而且,因为 Y_{t-1} 依赖于 v_{t-1},由于 v_{t-1} 与 v_t 互不相关,得到 Y_{t-1} 与 v_t 也是互不相关的。局部调整模型满足经典假定条件。因此,仍然可以使用 OLS 估计模型。

(二) v_t 存在自相关性

在库伊克模型和自适应预期模型中,由于 $v_t = u_t - \lambda u_{t-1}$,这使得随机干扰项 v_t 存在一阶自相关性,而且 v_t 还与随机解释变量 Y_{t-1} 相关。此时,一般是设法先消除模型中随机解释变量与随机干扰项的相关问题,然后再利用广义差分法消除自相关性的影响。消除随机解释变量 Y_{t-1} 与随机干扰项 v_t 的相关性,可以采用工具变量法,以得到其参数的一致估计量。

关于随机干扰项是否存在自相关的诊断,前面我们曾介绍过 DW 检验法,但这一检验法不合适于模型中含有滞后被解释变量的场合(见 DW 检验的假设条件)。在一阶自回归模型中,滞后被解释变量 Y_{t-1} 是随机变量,已有研究表明,如果用 DW 检验法,则 DW 统计量值总是趋近于 2。也就是说,在一阶自回归模型中,当随机扰动项 v_t 存在自相关时,DW 检验却倾向于得出非自相关的结论。为此,德宾(Durbin)提出了检验一阶自相关的 h 统计量。

当随机干扰项一阶自相关时,德宾将自相关系数 ρ 的估计值 $\hat{\rho}$ 用下列公式近似计算:

$$\hat{\rho} \approx 1 - \frac{1}{2}d$$

其中,d 为 DW 统计量的值。

h 统计量定义为

$$h = \hat{\rho}\sqrt{\frac{n}{1 - n\mathrm{Var}(\hat{\beta_1})}} \approx \left(1 - \frac{1}{2}d\right)\sqrt{\frac{n}{1 - n\mathrm{Var}(\hat{\beta_1})}} \tag{4.3.40}$$

其中,n 是样本容量,$\mathrm{Var}(\hat{\beta_1})$ 为滞后被解释变量 Y_{t-1} 的回归系数的估计方差。

德宾证明了在 $\rho = 0$ 的假定下,h 统计量的极限分布为标准正态分布。因此,在大样本情况下,可以用 h 统计量值判断随机干扰项 v_t 是否存在一阶自相关。

值得注意的是,该检验法可适用于任意阶的自回归模型。该检验是针对大样本的,用于小样本效果较差。

复习思考题

1. 简述建立计量经济模型时引入虚拟变量的原因和作用。

2. 对包含常数项的季节变量模型运用最小二乘法时,如果模型中引入 4 个季节虚拟变量,其估计结果会出现什么问题?

3. 导致随机解释变量模型参数的 OLS 估计量非一致的根本原因是什么? 工具变量法对工具变量有什么要求? 如何评价这种方法?

4. 库伊克模型、自适应预期模型与局部调整模型有哪些共性和不同之处? 模型估计会存在哪些困难? 如何解决?

5. 一个由容量为 209 的样本估计的解释 CEO 薪水的方程为

$$\ln Y = 4.59 + 0.257 \ln S + 0.011r + 0.158 D_1 + 0.181 D_2 - 0.283 D_3$$
$$t = (15.3) \quad (8.03) \quad (2.75) \quad (1.775) \quad (2.130) \quad (-2.895)$$

其中,Y 表示年薪水(万元)、S 表示年收入(万元)、r 表示公司股票收益(万元);D_1、D_2 和 D_3 均为虚拟变量,分别表示金融业、消费品工业和公用事业(假设对比产业为交通运输业)。试完成:

(1) 解释三个虚拟变量参数的经济含义。

(2) 保持 S 和 r 不变,计算公用事业和交通运输业之间估计薪水的近似百分比差异。这个差异在 1% 的显著水平上是统计显著的吗?

(3) 消费品工业和金融业之间估计薪水的近似百分比差异是多少? 写出一个使你能直接检验这个差异是否统计显著的方程。

6. 某地区 1991 年 1 季度至 1996 年 4 季度的服装销售量 Y(单位:万件)如表 4 - 8 所示。

(1) 作销售量 Y 的趋势图,分析销售量的变化趋势。

(2) 定义季节虚拟变量,做销售量 Y 对季节虚拟变量、时间趋势变量的回归模型。

(3) 解释回归所得截距项、回归系数的经济含义。

(4) 预测该地区 1997 年 1—4 季度的服装销售量各为多少?

表 4 - 8　某地区 1991 年 1 季度至 1996 年 4 季度的服装销售量 Y 的统计资料

年　份	时期 t	销售量(万件)	年　份	时期 t	销售量(万件)
1991 - 1	1	80	1993 - 1	9	98
1991 - 2	2	70	1993 - 2	10	90
1991 - 3	3	90	1993 - 3	11	110
1991 - 4	4	100	1993 - 4	12	130
1992 - 1	5	90	1994 - 1	13	104
1992 - 2	6	80	1994 - 2	14	100
1992 - 3	7	105	1994 - 3	15	120
1992 - 4	8	120	1994 - 4	16	140

年　份	时期 t	销售量(万件)	年　份	时期 t	销售量(万件)
1995 - 1	17	114	1996 - 1	21	122
1995 - 2	18	104	1996 - 2	22	112
1995 - 3	19	130	1996 - 3	23	138
1995 - 4	20	148	1996 - 4	24	158

7. 我们有某地 1970—1987 年人均储蓄和人均收入的数据,用以研究 1970—1978 年和 1978 年以后储蓄和收入之间的关系是否发生显著变化。引入虚拟变量后,估计结果如下:

$$\hat{Y}_t = -1.750\ 2 + 1.483\ 9D_t + 0.150\ 4X_t - 0.103\ 4D_t * X_t$$
$$R^2 = 0.942\ 5(0.331\ 9)\quad(0.470\ 4)\quad(0.016\ 3)\quad(0.033\ 2)$$

其中,Y 为人均储蓄;X 为人均收入;$D_t = \begin{cases} 0 & 1\ 970 \leqslant t \leqslant 1\ 978 \\ 1 & 1\ 979 \leqslant t \leqslant 1\ 987 \end{cases}$,括号内数字为标准差。

请检验两时期是否有显著的结构性变化。

8. 根据经济学知识,居民平均消费水平不仅要受到当期职工平均货币工资的影响,还要受到以前几期职工平均货币工资的影响。根据表 4 - 9 给出的数据资料,建立分布滞后模型分析两者的关系。

表 4 - 9　1988—2004 年消费与工资的统计资料　　　　单位:元

年　份	居民平均消费水平	职工平均货币工资	年　份	居民平均消费水平	职工平均货币工资
1988	693	1 747	1997	2 834	6 470
1989	762	1935	1998	2 972	7 479
1990	803	2 140	1999	3 138	8 346
1991	896	2 340	2000	3 397	9 371
1992	1 070	2 711	2001	3 609	10 870
1993	1 331	3 371	2002	3 818	12 422
1994	1 746	4 538	2003	4 089	14 040
1995	2 236	5 500	2004	4 552	16 024
1996	2 641	6 210			

9. 表 4 - 10 给出了 1985—2000 年间我国农村居民人均消费支出、人均纯收入按当年价格计算的数据,和利用农村居民消费价格指数调整得到的农村居民人均实际消费支出(Y)和年人均实际纯收入(X)(按 1985 年价格计算)的数据。为了消除价格因素变动对农村居民收入和消费支出数量关系的影响,拟采用人均实际纯收入和人均实际消费支出的数据建立我国农村居民的消费函数模型。依据 Y 对 X 的散点图,设定理论模型为

$$Y_t = \beta_0 + \beta_1 X_t + u_t \quad (t = 1\ 985, \cdots, 2\ 000)$$

(1) 假定 X_{t-1} 为 X_t 的一个工具变量,试依据表 4 - 10 中的数据,利用 Hausman 检验法检验 X_t 是否是随机解释变量。

(2) 依据(1)的检验结果,选择合适的方法估计该模型。

(3) 你认为(1)中的假定能成立吗？哪些变量可以作为 X_t 的工具变量？为什么？

表 4-10　农村居民人均纯收入和人均消费支出的数据　　　　　单位:元

年　份	年人均消费支出(当年价格)	年人均纯收入(当年价格)	消费价格指数(1985＝100)	年人均实际消费支出(1985 价格)	年人均实际纯收入(1985 价格)
1985	317.42	397.6	100	317.42	397.60
1986	357	423.8	106.1	336.48	399.43
1987	398.3	462.6	112.7	353.42	410.47
1988	476.7	544.9	132.4	360.05	411.56
1989	535.4	601.5	157.9	339.08	380.94
1990	584.63	686.3	165.1	354.11	415.69
1991	619.8	708.6	168.9	366.96	419.54
1992	659.8	784	176.8	373.19	443.44
1993	769.7	921.6	201	382.94	458.51
1994	1 016.81	1 221	248	410.00	492.34
1995	1 310.36	1 577.7	291.4	449.68	541.42
1996	1 572.1	1926.1	314.4	500.03	612.63
1997	1 617.15	2 090.1	322.3	501.75	648.50
1998	1 590.33	2 162	319.1	498.38	677.53
1999	1 577.42	2 210.3	314.3	501.88	703.25
2000	1 670	2 253.4	314	531.85	717.64

数据来源:《中国统计年鉴(1986—2001)》

10. 假设货币需求关系式为 $M_t=\alpha+\beta Y_t^*+\gamma R_t$。式中，$M_t$ 为时间 t 的实际现金余额，Y_t^* 为时间 t 的"期望"实际收入，R_t 为时间 t 的利率。根据自适应规则

$$Y_t^* = \lambda Y_{t-1}+(1-\lambda)Y_{t-1}^*+u_t \quad (0<\lambda<1)$$

修改期望值。已知 Y_t,M_t,R_t 的数据，但 Y_t^* 的数据未知。试完成:

(1) 建立一个可以用于推导 α,β,γ 和 λ 估计值的计量经济模型。

(2) 假设 $E(u_t)=0,E(u_t^2)=\sigma^2,E(u_tu_{t-s})=0,s\neq0;Y_{t-1},R_t,M_{t-1}$ 和 R_{t-1} 与 u_t 都不相关。OLS 估计量是无偏、一致的吗？为什么？

(3) 假设 $u_t=\rho u_{t-1}+v_t,v_t$ 的性质类似(2)部分的 u_t。那么，本例中 OLS 估计量是无偏、一致的吗？为什么？

第五章
联立方程模型

第一节　联立方程模型的概念

一、联立方程模型及其特点

前面讨论的单一方程模型是用一个方程描述经济变量之间的单向因果关系,也就是若干解释变量的变化引起被解释变量变化。所以,它适用于单一经济现象的研究,揭示其中的单向因果关系。而现实中经济现象是错综复杂的,许多经济变量之间存在交错的双向或多向因果关系。例如,讨论消费与收入的关系,静止地看,显然是收入决定消费,但从社会再生产的动态过程来看,消费的水平和结构变化会导致生产规模和行业结构的调整变化,进而影响国民收入。因此,消费又决定收入。这里,消费与收入的关系是相互影响,存在着双向的因果关系。

联立方程模型是指用若干个相互关联的单方程,同时去表示一个经济系统中经济变量相互联立依存性的模型,即用一个联立方程组去表示多个变量间互为因果的联立关系。联立方程模型中的每一个方程都描述了变量间的一个因果关系,所描述的经济系统中有多少个因果关系,联立方程模型中就对应有多少个方程。例如,简化的凯恩斯收入决定模型为

$$\begin{cases} C_t = \alpha_0 + \alpha_1 Y_t + u_{1t} & \text{消费方程} \\ I_t = \beta_0 + \beta_1 Y_t + \beta_2 Y_{t-1} + u_{2t} & \text{投资方程} \\ Y_t = C_t + I_t + G_t & \text{收入方程} \end{cases} \tag{5.1.1}$$

其中,C_t、I_t、Y_t、G_t分别表示居民消费总额、国内生产总值、投资总额和政府支出。第一个方程表示C_t由Y_t决定,称为消费方程;第二个方程表示I_t由Y_t和Y_{t-1}共同决定,称为投资方程;第三个方程表示Y_t由C_t、I_t和G_t共同决定,称为收入方程,其在假定进出口平衡的条件下,是一个恒等式。这就是一个简单的描述宏观经济的联立方程计量经济学模型。

在模型(5.1.1)中,国内生产总值Y_t、居民消费总额C_t和投资总额I_t这三者是互相影响,并互为因果的。Y_t决定C_t和I_t,但其又受C_t和I_t的影响,因此无法用一个方程描述它们之间关系。

联立方程模型具有如下特点:

(1) 联立方程组模型是由若干个单一方程模型有机结合而成的;

(2) 联立方程模型中,可能同时包含随机方程和确定性方程,但必须含有随机方程;

(3) 被解释变量和解释变量之间不仅是单向的因果关系,有可能是互为因果,有的变量在某个方程为解释变量,而在另一个方程中可能为被解释变量,因此解释变量有可能是随机的不

可控变量；

(4) 解释变量可能与随机干扰项相关，即 $E(X'u) \neq 0$，违反 OLS 经典假定。

二、联立方程模型中变量的分类

对于单一方程模型，由于变量之间只存在着单方向因果关系，因此被解释变量和解释变量的区分十分清楚。而在联立方程模型中，某些变量可能是一个方程中的解释变量，也可能是另一个方程中的被解释变量。如果将变量只是区分为解释变量和被解释变量，那么意义不大。为了更好地区分每个变量，同时也为了更好地说明每个变量的内在含义和作用，应对变量重新进行分类。

(1) 内生变量(endogenous variable)。

由模型系统决定其取值的变量，称为内生变量。内生变量受模型中其他变量的影响，也可能影响其他内生变量。即内生变量是某个方程中的被解释变量，同时可能又是某些方程中的解释变量。在单方程模型中，内生变量就是被解释变量。

内生变量一般受随机干扰项的影响，是随机变量，它与随机干扰项之间不是独立的。如果内生变量在某个方程中作为解释变量，则该方程就存在随机解释变量问题。

(2) 外生变量(exogenous variable)。

由模型系统以外的其他因素决定其取值的变量，称为外生变量。它表现为非随机变量，其值在模型求解之前就已经确定。外生变量值影响模型中的其他变量，而不受其他变量的影响，因此只能在方程中做解释变量。在单方程模型中，外生变量就是解释变量。

外生变量不受模型系统内的随机干扰项影响，它与模型系统内的随机干扰项之间是独立的。

(3) 前定变量(predetermined variable)。

在联立方程模型中，有些变量本来是内生变量，但模型中可能出现了这些变量过去时期的滞后值，这些代表内生变量滞后值的变量称为滞后内生变量。在模型中，滞后内生变量的作用可视同于外生变量，并与外生变量一起称为前定变量，也称为先决变量。

由于外生变量是非随机变量，与模型中的随机干扰项不相关。如果随机干扰项不存在自相关，则滞后内生变量与随机干扰项也不存在自相关。因此，前定变量与模型中的随机干扰项是独立的。

联立方程模型必须是完整的—所谓完整即"方程个数＝内生变量个数"。否则联立方程模型是无法估计参数的。

三、联立方程模型中方程的分类

联立方程模型中的方程，按方程是否含有随机干扰项分类，可以分为以下两类：

(1) 随机方程式(行为方程式)(behavior equation)。含有随机干扰项和未知参数的方程，称为随机方程。随机方程中的参数是需要估计的。

(2) 非随机方程式(定义方程式)(definitional equation)。把不含有随机干扰项和未知参数的方程，称为非随机方程。非随机方程不需要估计参数。

以(5.1.1)式为例，说明联立方程模型中方程的分类。在(5.1.1)式中，内生变量包括 C_t、I_t 和 Y_t，外生变量为 G_t，滞后内生变量为 Y_{t-1}，前定变量包括 G_t 和 Y_{t-1}。因模型中包括三个内生变量、含有三个方程，所以(5.1.1)式是一个完整的联立方程模型。

内生变量与外生变量的划分不是绝对的,随着新的行为方程的加入,外生变量可以转化为内生变量;随着行为方程的减少,内生变量也可以转化为外生变量。

消费方程和投资方程是随机方程式,收入方程是非随机方程式。

四、联立方程模型的偏倚性

联立方程模型通常存在这么一种情况:某些变量在一个方程是作为解释变量,而在另一个方程是作为被解释变量。因此联立方程模型很可能违反经典假定。例如,在(5.1.1)式中,由第一个方程和第三个方程可以看出,变量 C_t 与变量 Y_t 有联系,并且变量 C_t 与随机干扰项 u_{1t} 相关,因此变量 Y_t 与 u_{1t} 相关,而变量 Y_t 在第一个方程做解释变量,这就违背了解释变量与随机干扰项不相关的假定。将第一个方程和第二个方程代入第三个方程,得

$$Y_t = \alpha_0 + \alpha_1 Y_t + u_{1t} + \beta_0 + \beta_1 Y_t + \beta_2 Y_{t-1} + u_{2t} + G_t$$

整理后,得

$$Y_t = \frac{\alpha_0 + \beta_0}{1 - \alpha_1 - \beta_1} + \frac{\beta_2}{1 - \alpha_1 - \beta_1} Y_{t-1} + \frac{1}{1 - \alpha_1 - \beta_1} G_t + \frac{u_{1t} + u_{2t}}{1 - \alpha_1 - \beta_1} \tag{5.1.2}$$

由(5.1.2)式可以看出,变量 Y_t 与 $u_{1t} + u_{2t}$ 相关,但在第一个方程 Y_t 作为解释变量,这又违背了解释变量与随机干扰项应独立的假定。如果解释变量与随机干扰项相关,若用 OLS 估计每个方程,则参数的估计量将是有偏的和不一致的。这种由于联立方程模型内生变量作为解释变量与随机干扰项相关、不独立,而引起的参数估计量是有偏且不一致,称为联立方程偏倚性。联立方程偏倚性是联立方程固有的,所以一般情况下 OLS 不适合估计联立方程模型。

第二节 联立方程模型的分类

一、结构式模型

根据经济理论和行为规律直接建立的,描述经济变量关系结构的联立方程模型,称为结构式模型(structural model)。结构式模型的每一个方程都叫作结构方程,各结构方程的系数称为结构系数或结构参数,它表示结构方程中的解释变量对被解释变量的直接影响的大小。所有的结构参数组成的矩阵,称为结构参数矩阵。

假设联立方程模型有 g 个内生变量 $Y_1, Y_2, \cdots, Y_g$;k 个前定变量 $X_1, X_2, \cdots, X_k$;g 个方程,则这种模型为完备结构式模型,它的一般表现形式可以表示为

$$\begin{cases} Y_{1t} = \alpha_{12} Y_{2t} + \cdots + \alpha_{1g} Y_{gt} + \beta_{11} X_{1t} + \cdots + \beta_{1k} X_{kt} + u_{1t} \\ Y_{2t} = \alpha_{21} Y_{1t} + \cdots + \alpha_{2g} Y_{gt} + \beta_{21} X_{1t} + \cdots + \beta_{2k} X_{kt} + u_{2t} \\ \qquad\qquad\qquad \cdots \\ Y_{gt} = \alpha_{g1} Y_{1t} + \cdots + \alpha_{g,g-1} Y_{g-1,t} + \beta_{g1} X_{1t} + \cdots + \beta_{gk} X_{kt} + u_{gt} \end{cases} \tag{5.2.1}$$

方程组中,$\alpha_{ij} (i=1,2,\cdots,g;j=1,2,\cdots,g;i\neq j)$ 为内生解释变量的结构参数,$\beta_{ij} (i=1, 2,\cdots,g;j=1,2,\cdots,k)$ 表示前定解释变量的结构参数,u_{it} 表示随机干扰项。

如果把结构式方程中的内生变量都移项到等式左边,则联立方程模型变为

$$
\begin{cases}
Y_{1t} - \alpha_{12}Y_{2t} - \cdots - \alpha_{1g}Y_{gt} = \beta_{11}X_{1t} + \cdots + \beta_{1k}X_{kt} + u_{1t} \\
Y_{2t} - \alpha_{21}Y_{1t} - \cdots - \alpha_{2g}Y_{gt} = \beta_{21}X_{1t} + \cdots + \beta_{2k}X_{kt} + u_{2t} \\
\qquad\qquad\qquad\cdots \\
Y_{gt} - \alpha_{g1}Y_{1t} - \cdots - \alpha_{g,g-1}Y_{g-1,t} = \beta_{g1}X_{1t} + \cdots + \beta_{gk}X_{kt} + u_{gt}
\end{cases}
$$

令

$$
Y = (Y_{1t}, Y_{2t}, \cdots, Y_{gt})' \quad X = (X_{1t}, X_{2t}, \cdots, X_{kt})' \quad U = (u_{1t}, u_{2t}, \cdots, u_{gt})'
$$

$$
B = \begin{bmatrix}
1 & -\alpha_{12} & \cdots & -\alpha_{1g} \\
-\alpha_{21} & 1 & \cdots & -\alpha_{2g} \\
\cdots & \cdots & \cdots & \cdots \\
-\alpha_{g1} & -\alpha_{g2} & \cdots & 1
\end{bmatrix}
\quad
\Gamma = -\begin{bmatrix}
\beta_{11} & \beta_{12} & \cdots & \beta_{1k} \\
\beta_{21} & \beta_{22} & \cdots & \beta_{2k} \\
\cdots & \cdots & \cdots & \cdots \\
\beta_{g1} & \beta_{g2} & \cdots & \beta_{gk}
\end{bmatrix}
$$

则可以将联立方程模型写成矩阵形式：

$$
BY + \Gamma X = U \tag{5.2.2}
$$

或

$$
\begin{bmatrix} B & \Gamma \end{bmatrix} \begin{bmatrix} Y \\ X \end{bmatrix} = U \tag{5.2.3}
$$

其中，Y 为内生变量 Y_{it} 的向量；X 为前定变量 X_{it} 的向量；U 为随机干扰项 u_{it} 向量；B 为内生变量参数 α_{ij} 的矩阵；Γ 为前定变量参数 β_{ij} 的矩阵，$\begin{bmatrix} B & \Gamma \end{bmatrix}$ 为结构参数矩阵。

例如，可将(5.1.1)式写成

$$
\begin{cases}
C_t + 0I_t - \alpha_1 Y_t - \alpha_0 + 0Y_{t-1} + 0G_t = u_{1t} \\
0C_t + I_t - \beta_1 Y_t - \beta_0 - \beta_2 Y_{t-1} + 0G_t = u_{2t} \\
-C_t - I_t + Y_t + 0 + 0Y_{t-1} - G_t = 0
\end{cases}
$$

即

$$
\begin{bmatrix}
1 & 0 & -\alpha_1 \\
0 & 1 & -\beta_1 \\
-1 & -1 & 1
\end{bmatrix}
\begin{bmatrix} C_t \\ I_t \\ Y_t \end{bmatrix}
+
\begin{bmatrix}
-\alpha_0 & 0 & 0 \\
-\beta_0 & -\beta_2 & 0 \\
0 & 0 & -1
\end{bmatrix}
\begin{bmatrix} 1 \\ Y_{t-1} \\ G_t \end{bmatrix}
=
\begin{bmatrix} u_{1t} \\ u_{2t} \\ 0 \end{bmatrix}
$$

其中，各个矩阵为

$$
Y = \begin{bmatrix} C_t \\ I_t \\ Y_t \end{bmatrix}
\quad
X = \begin{bmatrix} 1 \\ Y_{t-1} \\ G_t \end{bmatrix}
\quad
U = \begin{bmatrix} u_{1t} \\ u_{2t} \\ 0 \end{bmatrix}
\quad
B = \begin{bmatrix}
1 & 0 & -\alpha_1 \\
0 & 1 & -\beta_1 \\
-1 & -1 & 1
\end{bmatrix}
$$

$$
\Gamma = \begin{bmatrix}
-\alpha_0 & 0 & 0 \\
-\beta_0 & -\beta_2 & 0 \\
0 & 0 & -1
\end{bmatrix}
\quad
(B\Gamma) = \begin{bmatrix}
1 & 0 & -\alpha_1 & -\alpha_0 & 0 & 0 \\
0 & 1 & -\beta_1 & -\beta_0 & -\beta_2 & 0 \\
-1 & -1 & 1 & 0 & 0 & -1
\end{bmatrix}
$$

结构式模型特点：

(1) 结构式模型直接描述了经济变量之间的结构关系，模型的经济意义明确。比如(5.1.1)式中，第一个方程是依据绝对收入假说建立的消费方程；第二个方程是投资方程，表示投资额的变化主要取决于当期和前期的国内生产总值;第三个方程是定义方程,反映了进出口平衡情况下收入、消费、投资、政府支出之间的统计定义关系。因此结构方程反映了内生变量直接受外生变量、其他内生变量和随机干扰项影响的因果关系;

(2) 结构参数反映的是被解释变量受解释变量的直接影响程度,因此模型的经济意义明确;

(3) 由于结构式模型具有偏倚性问题,所以不能直接用 OLS 求解模型的参数估计值;

(4) 无法直接利用结构式模型进行预测。联立方程组进行预测,是根据前定变量的值来预测内生变量的未来值。由于在结构方程的右端出现了内生变量,所以无法进行预测。

二、简化式模型

将结构式模型中的每个内生变量都只表示成前定变量和随机干扰项的函数的模型称为简化式模型(orduced-form model)。

简化式模型的建立有两个实现的途径:一是直接写出模型的简化形式,在已知模型所包含的全部前定变量的条件下,将每个内生变量直接表示为前定变量和随机干扰项的函数;二是通过结构式模型导出简化式模型,通过代数运算,求解出结构式模型的内生变量,将每个内生变量用前定变量和随机误差项的函数来表示。

由(5.2.2)式的结构式模型,如果 $|B| \neq 0$,那么内生变量的参数矩阵 B 的逆矩阵 B^{-1} 一定是存在的。在(5.2.2)式两端同时左乘 B^{-1},得

$$Y + B^{-1}\Gamma X = B^{-1}U$$

移项得

$$Y = -B^{-1}\Gamma X + B^{-1}U$$

令 $\Pi = -B^{-1}\Gamma, V = B^{-1}U$,则得到简化式模型的一般形式为

$$Y = \Pi X + V \qquad\qquad (5.2.4)$$

其中,Π 为简化式模型的参数矩阵称为简化式参数矩阵;V 为简化式模型的随机干扰项的向量。由(5.2.4)式可以看出,简化式参数矩阵 Π 是结构式模型参数 B 和 Γ 的函数,即 $\Pi = -B^{-1}\Gamma$,这种关系就是简化式参数与结构式参数之间的参数关系体系。

将(5.1.2)式代入(5.1.1)式,整理可得

$$C_t = \frac{\alpha_0 - \alpha_0\beta_1 + \alpha_1\beta_0}{1 - \alpha_1 - \beta_1} + \frac{\alpha_1\beta_2}{1 - \alpha_1 - \beta_1}Y_{t-1} + \frac{\alpha_1}{1 - \alpha_1 - \beta_1}G_t + \frac{u_{1t} + \alpha_1 u_{2t} - \beta_1 u_{1t}}{1 - \alpha_1 - \beta_1}$$

$$I_t = \frac{\beta_0 - \alpha_1\beta_0 + \alpha_0\beta_1}{1 - \alpha_1 - \beta_1} + \frac{\beta_2 - \alpha_1\beta_2}{1 - \alpha_1 - \beta_1}Y_{t-1} + \frac{\beta_1}{1 - \alpha_1 - \beta_1}G_t + \frac{u_{2t} - \alpha_1 u_{2t} + \beta_1 u_{1t}}{1 - \alpha_1 - \beta_1}$$

于是我们得到(5.1.1)式的简化式模型:

$$\begin{cases} C_t = \pi_{10} + \pi_{11}Y_{t-1} + \pi_{12}G_t + v_{1t} \\ I_t = \pi_{20} + \pi_{21}Y_{t-1} + \pi_{22}G_t + v_{2t} \quad (t = 1, 2, \cdots, n) \\ Y_t = \pi_{30} + \pi_{31}Y_{t-1} + \pi_{32}G_t + v_{3t} \end{cases}$$

其中,$\pi_{10} = \dfrac{\alpha_0 - \alpha_0\beta_1 + \alpha_1\beta_0}{1 - \alpha_1 - \beta_1}, \pi_{11} = \dfrac{\alpha_1\beta_2}{1 - \alpha_1 - \beta_1}, \pi_{12} = \dfrac{\alpha_1}{1 - \alpha_1 - \beta_1}$;

$$\pi_{20} = \frac{\beta_0 - \alpha_1\beta_0 + \alpha_0\beta_1}{1-\alpha_1-\beta_1}, \pi_{21} = \frac{\beta_2 - \alpha_1\beta_2}{1-\alpha_1-\beta_1}, \pi_{22} = \frac{\beta_1}{1-\alpha_1-\beta_1};$$

$$\pi_{30} = \frac{\alpha_0 + \beta_0}{1-\alpha_1-\beta_1}, \pi_{31} = \frac{\beta_2}{1-\alpha_1-\beta_1}, \pi_{32} = \frac{1}{1-\alpha_1-\beta_1};$$

$$v_{1t} = \frac{u_{1t} + \alpha_1 u_{2t} - \beta_1 u_{1t}}{1-\alpha_1-\beta_1}, v_{2t} = \frac{u_{2t} - \alpha_1 u_{2t} + \beta_1 u_{1t}}{1-\alpha_1-\beta_1}, v_{3t} = \frac{u_{1t} + u_{2t}}{1-\alpha_1-\beta_1}。$$

简化式模型有如下特点：

（1）简化式模型并不直接反映经济变量之间的关系，没有十分明确的经济含义，但简化式模型反映了前定变量对内生变量的总影响，其参数表现了前定变量对内生变量的影响乘数；

（2）简化式模型中，每一个方程的右端不再出现内生变量，它的解释变量均为前定变量；

（3）简化式模型中，前定变量与随机干扰项不相关，可以用 OLS 估计参数；

（4）在已知前定变量取值的条件下，可利用简化式模型参数的估计式直接对内生变量进行预测分析。

三、递归式模型

如果在一个联立方程模型中，第一个方程的内生变量 Y_1 只决定于前定变量，而无其他内生变量；第二个方程内生变量 Y_2 表示成前定变量和前一个内生变量 Y_1；第三个内生变量 Y_3 决定于前定变量和前两个内生变量 Y_1、Y_2；按此类推下去，最后一个方程内生变量 Y_g 可表示成前定变量和 $g-1$ 个内生变量 Y_1、$Y_2 \cdots Y_{g-1}$ 的函数，那么这种联立方程模型称为递归模型（recursive model）。

含有 g 个内生变量，k 个前定变量的递归模型的一般形式可表示为

$$\begin{cases} Y_{1t} = \beta_{11}X_{1t} + \beta_{12}X_{2t} + \cdots + \beta_{1k}X_{kt} + u_{1t} \\ Y_{2t} = \alpha_{21}Y_{1t} + \beta_{21}X_{1t} + \beta_{22}X_{2t} + \cdots + \beta_{2k}X_{gt} + u_{2t} \\ Y_{3t} = \alpha_{31}Y_{1t} + \alpha_{32}Y_{2t} + \beta_{31}X_{1t} + \beta_{32}X_{2t} + \cdots + \beta_{3k}X_{gt} + u_{3t} \\ \qquad\qquad \cdots \\ Y_{gt} = \alpha_{g1}Y_{1t} \cdots + \alpha_{g(g-1)}Y_{(g-1)t} + \beta_{g1}X_{1t} + \cdots + \beta_{gk}X_{kt} + u_{gt} \end{cases} \quad (5.2.5)$$

其中，内生变量的参数矩阵 $B = \begin{bmatrix} 1 & 0 & \cdots & 0 \\ -\alpha_{21} & 1 & \cdots & 0 \\ \cdots & \cdots & \cdots & \cdots \\ -\alpha_{g1} & -\alpha_{g2} & \cdots & 1 \end{bmatrix}$

前定变量的系数矩阵 $\Gamma = - \begin{bmatrix} \beta_{11} & \beta_{12} & \cdots & \beta_{1k} \\ \beta_{21} & \beta_{22} & \cdots & \beta_{2k} \\ \cdots & \cdots & \cdots & \cdots \\ \beta_{g1} & \beta_{g2} & \cdots & \beta_{gk} \end{bmatrix}$

可见，我们看到内生变量参数矩阵是一个下三角形，而前定变量的参数矩阵与原结构型模型中前定变量参数矩阵是相同的。

递归模型与一般联立方程模型相比，有它的特殊性。它的特点是其随机误差项应满足：

$$E(u_{1t}u_{2t}) = E(u_{1t}u_{3t}) = \cdots = E(u_{(g-1)t}u_{gt}) = 0$$

第三节 联立方程模型的识别

一、联立方程模型识别的概念

从对前面的讨论中得知，简化式模型中的前定变量与随机干扰项不相关，从而避免了联立方程偏倚，因此对于简化式模型的参数估计值可以运用最小二乘法来估计求得。联立方程模型的识别问题，其直观含义是能否从所估计的简化式模型的参数中求解出结构式方程的参数估计值。如果结构式参数能够从简化式中得到，那么就说明方程是可识别的；否则方程就是不可识别的。只有联立方程模型中包含的所有方程均可识别，才称模型是可识别的。恒等方程由于不存在参数估计问题，所以也不存在识别问题。

二、联立方程模型的识别类型

（一）不可识别（unrecognization）

如果结构式模型中某一方程参数的估计值不能够由简化式模型的参数估计值求出，则称该方程是不可识别的。如果结构模型中有任一随机方程式不可识别，则称该结构式模型是不可识别。

例如，假设某种商品的供需均衡的结构式模型为

$$\begin{cases} Y_t^d = \alpha_0 + \alpha_1 P_t + u_{1t} & \text{需求方程} \\ Y_t^s = \beta_0 + \beta_1 P_t + u_{2t} & \text{供给方程} \\ Y_t^d = Y_t^s = Y_t & \text{均衡条件} \end{cases} \tag{5.3.1}$$

其中，Y_t^d 是商品的需求量，Y_t^s 是商品的供给量，P_t 是商品的价格。

根据均衡条件 $Y_t^d = Y_t^s = Y_t$，结构式模型(5.3.1)式的简化式模型为

$$\begin{cases} P_t = \pi_0 + v_{1t} \\ Y_t = \pi_1 + v_{2t} \end{cases} \tag{5.3.2}$$

其中，$\pi_0 = \dfrac{\beta_0 - \alpha_0}{\alpha_1 - \beta_1}$，$\pi_1 = \dfrac{\alpha_1 \beta_0 - \alpha_0 \beta_1}{\alpha_1 - \beta_1}$，$v_{1t} = \dfrac{u_{2t} - u_{1t}}{\alpha_1 - \beta_1}$，$v_{2t} = \dfrac{\alpha_1 u_{2t} - \beta_1 u_{1t}}{\alpha_1 - \beta_1}$。

结构式模型(5.3.1)式共有四个参数：α_0、α_1、β_0、β_1，而简化式模型(5.3.2)式仅有两个参数：π_0、π_1。我们无法通过两个简化式参数解出四个结构式参数，因此需求方程和供给方程均为不可识别的，从而该联立方程组模型是不可识别的。

模型(5.3.1)式不能识别的原因，直观的理解就是需求方程和供给方程具有完全相同的统计形式，两个方程的解释变量都是价格 P_t，所不同的仅是各自方程相应参数所用的字母。因此，对于这两个除了字母不同之外，没有任何区别的方程，我们不能断定所估计的方程是需求方程还是供给方程。

以上的分析使得我们可以从另外一个角度理解识别问题，即如果一个方程与模型中的其他方程具有相同的统计形式，则这个方程是不可识别的。也就是说，如果一个方程的统计形式在模型中不唯一，则这个方程不可识别。

（二）恰好识别（just identification）

如果结构式模型中某一方程参数可以通过简化式模型的参数估计值求出，并且求出的值是唯一的，则称该方程是恰好识别。如果结构式模型中每个随机方程式都是恰好识别，则称该结构式模型恰好识别。

例如，我们在模型(5.3.2)式中的供给方程中引入价格 P_t 的滞后值，即上一期的价格 P_{t-1}，这时模型为

$$\begin{cases} Y_t^d = \alpha_0 + \alpha_1 P_t + u_{1t} & \text{需求方程} \\ Y_t^s = \beta_0 + \beta_1 P_t + \beta_2 P_{t-1} + u_{2t} & \text{供给方程} \\ Y_t^d = Y_t^s = Y_t & \text{均衡条件} \end{cases} \tag{5.3.3}$$

因此，简化式模型为

$$\begin{cases} P_t = \pi_{11} + \pi_{12} P_{t-1} + v_{1t} \\ Y_t = \pi_{21} + \pi_{22} P_{t-1} + v_{2t} \end{cases} \tag{5.3.4}$$

其中，$\pi_{11} = \dfrac{\beta_0 - \alpha_0}{\alpha_1 - \beta_1}$，$\pi_{12} = \dfrac{\beta_2}{\alpha_1 - \beta_1}$，$v_{1t} = \dfrac{u_{2t} - u_{1t}}{\alpha_1 - \beta_1}$，$\pi_{21} = \dfrac{\alpha_1 \beta_0 - \alpha_0 \beta_1}{\alpha_1 - \beta_1}$，$\pi_{22} = \dfrac{\alpha_1 \beta_2}{\alpha_1 - \beta_1}$，$v_{2t} = \dfrac{\alpha_1 u_{2t} - \beta_1 u_{1t}}{\alpha_1 - \beta_1}$。

由于模型(5.3.3)式中有五个结构参数 α_0、α_1、β_0、β_1、β_2，而简化式(5.3.4)参数仅有四个 π_{11}、π_{12}、π_{21}、π_{22}，因而模型(5.3.3)式不能识别。但是需求方程的参数 α_0 和 α_1 是可以被唯一求解出，即

$$\alpha_0 = \pi_{21} - \alpha_1 \pi_{11} \quad \alpha_1 = \frac{\pi_{22}}{\pi_{12}}$$

也就是说需求方程是可以识别的，且是恰好识别，供给方程却不能识别。

我们也可以从方程的统计形式上来理解识别问题。对(5.3.3)式中的需求方程和供给方程分别乘以 λ 和 $1-\lambda$，然后相加，于是得到两个方程的线性组合为

$$Y_t = \gamma_0 + \gamma_1 P_t + \gamma_2 P_{t-1} + u_t \tag{5.3.5}$$

其中：

$$\gamma_0 = \lambda \alpha_0 + (1-\lambda)\beta_0 \quad \gamma_1 = \lambda \alpha_1 + (1-\lambda)\beta_1 \quad \gamma_2 = (1-\lambda)\beta_2$$

$$u_t = \lambda u_{1t} + (1-\lambda)u_{2t} \quad (0 < \lambda \leqslant 1)$$

(5.3.5)式是需求方程和供给方程的线性组合，但它却与(5.3.3)式中的供给方程有相同的统计形式。由于供给方程的统计形式不是唯一的，因此供给方程是不可识别的，而需求方程与之有不同的统计形式，因而需求方程是可以识别的。

这种分析给我们的一个启示：在供给方程中增加一个变量，需求方程的统计形式就是唯一的，即可以识别。因此，一个方程能否识别依赖于模型中其他方程所包含的变量的个数。如果继续对模型补充信息，再引进前定变量，模型的识别状况会进一步变好。

例如，在(5.3.3)式的需求方程中再引进一个新的变量消费者收入 I_t，则模型为

$$\begin{cases} Y_t^d = \alpha_0 + \alpha_1 P_t + \alpha_2 I_t + u_{1t} & \text{需求方程} \\ Y_t^s = \beta_0 + \beta_1 P_t + \beta_2 P_{t-1} + u_{2t} & \text{供给方程} \\ Y_t^d = Y_t^s = Y_t & \text{均衡条件} \end{cases} \tag{5.3.6}$$

整理可得,可得简化式模型为

$$\begin{cases} P_t = \pi_{11} + \pi_{12} I_t + \pi_{13} P_{t-1} + v_{1t} \\ Y_t = \pi_{21} + \pi_{22} I_t + \pi_{23} P_{t-1} + v_{2t} \end{cases} \tag{5.3.7}$$

其中,$\pi_{11} = \dfrac{\beta_0 - \alpha_0}{\alpha_1 - \beta_1}$,$\pi_{12} = -\dfrac{\alpha_2}{\alpha_1 - \beta_1}$,$\pi_{13} = \dfrac{\beta_2}{\alpha_1 - \beta_1}$,$v_{1t} = \dfrac{u_{2t} - u_{1t}}{\alpha_1 - \beta_1}$;

$\pi_{21} = \dfrac{\alpha_1 \beta_0 - \alpha_0 \beta_1}{\alpha_1 - \beta_1}$,$\pi_{22} = -\dfrac{\alpha_2 \beta_1}{\alpha_1 - \beta_1}$,$\pi_{23} = \dfrac{\alpha_1 \beta_2}{\alpha_1 - \beta_1}$,$v_{2t} = \dfrac{\alpha_1 u_{2t} - \beta_1 u_{1t}}{\alpha_1 - \beta_1}$。

通过对(5.3.3)式中的需求方程引进外生变量 I_t 之后,模型(5.3.6)式有六个结构参数:α_0、α_1、α_2、β_0、β_1、β_2,而简化式(5.3.7)参数也正好是六个:π_{11}、π_{12}、π_{13}、π_{21}、π_{22}、π_{23},所以结构式参数可以通过简化式参数唯一确定,因此,(5.3.6)式模型恰好识别。再者,将(5.3.6)式中的需求方程和供给方程的线性组合方程:

$$Y_t = \gamma_0 + \gamma_1 P_t + \gamma_2 I_t + \gamma_3 P_{t-1} + u_t$$

与(5.3.7)式中的两个方程的统计形式进行比较,可以发现需求、供给方程的统计形式都是唯一的,从而也证明了需求方程和供给方程都是可识别的。

(三) 过度识别(over identification)

如果结构式模型中某一方程参数可以通过简化式模型的参数估计值求出,但求出的值不唯一,则称该方程是过度识别。如果结构式模型中每个方程都是可识别的,则称该结构式模型可识别。可识别但又不是恰好识别的结构式模型称为过度识别模型。

例如,在模型(5.3.6)中的需求方程继续引进一个变量居民财产 R_t,这时模型为

$$\begin{cases} Y_t^d = \alpha_0 + \alpha_1 P_t + \alpha_2 I_t + \alpha_3 R_t + u_{1t} & \text{需求方程} \\ Y_t^s = \beta_0 + \beta_1 P_t + \beta_2 P_{t-1} + u_{2t} & \text{供给方程} \\ Y_t^d = Y_t^s = Y_t & \text{均衡条件} \end{cases} \tag{5.3.8}$$

整理可得,简化式模型为

$$\begin{cases} P_t = \pi_{11} + \pi_{12} I_t + \pi_{13} R_t + \pi_{14} P_{t-1} + v_{1t} \\ Y_t = \pi_{21} + \pi_{22} I_t + \pi_{23} R_t + \pi_{24} P_{t-1} + v_{2t} \end{cases} \tag{5.3.9}$$

其中,$\pi_{11} = \dfrac{\beta_0 - \alpha_0}{\alpha_1 - \beta_1}$,$\pi_{12} = -\dfrac{\alpha_2}{\alpha_1 - \beta_1}$,$\pi_{13} = -\dfrac{\alpha_3}{\alpha_1 - \beta_1}$,$\pi_{14} = \dfrac{\beta_2}{\alpha_1 - \beta_1}$;

$\pi_{21} = \dfrac{\alpha_1 \beta_0 - \alpha_0 \beta_1}{\alpha_1 - \beta_1}$,$\pi_{22} = -\dfrac{\alpha_2 \beta_1}{\alpha_1 - \beta_1}$,$\pi_{23} = -\dfrac{\alpha_3 \beta_1}{\alpha_1 - \beta_1}$,$\pi_{24} = \dfrac{\alpha_1 \beta_2}{\alpha_1 - \beta_1}$;

$v_{1t} = \dfrac{u_{2t} - u_{1t}}{\alpha_1 - \beta_1}$,$v_{2t} = \dfrac{\alpha_1 u_{2t} - \beta_1 u_{1t}}{\alpha_1 - \beta_1}$。

模型(5.3.8)中有七个结构参数:α_0、α_1、α_2、α_3、β_0、β_1、β_2,而简化式(5.3.9)参数却有八个:π_{11}、π_{12}、π_{13}、π_{14}、π_{21}、π_{22}、π_{23}、π_{24},故结构参数的值不能唯一确定,所以模型(5.3.8)存在过度识别的问题。

可以证明,在(5.3.8)式中,需求方程的四个结构参数可由下列关系式唯一确定,即

$$\alpha_0 = \pi_{21} - \alpha_1 \pi_{11}, \alpha_1 = \pi_{24} / \pi_{14}, \alpha_2 = \pi_{22} - \alpha_1 \pi_{12}, \alpha_3 = \pi_{23} - \alpha_1 \pi_{13}$$

因此,(5.3.8)式中的需求方程是恰好识别的。但供给方程却从简化式参数中可解出两组

不同的结构参数值,如:

$$\beta_1 = \frac{\pi_{22}}{\pi_{12}}$$

同时又有

$$\beta_1 = \frac{\pi_{23}}{\pi_{13}}$$

这两个比值不一定相等,β_1 值不是唯一的。因此,供给方程可以识别,且属于过度识别。

三、联立方程模型的识别条件

我们知道,为了判断模型是否可以识别,可以先将结构式方程变换成简化式方程,然后再分析能否通过简化式参数得出结构式参数,这在理论上是行得通的。但对于一个具体的结构方程,为了确定它究竟属于哪一种情形,从结构式转换成简化式的参数关系的推导太烦琐,当结构模型包含方程的个数较多时,使用这些方法就非常费力。为此,我们将给出更好识别结构方程的规则—识别条件。

(一) 模型识别的阶条件(order condition)

模型识别阶条件的基本思想是:一个结构性方程的识别取决于不包含在这个方程中,而包含在模型其他方程中变量的个数,可从这类变量个数去判断方程的识别性质。

模型识别的阶条件可以表述为:如果模型的第 i 个结构方程可以识别,那么该方程中不包含的变量(内生变量和前定变量)的总个数,大于或等于模型中内生变量总个数减1,即

$$(g+k)-(g_i+k_i) \geqslant g-1 \tag{5.3.10}$$

其中,g、k 分别为模型中内生变量个数和前定变量个数,g_i、k_i 分别为第 i 个方程包含的内生变量个数和前定变量个数,并且:

(1) 当 $(g+k)-(g_i+k_i)=g-1$ 时,称阶条件成立,此时如果第 i 个结构方程可识别,则为恰好识别。

(2) 当 $(g+k)-(g_i+k_i)>g-1$ 时,称阶条件成立,此时如果第 i 个结构方程可识别,则为过度识别。

从阶条件可知,当阶条件不成立,即 $(g+k)-(g_i+k_i)<g-1$ 时,则第 i 个结构方程一定不可识别。

例如,(5.3.3)式的联立方程模型:

$$\begin{cases} Y_t^d = \alpha_0 + \alpha_1 P_t + u_{1t} & \text{需求方程} \\ Y_t^s = \beta_0 + \beta_1 P_t + \beta_2 P_{t-1} + u_{2t} & \text{供给方程} \\ Y_t^d = Y_t^s = Y_t & \text{平衡方程} \end{cases}$$

模型中 Y_t^d、Y_t^s、P_t 为内生变量,即 $g=3$。P_{t-1} 为前定变量,即 $k=1$。

对于第二个方程(供给方程),由于 $g_2=2$,$k_2=1$,$(g+k)-(g_2+k_2)=1$,$g-1=2$,因此供给方程不可识别。与利用识别的定义得到的结论一致。

从(5.3.10)式,易得

$$k-k_i \geqslant g_i-1 \tag{5.3.11}$$

模型识别的阶条件是联立方程模型中方程可识别的必要条件,并非充分条件。即如果阶

条件不成立,则对应的结构方程不可识别。对于恰好识别和过渡识别的判断只有在模型可识别的情况下才有意义。

(二) 模型识别的秩条件(rank condition)

联立方程模型识别的秩条件可以表述为:在有 g 个内生变量 g 个方程的完备联立方程模型中,第 i 个方程可以识别当且仅当所有不包含在该方程中的其他变量的结构参数矩阵记为 $(B_i \quad \Gamma_i)$ 的秩等于 g 减 1,即

$$\text{Rank}(B_i \quad \Gamma_i) = g-1$$

秩条件识别有三个情况:当只有一个 $g-1$ 阶非零行列式时,该方程是恰好识别;当不止一个 $g-1$ 阶非零行列式时,该方程是过度识别;当不存在 $g-1$ 阶非零行列式时,该方程是不可识别。

对于结构式模型中第 i 个方程,运用秩条件判别方程的识别性,步骤如下:

(1) 将结构式模型转变为结构式模型的标准形式,并写出其对应的结构参数矩阵(常数项引入虚拟变量,不包含在方程中的变量的参数取作 0)。

(2) 划去第 i 个结构方程对应系数所在的那一行。

(3) 划去第 i 个结构方程对应系数所在的那一行中非零系数所在的各列,余下该方程不包含的变量在其他方程中的系数,构成矩阵 $(B_i \quad \Gamma_i)$。

(4) 算出矩阵 $(B_i \quad \Gamma_i)$ 的秩,如果其秩不等于 $g-1$,则第 i 个结构方程不可识别;如果其秩等于 $g-1$,则第 i 个结构方程可识别,再根据 $g-1$ 阶非零行列式个数判别第 i 个方程是恰好识别还是过度识别。

模型识别的秩条件是联立方程模型识别的一个充分必要条件,$\text{Rank}(B_i \quad \Gamma_i) = g-1$ 称秩条件成立,则对应的第 i 个结构方程一定可识别;$\text{Rank}(B_i \quad \Gamma_i) \neq g-1$,称秩条件不成立,则对应的第 i 个结构方程一定不可识别。

(三) 模型识别的一般步骤和经验方法

模型识别的阶条件简单,但此条件仅是必要条件;模型识别的秩条件是充分必要条件,但是识别程序过于烦琐。因此,对于给定的模型,可以综合运用阶条件和秩条件对每一个随机方程进行识别。具体步骤如下:

(1) 验证第 i 个方程是否满足阶条件,$k-k_i \geqslant g_i-1$。若阶条件不满足,则该结构方程不可识别;若阶条件成立,再用秩条件来验证。

(2) 验证该方程是否满足秩条件,$\text{Rank}(B_i \quad \Gamma_i) = g-1$。若秩条件不满足,则该结构方程不可识别;若秩条件成立,则结构方程可识别。此时若阶条件中取"$=$",该结构方程是恰好识别的;若阶条件中取"$>$",则该结构方程是过度识别的。模型识别的一般步骤如图 5-1 所示。

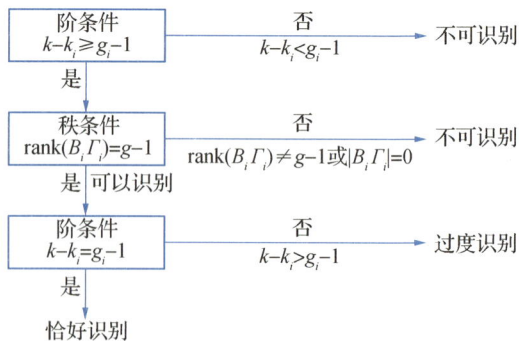

图 5-1 模型识别的一般步骤

模型的识别不是统计问题,而是模型的设定问题,因此在设定模型时应设法尽量保证模型的可识别性。一般来说,在设定联立方程模型时应遵循以下原则:在建立联立方程结构式模型时,要使新引入的方程中包含前面已引入的每一个方程都不包含的至少一个变量(内生变量或前定变量);同时,要使前面已引入的每一个方程都包含至少一个新引入方程未包含的变量,并

要互不相同。因为只有新引入的方程包含前面每一个方程都不包含的至少一个变量,才能保证不破坏前面已有方程的可识别性。而且,只有前面每一个方程都包含至少一个新引入方程未包含的变量,才能保证新引入的方程是可识别的。

第四节 联立方程模型的参数估计

一、联立方程模型参数估计方法的选择

联立方程模型在模型形式上有结构式和简化式之分,从模型的识别条件上又有恰好识别、过度识别和不可识别之分。由于模型的类型不同,建立模型的目的不同,所以模型的估计方法有多种选择。

从模型的研究目的来看,如果研究目的是为了作经济结构分析,验证某种经济理论,那么应着重关注的是模型的结构参数,应当力争尽可能准确估计结构式模型的参数。如果研究目的是为了评价政策或论证某些经济政策的效应,则应当力争准确估计简化式模型的参数,因为简化式参数正好能够反映"政策乘数"和"效果乘数"。如果研究目的只是为了做经济预测,要用预测期的外生变量值预测内生变量,那只需直接估计简化式模型的参数即可,因为简化式模型已表现了前定变量对各内生变量的影响。

此外,还应当考虑数据的可用性和计算方法的复杂性。对于可识别的联立方程模型,其结构参数的估计方法大体分作两类:一类是单方程估计方法(也称为有限信息法,LIM);一类是系统估计方法(也称为完全信息法,FIM)。

单方程估计方法是对联立方程模型中的每一个可识别方程逐一单独估计,最后获得整个模型的参数估计值。主要包括工具变量法(IV)、间接最小二乘法(ILS)、二段最小二乘法(2SLS)等。系统估计方法是在全面考虑模型中所有约束条件,如方程随机干扰项之间的相关性的情况下,同时确定各方程参数估计值。主要包括三段最小二乘法(3SLS)、似不相关回归法(SUR)等。

二、联立方程模型的参数估计方法

(一) 普通最小二乘法

递归模型的估计方法可以用 OLS。首先看递归模型(5.2.5)式的第一个方程,由于等号右边只含有外生变量和随机干扰项,而外生变量和随机干扰项不相关,因此符合经典假定条件,所以可用 OLS 估计参数。对于第二个方程,由于等号右边只含有一个内生变量 Y_{1t},以及外生变量和随机干扰项,根据假定随机干扰项 u_{1t} 和 u_{2t} 不相关,所以 Y_{1t} 和 u_{2t} 不相关,对于 Y_{2t} 来说,Y_{1t} 是一个前定变量,因此可以用 OLS 估计第二个方程。以此类推可以用 OLS 估计递归模型中的每一个方程。参数估计量具有无偏性和一致性。

简化式模型也可用 OLS 估计参数。由于简化式模型一般是由结构模型对应而来,每个方程只含有一个内生变量且为被解释变量,它是前定变量和随机干扰项的唯一函数,方程中解释变量都是前定变量,自然与随机干扰项无关,所以用 OLS 得到的参数估计量为一致估计量。

(二) 工具变量法(IV 法)

对可识别的结构方程,如果存在内生变量作为解释变量,它与随机干扰项相关就不能直接

应用最小二乘法估计参数。工具变量(instrument variable)法的基本思想是利用合适的工具变量来代替结构式方程中作为解释变量的内生变量,以减少解释变量与随机干扰项的相关性,从而可以用 OLS 来估计参数。

1. 运用工具变量法的步骤

运用工具变量法的具体步骤为:

(1) 选择合适的工具变量。选择适当的外生变量作为工具变量,代替结构方程中作为解释变量的内生变量。工具变量个数应与替代内生变量的个数相等。

(2) 求结构式参数的估计值。分别以每个解释变量和工具变量乘以结构方程两边,并对所有的样本观察值求和,其中工具变量与随机干扰项的乘积和为零(这由工具变量与随机干扰项不相关保证),从而得到方程个数与未知结构参数相同的一组线性方程组。解此方程组,可求得结构式参数的估计值。

例如,设联立方程模型中,被估计方程为

$$Y_t = b_1 Y_{1t} + b_2 Y_{2t} + r_1 X_{1t} + u_t \tag{5.4.1}$$

其中,Y_{1t}、Y_{2t} 是内生解释变量。

对于该方程,有两个作为解释变量的内生变量,以 X_{1t} 作为自身的工具变量,选择 X_{2t}、X_{3t} 作为 Y_{1t} 和 Y_{2t} 的工具变量,并且保证工具变量与其所代替的内生变量高度相关;工具变量与随机干扰项不相关,即 $\text{Cov}(X_{2t}, u_t) = \text{Cov}(X_{3t}, u_t) = 0$。

用 X_{1t}, X_{2t}, X_{3t} 乘以(5.4.1)式,并对样本观测值求和,可得

$$\sum Y_t X_{1t} = b_1 \sum Y_{1t} X_{1t} + b_2 \sum Y_{2t} X_{1t} + r_1 \sum X_{1t} X_{1t} + \sum u_t X_{1t}$$

$$\sum Y_t X_{2t} = b_1 \sum Y_{1t} X_{2t} + b_2 \sum Y_{2t} X_{2t} + r_1 \sum X_{1t} X_{2t} + \sum u_t X_{2t}$$

$$\sum Y_t X_{3t} = b_1 \sum Y_{1t} X_{3t} + b_2 \sum Y_{2t} X_{3t} + r_1 \sum X_{1t} X_{3t} + \sum u_t X_{3t}$$

由于 $E(\sum u_t X_{1t}) = 0, E(\sum u_t X_{2t}) = 0, E(\sum u_t X_{3t}) = 0$,可得拟正规方程

$$\sum Y_t X_{1t} = \hat{b}_1 \sum Y_{1t} X_{1t} + \hat{b}_2 \sum Y_{2t} X_{1t} + \hat{r}_1 \sum X_{1t} X_{1t}$$

$$\sum Y_t X_{2t} = \hat{b}_1 \sum Y_{1t} X_{2t} + \hat{b}_2 \sum Y_{2t} X_{2t} + \hat{r}_1 \sum X_{1t} X_{2t}$$

$$\sum Y_t X_{3t} = \hat{b}_1 \sum Y_{1t} X_{3t} + \hat{b}_2 \sum Y_{2t} X_{3t} + \hat{r}_1 \sum X_{1t} X_{3t}$$

解此方程组,可得 $\hat{b}_1$、$\hat{b}_2$ 和 $\hat{r}_1$。这就是工具变量法的估计值。

2. 工具变量法的局限性

(1) 工具变量法是恰好识别方程的一种有效参数估计方法,但对于过度识别的方程,在应用上还是存在一些问题,可以从以下拟正规方程的解的情况来看来分析。

第一,若被估计方程是恰好识别,由阶的条件 $k - k_i = g_i - 1$,可知该方程中排斥的前定变量(可选为工具变量)的数目恰好等于方程中作为解释变量的内生变量数目。工具变量的选法唯一,拟正规方程有唯一解,结构参数的 IV 估计也唯一。

第二,若被估计方程是过度识别,同样由阶的条件 $k - k_i > g_i - 1$。由 $k - k_i$ 个前定变量中选择 $g_i - 1$ 个作为工具变量,可以有 $C_{k-k_i}^{g_i-1}$ 种不同的选法。由拟正规方程式可知,参数估计量

与所选工具变量有关。不同的工具变量选择会使参数估计值不同,即 IV 估计不是唯一的。同时有 $(k-k_i)-(g_i-1)$ 个前定变量未被充分利用,信息损失。

(2) 要找到既与某个内生变量相关,又与随机干扰项无关的前定变量,从实际经济意义上看,是困难的。

(三)间接最小二乘法(method of indirect least squares)

将结构式模型转化为简化式模型,由于简化式模型中的每一个方程的右端只有前定变量,并且前定变量与随机干扰项不相关,所以可用最小二乘法估计其参数。对某个结构方程而言,如果它是恰好识别的,则其待估计的结构参数是可以通过简化式参数来唯一确定的。显然,这种情况下可以先用 OLS 估计简化式参数的估计值,然后再利用参数关系体系,就可得到该方程结构参数的估计值,称此估计方法为间接最小二乘法,简记 ILS。

1. 间接最小二乘法估计的步骤

间接最小二乘法估计方程的具体步骤如下:

(1) 先判断联立方程模型是否恰好识别,若是,则进行下一步;

(2) 写出结构式模型对应的简化式模型,导出参数关系体系,使得在每一个方程中被解释变量为唯一的内生变量,而且仅仅是前定变量和随机干扰项的函数;

(3) 利用样本观测值,对简化式模型中的每个简化方程应用最小二乘法求出简化参数的估计值;

(4) 将简化参数估计值代入参数关系体系,求出结构系数的估计值。

2. 间接最小二乘估计量的性质

应注意的是,间接最小二乘法的运用有一定的假定条件:

(1) 适用于被估计的结构方程是恰好识别的;

(2) 简化式模型中的每一个方程都必须满足经典假定条件,以保证简化参数的最小二乘估计量具有无偏性和最小方差性;

(3) 简化式方程中的前定变量多重共线性程度不能太高,否则简化参数估计值的误差会传提到结构参数的估计值上。

在上述条件下,可以证明,结构参数的间接最小二乘估计量具有这样的统计性质:

(1) 简化式模型应用普通最小二乘法得到的参数估计量具有线性性、无偏性和有效性;

(2) 结构方程的结构参数估计量在小样本下是有偏的,在大样本下是一致估计量;

(3) 结构式参数并不是完全有效的,即一般不具有最小方差。

3. 间接最小二乘法与工具变量法的联系

可以证明,ILS 法也是一种工具变量法。具体而言,对于恰好识别的结构方程,其参数的 ILS 估计量是一种 IV 估计量,此时内生解释变量的工具变量集恰好为该方程所不包含的前定变量集。例如,(5.3.3)式中的需求方程

$$Y_t^d = \alpha_0 + \alpha_1 P_t + u_{1t}$$

我们知道,该方程是恰好识别的,故(5.3.3)式中的需求方程内生解释变量 P_t 的工具变量可以是 P_{t-1}。可以验证:这样得到的需求方程中参数的 IV 估计量与 ILS 估计量是相同的。

(四)二阶段最小二乘法(two-stage least squares)

从对间接最小二乘法和工具变量法的讨论可知,它们均不适用于过度识别的方程。但我们可以利用它们各自的长处,形成新的模型估计方法,这就是二阶段最小二乘法。由于这种方

法把估计结构式参数的过程划分为两个阶段,它的第一阶段就是用最小二乘法创造一组工具变量,第二阶段是用所得工具变量替换原结构方程式中右边的内生变量后再用最小二乘法进行估计得出结构系数的估计值,故称为二阶段最小二乘法,简称为 2SLS。

1. 二阶段最小二乘法估计的步骤

具体来说,它的两个阶段是:

阶段 1 先将结构方程中所有内生解释变量对模型中所有前定变量(即此时的工具变量)进行最小二乘法回归,求出内生解释变量的拟合值。

阶段 2 再用结构方程左边的被解释变量对该结构方程的内生解释变量的拟合值以及前定变量的观测值进行最小二乘法回归,所得回归系数即为二阶段最小二乘估计系数。

例如,设有下列联立方程模型:

$$\begin{cases} Y_{1t} = b_1 Y_{2t} + c_1 Z_{1t} + c_2 Z_{2t} + u_{1t} & (5.4.2) \\ Y_{2t} = b_2 Y_{1t} + c_3 Z_{3t} + u_{2t} & (5.4.3) \end{cases}$$

其中,Y_1、Y_2是内生变量;Z_1、Z_2、Z_3是外生变量。

运用阶条件和秩条件可知,方程(5.4.2)是恰好识别的,方程式(5.4.3)是过度识别。

第一阶段,我们首先用 Y_{1t}、Y_{2t} 对模型中所有的前定变量 Z_{1t}、Z_{2t}、Z_{3t} 进行最小二乘法回归,得

$$\begin{cases} \hat{Y}_{1t} = \hat{\pi}_{11} Z_{1t} + \hat{\pi}_{12} Z_{2t} + \hat{\pi}_{13} Z_{3t} \\ \hat{Y}_{2t} = \hat{\pi}_{21} Z_{1t} + \hat{\pi}_{22} Z_{2t} + \hat{\pi}_{23} Z_{3t} \end{cases}$$

故

$$\begin{cases} Y_{1t} = \hat{Y}_{1t} + e_{1t} & (5.4.4) \\ Y_{2t} = \hat{Y}_{2t} + e_{2t} & (5.4.5) \end{cases}$$

其中,e_{1t}、e_{2t} 为 Y_{1t}、Y_{2t} 对 Z_{1t}、Z_{2t}、Z_{3t} 进行最小二乘法回归的残差。

第二阶段,把(5.4.5)式代入(5.4.2)式、(5.4.4)式代入(5.4.3)式的右边的内生变量,得到

$$\begin{cases} Y_{1t} = b_1 \hat{Y}_{2t} + c_1 Z_{1t} + c_2 Z_{2t} + u_{1t}^* & (5.4.6) \\ Y_{2t} = b_2 \hat{Y}_{1t} + c_3 Z_{3t} + u_{2t}^* & (5.4.7) \end{cases}$$

其中:

$$\begin{cases} u_{1t}^* = b_1 e_{2t} + u_{1t} \\ u_{2t}^* = b_2 e_{1t} + u_{2t} \end{cases}$$

再次利用 OLS 法估计该模型,就得到了模型参数的 2SLS 估计量。

综上所述,两阶段最小二乘法第一阶段的任务是产生工具变量,第二阶段的任务是通过一种特殊形式的工具变量得出结构式模型参数的一致估计量,因此 2SLS 法也属于工具变量估计法。

2. 运用两阶段最小二乘法的条件

运用二阶段最小二乘法需要注意以下几个条件:

（1）结构方程必须是可以识别，不论是恰好识别还是过度识别。

（2）结构方程中的随机干扰项要满足 OLS 的经典假定。

（3）结构方程中的所有前定变量不存在严重的多重共线性，而且与随机干扰项不相关。

（4）需要较大的样本容量 n。尤其是当模型包括很多前定变量（k 很大）时，如果 $n < k$，很难保证在第一阶段内正确求出内生变量的简化式估计。

（5）当第一阶段估计式的判定系数 R^2 很高时，用 2SLS 法估计的结构与 ILS 法估计的结果相近；如果第一阶段估计的判定系数 R^2 值很低时，表明 $\hat{Y}_i$ 对 Y_i 代表性不强，利用 2SLS 法实际上是没有意义的。

3. 两阶段最小二乘法估计量的性质

可以证明，两阶段最小二乘法估计量有以下特性：

（1）在小样本下，2SLS 法所得到的参数估计量是有偏的。

（2）在大样本下，2SLS 法所得到的参数估计量具有一致性。

4. 两阶段最小二乘法与间接最小二乘法之间的联系

尽管 2SLS 法是针对过度识别而提出的，但对于恰好识别情况仍然可以使用。通过比较 ILS 法和 2SLS 法的工具变量正规方程组，可以证明，当结构方程是恰好识别时，其参数的 2SLS 估计的结果与 ILS 法估计结果是一致，即对于恰好识别的结构方程，2SLS 法与 ILS 法是等价的。下面我们以 (5.4.2) 式的估计为例来说明这种等价性。

ILS 法估计 (5.4.2) 式，用 Z_{1t}、Z_{2t}、Z_{3t} 作为工具变量（Z_{1t}、Z_{2t} 作为自身的工具变量，Z_{3t} 作为 Y_{2t} 的工具变量），对应的拟正规方程组为

$$\begin{cases} \sum Z_{1t}(Y_{1t} - \hat{b}_1 Y_{2t} - \hat{c}_1 Z_{1t} - \hat{c}_2 Z_{2t}) = 0 \\ \sum Z_{2t}(Y_{1t} - \hat{b}_1 Y_{2t} - \hat{c}_1 Z_{1t} - \hat{c}_2 Z_{2t}) = 0 \\ \sum Z_{3t}(Y_{1t} - \hat{b}_1 Y_{2t} - \hat{c}_1 Z_{1t} - \hat{c}_2 Z_{2t}) = 0 \end{cases} \tag{5.4.8}$$

2SLS 法估计 (5.4.2) 式，用 Z_{1t}、Z_{2t}、$\hat{Y}_{2t}$ 作为工具变量（Z_{1t}、Z_{2t} 作为自身的工具变量，$\hat{Y}_{2t}$ 作为 Y_{2t} 的工具变量），对应的拟正规方程组为

$$\begin{cases} \sum Z_{1t}(Y_{1t} - \hat{b}_1 Y_{2t} - \hat{c}_1 Z_{1t} - \hat{c}_2 Z_{2t}) = 0 \\ \sum Z_{2t}(Y_{1t} - \hat{b}_1 Y_{2t} - c_1 Z_{1t} - \hat{c}_2 Z_{2t}) = 0 \\ \sum (\hat{\pi}_{21} Z_{1t} + \hat{\pi}_{22} Z_{2t} + \hat{\pi}_{23} Z_{3t})(Y_{1t} - \hat{b}_1 Y_{2t} - \hat{c}_1 Z_{1t} - \hat{c}_2 Z_{2t}) = 0 \end{cases} \tag{5.4.9}$$

容易看出，方程组 (5.4.8) 与方程组 (5.4.9) 的第一、第二个方程是相同的，并且将方程组 (5.4.8) 的第一个方程乘以 $\hat{\pi}_{21}$、第二个方程乘以 $\hat{\pi}_{22}$、第三个方程乘以 $\hat{\pi}_{23}$，所得结果两端同时相加，即得到方程组 (5.4.9) 的第三个方程。这表明方程组 (5.4.8) 经过线性变换可以变为方程组 (5.4.9)，即它们是同解的。因此，利用 2SLS 法与 ILS 法估计方程 (5.4.2) 式所得的结果是相同的。但过度识别条件下，用 2SLS 法只能提供每一个结构参数的唯一估计值，而用 ILS 法则能提供多个估计值。

2SLS 法较为简单，易于操作，当模型中结构方程较多时尤其方便。而且 2SLS 法在大样本下所得到的参数估计量具有一致性，对可以识别的模型都适用。所以，只要样本容量足够大，它是估计联立方程模型的一种常用方法。

（五）三阶段最小二乘法(three-stage least squares)

前面介绍的单方程估计方法,解决了被估计结构式方程中内生解释变量与随机干扰项的问题。但是,在估计每一个结构方程时,并不考虑模型中其他结构方程的信息。例如,① 单方程估计方法考虑了被估计方程中没有包含的内生变量和前定变量对参数施加的约束条件,但在估计该方程时却没有考虑到其他方程也可能受到没有包含的内生变量或前定变量的约束,而这些约束将会在模型整个结构下对被估计方程产生影响。② 单方程估计方法没有考虑各结构式方程随机干扰项 u_i 之间的相关信息,而是假定这些随机干扰项之间不存在同期相关。系统估计方法正是针对单方程估计方法的局限性而提出来的,它将联立方程模型中的所有方程作为一个完整系统同时估计,从而利用了模型系统的全部信息,参数估计量的统计特性更加优良。但系统估计方法也有两个问题:一是计算过程十分复杂;二是估计误差具有传递性,如果某个方程的估计误差较大,将会影响到模型系统中的所有方程,而单方程估计方法不存在这个问题。我们现在将讨论一种常用的系统估计方法—三阶段最小二乘法。

三阶段最小二乘法是泰尔(Theil)和泽尔纳(Zellner)在 1962 年提出的一种系统估计方法(完全信息法),被认为是能克服各个结构式方程随机干扰项同期相关问题的估计方法。它是 2SLS 的逻辑推广。其基本思想是把联立方程模型的所有随机方程用一个等价的单方程模型表示,进而首先利用 2SLS 法解决该模型存在的内生解释变量问题,再利用广义最小二乘法将模型变换为具有同方差和不相关的模型,故称为三阶段最小二乘法,简称为 3SLS。

1. 3SLS 法的基本假定

3SLS 法作为一种系统估计方法,其主要困难是参数估计值容易受到模型中个别方程设定误差的影响。也就是说,只要有一个方程因设定不当而发生偏误,那么这种偏误将通过整体性的估计方法传递给整个模型中的每一个参数,使全部参数估计值发生变化。因此,在实际应用 3SLS 法估计联立方程模型的参数时,应该注意以下基本假定:

第一,联立方程模型中每个结构式随机方程都是可以识别的。

第二,联立方程模型中所有结构式方程都必须正确设定,否则设定误差将会在结构式方程中传递,从而影响整个模型中所有参数的估计量。

第三,各个方程的随机干扰项满足经典假定。

2. 三阶段最小二乘法估计的步骤

三阶段最小二乘法的具体步骤如下:

第一阶段,利用 OLS 法估计结构方程中内生变量的简化式方程,并计算内生变量的估计值。

第二阶段,以内生变量的估计值替代每个结构方程解释变量中内生变量,再利用 OLS 法估计变量替代后的结构方程,求得结构参数的 2SLS 估计值。

第三阶段,利用估计的结构式方程,计算每个方程残差向量 $e_i(i=1,2,\cdots,g)$,进而得到各方程随机干扰项的方差—协方差矩阵的估计量为

$$\hat{\Omega} = \hat{\sum} \otimes I$$

其中,$\hat{\sum} = (\hat{\sigma}_{ij})_{g \times g}$,并且

$$\hat{\sigma}_{ij} = \frac{e'_i e_j}{\sqrt{(n - g_i + 1 - k_i)(n - g_j + 1 - k_j)}}$$

g_i、k_i 分别是第 i 个结构方程中的内生变量个数和前定变量个数;$\otimes$表示直积,即用符号后面的矩阵去乘符号前面矩阵的每一个元素。由于联立方程模型各个方程的随机干扰项之间很可能是同期相关的,即 σ_{ij} 不全为零,所以在估计出随机干扰项的方差—协方差矩阵的估计量之后,可以用广义最小二乘法估计整个模型系统,得到结构参数 Δ 的 3SLS 估计量 $\hat{\Delta}$ 为

$$\hat{\Delta} = (\hat{Z}'\hat{\Omega}^{-1}\hat{Z})^{-1}\hat{Z}'\hat{\Omega}^{-1}Y = (\hat{Z}'(\hat{\sum} \otimes I)^{-1}\hat{Z})^{-1}\hat{Z}'(\hat{\sum} \otimes I)^{-1}Y \qquad (5.4.10)$$

至此,完成了 3SLS 估计,同时得到所有方程的结构参数估计量。

3. 3SLS 估计量的性质

3SLS 估计量的统计性质主要有以下几个方面:

(1) 应用 3SLS 法求得的联立方程模型的结构式参数估计量是有偏的,但却是一致的估计量。

(2) 3SLS 估计量比 2SLS 估计量更有效,因为 3SLS 法比 2SLS 法使用了联立方程模型中更多的信息。

(3) 如果 $\sum$ 是对角阵,即模型系统中各个结构方程的随机干扰项之间互不相关,则 3SLS 估计量与 2SLS 估计量等价。这也表明,3SLS 方法主要优点是估计参数时考虑了模型系统中不同结构方程的随机干扰项之间的相关性。

三、联立方程模型的检验

联立方程模型中,其模型检验主要包括两个方面:单个结构式方程的检验和模型系统的检验。

(一) 单个结构式方程的检验

单个结构式方程的检验就是指逐个对随机结构式方程进行检验。其检验方法与单方程计量经济学模型的所有检验方法相同。因此对单方程计量经济学模型的所有检验对于单个结构式方程都是适用的,而且也是必要的。它包括经济意义检验、统计检验、计量经济学检验和预测检验。

对于应用 OLS 法估计单个结构式方程的参数时,单方程的所有检验方法对于单个结构式方程完全是适用的,即两者方法相同。而对于应用 2SLS 等方法估计参数时,主要是经济意义检验、拟合效果检验、预测检验。

(二) 模型系统的检验

模型系统检验是在单个结构式方程检验之后进行的,主要是检验模型的拟合效果与预测性的精度。

1. 样本期拟合效果检验

当联立方程模型的结构参数被估计出来之后,将样本期的全部前定变量的实际观察值观测值代入模型方程式,再求解该模型方程组,即得到了各内生变量的估计值。将估计值与实际观测值进行比较,以检验模型对样本观测值的拟合优度。常用的判断模型系统拟合优度的检

验统计量为均方百分比误差(RMS)。设 y_{it} 为某个内生变量的观测值，$\hat{y}_{it}$ 为其估计值，n 为样本容量，g 为模型中内生变量个数，对第 i 个内生变量的均方百分比误差的计算方法为

$$\text{RMS}_i = \sqrt{\frac{1}{n}\sum_{t=1}^{n} e_{it}^2} \qquad e_{it} = \frac{y_{it} - \hat{y}_{it}}{y_{it}} \qquad (i = 1, 2, \cdots, g) \tag{5.4.11}$$

RMS 具有较好的可操作性，应用普遍，对检验模型系统总体拟合较为有效。显然，RMS 越接近于 0，表明第 i 个内生变量的估计值与实际观测值拟合程度越高。但它没有一个判别标准用于判断模型系统的检验是否通过。一般来说，RMS 值<5%时就是比较好的了，在所有的内生变量中，RMS 值小于 5% 的变量数目占 70% 以上，并且每个变量的 RMS 值不大于 10%，则认为模型系统总体拟合效果较好。实际应用中，这是一种最常使用的模型系统检验。

2. 预测性能检验

通常，建立联立方程模型一般需要较长的时间。因此当模型建成后，如果样本期之后的内生变量的实际观测值已经知道，这样就有条件对模型进行预测性能检验，可以计算预测值与实际值的相对误差(RE)。设 y_i 为第 i 个内生变量的实际观测值，$\hat{y}_i$ 为第 i 个内生变量的预测值，g 为模型中内生变量个数，则误差的计算方法为

$$\text{RE}_i = \frac{y_i - \hat{y}_i}{y_i} \qquad (i = 1, 2, \cdots, g) \tag{5.4.12}$$

同样，对于预测性能检验也没有统一的判别标准。一般认为，RE 绝对值当小于 5% 时就是比较好的了。在所有的内生变量中，RE 绝对值小于 5% 的变量数目占 70% 以上，并且每个变量的 RE 绝对值不大于 10%，则认为模型系统总体预测性能较好。

3. 方程间误差传递检验

一个总体结构清晰的联立方程模型，应该存在一些明显的关键路径，关键路径可以描述主要经济行为主体的经济活动过程。在关键路径上进行误差传递分析，可以检验总体模型的拟合效果与预测性能精度。

设关键路径上方程数目为 T，e_i 为第 i 个方程的误差，下列三个统计量可以用来衡量关键路径的拟合效果或预测性能精度，即

$$\text{误差均值} = \sum_{i=1}^{T} e_i / T \tag{5.4.13}$$

$$\text{均方根误差} = \sqrt{\sum_{i=1}^{T} e_i^2 / T} \tag{5.4.14}$$

$$\text{冯诺曼比} = \left[\sum_{i=1}^{T} (e_i - e_{i-1})^2 \Big/ \sum_{i=1}^{T} e_i^2 \right] \cdot \frac{T}{T-1} \tag{5.4.15}$$

误差均值应用较少，因为存在正负相抵的问题，均方根误差和冯诺依曼比应用较多。显然两者的值越小越好。其中冯诺依曼比对误差传递程度的检验功能最强，如果误差在方程间没有传递，该比值为 0。

4. 样本间误差传递检验

在联立方程模型中，由于经济系统的动态性，导致存在了一定数量的滞后内生变量。由于滞后内生变量的存在，使得模型预测误差不仅在方程之间传递，而且在不同时间截面之内，即

样本点之间也进行传递,所以对模型进行滚动预测检验是必要的。

设样本期为 n,当 $t=1$ 时,用所有前定变量观测值,求解得到内生变量的预测值 $\hat{Y}_1$;但 $t=2$ 时,将外生变量实际值与滞后内生变量的预测值 $\hat{Y}_1$ 代入模型,求解得到内生变量的预测值 $\hat{Y}_2$;如此逐期滚动预测,直至得到第 n 期内生变量的预测值 $\hat{Y}_n$;再求出该滚动预测值与实际观测值之间的误差。然后,将第 n 期所有前定变量观测值代入模型,求解得到内生变量的非滚动预测值 $\hat{Y}_n'$,并计算该非滚动预测值 $\hat{Y}_n'$ 与实际观测值的相对误差。比较两个误差的差异情况,就可以判断模型预测误差在不同时点之间传递情况。由此可见,滚动预测检验是比较严格有效的检验。

例 5-1 依据凯恩斯宏观经济调控原理,建立简化的中国宏观经济调控模型。根据经济理论分析,采用基于三部门的凯恩斯总需求决定模型,在不考虑进出口的条件下,通过消费者、企业、政府的经济活动,分析总收入的变动对消费和投资的影响。

设理论模型为

$$\begin{cases} C_t = \alpha_0 + \alpha_1 Y_t + u_{1t} & \text{消费方程} \\ I_t = \beta_0 + \beta_1 Y_t + u_{2t} & \text{投资方程} \\ Y_t = C_t + I_t + G_t & \text{收入方程} \end{cases} \tag{5.4.16}$$

其中,Y_t 为支出法国内生产总值,C_t 为消费,I_t 为投资,G_t 为政府支出;内生变量为 C_t、I_t、Y_t;前定变量为 G_t。因模型中包含三个内生变量,含三个方程,所以(5.4.16)式是一个完备的联立方程模型。

将(5.4.16)式转换成结构式模型的标准形式:

$$\begin{cases} C_t + 0I_t - \alpha_1 Y_t - \alpha_0 + 0G_t = u_{1t} \\ 0C_t + I_t - \beta_1 Y_t - \beta_0 + 0G_t = u_{2t} \\ -C_t - I_t + Y_t + 0 - G_t = 0 \end{cases} \tag{5.4.17}$$

模型(5.4.17)的结构参数矩阵为

$$(B\Gamma) = \begin{bmatrix} 1 & 0 & -\alpha_1 & -\alpha_0 & 0 \\ 0 & 1 & -\beta_1 & -\beta_0 & 0 \\ -1 & -1 & 1 & 0 & -1 \end{bmatrix}$$

因为模型(5.4.16)第三个方程是恒等式,因此不需要对其识别性进行判断。根据阶条件和秩条件,对消费方程和投资方程的识别性进行分析判断。

(1) 消费方程的识别性。

① 阶条件判断。

消费方程包含 2 个内生变量而没有前定变量,即 $g_1=2,k_1=0$。在联立方程模型(5.4.16)中,有 3 个内生变量和 1 个前定变量,即 $g=3,k=1$。因为 $k-k_1=1$,而且 $g_1-1=1$,所以 $k-k_1=g_1-1$,表明消费方程有可能为恰好识别。

② 秩条件判断。

在模型的结构参数矩阵 $(B\Gamma)$ 中划去消费方程所在的第一行和非零系数所在的第一、三、四列,得出

$$(B_1\Gamma_1) = \begin{bmatrix} 1 & 0 \\ -1 & -1 \end{bmatrix}$$

可以看出,$\text{Rank}(B_1\Gamma_1)=2=g-1$,根据秩条件表明消费方程是可识别的;再根据阶条件,得出消费方程是恰好识别。

(2) 投资方程的识别性。

① 阶条件判断。

投资方程和消费方程的结构相近,也包含 2 个内生变量而没有前定变量即 $g_2=2,k_2=0$,因为 $k-k_2=1$,而且 $g_2-1=1$,所以 $k-k_2=g_2-1$,表明投资方程也有可能恰好识别。

② 秩条件判断。

在模型的结构参数矩阵 $(B\Gamma)$ 中划去投资方程所在的第二行和非零系数所在的第二、三、四列,得出

$$(B_2\Gamma_2) = \begin{bmatrix} 1 & 0 \\ -1 & -1 \end{bmatrix}$$

可以看出,$\text{Rank}(B_2\Gamma_2)=2=g-1$,根据秩条件表明投资方程是可识别的;再根据阶条件,得出投资方程也是恰好识别。

综合上述各方程的判断结果,得出模型(5.4.16)为恰好识别。

由于消费方程和投资方程均为恰好识别,因此,可用间接最小二乘法(ILS)估计参数。用财政支出作为政府支出的替代变量,GDP、消费、投资、财政支出这些变量数据取自年中国宏观经济的历史数据。如表 5-1 所示。

表 5-1　1978—2008 年中国宏观经济的历史数据(按可比价格)　　　　单位:亿元

年　份	支出法 GDP(Y)	消费($C1$)	投资(I)	政府支出(G)
1978	3 605.6	2 239.1	1 377.9	480.0
1979	4 074.0	2 619.4	1 474.2	614.0
1980	4 551.3	2 976.1	1 590.0	659.0
1981	4 901.4	3 309.1	1 581.0	705.0
1982	5 489.2	3 637.9	1 760.2	770.0
1983	6 076.3	4 020.5	2 005.0	838.0
1984	7 164.4	4 694.5	2 468.6	1 020.0
1985	8 792.1	5 773.0	3 386.0	1 184.0
1986	10 132.8	6 542.0	3 846.0	1 367.0
1987	11 784.7	7 451.2	4 322.0	1 490.0
1988	14 704.0	9 360.1	5 495.0	1 727.0
1989	16 466.0	10 556.5	6 095.0	2 033.0
1990	18 319.5	11 365.2	6 444.0	2 252.0

年　份	支出法 GDP(Y)	消费(C1)	投资(I)	政府支出(G)
1991	21 280.4	13 145.9	7 517.0	2 830.0
1992	25 863.7	15 952.1	9 636.0	3 492.3
1993	34 500.7	20 182.1	14 998.0	4 499.7
1994	46 690.7	26 796.0	19 260.6	5 986.2
1995	58 510.5	33 635.0	23 877.0	6 690.5
1996	68 330.4	40 003.9	26 867.2	7 851.6
1997	74 894.2	43 579.4	28 457.6	8 724.8
1998	79 003.3	46 405.9	29 545.9	9 484.8
1999	82 673.1	49 722.7	30 701.6	10 388.3
2000	89 340.9	54 600.9	32 499.8	11 705.3
2001	98 592.9	58 927.4	37 460.8	13 029.3
2002	107 897.6	62 798.5	42 304.9	13 916.9
2003	121 511.4	67 442.5	51 382.7	14 764.0
2004	138 918.0	80 840.18	54 438.16	17 348.3
2005	166 226.8	96 614.90	65 198.1	20 754.1
2006	194 399.9	112 886.2	76 297.35	24 267.3
2007	235 077.3	136 382.4	92 322.9	29 339.8
2008	279 419.4	161 994.6	109 792.3	34 869.3

数据来源:《中国统计年鉴(2009)》

（3）恰好识别模型的 ILS 估计。

根据 ILS 法,首先将结构式模型转变为简化型模型,则宏观经济模型的简化式为

$$\begin{cases} C_t = \pi_{10} + \pi_{11}G_t + v_{1t} \\ I_t = \pi_{20} + \pi_{21}G_t + v_{2t} \\ Y_t = \pi_{30} + \pi_{31}G_t + v_{3t} \end{cases} \tag{5.4.18}$$

其中,结构式模型的系数与简化式模型系数的关系为

$$\pi_{10} = \alpha_0 + \alpha_1 \frac{\alpha_0 + \beta_0}{1 - \alpha_1 - \beta_1} \quad \pi_{11} = \frac{\alpha_1}{1 - \alpha_1 - \beta_1} \quad \pi_{20} = \beta_0 + \beta_1 \frac{\alpha_0 + \beta_0}{1 - \alpha_1 - \beta_1}$$

$$\pi_{21} = \frac{\beta_1}{1 - \alpha_1 - \beta_1} \quad \pi_{30} = \frac{\alpha_0 + \beta_0}{1 - \alpha_1 - \beta_1} \quad \pi_{31} = \frac{1}{1 - \alpha_1 - \beta_1}$$

其次,用 OLS 法估计简化式模型的参数。下面用 EViews 软件采用 OLS 法估计简化式模型的参数。

先建立工作文件并输入数据,然后在命令窗口分别输入"LS　C1　C　G""LS　I　C　G""LS　Y　C　G",得到三个简化型方程的估计结果,如图5-2、图5-3、图5-4所示。

图 5-2　简化型模型的估计式一

图 5-3　简化型模型的估计式二

图 5-4　简化型模型的估计式三

即简化型系数的估计值分别为

$$\hat{\pi}_{10} = 481.643\ 7 \qquad \hat{\pi}_{11} = 4.631\ 948 \qquad \hat{\pi}_{20} = -370.217\ 6$$

$$\hat{\pi}_{21} = 3.159\ 302 \qquad \hat{\pi}_{30} = -205.447\ 2 \qquad \hat{\pi}_{31} = 8.019\ 246$$

最后,因为模型是恰好识别,则由结构型模型系数与简化型模型系数之间的关系,可唯一解出结构型模型系数的估计。解得的结构型模型的参数估计值为

$$\hat{\alpha}_0 = \hat{\pi}_{10} - \frac{\hat{\pi}_{11}}{\hat{\pi}_{31}} \times \hat{\pi}_{30} = 600.310\ 8 \qquad \hat{\alpha}_1 = \frac{\hat{\pi}_{11}}{\hat{\pi}_{31}} = 0.577\ 6$$

$$\hat{\beta}_0 = \hat{\pi}_{20} - \frac{\hat{\pi}_{21}}{\hat{\pi}_{31}} \times \hat{\pi}_{30} = -289.278\ 6 \qquad \hat{\beta}_1 = \frac{\hat{\pi}_{21}}{\hat{\pi}_{31}} = 0.394\ 0$$

从而消费方程、投资方程的估计式为

$$\hat{C}_t = 600.310\ 8 + 0.577\ 6Y_t$$

$$\hat{I}_t = -289.278\ 6 + 0.394\ 0Y_t$$

$$Y_t = C_t + I_t + G_t$$

（4）过度识别模型的 2SLS 估计。

考虑在宏观经济活动中，当期消费行为还要受到上一期消费的影响，当期的投资行为也要受到上一期投资的影响，因此，在上述宏观经济模型里再引入 C_t 和 I_t 的滞后一期变量 C_{t-1} 和 I_{t-1}。这时宏观经济模型可写为

$$\begin{cases} C_t = \alpha_0 + \alpha_1 Y_t + \alpha_2 C_{t-1} + u_{1t} & \text{消费方程} \\ I_t = \beta_0 + \beta_1 Y_t + \beta_2 I_{t-1} + u_{2t} & \text{投资方程} \\ Y_t = C_t + I_t + G_t & \text{收入方程} \end{cases} \tag{5.4.19}$$

用阶条件和秩条件对模型（5.4.19）进行识别判断（具体的判断过程从略），结论是消费方程和投资方程均是过度识别。可运用二阶段最小二乘法对联立方程模型的参数进行估计。

在 EViews 命令窗口分别输入"TSLS　C1　C　Y　C1(−1)　@　G　C1(−1)　I(−1)""TSLS　I　C　Y　I(−1)　@　G　C1(−1)　I(−1)"，便得到消费方程和投资方程的 2SLS 估计结果，如图 5‑5、图 5‑6 所示。

图 5‑5　消费方程的 2SLS 估计结果

图 5‑6　投资方程的 2SLS 估计结果

（5）系统估计的 3SLS 法估计。

首先，创建系统。在打开工作文件窗口的基础上，点击主功能菜单上的 Objects \ New Object，并选择 System；在弹出的 System（系统）窗口中输入联立方程模型的结构式方程（5.4.16）式，如图 5‑7 所示。

图 5‑7　系统窗口

其中：第一行是消费方程，第二行是投资方程，第三行是前定变量（工具变量）的定义行，一般用 INST 语句来定义。INST 语句中通常是模型中的所有前定变量。$C(i)$ 表示待估计的系数。在定义模型系统时，只输入模型中待估计的随机方程，省略模型系统中的恒等式。

然后，估计模型。在系统窗口中点击 Estimate 按钮，立即弹出"System Estimation"窗口，选择"Three-Stage Least Squares"方法估计，点击"确定"按钮，得到如图 5-8 所示的结果。

```
System: SYS01
Estimation Method: Three-Stage Least Squares
Date: 02/12/16  Time: 10:45
Sample: 1978 2008
Included observations: 31
Total system (balanced) observations 62
Linear estimation after one-step weighting matrix
```

	Coefficient	Std. Error	t-Statistic	Prob.
C(1)	600.3109	210.0752	2.857601	0.0059
C(2)	0.577604	0.002155	268.0307	0.0000
C(3)	-289.2786	249.2745	-1.160482	0.2506
C(4)	0.393965	0.002557	154.0667	0.0000

Determinant residual covariance	1.30E+11

```
Equation: C1=C(1)+C(2)*Y
Instruments: G C
Observations: 31
```

R-squared	0.999569	Mean dependent var	38595.33
Adjusted R-squared	0.999554	S.D. dependent var	42259.43
S.E. of regression	892.4843	Sum squared resid	23099318
Durbin-Watson stat	1.258204		

```
Equation: I=C(3)+C(4)*Y
Instruments: G C
Observations: 31
```

R-squared	0.998698	Mean dependent var	25625.90
Adjusted R-squared	0.998653	S.D. dependent var	28858.47
S.E. of regression	1059.019	Sum squared resid	32524120
Durbin-Watson stat	1.190892		

图 5-8　3SLS 估计的输出结果

（6）联立方程模型的检验。

首先，进行样本内事后预测。在估计得到的 System（系统）窗口工具栏中点击 Procs\Make Model，将弹出如图 5-9 所示的模型窗口。

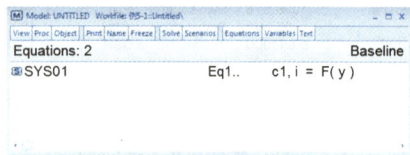

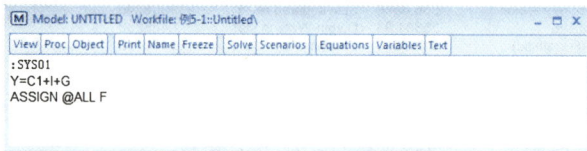

图 5-9　模型窗口　　　　图 5-10　模拟求解模型

模型窗口中显示了图 5-8 估计的模型系统，在模型窗口工具栏中点击 Text，模拟求解模型可写成，如图 5-10 所示。

ASSIGN 语句用于指定存贮内生变量求解结果的变量名。"ASSIGN @ALL F"表示拟合结果保存在内生变量序列名后加 F 的新序列中，以免原序列中的实际观测数据被覆盖掉。为得到内生变量的拟合结果，在模型窗口中再加入恒等式

$$Y_t = C_t + I_t + G_t$$

然后点击 Solve 按钮，系统将根据估计的模型和前定变量的值，联立求解出内生变量 Y,C1,I 的估计值（即拟合值），并赋值到变量 YF、C1F、IF 中去，此时工作文件中可以看到已经生成了三个新的变量：YF、C1F、IF。

用"均方百分比误差"来检验联立方程模型的拟合效果如下：

在 EViews 窗口分别键入以下命令：

GENR　EY1＝1－YF/Y　　　　　　　　　　　　计算 Y 的相对误差
GENR　EC1＝1－C1F/C1　　　　　　　　　　计算 C1 的相对误差
GENR　EI1＝1－IF/I　　　　　　　　　　　计算 I 的相对误差
SCALAR　RMSY＝SQR(@SUMSQ(EY1)/@OBS(Y))　计算 Y 的均方百分比误差
SCALAR　RMSC1＝SQR(@SUMSQ(EC1)/@OBS(C1))　计算 C1 的均方百分比误差
SCALAR　RMSI＝SQR(@SUMSQ(EI1)/@OBS(I))　计算 I 的均方百分比误差

各内生变量的均方百分比误差为

$$RMSY＝4.466\ 193 \quad RMSC1＝4.156\ 306 \quad RMSI＝4.825\ 227$$

例 5-2 克莱因战争间模型是克莱因(Klein)于 1951 年为了分析美国第一次世界大战到第二次世界大战之间(1921—1941 年)的经济状况，根据凯恩斯(Keynes)的有效需求理论和总量分析方法而建立的小型宏观计量经济模型。模型虽小，却很好地分析了美国在两次世界大战之间的经济发展情况，在宏观计量经济模型发展史上占有重要的地位。

克莱因战争间模型包括三个随机方程、三个恒等式，具体表述为

$$
\begin{cases}
CS_t = \alpha_0 + \alpha_1 P_t + \alpha_2 P_{t-1} + \alpha_3 (W_{pt} + W_{gt}) + u_{1t} & \text{消费方程} \\
I_t = \beta_0 + \beta_1 P_t + \beta_2 P_{t-1} + \beta_3 K_{t-1} + u_{2t} & \text{投资方程} \\
W_{pt} = \gamma_0 + \gamma_1 (Y_t + TR_t - W_{gt}) + \gamma_2 (Y_{t-1} + \\
\qquad TR_{t-1} - W_{g.t-1}) + \gamma_3 t + u_{3t} & \text{工资方程} \\
Y_t = C_t + I_t + G_t - TR_t & \text{国民收入方程} \\
P_t = Y_t - W_{pt} - W_{gt} & \text{利润方程} \\
K_t = K_{t-1} + I_t & \text{资本存量方程}
\end{cases}
\qquad (5.4.20)
$$

其中，CS_t 为私人消费，I_t 为净投资，W_{pt} 为私人工资，Y_t 为税后国民收入，P_t 为利润，K_t 为期末资本存量，TR_t 为税收，W_{gt} 为公共部门工资，G_t 为政府非工资支出，t 为时间，代表技术进步。

模型的经济含义：消费主要由当期收入决定，同时也受当期利润和前期利润影响，消费方程是描述消费者消费行为的行为方程。投资方程是根据投资加速原理设定的，投资额与企业的经营状况和资本存量有关，净投资由当期利润、前期利润及前期资本存量来解释。工资方程用私人工资额作为就业指标，它主要由当期和前一期的私人总产出决定，即生产规模决定就业，时间趋势项表示日益增强的非经济因素对就业的影响。国民收入方程为定义方程，利润方程、资本存量方程为平衡方程。

克莱因战争间模型共包括 6 个内生变量、4 个外生变量和 5 个滞后变量，它们分别是

$$
\text{内生变量}
\begin{cases}
CS_t \\
I_t \\
W_{pt} \\
Y_t \\
P_t \\
K_t
\end{cases}
\quad
\text{外生变量}
\begin{cases}
G_t \\
W_{gt} \\
TR_t \\
t
\end{cases}
\quad
\text{滞后变量}
\begin{cases}
Y_{t-1} \\
P_{t-1} \\
K_{t-1} \\
TR_{t-1} \\
W_{g,t-1}
\end{cases}
$$

模型中共有 9 个前定变量。

将模型(5.4.20)写成结构式模型的矩阵形式为

$$BY_t + \Gamma X = U_t \tag{5.4.21}$$

其中：

$$Y_t = (CS_t \quad I_t \quad W_{pt} \quad Y_t \quad P_t \quad K_t)', \quad U_t = (u_{1t} \quad u_{2t} \quad u_{3t} \quad 0 \quad 0 \quad 0)'$$

$$X = (1 \quad Y_{t-1} \quad P_{t-1} \quad K_{t-1} \quad G_t \quad W_{gt} \quad TR_t \quad t \quad TR_{t-1} \quad W_{g,t-1})'$$

模型结构参数矩阵：

$$CS_t \quad I_t \quad W_{pt} \quad Y_t \quad P_t \quad K_t \quad 1 \quad Y_{t-1} \quad P_{t-1} \quad K_{t-1} \quad G_t \quad W_{gt} \quad TR_t \quad t \quad TR_{t-1} \quad W_{g,t-1}$$

$$(B\Gamma) = \begin{bmatrix} 1 & 0 & -\alpha_3 & 0 & -\alpha_1 & 0 & -\alpha_0 & 0 & -\alpha_2 & 0 & 0 & -\alpha_3 & 0 & 0 & 0 & 0 \\ 0 & 1 & 0 & 0 & -\beta_1 & 0 & -\beta_0 & 0 & -\beta_2 & -\beta_3 & 0 & 0 & 0 & 0 & 0 & 0 \\ 0 & 0 & 1 & -\gamma_1 & 0 & 0 & -\gamma_0 & -\gamma_2 & 0 & 0 & \gamma_1 & -\gamma_1 & -\gamma_3 & -\gamma_2 & \gamma_2 \\ -1 & -1 & 0 & 1 & 0 & 0 & 0 & 0 & 0 & 0 & -1 & 0 & 1 & 0 & 0 & 0 \\ 0 & 0 & 1 & -1 & 1 & 0 & 0 & 0 & 0 & 0 & 0 & 1 & 0 & 0 & 0 & 0 \\ 0 & -1 & 0 & 0 & 0 & 1 & 0 & 0 & 0 & -1 & 0 & 0 & 0 & 0 & 0 & 0 \end{bmatrix} \begin{matrix} C_t \\ I_t \\ W_{pt} \\ Y_t \\ P_t \\ K_t \end{matrix}$$

根据阶条件和秩条件，对模型(5.4.20)式中的三个随机方程进行识别性分析判断。

消费方程的识别性：

① 阶条件判断。

消费方程包含 3 个内生变量 2 个前定变量，即 $g_1 = 3, k_1 = 2$。在模型(5.4.20)式中，有 6 个内生变量和 9 个前定变量，即 $g = 6, k = 9$。因为 $k - k_1 = 7$，而且 $g_1 - 1 = 2$，所以 $k - k_1 > g_1 - 1$，表明消费方程有可能为过度识别。

② 秩条件判断。

在模型的结构参数矩阵 $(B\Gamma)$ 中划去消费方程所在的第一行和非零系数所在的第一、三、五、七、九、十二列，得出

$$I_t \quad Y_t \quad K_t \quad Y_{t-1} \quad K_{t-1} \quad G_t \quad TR_t \quad t \quad TR_{t-1} \quad W_{g,t-1}$$

$$(B_1\Gamma_1) = \begin{bmatrix} 1 & 0 & 0 & 0 & -\beta_3 & 0 & 0 & 0 & 0 & 0 \\ 0 & -\gamma_1 & 0 & -\gamma_2 & 0 & 0 & -\gamma_1 & -\gamma_3 & -\gamma_2 & \gamma_2 \\ -1 & 1 & 0 & 0 & 0 & -1 & 1 & 0 & 0 & 0 \\ 0 & -1 & 0 & 0 & 0 & 0 & 0 & 0 & 0 & 0 \\ -1 & 0 & 1 & 0 & -1 & 0 & 0 & 0 & 0 & 0 \end{bmatrix}$$

可以看出，$\text{Rank}(B_1\Gamma_1) = 5 = g - 1$，根据秩条件表明消费方程是可识别的；再根据阶条件，得出消费方程是过度识别的。

类似可以得到，投资方程和工资方程也都是过度识别的。而国民收入方程、利润方程、资本存量方程是恒等式，因此不需要对其识别性进行判断。综上所述，克莱因战争间模型是过度识别的。

表 5-2 给出了估计克莱因战争间模型所依据的 1920—1941 年间的样本数据。

表 5-2 克莱因战争间模型的样本数据

单位:亿美元

年份	消费支出 CS_t	利润 P_t	私人工资 W_{pt}	净投资支出 I_t	期末资本存量 K_{t-1}	税后国民收入 Y_t	公共部门工资 W_{gt}	政府非工资支出 G_t	税收 TR_t
1920	39.8	12.7	28.8	2.7	180.1	43.7	2.2	2.4	3.4
1921	41.9	12.4	25.5	−0.2	182.8	40.6	2.7	3.9	7.7
1922	45.0	16.9	29.3	1.9	182.6	49.1	2.9	3.2	3.9
1923	49.2	18.4	34.1	5.2	184.5	55.4	2.9	2.8	4.7
1924	50.6	19.4	33.9	3.0	189.7	56.4	3.1	3.5	3.8
1925	52.6	20.1	35.4	5.1	192.7	58.7	3.2	3.3	5.5
1926	55.1	19.6	37.4	5.6	197.8	60.3	3.3	3.3	7.0
1927	56.2	19.8	37.9	4.2	203.4	61.3	3.6	4.0	6.7
1928	57.3	21.1	39.2	3.0	207.6	64.0	3.7	4.2	4.2
1929	57.8	21.7	41.3	5.1	210.6	67.0	4.0	4.1	4.0
1930	55.0	15.6	37.9	1.0	215.7	57.7	4.2	5.2	7.7
1931	50.9	11.4	34.5	−3.4	216.7	50.7	4.8	5.9	7.5
1932	45.6	7.0	29.0	−6.2	213.3	41.3	5.3	4.9	8.3
1933	46.5	11.2	28.5	−5.1	207.1	45.3	5.6	3.7	5.4
1934	48.7	12.3	30.6	−3.0	202.0	48.9	6.0	4.0	6.8
1935	51.3	14.0	33.2	−1.3	199.0	53.3	6.1	4.4	7.2
1936	57.7	17.6	36.8	2.1	197.7	61.8	7.4	2.9	8.3
1937	58.7	17.3	41.0	2.0	199.8	65.0	6.7	4.3	6.7
1938	57.5	15.3	38.2	−1.9	201.8	61.2	7.7	5.3	7.4
1939	61.6	19.0	41.6	1.3	199.9	68.4	7.8	6.6	8.9
1940	65.0	21.1	45.0	3.3	201.2	74.1	8.0	7.4	9.6
1941	69.7	23.5	53.3	4.9	204.5	85.3	8.5	13.8	11.6

数据来源:转引自达摩达尔·N. 古扎拉蒂,《计量经济学基础》(第 4 版,下册),2005.

由于模型过度识别,所以可以用二阶段最小二乘法(2SLS)、三阶段最小二乘法(3SLS)等方法对模型的参数进行估计。

启动 EViews 软件,建立工作文件,输入数据。如图 5-11 所示。

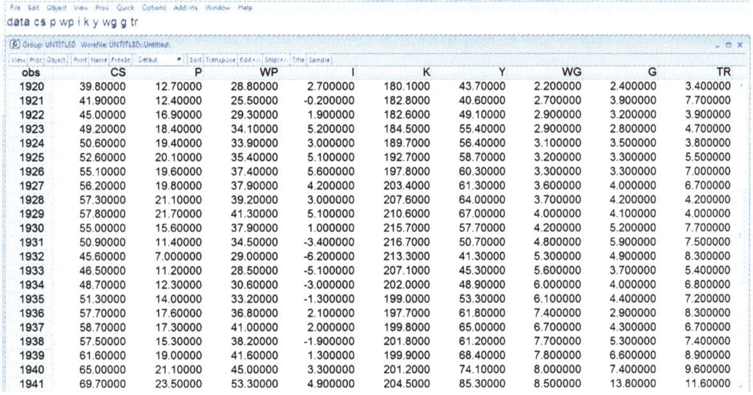

obs	CS	P	WP	I	K	Y	WG	G	TR
1920	39.80000	12.70000	28.80000	2.700000	180.1000	43.70000	2.200000	2.400000	3.400000
1921	41.90000	12.40000	25.50000	-0.200000	182.8000	40.60000	2.700000	3.900000	7.700000
1922	45.00000	16.90000	29.30000	1.900000	182.6000	49.10000	2.900000	3.200000	3.900000
1923	49.20000	18.40000	34.10000	5.200000	184.5000	55.40000	2.900000	2.800000	4.700000
1924	50.60000	19.40000	33.90000	3.000000	189.7000	56.40000	3.100000	3.500000	3.800000
1925	52.60000	20.10000	35.40000	5.100000	192.7000	58.70000	3.200000	3.300000	5.500000
1926	55.10000	19.60000	37.40000	5.600000	197.8000	60.30000	3.300000	3.300000	7.000000
1927	56.20000	19.80000	37.90000	4.200000	203.4000	61.30000	3.600000	4.000000	6.700000
1928	57.30000	21.10000	39.20000	3.000000	207.6000	64.00000	3.700000	4.200000	4.200000
1929	57.80000	21.70000	41.30000	5.100000	210.6000	67.00000	4.000000	4.100000	4.000000
1930	55.00000	15.60000	37.90000	1.000000	215.7000	57.70000	4.200000	5.200000	7.700000
1931	50.90000	11.40000	34.50000	-3.400000	216.7000	50.70000	4.800000	5.900000	7.500000
1932	45.60000	7.000000	29.00000	-6.200000	213.3000	41.30000	5.300000	4.900000	8.300000
1933	46.50000	11.20000	28.50000	-5.100000	207.1000	45.30000	5.600000	3.700000	5.400000
1934	48.70000	12.30000	30.60000	-3.000000	202.0000	48.90000	6.000000	4.000000	6.800000
1935	51.30000	14.00000	33.20000	-1.300000	199.0000	53.30000	6.100000	4.400000	7.200000
1936	57.70000	17.60000	36.80000	2.100000	197.7000	61.80000	7.400000	2.900000	8.300000
1937	58.70000	17.30000	41.00000	2.000000	199.8000	65.00000	6.700000	4.300000	6.700000
1938	57.50000	15.30000	38.20000	-1.900000	201.8000	61.20000	7.700000	5.300000	7.400000
1939	61.60000	19.00000	41.60000	1.300000	199.9000	68.40000	7.800000	6.600000	8.900000
1940	65.00000	21.10000	45.00000	3.300000	201.2000	74.10000	8.000000	7.400000	9.600000
1941	69.70000	23.50000	53.30000	4.900000	204.5000	85.30000	8.500000	13.80000	11.60000

图 5-11 克莱因战争间模型所依据 1920—1941 年间的样本数据

（7）用 2SLS 法估计消费、投资和工资方程。

① 估计消费方程。

在 EViews 命令窗口输入命令

TSLS CS C P P(−1) WP+WG @ Y(−1) P(−1) K G WG TR @TREND(1919) TR(−1) WG(−1)

得到消费方程的 2SLS 估计结果如图 5−12 所示。

② 估计投资方程。

在 EViews 命令窗口输入命令

TSLS I C P P(−1) K @ Y(−1) P(−1) K G WG TR @TREND(1919) TR(−1) WG(−1)

得到投资方程的 2SLS 估计结果如图 5−13 所示。

Dependent Variable: CS
Method: Two-Stage Least Squares
Date: 02/14/16   Time: 11:01
Sample (adjusted): 1921 1941
Included observations: 21 after adjustments
Instrument specification: Y(-1) P(-1) K G WG TR @TREND(1919) TR(-1) WG(-1)
Constant added to instrument list

Variable	Coefficient	Std. Error	t-Statistic	Prob.
C	16.47689	1.389753	11.85599	0.0000
P	0.067962	0.116003	0.585866	0.5657
P(-1)	0.180427	0.107643	1.676170	0.1120
WP+WG	0.805568	0.042473	18.96648	0.0000

R-squared	0.978823	Mean dependent var	53.99524
Adjusted R-squared	0.975086	S.D. dependent var	6.860866
S.E. of regression	1.082941	Sum squared resid	19.93695
F-statistic	251.8127	Durbin-Watson stat	1.462425
Prob(F-statistic)	0.000000	Second-Stage SSR	55.48084
J-statistic	9.707098	Instrument rank	10
Prob(J-statistic)	0.137541		

图 5−12 消费方程的 2SLS 估计结果

Dependent Variable: I
Method: Two-Stage Least Squares
Date: 02/14/16   Time: 11:13
Sample (adjusted): 1921 1941
Included observations: 21 after adjustments
Instrument specification: Y(-1) P(-1) K G WG TR @TREND(1919) TR(-1) WG(-1)
Constant added to instrument list

Variable	Coefficient	Std. Error	t-Statistic	Prob.
C	15.31053	6.583841	2.325471	0.0327
P	0.311407	0.140467	2.216946	0.0405
P(-1)	0.477516	0.135414	3.526338	0.0026
K	-0.135283	0.031761	-4.259348	0.0005

R-squared	0.919230	Mean dependent var	1.266667
Adjusted R-squared	0.904977	S.D. dependent var	3.551948
S.E. of regression	1.094919	Sum squared resid	20.38042
F-statistic	60.06897	Durbin-Watson stat	2.037712
Prob(F-statistic)	0.000000	Second-Stage SSR	36.28595
J-statistic	7.991890	Instrument rank	10
Prob(J-statistic)	0.238698		

图 5−13 投资方程的 2SLS 估计结果

③ 估计工资方程。

在 EViews 命令窗口输入命令

TSLS WP C Y+TR−WG Y(−1)+TR(−1)−WG(−1) @TREND(1919) @ Y(−1) P(−1) K G WG TR @TREND(1919) TR(−1) WG(−1)

得到工资方程的 2SLS 估计结果如图 5−14 所示。

Dependent Variable: WP
Method: Two-Stage Least Squares
Date: 02/14/16   Time: 11:18
Sample (adjusted): 1921 1941
Included observations: 21 after adjustments
Instrument specification: Y(-1) P(-1) K G WG TR @TREND(1919) TR(-1) WG(-1)
Constant added to instrument list

Variable	Coefficient	Std. Error	t-Statistic	Prob.
C	-0.079711	1.147691	-0.069454	0.9454
Y+TR-WG	0.445373	0.037184	11.97739	0.0000
Y(-1)+TR(-1)-WG(-1)	0.140519	0.041209	3.409866	0.0033
@TREND(1919)	0.128810	0.032247	3.994525	0.0009

R-squared	0.987389	Mean dependent var	36.36190
Adjusted R-squared	0.985164	S.D. dependent var	6.304401
S.E. of regression	0.767894	Sum squared resid	10.02423
F-statistic	430.3431	Durbin-Watson stat	1.908936
Prob(F-statistic)	0.000000	Second-Stage SSR	33.64042
J-statistic	12.87734	Instrument rank	10
Prob(J-statistic)	0.045026		

图 5−14 工资方程的 2SLS 估计结果

（8）用 3SLS 法估计消费、投资和工资方程。

首先，创建系统，如图 5－15 所示。

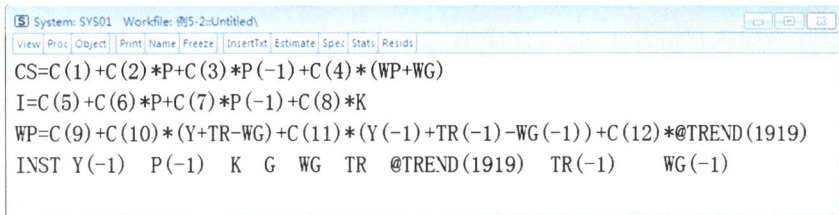

图 5－15　创建系统窗口

其次，估计模型。在系统窗口中点击 estimate 按钮，立即弹出"System Estimation"窗口，选择"Three-Stage Least Squares"方法估计，点击"确定"按钮，得到如图 5－16 所示的结果。

图 5－16　3SLS 法估计结果

从图 5-12 至图 5-16 中可以看出：

① 在 0.05 的显著性水平下，各方程无论采用 2SLS 法还是采用 3SLS 法估计，参数显著性 t 检验的结果是一致的。应该注意到，无论采用 2SLS 法还是 3SLS 法，参数的 t 检验都是渐近有效的，因此当样本容量较小时，应该谨慎地看待检验的结果。

② 所有的斜率系数都有合理的经济意义。

③ 各方程无论采用 2SLS 法还是采用 3SLS 法估计，得到的参数估计值的符号是相同的，且差距都小于各自一倍的标准误，此表明这两种估计方法得到的结果比较接近。

④ 从可决系数来看，各方程采用 2SLS 法估计与采用 3SLS 法估计的拟合优度效果非常接近。

因此，从整体上来看，采用 2SLS 法估计与采用 3SLS 法估计所得回归结果是相当接近的。

下面利用 2SLS 法的估计结果做模型分析。

利用 2SLS 法估计结果，得到的消费、投资、工资方程估计结果如下：

$$\begin{cases} \hat{CS}_t = 16.476\,89 + 0.067\,962 P_t + 0.180\,427 P_{t-1} + 0.805\,568(W_{pt} + W_{gt}) \\ \hat{I}_t = 15.310\,53 + 0.311\,407 P_t + 0.477\,516 P_{t-1} - 0.135\,283 K_{t-1} \\ \hat{W}_{pt} = -0.079\,711 + 0.445\,373(Y_t + TR_t - W_{gt}) \\ \qquad\quad + 0.140\,519(Y_{t-1} + TR_{t-1} - W_{g,t-1}) + 0.128\,810 t \end{cases}$$

（9）模型的边际分析。

从消费方程估计式可以看出，个人消费支出随着工资收入和企业利润的提高而增加，工资收入的边际消费倾向是 0.81，说明工资每提高 1 美元，平均来说，消费支出将增加 0.81 美元，现期利润的边际消费倾向是 0.068，而前期利润的边际消费倾向是 0.180，说明前期的企业利润对现期消费支出的影响大于现期的企业利润对现期消费支出的影响。这是因为企业的利润实现以后，将部分利润转化为工资收入和股息收入，然后才能进入消费，这个过程需要一定的时间才能实现。从消费方程的估计式可以明显看出，现期工资收入是影响现期消费的一个决定性因素。类似地，也可以对投资方程和工资方程进行边际分析。

（10）模型的乘数分析。

① 短期乘数分析。

为了分析政府可控变量 G_t、W_{gt}、TR_t 的变化对经济系统中各内生变量的短期影响程度，将结构式模型(5.4.21)化为简化式模型为

$$Y_t = \Pi X + V_t$$

其中，$\Pi = -B^{-1}\Gamma$ 为简化式参数矩阵，$V_t = B^{-1}U_t$。

因此，简化式参数矩阵的估计值 $\hat{\Pi} = -\hat{B}^{-1}\hat{\Gamma}$，其中 $\hat{B}$、$\hat{\Gamma}$ 分别为模型(5.4.21)的内生变量参数矩阵 B 和前定变量参数矩阵 Γ 的估计值。

在 EViews 软件下，输入命令：

MATRIX(6,6)　B 和 MATRIX(6,10)　B1

前定变量参数矩阵 Γ 在 EViews 软件中记为 B1。再利用图 5-12、图 5-13、图 5-14 中的估计结果，得到内生变量参数矩阵 B 和前定变量参数矩阵 Γ 的估计值，即

$$\hat{B} = \begin{bmatrix} 1 & 0 & -0.805\,568 & 0 & -0.067\,962 & 0 \\ 0 & 1 & 0 & 0 & -0.311\,407 & 0 \\ 0 & 0 & 1 & -0.445\,373 & 0 & 0 \\ -1 & -1 & 0 & 1 & 0 & 0 \\ 0 & 0 & 1 & -1 & 1 & 0 \\ 0 & -1 & 0 & 0 & 0 & 1 \end{bmatrix}$$

$$\hat{\Gamma} = \begin{bmatrix} -16.476\,89 & 0 & -0.180\,427 & 0 & 0 & -0.805\,568 & 0 & 0 & 0 \\ -15.310\,53 & 0 & -0.477\,516 & 0.135\,283 & 0 & 0 & 0 & 0 & 0 \\ 0.079\,711 & -0.140\,519 & 0 & 0 & 0 & 0.445\,373 & -0.445\,373 & -0.128\,810 & -0.140\,519 & 0.140\,519 \\ 0 & 0 & 0 & 0 & -1 & 0 & 1 & 0 & 0 \\ 0 & 0 & 0 & 0 & 0 & 1 & 0 & 0 & 0 \\ 0 & 0 & 0 & 0 & -1 & 0 & 0 & 0 & 0 \end{bmatrix}$$

利用矩阵的运算,容易得到简化式参数矩阵的估计值 $\hat{\Pi} = -\hat{B}^{-1}\hat{\Gamma}$ 为

$$\hat{\Pi} = \begin{array}{c} \begin{matrix} 1 & Y_{t-1} & P_{t-1} & K_{t-1} & G_t & W_{gt} & TR_t & t & TR_{t-1} & W_{g,t-1} \end{matrix} \\ \begin{bmatrix} 45.640 & 0.159 & 0.786 & -0.124 & 0.920 & 0.627 & -0.417 & 0.146 & 0.159 & -0.159 \\ 28.065 & -0.020 & 0.741 & -0.190 & 0.401 & -0.078 & -0.463 & -0.018 & -0.020 & 0.020 \\ 32.747 & 0.202 & 0.680 & -0.140 & 1.034 & -0.201 & -0.392 & 0.186 & 0.202 & -0.202 \\ 73.706 & 0.139 & 1.527 & -0.314 & 2.321 & 0.549 & -1.881 & 0.127 & 0.139 & -0.139 \\ 40.959 & -0.063 & 0.847 & -0.174 & 1.287 & -0.250 & -1.488 & -0.058 & -0.063 & 0.063 \\ 28.065 & -0.020 & 0.741 & 0.810 & 0.401 & -0.078 & -0.463 & -0.018 & -0.020 & 0.020 \end{bmatrix} \end{array} \begin{matrix} C_t \\ I_t \\ W_{pt} \\ Y_t \\ P_t \\ K_t \end{matrix}$$

在矩阵 $\hat{\Pi}$ 中,政府可控变量 G_t、W_{gt}、TR_t 对应的各列数据分别为它们对各内生变量的短期影响乘数。例如,税收 TR_t 对应的列中数字 -0.417、-0.463、-0.392、-1.881、-1.488、-0.463 分别为 TR_t 对内生变量 C_t、I_t、W_{pt}、Y_t、P_t 和 K_t 的短期影响乘数,计算的数据表明税收 TR_t 对各内生变量是负的影响。具体地,当税收 TR_t 增加 1 亿美元时,分别引起消费支出 C_t 下降约 0.417 亿美元,投资支出 I_t 下降约 0.463 亿美元,私人工资 W_{pt} 下降约 0.392 亿美元,税后国民收入 Y_t 下降约 1.881 亿美元,利润 P_t 下降约 1.488 亿美元,期末资本存量 K_t 下降约 0.463 亿美元。类似地,可以进行政府非工资支出 G_t、公共部门工资 W_{gt} 对各内生变量的短期影响乘数分析。

② 长期乘数分析。

为了对各内生变量做长期乘数分析,将简化式模型中的滞后内生变量的值用滞后外生变量的值替代。将模型(5.4.21)的简化式模型的估计式 $\hat{Y}_t = \hat{\Pi}X$ 写成分块矩阵的形式:

$$\begin{bmatrix} \hat{Y}_{1,t} \\ \hat{Y}_{2,t} \end{bmatrix} = \begin{bmatrix} 0 & \hat{\Pi}_1 \end{bmatrix} \begin{bmatrix} \hat{Y}_{1,t-1} \\ \hat{Y}_{2,t-1} \end{bmatrix} + \hat{\Pi}_2 \Delta_t \tag{5.4.22}$$

其中:

$$\hat{Y}_t = \begin{bmatrix} \hat{Y}_{1,t} & \hat{Y}_{2,t} \end{bmatrix}'$$

$$\hat{Y}_{1t} = \begin{bmatrix} \hat{C}_t & \hat{I}_t & \hat{W}_{pt} \end{bmatrix}'$$

$$\hat{Y}_{2t} = \begin{bmatrix} \hat{Y}_t & \hat{P}_t & \hat{K}_t \end{bmatrix}'$$

$$\Delta_t = \begin{bmatrix} 1 & G_t & W_{gt} & TR_t & t & TR_{t-1} & W_{g,t-1} \end{bmatrix}'$$

$$\hat{\Pi}_1 = \begin{array}{ccc} Y_{t-1} & P_{t-1} & K_{t-1} \end{array}$$
$$\hat{\Pi}_1 = \begin{bmatrix} 0.159 & 0.786 & -0.124 \\ -0.020 & 0.741 & -0.190 \\ 0.202 & 0.680 & -0.140 \\ 0.139 & 1.527 & -0.314 \\ -0.063 & 0.847 & -0.174 \\ -0.020 & 0.741 & 0.810 \end{bmatrix} \begin{matrix} C_t \\ I_t \\ W_{pt} \\ Y_t \\ P_t \\ K_t \end{matrix}$$

$$\hat{\Pi}_2 = \begin{array}{ccccccc} 1 & G_t & W_{gt} & TR_t & t & TR_{t-1} & W_{g,t-1} \end{array}$$
$$\hat{\Pi}_2 = \begin{bmatrix} 45.640 & 0.920 & 0.627 & -0.417 & 0.146 & 0.159 & -0.159 \\ 28.065 & 0.401 & -0.078 & -0.463 & -0.018 & -0.020 & 0.020 \\ 32.747 & 1.034 & -0.201 & -0.392 & 0.186 & 0.202 & -0.202 \\ 73.706 & 2.321 & 0.549 & -1.881 & 0.127 & 0.139 & -0.139 \\ 40.959 & 1.287 & -0.250 & -1.488 & -0.058 & -0.063 & 0.063 \\ 28.065 & 0.401 & -0.078 & -0.463 & -0.018 & -0.020 & 0.020 \end{bmatrix} \begin{matrix} C_t \\ I_t \\ W_{pt} \\ Y_t \\ P_t \\ K_t \end{matrix}$$

将(5.4.22)式滞后一期,得

$$\begin{bmatrix} \hat{Y}_{1,t-1} \\ \hat{Y}_{2,t-1} \end{bmatrix} = \begin{bmatrix} 0 & \hat{\Pi}_1 \end{bmatrix} \begin{bmatrix} \hat{Y}_{1,t-2} \\ \hat{Y}_{2,t-2} \end{bmatrix} + \hat{\Pi}_2 \Delta_{t-1} \qquad (5.4.23)$$

再将(5.4.23)式代入(5.4.22)式中的 $\begin{bmatrix} \hat{Y}_{1,t-1} \\ \hat{Y}_{2,t-1} \end{bmatrix}$,得

$$\begin{bmatrix} \hat{Y}_{1,t} \\ \hat{Y}_{2,t} \end{bmatrix} = \hat{\Pi}_2 \Delta_t + \begin{bmatrix} 0 & \hat{\Pi}_1 \end{bmatrix} \hat{\Pi}_2 \Delta_{t-1} + \begin{bmatrix} 0 & \hat{\Pi}_1 \end{bmatrix}^2 \begin{bmatrix} \hat{Y}_{1,t-2} \\ \hat{Y}_{2,t-2} \end{bmatrix}$$

依次继续迭代下去,再利用 $\lim\limits_{n\to\infty} \begin{bmatrix} 0 & \hat{\Pi}_1 \end{bmatrix}^n = 0$,便得到由外生变量表示的内生变量估计值的表达式为

$$\begin{bmatrix} \hat{Y}_{1,t} \\ \hat{Y}_{2,t} \end{bmatrix} = \hat{\Pi}_2 \Delta_t + \begin{bmatrix} 0 & \hat{\Pi}_1 \end{bmatrix} \hat{\Pi}_2 \Delta_{t-1} + \begin{bmatrix} 0 & \hat{\Pi}_1 \end{bmatrix}^2 \hat{\Pi}_2 \Delta_{t-2} + \cdots$$

于是,得到外生变量对各内生变量的长期影响乘数矩阵为

$$\begin{bmatrix} I + \begin{bmatrix} 0 & \hat{\Pi}_1 \end{bmatrix} + \begin{bmatrix} 0 & \hat{\Pi}_1 \end{bmatrix}^2 + \cdots \end{bmatrix} \hat{\Pi}_2 = \begin{bmatrix} I - \begin{bmatrix} 0 & \hat{\Pi}_1 \end{bmatrix} \end{bmatrix}^{-1} \hat{\Pi}_2$$

上式计算得

$$\begin{bmatrix} 1 & G_t & W_{gt} & TR_t & t & TR_{t-1} & W_{g,t-1} \\ 38.650 & 1.352 & 0.727 & -0.768 & 0.169 & 0.184 & -0.184 \\ 0.000 & 0.000 & 0.000 & 0.000 & 0.000 & 0.000 & 0.000 \\ 22.565 & 1.378 & -0.020 & -0.591 & 0.228 & 0.248 & -0.248 \\ 38.650 & 2.352 & 0.727 & -1.768 & 0.169 & 0.184 & -0.184 \\ 16.085 & 0.974 & -0.254 & -1.178 & -0.059 & -0.064 & 0.064 \\ 206.976 & 5.680 & -1.479 & -6.868 & -0.344 & -0.375 & 0.375 \end{bmatrix} \begin{matrix} C_t \\ I_t \\ W_{pt} \\ Y_t \\ P_t \\ K_t \end{matrix}$$

(5.4.24)

矩阵(5.4.24)式中外生变量对应的列与内生变量对应的行交叉处的数值即为该外生变量对该内生变量的长期影响乘数。从(5.4.24)式可能看出,各外生变量对净投资 I_t 的长期影响乘数都为零,这是因为在均衡状态下,资本存量不变,没有投资发生。TR_t 对内生变量 C_t、W_{pt}、Y_t、P_t 和 K_t 的长期影响乘数分别为 -0.768、-0.591、-1.768、-1.178、-6.868,而 TR_t 对内生变量 C_t、W_{pt}、Y_t、P_t 和 K_t 的短期影响乘数分别为 -0.417、-0.392、-1.881、-1.488、-0.463。由此可见,提高税收对消费支出、私人工资和资本存量的长期影响远大于短期影响,这提示政府在提高税收水平时必须十分谨慎。类似地,可以进行 W_{gt}、G_t 对各内生变量影响的长期乘数分析。

复习思考题

1. 为什么要建立联立方程模型,联立方程模型适用于什么样的经济现象?

2. 什么是联立方程偏倚? 为什么会产生联立方程偏倚?

3. 下列为一完备的联立方程计量经济学模型:

$$M_t = \alpha_0 + \alpha_1 Y_t + \alpha_2 P_t + u_{1t}$$

$$Y_t = \beta_0 + \beta_1 M_t + u_{2t}$$

其中,M_t 为货币供给量,Y_t 为国内生产总值,P_t 为价格总指数。则

(1) 指出模型的内生变量、外生变量、前定变量,写出简化式模型,并导出结构式参数与简化式参数之间的关系;

(2) 判定上述方程中哪些是可以识别的,如果模型不可识别,试作简单的修改使之可以识别;

(3) 指出 ILS、IV、2SLS 中哪些可用于原模型第一,二个方程的参数估计。

4. 设我国的关于价格、消费、工资联立方程组模型设定为

$$\begin{cases} W_t = \alpha_0 + \alpha_1 I_t + u_{1t} \\ C_t = \beta_0 + \beta_1 I_t + \beta_2 W_t + u_{2t} \\ P_t = \gamma_0 + \gamma_1 I_t + \gamma_2 W_t + \gamma_3 C_t + u_{3t} \end{cases}$$

其中,I_t 为固定资产投资、W_t 为国有企业职工年平均工资、C_t 为居民消费价格指数、P_t 为价格指数,C_t 与 P_t 均以上一年为 100%,① 判别模型的识别性;② 选用适当的方法估计模型的未知参数。样本数据见表 5-3。

表 5 - 3　1992—2007 年全社会固定资产投资总额等数据

年　份	全社会固定资产 投资总额(I)/亿元	国有企业在岗职工 年平均工资(W)/元	居民消费水平环比 价格指数(C)	价格环比指数(P)
1992	8 080.1	2 930	113.3	106.4
1993	13 072.3	3 593	108.4	114.7
1994	17 042.1	4 708	104.6	124.1
1995	20 019.3	5 663	107.8	117.1
1996	22 913.5	6 269	109.4	108.3
1997	24 941.1	6 647	104.5	102.8
1998	28 406.2	7 644	105.9	99.2
1999	29 854.7	8 350	108.3	98.6
2000	32 917.7	9 324	108.6	100.4
2001	37 213.5	10 619	105.7	100.7
2002	43 499.9	12 109	106.5	99.2
2003	55 566.6	14 028	106.5	101.2
2004	70 477.4	16 336	107.4	103.9
2005	88 773.6	19 069	107.9	101.8
2006	10 998.2	22 246	109.6	101.5
2007	137 323.9	26 284	110.2	104.8

数据来源:《中国统计年鉴(2008)》

5. 对克莱因战争间模型(5.4.20)式中的投资方程、工资方程进行识别。

6. 利用例 5 - 2 中克莱因战争间模型的估计结果,分析公共部门工资 W_{gt}、政府非工资支出 G_t 对各内生变量的长、短期影响。

银行体系稳健性的判断。银行体系如果不能稳健运行,不仅导致银行资产严重缩水,甚至可能导致银行破产,对整个金融系统安全与国民经济的健康发展带来巨大的冲击。正因为如此,建立银行体系稳健性预测模型,事先对可能存在的风险提出预警,无论对银行,还是对银行监管部门都具有十分重要的意义。

为建立稳健性预测模型,某银行从其全部客户资料中随机抽取了60家银行的资料,其中评估为稳健的31家,用$Y=1$表示,不稳健的29家,用$Y=0$表示。解释变量X_1、X_2分别为一年期存款利率和不良贷款率,试分析稳健性与解释变量间的关系。

上述案例中被解释变量即为离散决策变量,属于典型的离散选择问题,应建立离散选择模型,为解决这类问题,本章将重点介绍二元Logit离散选择模型、二元Probit离散选择模型以及受限Tobit模型。

本章将介绍线性概率模型的概念、形式及其估计原理,二元Logit、二元Probit离散选择模型以及受限Tobit模型的一般形式、估计原理。运用EViews软件创建二元离散选择模型数据;进行二元Logit离散选择模型、二元Probit离散选择模型、受限Tobit模型的估计、检验以及相关图表的刻画。解读二元Logit离散选择模型、二元Probit离散选择模型、受限Tobit模型估计参数的经济含义。

第一节　线性概率模型

经典计量经济学模型中,被解释变量通常被假定为连续变量。但是,经济分析中,常常面临许多决策问题,或者称为选择问题,即人们必须在可供选择的几个方案中做出选择。这些可供选择的方案可以用离散的数据表示,例如,家用汽车的购买与否,分别用1与0表示;学位论文通过情况如优秀、良好、中等、合格、不合格分别用5、4、3、2、1表示,以这样的决策结果为被解释变量而建立的计量经济学模型,称为离散选择模型(Discrete Choice Model,DCM)。如果被解释变量只存在两种选择,称为二元离散选择模型(Binary Choice Model,BCM);如果被解释变量存在多种选择,称为多元离散选择模型(Multiple Choice Model,MCM)。本章将重点介绍二元离散选择模型。

一、线性概率模型形式

线性概率模型(Linear Probability Model,LPM)是最直观的虚拟被解释变量,它和一般计量经济学模型唯一的区别在于被解释变量的取值只有0和1。和一般计量经济学模型一样,线性概率模型也采用OLS估计。

线性概率模型用参数线性方程来解释虚拟被解释变量。例如,应届大学毕业生中哪些更可能直接就业,哪些更可能继续考研深造,构建了线性概率模型:

$$Y_i = \alpha_0 + \alpha_1 X_{1i} + \alpha_2 X_{2i} + u_i \quad (i = 1, 2, \cdots, n) \tag{6.1.1}$$

式中,$Y_i = \begin{cases} 1 & \text{考研深造} \\ 0 & \text{直接就业} \end{cases}$,为虚拟变量;$X_{1i}$代表家庭收入,$X_{2i}$代表父母受教育年限,$X_{1i}$、$X_{2i}$为解释变量;$\alpha_0$、$\alpha_1$、$\alpha_2$为回归参数,$u_i$为随机干扰项。

术语"线性概率模型"意思是方程的右边是线性的,而左边刻画的是$Y_i = 1$的概率。假定家庭收入较高、父母受教育年限较长的大学毕业生更倾向于考研深造,那么Y的取值更加接近于1。不妨假定根据(6.1.1)可以估计,某个大学生的估计值$\hat{Y}_i = 0.69$,实际含义如何?既然$Y_i = \begin{cases} 1 & \text{考研深造} \\ 0 & \text{直接就业} \end{cases}$,那么$\hat{Y}_i = 0.69$表示该生考研就业的可能性高达69%,由该生的家庭收入和父母的受教育年限决定。因此,$\hat{Y}_i$刻画的是Y的第i个观测值取1的概率,也就是说,用表达式可表示为

$$\hat{Y}_i = \Pr(Y_i = 1) = \alpha_0 + \alpha_1 X_{1i} + \alpha_2 X_{2i} \tag{6.1.2}$$

式中,$\Pr(Y_i = 1)$表示第i个观测值$Y_i = 1$的概率。

那么,又如何解释(6.1.2)的参数呢?由于$\hat{Y}_i$刻画的是$Y_i = 1$的概率,因此,线性概率模型参数的经济意义为:当方程中其他解释变量不变时,1单位某解释变量的变动引起的$Y_i = 1$的概率变动的百分点。假定X_{2i}不变时,1单位X_{1i}的变动引起的$Y_i = 1$的概率变动α_1个百分点。真实的概率是无法观察的,因为它反映的是离散选择发生之前的情况。选择发生之后,只能观察到选择的结果,所有被解释变量Y_i的取值只能为0或1。因此,虽然被解释变量Y_i的期望值可以是0—1之间的任意值,但是能够观察到的仅仅是两个极端值0和1。

二、线性概率模型估计

下面用一个竞选的例子来说明如何解释线性概率模型的估计结果。

例6-1 假设候选人甲和乙竞选某市长,现用一个二元选择模型来研究影响选民决策的因素,模型为

$$Y_i = \alpha_0 + \alpha_1 INCOME_i + \alpha_2 AGE_i + \alpha_3 MALE_i + u_i \tag{6.1.3}$$

其中,Y_i表示选民的决策,$INCOME_i$表示收入(单位:千元),AGE_i表示选民的年龄(单位:岁),$MALE_i$表示选民的性别,即

$$Y_i = \begin{cases} 1 & \text{选民投票给甲} \\ 0 & \text{选民投票给乙} \end{cases} \qquad MALE_i = \begin{cases} 1 & \text{男} \\ 0 & \text{女} \end{cases}$$

表6-1给出了取值选民的一个样本。

表 6-1 候选人选举模型数据

观测序号	Y_i	$INCOME_i$	AGE_i	$MALE_i$
1	0	10	18	0
2	1	58	48	1
3	1	64	51	0
4	0	14	19	0
5	0	11	22	1
6	0	16	23	0
7	1	60	44	1
8	0	19	26	0
9	1	110	37	0
10	1	44	68	1
11	0	21	28	0
12	0	29	25	1
13	0	28	27	0
14	1	40	45	0
15	0	26	32	0
16	0	33	32	1
17	1	46	28	1
18	0	12	42	0
19	0	30	41	0
20	1	40	38	1
21	0	35	40	1
22	1	18	18	0
23	0	14	19	1
24	1	50	40	0
25	1	72	31	0
26	0	38	18	1
27	1	55	43	1
28	0	50	50	0
29	1	22	62	0
30	1	85	62	0

如表 6-2 所示,Y_i 表示选民的决策;收入 INCOME 的斜率估计值为正,且在 1% 的显著性水平下显著。在年龄和性别不变的情况下,收入增加 1 000 元,选择候选人甲的概率增加 0.010 7。AGE 的斜率估计值为正,且在 10% 的显著性水平上显著。在收入和性别不变的情况下,年龄增加 1 岁,选择候选人甲的概率增加 0.011。MALE 的斜率估计值统计上不显著,故而表明该样本中选民的性别对选举结果没有显著差异。

表 6-2　OLS 估计结果

Dependent Variable：Y

Variable	Coefficient	Std. Error	t-Statistic	Prob.
C	−0.364 219	0.206 213	−1.766 229	0.089 1
INCOME	0.010 710	0.003 420	3.131 281	0.004 3
AGE	0.011 040	0.005 828	1.894 368	0.069 4
MALE	0.059 986	0.141 963	0.422 548	0.676 1

我们可以得出如下结论:年老一些、富裕一些的选民更倾向于投票给候选人甲。表 6-3 给出了每个 Y_i 的拟合值 $\hat{Y}_i$,当 $\hat{Y}_i \geq 0.5$ 时,相应的预测值 Y_f 计为 1,当 $\hat{Y}_i < 0.5$ 时,相应的预测值 Y_f 计为 0。

表 6-3　因变量的拟合值、预测值、实际值及预测准确性

观测序号	因变量 Y			预测正确否?
	拟合值 $\hat{Y}_i$	预测值 Y_f	实际值 Y_i	
1	−0.06	0	0	√
2	0.85	1	1	√
3	0.88	1	1	√
4	0.00	0	0	√
5	0.06	0	0	√
6	0.06	0	0	√
7	0.82	1	1	√
8	0.13	0	0	√
9	1.22	1	1	√
10	0.92	1	1	√
11	0.17	0	0	√
12	0.28	0	0	√
13	0.23	0	0	√
14	0.56	1	1	√
15	0.27	0	0	√
16	0.40	0	0	√
17	0.50	1	1	√

观测序号	因变量 Y			预测正确否?
	拟合值 $\hat{Y}_i$	预测值 Y_f	实际值 Y_i	
18	0.23	0	0	✓
19	0.41	0	0	✓
20	0.54	1	1	✓
21	0.51	1	0	×
22	0.03	0	1	×
23	0.06	0	0	✓
24	0.61	1	1	✓
25	0.75	1	1	✓
26	0.30	0	0	✓
27	0.76	1	1	✓
28	0.72	1	0	×
29	0.56	1	1	✓
30	1.23	1	1	✓

从表 6 - 3 可以看出,30 个观测值中,27 个预测正确。选甲的 14 人中,1 人预测错误,准确率为 92.8%。选乙的 16 人中,2 人预测错误,准确率为 87.5%。由表 6 - 3 还可以看出,拟合值既有小于 0 的,如第一个观测值,也有大于 1 的,如观测值 30,而这些值为概率的估计值,显然与概率的介于[0,1]之间矛盾,这正是线性概率模型的缺陷所在。

三、线性概率模型存在的问题

线性概率模型的优点在于简单、直观。然而,采用 OLS 估计线性概率模型会产生两个严重的问题。

(一)$\hat{Y}_i$ 的取值不以 0 和 1 为界

线性概率模型的一般形式如下:

$$Y_i = \alpha_0 + \alpha_1 X_{1i} + \alpha_2 X_{2i} + \cdots + \alpha_k X_{ki} + u_i \quad (i = 1, 2, \cdots, n) \tag{6.1.4}$$

其中,n 为样本容量;k 是解释变量个数;X_{ji} 为第 j 个体特征的取值,可以包括正常变量和虚拟变量。形式上式(6.1.4)与普通 OLS 回归模型并无两样,但 Y_i 只取 0 和 1 两个值。

式(6.1.4)中,u_i 为相互独立且均值为 0 随机扰动项。令 $P_i \equiv P(Y_i = 1)$,那么 $1 - P_i \equiv P(Y_i = 0)$。对式(6.1.4)左右两边取期望值,于是

$$E(Y_i) = 1 \times P(Y_i = 1) + 0 \times P(Y_i = 0) = P_i \tag{6.1.5}$$

又因为 $E(u_i) = 0$,所以 $E(Y_i) = X_i'\alpha$,$X_i = (X_{1i}, X_{2i}, \cdots, X_{ki})'$,$\alpha = (\alpha_1, \alpha_2, \cdots, \alpha_k)'$,从而有下面的等式:

$$E(Y_i) = P(Y_i = 1) = P_i = X_i'\alpha \tag{6.1.6}$$

只有当 $X_i'\alpha$ 的取值在$(0,1)$之间时才成立,否则就会产生矛盾,而在实际应用时很可能超出这个范围。假定$(6.1.2)$中的 X 和 α 都取值为 1,则 $\hat{Y}_i=3$,显然远大于 1;同样还可能小于 0。

为解决上述矛盾,设定线性概率模型的形式如下:

$$P_i = \begin{cases} X_i'\alpha & 0 < X_i'\alpha < 1 \\ 1 & X_i'\alpha \geq 1 \\ 0 & X_i'\alpha \leq 0 \end{cases} \tag{6.1.7}$$

此时,就可以把因变量看成一个概率。

(二) 随机扰动项的异方差性

根据$(6.1.3)$,求得随机扰动项的方差为

$$E(u_i^2) = (1 - X_i'\alpha)^2 P_i + (-X_i'\alpha)^2 (1 - P_i) = P_i(1 - P_i) \tag{6.1.8}$$

或

$$\sigma_i^2 = E(u_i^2) = E(Y_i)(1 - E(Y_i)) \tag{6.1.9}$$

由此可以看出,随机干扰项具有异方差性。异方差的参数估计不再是有效的,修正异方差的一个方法就是使用加权最小二乘估计。但是加权最小二乘法无法保证预测值 $\hat{Y}_i$ 在$(0,1)$之内,这是线性概率模型的严重缺陷。由于上述问题,我们考虑对线性概率模型进行一些变换,由此得到下面要讨论的模型。

假设有一个未被观察到的潜在变量 Y_i^*,它与 X_i 之间具有线性关系,即

$$Y_i^* = X_i'\alpha + u_i^* \tag{6.1.10}$$

式中,u_i^* 是扰动项。Y_i 和 Y_i^* 的关系如下:

$$Y_i = \begin{cases} 1 & Y_i^* > 0 \\ 0 & Y_i^* \leq 0 \end{cases} \tag{6.1.11}$$

即 Y_i^* 大于临界值 0 时,$Y_i=1$;Y_i^* 小于等于临界值 0 时,$Y_i=0$。这里把临界值选为 0,但事实上只要 X_i 包含有常数项,临界值的选择就是无关的,所以为简单起见不妨设为 0。这样

$$P(Y_i = 1 | X_i, \alpha) = P(Y_i^* > 0) = P(u_i^* > -X_i'\alpha) = 1 - F(-X_i'\alpha)$$

$$P(Y_i = 0 | X_i, \alpha) = P(Y_i^* \leq 0) = P(u_i^* \leq -X_i'\alpha) = F(-X_i'\alpha) \tag{6.1.12}$$

式中:F 是 u_i^* 的分布函数,要求它是一个连续函数,并且是单调递增的。由于

$$Y_i = E(Y_i) + u_i = P(Y_i = 1 | X', \alpha) + u_i = 1 - F(-X_i'\alpha) + u_i$$

因此,原始的回归模型可以看成如下的一个回归模型:

$$Y_i = 1 - F(-X_i'\alpha) + u_i \tag{6.1.13}$$

即 Y_i 关于它的条件均值的一个回归。

分布函数的类型决定了二元选择模型的类型,根据分布函数 F 的不同,二元选择模型可以有不同的类型,常用的二元选择模型如表 6-4 所示。

表 6 - 4 常用的二元选择模型

u_i^* 对应的分布	分布函数	密度函数	相应的二元选择模型
逻辑分布	$e^X/(1+e^X)$	$f = e^x/(1+e^X)^2$	Logit 模型
标准正态分布	$\Phi(X)$	$\varphi(x) = \dfrac{1}{\sqrt{2\pi}} e^{-\frac{x^2}{2}}$	Probit 模型

第二节 二元 Logit 离散模型

虽然估计和使用线性概率模型很简单,但存在上面讨论两大问题:拟合值的取值不以 0 和 1 为界、随机扰动项的异方差性。这两个问题存在,显然 OLS 估计方法不再适用。正如第一节所述,利用表 6 - 4 中 Logit 模型可以使问题得到很好的解决。

一、Logit 回归概述

当因变量为二分类变量时,即随着解释变量 X_i 的变化,因变量具有 0 和 1 两种可能选择,即 $P(Y_i=1|X_i)$ 与 X_i 的关系通常不是线性关系,此时线性回归已不恰当,需要考虑非线性模型,确切地说,需要考虑(二元)离散选择模型。由于 $P(Y_i=1|X_i)$ 的取值落在 $[0,1]$ 内,因此自然想到采用某个随机变量的分布函数来描述 $P(Y_i=1|X_i)$ 与 X_i 的非线性关系,因为分布函数通常具有"S"型(如图 6 - 1 所示),即当解释变量很大或很小时分布函数值

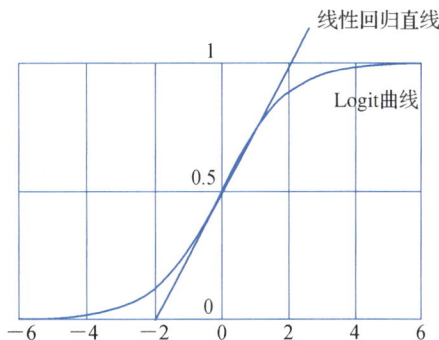

图 6 - 1 二元选择模型:直线或是 Logit 曲线?

变化缓慢,当 X_i 取其他值时,分布函数值变化很快,且分布函数值落在 $[0,1]$ 内。

Logit 分布函数是构建二元选择模型时常用的分布函数。Logit 分布函数的形式为

$$F(X) = \frac{1}{1+\exp(-X)} \quad (-\infty < X < +\infty) \tag{6.2.1}$$

用 Logit 分布函数描述 $P(Y_i=1|X_i)$ 与 X_i 的非线性关系可以基于如下的分析,仍以直接就业或考研深造为例展开讨论。

假设理论上存在一个与家庭年收入 X_{1i} 和父母受教育年限 X_{2i} 有关的连续型指标变量 Y_i^*:

$$Y_i^* = \alpha_0 + \alpha_1 X_{1i} + \alpha_2 X_{2i} + u_i \tag{6.2.2}$$

其中,随机干扰项 u_i 相互独立,且服从 Logit 分布(这里可将 Y_i^* 设想为某种可连续量化的考研深造的愿望)。假设当 $Y_i^* > 0$(愿望超过一定的程度)时,选择考研深造。引入离散变量 Y,其定义为

$$Y_i = \begin{cases} 1 & Y_i^* > 0 \\ 0 & Y_i^* \leqslant 0 \end{cases} \tag{6.2.3}$$

显然,Y 能够用于表示毕业生是否考研的二分类变量。因此,$P(Y_i = 1 \mid X_{1i}, X_{2i})$ 与 X_{1i},X_{2i} 的非线性关系可以表示为

$$P(Y_i = 1 \mid X_{1i}, X_{2i}) = \frac{1}{1 + \exp(-\alpha_0 - \alpha_1 X_{1i} - \alpha_2 X_{2i})} \tag{6.2.4}$$

即 $P(Y_i = 1 \mid X_{1i}, X_{2i})$ 与 X_{1i},X_{2i} 的关系可以用 Logit 分布函数来表示。

方程(6.2.4)称为二元 Logit 回归。更一般地,若 Y 为二分类变量,且模型有多个解释变量,则有多变量 Logit 回归,其形式为

$$P(Y_i = 1 \mid X_{1i}, X_{2i}, \cdots, X_{ki}) = \frac{1}{1 + \exp(-\alpha_0 - \alpha_1 X_{1i} - \alpha_2 X_{2i} - \cdots - \alpha_k X_{ki})} \tag{6.2.5}$$

若令 $P_i = P(Y_i = 1 \mid X_{1i}, X_{2i}, \cdots, X_{ki})$,求得 $\dfrac{P_i}{1 - P_i}$,在两边取对数,则方程(6.2.5)可以转化为

$$\ln\left(\frac{P_i}{1 - P_i}\right) = \alpha_0 + \alpha_1 X_{1i} + \alpha_2 X_{2i} + \cdots + \alpha_k X_{ki} \tag{6.2.6}$$

方程(6.2.5)称为多变量 Logit 模型。

特别地,Logit 回归与普通线性回归模型有较大的区别,具体为:

(1) 模型不同。Logit 回归为非线性模型,而普通线性回归为线性模型。

(2) 研究对象不同。线性回归模型研究因变量 Y 的均值 $E(Y \mid X)$ 与解释变量 X 之间的相互关系,而 Logit 回归研究某种事件发生的概率 $P(Y = 1 \mid X)$ 与解释变量 X 之间的相互关系。

(3) 经典假定满足与否不同。线性回归模型中包含随机干扰项 u_i,对模型的要求是 u_i 满足经典假定,而 Logit 回归未出现随机干扰项,更不满足经典假定。

(4) 样本数据的要求不同。在估计 Logit 回归模型参数时,要求数据必须来自随机样本,即各个观测值相互独立,或者说要求样本分布与总体分布具有同一性,而对线性回归模型一般情况下没有这样的严格限制。

二、Logit 回归模型估计

Logit 回归模型属于非线性模型且未出现随机干扰项,普通最小二乘法并不适用于 Logit 回归的参数估计。在随机样本下,对 Logit 回归的参数估计通常采用极大似然估计法。下面以单变量 Logit 回归为例,说明具体的估计方法。

(一) Logit 回归模型估计方法

假设有 N 个样本数据 (Y_i, X_i),记 $P_i = P(Y_i = 1 \mid X_i)$,由于样本是随机抽取,在给定 X_i 的条件下,观测值 Y 取 0、取 1 的概率分别为 $P_0 = 1 - P_i$,$P_1 = P_i$。这样,在给定 X_i 的条件下,观测值的条件概率分布为

$$P(Y) = P_i^Y (1 - P_i)^{1-Y} \quad (Y = 0, 1) \tag{6.2.7}$$

对应于 N 个样本数据,其对数似然函数为

$$\ln[L(\alpha_0,\alpha_1)] = \ln[\prod_{i=1}^{N} P_i^{Y_i}(1-P_i)^{1-Y_i}]$$

$$= \sum_{i=1}^{N}[Y_i \ln P_i + (1-Y_i)\ln(1-P_i)]$$

$$= \sum_{i=1}^{N}[Y_i \ln \frac{P_i}{1-P_i} + \ln(1-P_i)]$$

$$= \sum_{i=1}^{N}[Y_i(\alpha_0 + \alpha_1 X_i) - \ln(1 + \exp(\alpha_0 + \alpha_1 X_i))] \tag{6.2.8}$$

模型参数的极大似然估计,就是选择使对数似然函数达到最大时的 α_0、α_1 的值作为 Logit 回归的参数估计值。根据微积分知识知,极大似然估计值可以从以下方程组中得到:

$$\begin{cases} \dfrac{\partial \ln[L(\alpha_0,\alpha_1)]}{\partial \alpha_0} = \sum_{i=1}^{N}\left[Y_i - \dfrac{\exp(\alpha_0 + \alpha_1 X_i)}{1 + \exp(\alpha_0 + \alpha_1 X_i)}\right] = 0 \\[2mm] \dfrac{\partial \ln[L(\alpha_0,\alpha_1)]}{\partial \alpha_1} = \sum_{i=1}^{N}\left[Y_i - \dfrac{\exp(\alpha_0 + \alpha_1 X_i)}{1 + \exp(\alpha_0 + \alpha_1 X_i)}\right]X_i = 0 \end{cases} \tag{6.2.9}$$

结合(6.2.5)知, $P(Y=1 \mid X_i) = 1/[1+e^{-Z}]$,其中 $Z = \hat{\alpha}_0 + \hat{\alpha}_1 X_i$ 。

在计量经济学软件 EViews 中,可以直接给出 Logit 回归参数的极大似然估计值。

Logit 回归参数的极大似然估计值有如下性质:

(1) 极大似然估计为一致估计,当样本容量很大时,模型的参数估计值将较接近真值。

(2) 极大似然估计为渐进有效的,当样本容量增大时,参数估计的方差相对缩小,当样本容量 $N \to \infty$ 时,极大似然的方差不大于用其他方法得到的参数估计的方差。

(3) 极大似然估计为渐进正态的,当样本容量较大时,可以采用正态假设来构造模型参数的显著性检验与估计参数的置信区间等。

与最小二乘估计一样,模型参数的极大估计也是一个点估计,但利用极大似然估计的性质,我们可以估计模型参数的置信区间。由于大样本条件下 $\hat{\beta}_j$ 具有渐进正态分布,因此,

$$Z = (\hat{\alpha}_j - \alpha_j)/\text{SE}_{\hat{\alpha}_j}$$

渐近服从标准正态分布,其中 $\text{SE}_{\hat{\alpha}_j}$ 是 $\hat{\beta}_j$ 的标准误差,对于给定的显著性水平 α ,参数 α_j 的置信区间为

$$(\hat{\alpha}_j - Z_{\alpha/2}\text{SE}_{\hat{\alpha}_j}, \hat{\alpha}_j + Z_{\alpha/2}\text{SE}_{\hat{\alpha}_j})$$

(二) Logit 回归的期望-预测表检验

在进行模型的参数估计之后,还要评价模型估计与观测数据的拟合程度,如果模型估计与观测数据拟合程度好,就认为模型是适当的,可以接受模型;如果模型估计与观测数据的拟合程度很差,就需要对模型做出调整。对 Logit 回归模型的评价有多种方法,这里主要介绍期望-预测表(expectation-prediction table)检验。

与普通线性回归不同,在 Logit 回归模型中,对于给定的解释变量 $(X_{1i},X_{2i},\cdots,X_{ki})$,拟合值不是 Y_i 的估计值 $\hat{Y}_i$,而是 $Y_i=1$ 这个事件的发生的概率估计值。

期望-预测表检验的原理:模型参数估计后,选取适当的截断值 $P(0<P<1$,比如 0.5),将观测数据分二组: $1/[1+e^{-Z}] \leqslant P$ 归入第 1 组, $1/[1+e^{-Z}] > P$ 归入第 2 组,其中 $Z = \hat{\alpha}_0 +$

$\hat{\alpha}_1 X_{1i} + \hat{\alpha}_2 X_{2i} + \cdots + \hat{\alpha}_k X_{ki}$。如果样本中的一个观测值数据的 Y 取值为 0,并且该样本属于第 1 组,或者一个观测值数据的 Y 取值为 1,并且该样本属于第 2 组,就称这个观测数据的分组是恰当的,否则就是不恰当的。很显然,如果模型估计与实际观测数据比较一致,则大多数的观测数据的分组是恰当的,即模型估计与实际观测数据的拟合程度就较好。反之,拟合程度就较差,模型就需要调整。

三、Logit 回归模型案例分析

现在结合一个实例说明,如何在 EViews 中创建 Logit 数据,并进行模型的参数估计、检验。在进行 Logit 回归模型的参数估计时,EViews 假设所使用的样本数据是以随机抽样的方式获得的,EViews 给出模型参数的极大似然估计值。

例 6 - 2　为分析家庭收入与家用轿车的购买关系,在某市居民中随机抽取了 42 户家庭,这 42 户家庭的年收入 X_1(万元)、户主年龄 X_2(岁数)、轿车购买 Y($Y=0$ 表示家庭暂时不购买轿车;$Y=1$ 表示家庭已经购买轿车)的具体数据见表 6 - 5 所示。

表 6 - 5　42 户家庭的调查数据表

Y	X_1(万元)	X_2(岁数)	Y	X_1(万元)	X_2(岁数)
0	8	22	1	16	33
1	18	32	0	11	28
0	12	50	1	19	42
1	20	36	1	13	37
0	9	24	0	10	55
1	17	30	1	18	44
1	14	28	1	20	47
0	6	20	1	19	45
1	16	30	0	10	50
0	8	27	1	18	50
1	22	45	0	16	52
0	12	30	0	11	48
1	16	34	0	11	48
1	20	50	1	18	32
0	11	48	0	10	23
1	17	52	0	13	50
1	21	54	1	20	36
0	11	47	0	8	27
0	17	52	1	16	30
0	7	22	1	17	30
1	16	30	0	10	50

请运用 Logit 回归模型分析家庭收入 X_1、户主年龄 X_2 对家用轿车购买的影响,并对模型的拟合优度进行比较与评价。

(一) EViews 下的模型估计

利用 EViews 估计模型参数并进行模型检验的具体方法如下:

在 EViews 中建立工作文件并输入数据后,在主菜单中选择 Quick/Estimate Equation 打开的方程定义窗口并选择 Binary(二元选择模型)估计方法;

在窗口的方程定义栏(Equation Specification)中输入二分类变量 Y,常数项 C,以及解释变量 X_1、X_2,即 Y　C　X_1　X_2。根据所选择的分布函数不同,二元选择模型有不同的类型,如标准正态分布(Probit 模型),Logit 分布(Logit 模型),等等。在窗口中部,选择 Binary Estimation Method 中的 Logit 估计方法。如图 6-2 所示。

点击 OK 键后,系统输出结果如图 6-3 所示。

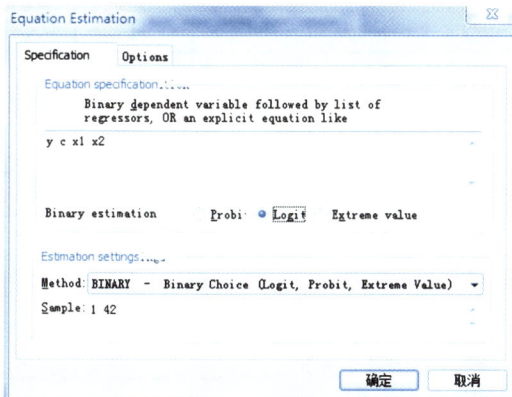

图 6-2　方程设定界面

图 6-3　二元 Logit 回归的输出结果

$P(Y_i=1|X_1,X_2)=\dfrac{1}{1+\exp(-\alpha_0-\alpha_1 X_1-\alpha_2 X_2)}$ 中各个参数的极大似然估计值。根据图 6-3 系统输出的结果,可以知道上述模型的具体形式为

$$P(Y_i=1|X_1,X_2)=\frac{1}{1+\exp(-Z)}$$

其中,$Z=-12.671+1.962X_1-0.390X_2$。

(二)期望-预测表检验

在模型估计输出界面窗口,选择 View/Expectation Prediction Table 后,打开一个对话框,在对话框中输入一个截断值 P,$0<P<1$,系统默认的截断值为 0.5,点击 OK 后就可以生成对应的期望-预测表,如图 6-4 所示。

由图 6-4 可以看出,归入第 1 组的观测数据共 20 个,其中分组正确的有 19 个,分组不正确的有 1 个;归入第 2 组的观测数据共 22 个,其中分组正确的有 21 个,分组不正确的有 1 个。因变量 Y 取 0 的观测值共有 20

	Estimated Equation			Constant Probability		
	Dep=0	Dep=1	Total	Dep=0	Dep=1	Total
P(Dep=1)<=C	19	1	20	0	0	0
P(Dep=1)>C	1	21	22	20	22	42
Total	20	22	42	20	22	42
Correct	19	21	40	0	22	22
% Correct	95.00	95.45	95.24	0.00	100.00	52.38
% Incorrect	5.00	4.55	4.76	100.00	0.00	47.62
Total Gain*	95.00	-4.55	42.86			
Percent Gain**	95.00	NA	90.00			

Success cutoff: C = 0.5

图 6-4　截断值为 0.5 时的期望-预测表检验

个,本来都应该归入第 1 组,但实际只有 19 个观测值被归为第 1 组,模型分组恰当率为 95%;因变量 Y 取 1 的观测值共有 22 个,本来都应该归入第 2 组,但实际只有 21 个观测值被归为第 2 组,模型分组恰当率为 95.45%;综合第 1 组、第 2 组的分组结果,模型最终分组恰当率为 95.24%。

因此总体而言,模型的拟合优度很好,说明衡量轿车购买的关键指标还是在于家庭的年收入、户主年龄,相应是否购车的评价机制也是较为公平、合理的。表 6-6 给出了每个 Y_i 的拟合值 $\hat{Y}_i$,当 $\hat{Y}_i \geq 0.5$ 时,相应的预测值 Y_f 计为 1,当 $\hat{Y}_i < 0.5$ 时,相应的预测值 Y_f 计为 0。

表 6-6 因变量的拟合值、预测值、实际值及预测准确性

排名	因变量 Y			预测正确否?	排名	因变量 Y			预测正确否?
	拟合值 $\hat{Y}_i$	预测值 Y_f	实际值 Y_i			拟合值 $\hat{Y}_i$	预测值 Y_f	实际值 Y_i	
1	0.00	0	0	✓	22	1.00	1	1	✓
2	1.00	1	1	✓	23	0.12	0	0	✓
3	0.00	0	0	✓	24	1.00	1	1	✓
4	1.00	1	1	✓	25	0.17	0	1	✗
5	0.01	0	0	✓	26	0.00	0	0	✓
6	1.00	1	1	✓	27	1.00	1	1	✓
7	0.98	1	1	✓	28	1.00	1	1	✓
8	0.00	0	0	✓	29	1.00	1	1	✓
9	1.00	1	1	✓	30	.00	0	0	✓
10	0.00	0	0	✓	31	0.96	1	1	✓
11	1.00	1	1	✓	32	0.17	0	0	✓
12	0.30	0	0	✓	33	0.00	0	0	✓
13	1.00	1	1	✓	34	0.00	0	0	✓
14	1.00	1	1	✓	35	1.00	1	1	✓
15	0.00	0	0	✓	36	0.12	0	0	✓
16	0.59	1	1	✓	37	0.00	0	0	✓
17	1.00	1	1	✓	38	1.00	1	1	✓
18	0.00	0	0	✓	39	0.00	0	0	✓
19	0.59	1	0	✗	40	1.00	1	1	✓
20	0.00	0	0	✓	41	1.00	1	1	✓
21	1.00	1	1	✓	42	0.00	0	0	✓

(三) Logit 模型的期望边际含义分析

$$E(Y_i \mid X_i) = Pr(Y_i = 1 \mid X_{ji}) = \frac{1}{1 + \exp(-X'\alpha)}$$,将其对第 j 个解释变量 X_{ji} 求导得到

$$\frac{\partial E(Y_i \mid X_i)}{\partial X_{ji}} = \frac{e^{X'\alpha}}{(1 + e^{X'\alpha})^2} \alpha_j$$

例 6-2 中的 Logit 回归估计结果中,$P(Y_i = 1 \mid X_1, X_2) = \frac{1}{1 + \exp(-Z)}$,其中 $Z = -12.671 + 1.962X_1 - 0.390X_2$。以第 23 户家庭为例(见表 6-5),假定其户主年龄 $X_2 = 28$ 保持不变,当家

庭收入从 $X_1=11$ 上升 1 个单位时,该家庭购买轿车的概率上升 $\dfrac{e^{(-12.671+1.962X_1-0.390X_2)}}{[1+e^{-(-12.671+1.962X_1-0.390X_2)}]^2}$

$\bigg|_{\substack{x_1=11 \\ x_2=28}} * 1.962 = 0.203$,即家庭收入 X_1 上升 1 单位,该家庭购买轿车的概率将上升 20.3 个百分点。

特别地,这里的边际含义不同于普通线性回归模型中的边际含义,这里仅仅在 $X_1=11$、$X_2=28$ 处,X_1 上升 1 单位,购买轿车的概率将上升 20.3 个百分点,而在另一点,X_1 上升 1 单位,购买轿车的概率的上升幅度则不一样。如表 6-7,X_1 从 $11 \rightarrow 12 \rightarrow 13 \rightarrow 14$,概率分别上升 36.82、38.5、10.93 个百分点,而在 $X_1=16$ 后,X_1 上升不会增加购买轿车的概率。

表 6-7　假定 $X_2=28$ 不变,X_1 逐渐上升时购买轿车的概率变化

序号	X_1	X_2	$P(Y_i=1|X_1,X_2)=$ $\dfrac{1}{1+\exp(-(-12.671+1.962X_1-0.390X_2))}$	ΔP
1	11	28	0.117 016	—
2	12	28	0.485 229	0.368 2
3	13	28	0.870 208	0.385 0
4	14	28	0.979 461	0.109 3
5	15	28	0.997 061	0.017 6
6	16	28	0.999 586	0.002 5
7	17	28	0.999 942	0.000 4
8	18	28	0.999 992	0.000 1
9	19	28	0.999 999	0.000 0
10	20	28	1.000 000	0.000 0
11	21	28	1.000 000	0.000 0
12	22	28	1.000 000	0.000 0
13	23	28	1.000 000	0.000 0
14	24	28	1.000 000	0.000 0
15	25	28	1.000 000	0.000 0
16	26	28	1.000 000	0.000 0

(四)Logit 回归模型的系数含义分析

Logit 模型中,系数 α_j 衡量的是期望值(概率)随着解释变量 X_{ji} 变动而发生的变动。α_j 取正,表明 X_{ji} 增大会使相应的概率提高;α_j 取负,表明 X_{ji} 增大会引起相应的概率降低。

例 6-2 的 Logit 回归模型中,$P(Y_i=1|X_1,X_2)=\dfrac{1}{1+e^{-(-12.671+1.962X_1-0.390X_2)}}$,其中家庭年收入 X_1 系数为正,户主年龄 X_2 的系数都为负,表明随着家庭年收入提升和户主年龄的降低,轿车购买的可能性加大。

第三节　二元 Probit 离散选择模型

如果在构造二元选择模型时,选用标准正态分布函数代替 Logit 分布函数,得到的二元选择模型称为 Probit 回归模型或 Probit 过程。单一解释变量 X_i、多变量 X_{ki} 的 Probit 过程的具

体形式分别为

$$P(Y_i = 1 \mid X_i) = \Phi(\alpha_0 + \alpha_1 X_i) = \int_{-\infty}^{\alpha_0 + \alpha_1 X_i} \varphi(Z)\mathrm{d}t \tag{6.3.1}$$

$$P(Y_i = 1 \mid X_{ki}) = \Phi(\alpha_0 + \alpha_1 X_{1i} + \alpha_2 X_{2i} + \cdots + \alpha_k X_{ki}) = \int_{-\infty}^{\alpha_0 + \alpha_1 X_{1i} + \alpha_2 X_{2i} + \cdots + \alpha_k X_{ki}} \varphi(Z)\mathrm{d}t$$

$$\tag{6.3.2}$$

其中,$\Phi(Z)$、$\varphi(Z)$ 分别为标准正态分布的分布函数与密度函数。

对 Probit 过程的参数估计同样采用极大似然估计法,因此在构建 Probit 过程时要求样本采取随机方式抽取,即要求样本分布与总体分布具有同一性。参照(6.2.6)和(6.2.7),对 n 个样本数据 (Y_i, X_i),模型(6.3.1)的对数似然函数为

$$\ln[L(\alpha_0, \alpha_1)] = \sum_{i=1}^{N}[Y_i \ln \Phi(\alpha_0 + \alpha_1 X_i) + (1 - Y_i)\ln(1 - \Phi(\alpha_0 + \alpha_1 X_i))]$$

模型参数的极大似然估计就是选择使对数函数达到最大时的 α_0、α_1 的值。利用 EViews 对 Probit 过程的参数估计和模型检验方法与 Logit 回归模型的方法类似,这里仅以实例直接演示。

例 6-3 某商业银行从历史贷款客户中随机抽取 78 个样本,根据设计的指标体系分别计算它们的"商业信用支持度"(XY)和"市场竞争地位等级"(SC),对它们贷款的结果(JG)采用二元离散变量,1 表示贷款成功,0 表示贷款失败。目的是研究 JG 与 XY、SC 之间的关系,并为正确贷款决策提供支持。数据表如表 6-8 所示,请建立因变量 Y 与自变量之间的 Probit 回归。

表 6-8 某商业银行的贷款情况

JG	XY	SC	JG	XY	SC	JG	XY	SC
0	125.0	−2	0	1500	−2	0	54.00	−1
0	599.0	−2	0	96.00	0	1	42.00	2
0	100.0	−2	1	−8.000	0	0	42.00	0
0	160.0	−2	0	375.0	−2	1	18.00	2
0	46.0	−2	0	42.00	−1	0	80.00	1
0	80.0	−2	1	5.000	2	1	−5.000	0
0	133.0	−2	0	172.0	−2	0	326.0	2
0	350.0	−1	1	−8.000	0	0	261.0	1
1	23.0	0	0	89.00	−2	1	−2.000	−1
0	60.0	−2	0	128.0	−2	0	14.00	−2
0	70.0	−1	1	6.000	0	1	22.00	0
1	−8.000	0	0	150.0	−1	0	113.0	1
0	400.0	−2	1	54.00	2	0	42.00	1
0	72.00	0	0	28.00	−2	1	57.00	1
0	120.0	−1	1	25.00	0	0	146.0	0

JG	XY	SC	JG	XY	SC	JG	XY	SC
1	40.00	1	1	23.00	0	1	15.00	0
1	35.00	1	1	14.00	0	0	26.00	−2
1	26.00	1	0	49.00	−1	0	89.00	−2
1	15.00	−1	1	14.00	0	1	5.000	1
0	69.00	−1	0	61.00	0	1	−9.000	−1
0	107.0	1	1	40.00	2	1	4.000	1
1	29.00	1	0	30.00	−2	0	54.00	−2
1	2.000	1	0	112.0	−1	1	32.00	1
1	37.00	1	0	78.00	−2	0	54.00	1
0	53.00	−1	1	0.000	0	0	131.0	−2
0	194.0	0	0	131.0	−2	1	15.00	0

一、EViews 下的模型估计

在 EViews 中建立工作文件并输入数据后,在主菜单中选择 Quick/Estimate Equation,打开的方程定义窗口并选择 Binary(二元选择模型)估计方法;

在窗口的方程定义栏(Equation Specification)中输入二分类变量 Y,常数项 C,以及解释变量,即输入 JG　C　X5　SC。

根据所选择的分布函数不同,二元选择模型有不同的类型,如标准正态分布(Probit 模型)、Logit 分布(Logit 模型)等等。在窗口中部,我们选择 Binary Estimation Method 中的 Probit 模型估计方法,即系统的默认方法,如图 6-5 所示。

点击 OK 键后,系统立即输出 Probit 模型估计结果如图 6-6 所示。

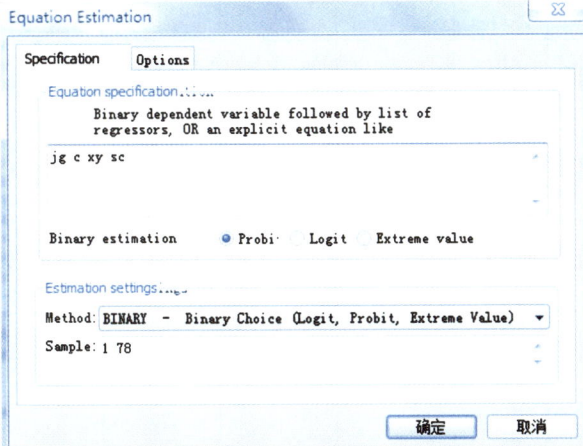

图 6-5　Probit 模型估计界面

图 6-6　二元 Probit 回归输出结果

根据图 6-6 的 Probit 模型估计结果,模型的具体形式为

$$P(JG = 1 \mid X) = \Phi(8.797 - 0.258XY + 5.062SC)$$

市场竞争地位等级符号为正,说明市场竞争地位等级上升加大贷款的概率;而商业信用支持度符号取负,说明商业信用支持度上升降低贷款的概率,与实际含义吻合。

二、模型的期望——预测值检验

在模型估计输出界面窗口,选择 View/Expectation Prediction Table 后,打开一个对话框,在对话框中输入一个截断值 P,$0 < P < 1$,系统默认的截断值为 0.5,点击 OK 后就可以生成对应的期望-预测表。对于上面的例 6-3,如果取默认的截断值为 0.5,得到的期望-预测图如图 6-7 所示。

Success cutoff: C = 0.5

	Estimated Equation			Constant Probability		
	Dep=0	Dep=1	Total	Dep=0	Dep=1	Total
P(Dep=1)<=C	45	1	46	46	32	78
P(Dep=1)>C	1	31	32	0	0	0
Total	46	32	78	46	32	78
Correct	45	31	76	46	0	46
% Correct	97.83	96.88	97.44	100.00	0.00	58.97
% Incorrect	2.17	3.13	2.56	0.00	100.00	41.03
Total Gain*	-2.17	96.88	38.46			
Percent Gain**	NA	96.88	93.75			

图 6-7 **Probit** 模型的拟合优度检验

由图 6-7 可以看出,归入第 1 组的观测数据共 46 个,其中分组正确的有 45 个,分组不正确的有 1 个;归入第 2 组的观测数据共 32 个,其中分组正确的有 31 个,分组不正确的有 1 个。因变量 Y 取 0 的观测值共有 46 个,本来都应该归入第 1 组,但实际只有 45 个观测值被归为第 1 组,模型分组恰当率为 97.83%;因变量 Y 取 1 的观测值共有 32 个,本来都应该归入第 2 组,但实际只有 31 个观测值被归为第 2 组,模型分组恰当率为 96.88%;综合第 1、2 组的分组结果,模型最终分组恰当率为 97.44%。

因此总体而言,模型的拟合优度较好,说明初始模型设定比较合理。表 6-9 给出每个 Y_i 的拟合值 $\hat{Y}_i$,当 $\hat{Y}_i \geq 0.5$ 时,相应的预测值 Y_f 计为 1,当 $\hat{Y}_i < 0.5$ 时,相应的预测值 Y_f 计为 0。

表 6-9 因变量的拟合值、预测值、实际值及预测准确性

排名	因变量 Y			预测正确否?	排名	因变量 Y			预测正确否?
	拟合值 $\hat{Y}_i$	预测值 Y_f	实际值 Y_i			拟合值 $\hat{Y}_i$	预测值 Y_f	实际值 Y_i	
1	0	0	0	√	15	0	0	0	√
2	0	0	0	√	16	1	1	1	√
3	0	0	0	√	17	1	1	1	√
4	0	0	0	√	18	1	1	1	√
5	0	0	0	√	19	0.447	0	1	×
6	0	0	0	√	20	0	0	0	√
7	0	0	0	√	21	0	0	0	√
8	0	0	0	√	22	1	1	1	√
9	0.998	1	1	√	23	1	1	1	√
10	0	0	0	√	24	1	1	1	√
11	0	0	0	√	25	0	0	0	√
12	1	1	1	√	26	0	0	0	√
13	0	0	0	√	27	0	0	0	√
14	0	0	0	√	28	0	0	0	√

续 表

排名	因变量 Y			预测正确否?	排名	因变量 Y			预测正确否?
	拟合值 $\hat{Y}_i$	预测值 Y_f	实际值 Y_i			拟合值 $\hat{Y}_i$	预测值 Y_f	实际值 Y_i	
29	1	1	1	√	54	1	1	1	√
30	0	0	0	√	55	0.021	0	0	√
31	0	0	0	√	56	1	1	1	√
32	1	1	1	√	57	0	0	0	√
33	0	0	0	√	58	1	1	1	√
34	1	1	1	√	59	0	0	0	√
35	0	0	0	√	60	0	0	0	√
36	0	0	0	√	61	1	1	1	√
37	1	1	1	√	62	0	0	0	√
38	0	0	0	√	63	0.999	1	1	√
39	1	1	1	√	64	0	0	0	√
40	0	0	0	√	65	0.999	1	1	√
41	0.991	1	1	√	66	1	1	1	√
42	0.998	1	1	√	67	0	0	0	√
43	1	1	1	√	68	1	1	1	√
44	0	0	0	√	69	0	0	0	√
45	0.55	1	0	×	70	0	0	0	√
46	0	0	0	√	71	1	1	1	√
47	1	1	1	√	72	1	1	1	√
48	0	0	0	√	73	1	1	1	√
49	0	0	0	√	74	0	0	0	√
50	0	0	0	√	75	1	1	1	√
51	1	1	1	√	76	0	0	0	√
52	0	0	0	√	77	0	0	0	√
53	0	0	0	√	78	1	1	1	√

三、二元 Probit 模型的经济意义分析

$E(Y_i|X_{ji})=Pr(Y_t=1|X_{ji})=\Phi(X_{ji}\alpha_j)$，将其对第 j 个解释变量 X_{ji} 求导得到

$$\frac{\partial E(Y_i|X_{ji})}{\partial X_{ji}} = \varphi(X_{ji}\alpha_j)\alpha_j$$

例 6-3 中，估计结果为：$P(JG_i=1|X_{ji})=\Phi(8.797-0.258XY+5.062SC)$。

对于第 65 个样本，$XY=42$，$SC=1$，可得

$$\frac{\partial P(JG_i=1|XY_i)}{\partial XY_i}=\varphi(8.797-0.258XY+5.062SC)*0.258=0.258,即当市场竞争地位$$

等级变量不变,当商业信用支持度上升 1 单位时,贷款成功的概率降低 25.8 个百分点。

同理,这里的边际含义也不同于普通线性回归模型中的边际含义,这里仅仅在 $XY=42$,$SC=1$ 处,XY 上升 1 单位,贷款成功的概率将下降 25.8 个百分点,而在另一点,XY 上升 1 单位,贷款成功的概率下降的幅度则不一样。如表 6-10 所示,XY 从 42→55,概率一直下降至 10.14 个百分点,而在 $XY=55$ 后,XY 的上升几乎不会减少贷款的概率。

表 6-10 假定 SC=1 不变,XY 逐渐上升时选择贷款的概率变化

序号	XY	SC	$P(JG=1\|X)$ $=\Phi(8.797-0.258XY+5.062SC)$	ΔP
1	42	1	0.999 3	—
2	43	1	0.997 2	0.002 1
3	44	1	0.994 0	0.003 2
4	45	1	0.987 8	0.006 2
5	46	1	0.976 7	0.011 1
6	47	1	0.958 2	0.018 5
7	48	1	0.930 6	0.027 6
8	49	1	0.888 8	0.041 8
9	50	1	0.831 5	0.057 3
10	51	1	0.758 0	0.073 5
11	52	1	0.670 0	0.088
12	53	1	0.575 3	0.094 7
13	54	1	0.472 1	0.103 2
14	55	1	0.370 7	0.101 4
15	56	1	0.277 6	0.093 1
16	57	1	0.197 7	0.079 9
17	58	1	0.133 5	0.064 2
18	59	1	0.085 3	0.048 2
19	60	1	0.052 6	0.032 7
20	61	1	0.03	0.022 6

第四节 受限 Tobit 模型

一、受限 Tobit 模型的现实背景——受限因变量问题

在经济生活中,一些连续因变量的值域通常是以某种受约束的形式表示的,例如,当数据是删失与截尾时就会发生这种问题。删失与截尾含义不同,却易于混淆。

截尾(truncation)是指"掐头"或者"去尾"。例如,以居民收入为因变量,其他影响因素为解释变量建立居民收入模型。从理论上讲,居民收入的样本数据取值应该从 0 到无穷大,但由于客观条件所限,只能在收入处于某一数值以上或某一数值以下的个体中抽取样本观测值。这样那些不满足限制条件的个体明显地被排除在样本外,也就是说,现在我们不是在全部个体中,而只是从其中一部分个体中随机抽取样本观测值。

删失(censored)含义是指没有观测值从样本中被系统地删除,但样本中的一些信息被系统地抑制了。例如,以居民对某一类商品的需求为因变量,建立需求函数模型。由于需求量的观测值是无法得到的,一般采用实际购买量作为需求量的观测值。如果这种商品是限量购买的,如每户最多只能购买 20 个,那么得到的需求量的观测值将处于 0~20 之间,而且可能会有许多观测值为 20。对于购买量小于 20 的观测值,这一需求量就是用户真实的需求量,显然,对于购买量等于 20 的顾客,该用户居民的需求量很可能大于 20。从这一点看,观测值尽管没有被删除,却被系统地抑制了(需求量大于 20 的也只能购买 20)。

删失或截尾的例子。某城市共有 20 万户居民,现以该城市居民对于联排别墅的需求为因变量,建立需求函数模型。在抽取样本时,仅在家庭年消费支出在 10 万元(人民币)以上或者年收入在 40 万元(人民币)以上的家庭中随机抽取,这就是典型的截尾问题,因为不满足条件的全部被排除在样本之外;如果以随机方式在全体市民中抽取样本,但出于抽样人力和物力成本原因,家庭年消费支出在 5 万元(人民币)以下的家庭用 5 万元代替,年收入在 10 万元(人民币)以下则用 10 万元代替,这就是典型的删失问题,因为因变量中,家庭年消费支出 5 万元的观测值同时代表了家庭年消费支出实际为 5 万元和小于 5 万元的家庭,或者家庭年收入在 10 万元的观测值同时代表了年收入实际为 10 万元和小于 10 万元的家庭。

二、受限 Tobit 模型概述

由于受限因变量问题,不宜采用普通回归,应分别引进删失回归模型或者截尾回归模型,它们的建模方法有一些相似之处。这里主要介绍删失回归模型—Tobit 模型。

考虑下面的删失回归模型:

$$Y_i = \alpha_0 + \alpha_1 X_{1i} + \alpha_2 X_{2i} + \cdots + \alpha_k X_{ki} + u_i \tag{6.4.1}$$

这个模型在形式上与普通回归模型一样,不同的是模型中的应变量是删失的。与 Logit 模型中引入指标变量 Y_i^* 一样,这里也引入指标变量 Y_i^*,建立 Y_i^* 的相应回归模型如下:

$$Y_i^* = \alpha_0 + \alpha_1 X_{1i} + \alpha_2 X_{2i} + \cdots + \alpha_k X_{ki} + \sigma u_i \tag{6.4.2}$$

其中,σ 为比例参数,与 α_1、$\alpha_2 \cdots \alpha_k$ 一样,σ 也是待估的参数。在式(6.4.2)中引进 σ 的目的是将 Y 的似然函数表达出来,σ 的意义实际上是模型(6.4.1)中残差的标准差。

如果删失变量 Y 与指标变量 Y_i^* 的对应关系为 σ,则

$$Y_i = \begin{cases} 0 & Y_i^* \leqslant 0 \\ Y_i^* & Y_i^* > 0 \end{cases} \tag{6.4.3}$$

这样的删失模型称为规范的删失模型,或者 Tobit 模型。Tobit 因为首次将这样一种回归用于耐用消费品的研究(该研究在 1958 年发表)而成为 1981 诺贝尔经济学奖得主。在 Tobit 模型中,Y 与 Y_i^* 的关系也可表示为

$$Y_i = \max\{Y_i^*, 0\}$$

在一般的删失回归模型中，Y 与 Y_i^* 也可能存在其他的回归关系，如：

$$Y_i = \begin{cases} C_L & Y_i^* \leqslant C_L \\ Y_i^* & C_L \leqslant Y_i^* \leqslant C_H \\ C_H & Y_i^* \geqslant C_H \end{cases} \qquad (6.4.4)$$

其中，C_L，C_H 分为实现确定的左右临界点。

如果没有左临界点，可以认为 $C_L \to -\infty$；如果没有右临界点，可以认为 $C_H \to +\infty$；对于 Tobit 模型，$C_L = 0$，$C_H \to +\infty$。

假设残差项 u_i 满足独立同分布条件，分布函数为 $F(X)$。若令

$$Z_i = \alpha_0 + \alpha_1 X_{1i} + \alpha_2 X_{2i} + \cdots + \alpha_k X_{ki}$$

则对于所有使 $Y_i = 0$ 的观测值，在似然函数中由

$$P(Y_i^* \leqslant 0) = P\left(u_i \leqslant -\frac{Z_i}{\sigma}\right) = F\left(-\frac{Z_i}{\sigma}\right)$$

来表示。而对于 $Y_i > 0$ 的观测值，在似然函数中由

$$P(Y_i^* > 0) f(Y_i^* \mid Y_i^* > 0) = P\left(u_i > -\frac{Z_i}{\sigma}\right) f(Y_i^* \mid Y_i^* > 0)$$

$$= \left[1 - F\left(-\frac{Z_i}{\sigma}\right)\right] f(Y_i^* \mid Y_i^* > 0)$$

来表示，其中，$f(x)$ 为 u_i 的密度函数。如果假设 $F(x)$ 为标准正态分布，则对 N 个随机抽取的样本观测值，对数似然函数为

$$\ln L = \sum_{Y_i \mid Y=0} \left[1 - \varPhi\left(\frac{Z_i}{\sigma}\right)\right] + \sum_{Y_i \mid Y>0} \left[\ln \frac{1}{\sqrt{2\pi}\sigma} - \frac{1}{2}\left(\frac{Y_i - Z_i}{\sigma}\right)^2\right] \qquad (6.4.5)$$

Tobit 模型的参数估计采用极大似然估计法，分别求出式(6.4.2)中关于 $\alpha_0, \alpha_1, \alpha_2, \cdots, \alpha_k$ 和 σ 的一阶偏导，则可以得到关于 $\alpha_0, \alpha_1, \alpha_2, \cdots, \alpha_k$ 和 σ 的方程组，对方程组求解，就可以得到 Tobit 模型的参数估计值。

三、受限 Tobit 模型的 EViews 应用举例

例 6-4　以一个简单的实例，对样本施加不同的选择性假设，并分别估计模型，通过对估计结果的比较，进一步理解选择性样本问题。

根据对农村消费行为的分析，发现农民的消费水平(Y)既取决于来自农业生产经营的持久收入(X_1)，也受到来自从事非农生产的瞬时收入(X_2)的影响。现有某地区 50 个农户的人均消费、人均持久收入和人均瞬时收入的样本观测值，试图建立该地区的农民消费模型。模型为

$$Y_i = \beta_0 + \beta_1 X_{1i} + \beta_2 X_{2i} + \mu_i \quad (i = 1, 2, \cdots, 50)$$

样本观测值如表 6-11 所示。

表 6-11 样本观测值数据表

序　号	Y	X_1	X_2	序号	Y	X_1	X_2
1	5 800.0	1 258.3	7 317.2	26	2 002.2	1 399.1	1 035.9
2	3 341.1	1 738.9	4 489.0	27	2 181.0	1 070.4	1 189.8
3	2 495.3	1 607.1	2 194.7	28	1 855.5	1 167.9	966.2
4	2 253.3	1 188.2	1 992.7	29	2 179.0	1 274.3	1 084.1
5	2 772.0	2 560.8	781.1	30	2 247.0	1 535.7	1 224.4
6	3 066.9	2 026.1	2 064.3	31	2 032.4	2 267.4	469.9
7	2 700.7	2 623.2	1 017.9	32	3 349.7	2 440.4	2 709.3
8	2 618.2	2 622.9	929.5	33	3 304.1	1 919.0	2 324.1
9	5 015.7	3 330.2	3 350.0	34	4 254.0	3 017.3	2 941.0
10	4 135.2	1 497.9	4 315.3	35	3 902.9	3 436.7	1 829.2
11	5 800.0	1 403.1	5 531.7	36	4 241.3	3 326.7	1 880.1
12	2 420.9	1 472.8	1 496.3	37	5 800.0	2 938.7	5 062.3
13	3 591.4	1 691.4	3 143.4	38	3 655.0	2 238.6	2 270.3
14	2 676.6	1 609.2	1 850.3	39	3 532.7	2 681.3	2 380.7
15	3 143.8	1 948.2	2 420.1	40	4 417.2	3 129.3	2 990.2
16	2 229.3	1 844.6	1 416.4	41	3 388.5	2 890.6	1 916.6
17	2 732.5	1 934.6	1 484.8	42	3 725.2	2 828.5	2 207.3
18	3 013.3	1 342.6	2 047.0	43	4 020.8	2 257.3	2 652.4
19	3 886.0	1 313.9	3 765.9	44	4 140.4	2 072.9	2 390.2
20	2 413.9	1 596.9	1 173.6	45	2 422.0	1 537.6	1 462.3
21	2 232.2	2 213.2	1 042.3	46	2 924.8	2 279.0	1 090.5
22	2 205.2	1 234.1	1 639.7	47	3 349.2	1 570.1	1 867.6
23	2 395.0	1 405.0	1 597.4	48	2 766.5	1 583.2	1 397.4
24	1 627.1	961.4	1 023.2	49	3 347.9	2 111.6	1 937.0
25	2 195.6	1 570.3	680.2	50	3 231.1	2 228.5	1 752.2

（一）受限 Tobit 模型估计

在 EViews 中构建 Tobit 模型的过程如下：

Step 1：在 EViews 中建立工作文件并输入相关数据后，在主菜单中选择 Quick/Estimation 打开的方程定义窗口并选择 censored date（删失数据）估计方法。

Step 2：在 Estimation Specification 中输入 Y　C　X_1　X_2，然后在对话框右端的

Distribution 选项(Normal/Logit/Extreme Value)中选择一种作为残差项的假设分布,本例中选择系统的默认值正态分布。

Step 3:在 Dependent Variable Censooring Points 栏中指定临界点。对于规范的 Tobit 模型,在左编辑栏中填入 0,在右编辑栏中保持空白,如图 6-8 所示。

Step 4:在单击 OK 后,系统给出的输出结果如图 6-9 所示。

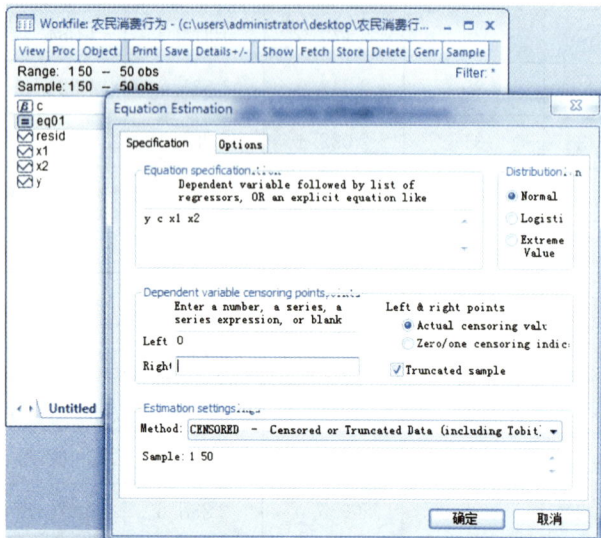

图 6-8　受限 Tobit 模型设定界面

图 6-9　Tobit 模型估计结果

(1) 假设样本是独立随机抽取的,且观测值不受限制。可以采取普通最小二乘法估计模型,由图 6-9 所示的估计结果知,指标变量的 Y_i 的估计式为

$$Y = 522.811 + 0.647X_1 + 0.637X_2$$

$$(3.261) \quad (9.345) \quad (18.536)$$

$$\overline{R}^2 = 0.8945 \quad \ln L = -359.517$$

而参数 σ 的估计值为:320.988,即 $SCALE:C(4) = 320.988$。

也可以采用最大似然法估计,得到相同的参数估计值和对数最大似然函数值。

(2) 假设样本是在人均消费大于 1 500 元的范围内随机抽取的,观测值受限制。这时,不可以采用普通最小二乘法估计模型,必须采用考虑单端截断的最大似然法估计(如图 6-10 所示),得到如图 6-11 所示的估计结果知,指标变量的 Y_i 的估计式为

$$Y = 474.584 + 0.662X_1 + 0.642X_2$$

$$(2.740) \quad (9.098) \quad (18.045)$$

$$\overline{R}^2 = 0.8919 \quad \ln L = -358.891$$

而参数 σ 的估计值为:326.944,即 $SCALE:C(4) = 326.944$。

可见,得到的参数估计值和对数最大似然函数值不同于(1)的估计结果。

(3) 假设样本是在人均消费大于 1 500、小于 6 000 元的范围内随机抽取的,观测值受限

制。这时，必须采用考虑双端截断的最大似然法估计如图 6-12 所示。

如图 6-13 所示的估计结果知，指标变量的 Y_i 的估计式为

$$Y = 470.852 + 0.654X_1 + 0.669X_2$$

$$(2.453) \quad (8.731) \quad (15.670)$$

$$\overline{R}^2 = 0.8925 \quad \ln L = -357.786$$

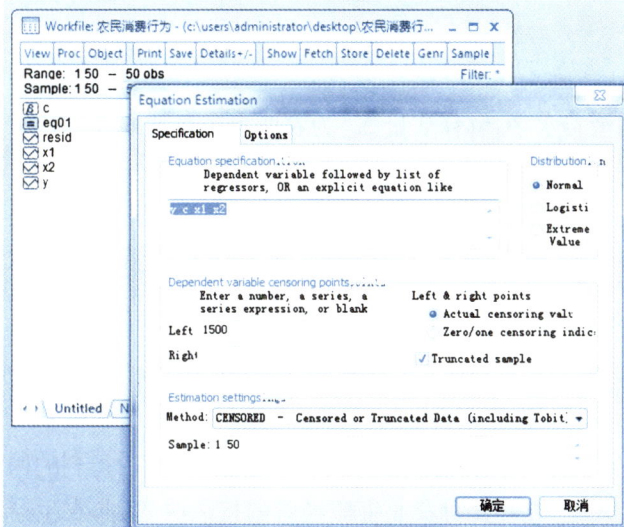

图 6-10 受限 Tobit 模型设定界面

图 6-11 Tobit 模型估计结果

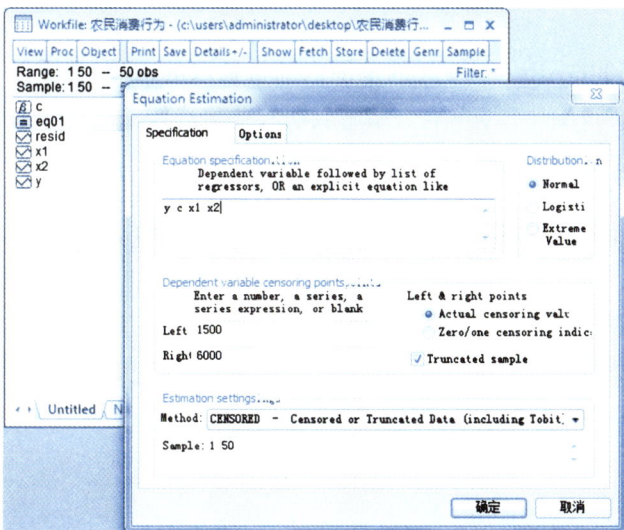

图 6-12 Tobit 模型估计结果

图 6-13 Tobit 模型估计结果

而参数 σ 的估计值为：329.044，即 SCALE：C(4)＝329.044。

可见，得到的参数估计值和对数最大似然函数值既不同于(1)，也不同于(2)的估计结果。

比较(1)、(2)、(3)假设下的对数函数值可见,随着截断区间的缩小,抽取同一个样本的概率增大,致使对数最大似然函数值增大。

如果对于(2)、(3)假设下的截断样本,仍然采用普通最小二乘法估计,只能得到(1)中的估计结果,显然是不正确的。

(二) 受限 Tobit 模型的系数比值含义分析

对于一个给定模型,系数的比值衡量了与两个解释变量有关的概率的相对变动幅度,比值越大,表明这两个解释变量对有关概率变动的影响作用越悬殊,比如:

$$\frac{\partial E(Y_i \mid X_i)/\partial X_{ji}}{\partial E(Y_t \mid X_t)/\partial X_{ki}} = \frac{\alpha_j}{\alpha_k}$$

例 6-4 中的因变量 Y 为农民的人均消费水平,解释变量 X_1 为农业生产经营的人均持久收入,X_2 从事非农生产的人均瞬时收入。

(1)假设样本是独立随机抽取的,且观测值不受限制。可以采取普通最小二乘法估计模型,得到的回归结果为 $Y = 522.811 + 0.647X_1 + 0.637X_2$。结果表明农业生产经营的持久收入、非农生产瞬时收入的增加都会导致农民消费水平的提高,两者的比例系数为 $\frac{0.647}{0.637} = 1.02$,即与非农生产的瞬时收入相比,农业生产经营的持久收入将以 1.02 倍的强度,更大幅度地提高农民的消费水平的概率。

(2)假设样本是在人均消费大于 $1\,500$ 元的范围内随机抽取的,观测值受限制。得到的回归结果为 $Y = 474.584 + 0.662X_1 + 0.642X_2$。结果表明农业生产经营的持久收入、非农生产的瞬时收入的增加都会导致农民消费水平的提高,两者的比例系数为 $\frac{0.662}{0.642} = 1.03$,即与非农生产的瞬时收入相比,农业生产经营的持久收入将以 1.03 倍的强度,更大幅度地提高农民的消费水平的概率。

(3)假设样本是在人均消费大于 $1\,500$、小于 $6\,000$ 元的范围内随机抽取的,观测值受限制。得到的回归结果为 $Y = 470.852 + 0.654X_1 + 0.669X_2$。结果表明农业生产经营的持久收入、非农生产的瞬时收入的增加都会导致农民消费水平的提高,两者的比例系数为 $\frac{0.654}{0.669} = 0.98$,即与非农生产的瞬时收入相比,农业生产经营的持久收入将以 0.98 倍的强度,更大幅度地提高农民的消费水平的概率。

(1)、(2)的解释几乎接近,表明两者对于农民消费提高具有相当的贡献。(3)与(1)、(2)相比,观测值限制更加明晰,既包括左侧,也包括右侧。此时比值小于 1,说明非农收入的贡献超过了农业收入,反映了非农收入对于消费的重要性。

复习思考题

1. Logit 回归模型以 Logit 分布作为构建二元选择模型的分布函数,多变量 Logit 回归的具体形式为 $\ln\left(\frac{P_i}{1-P_i}\right) = \alpha_0 + \alpha_1 X_{1i} + \alpha_2 X_{2i} + \cdots + \alpha_k X_{ki}$,请做简要推导。

2. Probit 模型以正态分布作为构建二元选择模型的分布函数,多变量的 Probit 模型的具

体形式为 $P(Y_i = 1 \mid X_i) = \Phi(\alpha_0 + \alpha_1 X_{1i} + \alpha_2 X_{2i} + \cdots + \alpha_k X_{ki})$ 或 $P(Y_i = 1 \mid X_i) = \int_{-\infty}^{\alpha_0 + \alpha_1 X_{1i} + \alpha_2 X_{2i} + \cdots + \alpha_k X_{ki}} \varphi(Z) \mathrm{d}t$，请做简要推导。

3. 影响我国高校入选"211"的影响因素有很多，这里选择两个核心因素即高校的科学研究指标（res）和高校的人才培养指标（hum）进行分析，分析它们对高校入选"211"的影响。是否入选"211"作为该模型的离散因变量，入选记为 $Y=1$，未入选记为 $Y=0$。研究指标和人才培养指标均为 $[0,100]$ 的指数，通过一系列指标体系计算而得。请通过二元 Logit 离散模型进行分析，为我国高校入选"211"提供一定的参考。

数据选自于中国校友会网（http://www.cuaa.net），即中国校友会大学评价课题组于2007年12月编著的《2008中国大学评价研究报告》。本例选取报告中排行榜前200强高校作为研究对象，利用 Logit 回归模型分析高校的科学研究指标（res）和高校的人才培养指标（hum）对高校入选"211"的影响，对模型的拟合优度做出评价。具体数据描述如表 6-12 所示。

表 6-12　我国高校相关数据指标表

排　名	res	hum	Y	排　名	res	hum	Y
1	96.33	100	1	20	23.84	23.94	1
2	100	88.53	1	21	25.49	17.09	1
3	53.94	57.8	1	22	21.6	20.29	1
4	51.72	50.5	1	23	17.49	21.52	1
5	44.64	44.78	1	24	22.34	15.57	1
6	45.83	36.66	1	25	21.78	17.11	1
7	42.04	37.91	1	26	15.06	20.02	1
8	35.06	37.78	1	27	19.68	13.65	1
9	31.27	36.66	1	28	15.53	17.11	1
10	34.47	28.09	1	29	14.13	16.27	1
11	34.41	28	1	30	15.6	13.27	1
12	32.78	28.15	1	31	13.53	14.18	1
13	31.05	25.95	1	32	11.53	14.04	1
14	29.94	24.71	1	33	11.35	14.38	1
15	28.68	25.33	1	34	11.24	12.56	1
16	27.25	26.25	1	35	10.55	12.97	1
17	27.05	26.57	1	36	12.14	10.41	1
18	27.45	25.89	1	37	12.74	8.15	1
19	24.01	29.16	1	38	11.3	9.79	1

排　名	res	hum	Y	排　名	res	hum	Y
39	12.42	7.76	1	74	5.96	7.04	0
40	9.69	10.57	1	75	3.96	6.72	1
41	13.42	6.98	1	76	3.97	4.48	1
42	8.08	11.39	1	77	3.95	3.98	1
43	11.68	7.43	1	78	4.33	5.15	1
44	11.33	8.07	1	79	4.22	5.23	1
45	9.08	9.99	1	80	3.49	5.31	1
46	7.85	10.65	1	81	4.44	4.91	1
47	9.71	8.43	1	82	5.63	3.52	1
48	7.41	9.48	1	83	3.6	7.07	1
49	6.67	10.81	1	84	5.76	5.08	0
50	6.95	7.78	1	85	4.07	4.29	1
51	6.96	9.37	1	86	3.86	4.78	1
52	7.06	8.6	1	87	3.62	5.63	0
53	6.72	8.35	1	88	3.24	3.95	1
54	6.67	9.66	1	89	4.16	3.93	1
55	6.64	7.34	1	90	4.73	4.38	0
56	5.79	10.04	1	91	2.62	5.2	1
57	6.33	8.07	1	92	3.37	3.85	1
58	6.36	8.05	1	93	3.95	5.15	0
59	7.23	5.83	1	94	4.3	4.15	0
60	6.53	8.3	1	95	2.51	3.45	1
61	7.03	6.43	1	96	3.46	5.4	0
62	5.73	8.59	1	97	4.65	2.3	1
63	6.69	6.13	1	98	4.59	4.19	0
64	5.89	6.19	1	99	2.16	4.79	1
65	6.17	6.3	1	100	3.51	5.32	0
66	6.08	6.55	1	101	4.11	4.64	0
67	6.18	6.17	1	102	3.73	4.77	0
68	7.07	4.76	1	103	3.66	4.81	0
69	4.19	7.73	1	104	3.29	4.88	0
70	8.24	4.64	1	105	3.29	3.37	1
71	5.62	5.97	1	106	2.4	3.47	1
72	5.99	5.54	1	107	3.94	4.07	0
73	3.65	7.52	1	108	2.07	3.27	1

排 名	res	hum	Y	排 名	res	hum	Y
109	1.95	3.33	1	144	1.82	3.2	0
110	2.79	2.5	1	145	3.14	1.91	0
111	2.58	4.39	0	146	1.08	3.41	0
112	2.1	3.09	1	147	3.2	1.45	1
113	2.52	3.4	1	148	1.62	0.57	1
114	3.83	3.55	0	149	2.74	1.97	0
115	2.83	4.48	0	150	2.29	2.16	0
116	3.93	2.9	0	151	1.32	2.97	0
117	2.48	4.72	0	152	1.55	2.87	0
118	1.83	2.92	1	153	3.24	0.92	0
119	2.32	4.8	0	154	1.68	2.67	0
120	3.21	3.86	0	155	2.33	2.01	0
121	2.32	2.81	1	156	1.25	2.88	0
122	2.18	2.47	1	157	1.69	2.57	0
123	2.44	4.16	0	158	3	1.15	0
124	2.29	4.33	0	159	1.24	2.96	0
125	2.4	3.88	0	160	2.23	1.58	0
126	1.01	3.91	1	161	2.01	1.86	0
127	2.27	3.61	0	162	1.59	2.1	0
128	1.56	3.06	1	163	1.7	2	0
129	2.47	3.79	0	164	1.24	2.59	0
130	0.92	4.72	0	165	1.82	1.8	0
131	4.19	1.48	1	166	0.6	2.45	0
132	2.54	3.61	0	167	1.07	2.44	0
133	1.25	2.23	1	168	1.45	1.79	0
134	2.49	1.65	0	169	1.52	1.88	0
135	1.95	3.36	0	170	0.91	2.53	0
136	2.34	3.15	0	171	1.66	1.77	0
137	2.87	2.16	0	172	1.61	1.76	0
138	2.39	2.21	0	173	1.89	1.26	0
139	2.09	3.24	0	174	1.35	1.89	0
140	2.23	3	0	175	1.97	0.75	0
141	1.86	3.24	0	176	1.09	2.13	0
142	1.34	3.87	0	177	0.76	2.52	0
143	1.89	3.37	0	178	0.34	2.25	0

排 名	res	hum	Y	排 名	res	hum	Y
179	1.04	2.21	0	190	0.73	2.25	0
180	1.34	1.61	0	191	1.66	1.21	0
181	1.12	2.01	0	192	1.44	1.49	0
182	0.23	1.96	0	193	0.89	2.06	0
183	1.52	1.53	0	194	1.36	1.27	0
184	0.73	2.39	0	195	0.51	2.08	0
185	0.66	2.32	0	196	0.87	1.93	0
186	1.49	1.53	0	197	1.19	1.62	0
187	0.69	2.33	0	198	1.16	1.59	0
188	0.78	1.51	0	199	1.16	1.51	0
189	1.41	1.5	0	200	0.99	1.37	0

数据来源:中国校友会网(http://www.cuaa.net)

4. 表 6-13 给出 2013 年上市公司每股收益与是否分红情况。求:

(1)估计每股收益对分红情况的线性概率模型。

(2)估计对应的 Logit 模型。

表 6-13 2013 年上市公司每股收益与是否分红情况

股票代码	是否分红	每股收益	股票代码	是否分红	每股收益
600887	1	1.65	600664	1	0.09
000100	1	0.25	300111	0	0.04
002362	0	−1.01	000423	1	1.84
000848	1	0.83	600060	1	1.21
002024	1	0.05	300022	0	−4.00
300104	1	0.32	601633	1	2.70
002166	0	0.27	300101	0	−0.06
000625	1	0.75	002240	0	0.02
002594	1	0.30	002570	1	1/13
000800	1	0.61	002557	1	0.75
000538	1	3.34	000063	1	0.39
600085	1	0.50	600332	1	0.77
000650	1	0.20	600436	1	2.73

5. 根据 Jacob Mincer 在 1974 年关于接受教育培训收入的经典回归方程的研究成果分析得出,影响微观个体选择就业或读研的最直接的因素是家庭的经济实力和读研期间的学费,同时选择读研与否的预期收益之差也是关键因素,从报考研究生的动因分析也可看出这点。因此,在数据调查及实证分析的过程中我们不仅考虑个体的年家庭收入 Z(单位:万元)和读研的

学费 XF(单位:万元)对读研选择的影响,而且将个体对研究生毕业后的预期收益与本科生毕业后的预期收益的差 SRC(单位:万元)作为一个解释变量。根据 Jacob Mincer 关于教育培训研究成果,设定读研学费以对数形式影响考研的抉择。$Y=1$ 表示选择考研,$Y=0$ 表示选择就业,数据表见表 6-14,请建立因变量 Y 与自变量之间的 Probit 回归。

利用 Probit 模型分析个体的年家庭收入 Z(单位:万元)和读研的学费 XF(单位:万元)、研究生毕业后的预期收益与本科生毕业后的预期收益的差 SRC(单位:万元)对读研与否的影响,对模型的拟合优度做出评价。

表 6-14　报考研究生数据统计

序号	考研与否 Y	家庭收入 Z	读研学费 $\ln XF$	预期收益 SRC	序号	考研与否 Y	家庭收入 Z	读研学费 $\ln XF$	预期收益 SRC
1	0	0.8	0.693 147	0.2	26	0	0.8	0.693 147	0.3
2	0	1	1.098 612	0.2	27	1	2	1.098 612	0.32
3	0	5	1.098 612	0.22	28	0	5	1.098 612	0.25
4	1	10	1.386 294	0.3	29	1	10	1.386 294	0.3
5	0	3.5	1.386 294	0.3	30	1	6	1.098 612	0.15
6	1	20	1.098 612	0.5	31	0	1.5	0.875 469	0.2
7	1	12	0.916 291	0.2	32	1	0.8	0.916 291	0.2
8	1	0.5	0.693 147	0.65	33	0	0.9	1.386 294	0.15
9	0	7	1.098 612	0.22	34	0	1.2	1.386 294	0.3
10	0	0.5	0.693 147	0.15	35	0	3	1.098 612	0.2
11	0	0.8	0.693 147	0.3	36	1	2.5	0.916 291	0.3
12	0	0.9	0.693 147	0.22	37	1	10	0.693 147	0.1
13	1	6	1.098 612	0.2	38	1	15	1.098 612	0.2
14	1	10	1.386 294	0.5	39	0	3	1.098 612	0.1
15	1	7	1.386 294	0.15	40	1	8	1.163 151	0.4
16	0	0.8	0.693 147	0.2	41	1	5	1.029 619	0.2
17	0	0.6	0.693 147	0.2	42	1	20	1.386 294	0.08
18	1	5	1.098 612	0.22	43	0	4	1.098 612	0.12
19	1	10	1.386 294	0.3	44	0	1	1.098 612	0.14
20	0	3.5	1.386 294	0.3	45	1	12	1.163 151	0.2
21	1	10	1.098 612	0.5	46	1	30	1.504 077	0.1
22	1	12	0.916 291	0.2	47	0	15	1.098 612	0.15
23	1	0.5	0.693 147	0.45	48	1	3	1.098 612	0.37
24	1	8	1.098 612	0.22	49	1	6	0.875 469	0.18
25	0	0.5	1.098 612	0.15	50	0	4	1.163 151	0.55

序号	考研与否 Y	家庭收入 Z	读研学费 $\ln XF$	预期收益 SRC	序号	考研与否 Y	家庭收入 Z	读研学费 $\ln XF$	预期收益 SRC
51	0	5	1.386 294	0.12	59	0	11	1.386 294	0.07
52	1	6	1.098 612	0.03	60	0	0.8	1.098 612	0.48
53	1	8	1.252 763	0.16	61	0	0.9	1.252 763	0.11
54	0	5	1.386 294	0.15	62	0	1.2	1.163 151	0.12
55	1	20	1.098 612	0.15	63	0	3	1.029 619	0
56	1	4	0.916 291	0.3	64	1	2.5	1.386 294	0.4
57	0	1	1.252 763	0.25	65	1	10	1.098 612	0.2
58	1	12	1.098 612	0.15	66	1	15	0.916 291	0.37

6. 现有 56 组调查数据,如表 6-15 所示,其中因变量 Y 为工作时间,解释变量 X_1 为未成年子女数,X_2 为年龄,X_3 为受教育的年限,X_4 为丈夫的收入。

由表可知,影响妇女劳动供给时间的各种数据已经获得,但是只要妇女没有提供实际劳动,则只能将劳动时间作为 0 对待。但又要利用全部调查数据,所以应建立 Tobit 模型,也就是说,观测值在 Y 取 0 处的左侧删失。

利用 Tobit 模型分析未成年子女数 X_1、年龄 X_2、受教育的年限 X_3、丈夫的收入 X_4 对已婚妇女的劳动时间供给的影响,对模型的拟合优度做出评价。

表 6-15　妇女劳动供给时间及相关数据

Y	X_1	X_2	X_3	X_4	Y	X_1	X_2	X_3	X_4
0	0	69	16	0	0	1	37	11	32 800
40	0	27	12	37 400	3	0	53	11	0
0	0	58	12	30 000	45	0	26	12	15 704
40	2	29	12	18 000	0	5	42	13	41 000
20	0	58	12	60 000	32	2	47	12	48 200
0	1	36	12	55 000	38	1	43	14	0
38	0	52	13	33 000	0	0	62	12	0
37	0	29	16	28 000	8	1	29	12	0
37	0	46	14	33 000	0	0	63	13	0
0	0	67	7.5	0	0	0	57	10	20 000
0	0	65	12	0	0	3	34	16	60 000
38	0	51	12	29 650	50	3	32	16	33 000
5	2	36	13	0	45	0	60	12	0

Y	X_1	X_2	X_3	X_4	Y	X_1	X_2	X_3	X_4
6	0	22	2.5	12 000	20	0	53	12	45 000
32	1	30	14	45 000	29	1	37	12	25 400
40	2	34	12	39 000	0	0	70	12	0
0	3	38	16	39 750	45	3	28	12	24 000
14	5	34	11	1 200	15	0	52	11	0
0	0	48	11	0	0	1	38	13	14 000
0	3	27	12	14 500	40	0	57	16	0
48	1	43	13	16 887	40	1	52	16	22 000
40	2	33	12	28 320	9	1	54	12	0
0	0	58	12	500	40	0	57	16	0
10	0	46	13	1 000	0	0	57	10	20 000
50	0	52	21	99 999	50	0	52	21	99 999
4	2	23	11	2 300	0	0	58	12	500
0	2	32	14	11 000	0	5	42	13	41 000
40	1	34	20	8 890	32	2	47	12	48 200
0	0	69	16	0	0	1	37	11	32 800
40	0	27	12	37 400	3	0	53	11	0
0	0	58	12	30 000	45	0	26	12	15 704
40	2	29	12	18 000	0	5	42	13	41 000
20	0	58	12	60 000	32	2	47	12	48 200
0	1	36	12	55 000	38	1	43	14	0
38	0	52	13	33 000	0	0	62	12	0
37	0	29	16	28 000	8	1	29	12	0
37	0	46	14	33 000	0	0	63	13	0
0	0	67	7.5	0	0	0	57	10	20 000
0	0	65	12	0	0	3	34	16	60 000
38	0	51	12	29 650	50	3	32	16	33 000
5	2	36	13	0	45	0	60	12	0
6	0	22	2.5	12 000	20	0	53	12	45 000
32	1	30	14	45 000	29	1	37	12	25 400

7. 有关医学临床数据表明,心肌梗死和人体内的高密度脂肪蛋白(HDL)和纤维蛋白原(Fib)这两项指标值的大小有着密切的关系。现为了研究这两项指标是否对心肌梗死有影响,调查得到 45 个样本。其中变量 Y 表示受调查者是否有心肌梗死,若有则 $Y=1$;否则 $Y=0$;

HDL 和 Fib 分别是这两项医学指标的化验值,单位是 mg/dL。表 6－16 所列示的是这 45 位受调查者的有关数据。

(1) 建立合适的二元选择模型并估计方程的参数,分析心肌梗死与高密度脂肪蛋白和纤维蛋白原之间的关系,并对方程系数做出合理地解释说明;

(2) 利用估计结果生成回归方程的残差序列,并对因变量的实际值与拟合值进行分析;

(3) 绘制回归方程的期望-预测表(E－P 表),并对 E－P 表的结果进行解释,从而评价模型的拟合效果;

(4) 对回归方程进行拟合优度检验,并对检查结果进行分析;

(5) 利用回归方程,对模型进行预测,并对预测结果进行适当的评价;

(6) 对于该问题,你认为二元选择模型中,Probit 模型、Logit 模型,哪种模型比较好? 这些模型回归结果的系数含义是什么?

表 6－16　受调查者的有关数据

obs	Y	HDL	FIB	obs	Y	HDL	FIB
1	1	43	0.41	24	0	39	0.45
2	0	43	0.45	25	1	48	0.44
3	0	60	0.4	26	0	54	0.33
4	1	54	0.42	27	0	59	0.37
5	0	50	0.48	28	0	45	0.42
6	1	38	0.45	29	1	51	0.42
7	0	54	0.4	30	0	58	0.37
8	0	44	0.47	31	1	35	0.44
9	1	32	0.42	32	1	46	0.42
10	0	58	0.48	33	1	35	0.44
11	0	40	0.39	34	1	46	0.42
12	0	35	0.42	35	1	71	0.36
13	0	50	0.38	36	0	57	0.39
14	1	44	0.45	37	1	38	0.4
15	1	34	0.45	38	1	54	0.29
16	0	41	0.36	39	0	44	0.42
17	0	57	0.33	40	0	44	0.37
18	0	51	0.42	41	1	27	0.41
19	0	57	0.33	42	0	59	0.44
20	0	46	0.41	43	1	38	0.38
21	0	62	0.38	44	1	40	0.42
22	1	27	0.41	45	0	39	0.42
23	1	53	0.4				

8. 某学校为了提高办学质量采用了一种新的教学方法。该学校为了分析这种新的教学

方法是否对学生成绩有所提高而进行调查测试,以因变量 Grade 表示学生在接受新教学方法后成绩是否得到提高,如果提高,则 Grade＝1;未提高,则 Grade＝0。同时使用学生平均学分成绩 GPA、调查测试之前学生的期初考试分数 SE 和个性化教学系统 PSI 作为度量学生成绩的预测单元,即解释变量。其中,如果对受调查学生采用新的教学方法,则 PSI＝1;如果没有采用新的教学方法,则 PSI＝0。学校对 32 位学生进行了调查,得到如表 6‑17 的有关数据。

（1）建立合适的二元选择模型并估计方程的参数,分析接受新教学方法后成绩是否得到提高 Grade 与学生平均学分成绩 GPA、调查测试之前学生的期初考试分数 SE 和个性化教学系统 PSI 之间的关系,并对方程系数做出合理地解释说明;

（2）利用估计结果生成回归方程的残差序列,并对因变量的实际值与拟合值进行分析;

（3）绘制回归方程的期望‑预测表（E‑P 表）,并对 E‑P 表的结果进行解释,从而评价模型的拟合效果;

（4）对回归方程进行拟合优度检验,并对检查结果进行分析;

（5）利用回归方程,对模型进行预测,并对预测结果进行适当的评价;

（6）对于该问题,你认为二元选择模型中,Probit 模型、Logit 模型,哪种模型比较好,这些模型回归结果的系数含义是什么?

表 6‑17 新教学方法对学生成绩的影响有关数据

obs	GPA	SE	PSI	GRADE	obs	GPA	SE	PSI	GRADE
1	2.66	20	0	0	17	2.75	25	0	0
2	2.89	22	0	0	18	2.83	19	0	0
3	3.28	24	0	0	19	3.12	23	1	0
4	2.92	12	0	0	20	3.16	25	1	1
5	4	21	0	1	21	2.06	22	1	0
6	2.86	17	0	0	22	3.62	28	1	1
7	2.76	17	0	0	23	2.89	14	1	0
8	2.87	21	0	0	24	3.51	26	1	0
9	3.03	25	0	0	25	3.54	24	1	1
10	3.92	29	0	1	26	2.83	27	1	1
11	2.63	20	0	0	27	3.39	17	1	1
12	3.32	23	0	0	28	2.67	24	0	0
13	3.57	23	0	0	29	3.65	21	1	1
14	3.26	25	0	1	30	4	23	1	1
15	3.53	26	0	0	31	3.1	21	1	0
16	2.74	19	0	0	32	2.39	19	1	1

第七章

时间序列模型

第一节 平稳 ARMA 模型

一、随机过程与时间序列

(一) 随机过程

随机过程是以时间为标号的一组随机变量 $X(t,\omega)$，其中 $\omega \in \Omega$ 为样本空间，而 $t \in T$ 表示时间指标集合，可以是连续型时间，也可以是离散时间。显然对于固定的 t，$X(t,\omega)$ 就是一个随机变量；对于固定的 ω，$X(t,\omega)$ 是时间 t 的函数，称为样本的函数或实现，所有可能的实现构成了时间序列。通常的时间序列假定 T 对应离散型时间指标集合，且理解为由某项指标在一段时间上实现值按时间先后排成的序列，而忽略其背后对应的随机过程，因此，这里的时间序列本质上是随机时间序列。实际上，由于时间的不可逆性，在实践中，一个时间点上一般只能得到一个样本，例如表 7-1 给出了 1950—1998 年北京城乡居民定期储蓄率的数据。在这个例子中，指标是定期储蓄率，时间为离散型，且以年为时间间隔，我们不可能在同一个年度得到两个储蓄率数值。

表 7-1 北京市城乡居民 1950—1998 年定期储蓄率的数据 单位：%

年 份	储蓄率	年 份	储蓄率	年 份	储蓄率	年 份	储蓄率	年 份	储蓄率
1950	83.5	1960	73.6	1970	83.5	1980	81	1990	89.6
1951	63.1	1961	78.8	1971	83.2	1981	82.2	1991	90.1
1952	71	1962	84.4	1972	82.2	1982	82.7	1992	88.2
1953	76.3	1963	84.1	1973	83.2	1983	82.3	1993	87
1954	70.5	1964	83.3	1974	83.5	1984	80.9	1994	87
1955	80.5	1965	83.1	1975	83.8	1985	80.3	1995	88.3
1956	73.6	1966	81.6	1976	84.5	1986	81.3	1996	87.8
1957	75.2	1967	81.4	1977	84.8	1987	81.6	1997	84.7
1958	69.1	1968	84	1978	83.9	1988	83.4	1998	80.2
1959	71.4	1969	82.9	1979	83.9	1989	88.2		

时间序列分析的任务，就是在对生成该时间序列的随机过程，进行适当假设的前提下，利

用这个样本分析其是否平稳,先后是否相关,用什么样的模型来拟合这批数据,如何得到未来有限时期的预测其值。本节就以表 7-1 中的数据为例,介绍相关概念,并进行相应的计算。本章主要讨论 t 为离散型的随机过程,同时把随机过程简记为 $\{X_t\}$ 或者 X_t。

随机过程的概率结构通常被其联合分布所决定,称 $F(x_{t_1}, x_{t_2}, \cdots, x_{t_n})$ 为 n 维联合分布,定义其均值函数、方差函数和协方差函数如下:

$$u_t = E(X_t) \quad \sigma_t^2 = \mathrm{Var}(X_t) \quad \gamma_{t_1, t_2} = \mathrm{Cov}(X_{t_1}, X_{t_2})$$

显然,这几个矩都是时间 t 的函数,因而是未知的,如果不加以限制,则这样的参数就非常多,然而对每个固定时刻 t,我们只能得到一个实现值,因此必须对随机过程进行某种限制,例如假设其为平稳的随机过程或者为近似独立过程等。

(二) 平稳随机过程

一个随机过程被称为严平稳过程,如果其联合分布满足:

$$F(x_{t_1}, x_{t_2}, \cdots, x_{t_n}) = F(x_{t_1+\tau}, x_{t_2+\tau}, \cdots, x_{t_n+\tau})$$

由于严平稳采用了联合分布来定义,在实践中很难进行验证。另一种是从矩角度定义的弱平稳(宽平稳)过程,若均值函数、方差函数和协方差函数满足:

$$u = E(X_t) \quad \sigma^2 = \mathrm{Var}(X_t) \quad \gamma_\tau = \mathrm{Cov}(X_t, X_{t-\tau})$$

即期望和方差与时间无关,而协方差只与时间间隔有关,弱平稳过程也称为二阶矩平稳过程。

显然严平稳与弱平稳过程既有区别也有联系,如果严平稳过程具备上述矩条件,则也为宽平稳过程,而宽平稳过程一般不是严平稳过程弱。如果该过程的服从高斯分布时,严平稳过程与宽平稳过程等价。

例 7-1　白噪声过程(white noise),若随机过程 X_t 满足:

$$E(X_t) = 0 \quad \mathrm{Var}(X_t) = \sigma^2$$
$$\gamma_\tau = \mathrm{Cov}(X_{t_1}, X_{t_1+\tau}) = 0 \quad (\tau \neq 0)$$

该过程称为白噪声过程,记为 $X_t \sim WN(0, \sigma^2)$。由于 X_t 具有相同的均值与方差,且协方差为零,由定义,一个白噪声序列是平稳的。图 7-1 是一个白噪声随机数分布图。

例 7-2　随机游走过程(random walk),若随机过程 X_t 满足 $X_t = X_{t-1} + \varepsilon_t$,

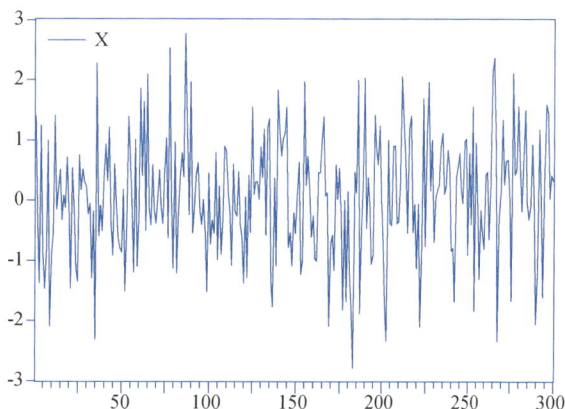

图 7-1　白噪声随机数据分布图

其中 $\varepsilon_t \sim WN(0, \sigma^2)$。则 $X_t = X_0 + \sum\limits_{j=1}^{t} \varepsilon_j$,$E(X_t) = X_0$,$\mathrm{Var}(X_t) = t\sigma^2$,$\gamma_{t_1, t_2} = t_1\sigma^2$,$t_2 > t_1$。显然,随机游走过程不满足弱平稳条件,因此是非弱平稳过程。然而,对 X 取一阶差分(first difference):$\Delta X_t = X_t - X_{t-1} = \varepsilon_t$,由于 ε_t 是一个白噪声,则序列 ΔX_t 是平稳的。

后面将会看到:如果一个时间序列是非平稳的,它常常可通过取差分的方法而形成平稳序列。

二、理论自协方差、自相关函数与偏自相关函数

(一) 自协方差与自相关函数

对于一个平稳过程来说,由于 γ_τ 是随机变量 X_t 与其自身滞后期 $X_{t-\tau}$ 的协方差,因此也称为自协方差。同时该自协方差是时间间隔 τ 的函数,因此也称为自协方差函数。定义自相关函数为 $\rho_\tau = \dfrac{\gamma_\tau}{\gamma_0}$。显然有 $\gamma_\tau = \mathrm{Cov}(X_t, X_{t-\tau}) = \mathrm{Cov}(X_{t-\tau}, X_t) = \gamma_{-\tau}$,从而有 $\rho_\tau = \rho_{-\tau}$,$\rho_0 = 1$。因此我们通常只给出 $\tau \geq 0$ 对应的自协方差函数和自相关函数即可。

(二) 偏自相关函数

上述的 ρ_τ 是度量随机变量 X_t 与 $X_{t+\tau}$ 之间的相关程度,这种相关度量可能并不是"纯净的",因为它可能受到随机变量 X_{t+1}、X_{t+2} … $X_{t+\tau-1}$ 的影响,我们需要消除这些随机变量的影响,由此计算的相关系数称为随机变量 X_t,$X_{t+\tau}$ 之间的偏自相关函数,记为 $\phi_{\tau\tau}$。不失一般性,假设平稳过程 X_t 的期望为 0,可以证明 $\phi_{\tau\tau}$ 即为下列回归模型

$$X_{t+\tau} = \phi_{\tau 1} X_{t+\tau-1} + \phi_{\tau 2} X_{t+\tau-2} + \cdots + \phi_{\tau\tau} X_t + \varepsilon_{t+\tau}$$

中 X_t 的回归系数。为了得到该回归系数,两边同乘以 $X_{t+\tau-j}(j=1,2,\cdots,\tau)$ 并取期望,然后再除以 γ_0 得到

$$
\begin{aligned}
\rho_1 &= \phi_{\tau 1}\rho_0 + \phi_{\tau 2}\rho_1 + \cdots + \phi_{\tau\tau}\rho_{\tau-1} \\
\rho_2 &= \phi_{\tau 1}\rho_1 + \phi_{\tau 2}\rho_0 + \cdots + \phi_{\tau\tau}\rho_{\tau-2} \\
&\cdots \\
\rho_\tau &= \phi_{\tau 1}\rho_{\tau-1} + \phi_{\tau 2}\rho_{\tau-2} + \cdots + \phi_{\tau\tau}\rho_0
\end{aligned}
\tag{7.1.1}
$$

称此方程组为 Yule-Walker 方程,利用克莱姆法则有

$$
\phi_{11} = \rho_1 \qquad
\phi_{22} = \frac{\begin{vmatrix} 1 & \rho_1 \\ \rho_1 & \rho_2 \end{vmatrix}}{\begin{vmatrix} 1 & \rho_1 \\ \rho_1 & 1 \end{vmatrix}} \qquad
\phi_{33} = \frac{\begin{vmatrix} 1 & \rho_1 & \rho_1 \\ \rho_1 & 1 & \rho_2 \\ \rho_2 & \rho_2 & \rho_3 \end{vmatrix}}{\begin{vmatrix} 1 & \rho_1 & \rho_2 \\ \rho_1 & 1 & \rho_1 \\ \rho_2 & \rho_1 & 1 \end{vmatrix}} \qquad \cdots
$$

例 7 - 3 求白噪声过程的自协方差函数、自相关函数与偏自相关函数。

根据白噪声的构成,显然有 $\gamma_0 = \sigma^2$,$\gamma_\tau = 0$,$\tau > 0$,因此有 $\rho_0 = 1$,$\rho_\tau = 0$,$\tau > 0$,从而有 $\phi_{00} = 1$,$\phi_{\tau\tau} = 0$,$\tau > 0$。

三、样本自协方差、自相关函数与偏自相关函数

(一) 样本自协方差、自相关函数

上述的自协方差、自相关函数以及偏自相关函数一般是未知的,需要通过样本来估计,假设我们有一个样本为 $(X_1, X_2, X_3, \cdots, X_T)$,为此定义如下几个估计量:

样本均值
$$\overline{X} = \frac{1}{T}\sum_{i=1}^{T}X_i \qquad\qquad (7.1.2)$$

样本自协方差函数 $\quad \hat{\gamma}_\tau = \frac{1}{T}\sum_{i=1}^{T-\tau}(X_i - \overline{X})(X_{i+\tau} - \overline{X}) \quad (\tau = 0,1,2,\cdots) \qquad (7.1.3)$

或者 $\qquad\qquad \hat{\gamma}_\tau = \frac{1}{T-\tau}\sum_{i=1}^{T-\tau}(X_i - \overline{X})(X_{i+\tau} - \overline{X}) \quad (\tau = 0,1,2,\cdots) \qquad (7.1.4)$

样本自相关函数 $\qquad\qquad \hat{\rho}_\tau = \frac{\hat{\gamma}_\tau}{\hat{\gamma}_0} \quad (\tau = 0,1,2,\cdots) \qquad\qquad (7.1.5)$

在后面的模型诊断中,我们经常需要检验理论自相关函数是否在某个阶如 k 以后是否为零,也就是要检验理论自相关函数是否为零,这需要通过样本自相关函数来进行,Bartlett(1964)证明,当样本容量 T 较大时,$\hat{\rho}_\tau$ 近似服从 $N(\rho_\tau, \mathrm{Var}(\hat{\rho}_\tau))$,若认为理论自相关函数在 k 阶以后有 $\rho_k = 0$,则有 $\hat{\rho}_m \sim N(0, \mathrm{Var}(\hat{\rho}_m)), m > k$,其中 $\mathrm{Var}(\hat{\rho}_m) = \frac{1}{T}\sum_{i=1}^{k}(1 + 2\rho_i^2)$,实际计算中需要使用各个理论自相关函数的样本对应值进行替代。特别地,当检验序列是否为白噪声过程,则样本自相关函数的近似为正态分布 $N(0, 1/T)$,因此样本自相关函数落在 $(-2/\sqrt{T}, 2/\sqrt{T})$ 之内,则我们认为理论自相关函数为零,对应的序列为白噪声过程。

如果一个时间序列是平稳的,其样本自相关函数是迅速收尾的,如果表现出缓慢收敛或者呈现出一个长长的尾巴,则表明其是非平稳的。

(二) 样本偏自相关函数

当我们获得样本自相关函数以后 $\hat{\rho}_\tau$ 以后,根据 Yule-Walker 方程 (7.1.1) 式可以得到样本偏自相关函数 $\hat{\phi}_\tau$。Quenouille(1949)指出,在原过程为白噪声时,样本偏自相关系数 $\hat{\phi}_\tau$ 也近似服从 $N(0, 1/T)$,从而如果样本偏自相关系数 $\hat{\phi}_\tau$ 落在 $(-2/\sqrt{T}, 2/\sqrt{T})$ 之内,则我们认为理论自相关函数为零。在以后的模型识别中,我们将利用这个结论识别模型的种类。对于非平稳时间序列,其样本偏自相关函数往往具备一阶截尾特征。

例 7-4　计算表 7-1 对应序列的样本自相关函数和偏自相关函数,并判断它们的特性。

假设我们已经把该序列输入到 EViews 中,以 X 表示,打开该序列对象,为观察期其自相关函数、偏自相关函数和白噪声检验结果,在 View 菜单下选择 Correlogram 选项可以得到图 7-2 的界面。图中 Correlogram of 需要指定计算自相关函数的序列对象,其中 Level 表示原始序列,1st difference 表示一阶差分序列,2nd difference 表示二阶差分序列,本例选择原始序列。Lags to include 需要指定计算自相关函数的滞后期数,一般来说,为了更好观察自相关函数的变换趋势,应尽可能选择较大的滞后期,本例选择默认的 16。点击 OK 后得到图 7-3 的界面,其中 AC 对应自相关函数,PAC 对应偏自相关函数,左边是图示形式,且每个函数的两条虚线表示 95% 的区间估计范围。如果某个时刻的函数落在虚线之内,就认为其与 0 无显著差异。右边是具体的数值,其中 Q-Stat 表示检验其是否为白噪声的检验量。显然,自相关函数随着时间的推移显然迅速收尾,因此该序列是平稳的,偏相关函数的 1 步截尾性比较明显,而白噪声检验对应的概率(prob)都高度显著,表明该序列不是白噪声过程,需要建立模型。

Autocorrelation	Partial Correlation		AC	PAC	Q-Stat	Prob
		1	0.702	0.702	25.690	0.000
		2	0.595	0.201	44.538	0.000
		3	0.478	0.005	56.947	0.000
		4	0.328	-0.126	62.924	0.000
		5	0.356	0.227	70.113	0.000
		6	0.303	0.012	75.458	0.000
		7	0.291	0.030	80.501	0.000
		8	0.160	-0.262	82.069	0.000
		9	0.060	-0.062	82.293	0.000
		10	-0.037	-0.105	82.383	0.000
		11	-0.077	0.079	82.774	0.000
		12	-0.037	0.055	82.866	0.000
		13	0.008	0.130	82.870	0.000
		14	0.007	-0.085	82.873	0.000
		15	0.011	0.076	82.882	0.000
		16	-0.019	-0.036	82.910	0.000

Correlogram Specifica...

Correlogram of
- ● Level
- ○ 1st difference
- ○ 2nd difference

Lags to include
16

OK　　Cancel

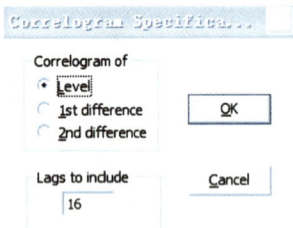

图 7-2　自相关函数选择设定图　　　　图 7-3　储蓄率序列的自相关函数图

四、平稳 ARMA 模型与识别

(一) 滞后算子与差分算子

为了书写方便,我们先介绍滞后算子和差分算子,它们在差分运算中有着广泛的应用。称符号 L 满足 $L^s X_t = X_{t-s}$ 为滞后算子,而称符号 D 满足 $DX_t = X_t - X_{t-1}$ 为差分算子,显然一次差分运算有 $D = 1 - L$。有时我们需要进行高阶差分,特别是在季节性数据分析中,例如一个 k 阶差分可以表示为 $X_t - X_{t-k} = (1 - L^k) X_t$。

(二) AR(p) 模型与识别

如果随机过程 X_t 的生成满足:

$$X_t = c + \varphi_1 X_{t-1} + \varphi_2 X_{t-2} + \cdots + \varphi_p X_{t-p} + \varepsilon_t \tag{7.1.6}$$

其中,$\varphi_p \neq 0, \varepsilon_t \sim WN(0, \sigma^2)$,称为 p 阶自回归过程,简记为 AR(p)。用滞后算子表示为

$$(1 - \varphi_1 L - \varphi_2 L^2 - \cdots - \varphi_p L^p) X_t = c + \varepsilon_t$$

记 $\Phi(L) = 1 - \varphi_1 L - \varphi_2 L^2 - \cdots - \varphi_p L^p$,则 AR($p$) 可以表示为 $\Phi(L) X_t = c + \varepsilon_t$。如果该过程是平稳的,则有 $\mu = EX_t = \dfrac{c}{1 - \varphi_1 - \varphi_2 - \cdots - \varphi_p}$,从而有 $c = (1 - \varphi_1 - \varphi_2 - \cdots - \varphi_p)\mu$,重新带入上述表达式,有

$$X_t - \mu = \varphi_1 (X_{t-1} - \mu) + \varphi_2 (X_{t-2} - \mu) + \cdots + \varphi_p (X_{t-p} - \mu) + \varepsilon_t$$

令 $Z_t = X_t - \mu$,则 $EZ_t = EX_t - \mu = 0$,且有

$$Z_t = \varphi_1 Z_{t-1} + \varphi_2 Z_{t-2} + \cdots + \varphi_p Z_{t-p} + \varepsilon_t \tag{7.1.7}$$

因此只要对 X_t 进行中心化处理,就可以使用不带常数项的过程来表示,以后我们就用这种表达式。

理论研究表明,平稳 AR(p) 模型的自相关函数具有拖尾性,而偏自相关函数具有 p 步截尾性,因此可以利用偏自相关函数的截尾性来识别 AR 模型,并确定其阶数。

(三) MA(q) 模型

如果随机过程 X_t 的生成表达式满足:

$$X_t = \varepsilon_t + \theta_1 \varepsilon_{t-1} + \theta_2 \varepsilon_{t-2} + \cdots + \theta_q \varepsilon_{t-q} \tag{7.1.8}$$

其中,$\theta_q\neq0$,$\varepsilon_t\sim WN(0,\sigma^2)$,称为 q 阶移动平均过程,简记为 MA(q)。如果引入滞后算子,则 MA(q)可以表示为 $X_t=\Theta(L)\varepsilon_t$,其中 $\Theta(L)=1+\theta_1L+\theta_2L^2+\cdots+\theta_qL^q$。

一般来说,平稳过程都可以由上述移动平均过程来加以表示,这就是 Wold 定理所阐述的内容,该定理表明:任何协方差平稳过程 X_t,都可以被表示为

$$X_t-\mu-d_t=\varepsilon_t+\theta_1\varepsilon_{t-1}+\theta_2\varepsilon_{t-2}+\cdots=\sum_{j=0}^{\infty}\theta_j\varepsilon_{t-j} \tag{7.1.9}$$

其中,μ 表示 X_t 的期望。d_t 表示 X_t 的线性确定性成分,如周期性成分、时间 t 的多项式和指数形式等。

理论研究表明,MA(q)模型的自相关函数具有 q 步截尾性,而偏自相关函数具有拖尾性,因此可以利用自相关函数的截尾性来识别 MA 模型,并确定其阶数。

(四) ARMA 模型

更为一般的模型是把上述两种模型合并在一起,即随机过程 X_t 的生成表达式满足:

$$X_t=c+\varphi_1X_{t-1}+\varphi_2X_{t-2}+\cdots+\varphi_pX_{t-p}+\varepsilon_t+\theta_1\varepsilon_{t-1}+\theta_2\varepsilon_{t-2}+\cdots+\theta_q\varepsilon_{t-q} \tag{7.1.10}$$

其中,$\varphi_p\neq0$、$\theta_q\neq0$,ε_t 表示白噪声序列,称为自回归移动平均过程,简记为 ARMA(p,q)。用滞后算子表示为 $\Phi(L)X_t=\Theta(L)\varepsilon_t$,其中 $\Phi(L)$ 和 $\Theta(L)$ 同上,且没有公因子。

理论研究表明,平稳 ARMA(p,q)模型的自相关函数和偏自相关函数都具有拖尾性。识别此类模型中参数 p、q 通常做法是从低阶到高阶进行尝试。另外,Tsay 和 Tiao(1984)提出了一般的迭代回归方法,并使用扩展样本自相关函数(ESACF—extended sample autocorrelation function)来估计模型的阶数,研究表明其扩展样本自相关函数将以其阶数(p,q)为顶点所有的 0 构成了一个三角形。当使用样本数据进行计算时,还需要进行适当的检验,以确定其零点所在位置。

如果 $\Phi(L)=0$ 的根在单位圆之外,则有 $X_t=\Phi^{-1}(L)\Theta(L)\varepsilon_t=G(L)\varepsilon_t$,称为 ARMA($p,q$)模型的传递形式,其中 $G(L)=\sum_{i=0}^{\infty}G_iL^i$,且 G_i 为格林函数;如果 $\Theta(L)=0$ 的根在单位圆之外,则有 $\varepsilon_t=\Theta^{-1}(L)\Phi(L)X_t=I(L)X_t$,称为 ARMA($p,q$)模型的逆形式,其中 $I(L)=\sum_{i=0}^{\infty}I_iL^i$,且 I_i 为逆函数。传递形式用于计算预测误差的方差,而逆形式用于点预测。显然,根据这个定义,AR(p)模型是可逆,需要判断平稳条件,而 MA(q)模型是平稳的,需要判断可逆条件。

例 7-4 续 就表 7-1 中的序列识别其平稳性,并选择适合的拟合模型。

根据平稳性的定义,直观上看,一个平稳序列不应该呈现明显的上升或下降趋势,为此打开该序列后,在 View 菜单下选择 Graph 选项,然后点击"确定"即可得到图 7-4。显然,图形表明其趋势性不明显,而图 7-3 显示其自相关函数具有快速收尾性,综合这些信息,可以认为是平稳序列。结合白噪声检验结果以及偏自相关函数的特征,比较适合的模型是 AR(1)模型。

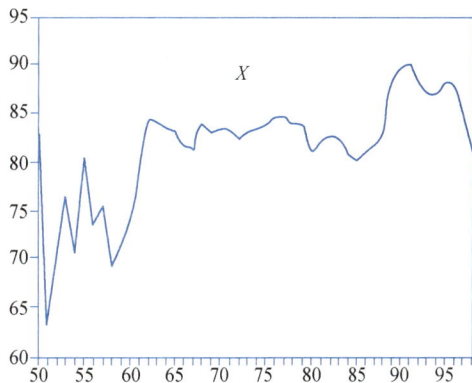

图 7-4 北京市城乡居民定期储蓄率时序图

五、平稳 ARMA 模型参数估计

ARMA(p,q)模型的参数估计有多种方法,主要有矩估计、条件极大似然估计和精确极大似然估计三种方法,这里只介绍矩估计。

(一) AR(p)模型的矩估计

对于 AR(p)模型 $X_t = \varphi_1 X_{t-1} + \varphi_2 X_{t-2} + \cdots + \varphi_p X_{t-p} + \varepsilon_t$,在方程两边同乘以 X_{t-j},$0 \leqslant j \leqslant p$ 有

$$\gamma_0 = \varphi_1 \gamma_1 + \varphi_2 \gamma_2 + \cdots + \varphi_p \gamma_p + \sigma^2$$
$$\rho_1 = \varphi_1 \rho_0 + \varphi_2 \rho_1 + \cdots + \varphi_p \rho_{p-1}$$
$$\rho_2 = \varphi_1 \rho_1 + \varphi_2 \rho_0 + \cdots + \varphi_p \rho_{p-2} \qquad (7.1.11)$$
$$\cdots$$
$$\rho_p = \varphi_1 \rho_{p-1} + \varphi_2 \rho_{p-2} + \cdots + \varphi_p \rho_0$$

在方程两边利用样本数据得到样本自相关函数 $\hat{r}_i, \hat{\rho}_i, 0 \leqslant i \leqslant p$,根据克莱姆法则,从而可以得到 $\hat{\varphi}_1, \hat{\varphi}_2, \cdots, \hat{\varphi}_p$。另外还有 $\hat{\sigma}^2 = \hat{r}_0 - \sum_{j=1}^{p} \hat{\varphi}_j \hat{r}_j$。

(二) MA(q)模型的矩估计

在前面的分析中,我们已经得到了 MA(q)模型的样本自协方差函数,利用样本资料得到其估计,从而有

$$\hat{\gamma}_k = \begin{cases} (1 + \theta_1^2 + \theta_2^2 + \cdots + \theta_q^2)\sigma^2 & k = 0 \\ (\theta_k + \theta_{k+1}\theta_1 + \theta_{k+2}\theta_2 + \cdots + \theta_q \theta_{q-k})\sigma^2 & 1 \leqslant k \leqslant q \end{cases} \qquad (7.1.12)$$

由 $q+1$ 个等式可以解出 $q+1$ 个未知参数 $\hat{\theta}_i (1 \leqslant i \leqslant q)$ 以及 $\hat{\sigma}^2$,由于为非线性方程组,故一般可用迭代法求解。但对于低阶的模型可以直接求解,例如 MA(1)模型参数的矩估计为

$$\hat{\theta} = \frac{-1 \pm \sqrt{1 - 4\hat{\rho}_1^2}}{2\hat{\rho}_1} \qquad \hat{\sigma}^2 = \frac{\hat{\gamma}_0}{1 + \hat{\theta}^2} \qquad (7.1.13)$$

由于 $\hat{\theta}$ 有两个估计值,一般取满足可逆性的估计结果。

(三) ARMA(p,q)模型的矩估计

在 ARMA(p,q)模型中共有个 $p+q+1$ 待估参数 $\phi_1, \phi_2, \cdots, \phi_p; \theta_1, \theta_2, \cdots, \theta_q; \sigma^2$,其估计一般分为两个步骤,首先利用类似(7.2.14)的式子得到 $\varphi_1, \varphi_2, \cdots, \varphi_p$ 的估计,然后构造新的序列,再利用类似(7.2.15)的式子得到 $\theta_1, \theta_2, \cdots, \theta_q, \sigma^2$ 的估计。

矩估计比较通俗易懂,但其精度不够高,往往作为其他方法如极大似然估计的初始值来进行迭代使用。

六、模型诊断

(一) 残差白噪声检验

当我们完成模型识别定阶和参数估计以后,需要对模型拟合的结果进行必要的检验。第

一个检验就是残差是否为白噪声,检验的原假设是 ε_t 直到滞后期 m 不存在自相关,即原假设和备择假设分别为

$$H_0: \rho_1 = \rho_2 = \cdots = \rho_m = 0, \forall m \geq 1 \qquad H_1: \exists \rho_k \neq 0, \forall m \geq 1, k \leq m$$

检验统计量是由 Ljung-Box 给出的 LB 统计量,其公式为

$$LB = T(T+2) \sum_{k=1}^{m} \frac{\hat{\rho}_k^2}{T-k} \sim \chi^2(m) \tag{7.1.14}$$

如果拒绝原假设,表明残差中还含有待提取信息,应该重新拟合模型,否则认为该模型拟合充分,作为候选模型进入下一轮检验。白噪声检验有时也需要对原始序列进行,以判断一个平稳的时间序列是否为白噪声过程,例如图 7-4 中 Q-Stat 对应的就是白噪声检验的统计量值,右边的检验概率明显小于零,所以拒绝原假设,说明该序列并非白噪声序列,需要建立模型。

(二)参数显著性检验

参数显著性检验,就是检验模型中每一个未知参数是否显著非零,通过剔除一些不显著的参数,从而使得模型变得更为简洁。在较大样本和白噪声服从正态分布假设下,对各个参数是否为 0 的检验可以用通常的 t 检验来进行,这里不再赘述。

(三)模型的定阶

在建立模型时,有时候会有好几个模型都通过上述的检验,这时需要采用信息量准则来确定模型的最优阶数,可以使用的信息量准则有 Akaike(1973)提出的 AIC 指标,计算公式为

$$AIC = T\ln\hat{\sigma}^2 + 2m \tag{7.1.15}$$

其中,$m = p + q + 1$,如果模型中不含有均值项,如果含有均值项则有 $m = p + q + 2$。另一个指标为 BIC 或称为 SBC 准则,计算公式为

$$SBC = T\ln\hat{\sigma}^2 + m\ln T \tag{7.1.16}$$

其中,m 的含义同 AIC 指标中的解释相同。利用上述标准时,我们总是选择一个最小指标对应的模型作为我们最终的候选模型。

七、模型预测

通过前面的分析,我们建立了合适的模型,然而建立模型的最终目标是为了预测,所谓预测就是利用时间序列现有的观测值来预测未来的值,包括点预测与区间预测。由于未来的不确定性,预测必然会产生误差,这就需要在一定的标准下给出预测公式,这个标准就是最小均方差预测准则(MSE)。假设我们现在有直到时刻 t 的信息,即有 $I_t = \{X_t, X_{t-1}, X_{t-2}, \cdots, \varepsilon_t, \varepsilon_{t-1}, \varepsilon_{t-2}, \cdots\}$,记在时刻 t 向前预测 l 步的结果为 $\hat{X}_t(l)$,而其真实值为 X_{t+l},预测误差记为 $e_t(l)$,则由数理统计知识得到,在最小均方差预测准则下有

$$\hat{X}_t(l) = E(X_{t+l} | I_t) \qquad e_t(l) = X_{t+l} - E(X_{t+l} | I_t) \tag{7.1.17}$$

因此,当一个平稳模型可以表示为如下传递形式时:

$$X_t = \varepsilon_t + G_1\varepsilon_{t-1} + G_2\varepsilon_{t-2} + \cdots + G_l\varepsilon_{t-l} + \cdots$$

其中 $G_i(i=0,1,2,\cdots)$ 为格林函数,则有

$$\hat{X}_t(l)=E(X_{t+l}\mid I_t)=G_l\varepsilon_t+G_{l+1}\varepsilon_{t-1}+G_{l+2}\varepsilon_{t-2}+\cdots \qquad (7.1.18)$$

$$e_t(l)=X_{t+l}-E(X_{t+l}\mid I_t)=\varepsilon_{t+l}+G_1\varepsilon_{t+l-1}+G_2\varepsilon_{t+l-2}+\cdots+G_{l-1}\varepsilon_{t+1} \qquad (7.1.19)$$

如果进一步假设 $\varepsilon_t\sim IIN(0,\sigma^2)$ 时,则有

$$\mathrm{Var}(e_t(l))=(1+G_1^2+G_2^2+\cdots+G_{l-1}^2)\sigma^2 \qquad (7.1.20)$$

从而得到区间预测估计公式为

$$\hat{X}_t(l)\pm z_{a/2}\sqrt{\mathrm{Var}(e_t(l))} \qquad (7.1.21)$$

以上是一般的预测公式,对于具体的 $AR(p)$ 模型、$MA(q)$ 模型、$ARMA(p,q)$ 模型,由于模型自身结构不同,预测公式也展现出不同的特点,例如 $AR(p)$ 模型预测结果具有收敛性,而 $MA(q)$ 模型预测步长超过 q 后,点预测完全相同,而区间随着步长增加而变宽。

例 7-4 续 对表 7-1 的序列完成参数估计、模型检验和模型预测。

根据上文分析,首先尝试拟合 AR(1) 模型。为此在命令窗口键入 Equation eq01. LS X C AR(1),得到如图 7-5 所示的结果,且 $\hat{\sigma}=4.058\,5$。

Variable	Coefficient	Std. Error	t-Statistic	Prob.
C	81.32034	1.976277	41.14825	0.0000
AR(1)	0.703332	0.104660	6.720187	0.0000

图 7-5 参数估计结果图

接下我们对模型估计的结果进行必要的检验,首先是残差的白噪声检验,为此在参数估计界面上,选择 View—Residual Tests—Correlogram-Q-statistics 得到如图 7-6 所示的界面。在该图中输入需要计算残差序列自相关函数等以及检验的滞后期,本例选择默认值为 20 期。点击 OK 后得到图 7-7,我们所关注的就是最后一列对应的检验概率,显然检验概率都大于通常的显著性水平如 0.05,因此接受原假设,表明残差是白噪声序列,因此没有信息可以提取。其次我们需要对模型中的参数进行显著性检验,图 7-5 表明两个参数对应的检验概率都小于 0.05,都高度显著通过检验,为此可以初步确定的模型为 AR(1),根据参数估计

Autocorrelation	Partial Correlation	AC	PAC	Q-Stat	Prob
		1 -0.086	-0.086	0.3748	
		2 0.115	0.109	1.0691	0.301
		3 0.123	0.143	1.8698	0.393
		4 -0.174	-0.171	3.5141	0.319
		5 0.156	0.104	4.8672	0.301
		6 0.016	0.065	4.8816	0.431
		7 0.219	0.252	7.6955	0.261
		8 0.005	-0.041	7.6968	0.360
		9 0.007	-0.019	7.7002	0.463
		10 -0.091	-0.169	8.2177	0.512

Lag Specification

Lags to include: 20

OK   Cancel

图 7-6 滞后期设定图　　　　**图 7-7 残差的白噪声检验结果**

结果,我们可以写出该模型为

$$X_t-81.320\,34=0.703\,332(X_{t-1}-81.320\,34)+\varepsilon_t$$

或者为

$$X_t = 24.125\ 14 + 0.703\ 332X_{t-1} + \varepsilon_t$$

虽然,上述的 AR(1) 模型通过了所有的检验,但我们也可以考虑其他的候选模型,正如上面所说的那样,也可以尝试建立 AR(2) 模型,为此在命令窗口键入 Equation eq02. LS　X　C　AR(1)　AR(2) 即可,结果表明 AR(2) 对应的参数没有通过检验,残差也没有通过白噪声检验,虽然 AIC 指标有所下降,但不能作为候选模型,因此 AR(1) 模型最为适合拟合该序列。

最后我们利用 AR(1) 模型进行预测,首先对样本期内结果进行预测,为此在命令窗口键入 eq01. forecast 回车得到图 7-8。在 Series names 中,第一空框要输入预测序列的命名,系统默认为 xf,用户可以自行修改,第二空框输入用于区间估计的标准差序列命名,该项为可选项,可以不用输入。Forecast sample 指定了预测区间,用户可以自行设置。在 Method 中我们关注的是 Dynamic forecast(动态预测)还是 Static forecast(静态预测),两者的区别是,动态预测使用递归形式,前期的预测值用于后期预测值的计算,而静态预测则用前期的真实值来预测后期值。对于样本期内预测而言,用静态预测更为合适。在 Output 中,设定预测输出的内容,可以采用系统的默认选项。点击 OK 后得到图 7-9,其中图 7-9 的左边给出了点估计值和 95% 的上下置信限,右边是评估预测结果的一些指标。如果要浏览估计的具体数值,可以在图 7-9 的 View 菜单下选择 Actual、Fitted、Residual 选项,该选项包括四个子选项,选择第一个选项 Actual、Fitted、Residual Table 可以看到估计值的具体数值如图 7-10 所示,从左到右,分布对应年份(obs)、实际值(Actual)、估计值(Fitted)、残差(Residual)以及残差图(Residual Plot)。其他三个选项用于输出实际值、估计值、残差以及标准化残差的图形表示,请读者自行演示。

如果我们希望进行样本外推预测,例如对 1999 年的结果进行预测,则有

$$\hat{X}_{1998}(1) = 24.125\ 14 + 0.703\ 332X_{1988} = 80.53$$

$$\mathrm{Var}(e_{1998}(1)) = \hat{\sigma}^2 = 4.058\ 5^2$$

所以,根据区间估计公式得到 1999 年的 95% 的区间估计结果为

$$(80.53 - 2 \times 4.058\ 5, 80.53 + 2 \times 4.058\ 5) = (72.41, 88.65)$$

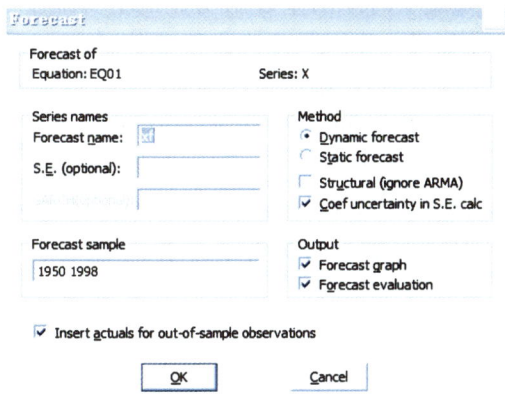

图 7-8　预测的设置

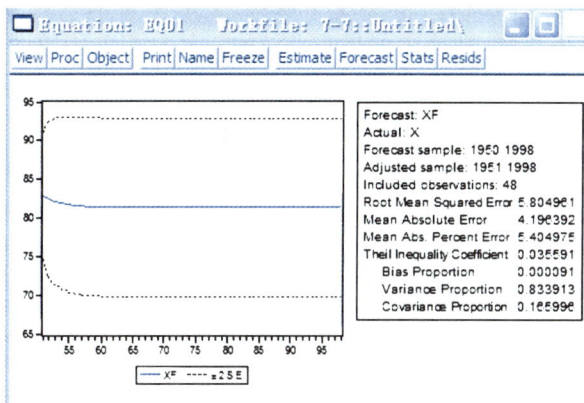

图 7-9　预测输出图形表示结果

243

obs	Actual	Fitted	Residual	Residual Plot
1975	83.8000	82.8534	0.94664	
1976	84.5000	83.0644	1.43564	
1977	84.8000	83.5567	1.24330	
1978	83.9000	83.7677	0.13230	
1979	83.9000	83.1347	0.76530	
1980	81.0000	83.1347	-2.13470	
1981	82.2000	81.0950	1.10496	
1982	82.7000	81.9390	0.76097	
1983	82.3000	82.2907	0.00930	
1984	80.9000	82.0094	-1.10937	
1985	80.3000	81.0247	-0.72470	
1986	81.3000	80.6027	0.69730	
1987	81.6000	81.3060	0.29396	
1988	83.4000	81.5170	1.88297	
1989	88.2000	82.7830	5.41697	
1990	89.6000	86.1590	3.44098	
1991	90.1000	87.1437	2.95631	
1992	88.2000	87.4954	0.70465	
1993	87.0000	86.1590	0.84098	
1994	87.0000	85.3150	1.68498	
1995	88.3000	85.3150	2.98498	
1996	87.8000	86.2294	1.57064	
1997	84.7000	85.8777	-1.17769	
1998	80.2000	83.6974	-3.49736	

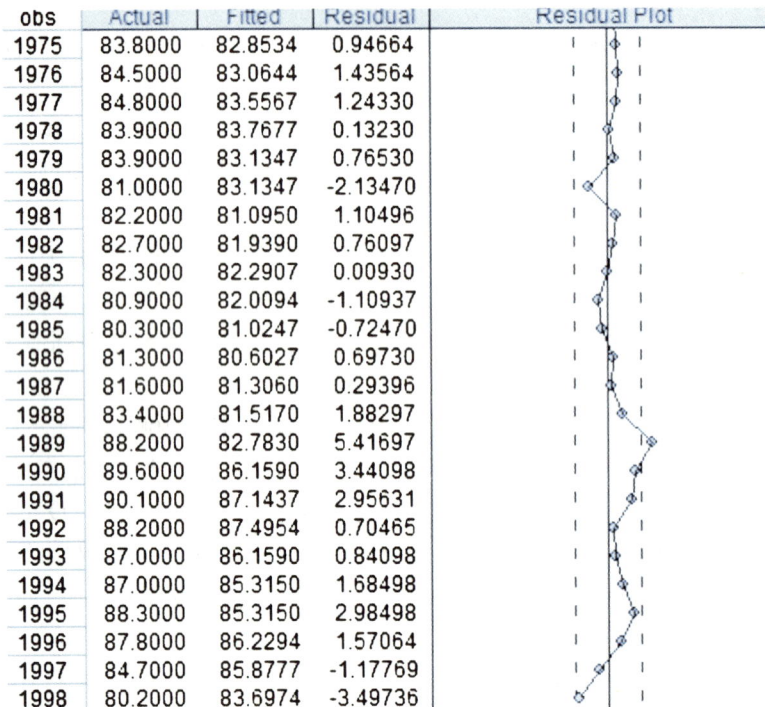

图 7-10 预测输出结果

第二节 时间序列的非平稳性及其检验

一、时间序列非平稳性识别

利用 ARMA 模型建模,其前提是该序列为平稳的,如果是非平稳的,则必须对序列进行平稳化处理,因此对时间序列是否平稳进行识别是关键的一步。时间序列平稳性的判断可以利用图示法、自相关函数和单位根检验方法。一般来说,一个平稳时间序列的时序图应该围绕某个常数上下波动,不能具有某种趋势,如果某个时序图呈现出明显的上升或下降趋势,则该序列是非平稳的。从自相关函数图来说,如果一个时间序列是平稳的,则一定呈现出短期记忆性质,或者说其自相关函数是迅速收尾的,如果表现出缓慢收敛或者呈现出一个长长的尾巴,则表明其是非平稳的。对于非平稳时间序列,其偏自相关函数往往具备一阶截尾特征。非平稳单位根检验方法,则是通过构造单位根检验量进行检验。对非平稳时间序列的建模,可以通过差分使其平稳,然后对平稳序列建立 ARMA 模型,这就是 $ARIMA(p,d,q)$ 模型,其中 d 是模型平稳化处理需要经过差分的次数,一般不会超过 2。

例 7-5 表 7-2 给出某地区 1972—2008 年农业实际国民收入指数的时序图,试判断其平稳性。

表 7 - 2　某地区 1972—2008 年农业实际国民收入指数数据　　　　　单位:%

年　份	指　数	年　份	指　数	年　份	指　数	年　份	指　数	年　份	指　数
1972	100	1980	83.6	1988	131.6	1996	159.1	2004	247
1973	101.6	1981	84.7	1989	132.2	1997	155.1	2005	253.7
1974	103.3	1982	88.7	1990	139.8	1998	161.2	2006	261.4
1975	111.5	1983	98.9	1991	142	1999	171.5	2007	273.2
1976	116.5	1984	111.9	1992	140.5	2000	168.4	2008	279.4
1977	120.1	1985	122.9	1993	153.1	2001	180.4		
1978	120.3	1986	131.9	1994	159.2	2002	201.6		
1979	100.6	1987	134.2	1995	162.3	2003	218.7		

采用例 7 - 4 类似的 EViews 操作,可以得到时序图和自相关函数图,分别见图 7 - 11 和图 7 - 12。

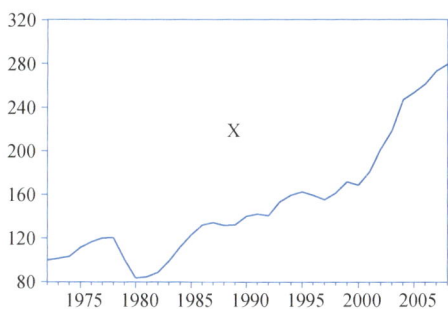

图 7 - 11　某地区国民收入指数时序图　　　图 7 - 12　某地区国民收入指数的自相关函数图

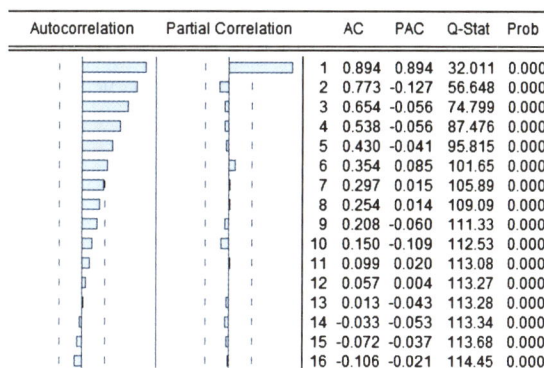

图 7 - 11 显示,时间序列具有明显的上升趋势,而图 7 - 12 的相关函数明显具有拖尾性,且偏自相关函数具有 1 步截尾性,因而该序列是非平稳的。

例 7 - 6　表 7 - 3 给出了 1962—1991 年德国工人季度失业率的数据,试判断其平稳性。

表 7 - 3　德国工人 1962—1991 年季度失业率数据　　　　　单位:%

时　间	失业率	时　间	失业率	时　间	失业率	时　间	失业率	时　间	失业率	时　间	失业率
1962Q1	1.1	1965Q1	1.2	1968Q1	2.7	1971Q1	1.2	1974Q1	2.6	1977Q1	5.2
1962Q2	0.5	1965Q2	0.5	1968Q2	1.3	1971Q2	0.7	1974Q2	2.1	1977Q2	4.3
1962Q3	0.4	1965Q3	0.4	1968Q3	0.9	1971Q3	0.7	1974Q3	2.3	1977Q3	4.2
1962Q4	0.7	1965Q4	0.6	1968Q4	1	1971Q4	1	1974Q4	3.6	1977Q4	4.5
1963Q1	1.6	1966Q1	0.9	1969Q1	1.6	1972Q1	1.5	1975Q1	5	1978Q1	5.2
1963Q2	0.6	1966Q2	0.5	1969Q2	0.6	1972Q2	1	1975Q2	4.5	1978Q2	4.1
1963Q3	0.5	1966Q3	0.5	1969Q3	0.5	1972Q3	0.9	1975Q3	4.5	1978Q3	3.9
1963Q4	0.7	1966Q4	1.1	1969Q4	0.7	1972Q4	1.1	1975Q4	4.9	1978Q4	4.1
1964Q1	1.3	1967Q1	2.9	1970Q1	1.1	1973Q1	1.5	1976Q1	5.7	1979Q1	4.8
1964Q2	0.6	1967Q2	2.1	1970Q2	0.5	1973Q2	1	1976Q2	4.3	1979Q2	3.5
1964Q3	0.5	1967Q3	1.7	1970Q3	0.5	1973Q3	1	1976Q3	4	1979Q3	3.4
1964Q4	0.7	1967Q4	2	1970Q4	0.6	1973Q4	1.6	1976Q4	4.4	1979Q4	3.5

时　间	失业率	时　间	失业率	时　间	失业率	时　间	失业率	时　间	失业率	时　间	失业率
1980Q1	4.2	1982Q1	8	1984Q1	10	1986Q1	10.2	1988Q1	9.8	1990Q1	8.1
1980Q2	3.4	1982Q2	7	1984Q2	8.7	1986Q2	8.6	1988Q2	8.6	1990Q2	7.1
1980Q3	3.6	1982Q3	7.4	1984Q3	8.8	1986Q3	8.4	1988Q3	8.4	1990Q3	6.9
1980Q4	4.3	1982Q4	8.5	1984Q4	8.9	1986Q4	8.4	1988Q4	8.2	1990Q4	6.6
1981Q1	5.5	1983Q1	10.1	1985Q1	10.4	1987Q1	9.9	1989Q1	8.8	1991Q1	6.8
1981Q2	4.8	1983Q2	8.9	1985Q2	8.9	1987Q2	8.5	1989Q2	7.6	1991Q2	6
1981Q3	5.4	1983Q3	8.8	1985Q3	8.9	1987Q3	8.6	1989Q3	7.5	1991Q3	6.2
1981Q4	6.5	1983Q4	9	1985Q4	9	1987Q4	8.7	1989Q4	7.6	1991Q4	6.2

我们首先得到其时序图,如图 7-13 所示,图形显示具有明显的上升和下降趋势,但在上升和下降的趋势中体现出某种周期波动规律,因此该序列肯定非平稳。同时,该序列为季度数据,因此可能有季节变动因素。图 7-14 中的样本自相关函数缓慢衰减,偏自相关函数在滞后 1 期和 5 期截尾,这也表明了该序列是非平稳的。需要指出的是,这里第 5 期正好体现季度周期的相关关系,因此与例 7-5 不同。

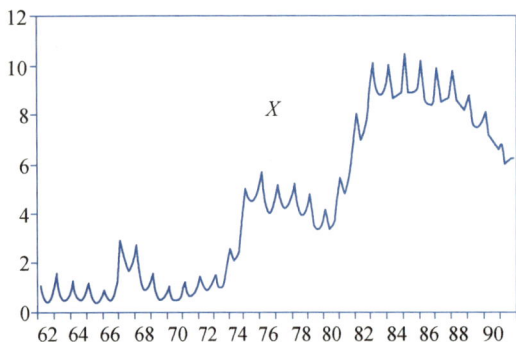

图 7-13　德国工人季度失业率的时序图

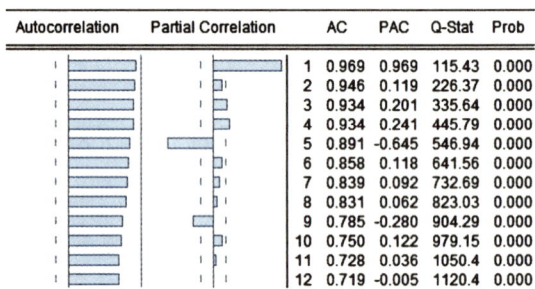

图 7-14　德国工人季度失业率的自相关函数图

二、非平稳时间序列建模

(一) ARIMA(p,d,q)模型建立

ARIMA(p,d,q)模型的一般形式为

$$(1-L)^d X_t = \varphi_1 X_{t-1} + \varphi_2 X_{t-2} + \cdots + \varphi_p X_{t-p} + \varepsilon_t + \theta_1 \varepsilon_{t-1} + \theta_2 \varepsilon_{t-2} + \cdots + \theta_q \varepsilon_{t-q} \tag{7.2.1}$$

或简记为

$$\Phi(L)(1-L)^d X_t = \Theta(L)\varepsilon_t \tag{7.2.2}$$

其中,d 为实现序列平稳而需要进行的普通差分次数,p、q 的含义同前。

例 7-5 续　试对表 7-2 中农业实际国民收入指数序列建立合适模型。

前面已经知道该序列是非平稳的,为此要进行差分并对差分后的序列进行平稳性识别,这里我们给出一阶差分后的自相关函数图,在图 7-2 中选择 1st difference 即可,得到图 7-15。显然此时的自相关函数明显快速收尾,因此一阶差分后的序列为平稳的。另一方面白噪声检验概率明显小于 0.05,显示差分后序列并非为白噪声,需要建立合适的模型。

　　鉴于自相关函数具有明显的 1 步截尾，而偏自相关函数具有拖尾性（相对），因此可以拟合 MA(1)模型，从而对原始序列而言建立 ARIMA(0,1,1)模型。在命令窗口输入 LS　D(X)　C　MA(1)后得到估计结果见图 7 - 16，其中 $\hat{\sigma}^2 = 56.485$。因此适合某地区农业实际国民收入指数模型为

$$(1-L)X_t = 5.015\ 57 + (1+0.708\ 176L)\varepsilon_t$$

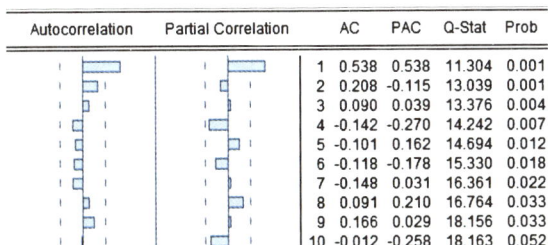

Autocorrelation	Partial Correlation		AC	PAC	Q-Stat	Prob
		1	0.538	0.538	11.304	0.001
		2	0.208	-0.115	13.039	0.001
		3	0.090	0.039	13.376	0.004
		4	-0.142	-0.270	14.242	0.007
		5	-0.101	0.162	14.694	0.012
		6	-0.118	-0.178	15.330	0.018
		7	-0.148	0.031	16.361	0.022
		8	0.091	0.210	16.764	0.033
		9	0.166	0.029	18.156	0.033
		10	-0.012	-0.258	18.163	0.052

图 7 - 15　差分序列自相关函数图

Variable	Coefficient	Std. Error	t-Statistic	Prob.
C	5.015569	2.130291	2.354406	0.0245
MA(1)	0.708176	0.126364	5.604265	0.0000

图 7 - 16　一阶差分后的参数估计结果

　　拟合后残差的检验结果表明检验概率支持残差为白噪声，而且系数也高度显著。如果对差分后的序列建立 AR(1)模型，残差也通过白噪声检验，且系数也高度显著，但两个信息指标都比 MA(1)大，因此最终认为建立 ARIMA(0,1,1)模型较为合适。

　　需要说明的是，在这里我们没有首先生成差分序列，然后再对差分序列建立模型，实际上 EViews 可以使用中间变量来进行回归，例如我们直接使用 $D(X)$ 表示 X 的一阶差分，这样使用起来更为方便。

（二）ARIMA$(p,d,q) \times (P,D,Q)_s$ 模型建立

　　在实践中，有些时间序列呈现出季节变动模式，例如以月度或季度为记录周期的数据除了可能表现出普通的非平稳性以外，在周期时点上也表现出季节性非平稳，图 7 - 14 就属于这种情况。判断季节性非平稳的方法和普通非平稳判断方法相同，也有三种，本节只考虑图形判别和样本自相关函数判断方法，其判断方法与普通非平稳判断方法相同。

　　如果时间序列存在季节性非平稳，也可以通过季节性差分方法来得到平稳序列。假设某个时间序列 X_t 通过两种类型差分平稳化后，我们可以对非季节性部分建立普通的 ARMA(p,q)模型，而对季节性部分建立 ARMA(P,Q)模型，因此我们有更为一般的模型如下：

$$\Phi(L)\Phi_s(L^s)(1-L)^d\ (1-L^s)^D X_t = \Theta(L)\Theta_s(L^s)\varepsilon_t \tag{7.2.3}$$

　　这就是所谓的 ARIMA$(p,d,q) \times (P,D,Q)_s$ 模型，其中有

$$\begin{aligned} \Phi_s(L^s) &= 1 - \phi_1 L^s - \phi_2 L^{2s} - \cdots - \phi_P L^{Ps} \\ \Theta_s(L^s) &= 1 + \vartheta_1 L^s + \vartheta_2 L^{2s} + \cdots + \vartheta_Q L^{Qs} \end{aligned} \tag{7.2.4}$$

分别对应季节性的 AR(P) 和 MA(Q)部分，$\Phi(L)$、$\Theta(L)$ 与以前的相同。

　　例 7 - 6 续　试对表 7 - 3 中德国工人季度失业率数据建立合适的模型。

　　由于是非平稳序列，首先考虑对其进行普通的一阶差分，命令为：Series DX1=D(X,1)，差分后的样本自相关函数与偏自相关函数如图 7 - 17 所示。显然，普通差分消除了非季节性不平稳，但由于该序列是季度数据，自相关函数在 4、8、12 等周期上缓慢收尾，明显存在季节性非平稳，因此需要在一阶普通差分的基础上再进行季节差分，差分步长为 4。为此我们要生成二次差分序列，命令为：Series DX14=D(X,1,4)，得到序列 DX14 样本自相关函数与偏自相关

函数如图 7-18 所示。此时的样本自相关函数表现为迅速收尾特性,而白噪声检验表明两次差分后的序列并非是白噪声,因此有建立模型的必要。

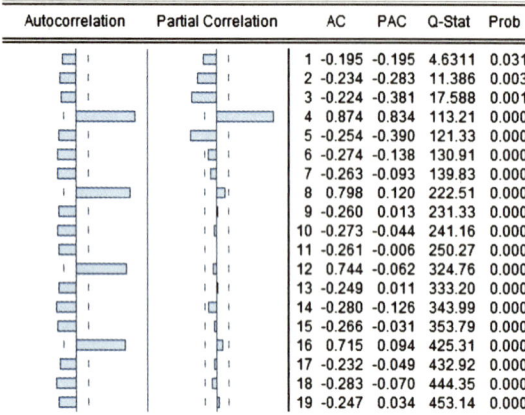

	Autocorrelation	Partial Correlation	AC	PAC	Q-Stat	Prob
1			-0.195	-0.195	4.6311	0.031
2			-0.234	-0.283	11.386	0.003
3			-0.224	-0.381	17.588	0.001
4			0.874	0.834	113.21	0.000
5			-0.254	-0.390	121.33	0.000
6			-0.274	-0.138	130.91	0.000
7			-0.263	-0.093	139.83	0.000
8			0.798	0.120	222.51	0.000
9			-0.260	0.013	231.33	0.000
10			-0.273	-0.044	241.16	0.000
11			-0.261	-0.006	250.27	0.000
12			0.744	-0.062	324.76	0.000
13			-0.249	0.011	333.20	0.000
14			-0.280	-0.126	343.99	0.000
15			-0.266	-0.031	353.79	0.000
16			0.715	0.094	425.31	0.000
17			-0.232	-0.049	432.92	0.000
18			-0.283	-0.070	444.35	0.000
19			-0.247	0.034	453.14	0.000

图 7-17　一阶差分后两种相关函数图

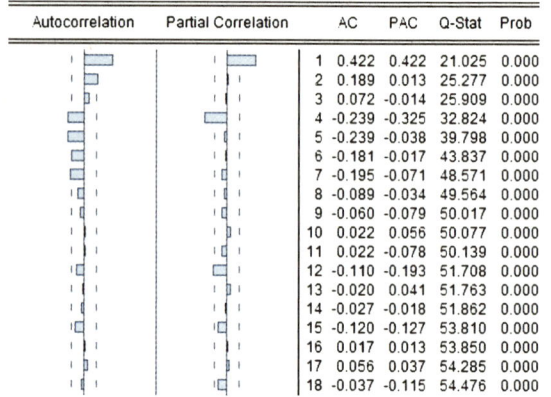

	Autocorrelation	Partial Correlation	AC	PAC	Q-Stat	Prob
1			0.422	0.422	21.025	0.000
2			0.189	0.013	25.277	0.000
3			0.072	-0.014	25.909	0.000
4			-0.239	-0.325	32.824	0.000
5			-0.239	-0.038	39.798	0.000
6			-0.181	-0.017	43.837	0.000
7			-0.195	-0.071	48.571	0.000
8			-0.089	-0.034	49.564	0.000
9			-0.060	-0.079	50.017	0.000
10			0.022	0.056	50.077	0.000
11			0.022	-0.078	50.139	0.000
12			-0.110	-0.193	51.708	0.000
13			-0.020	0.041	51.763	0.000
14			-0.027	-0.018	51.862	0.000
15			-0.120	-0.127	53.810	0.000
16			0.017	0.013	53.850	0.000
17			0.056	0.037	54.285	0.000
18			-0.037	-0.115	54.476	0.000

图 7-18　两次差分后两种相关函数图

鉴于两次差分后序列的偏自相关函数在滞后 1 阶和 4 阶不为零。故可以考虑建立 AR(4)模型,但又由于偏自相关函数在滞后 2 期和滞后 3 期为零,因此可以略去这两个参数,为此在命令窗口输入 LS　D(X,1,4) AR(1) AR(4) 后得到图 7-19。

Variable	Coefficient	Std. Error	t-Statistic	Prob.
AR(1)	0.450746	0.082599	5.457063	0.0000
AR(4)	-0.281593	0.082953	-3.394618	0.0010

图 7-19　两次差分后参数估计结果图

由于均值项并不显著,所以上述命令中没有指定该项。根据这个参数估计结果我们得到的模型为

$$(1-0.450\ 7L+0.281\ 6L^4)(1-L)(1-L^4)X_t=\varepsilon_t$$

这两个参数也非常显著,残差的白噪声检验概率都大于 0.05,因此残差可以认为是白噪声序列。

实际上,上述建模过程并没有把季节性成分体现出来,例如我们可以认为滞后 4 期的偏自相关系数正好对应 1 阶季节性自回归部分,因此我们可以拟合这样的乘积性季节模型,即

$$(1-\varphi L)(1-\phi L^4)(1-L)(1-L^4)X_t=\varepsilon_t$$

为此在命令窗口输入 LS　D(X,1,4) AR(1) SAR(4) 后得到图 7-20。此时得到的模型为

$$(1-0.445\ 3L)(1+0.253\ 51L^4)(1-L)(1-L^4)X_t=\varepsilon_t$$

该模型的参数也通过显著性检验,且残差也通过白噪声检验(图形略去),但通过对比两个信息指标,结果表明第一个模型较好,而且系数也较约简,因此模型为 ARIMA(4,1,0)×(0,1,0)。

Variable	Coefficient	Std. Error	t-Statistic	Prob.
AR(1)	0.445299	0.087858	5.068385	0.0000
SAR(4)	-0.253507	0.094662	-2.678012	0.0086

图 7-20　带有季节性成分参数估计结果

三、非平稳时间序列单位根检验

(一) 时间序列的单整性

前面我们讨论了非平稳时间序列的识别,并通过差分的方法使之平稳,现在引入单整的概念。如果一个时间序列 X_t 需要经过 d 次差分操作才能使之变成平稳序列,则称该序列为 d 阶单整的,记为 I(d),实践中时间序列的 d 一般不超过 2 次,显然 I(0) 序列即为平稳时间序列。本节将着重介绍如何检验一个序列的单整阶数,为此先介绍与之相关的维纳过程。

(二) 维纳过程

维纳过程在单位根检验过程中发挥重要作用。如果随机过程 $W(t),t\in[0,1]$ 满足下列条件就称它是一个标准维纳(Wiener)过程(布朗运动过程):

(1) $W(0)=0$;

(2) 对于每个 $t,EW(t)=0$;

(3) 对于每个 $t,W(t)\sim N(0,t)$;

(4) 对于任意一个分割 $0\leqslant t_0<t_1<t_2<\cdots<t_{s-1}<t_s<\cdots<t_{n-1}<t_n\leqslant1,W(t_s)-W(t_{s-1})\sim N(0,t_s-t_{s-1})$,且为独立增量过程。

显然在上述定义下有 $W(1)\sim N(0,1)$,我们称 $B(t)=\sigma W(t),t\in[0,1]$ 为具有方差为 $\sigma^2 t$ 的维纳过程。

(三) 单位根的 DF 检验

单位根检验的方法有多种,常用的有 DF 检验、ADF 检验、PP 检验、KPSS 检验和 NP 检验等,其中 ADF 检验与 PP 检验的极限分布调整后与 DF 检验极限分布相同,为此这里只介绍 DF 检验原理。由于 DF 检验量的分布与数据生成相对应,因此需分几种情况加以讨论。

1. 数据生成没有漂移项

假设数据生成模型为

$$X_t=X_{t-1}+\varepsilon_t,X_0=0,\varepsilon_t\sim IID(0,\sigma^2) \tag{7.2.5}$$

(1) 估计无截距项模型。

首先估计模型 $\Delta X_t=\rho X_{t-1}+\varepsilon_t$ 并检验 $H_{01}:\rho=0,H_{11}:\rho<0$。则有

$$T(\hat{\rho}-1)\Rightarrow\frac{\dfrac{1}{2}(W^2(1)-1)}{\displaystyle\int_0^1 W^2(r)dr} \tag{7.2.6}$$

$$t_{\hat{\rho}}=\frac{\hat{\rho}-1}{se(\hat{\rho})}\Rightarrow\frac{\dfrac{1}{2}(W^2(1)-1)}{\sqrt{\displaystyle\int_0^1 W^2(r)dr}} \tag{7.2.7}$$

(2) 估计有截距项模型。

估计模型 $\Delta X_t=\alpha+\rho X_{t-1}+\varepsilon_t$ 并检验 $H_{02}:\rho=0,H_{12}:\rho<0$。则有

$$T(\hat{\rho}-1)\Rightarrow\frac{\dfrac{1}{2}(W^2(1)-1)-W(1)\displaystyle\int_0^1 W(r)dr}{\displaystyle\int_0^1 W^2(r)dr-\left(\int_0^1 W(r)dr\right)^2} \tag{7.2.8}$$

$$t_{\hat{\rho}} = \frac{\hat{\rho} - 1}{se(\hat{\rho})} \Rightarrow \frac{\frac{1}{2}(W^2(1) - 1) - W(1)\int_0^1 W(r)dr}{\sqrt{\int_0^1 W^2(r)dr - \left(\int_0^1 W(r)dr\right)^2}} \tag{7.2.9}$$

2. 数据生成有漂移项

假设数据生成模型为

$$X_t = \alpha + X_{t-1} + \varepsilon_t \quad X_0 = 0 \quad \varepsilon_t \sim IID(0, \sigma^2) \tag{7.2.10}$$

现在估计模型 $\Delta X_t = \alpha + \rho X_{t-1} + \delta t + \varepsilon_t$ 并检验 $H_{03}: \rho = 0, H_{13}: \rho < 0$。消除共线性得到

$$T(\hat{\rho} - 1) \Rightarrow \frac{\frac{1}{2}\{[W^\tau(1)]^2 - [W^\tau(0)]^2 - 1\}}{\int_0^1 [W^\tau(r)]^2 dr} \tag{7.2.11}$$

$$t_{\hat{\rho}} = \frac{\hat{\rho} - 1}{se(\hat{\rho})} \Rightarrow \frac{\frac{1}{2}\{[W^\tau(1)]^2 - [W^\tau(0)]^2 - 1\}}{\sqrt{\int_0^1 [W^\tau(r)]^2 dr}} \tag{7.2.12}$$

其中，$W^\tau(r) = W(r) - a - br, a = \int_0^1 (4 - 6r)W(r)dr, b = \int_0^1 (-6 + 12r)W(r)dr$。以上检验量使用的临界值都可以通过蒙特卡洛模拟得到,现列在表 7-4 和表 7-5 中以便查阅。

表 7-4　检验量 $T(\hat{\rho} - 1)$ 部分样本容量下的临界值

模　型	样本容量	显著性水平			
		0.01	0.025	0.05	0.10
第一种类型	25	−11.8	−9.3	−7.3	−5.3
	50	−12.8	−9.9	−7.7	−5.5
	100	−13.3	−10.2	−7.9	−5.6
	250	−13.6	−10.4	−8.0	−5.7
	500	−13.7	−10.4	−8.0	−5.7
	>500	−13.8	−10.5	−8.1	−5.7
第二种类型	25	−17.2	−14.6	−12.5	−10.2
	50	−18.9	−15.7	−13.3	−10.7
	100	−19.8	−16.3	−13.7	−11.0
	250	−20.3	−16.7	−13.9	−11.1
	500	−20.5	−16.8	−14.0	−11.2
	>500	−20.7	−16.9	−14.1	−11.3

表 7 - 5　检验量 t_ρ 部分样本容量下的临界值

模　型	样本容量	临界值			
		0.01	0.025	0.05	0.10
第三种类型	25	−22.5	−20.0	−17.9	−15.6
	50	−25.8	−22.4	−19.7	−16.8
	100	−27.4	−23.7	−20.6	−17.5
	250	−28.5	−24.4	−21.3	−17.9
	500	−28.9	−24.7	−21.5	−18.1
	>500	−29.4	−25.0	−21.7	−18.3
第一种类型	25	−2.66	−2.26	−1.95	−1.60
	50	−2.62	−2.25	−1.95	−1.61
	100	−2.60	−2.24	−1.95	−1.61
	250	−2.58	−2.23	−1.95	−1.61
	500	−2.58	−2.23	−1.95	−1.61
	>500	−2.58	−2.23	−1.95	−1.61
第二种类型	25	−3.75	−3.33	−3.00	−2.62
	50	−3.58	−3.22	−2.93	−2.60
	100	−3.51	−3.17	−2.89	−2.58
	250	−3.46	−3.14	−2.88	−2.57
	500	−3.44	−3.13	−2.87	−2.57
	>500	−3.43	−3.12	−2.86	−2.57
第三种类型	25	−4.38	−3.95	−3.60	−3.24
	50	−4.15	−3.80	−3.50	−3.18
	100	−4.04	−3.73	−3.45	−3.15
	250	−3.99	−3.69	−3.43	−3.13
	500	−3.98	−3.68	−3.42	−3.13
	>500	−3.96	−3.66	−3.41	−3.12

　　ADF 检验是扩展的 DF 检验,通过在 DF 检验式中引入一定数目的差分滞后项来确保误差项为白噪声序列,例如对应无截距项的 ADF 检验模型为

$$\Delta X_t = \rho X_{t-1} + \sum_{j=1}^{p} \delta_j \Delta X_{t-j} + \varepsilon_t$$

　　原假设保持不变,其他的两种情况也是如此。而 PP 检验则直接假设误差项服从一般稳定过程,通过非参数方法对检验量进行调整,详细过程见陆懋祖专著中的介绍。下面通过一个例子介绍如何在 EViews 中检验一个时间序列的单整阶数与单位根检验流程。

　　例 7 - 7　表 7 - 6 是我国 1949—2011 年的人口数据,检验对数化后序列的单整性。

表 7 - 6　我国 1949—2011 年的人口数据　　　　　　　单位:万人

时间	人口	时间	人口	时间	人口	时间	人口	时间	人口	时间	人口
1949	54 167	1960	66 207	1971	85 229	1982	101 654	1993	118 517	2004	129 988
1950	55 196	1961	65 898	1972	87 177	1983	103 008	1994	119 850	2005	130756
1951	56 300	1962	67 295	1973	89 211	1984	104 357	1995	121 121	2006	131 448
1952	57 482	1963	69 172	1974	90 859	1985	105 851	1996	122 389	2007	132 129
1953	58 796	1964	70 499	1975	92 420	1986	107 507	1997	123 626	2008	132 802
1954	60 266	1965	72 538	1976	93 717	1987	109 300	1998	124 761	2009	133 450
1955	61 465	1966	74 542	1977	94 974	1988	111 026	1999	125 786	2010	134 091
1956	62 828	1967	76 368	1978	96 259	1989	112 704	2000	126 743	2011	134 735
1957	64 653	1968	78 534	1979	97 542	1990	114 333	2001	127 627		
1958	65 994	1969	80 671	1980	98 705	1991	115 823	2002	128 453		
1959	67 207	1970	82 992	1981	100 072	1992	117 171	2003	129 227		

利用 EViews 6.0 进行单位根检验的过程如下:记人口数据对应的序列为 pop,首先生成对数化序列,命令为 Series lpop＝log(pop)。打开序列对象 lpop,点击 View 菜单,选择 Graph 选项后使用默认设置可以得到其时序图 7 - 21,显然该序列具有明显的上升趋势,应该为非平稳序列。再次选择 View 菜单,在弹出的选项中选择 Unit Root Test...得到界面 7 - 22 所示。

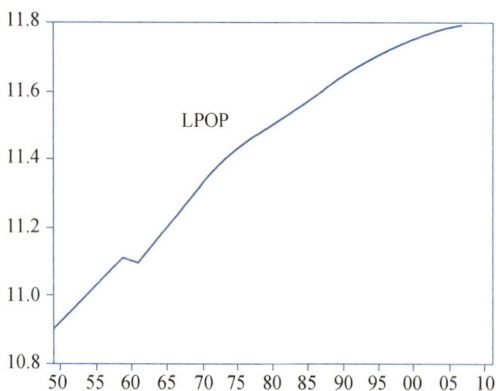

图 7 - 21　我国 1949—2011 年的人口数据
对数化后的时序图

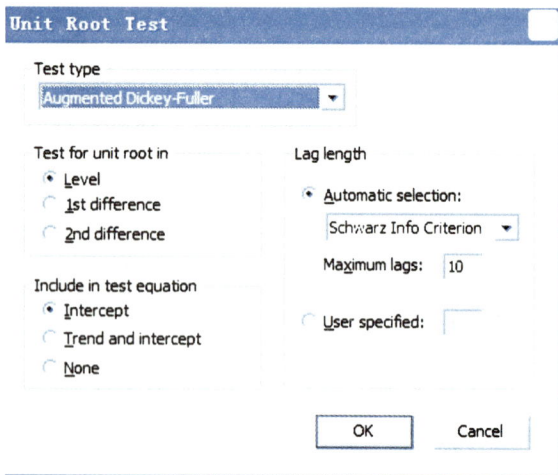

图 7 - 22　单位根检验选择的界面

说明如下:Test type 给出了 6 种单位根检验方法,这里选择 ADF 方法;Test for unit root in 下面有三个选项,分别对应 Level(水平序列)、1st difference(一阶差分序列)和 2nd difference(二阶差分序列),表示对哪种类型的序列进行单位根检验,这里现使用第一个选项。

Include in test equation 表示在估计模型中还包含哪些项,共有三个选项,分别对应,Intercept(截距项)、Trend and intercept(趋势项和截距项)以及 None(不含有趋势项和截距项)。图 7-21 表明序列有线性趋势,因此应该包含趋势项,所以这里选择第二个选项。Lag length 要求为检验模型指定因变量滞后期数,其中 Automatic selection 表示根据适当的选择标准来确定最优滞后期,而 User specified 表明由用户自行指定,这里选择第一个选项。需要说明的是,不同的检验方法,对应的选项有所差异。最后点击"OK"后得到如图 7-23 的检验结果。

	t-Statistic	Prob.*
Augmented Dickey-Fuller test statistic	-0.314447	0.9885
Test critical values:　　1% level	-4.115684	
5% level	-3.485218	
10% level	-3.170793	

图 7-23　我国人口数据的单位根检验结果

由于检验概率为 0.988 5,大于显著性水平 0.05,因此接受原假设,初步表明该序列含有单位根。此时检验使用的模型为

$$\Delta lpop_t = 0.065\ 6 - 0.000\ 05t + 0.59\Delta lpop_{t-1} - 0.005 lpop_{t-1}$$

以上检验是对应数据生成无趋势项的假设下得到的,为此还需要检验这个假设,查得检验临界值上下限为 -3.16 和 3.18,而趋势项的 t 值为 -0.18,因此接受原假设,表明趋势项为 0(若趋势项非 0,则重新使用具有 t 分布的临界值进行检验),为此还需要剔除趋势项重新进行检验,即在图 7-22 中选择第一种检验模式,只包含截距项,得到如图 7-24 的结果。

	t-Statistic	Prob.*
Augmented Dickey-Fuller test statistic	-2.554055	0.1082
Test critical values:　　1% level	-3.542097	
5% level	-2.910019	
10% level	-2.592645	

图 7-24　我国人口数据的单位根检验结果

类似分析表明,此时仍不能拒绝单位根假设,此时检验的模型为

$$\Delta lpop_t = 0.096\ 7 + 0.598\Delta lpop_{t-1} - 0.007\ 9 lpop_{t-1}$$

同样地,此时检验是建立在数据生成无漂移项的前提下进行的,为此要检验截距项是否为 0。查得临界值为 -2.89 和 2.88,而实际 t 值为 2.65,因此常数项为 0(若常数项非零,则重新使用具有 t 分布的临界值进行检验),所以再次剔除常数项进行单位根进行检验,即在图 7-22 中选择第三种检验模式,得到检验结果如图 7-25 所示。

	t-Statistic	Prob.*
Augmented Dickey-Fuller test statistic	2.264809	0.9939
Test critical values:　　1% level	-2.603423	
5% level	-1.946253	
10% level	-1.613346	

图 7-25　我国人口数据的单位根检验结果

图 7-25 表明仍不能拒绝单位根假设,因此该序列至少为 $I(1)$。为了确定序列的单整阶数,接下来对一阶差分序列进行单位根检验,图形显示一阶差分序列没有趋势项,因此我们检验无趋势项的模型,在图 7-22 中选择 1st difference,同时选择 Intercept,得到图 7-26 的检验结果。

		t-Statistic	Prob.*
Augmented Dickey-Fuller test statistic		-2.261317	0.1877
Test critical values:	1% level	-3.546099	
	5% level	-2.911730	
	10% level	-2.593551	

图 7-26 我国人口一阶差分数据的单位根检验结果

该结果表明不能拒绝一次差分后的序列为单位根过程,进一步检验表明,此时模型中的常数项并不显著,因此需要剔除常数项,重新对一阶差分序列进行无常数项和趋势项检验得到图 7-27。显然仍不能拒绝存在单位根的可能,为此需要对原始序列进行二次差分,图形显示二次差分序列的围绕 0 作上下波动,为此直接在图 7-22 中选择 2nd difference,同时选择 None,得到图 7-28 的结果,显然此时接受二阶差分后的序列不存在单位根的假设,因此我们最终认为人口对数化序列为 $I(2)$。

		t-Statistic	Prob.*
Augmented Dickey-Fuller test statistic		-1.364283	0.1583
Test critical values:	1% level	-2.604746	
	5% level	-1.946447	
	10% level	-1.613238	

图 7-27 我国人口一阶差分数据的单位根检验结果

		t-Statistic	Prob.*
Augmented Dickey-Fuller test statistic		-3.955073	0.0002
Test critical values:	1% level	-2.608490	
	5% level	-1.946996	
	10% level	-1.612934	

图 7-28 我国人口二阶差分数据的单位根检验结果

四、非平稳时间序列与伪回归

根据前面章节的分析可知,在建立回归模型之后,一般要对模型进行经济意义检验、显著性检验、计量检验以及稳定性检验,当这些检验通过以后就可以进行预测等方面的应用。然而有些回归模型,即使通过了上述检验,这个模型也许没有任何意义,这就是所谓的伪回归(spurious regression)。例如历史上有人使用英国的失业率和太阳黑子数两个序列进行回归,该方程无论联合检验和单参数显著性都非常显著,显然这个回归模型是没有任何意义的伪回归模型。Phillips(1986)从理论上证实了伪回归的存在,并指出伪回归源于变量的非平稳性。为从直观上说明伪回归,下面通过一个模拟实验来解释。假设变量 $x_t \sim I(1)$,$y_t \sim I(1)$,且两者相互独立,现产生容量为 100 的两个随机样本,然后做如下两个回归分析:

$$y_t = \beta_0 + \beta_1 x_t + \varepsilon_t \tag{7.2.13}$$

$$\Delta y_t = \gamma_0 + \gamma_1 \Delta x_t + u_t \tag{7.2.14}$$

并检验 $H_0: \beta_1 = 0, H_0: \gamma_1 = 0$。显然,由于序列 x_t 和 y_t 是独立的,因此 $\beta_1 = 0$ 和 $\gamma_1 = 0$ 是成立的。先使用 OLS 估计该模型,得到检验原假设统计量 $t_1 = \hat{\beta}_1 / se(\hat{\beta}_1)$、$t_2 = \hat{\gamma}_1 / se(\hat{\gamma}_1)$。为得到 t_1、t_2 的分布,将上述过程进行 10 000 次,得到它们的频数分布与常见分位数结果如图 7 - 29、图 7 - 30 和表 7 - 7 所示。图 7 - 29 显示 t_1 与正态分布相差很远,在绝大多数情况下,其绝对值超过 2,实际上模拟显示出现这种情况的比例为 75.94%,因此通常是拒绝原假设,从而导致伪回归,表 7 - 7 的分位数也支持这个结论。图 7 - 30 显示 t_2 分布完全对称,均值、方差也与标准正态分布十分吻合,表 7 - 7 中的分位数也与标准正态分布对应分位数十分接近,模拟表明 t_2 的绝对值小于 2 达到 95.15%。因此模拟的结论是:即使对两个毫无关联的单整序列进行回归,通常的 t 检验却无法识别,从而得到伪回归结果。为消除伪回归,将其差分平稳化,此时再进行回归,普通 t 检验会取得满意效果。因此,单位根检验是使用时间序列进行回归分析必不可少的环节。

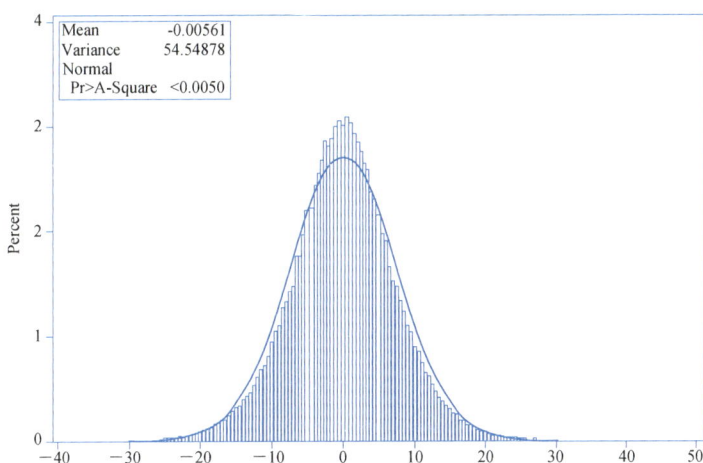

图 7 - 29　伪回归下 t_1 的频数分布图

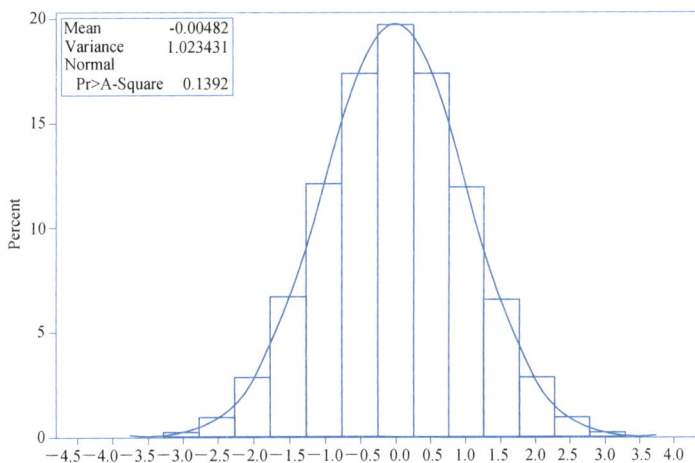

图 7 - 30　伪回归下 t_2 的频数分布图

表 7-7 伪回归下 t_1、t_2 的常见分位数

分位点	1	2.5	5	10	50	90	95	97.5	99
t_1	−18.11	−14.75	−12.00	−8.94	0.085	9.18	12.18	14.92	18.26
t_2	−2.36	−1.98	−1.66	−1.30	−0.005	1.29	1.66	1.98	2.37

第三节　协整与误差修正模型

并非所有单整序列之间的回归都是伪回归,某些宏观经济变量之间虽然呈现单整性,但彼此之间却存在某种共同变化的趋势,从而显示出长期的均衡性。图 7-31 给出 1978—2006 年中国居民消费总量 Y_t 和可支配收入总量 X_t 的趋势图,两个指标都利用居民消费价格指数进行调整,数据如表 7-8 所示。显然这两个指标呈现趋势性,为非平稳序列,但它们之间明显具有共同的变化趋势,显示这两个变量具有某种内在的联系。

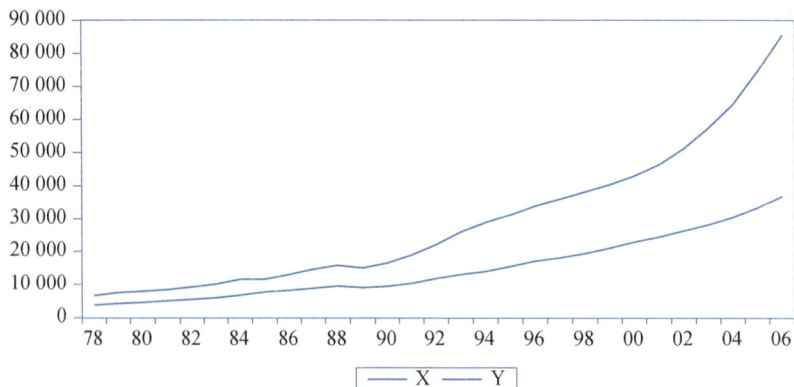

图 7-31 中国居民消费总量和可支配收入的趋势图

表 7-8 我国 1978—2006 中国居民收入和消费数据　　　　　单位:亿元

时 间	收 入	消 费	时 间	收 入	消 费	时 间	收 入	消 费
1978	6 678.8	3 806.7	1988	15 794	9 560.5	1998	38 140.9	19 364.1
1979	7 551.6	4 273.2	1989	15 035.5	9 085.5	1999	40 277	20 989.3
1980	7 944.2	4 605.5	1990	16 525.9	9 450.9	2000	42 964.6	22 863.9
1981	8 438	5 063.9	1991	18 939.6	10 375.8	2001	46 385.4	24 370.1
1982	9 235.2	5 482.4	1992	22 056.5	11 815.3	2002	51 274	26 243.2
1983	10 074.6	5 983.2	1993	25 897.3	13 004.7	2003	57 408.1	28 035
1984	11 565	6 745.7	1994	28 783.4	13 944.2	2004	64 623.1	30 306.2
1985	11 601.7	7 729.2	1995	31 175.4	15 467.9	2005	74 580.4	33 214.4
1986	13 036.5	8 210.9	1996	33 853.7	17 092.5	2006	85 623.1	36 811.2
1987	14 627.7	8 840	1997	35 956.2	18 080.6			

本节在单位根检验理论框架下,分析非平稳时间序列的组合所呈现出来的特征及其检验理论,即协整概念、协整检验理论与误差修正模型。

一、协整分析

虽然伪回归源于变量的非平稳性,但并非所有含非平稳变量的回归都是伪回归,在理论和实践中仍然存在这样一类有意义的回归,这就是具备协整关系而产生的协整回归。

(一)协整的定义

假设 $X_t=(X_{1t}, X_{2t}, \cdots, X_{kt})' \sim I(b)$,即每个分量都是 b 阶单整的,如果存在一个非零向量 $\alpha=(\alpha_1, \alpha_2, \cdots, \alpha_k)'$,使得 $\alpha' X_t \sim I(b-c)$,即线性组合后得到的变量单整阶数下降,则称 $X_t=(X_{1t}, X_{2t}, \cdots, X_{kt})'$ 是 (b,c) 阶协整的,记为 $X_t \sim CI(b,c)$,α 为一个协整向量。

在实践中,我们经常分析的是两个变量均服从 $I(1)$ 的情形,如果它们是协整的,则根据协整定义,它们的线性组合结果必然是平稳的变量,即为 $I(0)$。同样,如果两个变量的单整阶数不同,则它们组合结果的阶数取它们的最大单整阶数,因此,对于两个单整变量而言,如果它们存在协整关系,则必定是同阶单整。但对于三个及以上的变量而言,当它们的单整阶数不一样时,也可以存在协整关系,而且协整向量也可以不唯一。

(二)协整的 EG 两步检验

1. 双变量之间的协整检验

在实践中,经常需要检验两个变量之间是否存在协整关系,其中以 $CI(1,1)$ 检验最为常见。为了检验这种协整关系,Engel 和 Granger(1987)提出了 EG 两步检验方法。假设考察两个单整序列 Y_t, X_t 为 $I(1)$,则该方法如下:

第一步,利用 OLS 估计回归模型 $Y_t=\alpha+\beta X_t+\varepsilon_t$,同时得到残差估计为

$$e_t=Y_t-\hat{\alpha}-\hat{\beta}X_t \tag{7.3.1}$$

该回归被称为协整回归。如果 Y_t、X_t 存在协整关系,则协整向量为 $(1,-\hat{\beta})'$,且根据协整的定义应该有 $e_t \sim I(0)$,从而进入下面的第二步。

第二步,对残差序列 e_t 进行单整性检验,确定其单整阶数,如果仍有 $e_t \sim I(1)$,则表明组合得到的变量并没有降阶,因而它们之间没有协整关系;如果有 $e_t \sim I(0)$,则表明组合得到的变量降阶,因而它们之间有协整关系。检验残差是否平稳仍采用单位根检验方法,即建立如下的检验模型为

$$\Delta e_t=\delta e_{t-1}+\nu_t \tag{7.3.2}$$

$$\Delta e_t=\delta e_{t-1}+\sum_{i=1}^{p} \alpha_i \Delta e_{t-i}+\nu_t \tag{7.3.3}$$

构建的假设为 $H_0:\delta=0$,其中(7.3.2)式为 EG 检验,而(7.3.3)式为 AEG 检验。如果检验接受 $H_0:\delta=0$,则表明残差是非平稳的,因此原来的两个变量 Y_t、X_t 并不存在协整关系,反之则表明它们存在协整关系。尤其需要说明的是:这里的单位根检验是针对协整回归得到的残差序列而进行的,因此这与针对原始序列进行单位根检验有区别,所以使用的临界值应有所差异,表 7-9 给出了协整检验使用的临界值。

表 7 - 9　协整检验部分样本容量下的临界值

变量个数	样本容量	显著性水平		
		0.01	0.05	0.10
2	25	−4.37	−3.59	−3.22
	50	−4.12	−3.46	−3.13
	100	−4.01	−3.39	−3.09
	∞	−3.90	−3.33	−3.05
3	25	−4.92	−4.10	−3.71
	50	−4.59	−3.92	−3.58
	100	−4.44	−4.83	−3.51
	∞	−4.30	−3.74	−3.45
4	25	−5.43	−5.46	−4.15
	50	−5.02	−4.32	−3.98
	100	−4.83	−4.21	−3.89
	∞	−4.65	−4.10	−3.81
5	25	−6.36	−5.41	−4.96
	50	−5.78	−5.05	−4.69
	100	−5.51	−4.88	−4.56
	∞	−5.24	−4.70	−4.42

例 7 - 8　对表 7 - 8 的数据取对数,试对对数化后的两个变量进行协整检验。

首先检验对数化后两个序列 $\ln Y_t$ 与 $\ln X_t$ 的单整性结果。采用和例 7 - 7 的检验步骤,这里不再叙述具体过程,请读者作为练习进行验证。结果表明它们各自是一阶单整的,即有 $\ln Y_t \sim I(1)$、$\ln X_t \sim I(1)$。对它们建立协整回归,使用命令 Equation eq1. Ls lnY C lnX,得到回归的结果为

$$\ln Y_t = 0.587\ 3 + 0.88\ln X_t$$
$$(4.112\ 9)(61.892\ 4)$$

得到用于检验协整关系的残差为

$$e_t = \ln Y_t - 0.587\ 3 - 0.88\ln X_t$$

现对残差进行单位根检验,由于原协整回归模型中含有截距项,因此单位根检验中的模型不再含有截距项,使用以前单位根检验的步骤并通过 AIC 指标得到的检验模型为

$$\Delta e_t = -0.631\ 3e_{t-1} + 0.337\ 1\Delta e_{t-1} + 0.297\ 8\Delta e_{t-2} + 0.389\ 8\Delta e_{t-3} + 0.494\Delta e_{t-4}$$
$$(-3.687\ 2)\quad(1.783\ 7)\quad(1.577\ 3)\quad(2.141\ 5)\quad(2.584\ 6)$$

查得在 0.05 显著性水平下的临界值为 −3.59,大于检验量对应的值 −3.687 2,拒绝原假设,因此残差是平稳的,表明两个变量是协整的,原来的协整回归有效并非为伪回归模型。

2. 多变量之间的协整检验

对于多个变量之间的协整检验,其基本原理与两个变量的检验思路一样,首先检验它们是否都是同为 $I(1)$ 的,然后选取其中一个变量作为被解释变量进行协整回归,再对协整回归得到的残差进行平稳性检验,从而确定是否存在协整关系,只有当所有的变量都作为被解释变量且检验出不存在协整关系时,才能断定该组变量之间不存在协整关系,当然,对于多变量而言,它们之间的协整向量可能并不唯一,这给 EG 两步法带来不便。实际上,对于这种情况下的协整检验,实践中更多地使用下节介绍的 JJ 检验。

二、误差修正模型(ECM)的建立

对于存在协整关系的变量而言,建立协整回归并不是最终目的。从经济意义上来说,变量之间存在协整关系,表明它们之间存在长期均衡关系,但这种均衡关系是一种长期趋势,在短期内经常偏离这种均衡关系,因此,为了维持这种长期均衡关系,必要的修正是不可避免的,误差修正模型正是反映这种修正关系。例如对于一阶单整的双变量 Y_t、X_t 而言,假设它们满足如下关系:

$$Y_t = \beta_0 + \beta_1 X_t + \beta_2 X_{t-1} + \delta Y_{t-1} + \nu_t$$

通过变换可以得到

$$\Delta Y_t = \beta_1 \Delta X_t - \lambda (Y_{t-1} - \alpha_0 - \alpha_1 X_{t-1}) + \nu_t$$

其中,$\lambda = 1 - \delta$,$\alpha_0 = \beta_0/(1-\delta)$,$\alpha_1 = (\beta_1 + \beta_2)/(1-\delta)$,当它们存在协整关系时,$ECM_{t-1} = Y_{t-1} - \alpha_0 - \alpha_1 X_{t-1}$ 即为误差修正项。更为一般地,格兰杰(1987)指出可以建立如下的误差修正模型:

$$\Delta Y_t = \alpha + \sum_{i=1}^{p_1} \beta_i \Delta Y_{t-i} + \sum_{j=0}^{p_2} \theta_i \Delta X_{t-j} + \gamma ECM_{t-1} + \nu_t \tag{7.3.4}$$

其中的 ECM 是 Y_t、X_t 协整回归得到的残差,γ 为调整系数,从经济意义上说为负值,其大小代表了调整的力度。为了使扰动项为白噪声序列,所以有可能加入必要的滞后项。该模型表明了响应序列的当期波动 ΔY_t 受到四个方面的影响:首先是自身滞后期 ΔY_{t-i} 的影响;其次是与之构成协整关系变量的当期波动及其滞后期的影响 ΔX_{t-j};还要受到上期偏离均衡的误差项 ECM_{t-1} 的影响;最后是随机波动成分 ν_t 的影响。

例 7 - 9 试建立例 7-8 中消费数据的误差修正模型。

首先,根据上面的分析得到 $ECM_{t-1} = \ln Y_{t-1} - 0.587\ 3 - 0.88 \ln X_{t-1}$,为了得到误差修正模型(7.3.4),必须生成误差项以及协整变量的差分及其滞后期,为此使用命令 Series ecm= eq1. reside 生成当期误差项,使用命令 Series dlny=d(ly,1)生成 $\ln Y_t$ 的差分序列,使用命令 Series dlnx=d(lx,1)生成 $\ln X_t$ 的差分序列。为了使(7.3.4)中 ν_t 为白噪声,现估计含有较多滞后项的模型,例如尝试建立回归模型:

$$\Delta \ln Y_t = \alpha + \sum_{i=1}^{2} \beta_i \Delta \ln Y_{t-i} + \sum_{j=0}^{2} \theta_i \Delta \ln X_{t-j} + \gamma ECM_{t-1} + \nu_t$$

输入命令 Equation eq2. Ls dlny dlny(−1) dlny(−2) dlnx dlnx(−1) dlnx(−2) ecm (−1)即可得到估计结果,如图 7 - 32 所示。

显然只有 dlny(−1)、dlnx、ecm(−1)三项比较显著,为此剔除其他项而只保留这三项,重新回归得到图 7 - 33 的结果,显然参数具有较满意的估计结果,因此得到最终误差修正模型为

$$\Delta \ln Y_t = 0.507\ 4 \Delta \ln X_t + 0.404\ 6 \Delta \ln Y_{t-1} - 0.209\ 6 ECM_{t-1}$$

$$LM(1) = 0.103\ 3, LM(2) = 0.822\ 7$$

Variable	Coefficient	Std. Error	t-Statistic	Prob.
DLNY(-1)	0.375573	0.211782	1.773394	0.0914
DLNY(-2)	0.149630	0.184914	0.809185	0.4279
DLNX	0.474625	0.115590	4.106124	0.0005
DLNX(-1)	0.070099	0.163143	0.429680	0.6720
DLNX(-2)	-0.132911	0.165852	-0.801384	0.4323
ECM(-1)	-0.248550	0.130047	-1.911233	0.0704

图 7 - 32　消费数据的可能误差修正模型估计

Variable	Coefficient	Std. Error	t-Statistic	Prob.
DLNX	0.507363	0.093008	5.455032	0.0000
DLNY(-1)	0.404561	0.107084	3.777988	0.0009
ECM(-1)	-0.209608	0.102517	-2.044622	0.0520

图 7 - 33　消费数据的最终误差修正模型估计

此时残差的拉格朗日乘子检验表明残差为白噪声序列。在该模型中,对数消费总量当期变化需要由对数可支配收入总量的当期变化进行即期调整,调整的幅度为 0.507 4,同时也需要自身滞后 1 期进行短期调整,调整幅度为 0.404 6,而长期均衡调整的力度大小为 0.209 6,因此调整幅度还是比较大的,由于两个协整变量都为对数形式,因此 0.507 4 也称为两者的短期弹性,而长期弹性即为协整回归得到的结果为 0.88。

第四节　VAR 模型

由于经济系统的复杂性,实践中有时需要把一组相互影响的变量放在一起,作为一个系统进行考察,分析一个变量过去的信息对预测其他变量未来的变化是否有帮助;一个变量受到冲击后对系统中其他变量发生怎样的影响,例如考察美国民用燃油价格(PHO:美元)、生产量(QHO:万桶)、储存量(NHO:万桶)三个变量之间的关系,如表 7 - 10 所示。显然,这三个变量存在内在的联系。

表 7 - 10　美国燃油价格、生产量和储存量数据

NHO	PHO	QHO	NHO	PHO	QHO	NHO	PHO	QHO	NHO	PHO	QHO	NHO	PHO	QHO
175	53.08	94.33	205	94.49	89.62	186	89.86	85.8	152	76.58	83.42	152	39.88	85.95
127	62.67	80.86	179	102.6	92.65	179	83.38	82.3	161	79.31	84.78	152	39.32	84.22
112	60.01	93.58	173	99.9	78.65	168	77.57	71.95	161	72.68	86.73	158	43.27	87.51
115	57.82	88.35	164	92.04	77	148	75.04	59.78	142	75.95	81.56	155	48.41	91.23

续　表

NHO	PHO	QHO	NHO	PHO	QHO	NHO	PHO	QHO	NHO	PHO	QHO	NHO	PHO	QHO
123	99.5	95.04	165	92.88	72.54	118	74.83	61.78	121	80.6	70.11	141	55.03	85.99
141	88.01	94.59	172	90.21	76.07	103	86.56	65.13	99	79.39	70.27	124	43.25	72.07
171	76.76	102.4	180	90.11	75.03	109	77.51	75.76	97	78.42	74.7	110	50.02	73.9
195	74.72	102.9	186	92.13	74.24	114	80.03	76.38	104	70.3	83.26	100	49.82	76.59
220	81.17	100.6	200	92.77	82.33	131	81.72	80.72	110	68.3	79.41	102	49.51	79.51
231	83.52	100.7	207	94.07	78.3	142	83.38	81.06	116	68.94	82.02	104	53.43	80.67
236	88.51	97.17	201	98.39	77.03	154	80.11	82.17	114	76.96	80.35	115	53.95	83.7
228	79.67	99.85	200	102.5	81.48	163	78.91	83.11	117	82.53	77.82	125	51.66	84.04
212	77.26	93.43	192	98.27	88.53	161	80.4	80.4	123	87.4	89.96	127	53.52	82.5
192	71.07	80.21	164	89.75	80.32	140	86.82	78.18	140	93.19	93.06	121	57.59	86.11
178	74.42	79.29	147	94.47	67.95	119	99.87	80.32	144	84.4	98.45	129	58.16	91.29
177	77.2	73.83	126	79.66	70.92	132	79.29	83.14	136	61.97	89.86	134	53.4	100.4
183	75.75	76.69	108	91.89	70.74	110	78.22	76.84	112	59.95	71.76	127	49.81	93.24
197	74.89	79.41	114	91.79	81.15	98	86.13	70.26	99	37.04	81.93	110	49.37	77.8
214	75.74	83.39	124	93.39	81.87	98	80.07	81.34	96	48.32	83.64	89	47.58	84.32
226	73.8	76.32	148	88.13	84.75	113	76.66	86.4	99	37.99	88.59	94	54.02	86.07
232	77.21	80.58	159	93.33	77.71	124	70.38	84.28	108	36.85	81.87	104	46.31	90.86
226	81.16	80.29	161	99.57	79.71	133	77.33	82.49	119	31.77	84.01	111	40.52	86.79
222	90.33	81.09	170	99.35	87.97	143	81.47	81.21	138	42.05	90.58			

同样由于经济系统的复杂性,有时需要检验多个单整变量之间是否具有协整关系,上节的 EG 两步法使用起来诸多不便。例如考察我国 GDP、总消费和基本建设投资之间的关系,数据如表 7-11 所示,必然存在选择哪个变量作为因变量,而且有时候,并非所有考察的变量存在协整关系,往往只有部分变量之间存在协整关系。因此,我们需要一种把所有变量作为整体进行分析的方法,且在这个系统中,这些变量具有同等地位。

表 7-11　我国对数化数据　　　　　　　　　　　　　　　　　　单位:亿元

LNCP	LNGP	LNIP	LNCP	LNGP	LNIP	LNCP	LNGP	LNIP
7.217 748	7.605 769	5.396 285	7.763 792	8.202 657	5.478 695	8.715 121	9.284 559	6.983 119
7.215 521	7.625 653	5.465 711	7.832 557	8.328 647	6.061 746	8.837 409	9.445 196	7.178 294
7.293 323	7.673 828	5.469 147	7.900 848	8.483 454	6.508 334	8.975 582	9.583 903	7.462 376
7.369 152	7.795 754	5.905 613	7.960 603	8.566 354	6.603 604	9.046 561	9.655 007	7.494 616
7.397 903	7.817 513	5.809 05	8.021 438	8.605 617	6.567 31	9.115 685	9.743 354	7.556 558
7.445 591	8.017 137	6.436 359	8.088 398	8.676 589	6.591 212	9.177 061	9.796 14	7.546 698

LNCP	LNGP	LNIP	LNCP	LNGP	LNIP	LNCP	LNGP	LNIP
7.406 089	8.104 113	6.689 542	8.107 436	8.695 187	6.612 795	9.126 759	9.756 837	7.368 356
7.437 99	8.084 867	6.763 515	8.152 225	8.766 893	6.775 923	9.176 059	9.828 112	7.440 622
7.358 868	7.758 611	5.499 494	8.181 318	8.744 575	6.687 911	9.274 241	9.952 685	7.628 601
7.358 395	7.661 244	4.880 671	8.200 359	8.809 644	6.684 533	9.396 265	10.108 52	7.928 995
7.436 88	7.792 756	5.261 906	8.273 085	8.925 172	6.946 397	9.471 765	10.247 22	8.231 789
7.538 81	7.995 424	5.683 996	8.405 248	9.014 865	6.971 81	9.559 119	10.351 31	8.368 32
7.629 83	8.188 048	5.931 027	8.488 375	9.067 786	6.977 958	9.649 047	10.437 58	8.370 895
7.713 068	8.274 961	6.086 679	8.566 251	9.118 521	6.722 6	9.763 068	10.527 28	8.457 828
7.775 425	8.231 712	5.693 632	8.634 853	9.185 108	6.930 569	9.841 02	10.616 25	8.596 054

VAR 模型就是能够满足上述分析需要的方法,该模型是一种不依赖具体经济理论而建立的多变量时间序列模型,各个变量的当期值作为因变量,选取若干滞后期作为解释变量。在这种模型框架中,所有变量都具有同等地位,变量之间的动态关系用滞后变量来刻画,变量之间协整关系的检验,转化为对压缩矩阵秩大小的检验。本节将详细介绍这种模型,并完成表 7-10 和表 7-11 中数据的分析。

一、多维时间序列

前面介绍的一维时间序列分析很容易推广到多维时间序列。假设向量 $X_t = (X_{1t}, X_{2t}, \cdots, X_{nt})'$,对于任意的 $t \in T = \{\cdots, -2, -1, 0, 1, 2, \cdots\}$,$X_t$ 为随机向量,则称 X_t 为 T 上的 n 维时间序列。

向量白噪声过程是多维时间序列分析的基础,如果多维时间序列 $\{\varepsilon_t\}$,$t \in T$ 满足:

(1) 对于所有的 $t \in T$ 有 $E(\varepsilon_t) = 0$;

(2) 对于所有的 $t \in T$ 有 $E(\varepsilon_t \varepsilon_t') = \Omega$ 为对称正定矩阵;

(3) 对于所有的 $t, s \in T$,当 $t \neq s$ 时有 $E(\varepsilon_t \varepsilon_s') = 0$。

则称多维时间序列 $\{\varepsilon_t\}$,$t \in T$ 为向量白噪声过程。显然,向量白噪声过程不允许不同期之间的随机向量相关,但允许随机向量内部的同期相关,即 Ω 不一定为对角矩阵。

二、向量自回归过程(vector auto-regression, VAR)

像反映单变量动态关系那样,对于多个变量之间的动态关系,我们经常使用向量自回归模型来表示,这种建模过程并不以经济理论基础。下面首先给出向量自回归过程的定义及其特点。

(一) VAR 的定义

称满足下列向量随机差分方程的 $\{X_t\}$,$t \in T$ 为 p 阶向量自回归过程,记为 VAR(p)。则

$$X_t = C + \Phi_1 X_{t-1} + \Phi_2 X_{t-2} + \cdots + \Phi_p X_{t-p} + \varepsilon_t \tag{7.4.1}$$

其中，$\varepsilon_t = (\varepsilon_{1t}, \varepsilon_{2t}, \cdots, \varepsilon_{nt})'$ 为向量白噪声过程，$C = (c_1, c_2, \cdots, c_n)'$ 为 n 维的常数向量，$\Phi_i =$

$$\begin{pmatrix} \phi_{11}^{(i)} & \phi_{12}^{(i)} & \cdots & \phi_{1n}^{(i)} \\ \phi_{21}^{(i)} & \phi_{22}^{(i)} & \cdots & \phi_{2n}^{(i)} \\ \vdots & \vdots & \ddots & \vdots \\ \phi_{n1}^{(i)} & \phi_{n2}^{(i)} & \cdots & \phi_{nn}^{(i)} \end{pmatrix}, (1 \leqslant i \leqslant p)$$ 为 n 阶参数矩阵。如果引入滞后算子 L，令 $\Phi(L) = I_n - \Phi_1 L$

$-\Phi_2 L^2 - \cdots - \Phi_p L^p$，显然 $\Phi(L)$ 为矩阵多项式。上述 VAR(p) 可以表示为

$$\Phi(L) X_t = C + \varepsilon_t \qquad (7.4.2)$$

(二) VAR(p) 模型的平稳性条件

VAR(p) 模型平稳性条件与单变量自回归模型的条件相同，即使得特征多项式对应的行列式

$$|\Phi(z)| = |I_n - \Phi_1 z - \Phi_2 z^2 - \cdots - \Phi_p z^p| = 0 \qquad (7.4.3)$$

的根在单位圆以外。显然该行列式展开后是关于 z 的 np 次方程，因此有 np 个根。如果 VAR(p) 模型是平稳的，则有 $X_t = \Phi(L)^{-1}(C + \varepsilon_t) = \mu + \Phi(L)^{-1}\varepsilon_t$，其中 $C = \Phi(L)\mu$，且 $E(X_t) = \mu$，因此可以把 (7.4.1) 式对应的模型写成离差形式：

$$X_t - \mu = \Phi_1(X_{t-1} - \mu) + \Phi_2(X_{t-2} - \mu) + \cdots + \Phi_p(X_{t-p} - \mu) + \varepsilon_t \qquad (7.4.4)$$

令 $Z_t = X_t - \mu$，从而 $E(Z_t) = E(X_t) - \mu = 0$，因此 (7.4.1) 式可以写成

$$Z_t = \Phi_1 Z_{t-1} + \Phi_2 Z_{t-2} + \cdots + \Phi_p Z_{t-p} + \varepsilon_t \qquad (7.4.5)$$

(三) 向量自回归过程的参数估计

对于向量自回归 VAR(p) 模型，可以采用最小二乘法、广义最小二乘法进行估计，也可以使用极大似然法估计，实际上，由于 VAR(p) 模型特有的结构，三者的参数估计结果相同，但误差项的协方差阵 Ω 的估计有所差别，鉴于下面的协整检验中需要使用极大似然估计法，下面介绍使用条件极大似然估计的方法来估计 VAR(p) 模型。

1. 条件似然函数的构造

假设 $\varepsilon_t \sim IIN(0, \Omega)$，有 $T + p$ 个观测，以前面 p 个观测 $x_{-p+1}, x_{-p+2}, \cdots, x_{-1}, x_0$ 为初始条件，则当 $t = 1$ 时有

$$X_1 \mid X_{-p+1}, \cdots, X_{-1}, X_0 \sim N(C + \Phi_1 X_0 + \Phi_2 X_{-1} + \cdots + \Phi_p X_{1-p}, \Omega) \qquad (7.4.6)$$

所以，有条件密度函数：

$$f_{X_1 \mid X_{-p+1}, \cdots, X_{-1}, X_0}(x_1 \mid x_{-p+1}, \cdots, x_{-1}, x_0) = (2\pi)^{-\frac{n}{2}} |\Omega|^{-\frac{1}{2}} \exp\left(-\frac{1}{2} \varepsilon_1' \Omega^{-1} \varepsilon_1\right) \qquad (7.4.7)$$

其中，$\varepsilon_1 = x_1 - C - \Phi_1 x_0 - \Phi_2 x_{-1} - \cdots - \Phi_p x_{1-p}$。若令

$$Y_t = \begin{pmatrix} 1 \\ X_{t-1} \\ \vdots \\ X_{t-p} \end{pmatrix} \quad \Pi' = (C, \Phi_1, \cdots, \Phi_p)$$

则 $\varepsilon_t = X_t - \Pi'Y_t$。类似地可以根据乘法公式得到联合条件似然函数：

$$f_{X_1,X_2,\cdots,X_T \mid x_{-p+1},\cdots,x_{-1},x_0}(x_1 \text{、} x_2 \cdots x_T \text{、} \Pi \mid x_{-p+1} \cdots x_{-1} \text{、} x_0)$$

$$= \prod_{t=1}^{T} f_{X_t \mid x_{-p+1} \cdots x_{-1},x_0}(x_t \text{、} \Pi \mid x_{-p+1},\cdots,x_{-1},x_0) = (2\pi)^{-\frac{nT}{2}} |\Omega|^{-\frac{T}{2}} \exp\left(-\frac{1}{2}\sum_{t=1}^{T}\varepsilon_t'\Omega^{-1}\varepsilon_t\right)$$

从而对数条件似然函数为

$$\ln L(X_1,X_2,\cdots,X_T \text{、} \Pi \mid x_{-p+1}\cdots x_{-1} \text{、} x_0) = -\frac{nT}{2}\ln(2\pi) + \frac{T}{2}\ln|\Omega|^{-1} - \frac{1}{2}\sum_{t=1}^{T}\varepsilon_t'\Omega^{-1}\varepsilon_t \quad (7.4.8)$$

2. 参数的估计

上述条件似然函数对 Π 求偏导得到极大似然估计为

$$\hat{\Pi}' = \left[\sum_{t=1}^{T}X_tY_t'\right]\left[\sum_{t=1}^{T}Y_tY_t'\right]^{-1} \quad (7.4.9)$$

而 ε_t 的协方差矩阵极大似然估计为

$$\hat{\Omega} = \frac{1}{T}\sum_{t=1}^{T}\hat{\varepsilon}_t\hat{\varepsilon}_t' \quad (7.4.10)$$

其中，$\hat{\varepsilon}_t = X_t - \hat{\Pi}'Y_t$。因此参数的条件极大似然估计与单方程的条件最小二乘法结果完全相同，但 Ω 的估计结果略有差异。利用矩阵迹的性质经过计算得到最终的似然函数表达式：

$$l(p) = -\frac{nT}{2}[\ln(2\pi)+1] + \frac{T}{2}\ln|\hat{\Omega}(p)|^{-1} \quad (7.4.11)$$

在上述表达式中，我们把最终似然函数结果记为 VAR(p)阶数 p 的函数，这样写是为了下面的定阶分析。

3. 模型的定阶

对于一个 n 维的 VAR(p)模型而言，需要估计的参数总共有 $pn^2 + n(n+1)/2$ 个，因此需要很大的样本容量才能完成参数估计，但在 n 给定的情况下应该尽可能地降低模型的阶数 p，确定阶数 p 的方法常用的有两种，一种是使用信息指标来确定，选取的标准是使得信息指标达到最小时对应的阶数 p。常用的两个指标及其定义为

$$AIC(p) = \ln|\hat{\Omega}(p)| + \frac{2n^2p}{T}$$

$$BIC(p) = \ln|\hat{\Omega}(p)| + \frac{n^2p\ln T}{T} \quad (7.4.12)$$

有时通过这两个信息指标可能得到矛盾的结果，此时除了结合某些回归系数的显著性来判断外，还可以通过第二种方法来进行，这就是通过似然比检验来确定。假设我们分别建立了 VAR(p_1)和 VAR(p_2)两个模型，不妨设 $p_2 > p_1$，对应的对数似然函数分别为 $l(p_1)$ 和 $l(p_2)$。设零假设是原模型服从 VAR(p_1)，而备择假设是原模型服从 VAR(p_2)，则似然比检验量的构造为 $LR = -2[l(p_1) - l(p_2)]$。在原假设成立下有 $LR \sim \chi^2(n^2(p_2-p_1))$，通过与特定显著性水平下的卡方分布临界值相比得到检验结论。

（四）Grange 因果关系检验

有时候我们关心的问题是一个随机变量 Y_t 对于预测另外一个随机变量 X_t 是否有帮助，如果没有任何帮助，则称变量 Y_t 不是变量 X_t 的 Granger 原因。更为正式地，如果对所有 $s > 0, X_{t+s}$ 基于 $(X_t, X_{t-1}, \cdots)$ 进行预测的均方误差（MSE）与基于 $(X_t, X_{t-1}, \cdots)$ 和 $(Y_t, Y_{t-1}, \cdots)$ 进行预测的均方误差是一样的，则称变量 Y_t 不是变量 X_t 的 Granger 原因。从 VAR(p) 的角度来说，在描述 X_t 和 Y_t 的二元 VAR(p) 模型中，如果对所有 j，下述模型中系数矩阵 Φ_j 是下三角矩阵，则称变量 Y_t 不是变量 X_t 的 Granger 原因。

$$\begin{bmatrix} X_t \\ Y_t \end{bmatrix} = \begin{bmatrix} c_1 \\ c_2 \end{bmatrix} + \begin{bmatrix} \phi_{11}^{(1)} & 0 \\ \phi_{21}^{(1)} & \phi_{22}^{(1)} \end{bmatrix} \begin{bmatrix} X_{t-1} \\ Y_{t-1} \end{bmatrix} + \begin{bmatrix} \phi_{11}^{(2)} & 0 \\ \phi_{21}^{(2)} & \phi_{22}^{(2)} \end{bmatrix} \begin{bmatrix} X_{t-2} \\ Y_{t-2} \end{bmatrix} + \cdots +$$

$$\begin{bmatrix} \phi_{11}^{(p)} & 0 \\ \phi_{21}^{(p)} & \phi_{22}^{(p)} \end{bmatrix} \begin{bmatrix} X_{t-p} \\ Y_{t-p} \end{bmatrix} + \begin{bmatrix} \varepsilon_{1t} \\ \varepsilon_{2t} \end{bmatrix}$$

在计量检验两个具体的可以观测到变量之间是否具有"Granger 因果关系"的方法中，最简单的方法是使用自回归方程中的下三角指定形式。为了进行这样的检验，我们假设一个特殊的滞后阶数为 p 的自回归方程并利用 OLS 估计下面的方程：

$$X_t = c_1 + \alpha_1 X_{t-1} + \alpha_2 X_{t-2} + \cdots + \alpha_p X_{t-p} + \beta_1 Y_{t-1} + \beta_2 Y_{t-2} + \cdots + \beta_p Y_{t-p} + \varepsilon_{1t} \tag{7.4.13}$$

我们然后对下述原假设进行 F 检验 $H_0 : \beta_1 = \beta_2 = \cdots = \beta_p = 0$。记上述回归的残差平方和为 $RSS_1 = \sum_{t=1}^{T} \hat{\varepsilon}_{1t}^2$。将这个平方和与仅依赖 X_t 的滞后期进行回归的模型

$$X_t = c_0 + \gamma_1 X_{t-1} + \gamma_2 X_{t-2} + \cdots + \gamma_p X_{t-p} + \varepsilon_{2t} \tag{7.4.14}$$

得到的残差平方和记为 $RSS_0 = \sum_{t=1}^{T} \hat{\varepsilon}_{2t}^2$。定义 F 统计量为

$$F = \frac{(RSS_0 - RSS_1)/p}{RSS_1/(T - 2p - 1)} \sim F(p, T - 2p - 1) \tag{7.4.15}$$

如果该统计量大于 $F(p, T - 2p - 1)$ 分布某个指定显著性水平对应的临界值，则我们拒绝"变量 Y_t 不是变量 X_t 的 Granger 原因"的原假设。这就是说，当 F 充分大的时候，我们能够得到"变量 Y_t 确实是变量 X_t 的 Granger 原因"的结论。对于"变量 X_t 不是变量 Y_t 的 Granger 原因"的检验也可类似进行，只要在(7.4.13)式中互换变量 X_t 和 Y_t 即可。

需要指出的是：上述检验结果与滞后长度 p 的取值有关，一般要多选择几个不同的取值来检验是否具有 Granger 因果关系，只有对所有选择的滞后期，检验都不存在 Granger 因果关系时，才能得出不存 Granger 因果关系的结论。另外，由于 Granger 因果关系检验是基于回归模型来进行，因此原始的 VAR(p) 模型为平稳的，或者两个检验变量之间具有协整关系，否则可能使用伪回归得到错误的结论。

例 7-10 有两个变量 X_t 和 Y_t 满足 VAR(1) 模型，当估计回归模型 $X_t = c_1 + \alpha_1 X_{t-1} + \beta_1 Y_{t-1} + \varepsilon_{1t}$ 时，得到 $RSS_1 = \sum_{t=1}^{T} \hat{\varepsilon}_{1t}^2 = 0.284\ 787$；当估计回归模型 $X_t = c_1 + \alpha_1 X_{t-1} + \varepsilon_{2t}$ 时，得到 $RSS_0 = \sum_{t=1}^{T} \hat{\varepsilon}_{2t}^2 = 0.285\ 61$，假设 $T = 131$，经过计算有 $F = \frac{(RSS_0 - RSS_1)/p}{RSS_1/(T - 2p - 1)} = 0.366$。

另外当 $\alpha=0.05$ 时,查得临界值 $F(1,127)=3.87$,因此检验接受原假设,因此变量 Y_t 不是引起变量 X_t Granger 因果关系的原因。

(五)脉冲响应分析与方差分解

由于 VAR(p) 模型不是以经济理论为依据,而是数据导向型的建模过程,因此模型中许多参数可能并不具有明显的经济意义,因此对参数做出合理的经济解释有时很困难,实际利用 VAR(p) 模型进行分析时,往往考虑某个变量的扰动项的变动对其本身以及系统中其他变量的影响情况,这就是所谓的脉冲响应分析。此外还可以通过 VAR(p) 模型分析各个变量扰动项变动对某个变量预测总误差变动的影响,这就是方差分解内容。

1. 脉冲响应分析

和单变量自回归模型一样的是,如果 VAR(p) 模型为平稳的,则一定可以表示成一个无穷阶的移动平均模型 $MA(\infty)$ 形式。假设 n 维平稳的 VAR(p) 模型为

$$X_t = \mu + \Phi_1 X_{t-1} + \Phi_2 X_{t-2} + \cdots + \Phi_p X_{t-p} + \varepsilon_t \tag{7.4.16}$$

假设 $E\varepsilon_t\varepsilon_t' = \Omega$ 不是对角矩阵,根据乔利斯基(Cholesky)分解方法,存在唯一一个主对角线元素为 1 的下三角矩阵 A 以及一个元素全为正的对角矩阵 Λ,使得 $\Omega = A\Lambda A'$。如果令 $\eta_t = A^{-1}\varepsilon_t$,则显然有 $E\eta_t\eta_t' = \Lambda = diag[\lambda_1, \lambda_2, \cdots, \lambda_n]$,在平稳的条件下将其转为 $MA(\infty)$ 形式:

$$X_t = (I - \Phi_1 L - \Phi_2 L^2 - \cdots - \Phi_p L^p)^{-1}(C + \varepsilon_t) = \mu + \Psi(L)\varepsilon_t$$
$$= \mu + \sum_{j=0}^{\infty} \Psi_j \varepsilon_{t-j} = \mu + \sum_{j=0}^{\infty} \Gamma_j \eta_{t-j} \tag{7.4.17}$$

其中,$\Psi(L) = I + \Psi_1 L + \Psi_2 L^2 + \cdots + \Psi_j L^j + \cdots, \Gamma_j = \Psi_j A$,递推得到

$$X_{t+s} = \mu + \sum_{j=0}^{\infty} \Gamma_j \eta_{t+s-j} \tag{7.4.18}$$

所以有

$$\frac{\partial X_{t+s}}{\partial \eta_t'} = \Gamma_s \quad (s=0,1,2,\cdots) \tag{7.4.19}$$

若记 $\Gamma_s = \Psi_s A = \begin{bmatrix} \gamma_{11}^{(s)} & \gamma_{12}^{(s)} & \cdots & \gamma_{1n}^{(s)} \\ \gamma_{21}^{(s)} & \gamma_{22}^{(s)} & \cdots & \gamma_{2n}^{(s)} \\ \vdots & \vdots & \ddots & \vdots \\ \gamma_{n1}^{(s)} & \gamma_{n2}^{(s)} & \cdots & \gamma_{nn}^{(s)} \end{bmatrix}$,则有

$$\frac{\partial X_{it+s}}{\partial \eta_{lt}} = \gamma_{il}^{(s)} \quad (s=0,1,2,\cdots; i; l=1,2,\cdots,n) \tag{7.4.20}$$

表示第 i 分量 X_i 在 $t+s$ 时刻对第 l 个分量对应的扰动项 η_l 在 t 时刻变动一个单位(保持其他扰动项不变)的响应值,这些响应都是时期间隔 s 的函数,称为脉冲响应函数。显然总共有 n^2 个这样的脉冲响应函数。

2. 方差分解

和单变量自回归模型相似的是,如果我们对平稳的 VAR(p) 模型进行 l 步预测,那么最佳

预测结果也是基于条件期望下的值，因此得到的预测误差的方差为

$$\mathrm{Var}[\hat{X}_T(l)] = \sum_{i=0}^{l-1} \Psi_i \Omega \Psi_i' = \sum_{i=0}^{l-1} \Psi_i A\Lambda^{\frac{1}{2}}\Lambda^{\frac{1}{2}}A'\Psi_i' = \sum_{i=0}^{l-1} M_i M_i' \qquad (7.4.21)$$

其中，$M_i = \Psi_i A\Lambda^{\frac{1}{2}}$，且有

$$diag[M_i M_i'] = \left[\sum_{j=1}^{n}(m_{1j}^{(i)})^2, \sum_{j=1}^{n}(m_{2j}^{(i)})^2, \cdots, \sum_{j=1}^{n}(m_{nj}^{(i)})^2 \right] \qquad (7.4.22)$$

则第 k 个分量预测的方差为

$$\mathrm{Var}[\hat{X}_{kT}(l)] = \sum_{i=0}^{l-1}\{diag[M_i M_i']\}_{kk} = \sum_{i=0}^{l-1}\sum_{j=1}^{n}(m_{kj}^i)^2 = \sum_{j=1}^{n}\sum_{i=0}^{l-1}(m_{kj}^i)^2 \qquad (7.4.23)$$

从而得到第 j 个分量扰动项对第 k 个分量预测的方差的贡献为

$$RVC_{j \to k} = \frac{\sum\limits_{i=0}^{l-1}(m_{kj}^i)^2}{\sum\limits_{w=1}^{n}\sum\limits_{i=0}^{l-1}(m_{kw}^i)^2} \quad (j,k=1,2,\cdots,n) \qquad (7.4.24)$$

例 7-11　试对表 7-10 中的数据建立合适的 VAR(p) 模型，并考察因果关系检验、脉冲响应函数和方差分解。

假设三个变量的数据在 EViews 中已经建立在组对象 group 中，打开该组对象，在 Proc 菜单下选择 Make Vector Autoregression…进入如图 7-34 的界面：按照图中默认的选项建立无约束的 VAR 模型，在 Lag Intervals for Endogenous 中输入滞后的期数，需要注意的是需要成对指定滞后期，例如图示中建立了 VAR(2) 模型，而指定 1 2 4 4，则指定了 VAR(4) 模型，但滞后 3 期的解释变量不出现在模型中。经过尝试结合两个信息指标和似然比检验最终确定模型为 VAR(3)，点击"确定"得到图 7-35 的估计界面，这里只列出部分参数估计结果，其中 PHO(-1) 表示滞后一期，第一行数据 0.746 8 表示其估计值，圆括号中的数据为标准差，方括号中为 t 统计量值，其他的可以类推。图 7-36 是单个模型拟合指标和整个 VAR(3) 拟合指标，例如 0.912 636 表示以 PHO 为被解释变量对应的 R^2。整个模型的对数似然函数值为 -964.735 4。类似可以得到当分别拟合 VAR(2)、VAR(4) 时对应的对数似然函数值分别为 -979.560 2，-961.952 5。从而根据似然比检验得到最优模型为 VAR(3)。为了检验该模型的平稳性，在 View 菜单下选择 Lag Structure 中的 AR Roots Table，得到该模型下几个根的取值情况，如图 7-37 所示。显然各个根都落在单位圆以内，因此最后一行显示模型满足平稳条件，图 7-38 是当选择 AR Roots Graph 的结果，该图也直观地显示所有的根位于单位圆以内。

为了得到因果关系检验结果，在打开组对象 group 后，在 View 中选择 Granger Causality，在随后出现的 Lag Specification 中输入滞后期 3 得到检验结果如图 7-39 所示。显然检验结果表明，所有的检验概率都小于显著性水平 0.05，因此各个变量之间存在双向 Granger 因果关系。

VAR Specification

Basics | Cointegration | VEC Restrictions

VAR Type
- ○ Unrestricted VAR
- ○ Vector Error Correct

Endogenous Variables

pho qho nho

Estimation Sample

1980m01 1988m06

Lag Intervals for Endogenous:

1 2

Exogenous Variables

c

确定　　取消

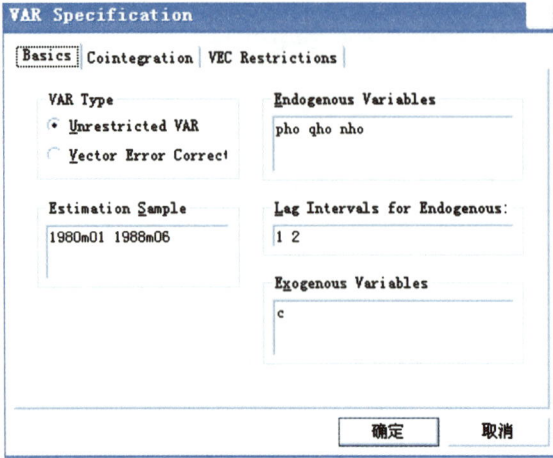

图 7 – 34　VAR 设定界面

	PHO	QHO	NHO
PHO(-1)	0.746810	0.372597	0.487330
	(0.09608)	(0.07575)	(0.13891)
	[7.77242]	[4.91854]	[3.50826]
PHO(-2)	0.295892	-0.311748	-0.562491
	(0.12557)	(0.09900)	(0.18153)
	[2.35644]	[-3.14904]	[-3.09857]
PHO(-3)	-0.172189	-0.080675	0.107970
	(0.10069)	(0.07938)	(0.14557)
	[-1.71010]	[-1.01626]	[0.74172]

图 7 – 35　参数估计的部分结果

R-squared	0.912636	0.625713	0.952234
Adj. R-squared	0.904090	0.589098	0.947561
Sum sq. resids	3036.641	1887.523	6346.712
S.E. equation	5.745169	4.529520	8.305781
F-statistic	106.7851	17.08899	203.7820
Log likelihood	-317.8020	-293.5522	-355.3984
Akaike AIC	6.427490	5.952003	7.164675
Schwarz SC	6.684840	6.209354	7.422025
Mean dependent	73.47821	81.12539	143.9412
S.D. dependent	18.55111	7.066157	36.27039

Determinant resid covariance (dof adj.)	44904.93
Determinant resid covariance	32950.12
Log likelihood	-964.7354
Akaike information criterion	19.50462
Schwarz criterion	20.27667

图 7 – 36　模型拟合的相关指标

Root	Modulus
0.978635	0.978635
0.697740 - 0.319361i	0.767354
0.697740 + 0.319361i	0.767354
0.694294	0.694294
0.176828 - 0.551393i	0.579053
0.176828 + 0.551393i	0.579053
-0.409206 - 0.241423i	0.475116
-0.409206 + 0.241423i	0.475116
0.438068	0.438068

No root lies outside the unit circle.
VAR satisfies the stability condition.

图 7 – 37　模型中根的估计结果

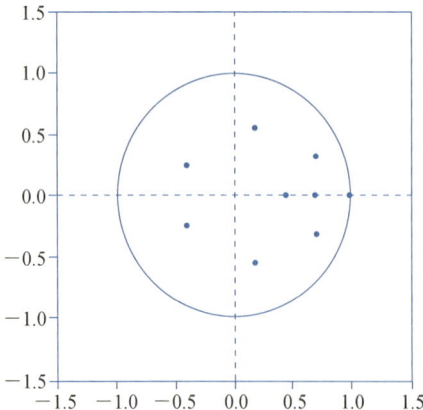

图 7 – 38　模型中根的图形显示

Null Hypothesis:	Obs	F-Statistic	Prob.
QHO does not Granger Cause PHO	102	3.07918	0.0312
PHO does not Granger Cause QHO		8.49058	5.E-05
NHO does not Granger Cause PHO	102	2.86761	0.0406
PHO does not Granger Cause NHO		5.54296	0.0015
NHO does not Granger Cause QHO	102	3.43564	0.0200
QHO does not Granger Cause NHO		5.04085	0.0028

图 7 – 39　Granger 因果关系检验结果

为了得到脉冲响应函数结果,当完成 VAR(3)模型估计之后,选择 View 中的 Impulse Response 得到图 7 – 40 的界面,我们选择 Combined Graphs,此时 Response Standard Errors 下面的选项不可用,其他选项的结果选择默认状态,在 Impulse Definition 中选择 Residual-one std devia, 生成一个标准差变动下的脉冲效果趋势图,点击"确定"后得到图 7 – 41 的结果。结果显示,PHO 对自身扰动项的冲击呈下降趋势,而对 QHO、NHO 扰动项的冲击呈上升趋势,不过它们的方向正好相反,对三个扰动项的冲击最终趋于稳定值。其他两个变量的脉冲结果也可类似解释。

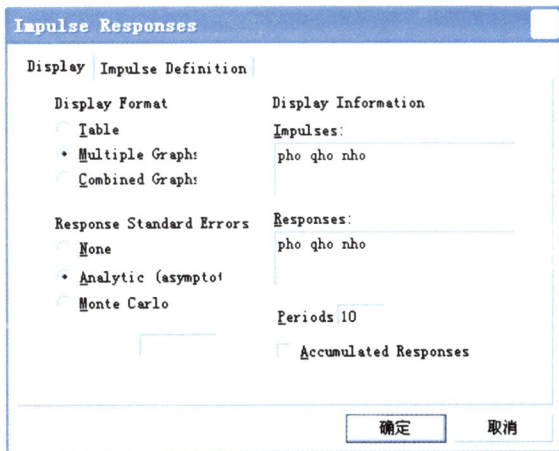

图 7 – 40 脉冲响应的界面

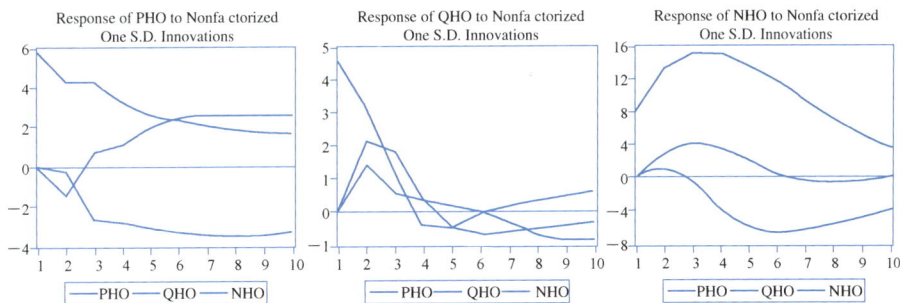

图 7 – 41 一个标准差下的脉冲响应趋势图

为了得到方差分解结果,在 View 中的 Variance Decomposition,得到图 7 – 42 的界面。我们再次选择 Combined Graphs,右边采用默认选项结果,点击"OK"得到图 7 – 43 的结果。

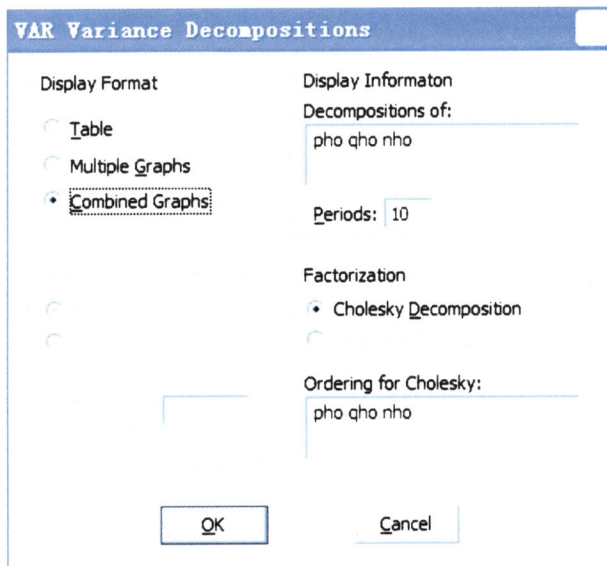

图 7 – 42 方差分解界面

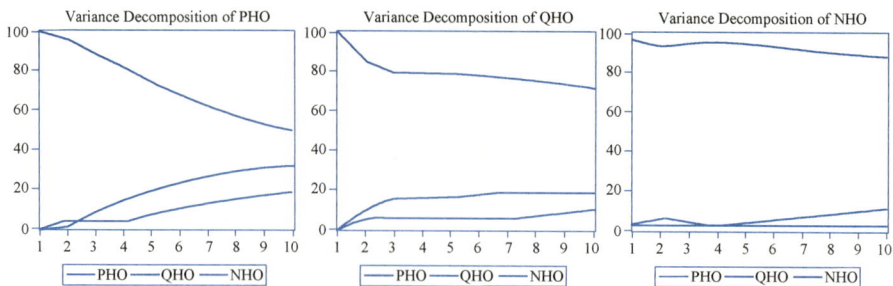

图7-43 方差分解结果图

分解结果表明:就 PHO 变量来说,当为 10 期时,其方差解释的约有一半有自身来解释,而 QHO 的解释约占 40%,来自 NHO 的解释约为 10%,因此 QHO 对 PHO 的影响较大,其他的方差分解结果也可类似解释。

三、向量自回归过程下的协整检验

(一) 协整向量

现在我们专门讨论具有单位根 $X_t=(X_{1t},X_{2t},\cdots,X_{nt})'\sim I(1)$ 的随机过程,假设存在某个非零向量 $a_i=(a_{i1},a_{i2},\cdots,a_{in})'$,使得 $a_i'X_t\sim I(0)$,那么由协整的定义知 X_t 的分量之间存在协整关系,称 a_i 为一个协整向量。当向量的维数 $n>2$ 时,满足这样条件的协整向量可能不唯一,假设存在这样的相互独立协整向量个数为 $k<n$,分别记为 $a_i(i=1,2,\cdots,k)$,由此构成的矩阵为 $A=(a_1,a_2,\cdots,a_k)_{n\times k}$,称为协整空间,且 $A'X_t\sim I(0)$,$R(A')=k$。

(二) 误差修正模型表示形式

就像单变量模型中单位根检验的表达形式一样,我们也可以将 VAR(p)模型表示为

$$\Delta X_t = C + \sum_{j=1}^{p-1}\Gamma_j\Delta X_{t-j} - \Phi(1)X_{t-1} + \varepsilon_t \tag{7.4.25}$$

其中,$\Gamma_j=-\sum_{l=j+1}^{p}\Phi_l,j=1,2,\cdots,p-1,\Phi(1)=I_n-\Phi_1-\Phi_2-\cdots-\Phi_p$。当 $X_t\sim I(1)$ 时,要使上述等式两边成立,必有 $\Phi(1)X_{t-1}\sim I(0)$,根据 Grange 定理,此时必有 $\Phi(1)=BA'$,因可以得到误差修正模型为

$$\Delta X_t = \sum_{j=1}^{p-1}\Gamma_j\Delta X_{t-j} + C - BA'X_{t-1} + \varepsilon_t \tag{7.4.26}$$

此时,$A'X_{t-1}$ 构成 k 个协整方程,B 是这 k 个协整方程在 n 个分量中的加权矩阵,一般记 $\Pi=-\Phi(1)$。

(三) 协整的 JJ 检验

这里介绍的检验方法主要基于 Johansen 的工作,使用完全信息极大似然估计方法。假设模型为

$$\Delta X_t = \Upsilon D_t + \sum_{j=1}^{p-1}\Gamma_j\Delta X_{t-j} + \Pi X_{t-1} + \varepsilon_t \tag{7.4.27}$$

其中,$\varepsilon_t\sim N(0,\Omega)$,$D_t$ 表示一些确定性解释变量,如截距项、季节性虚拟变量等。建立的原假

设为 $H_0 : \Pi = B_{n \times r} A'_{r \times n}$,检验的主要步骤如下:

(1)首先建立如下两个辅助回归模型为:

$$\Delta X_t = \sum_{j=1}^{p-1} \Theta_j \Delta X_{t-j} + \Upsilon_1 D_t + u_{0t}$$

$$X_{t-1} = \sum_{j=1}^{p-1} T_j \Delta X_{t-j} + \Upsilon_2 D_t + u_{1t}$$

(7.4.28)

利用 OLS 估计后得到两个残差向量分别为

$$R_{0t} = \Delta X_t - \Delta \hat{X}_t, R_{1t} = X_{t-1} - \hat{X}_{t-1}$$

(7.4.29)

(2)构造四个积差矩阵为

$$S_{00} = \frac{1}{T} \sum_{t=1}^{T} R_{0t} R'_{0t} \quad S_{01} = \frac{1}{T} \sum_{t=1}^{T} R_{0t} R'_{1t} \quad S_{10} = \frac{1}{T} \sum_{t=1}^{T} R_{1t} R'_{0t} \quad S_{11} = \frac{1}{T} \sum_{t=1}^{T} R_{1t} R'_{1t}$$

(7.4.30)

(3)求矩阵 S_{11} 关于矩阵 $S_{10} S_{00}^{-1} S_{01}$ 的广义特征值与特征向量。由

$$|\lambda S_{11} - S_{10} S_{00}^{-1} S_{01}| = 0$$

(7.4.31)

可以得到特征值以及对应的特征向量为 $\lambda_i, v_i, i=1,2,\cdots,n$。在原假设成立下得到 $\hat{A}_{n \times r} = (v_1, v_2, \cdots, v_r), \hat{B}_{n \times r} = S_{01} \hat{A}$。

(4)构造检验量。

在原假设成立时的似然比检验为

$$LR_1(r) = -T \sum_{i=r+1}^{n} \log(1-\lambda_i) \quad (r = 0,1,2,\cdots,n-1)$$

(7.4.32)

此为迹检验量,另一个是最大特征根检验量,检验公式为

$$LR_2(r) = -T\log(1-\lambda_{r+1}) \quad (r=0,1,2,\cdots,n-1)$$

(7.4.33)

这两个检验量都有非标准的分布,但可以使用蒙特卡洛模拟得到其临界值。

正如 EG(AEG)两步法检验协整一样,JJ 检验的临界值与数据的生成与协整方程的形式有关,在 EViews 中有如下的五种设定形式:

形式 1:序列 X_t 没有确定趋势项,协整方程没有截距项,即

$$\Upsilon D_t + \Pi X_{t-1} = BA' X_{t-1}$$

形式 2:序列 X_t 没有确定趋势项,协整方程有截距项 δ,即

$$\Upsilon D_t + \Pi X_{t-1} = B(A' X_{t-1} + \delta)$$

形式 3:序列 X_t 有确定趋势项 $B \perp \gamma_0 B \perp \gamma$,协整方程有截距项 δ,即

$$\Upsilon D_t + \Pi X_{t-1} = B(A' X_{t-1} + \delta) + B \perp \gamma_0$$

形式 4:序列 X_t 有确定趋势项 $B \perp \gamma_0$,协整方程也有线性趋势 λt,即

$$\Upsilon D_t + \Pi X_{t-1} = B(A' X_{t-1} + \delta + \lambda t) + B \perp \gamma_0$$

形式 5：序列 X_t 有二次趋势项 $B\perp(\gamma_0+\gamma_1 t)$，协整方程有线性趋势 λt，即

$$\Upsilon D_t+\Pi X_{t-1}=B(A'X_{t-1}+\delta+\lambda t)+B\perp(\gamma_0+\gamma_1 t)$$

鉴于 EViews 中直接给出检验的临界值与检验概率，因此这里不再列出各种临界值。

例 7-12 试对表 7-11 的数据进行协整检验，并建立合适的误差修正模型。

首先对三个变量进行单位根检验，利用前面介绍的方法进行检验，结果表明它们三个是一阶单整的。接下来对其进行协整检验。将三个变量以组对象的形式打开，选择 View 菜单下的 Cointegration Test 得到图 7-44 的界面。根据数据的生成特点，选择第二种检验模式，在 Lag intervals 的对话框中输入"1 3"，表明协整检验是建立 VAR(3)模型下，点击"确定"得到图 7-45 和图 7-46 的检验结果。第一个输出结果是基于迹统计量的检验结果，该检验结果表明存在一个协整关系，而第二个输出结果是基于最大特征根检验的结果，表明三个变量不存在协整关系，两种检验出现了矛盾，这里我们采用迹统计量检验的结果，即它们之间存在协整关系，且只有一个协整向量。

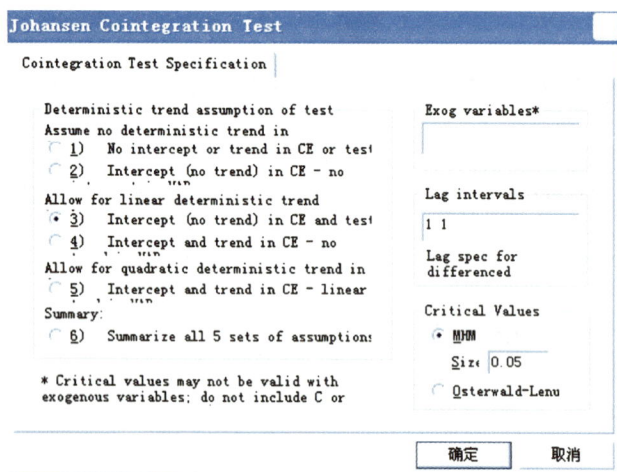

图 7-44 协整检验设定界面

Unrestricted Cointegration Rank Test (Trace)

Hypothesized No. of CE(s)	Eigenvalue	Trace Statistic	0.05 Critical Value	Prob.**
None *	0.362316	37.63888	35.19275	0.0267
At most 1	0.288415	19.19247	20.26184	0.0696
At most 2	0.120014	5.241800	9.164546	0.2580

图 7-45 协整检验的迹统计量检验结果

Unrestricted Cointegration Rank Test (Maximum Eigenvalue)

Hypothesized No. of CE(s)	Eigenvalue	Max-Eigen Statistic	0.05 Critical Value	Prob.**
None	0.362316	18.44641	22.29962	0.1585
At most 1	0.288415	13.95067	15.89210	0.0985
At most 2	0.120014	5.241800	9.164546	0.2580

图 7-46 协整检验的最大特征根统计量检验结果

为了得到误差修正模型,点击 Proc 选择 Make Vector Autoregression 得到图 7-47 的界面。在 VAR Type 中选择 Vector Error Correct,在 Lag Intervals for Endogenous 中输入"1 3";然后点击 Cointegration 得到界面如图 7-48 所示。保持协整关系数目 1 不动,在趋势设定中,选择第二种模式,然后点击"确定"得到图 7-49 和图 7-50 的结果,其中图 7-49 为协整方程估计结果,由此得到误差调整项为

$$ECM_{t-1}=LNGP_{t-1}-0.565\,764LNIP_{t-1},-0.354\,406LNCP_{t-1}-1.693\,228$$

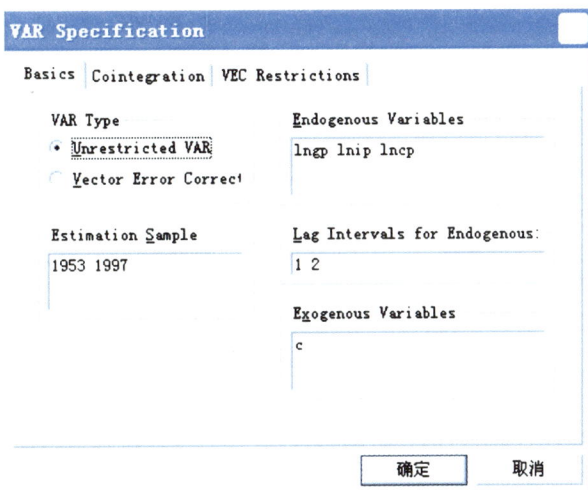

图 7-47　VAR 设定界面

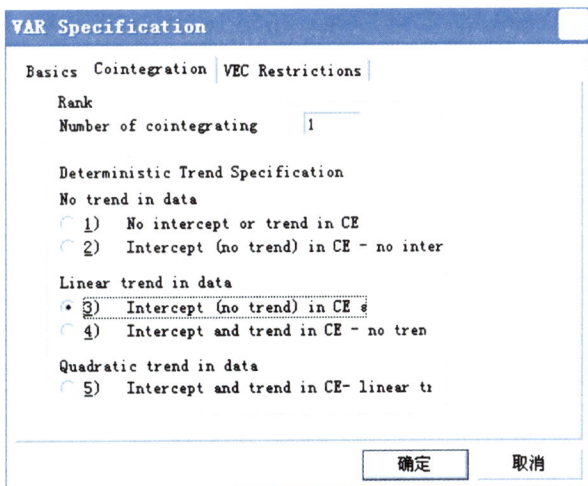

图 7-48　协整方程的设定界面

Cointegrating Eq:	CointEq1
LNGP(-1)	1.000000
LNIP(-1)	-0.565764 (0.20593) [-2.74737]
LNCP(-1)	-0.354406 (0.23929) [-1.48106]
C	-1.693228 (0.66785) [-2.53533]

图 7 - 49   协整向量估计结果

Error Correction:	D(LNGP)	D(LNIP)	D(LNCP)
CointEq1	0.167093 (0.05382) [3.10454]	0.230454 (0.20802) [1.10785]	0.125398 (0.03600) [3.48281]
D(LNGP(-1))	0.656082 (0.36940) [1.77606]	3.318695 (1.42772) [2.32447]	0.326270 (0.24712) [1.32031]
D(LNGP(-2))	-0.987813 (0.38402) [-2.57232]	-3.365102 (1.48420) [-2.26728]	0.063605 (0.25689) [0.24759]
D(LNGP(-3))	-1.206698 (0.42634) [-2.83036]	-4.026109 (1.64778) [-2.44335]	-0.537137 (0.28521) [-1.88333]
D(LNIP(-1))	-0.059010 (0.09183) [-0.64258]	-0.398086 (0.35493) [-1.12158]	-0.075169 (0.06143) [-1.22359]
D(LNIP(-2))	0.189320 (0.09193) [2.05941]	0.537287 (0.35530) [1.51220]	0.014112 (0.06150) [0.22948]
D(LNIP(-3))	0.149052 (0.09116) [1.63499]	0.459146 (0.35234) [1.30312]	0.084813 (0.06099) [1.39071]
D(LNCP(-1))	-0.324191 (0.32286) [-1.00414]	-2.779449 (1.24782) [-2.22745]	0.070978 (0.21598) [0.32864]
D(LNCP(-2))	0.974589 (0.33254) [2.93075]	3.139041 (1.28524) [2.44237]	-0.008610 (0.22246) [-0.03870]
D(LNCP(-3))	0.750223 (0.37300) [2.01134]	3.328607 (1.44161) [2.30895]	0.169069 (0.24952) [0.67757]

图 7 - 50   误差修正模型估计结果

结合图 7-50 得到误差修正模型为

$$
\begin{bmatrix} \Delta LNGP_t \\ \Delta LNCP_t \\ \Delta LNIP_t \end{bmatrix} = \begin{bmatrix} 0.66 & -0.32 & -0.06 \\ 0.33 & 0.07 & -0.08 \\ 3.32 & -2.78 & -0.40 \end{bmatrix} \begin{bmatrix} \Delta LNGP_{t-1} \\ \Delta LNCP_{t-1} \\ \Delta LNIP_{t-1} \end{bmatrix} +
$$

$$
\begin{bmatrix} -0.99 & 0.97 & 0.19 \\ 0.06 & -0.009 & 0.014 \\ -3.37 & 3.14 & 0.54 \end{bmatrix} \begin{bmatrix} \Delta LNGP_{t-2} \\ \Delta LNCP_{t-2} \\ \Delta LNIP_{t-2} \end{bmatrix} +
$$

$$
\begin{bmatrix} -1.21 & 0.75 & 0.15 \\ -0.54 & 0.17 & 0.08 \\ -4.03 & 3.33 & 0.46 \end{bmatrix} \begin{bmatrix} \Delta LNGP_{t-3} \\ \Delta LNCP_{t-3} \\ \Delta LNIP_{t-3} \end{bmatrix} + \begin{bmatrix} 0.17 \\ 0.13 \\ 0.23 \end{bmatrix} ECM_{t-1}
$$

复习思考题

1. 已知 AR(1)模型为 $X_t = 0.7X_{t-1} + \varepsilon_t$,其中 $\varepsilon_t \sim WN(0, \sigma_\varepsilon^2)$,求其期望、自协方差函数、自相关函数、格林函数、逆函数和偏自相关函数。

2. 已知 AR(2)模型为 $(1-0.5L)(1-0.3L)X_t = \varepsilon_t$,其中 $\varepsilon_t \sim WN(0, \sigma_\varepsilon^2)$,求其期望、自协方差函数、自相关函数、格林函数、逆函数和偏自相关函数。

3. 已知 MA(2)模型为 $X_t = \varepsilon_t - 0.7\varepsilon_{t-1} + 0.4\varepsilon_{t-2}$,其中 $\varepsilon_t \sim WN(0, \sigma_\varepsilon^2)$,求其期望、自协方差函数、自相关函数。

4. 检验下列模型的平稳性与可逆性:

(1) $X_t = 0.5X_{t-1} + 1.2X_{t-2} + \varepsilon_t$　　　　(2) $X_t = 1.1X_{t-1} - 0.3X_{t-2} + \varepsilon_t$

(3) $X_t = \varepsilon_t - 0.9\varepsilon_{t-1} + 0.3\varepsilon_{t-2}$　　　　(4) $X_t = \varepsilon_t + 1.3\varepsilon_{t-1} - 0.4\varepsilon_{t-2}$

(5) $X_t = 0.7X_{t-1} + \varepsilon_t - 0.6\varepsilon_{t-1}$　　　　(6) $X_t = -0.8X_{t-1} + 0.5X_{t-2} + \varepsilon_t - 1.1\varepsilon_{t-1}$

5. 已知 ARMA(1,1)模型 $X_t = 0.5X_{t-1} + \varepsilon_t - 0.25\varepsilon_{t-1}$,其中 $\varepsilon_t \sim WN(0, \sigma_\varepsilon^2)$,求其自协方差函数与自相关函数。

6. 已知某 AR(1)模型为 $X_t - 10 = 0.3(X_{t-1} - 10) + \varepsilon_t$,其中 $\varepsilon_t \sim WN(0, 3^2)$,已知最近 2 期的值为 $X_{t-1} = 10.1, X_t = 9.6$,求 X_{t+1}、X_{t+2}、X_{t+3} 的点估计与 95% 的区间估计结果。

7. 以下是我国 2009 年 1 月至 2016 年 1 月的消费价格指数数据:

101,98.4,98.8,98.5,98.6,98.3,98.2,98.8,99.2,99.5,100.6,101.9,101.5,102.7, 102.4,102.8,103.1,102.9,103.3,103.5,103.6,104.4,105.1,104.6,104.9,104.9,105.4, 105.3,105.5,106.4,106.5,106.2,106.1,105.5,104.2,104.1,104.55,103.16,103.59, 103.37,103,102.15,101.78,102.05,101.91,101.72,102,102.5,102,103.2,102.1,102.4, 102.1,102.7,102.7,102.6,103.1,103.2,103,102.5,102.5,102,102.4,101.8,102.5,102.3, 102.3,102,101.6,101.6,101.4,101.5,100.8,101.4,101.38,101.51,101.23,101.39, 101.65,101.96,101.60,101.27,101.49,101.60,101.80

(1) 判断该序列是否平稳,是否为白噪声过程?

(2) 拟合适当的模型。

(3) 根据拟合的模型,预测未来 5 年的产量估计值。

8. 表 7-12 给出了自 1978—2014 年期间以当年价格计算中国人均国内生产总值

(GDPP)与以人均消费支出(CONSP)两组时间序列数据。

表 7 - 12　中国居民人均消费支出与人均 GDP 数据　　　　　　单位:亿元

年　份	人均居民消费(CONSP)	人均 GDP(GDPP)	年　份	人均居民消费(CONSP)	人均 GDP(GDPP)
1978	184	381.23	1996	2 789	5 845.89
1979	208	419.25	1997	3 002	6 420.18
1980	238	463.25	1998	3 159	6 796.03
1981	264	492.16	1999	3 346	7 158.50
1982	288	527.78	2001	3 632	7 857.68
1983	316	582.68	2002	3 887	8 621.71
1984	361	695.20	2003	4 144	9 398.05
1985	446	857.82	2004	4 475	10 541.97
1986	497	963.19	2005	5 596	14 185.36
1987	565	1 112.38	2006	6 299	16 499.70
1988	714	1 365.51	2007	7 310	20 169.46
1989	788	1 519.10	2008	8 430	23 707.71
1990	833	1 644	2009	9 283	25 607.53
1991	932	1 892.76	2010	10 522	30 015.05
1992	1116	2 311.09	2011	12 272	35 181.24
1993	1393	2 998.36	2012	13 737	38 354.00
1994	1833	4 044	2013	15 632	43 320.10
1995	2355	5 045.73	2014	14 491	46 628.50

(1) 检验人均居民消费和人均国内生产总值这两组时间序列的平稳性。

(2) 试建立中国人均居民消费的 ARMA 模型,并对 2001 年和 2002 年进行预测。

(3) 检验中国人均居民消费水平和人均 GDP 的协整关系,如果有协整关系,建立合适的误差修正模型。

9. 表 7 - 13 是我国 1995 年第一季度至 2007 年第四季度的实际 GDP(单位:亿元)、实际 M1(单位:亿元)和实际利率 RR(单位:%)的数据,其中 GDP、M1 都做了对数化处理,分别记为 LNGDP 和 LNM1。试根据信息准则建立合适的 VAR 模型,并进行因果检验、脉冲响应与方差分解分析。

表 7 - 13　我国 GDP、M1 和利率 RR 的数据

时　间	lnGDP	lnM1	RR	时　间	lnGDP	lnM1	RR
1995Q1	8.97	9.34	−11.62	2001Q3	9.52	10.24	1.45
1995Q2	9.01	9.33	−8.75	2001Q4	9.55	10.27	2.38
1995Q3	9.06	9.40	−3.82	2002Q1	9.57	10.32	2.58
1995Q4	9.03	9.41	−0.15	2002Q2	9.60	10.37	3.05
1996Q1	9.07	9.44	1.61	2002Q3	9.63	10.42	2.75
1996Q2	9.08	9.45	0.11	2002Q4	9.65	10.45	2.61
1996Q3	9.11	9.48	−0.46	2003Q1	9.68	10.49	1.48
1996Q4	9.12	9.52	0.5	2003Q2	9.70	10.54	1.31
1997Q1	9.14	9.58	2.3	2003Q3	9.75	10.58	1.15
1997Q2	9.17	9.65	4.54	2003Q4	9.76	10.60	−0.69
1997Q3	9.18	9.66	5.34	2004Q1	9.80	10.65	−0.79
1997Q4	9.20	9.71	4.67	2004Q2	9.83	10.65	−2.42
1998Q1	9.21	9.71	4.92	2004Q3	9.87	10.66	−3.29
1998Q2	9.23	9.74	6.09	2004Q4	9.89	10.70	−0.92
1998Q3	9.25	9.80	6.2	2005Q1	9.92	10.72	−0.58
1998Q4	9.29	9.83	4.88	2005Q2	9.95	10.74	0.52
1999Q1	9.29	9.87	5.21	2005Q3	9.98	10.76	0.92
1999Q2	9.31	9.90	4.42	2005Q4	10.02	10.79	0.88
1999Q3	9.33	9.95	3.42	2006Q1	10.05	10.82	1.05
1999Q4	9.36	10.01	3.08	2006Q2	10.08	10.86	0.88
2000Q1	9.38	10.04	2.15	2006Q3	10.11	10.90	1.25
2000Q2	9.41	10.10	2.15	2006Q4	10.14	10.93	0.49
2000Q3	9.44	10.13	1.98	2007Q1	10.17	10.98	0.06
2000Q4	9.46	10.15	1.32	2007Q2	10.20	11.01	−0.54
2001Q1	9.49	10.20	1.58	2007Q3	10.22	11.04	−2.23
2001Q2	9.50	10.22	0.68	2007Q4	10.26	11.06	−2.76

10. 表 7 - 14 是我国 1999 年 1 月到 2002 年 12 月的钢材销售收入(Y_1:亿元)、建材销售收入(Y_2:亿元)、汽车销售收入(Y_3:亿元)、机械销售收入(Y_4:亿元)、家电销售收入(Y_5:亿元)的数据，试建立合适的 VAR 模型，并进行协整检验，如果存在协整关系，建立合适的误差修正模型。

表 7 - 14　我国钢材、建材、汽车、机械和家电销售收入数据

时　间	Y_1	Y_2	Y_3	Y_4	Y_5
1999. 1	100. 249 7	93. 231 26	120. 623 3	334. 554 3	117. 337 7
1999. 2	150. 374 5	139. 846 94	180. 935	501. 831 4	176. 006 5
1999. 3	156. 496 4	153. 845 4	247. 078 2	572. 419 8	161. 594
1999. 4	171. 287 7	176. 686 9	234. 561 3	610. 117 7	196. 478 9
1999. 5	188. 461	181. 360 1	238. 321 2	634. 574 8	197. 200 2
1999. 6	195. 570 7	202. 879 4	213. 021	645. 862	170. 712 7
1999. 7	175. 77	195. 88	214. 28	650. 19	265. 71
1999. 8	178. 14	187. 1	213. 18	602. 46	204. 56
1999. 9	178. 69	188. 71	266. 67	657. 8	175. 11
1999. 10	191. 73	188. 96	253. 95	644. 98	172. 25
1999. 11	178. 8	204. 83	255. 25	687. 57	253. 75
1999. 12	226. 32	269. 42	321. 17	939. 11	280. 15
2000. 1	122. 064	104. 736	142. 432	385. 392	136. 628
2000. 2	183. 096	157. 104	213. 648	578. 088	204. 942
2000. 3	190. 55	172. 83	291. 75	658. 54	188. 16
2000. 4	208. 56	198. 49	276. 97	702. 52	228. 78
2000. 5	229. 47	203. 74	281. 41	730. 8	229. 62
2000. 6	228. 87	234. 15	234. 92	695. 12	205. 69
2000. 7	215. 35	213. 49	269. 45	769. 96	299. 71
2000. 8	215. 05	213. 88	272. 89	720. 86	215. 89
2000. 9	230. 31	213. 09	292. 22	779. 11	244. 74
2000. 10	237. 58	216. 97	315. 66	775. 77	236. 12
2000. 11	235. 39	210. 81	277. 97	790. 8	229. 45
2000. 12	260. 39	287. 36	386. 02	1045. 38	297. 56
2001. 1	151. 664	115. 756	188. 824	445. 58	153. 128
2001. 2	227. 496	173. 634	283. 236	668. 37	229. 692
2001. 3	237. 36	205. 96	381. 71	806. 15	233. 11
2001. 4	247. 4	218. 87	354. 64	811. 39	246. 37
2001. 5	247. 75	222. 21	344	837. 38	260. 71
2001. 6	247. 54	236. 03	321. 65	895. 51	319. 15
2001. 7	252. 03	216. 28	295. 45	758. 41	234. 81
2001. 8	341. 38	224. 99	321. 66	787. 95	288. 39

时　间	Y_1	Y_2	Y_3	Y_4	Y_5
2001.9	195.96	242.86	367.93	843.44	190.41
2001.10	232.4	233.04	335.31	836.82	207.01
2001.11	227.17	244	368.36	883.79	233.41
2001.12	307.99	317.46	452.6	1185.33	333.51
2002.1	162.46	130.152	232.26	505.332	174.484
2002.2	243.69	195.228	348.39	757.998	261.726
2002.3	240.61	218.67	458.73	873.84	293.22
2002.4	261.64	238.74	515.33	937.25	286.66
2002.5	326.27	254.72	490.66	964	299.24
2002.6	291.73	278.2	504.27	1036.48	339.72
2002.7	305.22	240.07	462.53	909.48	302.1
2002.8	265.59	258.77	473.45	967.98	277.62
2002.9	294.1	273.33	542.93	1 037.8	283.59
2002.10	299.51	284.86	495.56	1 052.29	234.99
2002.11	298.25	289.77	499.17	1 081.4	276.5
2002.12	324.26	331.21	602.19	1 445.66	317.06

11. 表7－15是1959第一季度到2012第二季度美国三个月期债券利率（TB3M）、对数GNP（LR）、对数化M1（LM）和10年期债券利率（GS10），数据均被调整过。试检验每个序列的平稳性，拟合适当的 VAR 模型、检验它们之间的协整关系，并给出误差修正模型。

表7－15　美国四支经济指标数据

TB3M	LR	LM	GS10	TB3M	LR	LM	GS10
2.773 333	7.910 260	4.936 869	3.990 000	7.166 667	8.852 879	6.418 800	9.760 000
3.000 000	7.935 086	4.945 444	4.256 667	6.896 667	8.861 619	6.440 468	8.556 667
3.540 000	7.934 334	4.952 535	4.503 333	6.140 000	8.864 040	6.478 817	7.603 333
4.230 000	7.938 160	4.943 783	4.583 333	5.523 333	8.874 070	6.520 327	7.306 667
3.873 333	7.959 975	4.940 928	4.486 667	5.353 333	8.877 452	6.562 915	7.263 333
2.993 333	7.955 460	4.938 781	4.260 000	5.536 667	8.883 349	6.595 188	7.193 333
2.360 000	7.957 352	4.948 050	3.833 333	5.656 667	8.894 739	6.612 444	8.343 333
2.306 667	7.944 918	4.947 577	3.886 667	6.043 333	8.903 217	6.613 608	8.876 667
2.350 000	7.951 207	4.952 535	3.786 667	5.863 333	8.920 496	6.624 331	9.123 333
2.303 333	7.969 219	4.959 810	3.790 000	5.723 333	8.926 690	6.631 431	8.416 667
2.303 333	7.985 314	4.965 638	3.980 000	6.210 000	8.938 938	6.649 891	8.910 000

TB3M	LR	LM	GS10	TB3M	LR	LM	GS10
2.460 000	8.005 467	4.974 663	3.973 333	7.010 000	8.943 584	6.662 877	9.100 000
2.723 333	8.023 061	4.981 092	4.016 667	7.726 667	8.957 214	6.665 641	8.956 667
2.716 667	8.034 631	4.987 708	3.873 333	8.540 000	8.966 433	6.664 622	9.206 667
2.840 000	8.043 856	4.986 798	3.990 000	8.410 000	8.973 681	6.654 024	8.773 333
2.813 333	8.047 318	4.992 245	3.903 333	7.843 333	8.981 895	6.658 524	8.106 667
2.906 667	8.059 814	5.002 603	3.893 333	7.653 333	8.985 107	6.670 935	7.906 667
2.940 000	8.071 906	5.011 746	3.963 333	7.760 000	8.995 103	6.682 526	8.423 333
3.293 333	8.090 556	5.021 905	4.033 333	7.746 667	8.999 199	6.692 539	8.676 667
3.496 667	8.098 308	5.031 527	4.120 000	7.476 667	8.998 335	6.703 597	8.703 333
3.530 000	8.121 005	5.038 034	4.180 000	6.990 000	8.993 440	6.712 024	8.396 667
3.476 667	8.132 001	5.044 929	4.200 000	6.023 333	8.986 534	6.724 834	8.016 667
3.496 667	8.145 637	5.061 117	4.193 333	5.560 000	8.991 363	6.744 687	8.130 000
3.683 333	8.147 838	5.074 131	4.173 333	5.376 667	8.994 991	6.763 885	7.940 000
3.890 000	8.172 898	5.081 611	4.203 333	4.540 000	9.000 162	6.788 446	7.346 667
3.873 333	8.186 520	5.087 391	4.206 667	3.893 333	9.010 950	6.828 820	7.303 333
3.866 667	8.205 874	5.099 053	4.246 667	3.680 000	9.021 393	6.856 006	7.376 667
4.166 667	8.228 871	5.116 995	4.473 333	3.083 333	9.031 106	6.882 437	6.616 667
4.610 000	8.253 202	5.134 228	4.770 000	3.070 000	9.041 661	6.922 414	6.743 333
4.586 667	8.256 504	5.144 972	4.780 000	2.960 000	9.044 616	6.941 352	6.280 000
5.043 333	8.262 869	5.141 858	5.140 000	2.966 667	9.049 937	6.968 756	5.990 000
5.210 000	8.271 165	5.144 777	5.003 333	3.003 333	9.056 035	6.997 840	5.616 667
4.513 333	8.279 799	5.154 639	4.583 333	3.060 000	9.066 816	7.023 135	5.606 667
3.660 000	8.279 824	5.168 398	4.820 000	3.243 333	9.077 483	7.035 328	6.066 667
4.300 000	8.288 384	5.190 175	5.246 667	3.986 667	9.090 430	7.041 558	7.083 333
4.753 333	8.295 723	5.206 385	5.643 333	4.476 667	9.096 500	7.048 386	7.333 333
5.050 000	8.316 154	5.219 454	5.610 000	5.280 000	9.107 432	7.048 068	7.836 667
5.520 000	8.333 006	5.236 442	5.743 333	5.736 667	9.111 194	7.046 299	7.483 333
5.196 667	8.340 002	5.255 758	5.460 000	5.596 667	9.113 686	7.044 179	6.620 000
5.586 667	8.344 244	5.277 094	5.770 000	5.366 667	9.120 120	7.042 548	6.323 333
6.093 333	8.359 767	5.294 978	6.176 667	5.260 000	9.128 544	7.032 595	5.893 333
6.196 667	8.362 409	5.302 973	6.353 333	4.930 000	9.136 155	7.022 452	5.910 000
7.023 333	8.368 368	5.307 442	6.856 667	5.020 000	9.152 086	7.020 072	6.720 000
7.353 333	8.363 692	5.315 502	7.296 667	5.096 667	9.160 299	7.006 091	6.780 000

TB3M	LR	LM	GS10	TB3M	LR	LM	GS10
7. 210 000	8. 362 292	5. 326 094	7. 366 667	4. 976 667	9. 171 745	6. 988 014	6. 343 333
6. 676 667	8. 364 322	5. 333 524	7. 713 333	5. 060 000	9. 178 334	6. 982 368	6. 563 333
6. 326 667	8. 373 023	5. 346 631	7. 460 000	5. 046 667	9. 193 947	6. 970 417	6. 696 667
5. 353 333	8. 361 872	5. 364 417	6. 853 333	5. 046 667	9. 205 458	6. 974 729	6. 243 333
3. 840 000	8. 390 019	5. 380 972	6. 016 667	5. 090 000	9. 212 318	6. 974 916	5. 906 667
4. 250 000	8. 396 019	5. 401 926	6. 246 667	5. 053 333	9. 222 733	6. 981 315	5. 586 667
5. 010 000	8. 403 218	5. 419 059	6. 483 333	4. 976 667	9. 231 368	6. 982 306	5. 596 667
4. 230 000	8. 406 329	5. 428 322	5. 890 000	4. 823 333	9. 242 953	6. 981 811	5. 203 333
3. 436 667	8. 424 222	5. 447 742	6. 033 333	4. 253 333	9. 260 292	6. 995 766	4. 670 000
3. 770 000	8. 447 393	5. 463 973	6. 143 333	4. 406 667	9. 270 400	7. 000 760	4. 983 333
4. 220 000	8. 457 443	5. 484 659	6. 290 000	4. 453 333	9. 278 700	7. 004 428	5. 540 000
4. 863 333	8. 473 617	5. 508 849	6. 373 333	4. 650 000	9. 290 971	7. 001 276	5. 883 333
5. 700 000	8. 499 783	5. 528 635	6. 603 333	5. 043 333	9. 309 787	7. 013 886	6. 140 000
6. 603 333	8. 511 738	5. 540 348	6. 806 667	5. 520 000	9. 311 922	7. 014 904	6. 480 000
8. 323 333	8. 507 890	5. 551 796	7. 206 667	5. 713 333	9. 331 504	7. 009 951	6. 176 667
7. 500 000	8. 517 353	5. 564 393	6. 753 333	6. 016 667	9. 331 921	7. 003 883	5. 893 333
7. 616 667	8. 510 430	5. 580 736	7. 053 333	6. 016 667	9. 340 210	6. 996 803	5. 566 667
8. 153 333	8. 512 301	5. 590 116	7. 543 333	4. 816 667	9. 335 554	7. 005 547	5. 050 000
8. 190 000	8. 501 450	5. 598 916	7. 963 333	3. 660 000	9. 342 850	7. 021 352	5. 270 000
7. 360 000	8. 496 072	5. 610 936	7. 670 000	3. 170 000	9. 337 880	7. 060 019	4. 980 000
5. 750 000	8. 482 457	5. 617 135	7. 540 000	1. 906 667	9. 347 386	7. 067 633	4. 770 000
5. 393 333	8. 490 069	5. 632 167	8. 050 000	1. 723 333	9. 352 126	7. 083 360	5. 076 667
6. 330 000	8. 507 264	5. 650 733	8. 296 667	1. 716 667	9. 355 695	7. 081 372	5. 100 000
5. 626 667	8. 521 703	5. 657 506	8. 063 333	1. 643 333	9. 362 091	7. 084 924	4. 260 000
4. 916 667	8. 543 699	5. 672 062	7. 753 333	1. 333 333	9. 364 065	7. 099 615	4. 006 667
5. 156 667	8. 551 479	5. 689 007	7. 773 333	1. 156 667	9. 366 908	7. 118 907	3. 920 000
5. 150 000	8. 556 414	5. 699 105	7. 730 000	1. 040 000	9. 376 541	7. 143 592	3. 620 000
4. 673 333	8. 563 810	5. 716 808	7. 190 000	0. 930 000	9. 392 729	7. 164 901	4. 233 333
4. 630 000	8. 576 612	5. 740 543	7. 353 333	0. 916 667	9. 403 932	7. 170 812	4. 286 667
4. 840 000	8. 595 856	5. 759 953	7. 370 000	0. 916 667	9. 411 974	7. 184 654	4. 020 000
5. 496 667	8. 613 285	5. 775 586	7. 356 667	1. 076 667	9. 416 142	7. 197 011	4. 600 000
6. 110 000	8. 611 940	5. 794 943	7. 596 667	1. 486 667	9. 424 379	7. 209 217	4. 303 333
6. 393 333	8. 616 749	5. 815 821	8. 010 000	2. 006 667	9. 430 335	7. 223 150	4. 173 333

TB3M	LR	LM	GS10	TB3M	LR	LM	GS10
6. 476 667	8. 653 244	5. 840 351	8. 320 000	2. 536 667	9. 443 308	7. 222 809	4. 296 667
7. 313 333	8. 663 680	5. 857 362	8. 490 000	2. 863 333	9. 446 811	7. 220 398	4. 160 000
8. 570 000	8. 678 053	5. 873 056	8. 820 000	3. 360 000	9. 455 394	7. 225 409	4. 213 333
9. 383 333	8. 679 958	5. 887 029	9. 106 667	3. 826 667	9. 458 169	7. 226 621	4. 490 000
9. 376 667	8. 682 165	5. 914 403	9. 113 333	4. 393 333	9. 470 757	7. 230 636	4. 570 000
9. 673 333	8. 691 533	5. 936 040	9. 103 333	4. 703 333	9. 474 365	7. 229 718	5. 070 000
11. 843 330	8. 694 134	5. 943 149	10. 446 670	4. 906 667	9. 473 443	7. 221 251	4. 896 667
13. 353 330	8. 697 563	5. 961 263	11. 986 670	4. 903 333	9. 480 925	7. 221 958	4. 630 000
9. 616 667	8. 676 058	5. 955 578	10. 476 670	4. 983 333	9. 482 091	7. 221 275	4. 680 000
9. 153 333	8. 673 445	5. 989 796	10. 953 330	4. 736 667	9. 491 632	7. 225 530	4. 846 667
13. 613 330	8. 689 229	6. 014 693	12. 423 330	4. 303 333	9. 503 443	7. 224 365	4. 730 000
14. 390 000	8. 710 257	6. 028 359	12. 960 000	3. 390 000	9. 511 259	7. 226 112	4. 260 000
14. 906 670	8. 701 712	6. 053 892	13. 750 000	2. 043 333	9. 505 373	7. 232 685	3. 663 333
15. 053 330	8. 714 288	6. 056 628	14. 846 670	1. 626 667	9. 508 710	7. 240 363	3. 886 667
11. 750 000	8. 703 191	6. 068 734	14. 086 670	1. 493 333	9. 500 574	7. 264 007	3. 863 333
12. 813 330	8. 686 193	6. 092 290	14. 293 330	0. 296 667	9. 472 081	7. 333 437	3. 253 333
12. 420 000	8. 692 926	6. 102 782	13. 930 000	0. 213 333	9. 458 723	7. 364 779	2. 736 667
9. 316 667	8. 687 155	6. 113 903	13. 116 670	0. 173 333	9. 457 732	7. 393 899	3. 313 333
7. 906 667	8. 687 543	6. 153 300	10. 666 670	0. 156 667	9. 464 618	7. 414 111	3. 516 667
8. 106 667	8. 699 648	6. 182 154	10. 563 330	0. 056 667	9. 475 355	7. 428 908	3. 460 000
8. 396 667	8. 722 303	6. 212 740	10. 543 330	0. 106 667	9. 482 038	7. 438 619	3. 716 667
9. 140 000	8. 741 824	6. 235 129	11. 626 670	0. 146 667	9. 489 221	7. 444 190	3. 490 000
8. 800 000	8. 762 474	6. 252 289	11. 686 670	0. 156 667	9. 495 602	7. 463 554	2. 786 667
9. 170 000	8. 780 665	6. 269 096	11. 943 330	0. 136 667	9. 501 083	7. 502 812	2. 863 333
9. 796 667	8. 797 669	6. 286 557	13. 200 000	0. 126 667	9. 502 585	7. 538 690	3. 460 000
10. 320 000	8. 807 158	6. 294 651	12. 866 670	0. 046 667	9. 509 415	7. 563 599	3. 210 000
8. 803 333	8. 814 137	6. 305 545	11. 743 330	0. 023 333	9. 513 012	7. 639 065	2. 426 667
8. 183 333	8. 821 732	6. 332 213	11. 583 330	0. 013 333	9. 523 171	7. 674 989	2. 046 667
7. 460 000	8. 830 543	6. 355 992	10. 813 330	0. 066 667	9. 524 698	7. 706 613	2. 036 667
7. 106 667	8. 844 711	6. 390 576	10. 336 670	0. 086 667	9. 530 153	7. 719 796	1. 823 333

第八章
面板数据模型

在前面的章节中,我们所用的数据均是一维数据,或基于同一横截面的时间序列数据,或基于同一时点的横截面数据,基于一维数据,可以分析模型随时间推移的规律,或随截面变化的规律。但是,随着经济现象的复杂化和经济理论的深化,单纯依靠时间数据或截面数据来检验经济理论,寻找经济社会现象背后的经济规律并据此预测经济发展趋势,势必产生较大的偏差,也远远不能够反映社会经济的实际。因此,本章将把二维数据引入模型中,即面板数据(panel data)。相对一维数据,面板数据提供更丰富的数据信息,因而需要拓展新的计量方法,以充分挖掘数据背后的信息。本章将重点介绍面板数据模型分类、面板数据模型设定、Hausman 检验等内容。

本章介绍面板数据概念、面板数据模型、面板数据模型的分类、面板数据模型的判断和设定检验。运用 EViews 软件建立面板数据,并运用 EViews 软件进行了固定效应模型与随机效应模型选择的 Hausman 检验。还运用 EViews 软件进行面板数据模型的设定检验、参数估计以及相关图表的刻画。介绍了面板数据的单位根检验;了解面板协整检验、动态面板模型估计。学会运用面板数据进行模型的构建与估计,培养学生洞察经济问题的敏锐性以及挖掘数据背后深层次经济规律的能力。

第一节 面板数据模型的分类

为了进一步挖掘数据背后的规律、发挥计量经济学的数据分析作用,1968 年以来,计量经济学家们开始关注面板数据。迄今为止,面板数据的计量分析已经成为计量经济学研究的重要分支之一,很多面板数据类的研究文章相继在《经济研究》《管理世界》《数量经济技术经济研究》等经济管理类的权威期刊发表,足以看出面板数据对经济发展研究的重要性。

本章主要介绍如下几类模型:混合回归模型、固定效应回归模型、随机效应回归模型、Hausman 检验、面板数据单位根检验、面板协整,EViews 软件操作也通过例题一一介绍。

一、面板数据的定义

所谓面板数据(panel data),也叫平行数据,指某一变量关于时间和横截面两个维度的数据,记为 x_{it},其中 $i=1,2,\cdots,N$,表示 N 个不同的对象(如国家、省、县、行业、企业、个人),$t=1,2,\cdots,T$,表示 T 个观测期。在研究中,为书写简便,通常将第 i 个对象的 T 期观测值构成的时间序列记为 $\{x_{it}\}_{t=1}^{T}$,即第 i 个纵剖面时间序列;将第 t 期 N 个对象的观测值构成的截面数据记为 $\{x_{it}\}_{i=1}^{N}$,即第 t 期横剖面序列。

例 8-1 1999—2010 年 31 省市自治区的环境治理支出数据。对任意给定的一年,它是由 31 个省该年的环境治理支出数据组成的截面数据；而对于任意给定的某一省份，它是由该省 12 年的环境治理支出数据构成的时间序列。这样，该面板数据有 31 个个体组成，共 372 个观测值。

对于面板数据 $x_{it}(i=1,2,\cdots,N,t=1,2,\cdots,T)$ 来说，如果从横截面上看，每个对象都有观测值，从纵剖面上看，每一期都有观测值，则称此面板数据为平衡面板数据（balanced panel data）。若在面板数据中丢失若干个观测值，则称此面板数据为非平衡面板数据（unbalanced panel data）。

例 8-2 2000—2008 年我国东部 12 个地区的生产效率（见表 8-1），无论给定某一地区，每个时期都有观测值，还是给定某一时点，每个地区都有观测值，所以该面板数据为平衡面板数据。

表 8-1 2000—2008 年我国东部 12 个地区的生产效率

	2000	2001	2002	2003	2004	2005	2006	2007	2008
北京	0.961 2	0.961 8	0.962 3	0.962 9	0.963 4	0.964	0.964 5	0.965	0.965 5
天津	0.787	0.789 8	0.792 6	0.795 4	0.798 1	0.800 9	0.803 5	0.806 2	0.808 8
河北	0.263 9	0.269 2	0.274 6	0.28	0.285 5	0.290 9	0.296 4	0.301 9	0.307 4
辽宁	0.371 9	0.377 5	0.383	0.388 6	0.394 2	0.399 8	0.405 4	0.410 9	0.416 5
上海	0.895	0.896 5	0.897 9	0.899 4	0.900 8	0.902 2	0.903 6	0.905	0.906 4
江苏	0.689 2	0.693	0.696 9	0.700 7	0.704 5	0.708 2	0.711 9	0.715 5	0.719 2
浙江	0.564 3	0.569 2	0.574 1	0.578 9	0.583 7	0.588 5	0.593 2	0.597 9	0.602 5
福建	0.743 6	0.746 9	0.750 2	0.753 5	0.756 7	0.759 9	0.763	0.766 1	0.769 2
山东	0.563 7	0.568 6	0.573 5	0.578 3	0.583 1	0.587 9	0.592 6	0.597 3	0.602
广东	0.913 8	0.915	0.916 2	0.917 4	0.918 6	0.919 8	0.920 9	0.922 1	0.923 2
广西	0.201 1	0.206	0.211	0.216	0.221 1	0.226 2	0.231 3	0.236 5	0.241 7
海南	0.285 2	0.291 4	0.296 8	0.302 3	0.307 9	0.313 4	0.318 9	0.324 5	0.33

例 8-3 1999—2010 年我国 10 个地区的 $R\&D$ 支出（见表 8-2），由表的数字可知，在 1999 年黑龙江、广西的地区 R&D 支出缺少观测值，所以该面板数据为非平衡面板数据。

表 8-2 1999—2010 年我国 10 个地区的 R&D 支出　　　　　　　　　　　单位：亿元

	北京	天津	河北	山西	内蒙古	辽宁	吉林	黑龙江	上海	广西
1999	120	12.5	13.6	7.5	1.8	29.4	7.4	—	49.7	—
2000	156	24.7	26.3	9.9	3.3	41.7	13.4	14.9	73.8	8.4
2001	171	25.2	25.8	10.8	3.9	53.9	16.5	20.1	88.1	8
2002	220	31.2	33.6	14.4	4.8	71.6	26.4	23.3	110	9
2003	256	40.4	38.1	15.8	6.4	83	27.8	32.7	129	11.2
2004	317	53.8	43.8	23.4	7.8	107	35.5	35.4	171	11.9

续　表

	北京	天津	河北	山西	内蒙古	辽宁	吉林	黑龙江	上海	广西
2005	382	72.6	58.9	26.3	11.7	125	39.3	48.9	208	14.6
2006	433	95.2	76.7	36.3	16.5	136	40.9	57	259	18.2
2007	505	115	90	49.3	24.2	165	50.9	66	308	22
2008	550	156	109	62.6	33.9	190	52.8	86.7	355	32.8
2009	669	179	135	80.9	52.1	232	81.4	109	423	47.2
2010	822	230	155	89.9	63.7	288	75.8	123	482	62.9

数据来源:根据《中国统计年鉴(2000—2011)》整理

二、面板数据的创建

以例 8-2 的 2000—2008 年我国东部 12 个地区的生产效率为例,介绍面板数据的创建。

建立新工作文件的方法是打开 EViews 7.0(面板回归必须在 5.0 以上的版本下运行)。输入数据的方法有 3 种:键盘输入、运用复制与粘贴功能输入、由其他数据文件导入,这在前面的章节已有介绍,本例只介绍菜单式输入方法。

Step 1:在 EViews 7.0 主菜单中点击 File 键,选择 New/Workfile,随机打开一个 Workfile Range(数据范围)对话框,并做出如下 3 种选择:① Frenquency(频率);② Start date (起始期);③ End date(终止期)。依据本例信息,分别输入起、止时间 2000、2008,点击 OK 键,得到如下图 8-1。

Step 2:点击主功能菜单中的 Object 键,选择 New Object(新对象),在 Type of Object 选择区选择 Pool(合并数据库),并在 Name of Object 为合并数据库命名(如 Pool1),名字一般为字母与数字的组合,如图 8-2,点击 OK 键,从而打开合并数据库窗口。

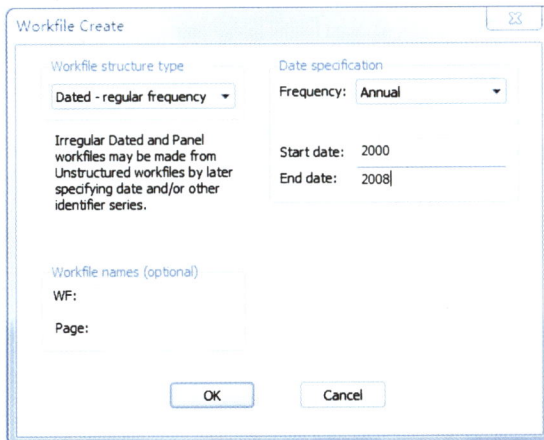

图 8-1　面板工作文件设定界面 1

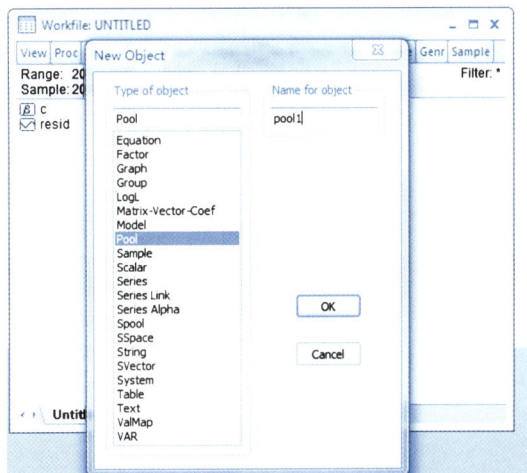

图 8-2　面板工作文件设定界面 2

Step 3:在合并数据库窗口输入地区标识。本例为_BJ、_TJ、_HB、…_QH、_NX,分别代表 12 个地区;再点击工具栏中的 Sheet 键,从而打开 Series List 窗口,定义时间序列变量如 eff? (生产技术效率),如果还要增加变量,可用同样方法进行,如图 8-3 所示。

Step 4:点击 OK 键,得到编辑窗口,进行数据录入,得到如图 8-4 所示数据,数据创建完成。此时应及时对数据命名与保存。

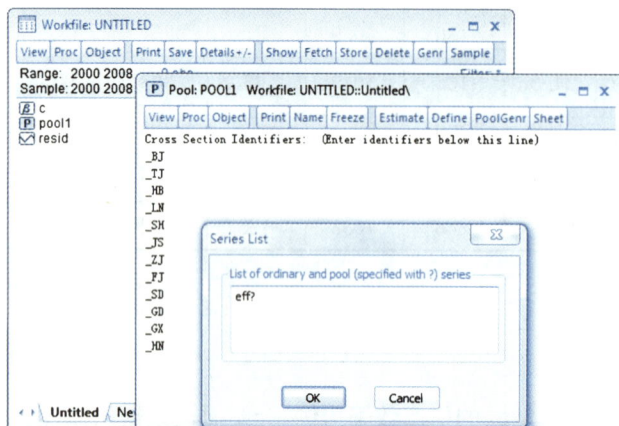

图 8-3　pool 工作文件创建窗口

图 8-4　面板数据录入窗口

Step 5:实际上,数据在 Excel 中整理时往往不是图 8-4 格式,而是表 8-1 所示的格式,因此可以在工作文件 Workfile 截面,按住 ctrl 键,依次点击 BJ?、TJ?、HB?、LN?、SH?、JS?、ZJ?、FJ?、SD?、GD?、GX?、HN?,点击右键,选择 Open/as Group(如图 8-5),将数据整理成数组(如图 8-6 所示)。如果原始数据整理与表 8-1 数据呈转置关系,则可以在图 8-6 的工作截面工具栏点击 Transpose 键,得图 8-7,如此数据录入与编辑更加方便。

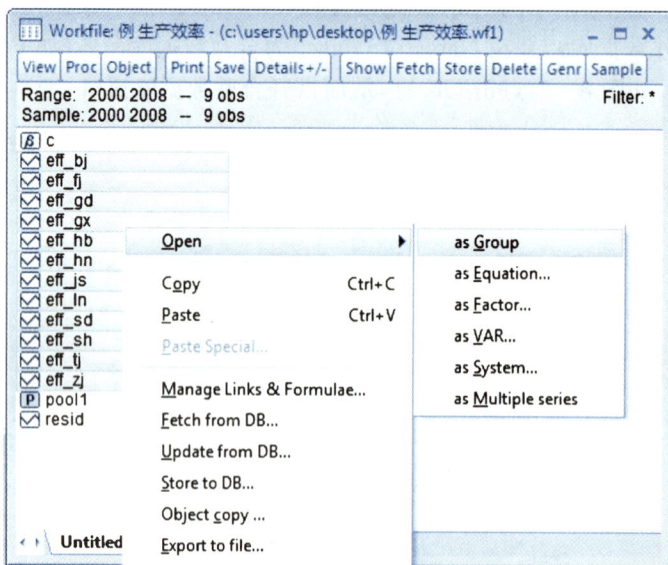

图 8-5　pool 工作文件创建窗口

obs	2000	2001	2002	2003	2004	2005	2006	2007	2008
EFF_BJ	0.961200	0.961800	0.962300	0.962900	0.963400	0.964000	0.964500	0.965000	0.965500
EFF_TJ	0.787000	0.789800	0.792600	0.795400	0.798100	0.800900	0.803500	0.806200	0.808800
EFF_HB	0.263900	0.269200	0.274600	0.280000	0.285500	0.290900	0.296400	0.301900	0.307400
EFF_LN	0.371900	0.377500	0.383000	0.388600	0.394200	0.399800	0.405400	0.410900	0.416500
EFF_SH	0.895000	0.896500	0.897900	0.899400	0.900800	0.902200	0.903600	0.905000	0.906400
EFF_JS	0.689200	0.693000	0.696900	0.700700	0.704500	0.708200	0.711900	0.715500	0.719200
EFF_ZJ	0.564300	0.569200	0.574100	0.578900	0.583700	0.588500	0.593200	0.597900	0.602500
EFF_FJ	0.743600	0.746900	0.750200	0.753500	0.756700	0.759900	0.763000	0.766100	0.769200
EFF_SD	0.563700	0.568600	0.573500	0.578300	0.583100	0.587900	0.592600	0.597300	0.602000
EFF_GD	0.913800	0.915000	0.916200	0.917400	0.918600	0.919800	0.920900	0.922100	0.923200
EFF_GX	0.201100	0.206000	0.211000	0.216000	0.221100	0.226200	0.231300	0.236500	0.241700
EFF_HN	0.285900	0.291400	0.296800	0.302300	0.307900	0.313400	0.318900	0.324500	0.330000

图 8-6　面板数据录入窗口

obs	EFF_BJ	EFF_TJ	EFF_HB	EFF_LN	EFF_SH	EFF_JS	EFF_ZJ	EFF_FJ	EFF_SD	EFF_GD	EFF_GX	EFF_HN
2000	0.961200	0.787000	0.263900	0.371900	0.895000	0.689200	0.564300	0.743600	0.563700	0.913800	0.201100	0.285900
2001	0.961800	0.789800	0.269200	0.377500	0.896500	0.693000	0.569200	0.746900	0.568600	0.915000	0.206000	0.291400
2002	0.962300	0.792600	0.274600	0.383000	0.897900	0.696900	0.574100	0.750200	0.573500	0.916200	0.211000	0.296800
2003	0.962900	0.795400	0.280000	0.388600	0.899400	0.700700	0.578900	0.753500	0.578300	0.917400	0.216000	0.302300
2004	0.963400	0.798100	0.285500	0.394200	0.900800	0.704500	0.583700	0.756700	0.583100	0.918600	0.221100	0.307900
2005	0.964000	0.800900	0.290900	0.399800	0.902200	0.708200	0.588500	0.759900	0.587900	0.919800	0.226200	0.313400
2006	0.964500	0.803500	0.296400	0.405400	0.903600	0.711900	0.593200	0.763000	0.592600	0.920900	0.231300	0.318900
2007	0.965000	0.806200	0.301900	0.410900	0.905000	0.715500	0.597900	0.766100	0.597300	0.922100	0.236500	0.324500
2008	0.965500	0.808800	0.307400	0.416500	0.906400	0.719200	0.602500	0.769200	0.602000	0.923200	0.241700	0.330000

图 8-7　面板数据录入窗口

三、面板数据回归模型的一般形式

面板计量模型是社会和经济问题研究中具有重要价值的一类数据模型,它不仅可以同时利用截面数据和时间序列数据建立计量经济模型,而且能够识别和度量单纯的时间序列模型和单纯的截面数据模型所不能发现的影响因素,它能够构造和检验更复杂的数学模型。因此,面板数据模型在很多领域有很好的应用前景。例如,在宏观经济领域,它被广泛用于劳动经济学、国际金融、经济增长、产业结构、技术创新、金融、税收等领域,尤其近年来在环境经济学领域,面板数据模型发挥了重要的作用。大量有关面板数据模型运用研究的相关论文的陆续发表,足以说明面板计量模型已然成为计量经济学的研究热点之一。

面板数据模型的一般形式如下:

$$y_{it} = \sum_{k=1}^{K} \beta_{ki} x_{kit} + u_{it} \tag{8.1.1}$$

其中,$i=1,2,\cdots,N$,表示 N 个个体;$t=1,2,\cdots,T$,表示 T 个时期;y_{it} 为被解释变量,表示第 i 个个体在时期 t 的观测值;x_{kit} 是解释变量,表示第 k 个解释变量对于个体 i 在时期 t 的观测值;β_{ki} 是待估参数;u_{it} 是随机干扰项。相应的矩阵表达式为

$$Y_i = X_i \beta_i + U_i \quad (i=1,2,\cdots,N) \tag{8.1.1}'$$

其中,$Y_i = \begin{bmatrix} y_{i1} \\ y_{i2} \\ \vdots \\ y_{iT} \end{bmatrix}$,$X_i = \begin{bmatrix} x_{1i1} & x_{2i1} & \cdots & x_{Ki1} \\ x_{1i2} & x_{2i2} & \cdots & x_{Ki2} \\ \vdots & \vdots & & \vdots \\ x_{1iT} & x_{2iT} & \cdots & x_{KiT} \end{bmatrix}_{T \times K}$,$\beta_i = \begin{bmatrix} \beta_{1i} \\ \beta_{2i} \\ \vdots \\ \beta_{Ki} \end{bmatrix}_{K \times 1}$,$U_i = \begin{bmatrix} u_{i1} \\ u_{i2} \\ \vdots \\ u_{iT} \end{bmatrix}_{T \times 1}$。

四、面板数据回归模型的分类

通常,模型(8.1.1)依据不同的假设,将分为不同类型的面板数据回归模型。一般而言,面板数据回归模型可以分为如下几类:① 混合模型;② 固定效应模型;③ 随机效应模型;④ 确定系数面板数据模型;⑤ 随机系数面板数据模型;⑥ 平均个体回归模型;⑦ 平均时间回归模型。

但是,对实际教学和科学研究而言,通常将面板数据模型分为三类:混合模型、固定效应模型、随机效应模型。固定效应模型又可以分为个体固定效应模型、时点固定效应模型、个体时点固定效应模型。随机效应模型又可以分为个体随机效应模型、时点随机效应模型、个体时点随机效应模型。实际应用最广的就是个体固定效应模型和个体随机效应模型。后续的章节将重点介绍混合模型、固定效应模型、随机效应模型。

(一)混合回归模型

从时间上看,不同时点之间不存在显著性差异;从截面上看,不同个体之间也不存在显著性差异,那么就可以直接把面板数据混合在一起,这样的模型称为混合回归模型(pooled regression models),用普通最小二乘法(OLS)估计参数。

$$y_{it} = \beta_1 + \sum_{k=2}^{K} \beta_k x_{kit} + u_{it} \tag{8.1.2}$$

$$Y = X\beta + U \tag{8.1.2}'$$

其中,$Y = \begin{bmatrix} Y_1 \\ Y_2 \\ \vdots \\ Y_N \end{bmatrix}_{NT \times 1}$, $X = \begin{bmatrix} X_1 \\ X_2 \\ \vdots \\ X_N \end{bmatrix}_{NT \times K}$, $\beta_i = \begin{bmatrix} \beta_1 \\ \beta_2 \\ \vdots \\ \beta_k \end{bmatrix}_{K \times 1}$, $U = \begin{bmatrix} U_1 \\ U_2 \\ \vdots \\ U_N \end{bmatrix}_{NT \times 1}$。

1. 混合回归模型的假设

为了得到模型参数的理想估计量,必须假设模型(8.1.2)满足如下条件:

假设1:$E(u_{it}) = 0$。随机误差项 u_{it} 的期望等于零。

假设2:$Var(u_{it}) = \sigma^2$。随机误差项 u_{it} 具有同方差性。

假设3:$Cov(u_{it}, u_{i't'}) = 0$,若 $i \neq i'$,$t \neq t'$。不同个体、不同时点的 u_{it} 相互独立。

假设4:$Cov(u_{it}, x_{kit}) = 0$。对所有的 $k = 1, 2, \cdots, K$ 以及 i, t。解释变量与随机干扰项相互独立,即 $E(XU) = 0$,其中 x_{kit} 是 X 的分量,u_{it} 是 U 的分量。

假设5:$rank(X'X) = rank(X) = K$,其中 $rank(\cdot)$ 表示矩阵的秩。解释变量之间不存在完全共线性。

假设6:当 $N, T \to \infty$ 时,$T^{-1}X'X \to Q$,其中 Q 是一个有限值的非退化矩阵。解释变量是非随机的,具有平稳性。

2. 混合回归模型的估计

如果模型(8.1.2)满足假设1~6,则可以采用最小二乘法求得参数估计量:

$$\hat{\beta}_{OLS} = (X'X)^{-1}X'Y \tag{8.1.3}$$

如果模型设定是正确的,那么无论是 $N \to \infty$,还是 $T \to \infty$,模型参数的混合最小二乘

(pooled OLS)都是无偏、有效、一致估计量。

实际上,混合回归模型假定解释变量对被解释变量的影响与个体、时点无关。关于参数的这种假设被广泛运用,但是,在许多实际问题的研究中,混合回归模型并不适用(Mairesse&Griliches,1990)。在实际问题研究中,可能截距项对被解释变量的影响与个体、时点有关因而模型将放宽为固定效应模型或随机效应模型;也可能部分解释变量对被解释变量的影响与个体、时点有关因而模型将放宽为变系数模型。下面分别介绍。

(二)固定效应模型

在面板数据回归模型中,如果对于不同的截面或不同的时点,模型的截距项是不同的,而模型的斜率系数是相同的,则称此种模型为固定效应模型(fixed effects regression model)。

固定效应模型分为三种类型,即个体固定效应模型(entity fixed effects regression model)、时点固定效应模型(time fixed effects regression model)、个体时点固定效应模型(entity and time fixed effects regression model)。

1. 个体固定效应模型

个体固定效应模型是对于不同的个体(或纵剖面时间序列)只有截距项不同的模型。如果能够判断对于不同的个体(或纵剖面时间序列),模型的截距显著不同,但是对于不同的时点(或截面)截距是相同的,那么建立个体固定效应模型是合理的。个体固定效应模型的一般形式为

$$y_{it} = \lambda_i + \sum_{k=2}^{K} \beta_k x_{kit} + u_{it} \tag{8.1.4}$$

其中,λ_i 是随机变量,随个体变化,但不随时间变化。λ_i 与 x_{kit} 相关,这是固定效应模型区别于随机效应模型的关键所在,后续将在模型设定与检验中介绍。

个体固定效应模型也可以用虚拟变量形式表示为

$$y_{it} = \alpha_1 D_1 + \alpha_2 D_2 + \cdots + \alpha_N D_N + \sum_{k=2}^{K} \beta_k x_{kit} + u_{it} \tag{8.1.4}'$$

其中,$D_i = \begin{cases} 1 & \text{如果属于第 } i \text{ 个个体} \\ 0 & \text{其他(不属于第 } i \text{ 个个体)} \end{cases}$ $(i=1,2,\cdots,N)$。

设定个体固定效应模型的原因解释如下:

假定有面板数据模型 $y_{it} = \beta_0 + \beta_1 x_{it} + \beta_2 z_i + u_{it}$,其中 β_0 为常数,不随时间、截面变化;z_i 表示随个体变化,但不随时间变化的难易观测的解释变量。

例 8-4 居民家庭人均消费和人均可支配收入关系分析。采集 1996—2002 年中国东北、华北、华东 15 个省级地区的居民家庭人均消费与人均可支配收入、各省物价指数构成的面板数据。在这个例题中,"省家庭平均人口数"就是符合这种要求的一个解释变量。对于短期面板而言,这是一个基本不随时间变化的量,但是对于不同的省份,这个变量的值是不同的。很显然,"省家庭平均人口数"对家庭人均消费是有解释作用的。

上述模型可以被解释为含有 N 个截距,即每个个体都对应一个不同截距的回归模型。令 $\alpha_i = \beta_0 + \beta_2 z_i$,于是 $y_{it} = \beta_0 + \beta_1 x_{it} + \beta_2 z_i + u_{it}$ 就可以转化为:

$$y_{it} = \alpha_i + \beta_1 x_{it} + u_{it} \quad (i=1,2,\cdots,N; t=1,2,\cdots,T) \tag{8.1.5}$$

这正是个体固定效应模型的形式。对于每个个体,回归函数的斜率相同(都是 β_1),截距 α_i

却因个体不同而变化。可见个体固定效应模型中的截距项 α_i 包括了那些随个体变化,但不随时间变化的难以观测的变量的影响。α_i 是一个随机变量。因为 z_i 是不随时间变化的量,所以当个体固定效应模型中的变量进行差分时,可以剔除那些 z_i 的影响,即剔除 α_i 的影响,因而针对固定效应模型提出了基于差分的组内估计法。

在实际中,个体固定效应模型是一种常用的面板数据模型。

2. 时点固定效应模型

时点固定效应模型对于不同的时点(或截面)有不同截距的模型。如果能够判断对于不同的时点(或截面),模型的截距显著不同,但是对于不同的个体(或时间序列)截距是相同的,那么建立时点固定效应模型是合理的。时点固定效应模型的一般形式为

$$y_{it} = \gamma_t + \sum_{k=2}^{K} \beta_k x_{kit} + u_{it} \tag{8.1.6}$$

其中,γ_t 是随机变量,随时间变化,但不随个体变化。γ_t 与 x_{kit} 相关,这是固定效应模型区别于随机效应模型的关键所在。

时点固定效应模型也可以用虚拟变量形式表示为

$$y_{it} = \lambda_1 W_1 + \lambda_2 W_2 + \cdots + \lambda_T W_T + \sum_{k=2}^{K} \beta_k x_{kit} + u_{it} \tag{8.1.6}'$$

其中,$W_t = \begin{cases} 1 & \text{如果属于第 } t \text{ 个截面} \\ 0 & \text{其他(不属于第 } t \text{ 个截面)} \end{cases}$ $(t=1,2,\cdots,T)$。

设定时点固定效应模型的原因解释如下。

假定有面板数据模型 $y_{it} = \gamma_0 + \beta_1 x_{it} + \beta_2 z_t + u_{it}$,其中 γ_0 为常数,不随时间、截面变化;z_t 表示不随个体变化,但随时点(截面)变化的难易观测的解释变量。

仍以案例 8-4 为例。"全国居民消费价格指数"就是符合这种要求的一个解释变量。对于不同的时点,这是一个变化的量,但对于不同的省份(个体),这是一个不变化的量。很显然,"全国居民消费价格指数"是引起家庭人均消费变化的解释变量之一。

上述模型可以被解释为含有 T 个截距,即每个截面都对应一个不同截距的回归模型。令 $\gamma_t = \gamma_0 + \beta_2 z_t$,于是 $y_{it} = \gamma_0 + \beta_1 x_{it} + \beta_2 z_t + u_{it}$ 就可以转化为

$$y_{it} = \gamma_t + \beta_1 x_{it} + u_{it} \quad (i=1,2,\cdots,N; t=1,2,\cdots,T) \tag{8.1.7}$$

这正是时点固定效应模型的形式。对于每个截面,回归函数的斜率相同(都是 β_1),截距 γ_t 却因截面不同而变化。可见时点固定效应模型中的截距项 γ_t 包括了那些随不同时点(截面)变化,但不随个体变化的难以观测的变量的影响。

3. 个体时点固定效应模型

个体时点固定效应模型就是对于不同的个体(时间序列)、不同的时点(截面)都有不同的截距模型。如果能够判断对于不同的个体(时间序列)和不同的时点(截面),截距都是不同的,那么建立个体时点固定效应模型便是合理的。个体时点固定效应模型的一般形式为

$$y_{it} = \lambda_i + \gamma_t + \sum_{k=2}^{K} \beta_k x_{kit} + u_{it} \tag{8.1.8}$$

其中,λ_i 是随机变量,随个体变化,但不随时间变化;γ_t 是随机变量,随时间变化,但不随个体变化。λ_i 和 γ_t 都与 x_{kit} 相关,这是固定效应模型区别于随机效应模型的关键所在。

正如式(8.1.4)′和(8.1.6)′所述,固定效应模型等价于在模型中引入虚拟变量,因此可以按照估计含有虚拟变量模型的方法加以估计,并称这种回归为最小二乘虚拟变量(the least square dummy variable,LSDV)回归。也可采用广义最小二乘法的协方差分析(analysis of covariance)法进行固定效应模型的参数估计,即 ANCOVA 估计法。

(三) 随机效应模型

与固定效应模型相对应,还存在随机效应模型。随机效应模型也分为三种类型,即个体随机效应模型(entity random effects regression model)、时点随机效应模型(time random effects regression model)、个体时点随机效应模型(entity and time random effects regression model)。但在实际运用中,考虑最多的是个体随机效应模型,与个体固定效应模型相对应。

1. 个体随机效应模型

个体随机效应模型的一般形式为

$$y_{it} = \beta_1 + \sum_{k=2}^{K} \beta_k x_{kit} + \lambda_i + u_{it} \tag{8.1.9}$$

其中,β_1 是常数,其他变量定义与(8.1.1)的定义相同。λ_i 是随机变量,其分布与 x_{kit} 不相关,而固定效应模型中,λ_i 与 x_{kit} 相关,这是随机效应模型区别于固定效应模型的关键所在。

对于随机效应模型,$E(\lambda_i | x_{kit}) = 0$,则 $E(y_{it} | x_{kit}) = \beta_1 + \sum_{k=2}^{K} \beta_k x_{kit}$,对于 y_{it} 可以识别,所以随机效应模型参数的混合 OLS 估计量具有一致性,但不具有有效性。

2. 时点随机效应模型

时点随机效应模型的一般形式为

$$y_{it} = \beta_1 + \sum_{k=2}^{K} \beta_k x_{kit} + v_t + u_{it} \tag{8.1.10}$$

其中,β_1 是常数,其他变量定义与(8.1.1)的定义相同。v_t 是随机变量,其分布与 x_{kit} 不相关,而固定效应模型中,v_t 与 x_{kit} 相关,这是随机效应模型区别于固定效应模型的关键所在。

3. 个体时点随机效应模型

个体时点随机效应模型的一般形式为

$$y_{it} = \beta_1 + \sum_{k=2}^{K} \beta_k x_{kit} + \lambda_i + v_t + u_{it} \tag{8.1.11}$$

其中,β_1 是常数,其他变量定义与(8.1.1)的定义相同。λ_i 和 v_t 都是随机变量,其分布与 x_{kit} 不相关,而固定效应模型中,λ_i 和 v_t 都与 x_{kit} 相关,这是随机效应模型区别于固定效应模型的关键所在。

第二节　固定效应回归模型

如果解释变量对被解释变量的效应不随个体的变化而变化,用于解释被解释变量的信息不够完整,即解释变量中不包含一些被解释变量的不可观测的确定性因素时,那么可以采用反映个体特征的或时间特征的虚拟变量(即只随个体变化或只随机时间变化)或者分解模型的截距项来描述这些缺失的确定性信息。在面板数据的计量分析中,将这种模型称为固定效应模型(fixed effects regression model)。

固定效应模型分为三种类型,即个体固定效应模型(entity fixed effects regression model)、时点固定效应模型(time fixed effects regression model)、时点个体固定效应模型(time and entity fixed effects regression model)。

例如,研究生产效率与专利授权量的关系时,影响某地区生产效率的主要因素是生产投资和技术水平。然而,除此之外,还有地区特点、气候特征、经济外部性等因素,这些因素一般不随时间推移而变化,可是它们在各个地区之间却存在着显著地差异。这样,将回归模型设定为面板数据的个体固定效应模型,相应的截距项即为个体的固定效应。

一、个体固定效应模型

(一) 个体固定效应模型

如果从时间和个体上看,面板数据回归模型的解释变量对被解释变量的边际影响是相同的,而且除模型的解释变量外,影响被解释变量的其他所有确定性变量的效应只是随个体变化而不随时间变化时,此时模型应该设定为个体固定效应模型,其一般形式为

$$y_{it} = \lambda_i + \sum_{k=2}^{K} \beta_k x_{kit} + u_{it} \qquad (8.2.1)$$

其中,λ_i 表示不同个体之间的差异化效应。

(二) 个体固定效应模型的估计

固定效应模型主要采用 LSDV 估计法(least square dummy variable estimation,LSDV),即最小二乘虚拟变量估计法。如果模型设定是正确的,且符合模型的全部假设条件,则回归系数估计量是无偏的、有效的、一致估计量。

(三) 个体固定效应模型的设定检验

在应用个体固定效应模型研究问题时,首先必须基于从一般到特殊的建模思想,采用无约束模型和有约束模型的回归残差平方和之比构造 F 统计量,以检验设定个体固定效应模型的合理性。下面介绍用 F 统计量的推断方法。

对模型(8.2.1),F 检验的零假设为

$$H_0 : \lambda_1 = \lambda_2 = \lambda_3 = \cdots = \lambda_{N-1} = 0$$

设 $URSS$ 是(8.2.1)$LDSV$ 估计的残差平方和;$RRSS$ 是有约束模型(8.1.1)(即混合回归模型)的残差平方和,则在零假设下,

$$F_2 = \frac{(RRSS - URSS)/(N-1)}{URSS/(NT - N - K)} \sim F(N-1, NT - N - K)$$

其中,F_2 统计量的第一个自由度即为约束条件的个数($N-1$),假定有 N 个截距项相等而与个体无关,如同原假设 H_0。F_2 统计量的第二个自由度即为无约束方程的自由度,即样本容量与回归变量数之差。

因此,在给定的显著性水平下,如果拒绝了零假设 H_0,则将模型设定为个体固定效应模型。

(四) 个体固定效应模型实例

仍以例 8-2 数据为例,进行个体固定效应模型分析。

按图 8-8 进行无约束回归，即在 Cross-section 框中选择 Fixed，在 Common 中填入常数和解释变量，即 C，log(*pat*)。

点击"确定"键，即得如图 8-9 所示的无约束回归结果。

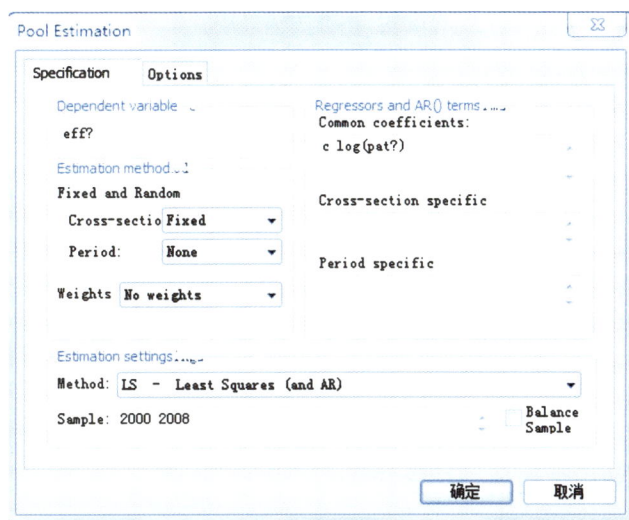

图 8-8　无约束回归设定图

Dependent Variable: EFF?
Method: Pooled Least Squares
Date: 02/01/16 Time: 21:48
Sample: 2000 2008
Included observations: 9
Cross-sections included: 12
Total pool (balanced) observations: 108

Variable	Coefficient	Std. Error	t-Statistic	Prob.
C	0.474231	0.014772	32.10315	0.0000
LOG(PAT?)	0.016635	0.001706	9.751598	0.0000
Fixed Effects (Cross)				
_BJ--C	0.337152			
_TJ--C	0.190922			
_HB--C	-0.325504			
_LN--C	-0.225479			
_SH--C	0.271143			
_JS--C	0.072241			
_ZJ--C	-0.053538			
_FJ--C	0.140555			
_SD--C	-0.046560			
_GD--C	0.271829			
_GX--C	-0.373233			
_HN--C	-0.259537			

Effects Specification

Cross-section fixed (dummy variables)

R-squared	0.999139	Mean dependent var	0.618091
Adjusted R-squared	0.999030	S.D. dependent var	0.253931
S.E. of regression	0.007908	Akaike info criterion	-6.729350
Sum squared resid	0.005941	Schwarz criterion	-6.406501
Log likelihood	376.3849	Hannan-Quinn criter.	-6.598447
F-statistic	9185.577	Durbin-Watson stat	0.276375
Prob(F-statistic)	0.000000		

图 8-9　无约束回归结果

从而有 $URSS=0.005\ 9$，又由前面回归知 $RRSS=4.320\ 9$

$$F_2=\frac{(RRSS-URSS)/(N-1)}{URSS/(NT-N-K)}\sim F(N-1,NT-N-K)$$

$N=12,T=9,K=2$，由统计量的设定知，$F_2=6\ 249.76>F_{0.01}(11,94)=2.43$。

所以拒绝原假设(混合模型)，说明模型存在个体固定效应。

二、时点固定效应模型

时点固定效应模型就是对于不同的截面(时点)有不同截距的模型。如果能够判断对于不同的截面(时点)，模型的截距显著不同，但是对于不同的时间序列(个体)截距是相同的，那么建立时点固定效应模型是合理的。

时点固定效应模型，其一般形式如下：

$$y_{it}=\gamma_t+\sum_{k=2}^{K}\beta_k x_{kit}+u_{it} \tag{8.2.2}$$

(一) 时点固定效应模型的设定检验

时点固定效应模型的 F 检验，首先设定零假设如下：

$$H_0:\gamma_1=\gamma_2=\gamma_3=\cdots=\gamma_{T-1}=0$$

在零假设下，F 统计量：

$$F_2=\frac{(RRSS-URSS)/(T-1)}{URSS/(NT-T-K)}\sim F(T-1,NT-T-K) \tag{8.2.3}$$

设 $URSS$ 是(8.2.2)$LDSV$ 估计的残差平方和；$RRSS$ 是有约束模型(8.1.1)(即混合回归模型)的残差平方和。

在给定的显著性水平下，如果拒绝了零假设 H_0，则将模型设定为时点固定效应模型。

(二) 时点固定效应模型实例

仍以例 8-2 数据为例，进行时点固定效应模型分析。

按图 8-10 进行模型的无约束回归，即在 Period 框中选择 Fixed，在 Common 中填入常数和解释变量，即 C，$\log(pat)$。

点击"确定"键，即得如图 8-11 所示的无约束回归结果。

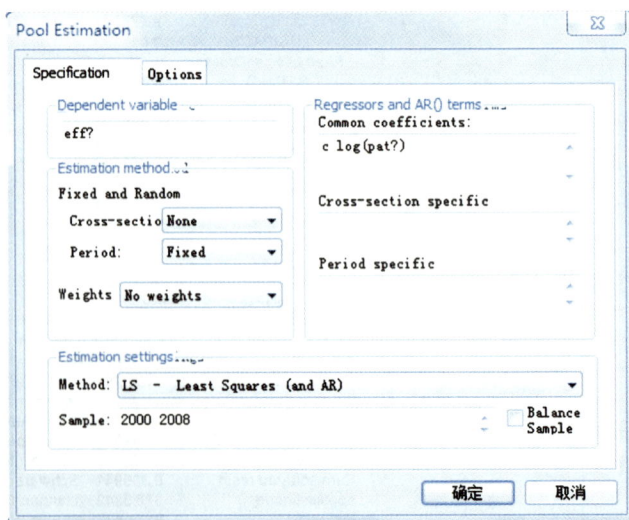

图 8-10 时点固定效应模型设定图

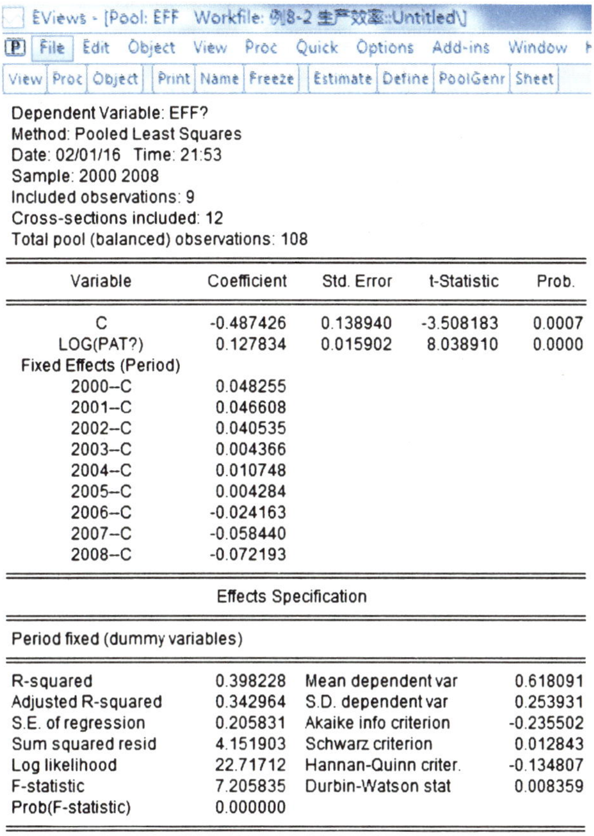

EViews - [Pool: EFF Workfile: 例8-2 生产效率::Untitled\]

File Edit Object View Proc Quick Options Add-ins Window

View | Proc | Object | Print | Name | Freeze | Estimate | Define | PoolGenr | Sheet

Dependent Variable: EFF?
Method: Pooled Least Squares
Date: 02/01/16 Time: 21:53
Sample: 2000 2008
Included observations: 9
Cross-sections included: 12
Total pool (balanced) observations: 108

Variable	Coefficient	Std. Error	t-Statistic	Prob.
C	-0.487426	0.138940	-3.508183	0.0007
LOG(PAT?)	0.127834	0.015902	8.038910	0.0000
Fixed Effects (Period)				
2000--C	0.048255			
2001--C	0.046608			
2002--C	0.040535			
2003--C	0.004366			
2004--C	0.010748			
2005--C	0.004284			
2006--C	-0.024163			
2007--C	-0.058440			
2008--C	-0.072193			

Effects Specification

Period fixed (dummy variables)

R-squared	0.398228	Mean dependent var	0.618091
Adjusted R-squared	0.342964	S.D. dependent var	0.253931
S.E. of regression	0.205831	Akaike info criterion	-0.235502
Sum squared resid	4.151903	Schwarz criterion	0.012843
Log likelihood	22.71712	Hannan-Quinn criter.	-0.134807
F-statistic	7.205835	Durbin-Watson stat	0.008359
Prob(F-statistic)	0.000000		

图 8－11　无约束回归结果

从而有 $URSS=4.1519$，又由前面知 $RRSS=4.3209$，

$$F_2=\frac{(RRSS-URSS)/(T-1)}{URSS/(NT-T-K)}\sim F(T-1,NT-T-K)$$

$N=12,T=9,K=2$，由统计量的设定知，$F_2=0.4935<F_{0.01}(8,97)=2.73$。

所以不能拒绝原假设，说明仅仅设定时点固定效应模型是不合理的。

三、时点个体固定效应模型

时点个体固定效应模型就是对于不同的截面(时点)、不同的时间序列(个体)都有不同的截距模型。如果能够判断对于不同的截面(时点)和不同的时间序列(个体)，截距都是不同的，那么建立时点个体固定效应模型是合理的。

$$y_{it}=\lambda_i+\gamma_t+\sum_{k=2}^{K}\beta_k x_{kit}+u_{it} \tag{8.2.4}$$

(一) 时点个体固定效应模型的设定检验

类似于前面个体固定效应模型、时点固定效应模型，同样采用 Chow 检验的 F 统计量，构造原假设如下：

$H_0^1:\lambda_1=\lambda_2=\lambda_3=\cdots=\lambda_{N-1}=0$ 和 $\gamma_1=\gamma_2=\gamma_3=\cdots=\gamma_{T-1}=0$；

$$H_0^2 : \lambda_1 = \lambda_2 = \lambda_3 = \cdots = \lambda_{N-1} = 0, \text{当} \gamma_t \neq 0, t = 1, 2, \cdots, T-1 \text{时};$$

$$H_0^3 : \gamma_1 = \gamma_2 = \gamma_3 = \cdots = \gamma_{T-1} = 0, \text{当} \lambda_i \neq 0, i = 1, 2, \cdots, N-1 \text{时}.$$

显然,检验假设 H_0^2 的目的是推断在存在时点效应的情况下,判断模型是否存在个体效应;检验假设 H_0^3 的目的是推断在存在个体效应的情况下,判断模型是否存在时点效应。

检验假设 H_0^1 的 RRSS 是有约束模型(8.1.1)(即混合回归模型)的残差平方和,而 URSS 是无约束模型(8.2.4)的残差平方和。则在假设 H_0^1 下,有

$$F_1 = \frac{(RRSS - URSS)/(N+T-2)}{URSS/(NT-N-T-K)} \sim F(N+T-2, NT-N-T-K) \qquad (8.2.5)$$

在给定的显著性水平下,如果 $F > F_1$,拒绝了零假设 H_0^1,则将模型设定为时点个体固定效应模型。

检验假设 H_0^2 的 RRSS 是只有时点虚拟变量回归模型的残差平方和,而 URSS 仍是无约束模型(8.2.4)的残差平方和。则在假设 H_0^3 下,有

$$F_2 = \frac{(RRSS - URSS)/(N-1)}{URSS/(NT-N-T-K)} \sim F(N-1, NT-N-T-K) \qquad (8.2.6)$$

在给定的显著性水平下,如果 $F > F_2$,拒绝了零假设 H_0^2,则将模型设定为时点个体固定效应模型。

检验假设 H_0^3 的 RRSS 是只有个体虚拟变量回归模型的残差平方和,而 URSS 仍是无约束模型(8.2.4)的残差平方和。则在假设 H_0^3 下,有

$$F_3 = \frac{(RRSS - URSS)/(T-1)}{URSS/(NT-N-T-K)} \sim F(T-1, NT-N-T-K) \qquad (8.2.7)$$

在给定的显著性水平下,如果 $F > F_3$,拒绝了零假设 H_0^3,则将模型设定为时点个体固定效应模型。

(二) 时点个体固定效应模型实例

仍以例 8-2 数据为例,进行时点个体固定效应模型分析。

按图 8-12 进行模型的无约束回归,即在 Cross-seci 和 Period 框中同时选择 Fixed,在 Common 中填入常数和解释变量,即 C,log(pat)。

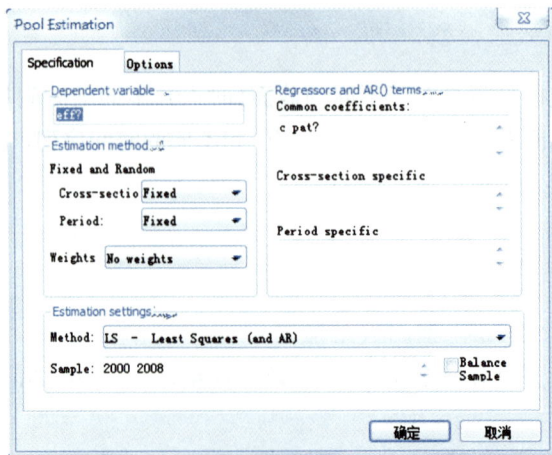

图 8-12 时点个体固定效应模型设定图

点击“确定”键，即得图 8 - 13 所示的无约束回归结果：

EViews - [Pool: EFF　Workfile: 例8-2 生产效率::Untitled\]

File　Edit　Object　View　Proc　Quick　Options　Add-ins　Window

View　Proc　Object　Print　Name　Freeze　Estimate　Define　PoolGenr　Sheet

Dependent Variable: EFF?
Method: Pooled Least Squares
Date: 02/01/16　Time: 21:59
Sample: 2000 2008
Included observations: 9
Cross-sections included: 12
Total pool (balanced) observations: 108

Variable	Coefficient	Std. Error	t-Statistic	Prob.
C	0.688373	0.019057	36.12134	0.0000
LOG(PAT?)	-0.008127	0.002203	-3.689004	0.0004
Fixed Effects (Cross)				
_BJ--C	0.349294			
_TJ--C	0.174579			
⋮	⋮			
Fixed Effects (Period)				
2000--C	-0.018710			
2001--C	-0.014679			
⋮	⋮			

Effects Specification

Cross-section fixed (dummy variables)
Period fixed (dummy variables)

R-squared	0.999723	Mean dependent var	0.618091
Adjusted R-squared	0.999659	S.D. dependent var	0.253931
S.E. of regression	0.004687	Akaike info criterion	-7.715270
Sum squared resid	0.001911	Schwarz criterion	-7.193745
Log likelihood	437.6246	Hannan-Quinn criter.	-7.503811
F-statistic	15697.37	Durbin-Watson stat	0.194031
Prob(F-statistic)	0.000000		

图 8 - 13　无约束回归结果

从而有 $URSS=0.001\ 9$，又由前面知 $RRSS=4.320\ 9$，

$$F_3=\frac{(RRSS-URSS)/(T-1)}{URSS/(NT-N-T-K)}\sim F(T-1,NT-N-T-K)$$

$N=12$，$T=9$，$K=2$，由统计量的设定知，$F_3=241\ 52>F_{0.01}(8,85)=2.77$。

所以拒绝原假设(混合模型)，建立的时点个体固定效应模型是合适的，这也与上面混合效应模型检验、个体固定效应模型检验、时点固定效应模型检验的结果相吻合，说明模型设定检验结果是稳健的。

因此，应该将模型设定为个体时点固定效应模型。

第三节　随机效应回归模型

面板计量分析中，如果解释变量对被解释变量的效应不随个体和时间而变化，并且解释变量的信息不够完整，即解释变量中不包含一些影响被解释变量的不可观测的确定性因素时，可以将这种模型称为固定效应模型。但是，固定效应模型存在诸多不足。例如，固定效应模型中包含了许多虚拟变量，减少了模型估计的自由度；实际应用中，固定效应模型的随机干扰项难以满足模型的基本假设，容易导致参数估计的非有效估计。更重要的是，它只考虑了不完整的确定性信息对被解释变量的效应，而未包含不可观测的随机信息效应。为了弥补固定效应模

型的不足,将合并数据的随机干扰项分解为截面随机误差分量、时间随机误差分量、个体时间随机误差分量,本节将针对如下模型,展开随机效应模型的讨论。

$$y_{it} = \beta_1 + \sum_{k=2}^{K} \beta_k x_{kit} + u_i + v_t + w_{it} \tag{8.3.1}$$

其中,$u_i \sim N(0, \sigma_{it}^2)$表示个体随机误差分量;$v_t \sim N(0, \sigma_v^2)$表示时间随机误差分量;$w_{it} \sim N(0, \sigma_w^2)$表示个体时间(混合)随机误差分量;一般称模型(8.3.1)为随机效应模型或双分量误差分解模型(the two-way error component regression model)。如果模型只存在截面随机误差分量 u_i 而不存在时间随机误差分量 v_t,则称该模型为个体随机效应模型;如果模型只存在时间随机误差分量 v_t 而不存在截面随机误差分量 u_i,则称该模型为时点随机效应模型;如果模型同时存在截面随机误差分量 u_i 和时间随机误差分量 v_t,则称该模型为个体时点随机效应模型,即双分量误差分解模型,与之相对应的为单分量误差分解模型(the one-way error component regression model)。

一、个体随机效应回归模型

(一)个体随机效应模型及估计

当利用面板数据研究拥有大量个体的总体经济特征时,若选择固定效应模型就会损失巨大的自由度,使得个体截距项的估计不具有有效性。这时,可以在总体中随机抽取 N 个样本,利用该样本的个体随机效应模型推断总体的经济规律。个体随机效应模型一般形式为

$$y_{it} = \beta_1 + \sum_{k=2}^{K} \beta_k x_{kit} + u_i + w_{it} \tag{8.3.2}$$

其中,个体随机干扰项 u_i 是属于第 i 个个体的随机干扰分量,并在整个时间范围($t=1$,$2, \cdots, T$)保持不变,它反映了不随时间变化的不可观测随机信息的效应。

(二)个体随机效应模型的设定检验

检验个体随机效应的原假设和备选假设分别是:

$H_0: \sigma_u^2 = 0$(混合估计模型)

$H_1: \sigma_u^2 \neq 0$(个体随机效应模型)

Breusch 和 Pagan(1980)基于 Lagrange 乘数(Lagrange multiplier)方法提出了个体随机效应的检验统计量:

$$LM = \frac{NT}{2(T-1)} \left[\frac{\sum_{i=1}^{N} \left[\sum_{t=1}^{T} \hat{\varepsilon}_{it} \right]^2}{\sum_{i=1}^{N} \sum_{t=1}^{T} \hat{\varepsilon}_{it}^2} - 1 \right]^2$$

其中,$\hat{\varepsilon}_{it}$ 是混合模型的 $y_{it} = \beta_1 + \sum_{k=2}^{K} \beta_k x_{kit} + u_{it}$ 的 OLS 估计的残差,在零假设下,统计量 LM 服从自由度为 1 的卡方 χ^2 分布,即 $LM \sim \chi^2(1)$。

(三)个体随机效应模型应用

例 8-5 美国 4 大制造业公司的实际总投资(I)、公司前一年的市场价值(F)以及前一年

末实际资本存货(K)有关数据,并建立了一个包含 4 个横截面成员 20 年观测值的 Pool 对象。其中 4 大制造业分为通用电气(GE)、通用汽车(GM)、美国钢铁(US)以及西屋电气(WE)。为了研究企业实际市场价值(F)和实际资本存量(K)如何决定实际总投资(I),整理数据如表 8-3 所示,请进行相应的面板模型估计。

表 8-3　美国 4 大制造业公司有关数据　　　　　　　　　　单位:百万美元

年　份	I	F	K	年　份	I	F	K
通用电气 GE				通用汽车 GM			
1935	33.1	1 170.6	97.8	1935	317.6	3078.5	2.8
1936	45	2 015.8	104.4	1936	391.8	4661.7	52.6
1937	77.2	2 803.3	118	1937	410.6	5 387.1	156.9
1938	44.6	2 039.7	156.2	1938	257.7	2 792.2	209.2
1939	48.1	2 256.2	172.6	1939	330.8	4 313.2	203.4
1940	74.4	2 132.2	186.6	1940	461.2	4 643.9	207.2
1941	113	1 834.1	220.9	1941	512	4 551.2	255.2
1942	91.9	1 588	287.8	1942	448	3 244.1	303.7
1943	61.3	1 749.4	319.9	1943	499.6	4 053.7	264.1
1944	56.8	1 687.2	321.3	1944	547.5	4 379.3	201.6
1945	93.6	2 007.7	319.6	1945	561.2	4 840.9	265
1946	159.9	2 208.3	346	1946	688.1	4 900	402.2
1947	147.2	1 656.7	456.4	1947	568.9	3 526.5	761.5
1948	146.3	1 604.4	543.4	1948	529.2	3 245.7	922.4
1949	98.3	1 431.8	618.3	1949	555.1	3700.2	1 020.1
1950	93.5	1 610.5	647.4	1950	642.9	3 755.6	1 099
1951	135.2	1 819.4	671.3	1951	755.9	4 833	1 207.2
1952	157.3	2 079.7	726.1	1952	891.2	4 924.9	1 430.5
1953	179.5	2 371.6	800.3	1953	1304.4	6 241.7	1 777.3
1954	189.6	2 759.9	888.9	1954	1486.7	5 593.6	2 226.3
年　份	I	F	K	年　份	I	F	K
美国钢铁 US				西屋电气 WE			
1935	209.9	1362.4	53.8	1941	472.8	2380.5	261.4
1936	355.3	1807.1	50.5	1942	445.6	2168.6	298.7
1937	469.9	2673.3	118.1	1943	361.6	1985.1	301.8
1938	262.3	1801.9	260.2	1944	288.2	1813.9	279.1
1939	230.4	1957.3	312.7	1945	258.7	1850.2	213.8
1940	361.6	2202.9	254.2	1946	420.3	2067.7	232.6

续　表

年　份	I	F	K	年　份	I	F	K
	美国钢铁 US				西屋电气 WE		
1947	420.5	1 796.7	264.8	1941	48.51	537.1	36.2
1948	494.5	1 625.8	306.9	1942	43.34	561.2	60.8
1949	405.1	1 667	351.1	1943	37.02	617.2	84.4
1950	418.8	1 677.4	357.8	1944	37.81	626.7	91.2
1951	588.2	2 289.5	341.1	1945	39.27	737.2	92.4
1952	645.2	2 159.4	444.2	1946	53.46	760.5	86
1953	641	2 031.3	623.6	1947	55.56	581.4	111.1
1954	459.3	2 115.5	669.7	1948	49.56	662.3	130.6
1935	12.93	191.5	1.8	1949	32.04	583.8	141.8
1936	25.9	516	0.8	1950	32.24	635.2	136.7
1937	35.05	729	7.4	1951	54.38	732.8	129.7
1938	22.89	560.4	18.1	1952	71.78	864.1	145.5
1939	18.84	519.9	23.5	1953	90.08	1 193.5	174.8
1940	28.57	628.5	26.5	1954	68.6	1 188.9	213.5

　　模型通常存在个体横截面效应或时间效应,包括固定效应或随机效应,这里主要用于讨论个体随机效应模型的设定问题,模型的设定如图 8-14 所示,估计结果如图 8-15 所示。

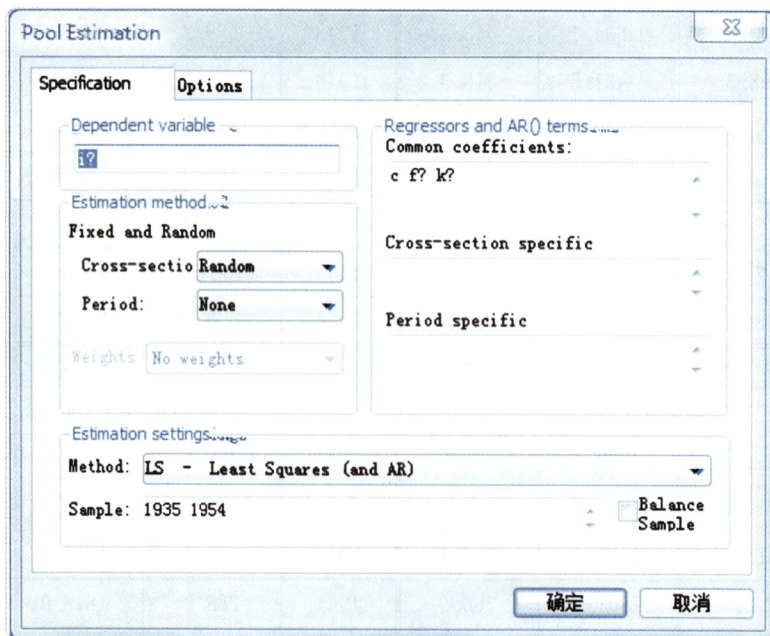

图 8-14　个体随机效应模型设定图

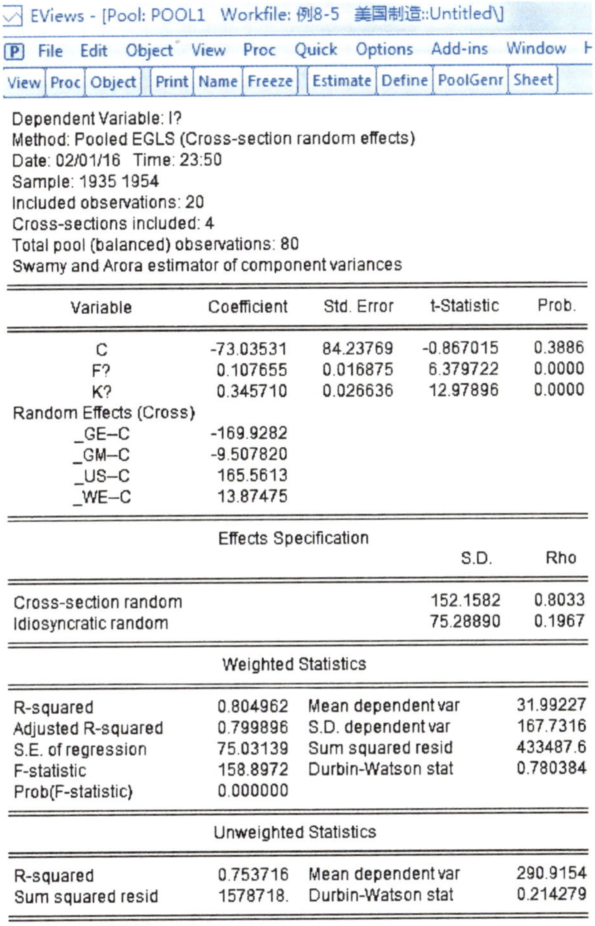
EViews - [Pool: POOL1 Workfile: 例8-5 美国制造::Untitled\]

File Edit Object View Proc Quick Options Add-ins Window H

View Proc Object Print Name Freeze Estimate Define PoolGenr Sheet

Dependent Variable: I?
Method: Pooled EGLS (Cross-section random effects)
Date: 02/01/16 Time: 23:50
Sample: 1935 1954
Included observations: 20
Cross-sections included: 4
Total pool (balanced) observations: 80
Swamy and Arora estimator of component variances

Variable	Coefficient	Std. Error	t-Statistic	Prob.
C	-73.03531	84.23769	-0.867015	0.3886
F?	0.107655	0.016875	6.379722	0.0000
K?	0.345710	0.026636	12.97896	0.0000
Random Effects (Cross)				
_GE--C	-169.9282			
_GM--C	-9.507820			
_US--C	165.5613			
_WE--C	13.87475			

Effects Specification

	S.D.	Rho
Cross-section random	152.1582	0.8033
Idiosyncratic random	75.28890	0.1967

Weighted Statistics

R-squared	0.804962	Mean dependent var	31.99227
Adjusted R-squared	0.799896	S.D. dependent var	167.7316
S.E. of regression	75.03139	Sum squared resid	433487.6
F-statistic	158.8972	Durbin-Watson stat	0.780384
Prob(F-statistic)	0.000000		

Unweighted Statistics

R-squared	0.753716	Mean dependent var	290.9154
Sum squared resid	1578718.	Durbin-Watson stat	0.214279

图 8－15 个体随机效应模型估计结果

由图 8－15 知，四个地区的自发投资水平的随机偏离值，GE 公司为－169.93，GM 公司为－9.51，US 公司为 165.56，WE 公司为 13.87。随机偏离值最大的为 US 公司，其次为 WE 公司，最小的 GE 公司。

由图 8－15 的估计结果 Effects Specification 栏可以看出，随机效应模型中截面随机部分的标准差（Cross-section random）、随机效应模型中随机干扰项的标准差（Idiosyncratic random）分别为 152.16 和 75.29，各自占总方差的比例 Rho 分为 80.33%和 19.67%。

通过计算知，$LM=1.48$，${\chi_{0.05}}^2(2)=5.99$，显然有 $LM<\chi^2$，则不能拒绝原假设，即模型不存在显著的个体随机效应，或者说设定个体随机效应与个体固定效应没有显著的区别。

在个体随机效应模型估计结果界面，点击 View→Fixed/Random Effects Testing→Correlated Random Ettects-Hausman Test（如图 8－16 所示），可以得到如图 8－17 所示的估计结果。从中可以看出，设定模型为个体随机效应时，Chi-Sq Static 统计量为 1.47，相应的 P 值为 0.478 5，接受原假设，与上面的 LM 检验结果一致，认为建立个体随机效应模型不够合理。

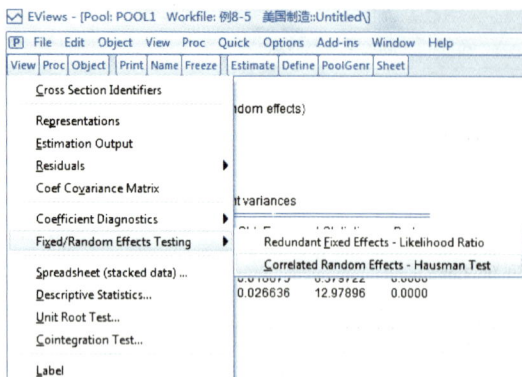

图 8-16　个体随机效应模型检验设定

图 8-17　个体随机效应模型检验结果

二、个体时点随机效应模型

(一) 个体时点随机效应模型一般形式

个体时点随机效应模型一般形式为

$$y_{it} = \beta_1 + \sum_{k=2}^{K} \beta_k x_{kit} + u_i + v_t + w_{it} \tag{8.3.3}$$

其中，$u_i \sim N(0, \sigma_{it}^2)$ 表示个体随机误差分量；$v_t \sim N(0, \sigma_v^2)$ 表示时点随机误差分量；$w_{it} \sim N(0, \sigma_w^2)$ 表示个体时点(混合)随机误差分量；一般称模型(8.3.3)为随机效应模型或双分量误差分解模型(the two-way error component regression model)。

(二) 个体时点随机效应模型的设定检验

检验个体时点随机效应的原假设和备选假设分别是：

$H_0 : \sigma_u^2 = \sigma_v^2 = 0$(混合估计模型)

$H_1 : \sigma_u^2 \neq 0$ 或者 $\sigma_v^2 \neq 0$(随机效应模型)

Breusch 和 Pagan(1980)提出的 Lagrange 乘数方法中，设定的 Lagrange 乘数检验统计量为

$$LM = \frac{NT}{2} \left\{ \frac{1}{T-1} \left[\frac{\sum_{i=1}^{N} \left[\sum_{t=1}^{T} \hat{\varepsilon}_{it} \right]^2}{\sum_{i=1}^{N} \sum_{t=1}^{T} \hat{\varepsilon}_{it}^2} - 1 \right]^2 + \frac{1}{N-1} \left[\frac{\sum_{t=1}^{T} \left[\sum_{i=1}^{N} \hat{\varepsilon}_{it} \right]^2}{\sum_{i=1}^{N} \sum_{t=1}^{T} \hat{\varepsilon}_{it}^2} - 1 \right]^2 \right\}$$

其中，$\hat{\varepsilon}_{it}$ 是混合模型的 $y_{it} = \beta_1 + \sum_{k=2}^{K} \beta_k x_{kit} + u_{it}$ 的 OLS 估计的残差，在零假设下，统计量 LM 服从自由度为 2 的卡方 χ^2 分布，即 $LM \sim \chi^2(2)$。

(三) 个体时点随机效应模型应用

仍以例 8-5 为例，讨论个体时点随机效应模型的设定问题，模型的设定如图 8-18 所示。

当设定时点、个体固定效应模型时，估计结果如图 8-19 所示。通过计算知，$LM = 1.96$，$\chi_{0.05}^2(2) = 5.99$，显然有 $LM < \chi^2$，则不能拒绝原假设，即模型不存在显著的个体时点随机效应，或者说设定包含个体时点的随机效应模型与固定效应模型没有显著的区别。

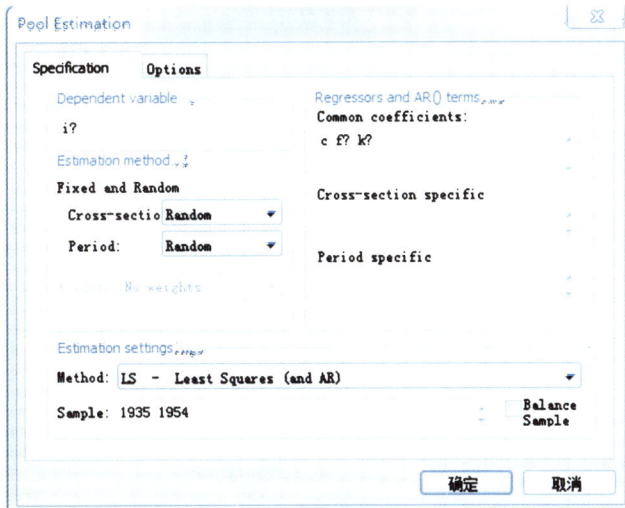

图 8-18 随机效应模型设定图

Dependent Variable: I?
Method: Pooled EGLS (Two-way random effects)
Date: 05/03/16 Time: 15:26
Sample: 1935 1954
Included observations: 20
Cross-sections included: 4
Total pool (balanced) observations: 80
Swamy and Arora estimator of component variances

Variable	Coefficient	Std. Error	t-Statistic	Prob.
C	-72.99761	82.31654	-0.886792	0.3780
F?	0.107642	0.016801	6.407000	0.0000
K?	0.345687	0.026565	13.01274	0.0000
Random Effects (Cross)				
_GE—C	-169.8267			
_GM—C	-9.467957			
_US—C	165.4549			
_WE—C	13.83971			
Random Effects (Period)				
1935—C	0.000000			
1936—C	0.000000			

$\vdots$

Effects Specification		S.D.	Rho
Cross-section random		152.1115	0.7954
Period random		0.000000	0.0000
Idiosyncratic random		77.15380	0.2046

Weighted Statistics			
R-squared	0.804871	Mean dependent var	32.78472
Adjusted R-squared	0.799803	S.D. dependent var	167.8286
S.E. of regression	75.09221	Sum squared resid	434190.7
F-statistic	158.8055	Durbin-Watson stat	0.779090
Prob(F-statistic)	0.000000		

Unweighted Statistics			
R-squared	0.753722	Mean dependent var	290.9154
Sum squared resid	1578678.	Durbin-Watson stat	0.214277

图 8-19 随机效应模型估计结果

在个体时点随机效应模型估计结果界面，点击 View→Fixed/Random Effects Testing→Correlated Random Ettects-Hausman Test（如图 8－20 所示），可以得到如图 8－21 所示的估计结果。从中可以看出，设定模型为个体时点随机效应时，Chi-Sq Static 统计量为 1.96，相应的 P 值为 0.374 9，接受原假设，与上面的 LM 检验结果一致，认为建立个体时点随机效应模型不够合理。

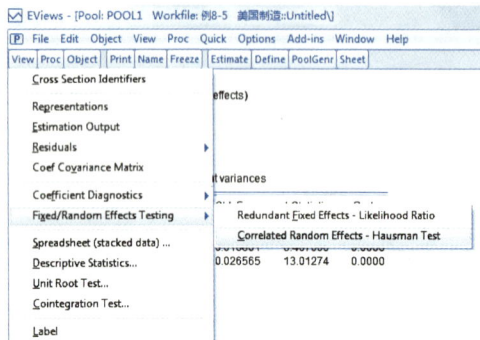

图 8－20 个体时点随机效应模型设定	图 8－21 个体时点随机效应模型检验结果

第四节 变系数回归模型

前面所介绍的固定效应模型（个体固定效应模型、时点固定效应模型、个体时点固定效应模型）和随机效应模型（个体随机效应模型、个体时点随机效应模型和随机效应模型），都是通过截距的变化来反映模型中忽略个体或时间差异因素而造成的影响。然而现实中变化的经济结构或不同的社会背景等因素有时会导致反映经济结构的参数随着横截面个体的变化而变化。因此，当现实数据不支持不变系数模型（变截距模型）时，便需要考虑这种系数随横截面个体变化而变化的变系数模型。

需要说明的是，变系数模型中，时点与个体是两个对称的维度，经济结构的参数同样可能随着时点的变化而变化，当现实数据不支持不变系数模型（变截距模型）时，便需要考虑这种系数随时点变化而变化的变系数模型。但是，在面板数据研究中，研究往往重点考虑截面个体差异对模型的影响，以反映面板数据的个体差异特征。因此本节的变系数模型分析，仅以个体差异为例，展开研究。

变系数模型的一般形式如下：

$$y_{it} = \alpha_i + x_{it}'\beta_i + u_{it} \quad (i=1,2,\cdots,N; t=1,2,\cdots,T) \tag{8.4.1}$$

其中，y_{it} 为因变量，$x_{it} = (x_{1,it}, x_{2,it}, \cdots, x_{k,it})'$ 为 $k \times 1$ 维的解释变量，N 为截面数，T 为观测期总数。α_i 为截距项，反映个体的异质性差异；β_i 为变系数，反映模型结构随截面的变化。随机干扰项 u_{it} 相互独立，且满足零均值、同方差的假设。

同时，在实际问题研究中，也许只有部分解释变量的系数随个体变化而变化。不妨假设混合回归模型（8.1.2）′中的前 K_1 个解释变量的系数与个体无关，后 K_2 个解释变量的系数随个体变化，即将 X_i 分解为两部分：X_{1i} 和 X_{2i}；参数部分 β_i 也相应地分解为 β_{1i} 和 β_{2i} 两部分。包括作为虚拟解释变量的截距项在内，解释变量的总数 $K = K_1 + K_2$。进一步，变系数回归模型（8.4.1）被放宽为如下形式：

$$y_{it} = \alpha_i + \sum_{i=1,\cdots,K_1} x'_{it}\beta + \sum_{i=K_1+1,\cdots,K_1+K_2} x'_{it}\beta_i + u_{it} \quad (i=1,2,\cdots,N; t=1,2,\cdots,T) \quad (8.4.2)$$

相应矩阵表达式为：

$$Y = X_1\beta_1 + X_2\beta_2 + U \quad (i=1,2,\cdots,N) \quad (8.4.2)'$$

其中：
$$Y = \begin{bmatrix} Y_1 \\ Y_2 \\ \vdots \\ Y_N \end{bmatrix}_{NT \times 1} \quad X_1 = \begin{bmatrix} X_{11} \\ X_{12} \\ \vdots \\ X_{1N} \end{bmatrix}_{NT \times K_1} \quad X_2 = \begin{bmatrix} X_{21} & 0 & \cdots & 0 \\ 0 & X_{22} & \cdots & 0 \\ \vdots & \vdots & & \vdots \\ 0 & 0 & 0 & X_{2N} \end{bmatrix}_{NT \times NK_2}$$

$$\beta_1 = \begin{bmatrix} \beta_{11} \\ \beta_{12} \\ \vdots \\ \beta_{1K1} \end{bmatrix}_{K_1 \times 1} \quad \beta_2 = \begin{bmatrix} \beta_{21} \\ \beta_{22} \\ \vdots \\ \beta_{2N} \end{bmatrix}_{NK_2 \times 1} \quad U = \begin{bmatrix} U_1 \\ U_2 \\ \vdots \\ U_N \end{bmatrix}_{NT \times 1}$$

需要说明的是，截距项已经包含在 X_{1i} 或 X_{2i} 中，根据研究问题的实际情况，若不随个体变化而变化，则计入 K_1 中；若随个体变化而变化，则计入 K_2 中。

因此，模型混合回归模型(8.1.2)'与变系数回归模型(8.4.2)'的区别的关键在于：后 K_2 个解释变量的系数是否随个体变化而变化，因此模型的设定检验中，原假设为：后 K_2 个解释变量的系数相同，不随个体变化而变化。

一、变系数回归模型的设定检验

Step 1：构造原假设 $H_0: \beta_{i1} = \beta_{i2} = \cdots = \beta_{iN}$，$i=1,2,\cdots,K_2$。假定 K_2 个解释变量的系数不随个体变化。

Step 2：如果模型(8.4.1)的随机干扰项 U 服从正态分布，则构造 Chow 检验的 F 统计量：

$$F_1 = \frac{(RRSS - URSS)/(N-1)K_2}{URSS/(NT - NK_2 - K_1)} \sim F((N-1)K_2, NT - NK_2 - K_1) \quad (8.4.3)$$

其中，$URSS$ 是无约束模型(8.4.1)的残差平方和，$RRSS$ 是有约束模型(8.1.2)的残差平方和。F_1 统计量的第一个自由度即为约束条件的个数 $(N-1)K_2$，假定有 K_2 个解释变量的系数相等且与个体无关，如同原假设 H_0，每个系数对应 $(N-1)$ 个等式，因而约束条件的个数为 $(N-1)K_2$。F_1 统计量的第二个自由度即为无约束方程的自由度，即样本容量与回归变量数之差。

Step 3：比较判断。

在给定显著性水平下，如果 $F_1 < F_\alpha((N-1)K_2, NT - NK_2 - K_1)$，则接受原假设 H_0，则将模型设定为混合回归模型，否则设定为变系数回归模型。

二、变系数回归模型应用

仍以例 8-2 中我国东部 12 个地区为例，考察其生产技术效率与专利授权量之间的关系，生产技术效率数据如表 8-1 所示，专利授权量数据如表 8-4 所示。

表 8 – 4　2000—2008 年我国东部 12 个地区的专利批准量　　　　　单位:项

地　区	2000	2001	2002	2003	2004	2005	2006	2007	2008
北京	5 905	6 246	6 345	8 248	9 005	10 100	11 238	14 954	17 747
天津	1 611	1 829	1 827	2 505	2 578	3 045	4 159	5 584	6 790
河北	2 812	2 791	3 353	3 572	3 407	3 585	4 131	5 358	5 496
辽宁	4 842	4 448	4 551	5 656	5 749	6 195	7 399	9 615	10 665
上海	4 050	5 371	6 695	16 671	10 625	12 603	16 602	24 481	24 468
江苏	6 432	6 158	7 595	9 840	11 330	13 580	19 352	31 770	44 438
浙江	7 495	8 312	10 479	14 402	15 249	19 056	30 968	42 069	52 953
福建	3 003	3 296	4 001	5 377	4 758	5 147	6 412	7 761	7 937
山东	6 962	6 725	7 293	9 067	9 733	10 743	15 937	22 821	26 688
广东	15 799	18 259	22 761	29 235	31 446	36 894	43 516	56 451	62 031
广西	1 191	1 099	1 054	1 331	1 272	1 225	1 442	1 907	2 228
海南	320	303	199	296	278	200	248	296	341

数据来源:《中国统计年鉴(2001—2009)》

1. 回归模型估计

在 Pool 窗口的工具栏中点击 Estimate 键,打开 Pooled Estimation(面板估计)窗口,在 Dependent Variable(应变量)窗口填入 eff;在 Common(系数相同)窗口填入 C,log(pat)表示存在共同的截距项 C 和相同的斜率;在 Cross－section Specific(截面系数不同)选择窗口保持空白;在 Weights(权数)选择窗点击 No Weights,如图 8－22 所示。

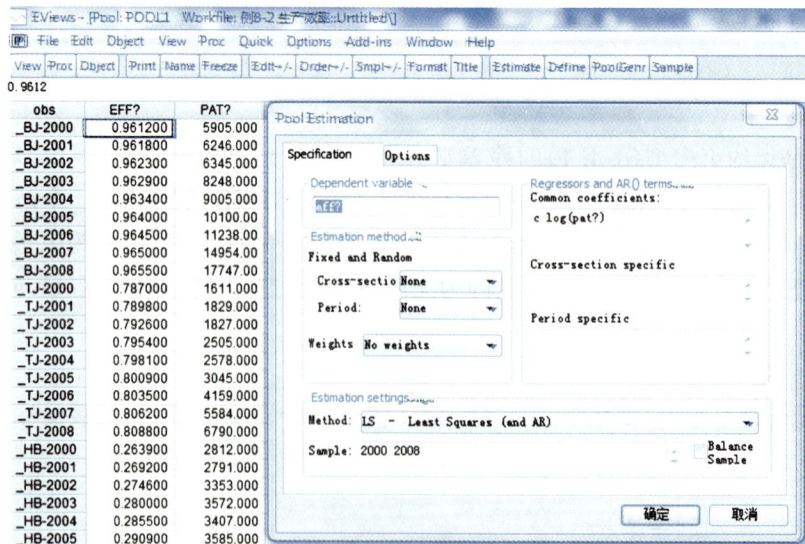

图 8 - 22　混合回归模型设定窗口

点击 Pooled Estimation(混合估计)窗口中的“确定”键,得到估计结果如图 8－23 所示。

EViews - [Pool: POOL1 Workfile: 例8-2 生产效率::Untitled\]

File Edit Object View Proc Quick Options Add-ins Window H

View | Proc | Object | Print | Name | Freeze | Estimate | Define | PoolGenr | Sheet

Dependent Variable: EFF?
Method: Pooled Least Squares
Date: 02/02/16 Time: 09:23
Sample: 2000 2008
Included observations: 9
Cross-sections included: 12
Total pool (balanced) observations: 108

Variable	Coefficient	Std. Error	t-Statistic	Prob.
C	-0.404260	0.130003	-3.109620	0.0024
LOG(PAT?)	0.118217	0.014864	7.953361	0.0000

R-squared	0.373730	Mean dependent var	0.618091
Adjusted R-squared	0.367821	S.D. dependent var	0.253931
S.E. of regression	0.201900	Akaike info criterion	-0.343746
Sum squared resid	4.320933	Schwarz criterion	-0.294077
Log likelihood	20.56228	Hannan-Quinn criter.	-0.323607
F-statistic	63.25595	Durbin-Watson stat	0.016245
Prob(F-statistic)	0.000000		

图 8－23　混合回归模型(不变系数)的估计结果

即混合回归模型的估计函数为

$$eff = -0.404 + 0.118\log(pat?)$$

$$(-3.11)\quad (7.95)\quad R^2 = 0.37$$

因此,专利授权量 log(pat?)增加一个单位,生产效率将增加 0.118 个百分点。将 C, log(pat?)填入 Cross-section Specific 窗口,其他设置不变点击确定,得如图 8－24 所示的无约束回归模型估计结果。

EViews - [Pool: POOL1 Workfile: 例8-2 生产效率::Untitled\]

File Edit Object View Proc Quick Options Add-ins Window

View | Proc | Object | Print | Name | Freeze | Estimate | Define | PoolGenr | Sheet

Dependent Variable: EFF?
Method: Pooled Least Squares
Date: 02/02/16 Time: 09:25
Sample: 2000 2008
Included observations: 9
Cross-sections included: 12
Total pool (balanced) observations: 108

Variable	Coefficient	Std. Error	t-Statistic	Prob.
_BJ--C	0.929540	0.048934	18.99574	0.0000
_TJ--C	0.684175	0.032609	20.98145	0.0000
⋮				
_GX--LOG(PAT_GX)	0.047569	0.008296	5.733771	0.0000
_HN--LOG(PAT_HN)	0.004372	0.010673	0.409586	0.6832

R-squared	0.999578	Mean dependent var	0.618091
Adjusted R-squared	0.999462	S.D. dependent var	0.253931
S.E. of regression	0.005891	Akaike info criterion	-7.237694
Sum squared resid	0.002915	Schwarz criterion	-6.641665
Log likelihood	414.8355	Hannan-Quinn criter.	-6.996026
F-statistic	8640.611	Durbin-Watson stat	0.517723
Prob(F-statistic)	0.000000		

图 8－24　无约束回归模型(变系数)的估计结果

2. 变系数模型的设定检验

由图 8.23 知,无约束回归模型的残差平方和 $URSS=0.0029$。

混合回归模型的残差平方和 $RRSS=4.3209$。

$N=12$,$T=9$,$K=2$,$K_2=2$,$K_1=0$,根据统计量 $F_1=\dfrac{(RRSS-URSS)/(N-1)K_2}{URSS/(NT-NK_2-K_1)}$,求得 $F_1=11370$,查表得 $F_{0.01}(11,84)=2.47$,显然 $F_1>F_{0.01}(11,84)$,拒绝原假设,所以建立的混合回归模型是不合适的。

进一步,变系数回归模型的拟合优度 $R^2=0.99$,而不变系数回归模型的拟合优度 $R^2=0.37$,说明设定变系数回归模型更加合理。

本例中,技术投资、专利发明决定了生产效率的潜在水平。不同地区由于资源禀赋尤其人力资本、技术吸收与转化能力的区别直接决定了专利技术转化为实际产能、生产效率的高低,因此,地区差异不容忽视。

第五节　面板数据模型的设定与检验

面板数据的检验,旨在确定应该建立何种模型类型的检验,其中包括混合模型、固定效应模型、随机效应模型。对此,本节将介绍两个统计量,F 统计量和 H(Hausman)统计量。F 统计量重在检验应该建立混合模型还是固定效应模型,H 统计量重在检验应该建立随机效应模型还是固定效应模型。

一、F 检验

F 统计量用于检验一组面板数据应该建立混合模型还是固定效应模型。这在第二节、第三节已经介绍过,但为了与 Hausman 检验比较,以便更好地认识理解这两个统计量,本节将对 F 检验进行更为系统的梳理。

(一) F 检验的原理与步骤

混合模型中,截距项和系数全部相同,不随个体、时点变化而变化。与此相对应,若不是混合模型,那么可能出现两种情况,或者截距不同,或者截距和系数都不同。因此,即将介绍的 F 检验,将对模型能否设定为混合模型进行系统的梳理与检验。首先检验是否为混合模型,若肯定,则设为混合模型,检验结束;若否定,接着检验是否为变截距模型,若肯定则设变截距模型(固定效应模型),若否定,则设为变系数模型。因此,F 检验不仅完成了混合模型与固定效应模型的设定与检验,实际完成了三种模型的设定与选择:① 混合模型(同截距、同系数);② 固定效应模型(变截距、同系数);③ 变系数模型(变截距、变系数)。

特别地,对于面板数据而言,尽管理论上个体、时点具有对称性,混合模型与固定效应模型与否,差异的原因一般源于个体效应,即看重个体差异,相对忽视时点差异。因此后续检验只针对个体差异设定原假设。具体检验步骤如下:

Step 1:设定检验原假设

$$H_1:\beta_1=\beta_2=\cdots=\beta_N$$
$$H_2:\alpha_1=\alpha_2=\cdots=\alpha_N,\beta_1=\beta_2=\cdots=\beta_N$$

检验原理:如果模型接受假设 H_2,则可以认为样本数据满足同截距、同系数的特征,模型应设定为混合模型(不变系数模型)$Y_{it}=\alpha+X_{it}\beta+u_{it}$,检验结束;如果模型拒绝假设 H_2,则需进一步检验假设 H_1,如果接受 H_1,则可以认为样本数据满足变截距、同系数的特征,模型应设定为固定效应模型(变截距项模型)$Y_{it}=\alpha_i+X_{it}\beta+u_{it}$,否则模型应设定为变系数模型 $Y_{it}=\alpha_i+X_{it}\beta_i+u_{it}$。

Step 2:构造并计算 F 统计量

$$F_2=\frac{(S_3-S_1)/[(N-1)(k+1)]}{S_1/(NT-N(k+1))}\sim F[(N-1)(k+1),N(T-k-1)] \qquad (8.5.1)$$

$$F_1=\frac{(S_2-S_1)/[(N-1)k]}{S_1/(NT-N(k+1))}\sim F[(N-1)k,N(T-k-1)] \qquad (8.5.2)$$

其中,S_1 是变系数模型的残差平方和,S_2 是变截距模型的残差平方和,S_3 是混合模型的残差平方和。

统计量 F_2 中第一自由度为约束条件的个数,即 k 个解释变量系数和常数项都与个体无关满足 $N-1$ 个等式,F_2 中第二自由度为无约束模型(变系数模型)中样本容量与回归变量个数之差。

统计量 F_1 中第一自由度为约束条件的个数,即 k 个解释变量系数与个体无关满足 $N-1$ 个等式,F_1 中第二自由度为无约束模型(变系数模型)中样本容量与回归变量个数之差。

在假设 H_2 下统计量 F_2 服从自由度为 $[(N-1)(k+1),N(T-k-1)]$ 的 F 分布,计算 F_2,若 $F_2>F_\alpha[(N-1)(k+1),N(T-k-1)]$,则拒绝假设 H_2,继续检验假设 H_1,否则将模型设定为混合模型。

在假设 H_1 下统计量 F_1 服从自由度为 $[(N-1)k,N(T-k-1)]$ 的 F 分布,计算 F_1,若 $F_1>F_\alpha[(N-1)k,N(T-k-1)]$,则拒绝 H_1,将模型设定为变系数模型,否则将模型设定为固定效应模型(变截距项模型)。

(二) F 检验的案例分析

例 8-6　1995—2010 年我国东部地区 11 个省(市)城镇家庭平均每人可支配收入 INC(单位:元)、城镇家庭平均每人全年消费性支出 CS(单位:元)和居民消费价格指数 CPI(1995 年 CPI =100)如表 8-5 所示。这 11 个地区分别是:北京、天津、河北、辽宁、上海、江苏、浙江、福建、山东、广东以及海南。请通过面板模型估计与 Hausman 检验,分析消费支出与可支配收入的关系。

表 8-5　我国城镇居民收入与消费相关数据

年　份	INC	CS	CPI	年　份	INC	CS	CPI
北京 BJ				天津 TJ			
1995	6 235	5 019.8	100	1995	4 929.5	4 064.1	100
1996	7 332	5 729.5	111.6	1996	5 967.7	4 679.6	109
1997	7 813.2	6 531.8	117.5	1997	6 608.4	5 204.2	112.4
1998	8 472	6 970.8	120.3	1998	7 110.5	5 471	111.8
1999	9 182.8	7 498.5	121.1	1999	7 649.8	5 851.5	110.6
2000	10 349.7	8 493.5	125.3	2000	8 140.5	6 121	110.1
2001	11 577.8	8 922.7	129.2	2001	8 958.7	6 987.2	111.5
2002	12 463.9	10 284.6	126.9	2002	9 337.6	7 192	111

年 份	INC	CS	CPI	年 份	INC	CS	CPI
北京 BJ				天津 TJ			
2003	13 882.6	11 123.8	127.1	2003	10 312.9	7 867.5	112.1
2004	15 637.8	12 200.4	128.4	2004	11 467.2	8 802.4	114.7
2005	17 653	13 244.2	130.3	2005	12 638.6	9 653.3	116.4
2006	19 977.5	14 825.4	144	2006	14 283.1	10 548.1	127.7
2007	21 988.71	15 330.44	102.4	2007	16 357.35	12 028.88	104.2
2008	24 724.89	16 460.26	105.1	2008	19 422.53	13 422.47	105.4
2009	26 738.48	17 893.30	98.5	2009	21 402.01	14 801.35	99.0
2010	29 072.93	19 934.48	102.4	2010	24 292.60	16 561.77	103.5
河北 HB				辽宁 LN			
1995	3 921.4	3 162	100	1995	3 706.5	3 113.4	100
1996	4 442.8	3 424.4	107.1	1996	4 207.2	3 493	107.9
1997	4 958.7	4 003.7	110.8	1997	4 518.1	3 719.9	111.2
1998	5 084.6	3 834.4	109.1	1998	4 617.2	3 890.7	110.5
1999	5 365	4 026.3	107	1999	4 898.6	3 989.9	108.9
2000	5 661.2	4 348.5	106.7	2000	5 357.8	4 356.1	108.8
2001	5 984.8	4 479.8	107.2	2001	5 797	4 654.4	108.8
2002	6 679.7	5 069.3	106.1	2002	6 524.5	5 342.6	107.6
2003	7 239.1	5 439.8	108.5	2003	7 240.6	6 077.9	109.4
2004	7 951.3	5 819.2	113.1	2004	8 007.6	6 543.3	113.3
2005	9 107.1	6 699.7	115.2	2005	9 107.6	7 369.3	114.9
2006	10 304.6	7 343.5	128.9	2006	10 369.6	7 987.5	125.5
2007	11 690.47	8 234.97	104.7	2007	12 300.39	9 429.73	105.1
2008	13 441.09	9 086.73	106.2	2008	14 392.69	11 231.48	104.6
2009	14 718.25	9 678.75	99.3	2009	15 761.38	12 324.58	100.0
2010	16 263.43	10 318.32	103.1	2010	17 712.58	13 280.04	103.0
上海 SH				江苏 JS			
1995	7 191.8	5 868.1	100	1995	4 634.4	3 772.3	100
1996	8 178.5	6 763.1	109.2	1996	5 185.8	4 057.5	109.3
1997	8 438.9	6 819.9	112.3	1997	5 765.2	4 533.6	111.2
1998	8 773.1	6 866.4	112.3	1998	6 017.9	4 889.4	110.5
1999	10 931.6	8 247.7	113.9	1999	6 538.2	5 010.9	109.1
2000	11 718	8 868.2	116.8	2000	6 800.2	5 323.2	109.2
2001	12 883.5	9 336.1	116.8	2001	7 375.1	5 532.7	110
2002	13 249.8	10 464	117.4	2002	8 177.6	6 042.6	109.2
2003	14 867.5	11 040.3	117.5	2003	9 262.5	6 708.6	110.2
2004	16 682.8	12 631	120.1	2004	10 481.9	7 332.3	114.8

年　份	INC	CS	CPI	年　份	INC	CS	CPI
上海 SH				江苏 JS			
2005	18 645	13 773.4	121.3	2005	12 318.6	8 621.8	117.2
2006	20 667.9	14 761.8	136.1	2006	14 084.3	9 628.6	132.3
2007	23 622.73	17 255.38	103.2	2007	16 378.01	10 715.15	104.3
2008	26 674.90	19 397.89	105.8	2008	18 679.52	11 977.55	105.4
2009	28 837.78	20 992.35	99.6	2009	20 551.72	13 153.00	99.6
2010	31 838.08	23 200.40	103.1	2010	22 944.26	14 357.49	103.8
浙江 ZJ				福建 FJ			
1995	6 221.4	5 263.4	100	1995	4 507	3 848.1	100
1996	6 955.8	5 764.3	107.9	1996	5 172.9	4 248.5	105.9
1997	7 358.7	6 170.1	110.9	1997	6 143.6	4 936	107.7
1998	7 836.8	6 217.9	110.6	1998	6 485.6	5 181.5	107.4
1999	8 428	6 521.5	109.3	1999	6 859.8	5 266.7	106.4
2000	9 279.2	7 020.2	110.4	2000	7 432.3	5 638.7	108.6
2001	10 464.7	7 952.4	110.1	2001	8 313.1	6 015.1	107.2
2002	11 715.6	8 713.1	109.1	2002	9 189.4	6 631.7	106.7
2003	13 179.5	9 712.9	111.2	2003	9 999.5	7 356.3	107.6
2004	14 546.4	10 636.1	115.6	2004	11 175.4	8 161.2	111.9
2005	16 293.8	12 253.7	117.1	2005	12 321.3	8 794.4	114.3
2006	18 265.1	13 348.5	132.7	2006	13 753.3	9 807.7	127
2007	20 573.82	14 091.19	104.2	2007	15 506.05	11 055.13	105.2
2008	22 726.66	15 158.30	105.0	2008	17 961.45	12 501.12	104.6
2009	24 610.81	16 683.48	98.5	2009	19 576.83	13 450.57	98.2
2010	27 359.02	17 858.20	103.8	2010	21 781.31	14 750.01	103.2
山东 SD				广东 GD			
1995	4 264.1	3 285.5	100	1995	7 438.7	6 253.7	100
1996	4 890.3	3 771	109.6	1996	8 157.8	6 736.1	107
1997	5 190.8	4 040.6	112.7	1997	8 561.7	6 853.5	109
1998	5 380.1	4 144	112	1998	8 839.7	7 054.1	107.1
1999	5 809	4 515.1	111.2	1999	9 125.9	7 517.8	105.1
2000	6 490	5 022	111.4	2000	9 761.6	8 016.9	106.6
2001	7 101.1	5 252.4	113.4	2001	10 415.2	8 099.6	105.9
2002	7 614.4	5 596.3	112.6	2002	11 137.2	8 988.5	104.4
2003	8 399.9	6 069.4	113.9	2003	12 380.4	9 636.3	105
2004	9 437.8	6 673.8	118	2004	13 627.7	10 694.8	108.2
2005	10 744.8	7 457.3	120	2005	14 769.9	11 809.9	110.7
2006	12 192.2	8 468.4	138.5	2006	16 015.6	12 432.2	120.7

年　份	INC	CS	CPI	年　份	INC	CS	CPI
山东 SD				广东 GD			
2007	14 264.70	9 666.61	104.4	2007	17 699.30	14 336.87	103.7
2008	16 305.41	11 006.61	105.3	2008	19 732.86	15 527.97	105.6
2009	17 811.04	12 012.73	100.0	2009	21 574.72	16 857.50	97.7
2010	19 945.83	13 118.24	102.9	2010	23 897.80	18 489.53	103.1
海南 HN							
1995	4 770.4	3 760.3	100	2003	7 259.3	5 502.4	99.7
1996	4 926.4	3 815.3	104.3	2004	7 735.8	5 802.4	104.1
1997	4 849.9	3 908.6	105.1	2005	8 123.9	5 928.8	105.7
1998	4 852.9	3 832.4	102.3	2006	9 395.1	7 126.8	116.2
1999	5 338.3	4 017.8	100.6	2007	10 996.87	8 292.89	105.0
2000	5 358.3	4 082.6	101.7	2008	12 607.84	9 408.48	106.9
2001	5 838.8	4 367.9	100.1	2009	13 750.85	10 086.65	99.3
2002	6 822.7	5 459.6	99.6	2010	15 581.05	10 926.71	104.8

数据来源:《中国统计年鉴(1996—2011)》。

这里,考虑消费价格指数影响,将名义可支配收入与消费支出转换为实际收入、实际支出。在数据窗口点击 PoolGenr 功能键,会弹出如图 8-25 所示对话框,在对话框 Enter equation 编辑框输入:Pcs? =CS? /CPI? * 100,点击 OK 键,将生成 Pool 对象序列 Pcs?。类似可以生成 Pool 对象序列 Pinc?,即 Pinc? =INC? /CPI? * 100。

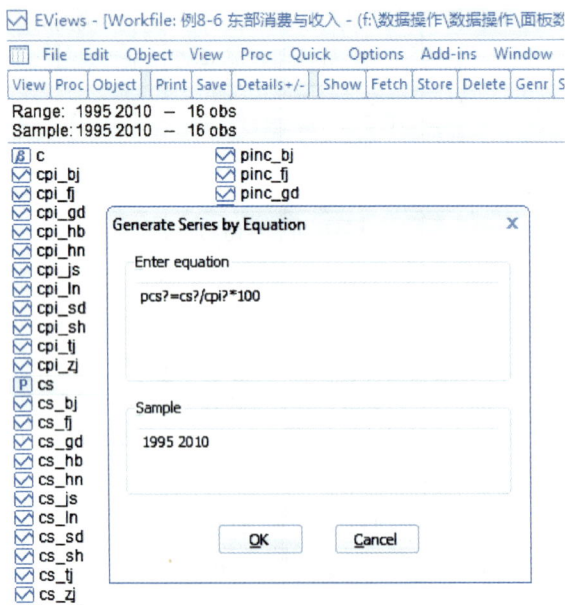

图 8-25　Pool 序列生成对话框

混合模型估计结果,如图 8-26 所示。

Dependent Variable: PCS?
Method: Pooled Least Squares
Date: 04/30/16 Time: 21:25
Sample: 1995 2010
Included observations: 16
Cross-sections included: 11
Total pool (balanced) observations: 176

Variable	Coefficient	Std. Error	t-Statistic	Prob.
C	726.1748	79.56342	9.126994	0.0000
PINC?	0.670241	0.006516	102.8598	0.0000

R-squared	0.983820	Mean dependent var	7853.979
Adjusted R-squared	0.983727	S.D. dependent var	4065.723
S.E. of regression	518.6436	Akaike info criterion	15.35161
Sum squared resid	46804460	Schwarz criterion	15.38764
Log likelihood	-1348.942	Hannan-Quinn criter.	15.36622
F-statistic	10580.14	Durbin-Watson stat	0.220071
Prob(F-statistic)	0.000000		

图 8‒26　混合模型估计结果

得相应不变系数模型的残差平方和 $S_3 = 46\ 804\ 460$。

变截距模型估计结果，如图 8‒27 所示。

Dependent Variable: PCS?
Method: Pooled Least Squares
Date: 04/30/16 Time: 21:23
Sample: 1995 2010
Included observations: 16
Cross-sections included: 11
Total pool (balanced) observations: 176

Variable	Coefficient	Std. Error	t-Statistic	Prob.
C	898.5218	58.13712	15.45522	0.0000
PINC?	0.654034	0.004854	134.7305	0.0000
Fixed Effects (Cross)				
_BJ–C	207.3587			
_TJ–C	-8.124963			
_HB–C	-435.5876			
_LN–C	191.3078			
_SH–C	459.9814			
_JS–C	-503.5717			
_ZJ–C	-16.47677			
_FJ–C	-176.2978			
_SD–C	-442.1011			
_GD–C	870.0336			
_HN–C	-146.5214			

Effects Specification

Cross-section fixed (dummy variables)

R-squared	0.992868	Mean dependent var	7853.979
Adjusted R-squared	0.992390	S.D. dependent var	4065.723
S.E. of regression	354.6861	Akaike info criterion	14.64609
Sum squared resid	20631568	Schwarz criterion	14.86226
Log likelihood	-1276.856	Hannan-Quinn criter.	14.73377
F-statistic	2075.506	Durbin-Watson stat	0.503151
Prob(F-statistic)	0.000000		

图 8‒27　变截距模型估计结果

得相应变截距模型的残差平方和 $S_2 = 20\ 631\ 568$。

变系数模型估计结果,如图 8-28 所示。

EViews - [Pool: CS Workfile: 例8-6 东部消费与收入.::Untitled\]

File Edit Object View Proc Quick Options Add-ins Window H

View Proc Object | Print Name Freeze | Estimate Define PoolGenr Sheet

Dependent Variable: PCS?
Method: Pooled Least Squares
Date: 04/30/16 Time: 21:26
Sample: 1995 2010
Included observations: 16
Cross-sections included: 11
Total pool (balanced) observations: 176

Variable	Coefficient	Std. Error	t-Statistic	Prob.
_BJ—C	1509.208	95.74291	15.76313	0.0000
_TJ—C	910.6672	100.7385	9.039909	0.0000
⋮				
_GD—PINC_GD	0.762755	0.009384	81.28423	0.0000
_HN—PINC_HN	0.693557	0.014437	48.03980	0.0000

R-squared	0.998163	Mean dependent var	7853.979
Adjusted R-squared	0.997912	S.D. dependent var	4065.723
S.E. of regression	185.7612	Akaike info criterion	13.40327
Sum squared resid	5314113.	Schwarz criterion	13.79958
Log likelihood	-1157.488	Hannan-Quinn criter.	13.56401
F-statistic	3984.609	Durbin-Watson stat	1.573459
Prob(F-statistic)	0.000000		

图 8-28 变系数模型估计结果

相应变系数模型的残差平方和 $S_1 = 5\ 314\ 113$。根据统计量 $F_2 = \dfrac{(S_3 - S_1)/[(N-1)(k+1)]}{S_1/[NT - N(k+1)]}$,

$F_1 = \dfrac{(S_2 - S_1)/[(N-1)k]}{S_1/[NT - N(k+1)]}$,又 $N=11, T=16, k=1$,计算得 $F_2 = 60.12, F_1 = 44.39$。查表得,在 1% 的显著性水平下 $F_2(20,154) = 2.00$ 和 $F_1(10,154) = 2.44$。从而有 $F_2 > F_2(20,154)$,拒绝原假设 H_2,进一步对假设 H_1 进行检验,得 $F_1 > F_1(10,154)$,拒绝原假设 H_1,即模型具有不同的截距项和回归系数,所以应该将模型设定为变系数模型。相应的解释是,地区经济发展水平和消费价格指数的差异不但造成居民的自发消费的差异,即截距项差异,而且造成居民消费观念、消费倾向的差异,即系数的差异。

二、Hausman 检验

(一) Hausman 检验的原理与步骤

Hausman 检验,又叫 H(豪斯曼)检验,用于检验一个参数的两种估计量差异的显著性。H 检验由豪斯曼(Hausman)1978 年提出,是在杜宾(Durbin,1914)和吴(Wu,1973)基础上发展起来的。所以 H 检验也称作吴-杜宾检验和杜宾-吴-豪斯曼检验。

H 豪斯曼检验原理。比如在检验单一回归方程中某个解释变量的内生性问题时得到相应回归系数的两个估计量,一个是 OLS 估计量、一个是 2SLS(二阶段最小二乘)估计量。其中 2SLS 估计量用来克服解释变量可能存在的内生性。如果模型的解释变量中不存在内生性变量,那么 OLS 估计量和 2SLS 估计量都具有一致性,都有相同的概率极限分布。如果模型的解释变量中存在内生性变量,那么回归系数的 OLS 估计量是不一致的,而 2SLS 估计量仍具有一致性,两个估计量将具有不同的概率极限分布。基于这一点,可以构造 H 统计量,进行 H (豪斯曼)检验。

H 检验用途很广。可以用来做模型丢失变量的检验、变量的内生性检验、模型形式设定检验、模型嵌套检验、建模顺序检验等。

下面以检验模型是个体随机效应模型还是个体固定效应模型为例,介绍在面板数据中如何利用 H 统计量确定模型形式的检验。

假定面板数据模型的误差项 u_{it} 满足通常的假定条件,如果真实的模型是个体随机效应模型,那么参数 β 的最小二乘虚拟(LSDV)估计量 $\hat{\beta}_{GLS}$ 和可行 GLS 估计量 $\hat{\beta}_{GLS}$ 都具有一致性。如果真实的模型是个体固定效应模型,那么参数 β 的最小二乘虚拟(LSDV)估计量 $\hat{\beta}_{LSDV}$ 是一致估计量,但可行 GLS 估计量 $\hat{\beta}_{GLS}$ 是非一致估计量。那么,当对一个面板数据模型同时进行最小二乘虚拟 LSDV 估计和可行 GLS 估计时,如果回归系数的两种估计结果差别小,则应该建立个体随机效应模型;如果回归系数的两种估计结果差别大,则应该建立个体固定效应模型。可以通过 H 统计量检验 $(\hat{\beta}_{GLS} - \hat{\beta}_{LSDV})$ 的非零显著性,从而检验面板数据模型中是否存在个体固定效应。H 检验原理总结,如表 8-6 所示。

表 8-6　两类不同模型 LSDV 估计量与可行 GLS 估计量性质比较

	LSDV 估计	GLS 估计	$|\hat{\beta}_{GLS} - \hat{\beta}_{LSDV}|$
个体随机效应模型	估计量 $\hat{\beta}_{LSDV}$ 具有一致性	估计量 $\hat{\beta}_{GLS}$ 具有一致性	小
个体固定效应模型	估计量 $\hat{\beta}_{LSDV}$ 具有一致性	估计量 $\hat{\beta}_{GLS}$ 不具有一致性	大

H 检验具体步骤如下:

Step 1:构造原假设与备选假设

针对(8.3.2) $y_{it} = \beta_1 + \sum_{k=2}^{K} \beta_k x_{kit} + u_i + w_{it}$ 中的个体效应 u_i 与解释变量 x_{kit}

H_0:个体效应 u_i 与解释变量 x_{kit} 无关(个体随机效应模型)

H_1:个体效应 u_i 与解释变量 x_{kit} 有关(个体固定效应模型)

Step 2:构造 Hausman 检验的统计量 W

$$W = [\hat{\beta}_{LSDV} - \hat{\beta}_{GLS}]' \hat{\Omega}^{-1} [\hat{\beta}_{LSDV} - \hat{\beta}_{GLS}]$$

其中,$\hat{\beta}_{LSDV}$ 为固定效应模型中回归系数的估计结果,$\hat{\beta}_{GLS}$ 为随机效应模型中回归系数的估计量。$\hat{\Omega}$ 为两类模型中回归系数估计结果之差的方差,即

$$\hat{\Omega} = Var[\hat{\beta}_{LSDV} - \hat{\beta}_{GLS}]$$

Hausman 已经证明,在原假设下,统计量服从自由度为 k(模型中解释变量的个数)的 χ^2 分布,即

$$W = [\hat{\beta}_{LSDV} - \hat{\beta}_{GLS}]' \hat{\Omega}^{-1} [\hat{\beta}_{LSDV} - \hat{\beta}_{GLS}] \sim \chi^2(k) \tag{8.5.3}$$

H 检验原理很简单,但实际中得到 $Var[\hat{\beta}_{LSDV} - \hat{\beta}_{GLS}]$ 的一致估计量 $\hat{Var}[\hat{\beta}_{LSDV} - \hat{\beta}_{GLS}]$ 却并不容易。原假设成立条件下,解释变量回归系数的估计量 $\hat{\beta}_{LSDV}$ 是有效估计量,因此有公式 $\hat{Var}[\hat{\beta}_{LSDV} - \hat{\beta}_{GLS}] = \hat{Var}(\hat{\beta}_{LSDV}) - \hat{Var}(\hat{\beta}_{GLS})$,从而在计算 W 统计量时运用公式:

$$W=[\hat{\beta}_{\text{LSDV}}-\hat{\beta}_{\text{GLS}}]'[\text{Var}(\hat{\beta}_{\text{LSDV}})-\text{Var}(\hat{\beta}_{\text{LSDV}})]^{-1}[\hat{\beta}_{\text{LSDV}}-\hat{\beta}_{\text{GLS}}] \qquad (8.5.4)$$

Step 3：比较判别规则

若用样本计算的 $W \leqslant \chi^2(k)$，则接受原假设，应该建立个体随机效应模型。

若用样本计算的 $W \geqslant \chi^2(k)$，则拒绝原假设，应该建立个体固定效应模型。

需要说明的是，有的教材中，W 统计量中的最小二乘虚拟估计量 $\hat{\beta}_{\text{LSDV}}$ 设定为组内估计量 $\hat{\beta}_W$，实际上，可以通过理论证明，最小二乘虚拟估计量 $\hat{\beta}_{\text{LSDV}}$ 与组内估计量 $\hat{\beta}_W$ 是等价估计量。

（二）Hausman 检验的案例分析

仍以例 8-4 居民家庭人均消费和人均可支配收入的关系分析。采集 1996—2002 年中国东北、华北、华东 15 个省级地区的居民家庭人均消费与人均可支配收入、各省物价指数构成的面板数据。数据文件，如表 8-7 和表 8-8 所示。

表 8-7　中国 15 个省级地区的居民家庭人均消费 CP_{it} 数据(不变价格)

地区人居消费 CP	1996	1997	1998	1999	2000	2001	2002
AH	3 282.466	3 646.15	3 777.41	3 989.581	4 203.555	4 495.174	4 784.364
BJ	5 133.978	6 203.048	6 807.451	7 453.757	8 206.271	8 654.433	10 473.12
FJ	4 011.775	4 853.441	5 197.041	5 314.521	5 522.762	6 094.336	6 665.005
HB	3 197.339	3 868.319	3 896.778	4 104.281	4 361.555	4 457.463	5 120.485
HLJ	2 904.687	3 077.989	3 289.99	3 596.839	3 890.58	4 159.087	4 493.535
JL	2 833.321	3 286.432	3 477.56	3 736.408	4 077.961	4 281.56	4 998.874
JS	3 712.26	4 457.788	4 918.944	5 076.91	5 317.862	5 488.829	6 091.331
JX	2 714.124	3 136.873	3 234.465	3 531.775	3 612.722	3 914.08	4 544.775
LN	3 237.275	3 608.06	3 918.167	4 046.582	4 360.42	4 654.42	5 402.063
NMG	2 572.342	2 901.722	3 127.633	3 475.942	3 877.345	4 170.596	4 850.18
SD	3 440.684	3 930.574	4 168.974	4 546.878	5 011.976	5 159.538	5 635.77
SH	6 193.333	6 634.183	6 866.41	8 125.803	8 651.893	9 336.1	10 411.94
SX	2 813.336	3 131.629	3 314.097	3 507.008	3 793.908	4 131.273	4 787.561
TJ	4 293.22	5 047.672	5 498.503	5 916.613	6 145.622	6 904.368	7 220.843
ZJ	5 342.234	6 002.082	6 236.64	6 600.749	6 950.713	7 968.327	8 792.21

数据来源：张晓峒.计量经济学基础[M].4 版.天津：南开大学出版社，2014.

表 8-8　中国 15 个省级地区的居民家庭人均收入 IP_{it} 数据(不变价格)

地区人均收入 IP	1996	1997	1998	1999	2000	2001	2002
AH	4 106.251	4 540.247	4 770.47	5 178.528	5 256.753	5 640.597	6 093.333
BJ	6 569.901	7 419.905	8 273.418	9 127.992	9 999.7	11 229.66	12 692.38
FJ	4 884.731	6 040.944	6 505.145	6 922.109	7 279.393	8 422.573	9 235.538
HB	4 148.282	4 790.986	5 167.317	5 468.94	5 678.195	5 955.045	6 747.152

地区人均收入 IP	1996	1997	1998	1999	2000	2001	2002
HLJ	3 518.497	3 918.314	4 251.494	4 747.045	4 997.843	5 382.808	6 143.565
JL	3 549.935	4 041.061	4 240.565	4 571.439	4 878.296	5 271.925	6 291.618
JS	4 744.547	5 668.83	6 054.175	6 624.316	6 793.437	7 316.567	8 243.589
JX	3 487.269	3 991.49	4 209.327	4 787.606	5 088.315	5 533.688	6 329.311
LN	3 899.194	4 382.25	4 649.789	4 968.164	5 363.153	5 797.01	6 597.088
NMG	3 189.414	3 774.804	4 383.706	4 780.09	5 063.228	5 502.873	6 038.922
SD	4 461.934	5 049.407	5 412.555	5 849.909	6 477.016	6 975.521	7 668.036
SH	7 489.451	8 209.037	8 773.1	10 770.09	11 432.2	12 883.46	13 183.88
SX	3 431.594	3 869.952	4 156.927	4 360.05	4 546.785	5 401.854	6 335.732
TJ	5 474.963	6 409.69	7 146.271	7 734.914	8 173.193	8 852.47	9 375.06
ZJ	6 446.515	7 158.288	7 860.341	8 530.314	9 187.287	10 485.64	11 822

数据来源：张晓峒. 计量经济学基础[M]. 4 版. 天津：南开大学出版社，2014.

首先分析散点图，为有效克服异方差，应该建立对数变量的面板数据线性回归模型。

（1）估计混合模型（见图 8-29），得混合 OLS 估计结果如图 8-30 所示。

$$\text{Ln}\hat{CP}_{it}=0.018\ 7+0.969\ 4\text{Ln}IP_{it}$$
$$(0.18)\qquad(79.18)$$

$$R^2=0.984\quad RRSS=0.170\ 2\quad DW=0.62\quad N=15\quad T=7\quad NT=105$$

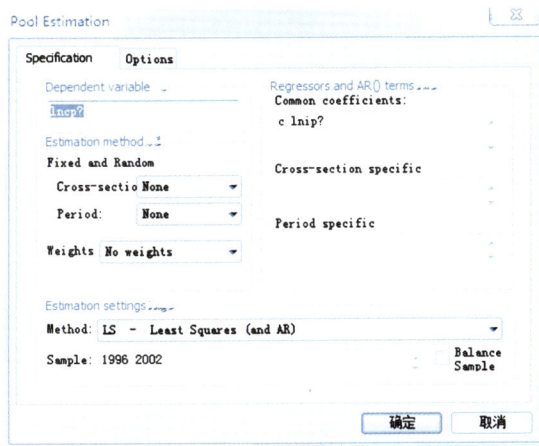

图 8-29　混合模型设定

图 8-30　混合模型估计结果

（2）估计个体固定效应模型（见图 8-31），得混合 LSDV 估计结果如图 8-32 所示。

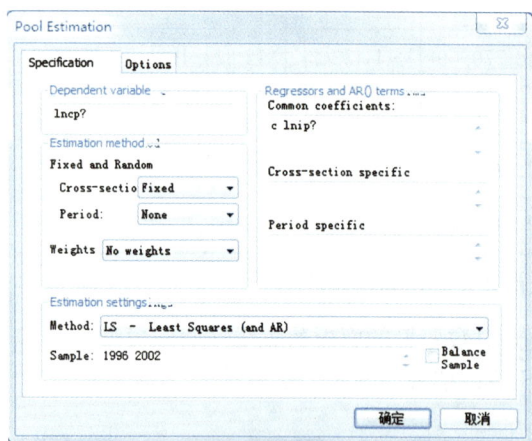

图 8-31 个体固定效应模型设定

EViews - [Pool: CP Workfile: 例8-4 居民消费与收入::Panel02\]

File Edit Object View Proc Quick Options Add-ins Window H

View Proc Object Print Name Freeze Estimate Define PoolGenr Sheet

Dependent Variable: LNCP?
Method: Pooled Least Squares
Date: 04/30/16 Time: 21:33
Sample: 1996 2002
Included observations: 7
Cross-sections included: 15
Total pool (balanced) observations: 105

Variable	Coefficient	Std. Error	t-Statistic	Prob.
C	0.687774	0.128181	5.365647	0.0000
LNIP?	0.892481	0.014739	60.55436	0.0000
Fixed Effects (Cross)				
AH–C	-0.003886			
BJ–C	0.082071			
FJ–C	0.001281			
HB–C	-0.031971			
HLJ–C	-0.035595			
JL–C	0.012434			
JS–C	-0.001722			
JX–C	-0.075906			
LN–C	0.030938			
NMG–C	-0.052464			
SD–C	-0.024234			
SH–C	0.051996			
SX–C	-0.009596			
TJ–C	0.013234			
ZJ–C	0.043419			

Effects Specification			
Cross-section fixed (dummy variables)			
R-squared	0.993669	Mean dependent var	8.448005
Adjusted R-squared	0.992601	S.D. dependent var	0.318262
S.E. of regression	0.027375	Akaike info criterion	-4.218922
Sum squared resid	0.066697	Schwarz criterion	-3.814509
Log likelihood	237.4934	Hannan-Quinn criter.	-4.055046
F-statistic	931.1897	Durbin-Watson stat	1.511160
Prob(F-statistic)	0.000000		

图 8-32 个体固定效应模型估计结果

或者直接将截距项 c 设置到 Cross-section specific 窗格中(如图 8-33 所示),得到估计结果(见图 8-34)与图 8-32 所示的结果一致。

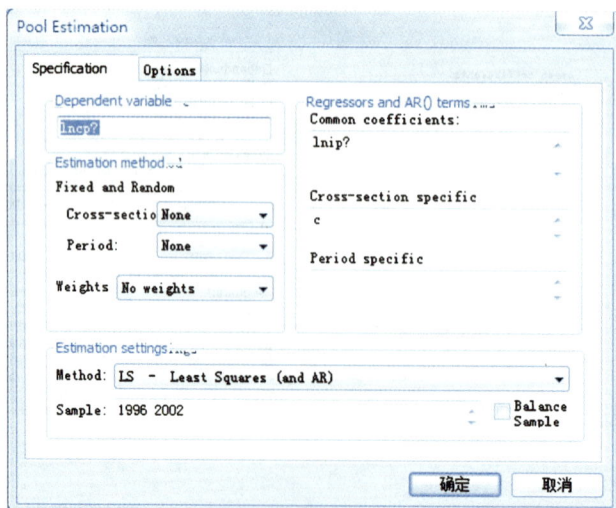

图 8-33 个体固定效应模型设定

EViews - [Pool: CP　Workfile: 例8-4 居民消费与收入::Panel02\]

P File Edit Object View Proc Quick Options Add-ins Window H

View Proc Object Print Name Freeze Estimate Define PoolGenr Sheet

Dependent Variable: LNCP?
Method: Pooled Least Squares
Date: 05/03/16　Time: 15:36
Sample: 1996 2002
Included observations: 7
Cross-sections included: 15
Total pool (balanced) observations: 105

Variable	Coefficient	Std. Error	t-Statistic	Prob.
LNIP?	0.892481	0.014739	60.55436	0.0000
AH—C	0.683888	0.126089	5.423856	0.0000
BJ—C	0.769845	0.134787	5.711586	0.0000
FJ—C	0.689055	0.130710	5.271640	0.0000
HB—C	0.655803	0.126995	5.164018	0.0000
HLJ—C	0.652179	0.124844	5.223932	0.0000
JL—C	0.700208	0.124799	5.610692	0.0000
JS—C	0.686052	0.129593	5.293892	0.0000
JX—C	0.611868	0.125020	4.894174	0.0000
LN—C	0.718711	0.126031	5.702643	0.0000
NMG—C	0.635310	0.124676	5.095667	0.0000
SD—C	0.663540	0.128373	5.168837	0.0000
SH—C	0.739770	0.136393	5.423798	0.0000
SX—C	0.678178	0.124414	5.450983	0.0000
TJ—C	0.701008	0.131883	5.315381	0.0000
ZJ—C	0.731193	0.133951	5.458665	0.0000

R-squared	0.993669	Mean dependent var	8.448005
Adjusted R-squared	0.992601	S.D. dependent var	0.318262
S.E. of regression	0.027375	Akaike info criterion	-4.218922
Sum squared resid	0.066697	Schwarz criterion	-3.814509
Log likelihood	237.4934	Hannan-Quinn criter.	-4.055046
F-statistic	931.1897	Durbin-Watson stat	1.511160
Prob(F-statistic)	0.000000		

图 8-34　个体固定效应模型估计结果

$$\text{Ln}\hat{CP}_{it}=0.683\ 9D_1+\cdots+0.731\ 2D_{15}+0.892\ 5\text{Ln}IP_{it} \tag{8.5.6}$$
$$(60.55)$$

$R^2=0.994, URSS=0.066\ 7, DW=1.51, N=15, T=7, NT=105,$ 其中 $D_1, \cdots, D_{15}$ 的定义为 $D_i=\begin{cases}1 & \text{属于第 } i \text{ 个个体}\\ 0 & \text{不属于第 } i \text{ 个个体}\end{cases}$ $(i=1,2,\cdots,15)$。

(3) 估计个体随机效应模型(见图 8-35),得混合 GLS 估计结果如图 8-36 所示。

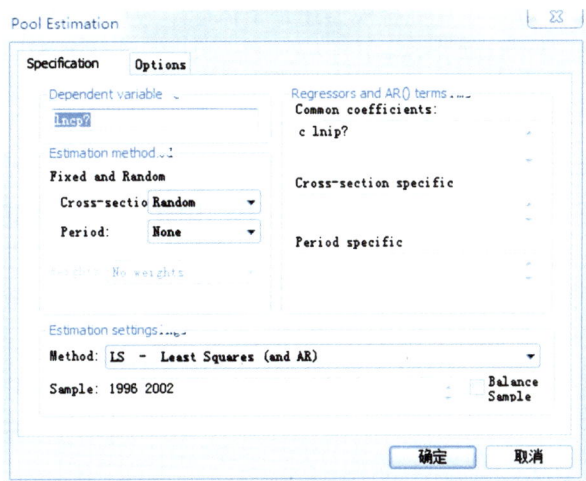

图 8-35　个体随机效应模型设定

EViews - [Pool: CP Workfile: 例8-4 居民消费与收入::Panel02\]

P File Edit Object View Proc Quick Options Add-ins Window H

View Proc Object Print Name Freeze Estimate Define PoolGenr Sheet

Dependent Variable: LNCP?
Method: Pooled EGLS (Cross-section random effects)
Date: 05/03/16 Time: 15:38
Sample: 1996 2002
Included observations: 7
Cross-sections included: 15
Total pool (balanced) observations: 105
Swamy and Arora estimator of component variances

Variable	Coefficient	Std. Error	t-Statistic	Prob.
C	0.468838	0.113068	4.146502	0.0001
LNIP?	0.917660	0.012976	70.71911	0.0000
Random Effects (Cross)				
AH–C	0.000319			
BJ–C	0.061987			
FJ–C	-0.002071			
HB–C	-0.025405			
HLJ–C	-0.025351			
JL–C	0.016403			
JS–C	-0.003016			
JX–C	-0.060600			
LN–C	0.030629			
NMG–C	-0.039743			
SD–C	-0.020740			
SH–C	0.033494			
SX–C	-0.002145			
TJ–C	0.006559			
ZJ–C	0.029682			

Unweighted Statistics			
R-squared	0.981038	Mean dependent var	8.448005
Sum squared resid	0.199751	Durbin-Watson stat	0.506313

图 8-36 个体效应随机模型估计结果

$$Ln\hat{CP}_{it} = 0.469\ 1D_1 + \cdots + 0.498\ 5D_{15} + 0.917\ 7LnIP_{it}$$

$$(70.72)$$

(8.5.7)

$R^2 = 0.981, RSS = 0.199\ 8, DW = 1.51, N = 15, T = 7, NT = 105$，其中 $D_1, \cdots, D_{15}$ 的定义为 $D_i = \begin{cases} 1 & \text{属于第 } i \text{ 个个体} \\ 0 & \text{不属于第 } i \text{ 个个体} \end{cases}$ $(i = 1, 2, \cdots, 15)$。

（4）用 F 统计量检验应该建立混合模型还是个体固定效应模型。

由图 8-30 和图 8-32 知，$RRSS = 0.170\ 2, URSS = 0.066\ 7, N = 15, T = 7, NT = 105$，$K = 1$，按照（8.5.1）的 $F = \dfrac{(RRSS - URSS)/(N-1)}{URSS/(NT-N-K)} = \dfrac{(0.170\ 2 - 0.066\ 7)/14}{0.066\ 7/(105-15-1)} = 9.87$，$F_{0.05}(14, 89) = 1.78$。

因为 $F = 9.87 > F_{0.05}(14, 89) = 1.78$，拒绝原假设，因此，建立个体固定效应模型比混合模型更为合理。

EViews 7.0 的检验设定如图 8-37 所示。操作如下：在个体固定效应模型输出结果窗口点击 View 键，选择 Fixed/Random Testing/Redundant Fixed Effects-Likehood Ratio 功能，可以直接得到应该建立混合模型还是个体固定效应模型的 F 统计量和 LR 检验结果如图 8-38 所示。其中，cross-section F 指的是（多余个体效应的）F 检验，cross-section Chi-square 指的是（多余个体效应的）LR（似然比）检验。

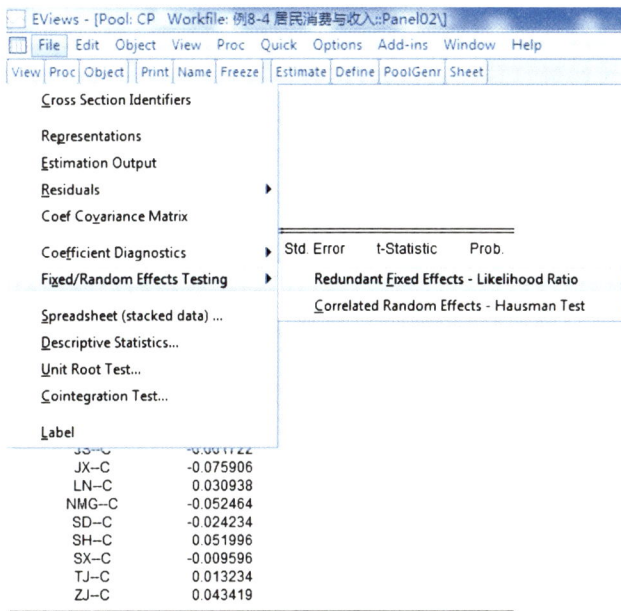

图 8-37　F 检验的窗口设定

图 8-38　F 检验的输出结果

由图 8-38 所示知，$F=9.87$，相对的 P 值为 0.000 0，结论是拒绝建立混合模型的假设，接受建立个体固定效应模型，与前面 F 统计量的计算吻合。

（5）用 H 统计量检验应该建立个体固定效应模型还是个体随机效应模型。由图 8-34 和图 8-36 知，$\hat{\beta}_{LSDV}=0.892\,4$，$s_{\hat{\beta}_{LSDV}}=0.014\,7$，$\hat{\beta}_{GLS}=0.917\,7$，$s_{\hat{\beta}_{GLS}}=0.013\,0$，因为比较的回归系数只有 1 个，所以原假设条件下 $H\sim\chi^2(1)$。按照式（8.5.4）计算 H 统计量如下：$H=$

$$\frac{(\hat{\beta}_{LSDV}-\hat{\beta}_{GLS})^2}{[\hat{Var}(\hat{\beta}_{LSDV})]^2-[\hat{Var}(\hat{\beta}_{GLS})]^2}=\frac{(0.892\,4-0.917\,7)^2}{0.014\,7^2-0.013\,0^2}=12.98.$$ $H=12.98>\chi^2_{0.05}(1)=3.8$，

因此，拒绝原假设，模型存在个体固定效应，建立个体固定效应模型比个体随机效应模型更为合理。

操作如图 8-39 所示：在个体随机效应模型输出结果窗口点击 View 键，选择 Fixed/Random Testing/Correlated Random Effect-Hausman Test 功能，可以直接得到应该建立个体固定效应模型还是个体随机效应模型的 Hausman 检验结果。EViews 7.0 的检验结果如图 8-40 所示。

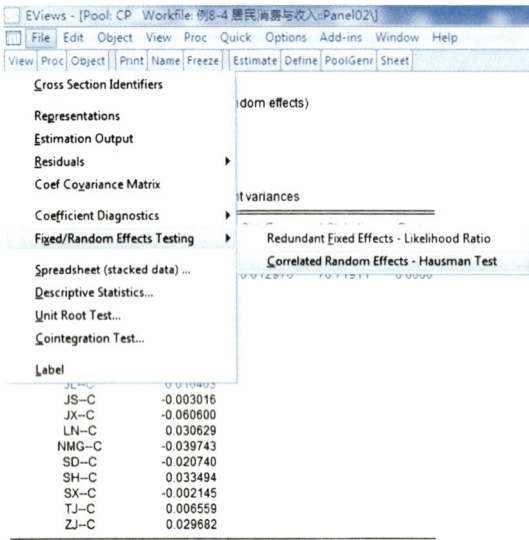

JL-C	0.010403
JS-C	-0.003016
JX-C	-0.060600
LN-C	0.030629
NMG-C	-0.039743
SD-C	-0.020740
SH-C	0.033494
SX-C	-0.002145
TJ-C	0.006559
ZJ-C	0.029682

图 8-39 H(豪斯曼)检验的窗口设定

Correlated Random Effects - Hausman Test
Pool: CP
Test cross-section random effects

Test Summary	Chi-Sq. Statistic	Chi-Sq. d.f.	Prob.
Cross-section random	12.979986	1	0.0003

Cross-section random effects test comparisons:

Variable	Fixed	Random	Var(Diff.)	Prob.
LNIP?	0.892481	0.917660	0.000049	0.0003

图 8-40 H(豪斯曼)检验的输出结果

由图 8-40 所示知,$W=12.98$,相对的 P 值为 0.000 3,结论是拒绝建立个体随机效应的原假设,建立个体固定效应模型更为合理,与前面 W 统计量的计算吻合。

综合考虑 F 检验和 H 检验的结果,应该建立个体固定效应模型。因此,F 检验和 H 检验相互佐证,一并论证模型设定的合理性。

第六节 面板数据的单位根检验和协整检验

一、面板数据的单位根检验

(一) 面板数据的单位根检验分类

面板数据模型的单位根检验方法同普通的单位根检验方法虽然类似,但也不完全相同。一般情况下可以将面板数据的单位根检验划分为两大类:一类为相同根情形下的单位根检验,即假设面板数据中的各截面序列具有相同的单位根过程,这类检验方法包括 LLC(Levin-Lin-Chu)检验、Breitung 检验;另一类为不同根情形下的单位根检验,即允许面板数据中的各截面序列具有不同的单位根过程,允许有跨截面变化,这类检验方法包括 Im-Pesaran-Skin 检验、Fisher-ADF 检验和 Fisher-PP 检验。为了避免单一方法可能存在的缺陷,允许截面数据中的各截面序列具有不同的单位根过程,在实际应用中通常会选择同时进行相同根情形下和不同根情形下的单位根检验。

(二) 面板数据的单位根检验应用举例

下面介绍面板数据单位根检验的 EViews 操作方法。以例 8-6 的数据为例。

在 Workfile 工作文件窗口点击需要进行检验的数据(如 INC),得到面板数据 Pool 的 INC 的界面,在点击主菜单中的 View/Unit Root Test 键,如图 8-41 所示的界面,在 Unit Root Test 界面下中,在 Pool Series 中填入 INC,在 Test Type 中填入 Summary,在 Test for

Unit Root in 中的复选框中依次选择 Level/1ST Differen/2ND Differen 键，分别代表依次检验 INC 的原数据、一阶差分、二阶差分的平稳性，如图 8－42 所示。

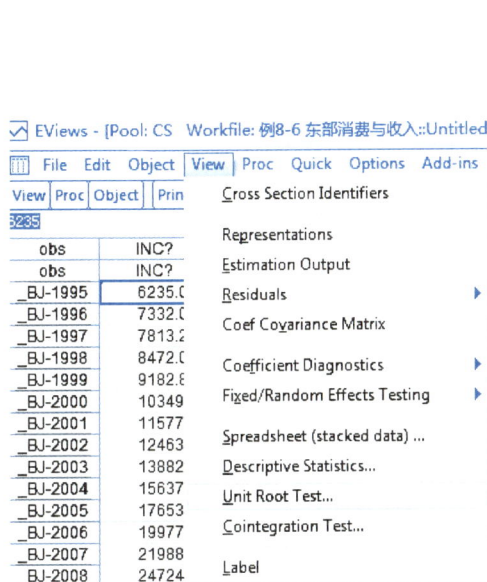

图 8－41 单位根检验设定界面 1

图 8－42 单位根检验设定界面 2

以例 8－6 的相关数据为例，依次对 INC、CS 等数据的原始数据、一阶差分、二阶差分进行检验，检验结果如图 8－43、图 8－44 所示，其他结果类似不再呈现。

Pool unit root test: Summary
Series: INC_BJ, INC_TJ, INC_HB, INC_LN, INC_SH, INC_JS, INC_ZJ, INC_FJ, INC_SD, INC_GD, INC_HN
Date: 05/03/16 Time: 15:48
Sample: 1995 2010
Exogenous variables: Individual effects
Automatic selection of maximum lags
Automatic lag length selection based on SIC: 0 to 2
Newey-West automatic bandwidth selection and Bartlett kernel

Method	Statistic	Prob.**	Cross-sections	Obs
Null: Unit root (assumes common unit root process)				
Levin, Lin & Chu t*	24.5790	1.0000	11	160
Null: Unit root (assumes individual unit root process)				
Im, Pesaran and Shin W-stat	24.6404	1.0000	11	160
ADF - Fisher Chi-square	0.00512	1.0000	11	160
PP - Fisher Chi-square	0.00020	1.0000	11	165

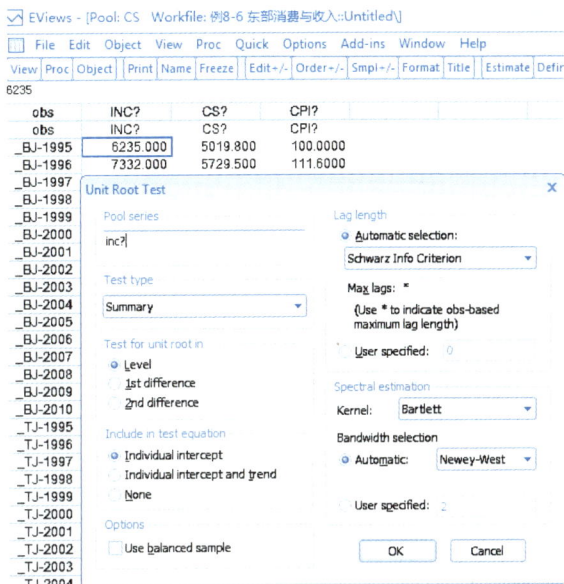

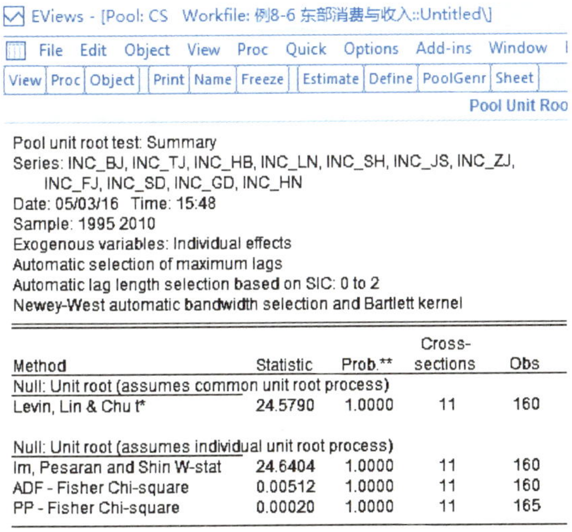

图 8－43 数据 INC? 的单位根检验结果

Pool unit root test: Summary
Series: CS_BJ, CS_TJ, CS_HB, CS_LN, CS_SH, CS_JS, CS_ZJ, CS_FJ, CS_SD, CS_GD, CS_HN
Date: 05/03/16 Time: 15:49
Sample: 1995 2010
Exogenous variables: Individual effects
Automatic selection of maximum lags
Automatic lag length selection based on SIC: 0 to 2
Newey-West automatic bandwidth selection and Bartlett kernel

Method	Statistic	Prob.**	Cross-sections	Obs
Null: Unit root (assumes common unit root process)				
Levin, Lin & Chu t*	15.8494	1.0000	11	158
Null: Unit root (assumes individual unit root process)				
Im, Pesaran and Shin W-stat	17.4770	1.0000	11	158
ADF - Fisher Chi-square	0.00265	1.0000	11	158
PP - Fisher Chi-square	0.00024	1.0000	11	165

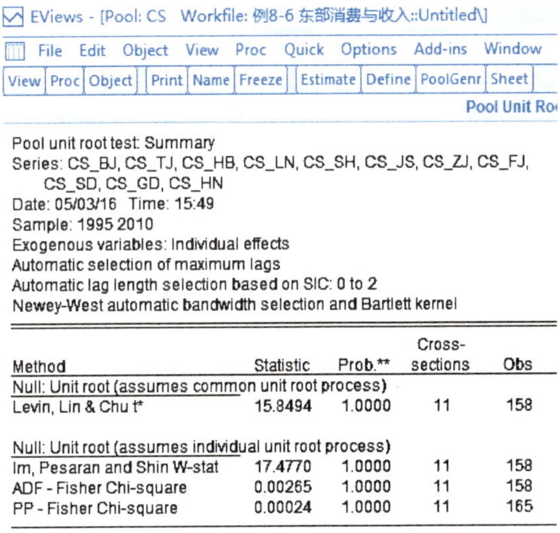

图 8－44 数据 CS? 的单位根检验结果

将收入 INC?、消费 CS?、物价指数 CPI? 的检验结果进行整理，得平稳性的判定结果如表 8－9 所示。

表 8-9　面板单位根检验:Im, Pesaran and Shin (IPS,2003) test

变量名	检验分类	统计量名	$I(0)$ 统计量值 (P 值)	$I(1)$ 统计量值 (P 值)	$I(2)$ 统计量值 (P 值)
INC? 结论: 二阶平稳	同根情形	LLC Levin-Lin-Chu	24.58(1.00)	1.66(0.95)	−13.11(0.00)
		Breitung	−4.54(0.00)	−2.25(0.01)	−5.03(0.00)
	异根情形	Im,Pesaran and Shin W-stat	24.64(1.00)	3.87(0.99)	−9.74(0.00)
		ADF-Fisher Chi-square	0.01(1.00)	3.89(1.00)	117.95(0.00)
		PP-Fisher Chi-square	0.00(1.00)	2.91(1.00)	169.32(0.00)
CS? 结论: 二阶平稳	同根情形	LLC Levin-Lin-Chu	14.78(1.00)	−0.73(0.23)	−10.37(0.00)
		Breitung	−2.36(0.01)	−0.87(0.19)	−4.59(0.00)
	异根情形	Im,Pesaran and Shin W-stat	16.88(1.00)	1.15(0.88)	−9.26(0.00)
		ADF-Fisher Chi-square	0.00(1.00)	14.60(0.88)	112.70(0.00)
		PP-Fisher Chi-square	0.00(1.00)	16.46(0.79)	192.52(0.00)
CPI? 结论:平稳	同根情形	LLC Levin-Lin-Chu	−2.48(0.01)	−11.90(0.00)	−20.82(0.00)
		Breitung	−1.74(0.04)	−5.43(0.00)	−16.95(0.00)
	异根情形	Im,Pesaran and Shin W-stat	−4.01(0.00)	−12.39(0.00)	−18.34(0.00)
		ADF-Fisher Chi-square	50.87(0.00)	145.54(0.00)	203.35(0.00)
		PP-Fisher Chi-square	52.79(0.00)	146.00(0.00)	220.26(0.00)

(1) Newey-West bandwidth 通过 Bartlett kernel 自动选择;
(2) 括号中数字为对应参数的 P 值。

二、面板数据的协整检验

面板数据的协整检验方法可以分为两大类,一类是建立在 Engle and Granger 两步法检验基础上的面板协整检验,具体方法主要有 Pedroni 检验和 Kao 检验;另一类是建立在 Johansen 协整检验基础上的面板协整检验。

(一) 检验方法分类

1. Pedroni 检验

Pedroni 提出了基于 Engle and Granger 二步法的面板数据协整检验方法,该方法以协整方程的回归残差为基础构造 7 个统计量来检验面板变量之间的协整关系。

2. Kao 检验

Kao 检验和 Pedroni 检验遵循同样的方法,都是基于 Engle and Granger 二步法发展起来的。但不同于 Pedroni 检验,Kao 检验在第一阶段将回归方程设定为系数相同、截距项不同,第二阶段基于 DF 检验和 ADF 检验的原理,对第一阶段求得的残差序列进行平稳性检验。

(二) 面板数据协整检验的应用举例

在 EViews 的工作文件中,面板数据的协整检验都可以实现。

在 EViews 的工作文件中打开 Pool 对象,选择 Views/Cointegration Test,则显示协整检验的对话框。在对话框的左上角出入要检验的变量名(如 INC),同时通过对话框中左下角的下拉菜单在 Pedroni(Engle-Granger based),Kao(Engle-Granger based)以及 Fisher(Combined Johansen)三种检验方法之间切换。当选择不同的检验方法时,对话框中其余的部分会发生相应的变化。

Pedroni 检验和 Kao 检验专用的选项与 Panel 单位根检验中的选项非常相似。

Determininistic trend specification 部分设定第二阶段回归需要包含外生变量。如果希望在模型中体现个体固定效应,则选择 Individual Intercept;如果希望在模型中体现个体固定效应又包括趋势,则选择 Individual Intercept and Individual trend。如果选择 No intercept or trend,回归不包含外生变量。Kao 检验仅可以包含个体截距项。

Lag Length 用于设定第二阶段回归所包含的滞后阶数。如果选择 Automatic selection,EViews 将会用下拉菜单中选择的信息准则(Akaike,Schwarz,Hannan-Quinn)确定最优的阶数。同时,还需要在 Maximum lag 框中输入一个足够大的阶数。如果不输入数值,EViews 将会基于观测值的大小计算每一个截面的最大滞后数。

另一个可供选择的方法是选择 User specified,在效应的编辑框中输入一个值。

上述两个检验都需要长期方差的核估计。在对话框的 Spectral Estimation 部分,可以进行相应的设置。有各种核类型的选择:Bartlett,Parzen,Quadratic Spectral;以及带宽的设定:Newey-West automatic or User Specified。Determininistic trend specification 部分确定使用外生趋势类型,Lag intervals 部分确定估计中使用滞后阶数的滞后对。

这里介绍一种更为常用的协整检验方法—残差检验法。具体分两步进行,step 1:基于序列 PCS 与序列 PINC,得到如图 8-45 所示的变系数模型估计结果;step 2:求得各截面回归方程的残差,进行单位根检验,若截面残差平稳,则表明序列 PCS 与序列 PINC 之间存在协整关系。

在如图 8-45 所示的估计窗口的

EViews - [Pool: CS Workfile: 例8-6 东部消费与收入::Untitled\]

File Edit Object View Proc Quick Options Add-ins Window H

View Proc Object Print Name Freeze Estimate Define PoolGenr Sheet

Dependent Variable: PCS?
Method: Pooled Least Squares
Date: 05/03/16 Time: 15:59
Sample: 1995 2010
Included observations: 16
Cross-sections included: 11
Total pool (balanced) observations: 176

Variable	Coefficient	Std. Error	t-Statistic	Prob.
_BJ–C	1509.208	95.74291	15.76313	0.0000
_TJ–C	910.6672	100.7385	9.039909	0.0000
_HB–C	885.5536	107.1813	8.262203	0.0000
_LN–C	397.0485	96.77833	4.102659	0.0001
_SH–C	627.4054	101.5497	6.178308	0.0000
_JS–C	1147.759	95.50483	12.01781	0.0000
_ZJ–C	1449.099	103.6819	13.97639	0.0000
_FJ–C	839.4373	104.5464	8.029332	0.0000
_SD–C	687.5737	97.37555	7.061051	0.0000
_GD–C	399.1652	126.9896	3.143289	0.0020
_HN–C	446.7481	120.7896	3.698563	0.0003
_BJ–PINC_BJ	0.623621	0.006314	98.77519	0.0000
_TJ–PINC_TJ	0.652169	0.008227	79.27100	0.0000
_HB–PINC_HB	0.599249	0.012522	47.85427	0.0000
_LN–PINC_LN	0.742740	0.010872	68.31780	0.0000
_SH–PINC_SH	0.703393	0.006097	115.3675	0.0000

图 8-45　变系数模型估计结果

工具栏中选择 Proc/Make Residuals 项,如图 8-46 所示,屏幕将出现如图 8-47 所示的由各个截面残差组成的残差序列图。

图 8-46　协整检验设定界面 1

图 8-47　协整检验设定界面 2

在如图 8-47 所示的残差序列窗口点击主菜单中的 View/Unit Root Test 键,得 Unit Root Test 界面,在 Test Type 中填入 Summary,在 Test for Unit Root in 中的复选框中依次选择 Level/1ST Differen/2ND Differen 键,依次代表依次检验残差的原数据、一阶差分、二阶差分的平稳性,检验结果如图 8-48 所示。

图 8-48　协整检验结果

由结果知,无论同根情形下的 LLC(Levin-Lin-Chu)检验、Breitung 检验,还是不同根情形下 Im-Pesaran-Skin 检验、Fisher-ADF 检验和 Fisher-PP 检验,统计量的绝对值都较大,相应的概率值 P 都几乎为 0,因此,拒绝"所有截面回归方程的残差序列都有单位根"的原假设,即面板数据序列 PCS 与 PINC 之间存在协整关系。

第七节 动态面板数据回归模型

前面几节主要讨论了具有固定效应或随机效应的线性静态模型,或者线性静态变系数模型的设定检验及其参数估计方法。但是,由于经济个体行为受持续性、习惯和偏好等因素的影响,需要考虑个体水平上的动态模型来研究许多关系。本章将讨论两类最为常见的面板数据动态模型,一类是自回归面板数据模型 $y_{it}=\sum_{l=1}^{p}\alpha_{it}y_{i,t-l}+\xi_i+u_{it}$,另一类是有外生变量的线性动态面板数据模型 $y_{it}=\beta_0+\sum_{k=1}^{K}\beta_k x_{kit}+\sum_{l=1}^{p}\alpha_l y_{i,t-l}+\xi_i+u_{it}$.

一、动态面板数据模型的估计

为了讨论方便,本小节只讨论一阶平稳自回归形式的模型。

(一)自回归面板数据模型

一阶平稳自回归模型的一般形式:

$$y_{it}=\alpha y_{i,t-1}+\xi_i+u_{it} \quad (i=1,2,\cdots,N;t=0,1,2,\cdots,T) \tag{8.7.1}$$

其中,$|\alpha|<1$。但是本节的研究结果可以直接推广为高阶自回归模型的情形。并且,模型(8.7.1)满足假设 I:① 对于 $i=1,2,\cdots,N$,如果 ξ_i 是随机效应,则 $\xi_i\sim i.i.d(0,\sigma_\xi^2)$;② 对于 $i=1,2,\cdots,N;t=0,1,2,\cdots,T$,则 $u_{it}\sim i.i.d(0,\sigma_u^2)$;③ 对于 $i=1,2,\cdots,N;t=0,1,2,\cdots,T$,则 $E(\xi_i u_{it})=0$。

对于动态面板数据模型,即使是组内估计也是有偏、非一致的。

为了解决动态面板数据模型组内估计的非一致性问题,本节采用工具变量估计(IV)和广义矩估计(GMM)替代 OLS 估计,研究线性动态面板模型参数 IV 估计量和 GMM 估计量的一致性。

(二)工具变量估计

对于模型(8.7.1),为了消除个体效应,首先取一阶差分,得到不包含个体效应的一阶差分模型:

$$y_{it}-y_{i,t-1}=\alpha(y_{i,t-1}-y_{i,t-2})+(u_{it}-u_{it-1}) \quad (t=2,3,\cdots,T) \tag{8.7.2}$$

显然,在模型(8.7.2)中,即使 $T\to\infty$,$y_{it}-y_{i,t-1}$ 和 $u_{it}-u_{it-1}$ 也是相关的,所以模型(8.7.2)的 OLS 估计不可能是一致的。然而,Anderson 和 Hsiao(1981)指出,对于差分模型(8.7.2),$y_{i,t-2}$ 或者 $(y_{i,t-2}-y_{i,t-3})$ 与 $(y_{i,t-1}-y_{i,t-2})$ 相关,但是与 $(u_{it}-u_{it-1})$ 无关。因此,$y_{i,t-2}$ 和 $(y_{i,t-2}-y_{i,t-3})$ 均为 $(y_{i,t-1}-y_{i,t-2})$ 的工具变量。于是,分别以这两变量为工具变量,模型(8.7.2)参数的工具变量估计分别为

$$\hat{\alpha}_{IV}^1=\frac{\sum_{i=1}^{N}\sum_{t=2}^{T}y_{i,t-2}(y_{it}-y_{i,t-1})}{\sum_{i=1}^{N}\sum_{t=2}^{T}y_{i,t-2}(y_{i,t-1}-y_{i,t-2})} \tag{8.7.3}$$

$$\overset{\wedge2}{\alpha}_{IV} = \frac{\sum\limits_{i=1}^{N}\sum\limits_{t=3}^{T}(y_{i,t-2} - y_{i,t-3})(y_{it} - y_{i,t-1})}{\sum\limits_{i=1}^{N}\sum\limits_{t=3}^{T}(y_{i,t-2} - y_{i,t-3})(y_{i,t-1} - y_{i,t-2})} \tag{8.7.4}$$

显然,对于 $N \to \infty, T \to \infty$ 或者 N 和 $T \to \infty$,如果

$$p\lim \frac{1}{N(T-1)}\sum_{i=1}^{N}\sum_{t=2}^{T}(u_{it} - u_{i,t-1})y_{i,t-2} = 0$$

和

$$p\lim \frac{1}{N(T-1)}\sum_{i=1}^{N}\sum_{t=3}^{T}(u_{it} - u_{i,t-1})(y_{i,t-2} - y_{i,t-3}) = 0$$

则工具变量估计 $\overset{\wedge1}{\alpha}_{IV}$ 和 $\overset{\wedge2}{\alpha}_{IV}$ 均是 α 的一致估计。

事实上,只要模型(8.7.1)的随机干扰项 u_{it} 不存在自相关,工具变量估计 $\overset{\wedge1}{\alpha}_{IV}$ 和 $\overset{\wedge2}{\alpha}_{IV}$ 就是 α 的一致估计。可见,前面假设的条件是参数估计量一致的必要条件。

(三) Arellano 和 Bond 的广义矩估计

动态面板模型(8.7.1)的工具变量估计中所选择的估计变量只是差分模型(8.7.2)的解释变量之一,实际上,对于 t 时点,$\{y_{i0}, y_{i1}, \cdots, y_{it-2}\}$ 都是差分模型(8.7.2)解释变量($y_{it-1} - y_{it-2}$)的工具变量。并且,对于 $s=2, \cdots, t; t=2, \cdots, T$,当 $T \to \infty$ 时,矩条件

$$E\{(u_{it} - u_{i,t-1})y_{i,t-s}\} = p\lim \frac{1}{N(T-1)}\sum_{i=1}^{N}\sum_{t=2}^{T}(u_{it} - u_{i,t-1})y_{i,t-s} = 0 \tag{8.7.5}$$

如果
$$\Delta u_i = (u_{i2} - u_{i1} \quad u_{i3} - u_{i2} \quad \cdots \quad u_{iT} - u_{i,T-1})$$

$$Z_i = \begin{bmatrix} [y_{i0}] & & & \\ & [y_{i0} \quad y_{i1}] & & \\ & & \ddots & \\ & & & [y_{i0} \quad \cdots \quad y_{i,T-2}] \end{bmatrix}$$

则差分模型(8.16)的 $T(T-1)/2$ 个矩条件可以表示成矩阵

$$E(Z'_i \Delta u_i) = 0 \tag{8.7.6}$$

于是

$$E(Z'_i(\Delta y_i - \alpha \Delta y_{i,-1})) = 0 \tag{8.7.7}$$

其中:
$$\Delta y_i = (y_{i2} - y_{i1} \quad y_{i3} - y_{i2} \quad \cdots \quad y_{iT} - y_{i,T-1})'$$

$$\Delta y_{i,-1} = (y_{i1} - y_{i0} \quad y_{i2} - y_{i1} \quad \cdots \quad y_{i,T-1} - y_{i,T-2})'$$

因方程组(8.7.7)中的矩条件数大于待估参数的个数,故可以求解样本矩的最小化二次型:

$$\min_{\alpha}\left\{\left[\frac{1}{N}\sum_{i=1}^{N}Z'_i(\Delta y_i - \alpha \Delta y_{i,-1})\right]'W_N\left[\frac{1}{N}\sum_{i=1}^{N}Z'_i(\Delta y_i - \alpha \Delta y_{i,-1})\right]\right\} \tag{8.7.8}$$

估计自回归系数,其中,W_N 是渐进正定权重矩阵。

对(8.7.8)式关于 α 求导,解 α 得到自回归系数的 GMM 估计:

$$\hat{\alpha}_{\text{GMM}} = \left\{\left[\sum_{i=1}^{N}\Delta y'_{i,-1}Z_i\right]W_N\left[\sum_{i=1}^{N}Z'_i\Delta y_{i,-1}\right]\right\}^{-1}\left\{\left[\sum_{i=1}^{N}\Delta y'_{i,-1}Z_i\right]W_N\left[\sum_{i=1}^{N}Z'_i\Delta y_i\right]\right\} \quad (8.7.9)$$

显然,自回归系数 α 的 GMM 估计 $\hat{\alpha}_{\text{GMM}}$ 依赖于权重矩阵 W_N 的选择,只要 W_N 是正定的,GMM 估计 $\hat{\alpha}_{\text{GMM}}$ 就是一致的,但是它的方差协方差矩阵随 W_N 变化。这时,我们称 $\hat{\alpha}_{\text{GMM}}$ 的方差协方差矩阵最小的权重矩阵 W_N 为最优权重矩阵(optimal weighting matrix),相应的,称 GMM 估计 $\hat{\alpha}_{\text{GMM}}$ 为最有效的估计量。

一般来说,只要方程组(8.7.7)中的矩条件存在,GMM 估计 $\hat{\alpha}_{\text{GMM}}$ 就一定存在。但是,如果对于任意的 $i,t,u_{it}\sim i.i.d(0,\sigma_u^2)$,则 $W_N^{Opt}=\left(\dfrac{1}{N}\sum_{i=1}^{N}Z'_iGZ_i\right)^{-1}$ 是最优权重矩阵,其中

$$E(\Delta u_i\Delta u'_i)=\sigma_u^2 G=\sigma_u^2\begin{bmatrix} 2 & -1 & 0 & \cdots \\ -1 & 2 & \ddots & 0 \\ 0 & \ddots & \ddots & -1 \\ \vdots & 0 & -1 & 2 \end{bmatrix}_{T\times T}$$

于是,如果 σ_u^2 已知,α 的最有效 GMM 估计 $\hat{\alpha}_{\text{GMM}}^{Opt}$ 服从协方差矩阵为

$$p\lim=\left[\frac{1}{N}\sum_{i=1}^{N}\Delta y'_{i,-1}Z_i\right]\left\{\frac{\sigma_u^2}{N}\sum_{i=1}^{N}Z'_iGZ_i\right\}^{-1}\left[\frac{1}{N}\sum_{i=1}^{N}Z'_i\Delta y_i\right]$$

的渐进正态分布。

Arellano 和 Bond(1991)研究了 σ_u^2 未知的情况,提出了一种两阶段 GMM 估计方法。具体估计方法如下:

(1) 令 $W_N=I$,依据(8.7.9)式得到 α 的第一步一致估计:

$$\hat{\alpha}_{\text{GMM}}^1 = \left\{\left[\sum_{i=1}^{N}\Delta y'_{i,-1}Z_i\right]W_N\left[\sum_{i=1}^{N}Z'_i\Delta y_{i,-1}\right]\right\}^{-1}\left\{\left[\sum_{i=1}^{N}\Delta y'_{i,-1}Z_i\right]W_N\left[\sum_{i=1}^{N}Z'_i\Delta y_i\right]\right\}$$

(2) 对于 α 的第一步一致估计 $\hat{\alpha}_{\text{GMM}}$,求模型(8.7.1)的残差 $\hat{u}_{it}$ 及其差分 $\Delta\hat{u}_{it}$;

(3) 估计最优权重矩阵:

$$\hat{W}_N^{Opt} = \left(\frac{1}{N}\sum_{i=1}^{N}Z'_i\Delta\hat{u}_i\Delta\hat{u}'_iZ_i\right)^{-1}$$

(4) 令 $W_N=\hat{W}_N^{Opt}$;再依据(8.7.9)式得到 α 的第二步一致估计:

$$\hat{\alpha}_{\text{GMM}}^2 = \left\{\left[\sum_{i=1}^{N}\Delta y'_{i,-1}Z_i\right]\hat{W}_N^{Opt}\left[\sum_{i=1}^{N}Z'_i\Delta y_{i,-1}\right]\right\}^{-1}\left\{\left[\sum_{i=1}^{N}\Delta y'_{i,-1}Z_i\right]\hat{W}_N^{Opt}\left[\sum_{i=1}^{N}Z'_i\Delta y_i\right]\right\} \quad (8.7.10)$$

在文献中,一般称 Arellano 和 Bond(1991)的 GMM 估计(8.7.10)为标准一阶差分 GMM 估计。有关 Arellano 和 Bond(1991)的 GMM 估计,可以直接运用 STATA 软件或 EViews 软件进行估计。

(四) 更有效的广义矩估计

1. Ahn 和 Schmidt 的广义矩估计

在经验研究中,尽管 Arellano 和 Bond 的广义矩估计方法得到了广泛的应用,但是,

Alonso-Borrego 和 Arellano(1999)的 Monte Carlo 实验证实,当 α 接近于 1、T 很小或者 σ_ξ/σ_u 较大时,模型(8.7.1)存在下偏(downward bias)。Ahn 和 Schmidt (1995) 假设模型(8.7.1) 满足假设Ⅱ:① 对于 $i=1,2,\cdots,N;t=0,1,2,\cdots,T$,则 $E(u_{it})=0$;② 对于 $i=1,2,\cdots,N;t=0,1,2,\cdots,T$,则 $E(\xi_i)=0$;③ 对于 $i=1,2,\cdots,N;t=0,1,2,\cdots,T$,则 $E(y_{i0}u_{it})=0$;④ 对于 $i=1,2,\cdots,N;t=0,1,2,\cdots,T$,则 $E(\xi_i u_{it})=0$;⑤ 对于 $i=1,2,\cdots,N;t=0,1,2,\cdots,T$,$u_{it}$ 相互无关。

Ahn 和 Schmidt (1995)指出,在假设Ⅱ下,模型(8.7.1)存在 $T(T-1)/2$ 个矩条件:

$$E\{(u_{it}-u_{it-1})y_{i,t-s}\}=0 \quad (t=2,\cdots,T;s=2,\cdots,t) \tag{8.7.11}$$

并且,如果对于个体 i,u_{it} 具有同方差 σ_i^2,即

$$E(u_{it}^2)=\sigma_i^2 \quad (t=1,2,\cdots,T-2) \tag{8.7.12}$$

则模型(8.7.1)具有 $T-2$ 个矩条件

$$E(y_{it}\Delta u_{i,t+1}-y_{i,t+1}\Delta u_{i,t+2})=0 \quad (t=1,2,\cdots,T-2) \tag{8.7.13}$$

于是,将矩阵

$$Z_{H_i}=\begin{pmatrix} y_{i1} & 0 & 0 & \cdots & 0 \\ -y_{i2} & y_{i2} & 0 & \cdots & 0 \\ 0 & -y_{i3} & y_{i3} & \cdots & 0 \\ \vdots & \vdots & \vdots & \cdots & \vdots \\ 0 & 0 & 0 & \cdots & y_{i,T-2} \\ 0 & 0 & 0 & \cdots & -y_{i,T-2} \end{pmatrix}$$

添加到工具矩阵 Z_i,得到基于矩条件(8.7.5)和(8.7.13)式的工具矩阵

$$Z_i^+=[Z_i \quad Z_{H_i}] \tag{8.7.14}$$

这样,用 Z_i^+ 代替(8.7.8)式中的 Z_i,并且,选取权重矩阵

$$\hat{W}_N^+=\left(\frac{1}{N}\sum_{i=1}^N Z_i^{+\prime}Z_i^+\right)^{-1}$$

时,类似地得到了同方差情况下模型(8.7.1)的 GMM 估计:

$$\hat{\alpha}_{GMM}^+=\left\{\left[\sum_{i=1}^N \Delta y_{i,-1}' Z_i^+\right]\hat{W}_N^+\left[\sum_{i=1}^N Z_i^{+\prime}\Delta y_{i,-1}\right]\right\}^{-1}\left\{\left[\sum_{i=1}^N \Delta y_{i,-1}' Z_i^+\right]\hat{W}_N^+\left[\sum_{i=1}^N Z_i^{+\prime}\Delta y_i\right]\right\} \tag{8.7.15}$$

另外,Ahn 和 Schmidt(1995)发现,在假设Ⅱ下,模型(8.7.15)除了具有 $T(T-1)/2$ 个矩条件

$$E(y_{i,s-2}\Delta u_{it})=0 \quad (t=2,\cdots,T;s=2,\cdots,t) \tag{8.7.16}$$

外,还存在 $T-2$ 个非线性矩条件

$$E(u_{iT}\Delta u_{it})=0 \quad (t=2,3,\cdots,T-1) \tag{8.7.17}$$

并且,矩条件(8.7.16)和(8.7.17)是假设 Ⅱ 下的所有矩条件。

实际上,容易证明,矩条件(8.7.16)和(8.7.17)等价于下面的 $T(T-1)/2+(T-2)$ 个矩条件。

对于给定的 i,　　　$E(y_{i0}(\xi_i+u_{it}))=0$ 是相同的 $(t=1,2,\cdots,T)$ 　　　(8.7.18)

对于给定的 i,　$E((\xi_i+u_{it})(\xi_i+u_{is}))=0$ 是相同的 $(s,t\neq1,2,\cdots,T)$ 　　(8.7.18)′

Ahn 和 Schmidt(1995)在理论上证明,在模型(8.7.1)使用二阶矩条件的估计中,基于(8.7.16)和(8.7.17)的 GMM 估计是有效的。

2. Blundell 和 Bond 的广义矩估计

由(8.7.18)可见,为了改进标准一阶差分 GMM 估计的有效性,实际上隐含了对初始值的约束。于是,Blundell 和 Bond(1998)从初始值的角度研究了改进标准一阶差分 GMM 估计有效性的问题。在适当的初始值约束下,Blundell 和 Bond(1998)的 Monte Carlo 试验证实,基于矩条件(8.7.16)和另外 $T-2$ 矩条件的 GMM 估计改善了 Arellano 和 Bond 广义矩估计的有效性。

在 Arellano 和 Bover(1995)的研究基础上,Blundell 和 Bond(1998)使用矩条件

$$E((\xi_i+u_{it})\Delta y_{i,t-1})=0 \quad (t=2,3,\cdots,T-1) \tag{8.7.19}$$

代替了 Blundell 和 Bond(1998)的矩条件(8.7.17)。

显然,在 $t=2$ 时,矩条件(8.7.19)$E((\xi_i+u_{i2})\Delta y_{i,1})=0$ 是对 y_{it} 的初始值 y_{i0} 的约束。

于是,基于矩条件(8.7.16)和(8.7.19),模型(8.7.1)GMM 工具矩阵

$$Z_i^* = \begin{bmatrix} Z_i & 0 & 0 & \cdots & 0 \\ 0 & \Delta y_{i1} & 0 & \cdots & 0 \\ 0 & & \Delta y_{i2} & \cdots & 0 \\ \vdots & \vdots & \vdots & & \vdots \\ & & & & \Delta y_{i,T-2} \end{bmatrix}$$

同样,用 Z_i^* 代替(8.7.8)式中的 Z_i,并且选择权重矩阵 $\hat{W}_N^* = \left(\dfrac{1}{N}\sum_{i=1}^{N}Z_i^{*\prime}Z_i^*\right)^{-1}$ 时,类似地得到了模型(8.7.1)GMM 估计

$$\hat{\alpha}_{GMM}^* = \left\{\left[\sum_{i=1}^{N}\Delta y_{i,-1}'Z_i^*\right]\hat{W}_N^*\left[\sum_{i=1}^{N}Z_i^{*\prime}\Delta y_{i,-1}\right]\right\}^{-1}\left\{\left[\sum_{i=1}^{N}\Delta y_{i,-1}'Z_i^*\right]\hat{W}_N^*\left[\sum_{i=1}^{N}Z_i^{*\prime}\Delta y_i\right]\right\}$$

$$\tag{8.7.20}$$

(五)蒙特卡洛试验

为了证实他们提出的 GMM 估计改善了标准一阶差分 GMM 估计的有效性,Blundell 和 Bond(1998)设计了下面的蒙特卡洛试验。

在蒙特卡洛试验中,动态面板数据 y_{it} 分别由模型 A 和模型 B 生成:

模型 A:$y_{it}=\alpha y_{i,t-1}+\xi_i+u_{it}$

模型 B:$y_{it}=\alpha y_{i,t-1}+(1-\alpha)\xi_i+u_{it}$

并且,初始值

$$y_{i0} = \frac{\xi_i}{1-\alpha} + u_{i0}$$

其中，$u_{i0} \sim i.i.d.(0, \sigma_{u0}^2)$，独立于 ξ_i 和 u_{it}。

在模拟中，$T=4$，α 的取值从 0 变到 0.9，$N=100, 200$ 和 500，记 α 的估计值分别为 $\hat{\alpha}_{dif}$，$\hat{\alpha}_{tb}$ 和 $\hat{\alpha}_{all}$，其中：

$\hat{\alpha}_{dif}$ 表示基于矩条件(8.7.16)，利用(8.7.10)式估计 α；

$\hat{\alpha}_{tb}$ 表示基于矩条件(8.7.16)和(8.7.19)，利用(8.7.20)式估计 α；

$\hat{\alpha}_{all}$ 表示基于矩条件(8.7.16)、(8.7.13)和(8.7.19)，利用(8.7.20)式估计 α；

CGLS 是可行的条件 GLS 估计，即，用一阶段 GMM 估计 $\hat{\alpha}_{tb}$ 方差分量。

经过 1 000 次模拟，模拟 A 和模拟 B 的模拟结果分别如表 8-10 和表 8-11 所示。

表 8-10　模型 A 的 Monte Carlo 试验结果

N	A	均　值	$\hat{\alpha}_{dif}$ RMSE SD	均　值	$\hat{\alpha}_{tb}$ RMSE SD	均　值	$\hat{\alpha}_{all}$ RMSE SD	均　值	CGLS RMSE SD
	0	−0.004 4	0.122 7	0.01	0.099 4	0.006	0.097	0.015 7	0.098 6
			0.122 7		0.099		0.096 9		0.097 4
	0.3	0.286 5	0.185 3	0.313 2	0.122 1	0.31	0.121 6	0.318 8	0.122 8
			0.184 9		0.121 5		0.121 3		0.121 5
100	0.5	0.464 1	0.269 3	0.51	0.133 3	0.51	0.135 6	0.518 2	0.135 3
			0.267 4		0.133		0.135 3		0.134 2
	0.8	0.484 4	0.880 5	0.810 1	0.162	0.816 9	0.154 1	0.836 5	0.139 6
			0.822 4		0.161 8		0.153 3		0.134 9
	0.9	0.226 4	1.065 9	0.940 5	0.161 5	0.942 2	0.141 5	0.957 2	0.112 1
			0.826 4		0.156 4		0.135 1		0.096 4
	0	−0.003 7	0.085 4	0.005 1	0.067	0.002 8	0.065 1	0.008 3	0.07
			0.085 4		0.066 9		0.065 1		0.069 6
	0.3	0.291 9	0.127 2	0.309 2	0.083 8	0.306 1	0.081 2	0.312	0.089 5
			0.127		0.083 3		0.081		0.088 7
200	0.5	0.482 8	0.182 8	0.509 8	0.094 1	0.507 9	0.092 5	0.513 5	0.101 5
			0.182 1		0.093 6		0.092 2		0.100 6
	0.8	0.636 2	0.546 8	0.805	0.119 6	0.811 2	0.114 3	0.825 9	0.111 5
			0.521 9		0.119 5		0.113 8		0.108 5
	0.9	0.373 1	1.1	0.923 5	0.149 9	0.930 8	0.124 3	0.943 1	0.102 2
			0.966 1		0.148 1		0.120 5		0.092 7

续 表

N	A	均值 ($\hat{\alpha}_{dif}$)	RMSE / SD ($\hat{\alpha}_{dif}$)	均值 ($\hat{\alpha}_{tb}$)	RMSE / SD ($\hat{\alpha}_{tb}$)	均值 ($\hat{\alpha}_{all}$)	RMSE / SD ($\hat{\alpha}_{all}$)	均值	CGLS RMSE / SD
500	0	−0.003 3	0.055 7	0.001 2	0.043 4	0.000 1	0.042 1	0.002 5	0.046 2
			0.055 6		0.043 4		0.042 2		0.046 1
	0.3	0.293 6	0.082 7	0.302 5	0.055 2	0.300 8	0.053	0.303	0.060 7
			0.082 4		0.055 2		0.053		0.060 6
	0.5	0.488 7	0.117 7	0.050 21	0.063 2	0.500 6	0.061 2	0.502 5	0.071
			0.117 2		0.063 2		0.061 2		0.071
	0.8	0.738 6	0.314 4	0.793 9	0.078 1	0.794 2	0.077	0.800 7	0.085 3
			0.308 5		0.077 9		0.076 9		0.085 3
	0.9	0.597 8	0.708 1	0.904 3	0.1	0.903 8	0.088 4	0.917 2	0.088
			0.640 7		0.099 9		0.088 3		0.086 3

表 8 - 11 模型 B 的 Monte Carlo 试验结果

N	A	均值 ($\hat{\alpha}_{dif}$)	RMSE / SD ($\hat{\alpha}_{dif}$)	均值 ($\hat{\alpha}_{tb}$)	RMSE / SD ($\hat{\alpha}_{tb}$)	均值 ($\hat{\alpha}_{all}$)	RMSE / SD ($\hat{\alpha}_{all}$)	均值	CGLS RMSE / SD
100	0	−0.004 4	0.122 7	0.01	0.099 4	0.006	0.097	0.015 7	0.098 6
			0.122 7		0.099		0.096 9		0.097 4
	0.3	0.289 5	0.158 9	0.304 2	0.113 4	0.301 8	0.114 1	0.307 5	0.114
			0.158 6		0.113 4		0.114 1		0.113 8
	0.5	0.483 3	0.190 1	0.493 9	0.119 4	0.493 1	0.121 2	0.494 4	0.12
			0.189 5		0.119 3		0.121 1		0.119 9
	0.8	0.758 6	0.284 4	0.773 7	0.133 6	0.776 2	0.132 6	0.763 8	0.129 4
			0.281 6		0.131 1		0.130 5		0.124 2
	0.9	0.811 5	0.403 3	0.862 6	0.149 4	0.086 7	0.142 6	0.850 5	0.136 1
			0.393 6		0.144 7		0.138 8		0.126 8
200	0	−0.003 7	0.085 4	0.005 1	0.067	0.002 8	0.065 1	0.008 3	0.07
			0.085 4		0.069 9		0.065 1		0.069 6
	0.3	0.293 9	0.108 7	0.304 6	0.077 5	0.302 7	0.076 4	0.306	0.083
			0.108 6		0.077 4		0.076 4		0.082 8

N	A	均 值	$\hat{\alpha}_{dif}$ RMSE SD	均 值	$\hat{\alpha}_{tb}$ RMSE SD	均 值	$\hat{\alpha}_{all}$ RMSE SD	均 值	CGLS RMSE SD
200	0.5	0.491 5	0.128	0.500 3	0.081 6	0.499 5	0.081 6	0.500 3	0.087 7
			0.127 8		0.081 6		0.081 7		0.087 7
	0.8	0.780 8	0.184 2	0.792 6	0.089	0.792 7	0.089 8	0.785	0.092
			0.183 3		0.088 7		0.089 6		0.090 8
	0.9	0.860 7	0.248 8	0.888 3	0.096 7	0.888 5	0.096 7	0.876 8	0.096 6
			0.245 8		0.096		0.096 1		0.093 8
500	0	−0.003 3	0.055 7	0.001 2	0.043 4	0.000 1	0.042 1	0.002 5	0.046 2
			0.055 6		0.043 4		0.042 2		0.046 1
	0.3	0.294 3	0.070 8	0.299 9	0.051 3	0.299 1	0.050 2	0.300 4	0.056 3
			0.070 6		0.051 3		0.050 2		0.056 4
	0.5	0.492	0.083 1	0.496 9	0.053 9	0.496 6	0.053 5	0.496 9	0.060 4
			0.082 8		0.053 8		0.053 4		0.060 4
	0.8	0.785 1	0.120 1	0.793 8	0.055	0.793 7	0.055 3	0.788 8	0.061 5
			0.119 2		0.054 7		0.054 9		0.060 5
	0.9	0.875 9	0.161 9	0.893 2	0.056 3	0.893	0.056 7	0.885	0.061 9
			0.160 2		0.055 9		0.056 3		0.06

由表 8-10 的模拟结果可以看出,在 α 是 0.8 或 0.9 时,标准一阶差分 GMM 估计 $\hat{\alpha}_{dif}$ 存在巨大的下偏(downward bias)和不精确的估计。例如,在 $\alpha=0.9$, $N=200$ 时, $\hat{\alpha}_{dif}$ 的均值仅为 0.373 1。

相反,基于矩条件(8.7.16)和(8.7.19)的 GMM 估计 $\hat{\alpha}_{tb}$ 显著地改变了 $\hat{\alpha}_{dif}$ 的有效性。例如,在 $\alpha=0.8$, $N=200$ 时,GMM 估计 $\hat{\alpha}_{tb}$ 的均值是 0.805,并且, $\hat{\alpha}_{tb}$ 的 RMSE 仅为 $\hat{\alpha}_{dif}$ 的 RMSE 的 20%。另外,即使在矩条件(8.7.16)和(8.7.19)的基础上,增添同方差的矩条件(8.7.17),如果 $\alpha=0.8$ 或 0.9,则只有在 $N=500$ 时, $\hat{\alpha}_{all}$ 估计的精度才优于 $\hat{\alpha}_{tb}$ 估计。否则,在 $N=200$ 和 $N=100$ 时, $\hat{\alpha}_{all}$ 估计的精确性远不如 $\hat{\alpha}_{tb}$ 估计。由表 8-10 可见,对于模型 B 生成的数据,也存在类似的结果。

因此,在改进标准一阶差分 GMM 估计的有效时,对初始值约束的矩条件(8.7.19)比同方差约束的矩条件(8.7.17)更有效。

二、存在外生变量的动态面板数据模型

常用的存在外生变量的线性动态面板数据模型具有如下形式, $y_{it} = \beta_0 + \sum_{k=1}^{K} \beta_k x_{kit} +$

$\sum_{l=1}^{p} \alpha_l y_{i,t-l} + \xi_i + u_{it}$，本书只介绍一类简单的模型，即

$$y_{it} = \alpha y_{i,t-1} + \sum_{k=1}^{K} \beta_k x_{kit} + \xi_i + u_{it} \quad (\mid \alpha \mid < 1) \tag{8.7.21}$$

此时，模型中值包含被解释变量的一阶滞后项。

这里，模型(8.7.21)满足假设 I 和假设 II。

假设 III：解释变量 x_{kit} 与随机干扰项 u_{it} 无关，即，解释变量 x_{kit} 是严格外生的。

于是，对于 $i=1,2,\cdots,N$；$t=1,2,\cdots,T$；$s=0,1,2,\cdots,T$；$E(x_{kit}\Delta u_{it})=0$，即 X_{i1}，X_{i2}，$\cdots$，X_{iT} 都是一阶差分模型

$$\Delta y_{it} = \alpha \Delta y_{i,t-1} + \sum_{k=1}^{K} \beta_k \Delta x_{kit} + \Delta u_{it} \tag{8.7.22}$$

滞后项 $\Delta y_{i,t-1} = (y_{i,t-1} - y_{i,t-2})$ 的工具变量。其中，$X_{it}=(x_{1it},x_{2it},\cdots,x_{kit})$。

同时，Δx_{kit} 也是 x_{kit} 的工具变量，因此，对于 $i=1,2,\cdots,N$；$t=1,2,\cdots,T$

$$E(\Delta X_{it}\Delta u_{it})=0$$

因此，一阶差分模型(8.7.22)的工具变量矩阵

$$Z_i = \begin{bmatrix} [y_{i0} \quad \Delta X_{i1}] & & & \\ & [y_{i0} \quad y_{i1} \quad \Delta X_{i2}] & & \\ & & \ddots & \\ & & & [y_{i0} \quad y_{i1} \quad \cdots \quad y_{i,T-2} \quad \Delta X_{iT}] \end{bmatrix}$$

即

$$E(Z_i'\Delta u_i)=0$$

$$E(Z_i'(\Delta y_i - \alpha \Delta y_{i,-1} - \Delta X_i \beta))=0, \Delta X_i = \begin{bmatrix} \Delta x_{1i1} & \Delta x_{2i1} & \cdots & \Delta x_{ki1} \\ \Delta x_{1i2} & \Delta x_{2i2} & & \Delta x_{ki2} \\ \vdots & \vdots & & \vdots \\ \Delta x_{1iT} & \Delta x_{2iT} & \cdots & \Delta x_{kiT} \end{bmatrix}$$

求解最小化问题：

$$\min_{\alpha,\beta} \left\{ \left[\frac{1}{N} \sum_{i=1}^{N} Z_i'(\Delta y_i - \alpha \Delta y_{i,-1} - \Delta X_i \beta) \right]' W_N \left[\frac{1}{N} \sum_{i=1}^{N} Z_i'(\Delta y_i - \alpha \Delta y_{i,-1} - \Delta X_i \beta) \right] \right\}$$

类似地，模型(8.7.22)系数的一致 GMM 估计

$$\begin{bmatrix} \hat{\alpha}_{GMM} \\ \hat{\beta}_{GMM} \end{bmatrix} = \left\{ \left[\sum_{i=1}^{N} \begin{bmatrix} \Delta y_{i,-1}' \\ \Delta X_i' \end{bmatrix} Z_i \right] W_N \left[\sum_{i=1}^{N} Z_i'(\Delta y_{i,-1} \quad \Delta X_i) \right] \right\}^{-1} \left\{ \left[\sum_{i=1}^{N} \begin{bmatrix} \Delta y_{i,-1}' \\ \Delta X_i' \end{bmatrix} Z_i \right] W_N \left[\sum_{i=1}^{N} Z_i' \Delta y_i \right] \right\} \tag{8.7.23}$$

当假设 I 成立时，

$$\hat{W}_N = \frac{1}{N} \sum_{i=1}^{N} Z_i' G Z_i$$

其中，$G = \begin{pmatrix} 2 & -1 & 0 & \cdots \\ -1 & 2 & \ddots & 0 \\ 0 & \ddots & \ddots & -1 \\ \vdots & 0 & -1 & 2 \end{pmatrix}_{T \times T}$。

Arellano 和 Bover(1995)得到了模型(8.7.22)系数的一致 GMM 估计

$$\begin{pmatrix} \hat{\alpha}_{GMM} \\ \hat{\beta}_{GMM} \end{pmatrix} = \left\{ \left[\sum_{i=1}^{N} \begin{pmatrix} \Delta y'_{i,-1} \\ \Delta X'_i \end{pmatrix} Z_i \right] \hat{W}_N \left[\sum_{i=1}^{N} Z'_i (\Delta y_{i,-1} \quad \Delta X_i) \right] \right\}^{-1} \left\{ \left[\sum_{i=1}^{N} \begin{pmatrix} \Delta y'_{i,-1} \\ \Delta X'_i \end{pmatrix} Z_i \right] \hat{W}_N \left[\sum_{i=1}^{N} Z'_i \Delta y_i \right] \right\}$$

其协方差矩阵

$$\text{Var} \begin{pmatrix} \hat{\alpha}_{GMM} \\ \hat{\beta}_{GMM} \end{pmatrix} = \sigma_\epsilon^2 \left\{ \left[\sum_{i=1}^{N} \begin{pmatrix} \Delta y'_{i,-1} \\ \Delta X'_i \end{pmatrix} Z_i \right] \hat{W}_N^{-1} \left[\sum_{i=1}^{N} Z'_i (\Delta y_{i,-1} \quad \Delta X_i) \right] \right\}^{-1}$$

三、动态面板数据模型的应用

生产效率除了受本期的教育投资、技术水平、道德诚信等相关控制变量的影响外，还受到历史控制变量的影响。本节将以例 8-7 的相关数据为例，展开 GMM 的案例分析。数据如表 8-12 所示。

表 8-12　生产效率与教育投资、技术水平、道德诚信

地区生产效率	1997	1998	1999	2000	2001	2002	2003	2004	2005	2006	2007	2008	2009
BJ_EFF	95.95	96.01	96.06	96.12	96.18	96.23	96.29	96.34	96.4	96.45	96.5	96.55	96.52
TJ_EFF	77.83	78.12	78.41	78.7	78.98	79.26	79.54	79.81	80.09	80.35	80.62	80.88	80.75
NMG_EFF	23.53	24.05	24.57	25.1	25.63	26.16	26.69	27.23	27.77	28.32	28.86	29.41	29.13
LN_EFF	35.51	36.07	36.63	37.19	37.75	38.3	38.86	39.42	39.98	40.54	41.09	41.65	41.37
JL_EFF	18.89	19.37	19.86	20.35	20.84	21.34	21.85	22.35	22.87	23.38	23.9	24.42	24.16
HLG_EFF	25.88	26.41	26.95	27.49	28.03	28.57	29.12	29.67	30.22	30.77	31.32	31.87	31.59
SHH_EFF	89.04	89.2	89.35	89.5	89.65	89.79	89.94	90.08	90.22	90.36	90.5	90.64	90.57
JS_EFF	67.73	68.13	68.53	68.92	69.3	69.69	70.07	70.45	70.82	71.19	71.55	71.92	71.73
ZJ_EFF	54.95	55.44	55.94	56.43	56.92	57.41	57.89	58.37	58.85	59.32	59.79	60.25	60.02
AH_EFF	21.4	21.9	22.41	22.92	23.44	23.96	24.48	25.01	25.54	26.07	26.6	27.14	26.87
FJ_EFF	73.34	73.69	74.02	74.36	74.69	75.02	75.35	75.67	75.99	76.3	76.61	76.92	76.76
JX_EFF	22.01	22.52	23.03	23.55	24.07	24.59	25.12	25.65	26.18	26.72	27.25	27.8	27.52
SD_EFF	54.89	55.38	55.88	56.37	56.86	57.35	57.83	58.31	58.79	59.26	59.73	60.2	59.96
GD_EFF	91	91.13	91.25	91.38	91.5	91.62	91.74	91.86	91.98	92.09	92.21	92.32	92.26
GS_EFF	7.72	8.03	8.34	8.66	8.98	9.31	9.66	10	10.36	10.72	11.08	11.46	11.27
GX_EFF	18.66	19.14	19.62	20.11	20.6	21.1	21.6	22.11	22.62	23.13	23.65	24.17	23.91
GZ_EFF	14.7	15.13	15.57	16.01	16.46	16.92	17.38	17.84	18.31	18.79	19.27	19.75	19.51

地区生产效率	1997	1998	1999	2000	2001	2002	2003	2004	2005	2006	2007	2008	2009
HAN_EFF	26.97	27.51	28.05	28.59	29.14	29.68	30.23	30.79	31.34	31.89	32.45	33	32.72
HUB_EFF	31.26	31.82	32.37	32.93	33.49	34.04	34.6	35.16	35.72	36.28	36.84	37.4	37.12
NX_EFF	8.43	8.76	9.08	9.42	9.76	10.11	10.47	10.83	11.2	11.58	11.96	12.35	12.15
QH_EFF	6.94	7.23	7.52	7.82	8.13	8.44	8.76	9.09	9.43	9.77	10.12	10.47	10.29
XJ_EFF	9.66	10.01	10.36	10.73	11.09	11.47	11.85	12.24	12.63	13.03	13.44	13.85	13.64
YN_EFF	21.46	21.97	22.48	22.99	23.5	24.02	24.55	25.07	25.6	26.13	26.67	27.21	26.94
SHX_EFF	20.75	21.25	21.75	22.26	22.77	23.28	23.8	24.32	24.85	25.37	25.91	26.44	26.17

地区教育投资	1997	1998	1999	2000	2001	2002	2003	2004	2005	2006	2007	2008	2009
BJ_EDU	36 541	36 559	35 236	34 863	35 520	34 670	41 904	18 672	48 815	51 558	54 586	8 852	58 007
TJ_EDU	9 589	9 496	9 647	10 137	12 622	14 175	15 553	13 105	21 670	24 464	25 166	8 064	27 118
NMG_EDU	6 826	7 258	7 671	8 856	9 340	9 583	12 153	24 593	16 189	19 101	19 483	14 617	22 327
LN_EDU	23 109	23 394	25 179	27 508	30 364	33 819	38 086	35 586	43 960	46 816	50 344	22 872	55 835
JL_EDU	15 610	15 531	15 166	17 476	18 194	19 975	21 824	22 302	28 129	29 918	31 667	18 745	33 239
HLG_EDU	15 736	15 505	15 804	16 169	18 238	23 179	28 525	32 648	35 127	36 866	39 792	17 644	43 057
SHH_EDU	20 106	20 071	20 092	20 491	21 695	22 949	24 387	17 832	31 645	33 873	35 480	8 265	38 134
JS_EDU	27 945	28 690	30 457	33 085	37 987	44 198	49 810	82 855	67 334	78 358	88 568	44 752	99 912
ZJ_EDU	11 595	11 816	13 140	16 057	22 168	25 993	29 508	53 303	38 402	42 143	45 622	31 050	49 516
AH_EDU	11 592	11 573	12 375	15 065	17 914	21 131	24 744	45 646	32 438	36 797	40 743	24 568	46 374
FJ_EDU	8 646	8 279	8 853	9 779	10 716	12 468	16 171	40 132	24 351	28 202	31 385	18 229	35 841
JX_EDU	9 793	9 577	10 147	10 380	12 176	15 934	20 560	43 653	38 587	42 227	45 153	20 974	48 637
SD_EDU	20 414	19 660	21 252	24 764	30 902	37 412	45 457	102 278	64 636	74 676	81 889	58 490	89 734
GD_EDU	16 939	17 053	18 489	20 433	23 467	32 961	39 897	75 330	54 257	61 119	67 091	38 193	73 943
GS_EDU	6 403	6 505	6 899	7 208	8 826	10 021	12 274	25 458	14 816	16 105	17 439	13 885	19 629
GX_EDU	7 645	8 043	8 651	9 326	10 131	12 115	14 106	32 727	19 610	22 450	25 088	21 061	29 459
GZ_EDU	5 699	5 929	6 050	7 240	9 007	11 079	11 775	22 488	14 353	15 398	16 964	10 237	19 634
HAN_EDU	1 380	1 362	1 436	1 571	1 640	2 125	2 699	5 608	4 620	5 227	5 823	3 231	7 303
HUB_EDU	25 825	26 148	27 858	30 363	33 505	39 624	46 947	60 334	59 009	65 164	68 117	30 689	73 159
NX_EDU	1 802	1 728	1 788	1 894	2 393	2 659	3 415	6 538	4 059	4 358	4 563	2 215	5 136
QH_EDU	1 587	1 678	1 711	2 107	2 094	2 580	2 769	5 906	3 051	3 296	3 156	2 379	3 757
XJ_EDU	7 837	7 587	7 516	7 924	9 123	10 369	10 913	22 809	12 733	13 783	15 096	9 933	16 234
YN_EDU	7 690	8 143	8 296	9 237	9 982	11 152	12 236	25 076	16 819	19 402	21 233	18 543	24 893
SHX_EDU	19 302	19 250	19 750	20 723	23 613	27 637	30 696	40 745	42 864	47 549	50 741	20 107	56 171

地区道德诚信	1997	1998	1999	2000	2001	2002	2003	2004	2005	2006	2007	2008	2009
BJ_HGL	39.75	40.75	45.89	45.26	35.48	55.41		93.61	94.42	11.48	21.31	1.15	0.51
TJ_HGL	36.76	35.46	29.71	31.1	17.45	39.99	11.31	29.48	32.52	44.13	46.81	33.58	23.81
NMG_HGL	38.07	44.58	40.07	47.07	39.85	42.8		47.03	29.08	16.45	18.345	13.68	3.7
LN_HGL	57.08	48.9	35.78	26.16		33.94			32.19	32.06			
JL_HGL	26.84	21.55	11.55		24.09	7.12	16.47	36.24	2.25		11.38	7.51	4.73
HLG_HGL	30.48	35.18	34.91	34.26	24.2	38.17	16.1	49.46	18.32	21.92	31.06	25.2	22.37
SHH_HGL	43.47	34.2	32.8	27.31	14.64	18.89	11.69	12.65		9	19.39	12.53	5.58
JS_HGL	48.93	46.46	46.34	36.27	33.08	32.19		28.08	12.11	12.92	11.84	13.86	12.79
ZJ_HGL	37.18	45.07	40.47	46.8	24.01	24.04	16.22	25.01	11.61	9.67	9.625	8.30	9.57
AH_HGL	37.71	33.79	27.96	29.86	28.41	28.93	39.26	27.51	18.6	17.41	13.69	11.71	18.06
FJ_HGL	29.47	35.06	30.65	24.74	35.92	22.9	20.69	30.72	16.36	11.47	27.53	23.36	13.11
JX_HGL	76.06	76.46	60	56.7	45.94		13.82	56.95	3.12	0.12	9.26	3.5	1.35
SD_HGL	35.15	31.01	32.76	33.95	28.55	38.04	21.4	28.89	29.37	27.48	22.658	25.99	19.94
GD_HGL	52.75	35.04	29.5	51.03	30.21	44.76	5.86	56.48	13.31	10.14	7.11	6.2	4.75
GS_HGL	77.8	64.33	58.91	62.1	38.78	43.13	18.45	21.35		42.95	56.25	15.59	4.09
GX_HGL	58.38	28.4	37.51	32.88	27.36	35.82			63.78	44.23		55.25	14.85
GZ_HGL	45.2	43.3	35.96	34.74	38.48		34.32		8.26	10.35	4.38	13.85	18.41
HAN_HGL					38.9		20.27		19.03	11.04	7.7	11.65	12.93
HUB_HGL	63.07	24.28	28.61	25.96	23.69	28.93	15.48	31.23	15.8	12.52	17.87	17.75	25.17
NX_HGL	15.47		29.59	34.74		89.19				33.17	43.11	62.24	50.89
QH_HGL	33.67	74.9	65.08	64.23	42.17	69.57			91.21	78.53	43.02	95.5	62.89	64.93
XJ_HGL	50.31	33.7	41.84	82.18						27.74	5.88	2.58	0.28
YN_HGL	69.66	71.94	82.42	82.18	41.34	87.01	29.29		18.61	20.45	10.72	66.3	67.19
SHX_HGL	51.79	67.79	69.68	72.63	24.89	64.76	40.47	68.27	6.01	10.42	5.53	7.22	6.35

地区技术水平	1997	1998	1999	2000	2001	2002	2003	2004	2005	2006	2007	2008	2009
BJ_PAT	3 327	3 800	5 829	5 905	6 246	6 345	8 248	9 005	10 100	11 238	14 954	17 747	22 921
TJ_PAT	940	1 042	1 508	1 611	1 829	1 827	2 505	2 578	3 045	4 159	5 584	6 790	7 404
NMG_PAT	372	523	723	775	743	679	817	831	845	978	1 313	1 328	1 494
LN_PAT	2 624	3 162	4 906	4 842	4 448	4 551	5 656	5 749	6 195	7 399	9 615	10 665	12 198
JL_PAT	679	1 051	1 550	1 650	1 443	1 507	1 690	2 145	2 023	2 319	2 855	2 984	3 275
HLG_PAT	1 288	1 517	2 378	2 252	1 870	2 083	2 794	2 809	2 906	3 622	4 303	4 574	5 079
SHH_PAT	1 886	2 334	3 665	4 050	5 371	6 695	16 671	10 625	12 603	16 602	24 481	24 468	34 913
JS_PAT	2 962	3 787	6 143	6 432	6 158	7 595	9 840	11 330	13 580	19 352	31 770	44 438	87 286
ZJ_PAT	3 167	4 470	7 071	7 495	8 312	10 479	14 402	15 249	19 056	30 968	42 069	52 953	79 945

地区技术水平	1997	1998	1999	2000	2001	2002	2003	2004	2005	2006	2007	2008	2009
AH_PAT	637	933	1 422	1 482	1 278	1 419	1 610	1 607	1 939	2 235	3 413	4 346	8 594
FJ_PAT	1 546	2 318	2 934	3 003	3 296	4 001	5 377	4 758	5 147	6 412	7 761	7 937	11 282
JX_PAT	611	765	1 011	1 072	999	1 044	1 238	1 169	1 361	1 536	2 069	2 295	2 915
SD_PAT	2 907	4 127	6 536	6 962	6 725	7 293	9 067	9 733	10 743	15 937	22 821	26 688	34 513
GD_PAT	7 173	10 707	14 328	15 799	18 259	22 761	29 235	31 446	36 894	43 516	56 451	62 031	83 621
GS_PAT	295	349	494	493	512	397	474	514	547	832	1 025	1 047	1 274
GX_PAT	705	853	1 232	1 191	1 099	1 054	1 331	1 272	1 225	1 442	1 907	2 228	2 702
GZ_PAT	337	418	620	710	642	615	723	737	925	1 337	1 727	1 728	2 084
HAN_PAT	167	239	342	320	303	199	296	278	200	248	296	341	630
HUB_PAT	1 041	1 265	2 228	2 198	2 204	2 209	2 871	3 280	3 860	4 734	6 616	8 374	11 357
NX_PAT	84	96	150	224	231	216	338	293	214	290	296	606	910
QH_PAT	56	62	123	117	101	85	90	70	79	97	222	228	368
XJ_PAT	328	462	859	717	755	627	752	792	921	1 187	1 534	1 493	1 866
YN_PAT	692	832	1 185	1 217	1 347	1 128	1 213	1 264	1 381	1 637	2 139	2 021	2 923
SHX_PAT	946	1 129	1 569	1 462	1 354	1 524	1 609	2 007	1 894	2 473	3 451	4 392	6 087

（一）balanced-Panel 的面板数据的创建方法

以此为例，介绍基于 Balanced-Panel 的面板数据的创建方法，如图 8 - 49 至图 8 - 51 所示。

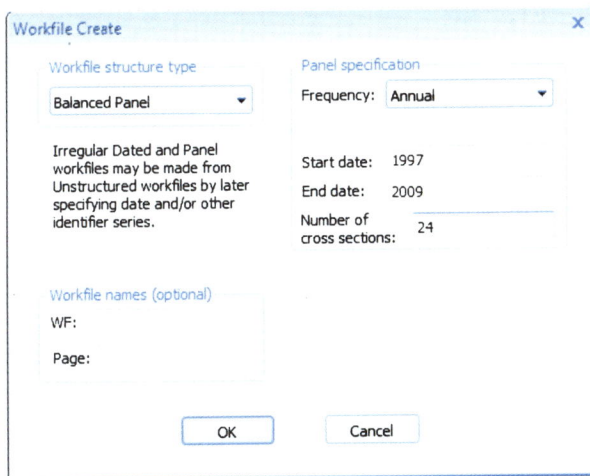

图 8 - 49　Balanced-Panel 的数据设定界面 1

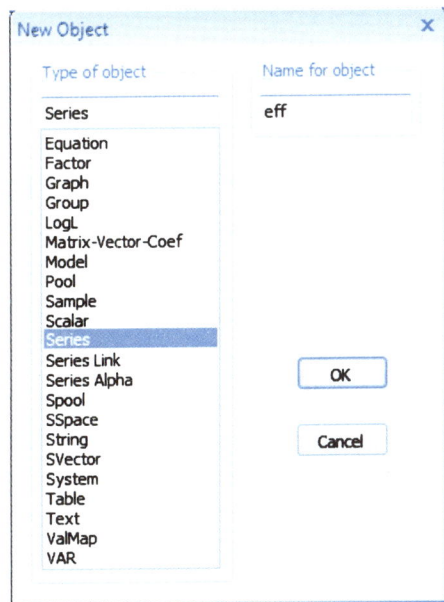

图 8 - 50　Balanced-Panel 的数据设定界面 2

图 8-51 数据编辑界面

(二) GMM 估计方法

点击工作文件窗口的工具栏的 Quick,选择其下拉菜单 Esitimate Equation,得到如图 8-52 与图 8-53 的所示工作界面,在编辑框输入 log(eff) c log(edu) log(pat) log(hgl),工具变量:log(edu(-1)) log(pat(-1)) log(hgl(-1)),Method 窗口选择 GMM 估计方法,如图 8-52 所示,点击确定的回归结果,如图 8-54 所示。

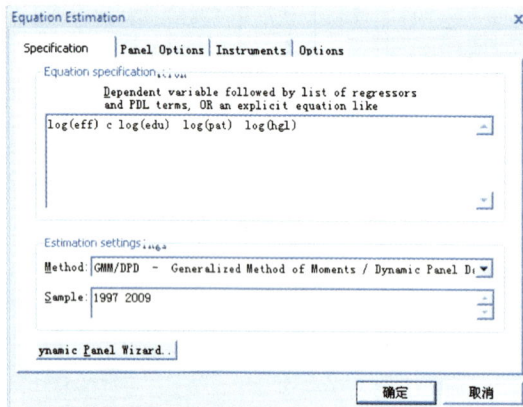

图 8-52 GMM 模型估计界面 1

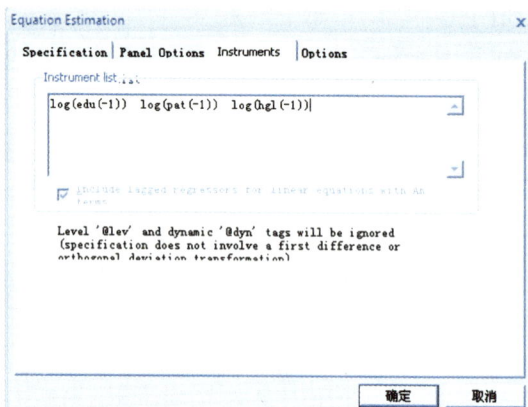

图 8-53 GMM 模型估计界面 2

根据 scalarpval=@chisq(J-static,$\chi-k$),其中 J-static=3.26E-22,χ:工具变量的个数,k:待估参数的个数,计算得 scalarpval=@chisq(3.26E-22,2)=1,通过了 GMM 估计的"模型过度约束正确"的原假设。然而模型中教育投资 log(edu)的系数为负,不利于生产效率的提高,与前面结论不符。合格率 log(hgl)的系数为正,有助于生产效率的提高,与前面的研究不符。因此,整体而言模型的估计未能通过经济学检验与统计学检验及其他检验。尽管如此,但不影响 GMM 问题的讨论与学习。

Dependent Variable: LOG(EFF)
Method: Panel Generalized Method of Moments
Date: 03/09/16   Time: 14:52
Sample (adjusted): 1998 2009
Periods included: 12
Cross-sections included: 24
Total panel (unbalanced) observations: 229
2SLS instrument weighting matrix
Instrument specification: C LOG(EDU(-1)) LOG(PAT(-1)) LOG(HGL(-1))
Constant added to instrument list

Variable	Coefficient	Std. Error	t-Statistic	Prob.
C	0.391985	0.651102	0.602033	0.5478
LOG(EDU)	-0.117385	0.078938	-1.487049	0.1384
LOG(PAT)	0.500006	0.040204	12.43657	0.0000
LOG(HGL)	0.111551	0.054828	2.034565	0.0431

R-squared	0.673405	Mean dependent var	3.548203
Adjusted R-squared	0.669051	S.D. dependent var	0.723056
S.E. of regression	0.415961	Sum squared resid	38.93031
Durbin-Watson stat	0.128871	J-statistic	5.22E-21
Instrument rank	4		

图 8-54 GMM 估计结果

复习思考题

1. pool 面板数据与 Balanced Panel 数据的创建的步骤各是什么？各自适宜那种模型估计？

2. 面板数据模型中个体、时点效应与多元回归模型中虚拟变量的关系是什么？包含哪两种估计方法？

3. Hausman 检验的基本原理与步骤是什么？

4. 面板数据的单位根检验的基本分类各自包括哪几个统计量？

5. 已知 1980—1999 年美国、加拿大以及英国这三个国家制造行业的失业率 Unem（单位：%）和工人每小时工资 Wage（单位：美元，以 1992 为基准），相关数据见表 8-13。根据菲利普斯曲线关于失业率与工资的关系，建立如下面板数据模型：

$$Unem_{it} = \alpha_i + \beta_i Wage_{it} + u_{it} \quad (i=1,2,3; t=1\,980,1\,981,\cdots,1\,999)$$

(1) 假定模型的截距项和变量的系数不存在个体与时点差异性，请进行混合回归模型估计。

(2) 假定模型的截距项随不同成员国而有所不同，因而设定为变截距回归模型，请分别按照固定效应和随机效应模型分别进行模型估计。

(3) 假定模型系数不同，请进行变系数回归模型估计。

(4) 根据上述(1)～(3)的步骤，请通过 Hausman 检验，完成模型的设定与检验，判断本例样本数据适合哪种面板数据模型。

表 8-13 工资与失业率相关数据

美国 USA			加拿大 CAN			英国 UK		
时间	Wage	Unem	时间	Wage	Unem	时间	Wage	Unem
1980	55.6	7.1	1980	49	7.2	1980	43.7	7
1981	61.1	7.6	1981	54.1	7.3	1981	44.1	10.5
1982	67	9.7	1982	59.6	10.6	1982	42.2	11.3
1983	68.8	9.6	1983	63.9	11.5	1983	39	11.8
1984	71.2	7.5	1984	64.3	10.9	1984	37.2	11.7
1985	75.1	7.2	1985	63.5	10.2	1985	39	11.2
1986	78.5	7	1986	63.3	9.2	1986	47.8	11.2
1987	80.7	6.2	1987	68	8.4	1987	60.2	10.3
1988	84	5.5	1988	76	7.3	1988	68.3	8.6
1989	86.6	5.3	1989	84.1	7	1989	67.7	7.2
1990	90.8	5.6	1990	91.5	7.7	1990	81.7	6.9
1991	95.6	6.8	1991	100.1	9.8	1991	90.5	8.8
1992	100	7.5	1992	100	10.6	1992	100	10.1

续 表

美国 USA			加拿大 CAN			英国 UK		
时间	Wage	Unem	时间	Wage	Unem	时间	Wage	Unem
1993	102.7	6.9	1993	95.5	10.7	1993	88.7	10.5
1994	105.6	6.1	1994	91.7	9.4	1994	92.3	9.7
1995	107.9	5.6	1995	93.3	8.5	1995	95.9	8.7
1996	109.3	5.4	1996	93.1	8.7	1996	95.6	8.2
1997	111.4	4.9	1997	94.4	8.2	1997	103.3	7
1998	117.3	4.5	1998	90.6	7.5	1998	109.8	6.3
1999	123.2	4	1999	91.9	5.7	1999	112.2	6.1

6. 已知1978—2006年我国四个省市地区(北京、江苏、山东、上海)的国内生产总值指数GDPI指数和居民消费价格指数CPI,如表8-14所示。

表8-14 GDPI指数和居民消费价格指数CPI

	GDPI	CPI	GDPI	CPI	GDPI	CPI	GDPI	CPI
	北京 BJ		江苏 JS		山东 SD		上海 SH	
1978	100	100	100	100	100	100	100	100
1979	109.7	101.8	112	101	106.6	100.7	107.4	100.9
1980	122.6	107.9	117.4	106.7	119.6	105.7	116.4	106.9
1981	120.8	109.3	130.2	108.3	126.5	107.6	122.9	108.3
1982	129.7	111.3	142.9	109.2	140.8	108.6	131.8	108.7
1983	150.2	111.8	160.5	109.7	160.4	111.2	142.1	108.9
1984	176.5	114.3	185.7	113	188.3	112.9	158.6	111.3
1985	191.7	134.4	217.8	123.7	209.8	122.7	179.8	128.2
1986	208.8	143.6	240.5	132.5	223	128.2	187.7	136.3
1987	228.8	155.9	272.7	144.7	253.8	138.7	201.8	147.3
1988	258.1	187.7	326.2	176.3	285.5	164.7	222.2	176.9
1989	269.5	220	334.3	206.5	296.9	193.2	228.8	205.1
1990	284	231.9	351	213.1	312.7	199.7	236.8	218
1991	311	259.5	380.2	223.5	358.3	209.5	253.7	240.9
1992	347.1	285.1	477.5	238.3	418.9	223.8	291.5	265
1993	389.1	339.3	572	281.7	496.4	252.2	334.9	318.5
1994	441.6	423.8	666.4	347	577.3	311.2	382.8	394.6
1995	496.4	497.1	769.1	401.8	659.3	366	436.7	468.4

	GDPI	CPI	GDPI	CPI	GDPI	CPI	GDPI	CPI
	北京 BJ		江苏 JS		山东 SD		上海 SH	
1996	542	554.8	862.9	439.2	739.7	401.1	493.5	511.5
1997	594.1	584.2	966.4	446.7	822.5	412.3	556.2	525.8
1998	652.3	598.2	1072.7	444	911.4	409.9	612.4	525.8
1999	718.8	601.8	1181.1	438.2	1003.4	407	674.8	533.7
2000	797.9	622.9	1306.3	438.7	1108.8	407.8	747.7	547
2001	887.2	642.2	1439.5	442.2	1220.8	415.2	824	547
2002	979.5	630.6	1606.5	438.6	1362.4	412.3	913.8	549.8
2003	1084.3	631.9	1825	443	1549	416.8	1021.6	550.3
2004	1227.5	638.2	2096.9	461.2	1786	431.8	1160.6	562.4
2005	1363.7	647.8	2401.0	470.9	2057.5	439.1	1289.4	568.0
2006	1538.3	715.8	2758.7	531.6	2362.0	506.8	1444.1	637.3

（1）对面板数据序列进行单位根检验,判断各截面成员序列的平稳性。

（2）若面板数据为非平稳,请对其差分序列进行单位根检验,并判断其平稳性。

（3）若面板数据序列 GDPI 和 CPI 为同阶单整,请建立相应的面板数据模型,并对回归模型的残差序列进行单位根检验,以判断序列 GDPI 和 CPI 之间是否存在协整关系。

第九章

空间计量经济学模型

简单地说,空间计量经济学(spatial econometrics)就是空间经济学的计量,是计量经济学的一个分支。传统的计量经济学,目前分析的重点是考虑时间序列、横截面或面板数据的计量方法及其应用,它忽略了地理空间邻近所带来的数据空间相关性和空间异质性,从而可能导致计量估计方法和检验结果的失效或偏差。而空间计量经济学弥补了传统计量经济学的这些缺陷,它通过空间结构参数化方法能更准确地检验空间变量相互影响的关系、方向和强度。当前空间计量经济学的研究已经跨越了多个经济领域,它激起了区域科学、经济学(特别国际经济学和区域经济学)、地理学、政治科学等诸多学科的学者和实践者的广泛兴趣和关注。本章将主要讨论空间权重矩阵的设定,空间相关性的检验,空间计量经济模型的设定、参数估计及检验。

第一节 空间计量经济学概述

作为现代计量经济学的一个分支,空间计量经济学与空间经济学的理论突破并行发展,旨在为处理截面数据或面板数据中的空间效应、空间相关性与空间异质性而发展专门的建模、估计与统计检验方法。由于对其理论上的关心以及将计量经济模型应用到新兴大型编码数据库中的要求,近年来这个领域获得了快速发展。

一、空间计量经济学的缘起与发展

就历史观点而言,由于在区域计量经济模型中处理次级地区数据的需要,早在 20 世纪 70 年代欧洲就展开了空间计量经济学研究,并将它作为一个确定的领域。Paelinck & Klaassen 定义了这个领域,包括:空间相互依赖在空间模型中的任务,空间关系不对称性,位于其他空间的解释因素的重要性,过去的和将来的相互作用之间的区别,明确的空间模拟。Anselin 对空间计量经济学进行了系统的研究,并将空间计量经济学定义为:在区域科学模型的统计分析中,研究由空间所引起的各种特性的一系列方法。换句话说,空间计量经济学研究的是明确考虑空间影响(空间自相关和空间不均匀性)的方法。目前,空间计量经济学研究包括以下四个感兴趣的领域:计量经济模型中空间影响的确定,合并了空间影响的模型的估计,空间影响存在的说明检验和诊断,空间预测。

空间经济计量学发端于空间相互作用理论及其进展。尽管空间相互作用关系一直是人们研究中所关注的问题,但空间关系理论分析框架直到 20 世纪末才逐渐提出。例如,Paelinck (1979)论文中强调空间相互依存的重要性、空间关系的渐进性和位于其他空间适当的因素的作用。Akerlof(1997)提出了相互作用粒子系统模型(interacting particle systems)、Durlauf (1997)阐述了随机场(random field models)模型、Durlauf(1994)提出的邻近溢出效应模型和

Fujita 等(1999)提出的报酬递增、路径依赖和不完全竞争等新经济地理模型等等。正是这些理论创新使空间相互作用研究的可能性成为现实。长期以来,对区位和空间相互作用问题的研究主要有模型驱动和数据驱动两条相互交织的技术路线。因此,从发展的驱动因素看,空间计量经济学的发展沿着模型和数据驱动两条路线。

从模型驱动看,理论经济学的兴趣越来越从彼此独立的决策主体模型转向明确解释系统中不同主体(参数或效用)相互作用的模型。这些新的理论框架在设定和研究主体间直接的相互作用(用社会学术语说,就是邻近效应、模仿效应或其他看齐效应)时,引发了一个有趣的问题,即个体之间的"直接"相互作用以及单个个体的相互作用是如何导致集体行为和总体模式。在 Aoki(1994、1996)的新宏观经济学、社会交互作用的理论模型(Brock & Durlauf,1995;Akerlof,1997)、相互依赖的参数选择(Alessie & Kapteyn,1991)、贸易结构演化模型(Ioannides,1990,1997)、邻近溢出效应(Durlauf,1994;Borjas,1995;Glaeser、Sacerdote & Scheinkman,1996)、标尺竞争(Besley & Case,1995;Bivand & Szymanski,1997)等领域中,这些理论模型都有发展,并和研究粒子系统相互作用和随机场模型的统计力学原理一起,支撑了研究主体间重要相互作用的实证模型。阿瑟(1989)、克鲁格曼(1991,1998)等重新对与经济地理学有关的马歇尔外部性、聚集经济及其他溢出效应的空间特征进行了评论。

另一条路线是随着空间数据及其处理技术的驱动而开展实证研究。20 世纪 60 年代以来,随着地理信息系统和遥感技术的飞速发展,空间数据量极大地丰富,且以指数方式不断增长,计量经济学的热点由时间序列数据转向空间数据。空间数据具有不同于一般数据的特质,即数据的空间相关性、空间和时间上的多尺度性、数据表达的不确定性等,但是标准的计量经济技术通常不能用于存在空间自相关的情形中。这就导致人们在空间相互作用研究中,遇到了各种问题。例如,解释变量的构造经常依据被解释变量的范围进行空间插值估计,导致空间预测呈现出系统空间变异的预测误差,此类问题在研究环境和资源分配的经济效果时常常遇到。再如,在空间数据汇总时,往往会出现数据与经济变量不匹配的问题。这些空间数据的共同特征是普通回归模型的误差序列是空间相关的。这些空间数据所引起普通模型设定的偏倚,推动了空间经济计量模型的产生。因此,除了需要处理空间模型的方法之外,还需要能够从实践、适用的角度来处理空间数据的技术。地理信息技术的推广和相关的地理编码社会经济数据(如包含被观察单元位置信息的数据)推动了处理空间数据独特特征(主要是空间自相关特征)的专门技术的发展。这种专门技术由于认识到空间(横截面)数据的空间自相关性以及标准计量经济学难以处理空间自相关而得以快速发展。在应用经济学和政策分析中,地理信息技术与空间数据分析和模拟技术的结合已很普遍,特别是在房地产和住宅经济学、环境和资源经济学、发展经济学等领域中。

二、空间效应

在空间回归分析中,空间影响与空间效应有关。因此,在进行空间回归分析之前,首先要判断样本是否存在空间效应。

(一)空间效应的分类

在多元统计分析中,如果开展线性回归分析,则至少要满足两个基本条件:一是解释变量之间相互正交,二是样本要素(样品或者样点)之间彼此无关。当只有一个解释变量的时候,样本无关性就是最基本的前提条件了。假如我们的分析对象是空间取样结果,则样点之间要求不存在显著的空间关系。

20世纪70年代以来,空间数据日益丰富,对于具有地理空间属性的数据,一般认为离得近的变量之间比在空间上离得远的变量之间具有更加密切的关系。正如著名的Tobler地理学第一定律所说:"任何事物之间均相关,而离的较近事物总比离的较远的事物相关性要高"。因此,在区域科学研究中,不少学者开始关注抽样数据的区位因素影响,即由区位因素引起的空间效应。正是由于空间效应的存在使得估计结果中会出现较大的残差方差和检验统计量较低的显著性,传统计量经济分析关于变量在空间上的独立性、随机分布的隐含假设受到巨大质疑。直接将古典计量经济学的方法应用于与地理位置相关的数据时,通常不能获取这些数据的空间相关性,从而导致回归模型参数的可靠性不能得到保证。因此,开展空间回归分析的预备工作是空间样本之间的相关性分析。如果空间样点之间相关性不显著,则可以建立空间回归模型;否则,常规的回归模型失效,这时我们可以通过样本要素之间的空间相关分析揭示某些统计规律或特征。可喜的是,对于这种地理与经济现象中常常表现出的空间效应(特征)问题的识别估计,空间计量经济学提供了一系列有效的理论和实证分析方法。因此,在处理空间数据时,要引入一些合适的空间计量经济学方法。当然空间计量经济学也不是抛弃所有的古典计量经济学技术,而是对这些技术加以修改以使它们能够适用于空间数据分析。

一般而言,在经济研究中出现不恰当的模型识别和设定所忽略的空间效应主要有两个来源:空间依赖性(spatial dependence)和空间异质性(spatial heterogeneity)。其中前者表现为观测值与区位之间的一致性,后者表现为每一空间区位上事物及变量的独特性。在空间回归(主要是线性回归)分析中,为了获得模型参数的可识别性,必须同时考虑空间依赖性或空间异质性。

(二) 空间依赖性

空间依赖性(也叫空间相关性)是空间效应识别的第一个来源,它产生于空间组织观测单元之间缺乏依赖性的考察。空间相关不仅意味着空间上的观测值缺乏独立性,而且意味着潜在于这种空间相关中的数据结构,也就是说空间相关的强度及模式由绝对位置(格局)和相对位置(距离)共同决定。

世界上万千事物的状态都可以由一个三维的空间坐标系与一个一维的时间坐标系来唯一刻画。时间或空间上距离相近的两个事物的状态是相互关联的,即不能被认为是相互独立的,且两事物越是接近,它们状态的相关性越强。根据地理学第一定律,当两点距离为零(实则是同一个体),它们将完全相关。越是相距遥远的事物相关性越弱,当两事物之间距离为无穷远,可近似地认为两者完全不相关。地区之间的经济地理行为之间一般都存在一定程度的空间相关性。一般而言,分析中涉及的空间单元越小,离得近的单元越有可能在空间上密切关联。然而,在现实的经济地理研究中,许多涉及地理空间的数据,由于普遍忽视空间相关性,其统计与计量分析的结果值得进一步深入探究。

在时间序列分析中,时间自回归过程将时刻t的反应变量y_t与过去时刻的变量相联系,表示一时刻所发生的事件受过去时间发生事件结果的影响。其一般表达为:

$$y_t = \lambda_0 y_{t-1} + \varepsilon_t \quad (t = 1, \cdots, T) \tag{9.1.1}$$

空间相关性是指一地所发生的事件、行为与现象,会直接或间接影响到另一地发生的事件行为和现象。因此第i个空间观测单元的观测变量y_i与其他各地观测变量之间存在着函数关系f。其一般表达为

$$y_i = f(y_1, \cdots, y_{i-1}, y_{i+1}, \cdots, y_n) + \varepsilon_i \quad (i = 1, \cdots, n) \tag{9.1.2}$$

式中，ε_i 表示随机干扰项。

对于空间相关性，空间自相关通常是其核心内容。空间自相关是测试空间某点的观测值是否与其相邻点的值存在相关性的一种分析方法。如果某一位置变量值高，其附近位置上该变量值也高，则为正空间自相关，反之，则为负空间自相关。根据矩条件，可以正式表达空间自相关，即属性值相似性与位置相似性的一致程度。

$$\text{Cov}[y_i, y_j] = E[y_i y_j] - E[y_i] \cdot E[y_j] \neq 0 \quad (i \neq j) \tag{9.1.3}$$

式中，i、j 分别指单个观测位置，y_i、y_j 表示相应位置上某一随机变量的值。根据观测位置的空间结构、空间相互作用或空间排列，当非零位置对 i、j 的特殊布局具有一个解释时，从空间角度看这个协方差将变得有意义。

一般而言，空间相关性来源于以下几个方面：

(1) 观测数据地理位置接近（geographical proximity）：由于地理位置的接近而导致的空间相关性是空间相关性最初始的定义，与地理学第一定律吻合。这种相关性是环境、地质等学科中的普遍现象。

(2) 截面上个体间互相竞争（competition）和合作：最典型的例子是在一个伯川德（Bertrand）寡头竞争的市场中，厂商对自己产品定价时将同时对市场上其他厂商的价格做出反应，最后决定的价格将是博弈的均衡点。

(3) 模仿行为（copy cat）：在一群体中，个体会重复或模仿一个或几个特定个体的行为。例如在班级中中游成绩的学生会以成绩优秀的学生为榜样；竞争性体育比赛中，选手会以领先选手为心中目标。在以上这些情况下，如果不考虑空间相关性，所建立的模型会和真实模型相差甚远。

(4) 溢出效应（spillover effect）：溢出效应是指经济活动和过程中的外部性对未参与经济活动和其中过程的周围个体的影响。散发有毒气体的植物会对周围的植物产生有害的影响，屋主拥有一座漂亮花园也显然对周围邻居有正效应。同样，不断加强的贸易往来所带来的经济利益对地区性国家多边联盟的形成具有正的溢出效应。

(5) 测量误差：测量误差是由于在调查过程中，数据的采集与空间中的单位有关，如数据一般是按照省市县等行政区划统计的，这种假设的空间单位与研究问题的实际边界可能不一致，这样就很容易产生测量误差。

根据空间相关性的来源，可将空间相关性产生的原因分为两大类：相邻空间单位存在空间交互影响和测量误差，从而将空间相关性划分为真实（substantial）空间相关性和干扰（nuisance）空间相关性。Anselin & Rey（1991）区别了真实空间相关性和干扰空间相关性的不同。真实空间相关性反映现实中存在的空间交互作用（spatial interaction effects），比如区域经济要素的流动、创新的扩散、技术溢出等，它们是区域间经济或创新差异演变过程中的真实成分，是确确实实存在的空间交互影响。如劳动力、资本流动等耦合形成的经济行为在空间上相互影响、相互作用，研发的投入产出行为及政策在地理空间上的示范作用和激励效应。

干扰空间依赖性可能来源于测量问题，比如区域经济发展过程研究中的空间模式与观测单元之间边界的不匹配，造成了相邻地理空间单元出现了测量误差所导致。从右图可看到，A、B、C 三处的观测本来是相互独立的，但是研究者由于无法准确识别 A、B 和 B、C 相邻的边界，而将整个区域分成两个部分 I 和 II，在图中用两种颜色表示。显然，由于 I 和 II 共享 B，$Y_I = Y_A + \lambda Y_B$，$Y_{II} = Y_C + (1-\lambda)Y_B$。

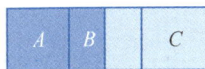

假设随机变量 Y_A, Y_B 和 Y_C 互相独立, 当 $\lambda \neq 0$ 时, 可以证明 $\mathrm{Cov}(Y_I, Y_{II}) \neq 0$, 所以有理由相信, I 和 II 上的观测是空间相关的。我们将这种空间相关性的来源称为测量误差。这一来源说明, 当我们处理带有空间特性的数据时, 无论经济理论是否明确显示空间相关性, 我们都应该在设定模型形式的时候对空间相关性给予足够重视和相应考虑。

空间相关性表现出的空间效应可以用以下三种模型来表征和刻画: 当模型的随机干扰项在空间上相关时, 即为空间误差模型; 当被解释变量间的空间依赖性对模型显得非常关键而导致了空间相关时, 即为空间滞后模型; 当空间相关性还体现在解释变量上时, 则为空间杜宾模型。

(三) 空间异质性

空间异质性(也叫作空间不均匀性或空间差异性)是空间计量学模型识别的第二个空间效应来源。胡健(2012)把空间异质性定义为空间中各变量由于所处的区位位置不同而存在的差异性。从统计学角度看, 空间异质性是指研究对象在空间上非平稳, 这违背了经典统计学所要求的所有样本都来自同一总体的假设。

空间异质性可表示为

$$y_i = f_i(x_i, \beta_i, \varepsilon_i) \tag{9.1.4}$$

式中, i 代表空间观测单元, $i = 1, \cdots, n$。f_i 表示因变量 y_i 与自变量 x_i、参数向量 β_i 与随机干扰项 ε_i 之间的函数关系。

通常, 用一个线性关系描述如下:

$$y_i = X_i \beta_i + \varepsilon_i \tag{9.1.5}$$

式中, X_i 代表用于解释变量的向量($1 \times k$), 同时有随之变化的参数向量 β_i。y_i 是代表在 i 地的观测量的因变量, ε_i 代表线性关系中的随机干扰项。

空间异质性通常用来反映经济实践中的空间观测单元之间经济行为(如增长或创新)关系的一种普遍存在的不稳定性。空间异质性意味着地理空间上的区域缺乏均质性, 存在发达地区和落后地区、中心(核心)和外围(边缘)地区等经济地理结构, 从而导致经济社会发展和创新行为存在较大的空间上的差异性。譬如, 企业、大学、研究机构等创新主体在研发行为上存在不可忽视的个体差异, 研发投入的差异导致产出的技术知识的差异, 这种创新主体的异质性与技术知识异质性的耦合将导致创新行为在地理空间上具有显著的异质性差异, 进而可能存在创新在地理空间上的相互依赖现象或者创新的局域俱乐部集团。

对于空间异质性, 只要将空间单元的特性考虑进去, 大多可以用经典的计量经济学方法进行估计。然而, 对于在回归分析中为何必须明确考虑空间异质性, 主要出于以下三个原因: 一是从某种意义上而言, 异质性背后的结构是空间的, 在决定异质性的形式时, 观测点的位置是极其重要的; 其次, 由于结构是空间的, 异质性通常与空间自相关一起出现, 这时标准的计量经济技术不再适用, 而且在这种情况下, 问题变得异常复杂, 区分空间异质性与空间相关性比较困难; 第三, 在一个单一横截面上, 空间自相关和空间异质性在观测上可能是相同的。

第二节 空间权重矩阵的设定和选择

在空间回归分析中, 地理空间的相互影响可用空间相关这一概念来描述。相对于时间相关, 空间相关更为复杂, 因为时间是一维函数, 而空间是多维函数。因此, 在度量空间自相关时,还需要解决地理空间结构的数学表达,定义空间对象的相互邻接关系,这需要借助一种工具即空间权重矩阵。空间计量经济学引入空间权重矩阵,这是与传统计量经济学的重要区别之一,也是进行空间计量分析的前提和基础。如何合适地设定和选择空间权重矩阵一直以来是空间计量分析的重点和难点。

一、空间滞后和空间权重矩阵

在区域经济管理研究中,将空间效应因素引入经济管理过程的研究,建立空间计量经济模型进行空间统计分析时,一般要用空间权重矩阵来表达空间相互作用。通常定义一个二元对称矩阵来表达 n 个位置上空间单元(例如区域)之间的邻接关系。将 n 个空间单元两两之间的量化关系写成一个数表,恰好构成一个 $n\times n$ 的矩阵:

$$W_n = \begin{bmatrix} w_{11} & w_{12} & \cdots & w_{1n} \\ w_{21} & w_{22} & \cdots & w_{2n} \\ \vdots & \vdots & & \vdots \\ w_{n1} & w_{n2} & \cdots & w_{m} \end{bmatrix}$$

由于矩阵 W_n 中的任意元素 w_{ij} 表示的是空间单元 i 和空间单元 j 的邻接程度或关联程度,且 W_n 在空间模型中是以与被解释变量、解释变量和误差项的乘积形式出现的,由矩阵的乘法原理可知 W_n 的每行元素中的每个分量刚好是被乘向量的每个分量前面的权重,所以将其称之为空间权重矩阵(spatial weighting matrix)。一般默认自己与自己不相邻,故 W_n 的对角线上的元素为 0,即 $w_{ii}=0(i=1,2,\cdots,n)$。

计量经济学经常用线性模型来近似替代非线性模型,即可将

$$y_i = f(y_1,\cdots,y_{i-1},y_{i+1},\cdots,y_n)+\varepsilon_i \quad (i=1,\cdots,n)$$

近似写成

$$y_i = \overline{w}_{n,i1} y_1 + \cdots + \overline{w}_{n,i,i-1} y_{i-1} + \overline{w}_{n,i,i+1} y_{i+1} + \cdots + \overline{w}_{n,i,n} y_n + \varepsilon_i$$

通常,用向量形式描述如下:

$$y = \overline{W}_n y + \varepsilon \tag{9.2.1}$$

一般我们无法利用容量为 n 的样本去估计 $n(n-1)/2$ 个参数。为了确保模型参数可识别,我们需要对 $\overline{W}_n$ 的形式加以限制。最常用的限制方式之一就是假设

$$\overline{W}_n = \lambda_0 W_n \tag{9.2.2}$$

其中,空间权重矩阵 W_n 刻画的是截面个体之间空间相关的结构。λ_0 称为是空间自回归系数,表示了空间相关性在给定空间结构下的方向和强弱。

尽管横截面环境和时间序列的前后关系之间存在重要的差别,但更重要的是,与一个沿时间轴变化的明确概念相反,在横截面环境中不存在相应的概念,特别是当所有观测在空间上是不规则分布时。因此需要引入一个空间滞后算子。可以将空间滞后解释为邻近观测单元上某一随机变量的加权平均,或作为一个空间平滑滤波器。基于每个单元的邻近集的定义,基于观测的地理排列或邻近性,可以获得空间滞后算子。正式地,将变量 y 在 i 单元的空间滞后表示为

$$[Wy]_i = \sum_{j=1,\cdots,n} w_{ij} \cdot y_j \text{或 } Wy \tag{9.2.3}$$

式中,W 表示空间权重矩阵($n \times n$),y 表示随机变量的观测值($n \times 1$)。对每个单元 i 而言,与 i 的邻近集范围内的单元 j 相对应的矩阵 w_{ij} 元素非零。

空间滞后类似于时间序列分析的滞后算子 B。时间序列分析的滞后算子将观测量在时间上滞后,$By_t = y_{t-1}$ 定义了一阶滞后,$B^p y_t = y_{t-p}$ 代表了 p 阶滞后。与时域不同,空间滞后算子意味着空间上的推移。空间滞后概念涉及特定位置上的一系列相邻空间。通过空间滞后算子可以得出相邻观测值的加权平均。

Wy 的第 i 行是 $\sum_{j=1}^{n} w_{ij} y_j$,这正是 i 所有邻居的加权平均,赋予邻居的权重为 w_{ij}。有时为了更加突出加权平均的含义,我们可以令每一行之和为 1。这实际上是令空间权重矩阵 W 行标准化,即将原来空间矩阵的每一个元素分别除以所在行的元素之和($w_{ij}^* = w_{ij} / \sum_{j=1}^{n} w_{ij}$)。在行标准化矩阵 W^* 中,对每个 i 而言,$\sum_{j=1}^{n} w_{ij}^* = 1$。行标准化矩阵 W^* 减少或消除了区域间的外在影响,并使得 W 变得不再具有量纲。由于 Wy 将变得与 y 具有相同的量纲,空间自回归系数因此具有更加清晰准确的含义,它可以被解释成空间相关的方向与大小,且不同模型之间还可以进行直接的比较。

关于空间权重矩阵的分类目前仍没有一个统一的结论。根据空间统计和空间计量经济学原理,一般可将现实的地理空间关联或者经济联系考虑到模型中来,以达到正确设定权值矩阵的目的。其中,衡量地理联系的方法通常有两种主要方式:邻接指标和距离指标。陈彦光(2009)将邻接程度又分为局域性标准和距离标准。局域性标准指的是紧紧相邻空间单元之间才有直接影响,非相邻空间单元之间的影响为 0。而距离标准指的是空间单元之间直接影响由空间单元之间的相互距离决定,距离越近的空间单元相互作用程度越强。由于邻接关系(包括距离关系)都是一种相互关系,这就决定了邻接关系和距离关系建立的空间权重矩阵一般是对称矩阵,但是由于邻接关系中每个空间单元的邻居数目不相同和距离关系中空间单元的位置分布不均匀,行标准化之后就会导致空间权重矩阵变成的非对称矩阵。而实际上,大多文献都以邻接标准和距离标准来分类空间权重矩阵,即分为基于邻接概念的空间权重矩阵(contiguity based spatial weights matrix)和基于距离概念的空间权重矩阵(distance based spatial weights matrix)。

二、基于邻接的空间权重矩阵

定义空间权重,就要对空间单元的位置进行量化,根据空间单位的邻近关系设定空间权重矩阵是最为常见的。通过空间中的相对位置定义相邻时,需要根据地图上所研究区域的相对位置,决定哪些区域是相邻的,并用 0 和 1 表示,即"1"表示空间单元相邻,"0"表示空间单元不相邻。对于一个具有 n 个空间单元的系统,基于邻近设定的空间权重矩阵是一个 $n \times n$ 稀疏的二元 0—1 矩阵,对角线元素为 0(习惯上,空间单元不与自身相邻),相邻元素为 1。基于邻近的空间权重矩阵有一阶邻近矩阵和高阶邻近矩阵两种。

(一)一阶邻近矩阵(the first order contiguity matrix)

一阶邻近矩阵(the first order contiguity matrix)是假定两个地区相邻时空间关联才会发生,即当区域 i 和 j 相邻时用 1 表示,否则用 0 表示。常见的相邻关系,如图 9-1 所示。

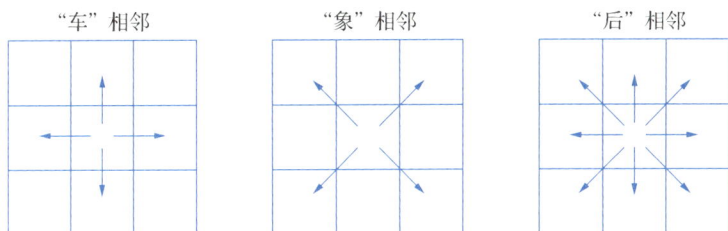

图 9-1 常见的邻近关系

(1)"车"相邻(rook contiguity):如区域 i 和 j 有共同的边界,则称区域 i 和 j"车"相邻,记 $w_{ij}=1$;否则,记 $w_{ij}=0$。按照"车"相邻规则,空间权重矩阵 W 具有对称性。

(2)"象"相邻(bishop contiguity):如区域 i 和 j 有共同的顶点但没有共同的边界,则称区域 i 和 j"象"相邻,记 $w_{ij}=1$;否则,记 $w_{ij}=0$。

(3)"后"相邻(queen contiguity):如区域 i 和 j 有共同的顶点或共同的边界,则称区域 i 和 j"车"相邻,记 $w_{ij}=1$;否则,记 $w_{ij}=0$。

从中可见,相对于"车"相邻和"象"相邻,基于"后"邻近的空间权重矩阵常常与周围地区具有更加紧密的关联结构(拥有更多的邻区)。当然,如果假定区域间公共边界的长度不同(如 10 km 和 100 km),其空间作用的强度也不一样,则还可以通过将共有边界的长度纳入权值计算过程中,使这种邻近指标更加准确一些。

例 9-1 基于邻近设定空间权重矩阵。

在右面地图上的 n 个子区域中,如果子区域 i 和 j 具有相邻的边界(boundary),则定义 $w_{ij}=1$,否则 $w_{ij}=0$。

根据"车"相邻规则,区域 5 的相邻区域为区域 2、4、6、8,则 $w_{52}=1$,$w_{54}=1$,$w_{56}=1$,$w_{58}=1$;根据"象"相邻规则,区域 5 的相邻区域为区域 1、3、7、9,则 $w_{51}=1$,$w_{53}=1$,$w_{57}=1$,$w_{59}=1$;根据"后"相邻规则,所有其他区域都与区域 5 相邻。以"车"相邻为例,设定的空间权重矩阵如下所示:

1	2	3
4	5	6
7	8	9

$$\begin{pmatrix} 0 & 1 & 0 & 1 & 0 & 0 & 0 & 0 & 0 \\ 1 & 0 & 1 & 0 & 1 & 0 & 0 & 0 & 0 \\ 0 & 1 & 0 & 0 & 0 & 1 & 0 & 0 & 0 \\ 1 & 0 & 0 & 0 & 1 & 0 & 1 & 0 & 0 \\ 0 & 1 & 0 & 1 & 0 & 1 & 0 & 1 & 0 \\ 0 & 0 & 1 & 0 & 1 & 0 & 0 & 0 & 1 \\ 0 & 0 & 0 & 1 & 0 & 0 & 0 & 1 & 0 \\ 0 & 0 & 0 & 0 & 1 & 0 & 1 & 0 & 1 \\ 0 & 0 & 0 & 0 & 0 & 1 & 0 & 1 & 0 \end{pmatrix}$$

以上定义的空间权重矩阵有如下两大缺点:① 按以上定义,空间权重矩阵总是一个对称阵,这显然是不符合有些情况的,例如现实中存在作用是单向或非对称双向的情形(模仿效应);② 0-1 元素的设置无法区分各邻居空间作用的强弱。

克服以上两个缺点的办法之一是,定义

$$w_{ij}^{1} = w_{ij} \bigg/ \sum_{j=1}^{n} w_{ij}$$

其中，w_{ij} 可以理解成是区域 i 和 j 的边界相同部分的长度，$\sum\limits_{j=1}^{n} w_{ij}$ 是 i 与其他相邻接的个体边界的总长。根据这一定义所得的权重矩阵如下：

$$
\begin{pmatrix}
0 & 1/2 & 0 & 1/2 & 0 & 0 & 0 & 0 & 0 \\
1/3 & 0 & 1/3 & 0 & 1/3 & 0 & 0 & 0 & 0 \\
0 & 1/2 & 0 & 0 & 0 & 1/2 & 0 & 0 & 0 \\
1/3 & 0 & 0 & 0 & 1/3 & 0 & 1/3 & 0 & 0 \\
0 & 1/4 & 0 & 1/4 & 0 & 1/4 & 0 & 1/4 & 0 \\
0 & 0 & 1/3 & 0 & 1/3 & 0 & 0 & 0 & 1/3 \\
0 & 0 & 0 & 1/2 & 0 & 0 & 0 & 1/2 & 0 \\
0 & 0 & 0 & 0 & 1/3 & 0 & 1/3 & 0 & 1/3 \\
0 & 0 & 0 & 0 & 0 & 1/2 & 0 & 1/2 & 0
\end{pmatrix}
$$

以上定义的空间权重矩阵的合理性在于，如果 i 和 j 同时和 k 相邻，则由于 i 与 k 和 j 与 k 相邻的边界长度不同，i 和 j 对 k 的空间作用分别不同，正比于它们与 k 相接的边界长度。

上边介绍的都是规则的空间单元，对不规则的空间单元，以图 9-2 为例，图中有 4 个不规则的空间单元，以 rook 方式可以得到不规则空间单元的邻接单元列表如表 9-1 所示。

表 9-1　不规划区域对应的邻居列表

区　域	邻　居
1	2,3,4
2	1,4
3	1,4
4	1,2,3

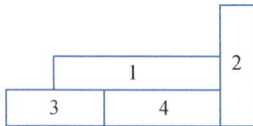

图 9-2　不规则区域空间邻接关系示意图

根据表 9.2.2 容易得出对应的空间权重矩阵以及行标准化形式的空间权重矩阵分别如下：

$$
W = \begin{pmatrix}
0 & 1 & 1 & 1 \\
1 & 0 & 0 & 1 \\
1 & 0 & 0 & 1 \\
1 & 1 & 1 & 0
\end{pmatrix}
\qquad
W_{norm} = \begin{pmatrix}
0 & 1/3 & 1/3 & 1/3 \\
1/2 & 0 & 0 & 1/2 \\
1/2 & 0 & 0 & 1/2 \\
1/3 & 1/3 & 1/3 & 0
\end{pmatrix}
$$

另一种在实际分析中经常遇到的情况就是空间单元是由一些不规则的面单元构成，例如地图上的行政区就是这种情况。如图 9-3 所示的一些空间单元，可依据 Haining(2003)的说明给出对应的空间权重矩阵。

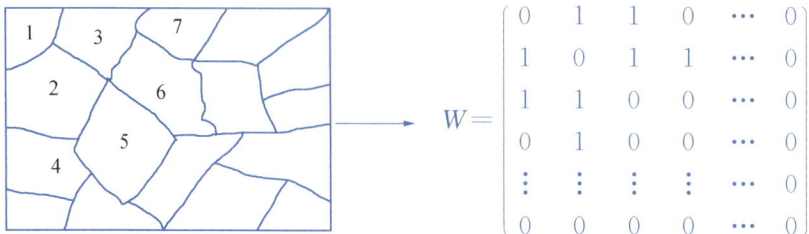

$$
W = \begin{pmatrix}
0 & 1 & 1 & 0 & \cdots & 0 \\
1 & 0 & 1 & 1 & \cdots & 0 \\
1 & 1 & 0 & 0 & \cdots & 0 \\
0 & 1 & 0 & 0 & \cdots & 0 \\
\vdots & \vdots & \vdots & \vdots & \ddots & \vdots \\
0 & 0 & 0 & 0 & \cdots & 0
\end{pmatrix}
$$

图 9-3　基于不规则的面邻近二元邻近空间权重矩阵

（二）二阶邻接矩阵

空间矩阵不仅仅局限于一阶邻近矩阵,也可以计算和使用更高阶的邻近矩阵。Anselin 和 Smirnov(1996)提出了高阶邻近矩阵的算法,其目的是为了消除在创建矩阵时出现的冗余及循环。本文以二阶邻接空间权重矩阵为例说明。

二阶邻接矩阵(the second order contiguity matrix)表示了一种空间滞后的邻近矩阵。也就是说,该矩阵表达了相邻地区的相邻地区的空间信息,这是利用"相邻之相邻"(包括一阶邻接和二阶邻接)关系定义空间权重矩阵。

空间计量模型中"相邻之相邻"可反映空间扩散的进程,即随着时间的推移,起初对相邻区域产生的影响将会扩散到更多的区域。不断扩散的影响可被视为从相邻地区不断向外扩散的过程。因此,当使用时空数据并假设随着时间推移产生空间溢出效应时,这种类型的空间权重矩阵将非常有用。在这种情况下,特定地区的初始效应或随机冲击将不仅会影响其邻近地区,而且随着时间的推移还会影响其邻近地区的相邻地区。当然,这种影响是几何递减的。

右图中字母 A 表示我们要分析的空间单元对象,字母 B 表示与 A 有二阶 rook 邻接关系的全部空间单元(或称为 A 的全部二阶 rook 邻居)。使用以上邻接关系构建空间权重矩阵时很容易,存在邻接关系(即 B 是 A 的邻居),则对应的空间权重矩阵元素的值取 1 即可,否则取 0。可以看出,邻接空间权重矩阵因其对称与计算简单而最为常用,适合于测算地理空间效应的影响。

三、基于距离的空间权重矩阵(distance based spatial weights)

基于 Rook、Bishop 和 Queen 邻接的空间权重矩阵分别基于三种非常明确的空间依赖方向来构建,然而 Anselin(1988)指出,在大部分空间应用分析中,并没有非常明确的先验信息指导我们来判断空间依赖的方向,特别是当空间单元的排列并不规则时,这时空间依赖方向的判别变得更为复杂。而基于距离的空间权重矩阵克服了依赖空间方向的方式构建空间权重矩阵,空间位置并不规则也并不会增加麻烦。基于距离的空间权重矩阵(distance based spatial weights)方法是假定空间相互作用的强度是决定于地区间的质心距离或者区域行政中心所在地之间的距离,是一种在实践应用中常用的空间权重矩阵。这种距离可以是空间距离,也可以是虚拟的经济距离。

（一）基于空间距离的空间权重矩阵

根据基于距离的空间权重矩阵的定义和地理学第一定律可知,区域间的距离越近,空间相互作用的程度越强,则设定的权值也就越大。在这种情况下,不同的权值指标随区域 i 和 j(两个区域不一定相邻)之间的距离 d_{ij} 的变化而变化,其取值取决于选定的函数形式(如距离的倒数或倒数的平方,以及欧几里得距离等)。同样的,空间权重矩阵的对角线元素为 0。

为了便于解释,我们都把空间单元的分布设定的较为简单。每个空间单元在空间中都有自己的地理坐标(如经度和维度),根据它们的坐标就可以计算出它们之间的距离,如假设欧氏空间中有如图 9-4 所示的四个点 A,B,C,D。

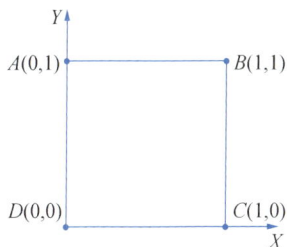

图 9-4　欧氏空间中空间距离权重矩阵计算示意图

计算 A,B,C,D 四点的欧几里得(Euclidean)距离 $d_{ij}=\sqrt{\sum{(x_i-y_i)^2}}$ 的倒数就可以得到的空间距离权重矩阵(称为反空间距离权重矩阵,inverse distance spatial weights matrix):

$$W=\begin{pmatrix} 0 & 1 & 1/\sqrt{2} & 1 \\ 1 & 0 & 1 & 1/\sqrt{2} \\ 1/\sqrt{2} & 1 & 0 & 1 \\ 1 & 1/\sqrt{2} & 1 & 0 \end{pmatrix}$$

一般情况下空间单元的位置并不规则,为了便于分析,只假设有四个不规则的空间单元,且它们的坐标是由经纬度构成的,其经纬度坐标如表 9-2 所示。

表 9-2 一组随机的非规则的经纬度坐标

空间单元	经 度	纬 度
A	3.586 789	4.632 831
B	1.062 035	1.062 035
C	1.488 496	4.593 559
D	4.593 559	4.778 701

那么,由以上欧氏距离公式容易得到所对应的空间距离权重矩阵为

$$W_{\text{Euclidean}}=\begin{pmatrix} 0 & 0.263\,878\,5 & 0.476\,494\,4 & 0.767\,128\,5 \\ 0.263\,878\,5 & 0 & 0.354\,701\,5 & 0.310\,925\,1 \\ 0.476\,494\,4 & 0.354\,701\,5 & 0 & 1.213\,611\,2 \\ 0.767\,128\,5 & 0.310\,925\,1 & 1.213\,611\,2 & 0 \end{pmatrix}$$

除了欧氏距离之外,还有其他四种距离,Chebyshev 距离、Braycur 距离、Canberra 距离和 Gcircle 距离。Chebyshev 距离计算公式为 $d_{ij}=\max(|x_i-y_i|)$,Bray-Curtis 距离计算公式为 $d_{ij}=\sum|x_i-y_i|\Big/\sum|x_i+y_i|$,Canberra 距离计算公式为 $d_{ij}=\sum|x_i-y_i|\Big/\sum|x_i|+|y_i|$,以上四种距离的前三种都是平面中的距离,而 Gcircle 距离(大圆距离,great-circle distance)是球面上的点之间的距离,即从球面上的一点到球面上另一点所经过的最短路径的长度(等于两点间大圆的劣弧长度,即或在大圆上连接两点的较短的一条弧的长度)就是大圆距离。由于球面上任意两点与球心可以确定唯一的大圆,球心投影中,任何大圆投影后都会变成为一条直线,当这两点和球心正好都在球的直径上,则过这三点可以有无数大圆,但两点之间的弧长等于该大圆周长的一半。计算大圆距离时需要知道大圆半径,计算地球表面的大圆距离时,需要知道地球半径 $R(R\approx6\,371.009$ 公里或 $3\,958.761$ 英里)。用 (X_A,Y_A)、(X_B,Y_B) 分别表示球面上 A、B 两点的经纬度,用 $|\Delta X|$、$|\Delta Y|$ 表示球面上两点经纬度差的绝对值,根据 Haversine 公式 $d=2R\cdot\arcsin(\min(1,\sqrt{\sin^2(\Delta X/2)+\cos X_A\cos X_B\sin^2(\Delta Y/2)}))$ 可计算球面上 A、B 两点之间的大圆距离。

根据表 9-2 中的经纬度坐标和上边给出的计算公式,可以分别计算出 Chebyshev 距离、Braycur 距离、Canberra 距离和 Gcircle 距离的倒数构成的空间权重矩阵如下:

$$W_{\text{Chebyshev}} = \begin{bmatrix} 0 & 0.353\,844\,1 & 0.476\,577\,8 & 0.771\,977\,0 \\ 0.353\,844\,1 & 0 & 0.358\,830\,5 & 0.336\,476\,8 \\ 0.476\,577\,8 & 0.358\,830\,5 & 0 & 1.245\,457\,4 \\ 0.771\,977\,0 & 0.336\,476\,8 & 1.245\,457\,4 & 0 \end{bmatrix}$$

$$W_{\text{Braycur}} = \begin{bmatrix} 0 & 2.072\,263 & 6.690\,636 & 10.608\,697 \\ 2.072\,263 & 0 & 2.785\,560 & 2.365\,638 \\ 6.690\,636 & 2.785\,560 & 0 & 13.311\,101 \\ 10.608\,697 & 2.365\,638 & 13.311\,101 & 0 \end{bmatrix}$$

$$W_{\text{Canberra}} = \begin{bmatrix} 0 & 1.018\,370 & 2.394\,119 & 4.239\,653 \\ 1.018\,370 & 0 & 1.659\,399 & 1.222\,648 \\ 2.394\,119 & 1.659\,399 & 0 & 4.307\,160 \\ 4.239\,653 & 1.222\,648 & 4.307\,160 & 0 \end{bmatrix}$$

$$W_{\text{Gcircle}} = \begin{bmatrix} 0 & 0.003\,836 & 0.006\,911 & 0.011\,128 \\ 0.003\,836 & 0 & 0.005\,170 & 0.004\,528 \\ 0.006\,911 & 0.005\,170 & 0 & 0.017\,608 \\ 0.011\,128 & 0.004\,528 & 0.017\,608 & 0 \end{bmatrix}$$

从以上结果可以看出,四种距离公式计算的矩阵各不相同,特别是大圆距离与其他公式计算的结果差异很明显。一般平面上的点使用欧氏距离公式计算,而球面上的投影坐标使用大圆距离公式计算,如常见的省会城市之间的距离,一般依据省会城市中心的经纬度坐标使用大圆距离进行计算。

由于空间距离的计算公式不统一,Pace(1997)提出了有限距离的设定,即事先定义一个门槛距离 d,以门槛距离定义权重,在门槛值范围内权重定义为 1,超过了给定的门槛距离 d,则区域间的相互作用可以忽略不计,权重定义为 0。根据该距离标准,空间权重矩阵设定形式为

$$w_{ij}(d) = \begin{cases} 1 & \text{当区域 } i \text{ 和区域 } j \text{ 在距离 } d \text{ 之内} \\ 0 & \text{当区域 } i \text{ 和区域 } j \text{ 在距离 } d \text{ 之外} \end{cases}$$

Anselin(2003)提出了 K 值最邻近空间矩阵(K-nearest neighbor spatial weights),之所以提出这种距离矩阵,主要是因为一般使用的基于门槛距离(threshold distance)的简单空间矩阵常常会导致一种非常不平衡的邻近矩阵结构。譬如,在空间单元的面积相差甚大的情况下,就会出现小一些的地理单元具有很多邻近单元,而较大的地理单元则可能很少有邻近单元,甚至没有邻近单元而成为"飞地"。在这种情况下,考虑 K 个最近邻居是一种可供选择的常用方法。一般在给定空间单元周围选择最邻近的 4 个单元(亦可选 4 个以上,根据实际的空间关联情况由研究者确定),来计算 K 值最邻近权值的大小。

(二) 基于经济距离的空间权重矩阵

除了使用真实的地理坐标计算地理距离外,还有利用经济和社会因素计算距离来设定更加复杂的空间权重矩阵。在经济学领域,距离的测度对象可以是各个地区任何两个变量之间的距离,如区域间的交通通勤时间,交通运输流、信息通讯量、经济发展水平、资本流动、劳动力流动,贸易流动、人口迁移等。在社会学领域,距离的测度对象还可以为居民的文化素质、社会网络合作关系的远近和人际关系的亲疏等。在国内的经济研究文献中较多地使用了以经济发

展水平差异为距离定义的对象,一般称之为经济距离权重矩阵。

经济距离权重矩阵将定义距离的变量变成了与研究问题相关的特定变量,这时仍以欧氏距离或其他五种物理距离公式进行计算就存在不合理性。这时大多数文献都以经济变量差的绝对值取倒数来定义,即

$$w_{ij} = \begin{cases} 1/|\overline{X}_i - \overline{X}_j| & (i \neq j) \\ 0 & (i = j) \end{cases} \tag{9.2.4}$$

其中,X 为经济变量,多数学者取其为 GDP,作为经济发展水平的代理变量。$\overline{X}_i = \sum\limits_{t=T_0}^{T} X_{it} / (T - T_0 + 1)$,$X_{it}$ 为第 i 个空间单元第 t 年($t \in [T_0, T]$)经济变量的取值,即 $\overline{X}_i$ 表示第 i 个空间单元的经济变量年度平均值。以上定义实际上与反距离的定义思想相仿,即认为经济差距越小,空间相关性越强。

以上是根据经济变量的绝对差异来构造经济权重矩阵的,另外也可根据经济变量的相对差异来构造经济权重矩阵,如朱平芳等(2011)定义经济权重矩阵为

$$w_{ij} = \begin{cases} X_i \bigg/ \sum\limits_{k \in J_i} X_k & (bnd(i) \bigcap bnd(j) \neq \varnothing) \\ 0 & (bnd(i) \bigcap bnd(j) = \varnothing) \end{cases} \tag{9.2.5}$$

作者文中将 X 分别取人口数、人均 GDP、人均收入,J_i 是所有与 i 具有相邻边界的空间单元集合。

四、复合空间权重矩阵

空间权重矩阵虽然在模型中被看成是常数矩阵,但是运用空间模型进行实证研究时,它的选择却具有较大的主观随意性,没有现成的理论根据。这是因为空间相关机制依赖于模型背后的经济学理论,而对于一个实际问题,不同研究者看问题的角度和采用的理论未必相同。实际对各种空间权重矩阵进行选择时,一般可考虑空间计量模型对各种空间权重矩阵的适用程度,检验估计结果对权值矩阵的敏感性,最终的依据实际上就是结果的客观性和科学性。另外,减少空间权重选择主观性的另一个途径是,采用复合空间权重矩阵。假如这里有三个空间权重矩阵,一个是基于邻近的权重矩阵 W^C,一个是基于空间距离的权重矩阵 W^D,还有一个是基于经济距离的权重矩阵 W^E,则可基于上述三个矩阵的加权设定如下的嵌套空间权重矩阵:

$$W(\varphi_1, \varphi_2) = \varphi_1 W^C + (1 - \varphi_1) \varphi_2 W^D + (1 - \varphi_1)(1 - \varphi_2) W^E$$

例 9-2 复合空间权重矩阵的设定。

复合空间权重矩阵只是各种空间权重矩阵的组合运算。如根据(9.2.4)式,以及1990—2012 年北京市、天津市、河北省、山西省、内蒙古、辽宁省 6 省市的 GDP,得到经济距离空间权重矩阵,如表 9-3 所示。

表 9-3　经济距离空间权重矩阵

	北京市	天津市	河北省	山西省	内蒙古	辽宁省
北京市	0	2.757 018	1.394 107	4.283 617	3.319 405	1.547 597
天津市	2.757 018	0	0.925 912	7.736 156	16.272 88	0.991 204
河北省	1.394 107	0.925 912	0	1.051 798	0.981 774	14.056 38
山西省	4.283 617	7.736 156	1.051 798	0	14.746 82	1.136 867
内蒙古	3.319 405	16.272 88	0.981 774	14.746 82	0	1.055 496
辽宁省	1.547 597	0.991 204	14.056 38	1.136 867	1.055 496	0

注:计算平均值之前对 GDP 做了取对数处理。

同时利用上文所给出的大圆距离计算公式,可以计算出北京市、天津市、河北省、山西省、内蒙古、辽宁省 6 省市的大圆距离权重矩阵,结果如表 9-4 所示。

表 9-4　大圆距离空间权重矩阵

	北京市	天津市	河北省	山西省	内蒙古	辽宁省
北京市	0	0.011 875	0.006 726	0.003 579	0.003 415	0.002 629
天津市	0.011 875	0	0.007 958	0.003 46	0.002 751	0.002 773
河北省	0.006 726	0.007 958	0	0.005 923	0.003 153	0.002 058
山西省	0.003 579	0.003 46	0.005 923	0	0.003 793	0.001 543
内蒙古	0.003 415	0.002 751	0.003 153	0.003 793	0	0.001 548
辽宁省	0.002 629	0.002 773	0.002 058	0.001 543	0.001 548	0

注:经纬度取的是省会中心的坐标。

利用公式 $W = W_d \cdot \mathrm{diag}(\overline{X}_1/\overline{X}, \cdots, \overline{X}_n/\overline{X})$ 可以得到经济与距离的复合空间权重矩阵,如表 9-5 所示。

表 9-5　经济与距离的复合空间权重矩阵

	北京市	天津市	河北省	山西省	内蒙古	辽宁省
北京市	0	0.011 38	0.007 441	0.003 494	0.003 301	0
天津市	0.011 971	0	0.008 805	0.003 377	0.002 659	0.011 971
河北省	0.006 78	0.007 626	0	0.005 781	0.003 048	0.006 78
山西省	0.003 608	0.003 316	0.006 554	0	0.003 667	0.003 608
内蒙古	0.003 443	0.002 636	0.003 488	0.003 702	0	0.003 443
辽宁省	0	0.011 38	0.007 441	0.003 494	0.003 301	0

如果利用线性组合的方式(经济距离的权重为 0.7,大圆距离的权重为 0.3),则可以得到经济与距离的复合空间权重矩阵,如表 9-6 所示。

表 9 - 6　线性组合的方式构建的经济与距离的复合空间权重矩阵

	北京市	天津市	河北省	山西省	内蒙古	辽宁省
北京市	0	1.933 475	0.977 892	2.999 605	2.324 608	1.084 106
天津市	1.933 475	0	0.650 526	5.416 347	11.391 84	0.694 675
河北省	0.977 892	0.650 526	0	0.738 036	0.688 188	9.840 084
山西省	2.999 605	5.416 347	0.738 036	0	10.323 91	0.796 269
内蒙古	2.324 608	11.391 84	0.688 188	10.323 91	0	0.739 312
辽宁省	1.084 106	0.694 675	9.840 084	0.796 269	0.739 312	0

实际上,当获得基本的空间权重矩阵之后,只需要做复合运算就可以获得各种形式的复合空间权重矩阵,所以对于其他形式在此不再赘述。

第三节　空间自相关的检验

将空间相关性考虑进来以后,在建立模型进行分析研究之前,一般必须先进行空间相关性的预检验。如果空间效应在发挥作用,则需要将空间效应纳入模型分析框架之中,并采用适合于空间计量经济模型估计的方法进行估计,如果没有表现出空间效应,则可直接采用一般估计方法(如 OLS)估计模型参数。

一、空间自相关的形式表达

空间相关性是空间效应的主要来源,而空间自相关是空间相关性的核心内容,如何表示空间自相关是一个重要的问题。表示空间自相关的最通用的方法是指定一个空间随机过程,即获得某一给定位置的某一随机变量与其他位置上同一变量之间的函数关系。与时间序列分析一样,空间随机过程分为两种类型:空间自回归(SAR)过程和空间移动平均(SMA)过程。

如给定空间权重矩阵 $W(n \times n)$,随机变量 $y(n \times 1)$,随机干扰项 $\varepsilon(n \times 1)$,可将一个同步空间自回归过程(SSAR)定义为

$$(y-\mu)=\rho W(y-\mu)+\varepsilon$$

或
$$(y-\mu)=(I-\rho W)^{-1}\varepsilon \tag{9.3.1}$$

可将一个空间移动平均过程(SMA)定义为

$$y=\lambda W\varepsilon+\varepsilon$$

或
$$y=(I+\lambda W)\varepsilon \tag{9.3.2}$$

式中,I 是 $n \times n$ 的单位阵,i 是分量为 1 的 $n \times 1$ 向量,μ 是随机变量 y_i 的均值,随机干扰项 ε(均值为零)的方差为 σ^2,ρ、λ 分别为自回归和移动平均参数。

对于 SAR 结构而言,$E[y-\mu]=0$,协方差为

$$\text{Cov}[(y-\mu),(y-\mu)]=E[(y-\mu)(y-\mu)']==\sigma^2[(I-\rho W)'(I-\rho W)]^{-1} \tag{9.3.3}$$

这是一个完全矩阵,意味着任何位置上的振动通过一个空间乘数效应影响所有其他位置。

对于 SMA 过程而言，$E[y]=0$，协方差为

$$\text{Cov}[y,y]=E[yy']=\sigma^2(I+\rho W)(I+\rho W)^{-1}=\sigma^2[I+\rho(W+W')+\rho^2 WW'] \tag{9.3.4}$$

这导致一个位置和它的一阶（通过 W）和二阶邻近位置（通过 WW'）之间存在局部相互作用，但不产生一个空间乘数。

二、探索性空间数据分析

空间计量经济学家普遍认为一定空间内的某些经济活动属性值与其周围区域空间内同一活动的属性值是有密切联系的，这就是说各区域之间的数据存在与时间序列相对应的空间相关。

探索性空间数据分析（exploratory spatial data analysis，ESDA）是一种具有识别功能的空间数据分析方法，主要用于探测空间分布的非随机性或空间自相关性。探索性空间数据分析将统计学和现代图形计算技术结合起来，描述数据的空间分布并加以可视化，识别空间数据的异常值，检测社会和经济现象的空间集聚，以及展示数据的空间结构，揭示现象之间的空间相互作用机制。ESDA 本质上是由数据驱动的探索过程，而不是由理论驱动的演绎推理过程，其目的是"让数据自己说话"，通过数据分析来发现问题。

ESDA 除了包含传统的散点图、概括性统计量、频率分布表、直方图这几个内容外，主要使用两类工具：第一类用来分析空间数据在整个系统内表现出的分布特征，通常将这种整体分布特征称为全局空间相关性，表明现象或事物总体上在空间上的平均的相互关联的程度，一般用 Global Moran's I 指数、Global Geary's C 指数测度；第二类用来分析局部子系统所表现出的分布特征，又称为局部空间相关性，具体表现形式包括空间集聚区、非典型的局部区域、异常值或空间政区（spatial regimes）等，进一步揭示现象或事物在各自局部空间的位置上的分布的格局及相互关联的程度，一般用局部空间自相关统计量 LISA（如局部 Moran、Geary 指数等）、Moran 散点图来测度。另外，把 ESDA 与传统的地理信息系统技术相结合之后，可以得到像地图一样可视化的形式表现分析的结果，这种结果不仅仅是增强了分析的结果的视觉效果，而且它可以比其他的方法更好地揭示得到结果的空间分布规律。

什么是 ESDA 的核心呢？度量现象或事物之间空间关联的程度才是它的核心。基于 ESDA 区域空间差异的分析，其实是通过全局空间关联分析和局部空间关联分析的空间自相关统计量的检验和估计，定量地分析区域经济情况在其总体或者局部在空间上的起伏变化情况。在做分析之前，先做一下全局空间自相关分析和局部空间自相关分析的介绍。

（一）全局空间自相关分析

全局空间自相关分析是一种可以衡量各个区域间的整体上的空间差异程度和空间关联的分析方法。Global Moran's I 统计量是一种常用的全局空间自相关度量指标，Moran's I 指数来源于统计学中的 Pearson 相关系数。将互相关系数推广到自相关系数，时间序列的自相关系数推广到空间序列的自相关系数，最后采用加权函数代替滞后函数，将一维空间自相关系数推广到二维空间自相关系数，即可得到 Moran's I 指数。Moran's I 指数其实就是标准化的空间自协方差。

假定一个向量 $x=[x_1,x_2,\cdots,x_n]'$，Moran's I 指数用向量形式的表示如下：

$$I = \frac{\sum_{i=1}^{n} \sum_{j=1}^{n} w_{ij}(x_i - \overline{x})(x_j - \overline{x})}{\sum_{i=1}^{n} \sum_{j=1}^{n} w_{ij} \sum_{i=1}^{n}(x_i - \overline{x})^2} = \frac{\sum_{i=1}^{n} \sum_{j \neq i}^{n} w_{ij}(x_i - \overline{x})(x_j - \overline{x})}{S^2 \sum_{i=1}^{n} \sum_{j=1}^{n} w_{ij}} \tag{9.3.5}$$

式中,n 是观测的数量,w_{ij} 是空间权重矩阵中的元素;x_i 和 x_j 分别是区域 i 和区域 j 的属性;$\overline{x} = \frac{1}{n}\sum_{i=1}^{n} x_i$ 是属性 x_i 的平均值;$S^2 = \frac{1}{n}\sum_{i=1}^{n}(x_i - \overline{x})^2$ 是属性 x_i 的方差。

Moran's I 指数可用另一种形式表示,首先基于平移变换定义中心化变量 $y = x_i - \overline{x}$,属性的方差

$$S^2 = \frac{1}{n}\sum_{i=1}^{n}(x_i - \overline{x})^2 = \frac{1}{n}(x_i - \overline{x})^T(x_i - \overline{x}) = \frac{1}{n}y^T y$$

基于标度变换进一步定义标准化变量 $z = \dfrac{x_i - \overline{x}}{S} = \dfrac{y}{S}$。

很容易证明向量 z 的长度即范数为向量元素的维度 n,即有

$$\|z\| = z^T z = \sum_{i=1}^{n} z_i^2 = \sum_{i=1}^{n}\left(\frac{x_i - \overline{x}}{S}\right)^2 = \frac{n}{S^2}\frac{1}{n}\sum_{i=1}^{n}(x_i - \overline{x})^2 = n$$

构造一个 n 阶空间权重矩阵 $W = \{w_{ij}\}_{i,j=1,\cdots,n}$,该空间权重矩阵满足以下三个条件:① 对称性,即 $w_{ij} = w_{ji}$;② 对角线元素为 0,即 $w_{ii} = 0$;③ 归一化,即 $\sum_{i=1}^{n}\sum_{j=1}^{n} w_{ij}^2 = 1$。

于是 Moran's I 指数可以表示为二次型形式:

$$I = z^T W z \tag{9.3.6}$$

或者等价表示为

$$I = \frac{y^T(nW)y}{y^T y} \tag{9.3.7}$$

(9.3.6)或(9.3.7)式是 Moran's I 指数计算公式的矩阵表示,与(9.3.5)的 Moran's I 指数定义本质上完全相同,但形式上更为简洁。

利用 Moran's I 指数检验是否采用空间计量模型是目前为止使用最广泛的检验。根据空间计量经济学的原理方法,对普通回归模型中的估计残差进行 Moran's I 检验,检验其是否存在空间自相关,如果存在则需建立空间计量经济模型进行估计和检验。Moran's I 指数的计算公式如下所示:

$$I = \frac{e^T W e / s_0}{e^T e / n} \tag{9.3.8}$$

其中,e 表示使用 OLS 方法(或者 IV 等其他估计方法)估计模型得到的估计残差,s_0 表示空间权重矩阵的全部元素之和 $s_0 = \sum_{i}\sum_{j} w_{ij}$。当 W 为行标准化的矩阵时 $s_0 = n$,从而(9.3.8)式可简化为

$$I = \frac{e^T W e}{e^T e} \tag{9.3.9}$$

且 Moran's I 指数近似服从期望为 $E(I)$，方差为 $V(I)$ 的正态分布 $\dfrac{I-E(I)}{\sqrt{\mathrm{Var}(I)}} \sim N(0,1)$。

根据 W 是否是标准式，校准有两种形式。

当 W 不是标准式时：

$$E(I) = \frac{n}{s_0} \frac{\mathrm{trace}(MW)}{n-k}$$

$$\mathrm{Var}(I) = \left(\frac{n}{s_0}\right)2 \frac{[\mathrm{trace}(MWMW') + tr\,(MW)^2 + (tr(MW))^2]}{d} - E(I)2 \tag{9.3.10}$$

$$d = (n-k)(n-k+2)$$

当 W 是标准式时：

$$E(I) = \frac{\mathrm{trace}(MW)}{n-k}$$

$$\mathrm{Var}(I) = \frac{[\mathrm{trace}(MWMW') + tr\,(MW)^2 + (tr(MW))^2]}{d} - E(I)2 \tag{9.3.11}$$

$$d = (n-k)(n-k+2)$$

其中，$M = I - X\,(X^T X)^{-1} X^T$。

Moran 指数反映的是空间邻接或邻近的区域单元属性值的相似程度，通过 Moran 指数可以检验模型是否存在空间相关性。该检验的原假设是模型不存在空间相关性，但当原假设被拒绝时，并不能够确定存在空间相关性的具体模型形式，从而无法利用 Moran 指数检验确定空间效应是空间自回归还是空间残差相关。即 Moran 指数只能检验空间相关性是否存在，对空间模型的选择起不到作用。

Moran's I 指数可以看作是观测值与其空间滞后之间的相关系数。变量 x_i 的空间滞后是 x_i 在邻域 j 的平均值，定义为：

$$x_{i,-1} = \sum_{j=1}^{n} w_{ij} x_{ij} \bigg/ \sum_{j=1}^{n} w_{ij}$$

因此，Moran's I 指数的取值一般在 -1 到 1 之间，大于 0 表示正相关，值越接近 1 表明具有相似的属性集聚在一起（即高值与高值相邻、低值与低值相邻），取值为 1 表明完全正相关；小于 0 表示负相关，值越接近 -1 表明具有相异的属性集聚在一起（即高值与低值相邻、低值与高值相邻），取值为 -1 表示完全负相关；而如果 Moran's I 指数接近于 0，表明属性是随机分布的，或者不存在空间自相关性。

将一个标准化的 Z 统计量应用在 Moran's I 指数的显著性检验中。Z 统计量的形式如下：

$$Z = \frac{I-E(I)}{\sqrt{\mathrm{Var}(I)}} \tag{9.3.12}$$

式中，$E(I)$ 是理论上的均值，$\mathrm{Var}(I)$ 是理论上的标准差。

在这个过程中最常用到的一种方法是：假设变量是服从正态分布的，在这种大样本的情况下，正态统计量即 Z 值也是服从标准的正态分布的，而显著性水平同样可通过正态分布表来进行判断得到。除此之外，另外一种检验方法是随机分布检验，在这种方法中，必须要假设地域单元的观测值它是与位置之间完全没有关系的，观测值是以相同的概率随意出现在任何的空间位置上的,从而根据统计学原理可知,不仅正态统计量 Z 值会渐进地符合标准正态分布,而且也可以由正态分布表来判断它的显著性水平。例如,如果 Moran's I 的正态统计量的 Z 值均大于正态分布函数在 0.05(或 0.01)水平下的临界值 1.65(或 1.96),则表明变量在空间分布上具有明显的正向相关关系。

在给定的显著性水平,其中若 Moran's I 显著是正的,则表示相邻地区的类似特征值出现集群(clustering)趋势。反过来,如果 Moran's I 显著且是负的,则表明相邻地区的观测值有非常显著的差异。而它的值越接近-1,属性的空间差异也将会越大。当且只有 Moran's I 接近期望值的情况发生时,观测值之间才是相互独立的,并且符合空间随机分布规律。而此时,空间差异才可以用传统的方法来进行度量。但是 Global Moran's I 这种统计量它并不能反映区域经济的局部空间的差异,仅仅说明区域经济在空间上的平均差异程度。

与 Moran's I 指数相似,Geary's C 指数也是常用于全局空间相关性检验的指数。计算 Moran's I 指数时,用的是中值离差的叉乘,但是,Geary's C 指数强调的是观测值之间的离差,其公式为

$$C = \frac{(n-1)\sum_{i=1}^{n}\sum_{j=1}^{n}w_{ij}(x_i - x_j)^2}{2\sum_{i=1}^{n}\sum_{j=1}^{n}w_{ij}\sum_{i=1}^{n}(x_i - \overline{x})^2} \tag{9.3.13}$$

Geary's C 指数总是取正值,取值范围一般介于 0 到 2 之间(2 不是一个严格的上界)。当 Geary's C 的值接近 1 时,表示不存在空间自相关,属性在空间上呈现随机分布;当 Geary's C 的值小于 1 时,表示存在正的空间自相关,相似的属性在空间上呈现集聚;当 Geary's C 的值大于 1 时,表示存在负的空间自相关,相异的属性在空间上呈现集聚。Geary's C 指数与 Moran's I 指数刚好相反。

(二)局部空间自相关分析

Anselin(1995)提出了一个 Local Moran's I 指数,或称 LISA(local indicators of spatial association),用来检验局部地区是否存在相似或相异的观测值聚集在一起。Local Moran's I 统计量是可以度量 i 区域与其周围地域在空间上的差异程度和它们的显著性。它也是全局空间自相关统计量 Global Moran's I 的分解。对于第 i 个区域来说,其形式表现为

$$I_i = \frac{n^2}{\sum_i\sum_j w_{ij}} \times \frac{(x_i - \overline{x})\sum_j w_{ij}(x_j - \overline{x})}{\sum_j (x_j - \overline{x})^2}$$

或
$$I_i = z_i \sum_{j=1}^{n} w_{ij} z_j \tag{9.3.14}$$

式中,w_{ij} 是空间权重矩阵中的元素,z_i 和 z_j 是标准化的观测值,含义与上文相同。

Global Moran's I 指数与 Local Moran's I 指数之间的关系为

$$\sum_{i=1}^{n} I_i = n \times I \tag{9.3.15}$$

正的 I_i 表示一个高值被高值所包围(高—高,或 HH),或者是一个低值被低值所包围(低—低,或 LL),即 I_i 越大表明有相似变量值的面积单元在空间越集聚,实现高高或低低集

聚格局;负的 I_i 表示一个低值被高值所包围(低—高,或 LH),或者是一个高值被低值所包围(高—低,或 HL),即 I_i 值越小表明不相似变量值的面积单元在空间越集聚。

类似的,Getis & Ord(1992)开发了一个 Geary 指数的局部空间相关性检验,称为 G_i 指数,用来检验局部地区是否存在统计显著的高值或低值。G_i 指数的定义如下:

$$G_i = \sum_{i=1}^{n} w_{ij} x_j \Big/ \sum_{j=1}^{n} x_j \qquad (9.3.16)$$

这个指数用来检验局部地区是否有高值或低值在空间上趋于集聚。高的 G_i 值表示高值的样本集中在一起,而低的 G_i 值表示低值的样本集中在一起。G_i 指数还可用于回归分析中的空间滤值处理,解决空间自相关问题。

除了局部 Moran 和 Geary 指数外,Moran 散点图也常用来研究空间的不稳定性。Moran 散点图是用散点图形式来描述变量 z 与其空间滞后向量 Wz(即该观测值周围邻近地区的加权平均数)间的相关关系,它能够提供直观的空间自相关效果图。该图的纵轴对应的是空间滞后向量 Wz,横轴对应的是变量 z。散点图被分为了四个象限,四个象限分别对应四个地区与其邻居的相互关系。这四个象限的相互关系如下:

(1)第一象限(高-高,标记为 HH):它表示一个高经济水平的区域被其他高经济水平的区域包围;或者说,一个高经济水平的区域和它周围的经济区域有较小的空间差异程度;区域自身和周边地区的福利水平均较高,二者的空间差异程度较小,存在较强的空间正相关,即为热点区,表现出扩散效应。

(2)第二象限(低-高,标记为 LH):它表示高经济水平的区域包围着一个低经济水平的区域,也就是说该区域的经济水平相比较周围邻居是比较低的,意味着该区域经济的空间差异的程度是比较大的;区域自身福利水平较低,周边地区较高,二者的空间差异程度较大,较强的空间负相关,即异质性突出,为过渡区。

(3)第三象限(低-低,标记为 LL):它表示该区域和它周围的其他区域都是低经济水平的区域,也就是说这个区域的经济水平是比较低的,表现为这个区域和它的邻居区域经济的空间差异程度是比较小的;区域自身和周边地区的福利水平均较低,二者的空间差异程度较小,存在较强的空间正相关,即为盲点区,为低速增长区。

(4)第四象限(高-低,标记为 HL):它表示一个区域是高经济水平,而周围其他的区域是低经济水平,也就是这个区域的经济水平是比较高的,而且这个区域经济是有比较大的空间差异程度的;区域自身福利水平较高,周边地区较低,二者的空间差异程度较大,较强的空间负相关,即异质性突出,表现出极化效应。

第一和第三象限都是正的空间自相关关系,这种关系表示了一种相似的观测值之间的空间联系,同时暗示一种相似值的相互集聚;第二和第四象限都是负的空间自相关关系,这种关系同样表示了具有不同观测值的区域间一种空间联系,也同样表明了一种地域的空间异常;而如果在四个象限均匀地分布着观测值,这种情况表明各个地区之间区域与区域是不存在着空间自相关性的。

与 Local Moran's I 指数相比,Moran 散点图重要的优势在于能够进一步区分区域单元和其邻居之间数据高值和高值、高值和低值、低值和低值、低值和高值之中的哪种空间联系形式。将 Moran 散点图与 LISA 显著性水平相结合,还可以得到所谓的"Moran 显著性水平图",图中显示出显著的 LISA 区域,并分别标识出对应于 Moran 散点图中不同象限的相应区域。

第四节　空间线性回归模型

区域之间的经济行为会相互影响,这使其存在显著的外部效应,导致地区之间的经济行为存在溢出效应。例如,经济产出不仅受到本地投资的强度,而且还会受到周边地区投资活动产生的溢出效应及政策的影响;经济集群行为也可以通过检验一个代表地区间考虑交互作用的生产函数,即该地区的经济活动及其自身的特征与其他地区的经济活动的关系,来考察区域经济行为的集群行为。因此,当涉及空间相关性问题时,要引入空间计量经济学方法和模型来处理。

根据模型设定时对"空间"的体现方法的不同,空间计量模型主要分为空间滞后模型(SAR)、空间误差模型(SEM)和空间杜宾模型(SDM)。其中,空间滞后模型反映了因变量的影响因素会通过空间传导机制作用于其他地区;空间误差模型反映区域外溢是随机冲击的作用结果;空间杜宾模型则是加入解释变量及其溢出效应而增强了的空间滞后模型。

一、空间线性回归模型的设定

横截面数据空间线性回归模型构成了空间计量经济学中组织各种模拟方法的框架。通过对通用模型参数的不同限制,可以导出特定的模型,从而以不同的方式合并空间相关。在下面的论述中,将着重强调横截面数据空间线性回归模型形式的解释。

(一) 标准线性回归模型与纯空间自回归模型

采用矩阵符号表示法,标准线性回归模型可以表示为

$$Y=X\beta+\varepsilon \tag{9.4.1}$$

式中,Y 是 $n\times1$ 的列向量,表示因变量的观测值,X 是一个 $n\times k$ 的解释变量的观测矩阵,β 是 $k\times1$ 的回归系数向量,ε 是 $n\times1$ 的随机干扰项向量,理论上满足

$$E(\varepsilon_i)=0,\mathrm{Cov}(\varepsilon_i,\varepsilon_j)=\begin{cases}\sigma^2 & (i=j)\\ 0 & (i\neq j)\end{cases} \tag{9.4.2}$$

需要根据 X 和 Y 的观测来估计 β。Gauss-Markov 定理认为,如果满足条件:$E(\varepsilon)=0$、$\mathrm{Cov}(\varepsilon)=\sigma_\varepsilon^2 I$、$X$ 的秩为 k、X 是非随机的,β 的 OLS 估计 $\hat{\beta}$ 是最优线性无偏估计(BLUE)。

纯空间自回归模型是回归模型的一个特例,解释变量是由一个空间滞后组成,即一阶纯空间自回归模型。通过空间滞后(也叫作空间自回归项)来分析空间效应对回归系数的估计和检验产生的影响。一阶纯空间自回归模型可表示为

$$y=a+\rho Wy+\varepsilon \tag{9.4.3}$$

式中,α 是常数项,ε 是随机干扰项向量,ρ 是空间自回归系数,反映样本数据中固有的空间依赖性,用来测量相邻地区被解释变量的变动如何影响被研究地区的被解释变量。W 代表一个空间权重矩阵,Wy 是空间滞后(算子),即随机变量 y 的加权平均。与经典回归模型或时间序列自回归模型不同的是,随机干扰项 ε 与解释变量 Wy 相关,因此 OLS 不再合适。

(二) 横截面数据空间线性模型通用形式

Anselin 给出了空间计量经济分析中适用于横截面数据的空间线性模型通用形式。通过对通用模型的参数的不同限制,可以导出特定的模型。横截面数据的空间线性模型通用形式

可表示为

$$y = \rho W_1 y + X\beta + W_2 X\theta + \varepsilon \qquad \varepsilon = \lambda W_3 \varepsilon + u \tag{9.4.4}$$

且满足: $u \sim N(0, \Omega)$。误差协方差矩阵 Ω 的对角线元素为

$$\Omega_{ij} = h_i(za) \qquad (h_i > 0)$$

式中, β 是与外生(解释)变量 $X(n \times k)$ 相关的参数向量 $(k \times 1)$, ρ 是被解释变量的空间滞后因子 $W_1 y$ 的系数, θ 是解释变量的空间滞后因子 $W_2 X$ 的系数, λ 是随机干扰项 ε 的空间自回归因子 $W_3 \varepsilon$ 的系数, $W_1(n \times n)$、$W_2(n \times n)$、$W_3(n \times n)$ 分别是与被解释变量、解释变量的空间自回归过程和随机干扰项 ε 的空间自回归过程相关的矩阵,可以是行标准化的矩阵,也可以是 0 -1 二元矩阵或其他非标准化矩阵。

由于误差项 u 呈正态分布且具有误差协方差矩阵 Ω,其对角线元素考虑到不同离中趋势为 $P+1$ 个外生变量 z 的函数(包括一个常数项)。

(9.4.4)式考虑了具有不同空间结构的空间过程,这个模型有 $4+k+p$ 个未知参数,其矩阵形式为

$$\eta = [\rho, \beta^T, \theta, \lambda, \sigma^2, \alpha^T]^T$$

$$y = \rho W_1 y + X\beta + W_2 X\theta + \varepsilon \qquad \varepsilon = \lambda W_3 \varepsilon + u$$

当上式参数向量的不同子向量设为 0 时,可以产生几个常见的空间模型结构。在各种文献中,讨论了四种传统的空间自回归模型,分别与下列情形相对应:

(1) 若 $\rho = 0, \lambda = 0, \theta = 0, \alpha = 0$($P+3$ 个约束),产生经典线性回归模型,如(9.4.1)式所示。

(2) 若 $\lambda = 0, \theta = 0, \alpha = 0$($P+2$ 个约束),产生混合的回归—空间自回归模型:

$$y = \rho W_1 y + X\beta + u \tag{9.4.5}$$

(3) 若 $\rho = 0, \theta = 0, \alpha = 0$($P+2$ 个约束),产生具有空间自回归随机干扰项的线性回归模型:

$$y = X\beta + \lambda W_3 \varepsilon + u \tag{9.4.6}$$

(4) 若 $\lambda = 0, \alpha = 0$($P+1$ 个约束),产生混合的回归—空间自回归模型:

$$y = \rho W_1 y + X\beta + W_2 X\theta + u \tag{9.4.7}$$

(5) 若 $\theta = 0, \alpha = 0$(P 个约束),产生具有空间自回归随机干扰项的混合的回归—空间自回归模型:

$$y = \rho W_1 y + X\beta + \varepsilon \qquad \varepsilon = \lambda W_3 \varepsilon + u \tag{9.4.8}$$

(三) 横截面数据空间线性模型的特例

从空间线性模型的通用形式(9.4.4)可以看出,空间计量模型的基本思想是将区域间的相互关系引入模型,对基本线性回归模型通过空间权重矩阵 W 进行修正。根据模型设定时对"空间"的体现方法不同,空间计量模型主要分成三种:一种是空间滞后模型,主要用于研究相邻机构或地区的行为对整个系统内其他机构或地区的行为存在影响的情况。(9.4.5)式相当于一个空间滞后模型,适合估计是否存在空间相互作用以及空间相互作用的强度,以反映可能存在的实质性的空间影响。另一种是空间误差模型,在这种模型中机构或区域间的相互关系通过随机干扰项来体现,具体包括空间误差自相关模型和空间误差移动平均模型。(9.4.6)式

相当于一个空间误差模型,回归随机干扰项的空间相关相当于多余(干扰)相关。还有一种是空间杜宾模型,是在空间误差模型中引入解释变量的空间滞后因子。(9.4.7)式相当于一个空间杜宾模型。(9.4.8)式一般称为广义空间模型(general version of the spatial model,SAC)。

1. 空间滞后模型

空间滞后模型中包括解释变量 X 和空间滞后项 Wy,形式上可以表示为

$$y=\rho Wy+X\beta+\varepsilon \tag{9.4.9}$$

式中,ρ 是空间自回归系数,如果 ρ 通过显著性检验,即 $\rho\neq 0$,则表示区域之间确实存在着相互影响关系。ε 是随机干扰项向量,满足条件 $E(\varepsilon)=0$、$\mathrm{Cov}(\varepsilon)=\sigma^2 I$。

由于空间滞后模型与时间序列中的自回归模型相类似,是标准回归模型整合了空间滞后因变量,因此空间滞后模型也被称作"混合的回归—空间自回归模型",简称为空间自回归模型(spatial autoregressive model,SAR)。空间滞后模型的经济学含义是,如果所关注的经济变量存在利用空间矩阵表示的空间相关性,则仅仅考虑其自身的解释变量不足以很好的估计和预测该变量的变化趋势。而在模型中考虑适当的由于空间结构造成的影响,便可以较好地控制这一空间效应造成的影响。

空间相关形式上表示为附加回归量 Wy,Wy 可以估计模型中空间相关的程度,同时调整其他解释变量的影响。在对空间相关进行调整后,可以估计其他解释变量的显著性。形式上,(9.4.9)式可以表示为

$$y-\rho Wy=X\beta+\varepsilon \tag{9.4.10}$$

因此,可将(9.4.10)式称为一个空间过滤因变量 $(I-\rho W)y$ 对原有解释变量的回归。与时间序列模型对应部分所保持的不同,空间滞后项 Wy 与随机干扰项 ε 相关,甚至 ε 是零均值随机干扰项也如此,使得作为模型估计的 OLS 的最优性不再有效。当侧重于理解过程的均值时,可以非线性的形式表示模型,这可以从(9.4.10)式的简化型中看出:

$$y=(I-\rho W)^{-1}X\beta+(I-\rho W)^{-1}\varepsilon \tag{9.4.11}$$

(9.4.11)式中的逆可以扩展为一个无穷级数,包括所有位置上的说明变量和随机干扰项(空间乘数)。因此必须将空间滞后项视为一个内生变量,而且适当的估计方法必须解释这种内生性。

2. 空间误差模型

空间误差模型是随机干扰项具有相关性的回归的特例,其中协方差矩阵的非对角线元素表示空间相关的结构。可以以不同的方式来指定空间结构,并产生误差方差协方差矩阵:$E[\varepsilon_i\varepsilon_j]=\Omega(\theta)$,其中 θ 是一个参数向量。

随机干扰项之间的空间自相关可能意味着:自变量和因变量之间的存在非线性关系;回归模型中遗漏了一个或多个自变量;回归模型应该具有一个自回归结构。当随机干扰项遵循一个空间自回归过程,即每个位置上的随机干扰项为所有其他位置上的随机干扰项的函数,那么可以得到随机干扰项 ε_i 的一个空间自回归过程的形式,将空间自相关引入到这个模型中,即

$$\varepsilon_i=\lambda\sum_j w_{ij}\varepsilon_i+u_i \tag{9.4.12}$$

式中,λ 是空间相关误差的参数,w_{ij} 为空间权重矩阵的第 i 行中的元素,假定 u_i 是标准正态分布的。

形式上,空间误差模型可以表示为

$$y = X\beta + \varepsilon \quad \varepsilon = \lambda W\varepsilon + u \tag{9.4.13}$$

这个模型结合了一个标准回归模型和一个随机干扰项 ε 的空间自回归模型,同时假设误差项 u 满足条件 $E(u) = 0$、$\mathrm{Cov}(u) = \sigma^2 I$,即方差固定且误差项是不相关的。由于随机干扰项 ε 的均值为 0,因此不管 λ 的数值如何,因变量 Y 的均值不受空间误差相关的影响。

由于空间误差模型与时间序列中的序列相关问题类似,也被称为空间自相关模型(spatial autocorrelation model)。空间误差模型的经济意义在于,在某一个截面个体发生的冲击会随着这一特殊的协方差结构形式而传递到相邻个体,而这一传递形式具有很长的时间延续性并且是衰减的,也即是说,空间影响具有高阶效应。

3. 空间杜宾模型

在非空间计量经济模型中加入解释变量的空间滞后项,便可得到 Anselin(1988)定义的空间杜宾模型(spatial Drubin model,SDM):

$$y = \rho Wy + X\beta + \gamma WX + \varepsilon \tag{9.4.14}$$

模型中 β 为直接效应参数,一个空间单元上的解释变量的变化对它自身被解释变量的影响,γ 为间接效应参数,一个空间单元上的解释变量的变化对其他空间单元的被解释变量的影响。

对空间杜宾模型右端的被解释变量移项整理之后得到

$$(I_n - \rho W)y = X\beta + WX\lambda + \varepsilon$$

令 $V(W) = (I_n - \rho W)^{-1} = I_n + \rho W + \rho^2 W^2 + \rho^3 W^3 + \cdots$,$S_k(W) = V(W)(I_n\beta_k + W\lambda_k)$,则上式可简记为

$$y = \sum_{k=1}^{K} S_k(W)x_k + V(W)\varepsilon$$

即 $y_i = \sum_{k=1}^{K}[S_k(W)_{i1}x_{1k} + S_k(W)_{i2}x_{2k} + \cdots + S_k(W)_{in}x_{nk}] + V(W)_i\varepsilon$,其中 $S_k(W)_{ij}$ 表示 $S_k(W)$ 的第 (i,j) 元,$V(W)_i$ 表示 $V(W)$ 的第 i 行。显然,

$$\frac{\partial y_i}{\partial x_{jk}} = \begin{cases} S_k(W)_{ii} & (i = j) \\ S_k(W)_{ij} & (i \neq j) \end{cases}$$

不论 i,j 是否相等,$\partial y_i / \partial x_{jk}$ 都不等于 0。这是由于 $S_k(W) = V(W)(I_n\beta_k + W\lambda_k)$,$V(W)$ 中包含了矩阵 W 的高次幂,以 W^2 来说它由二阶近邻的近邻关系构成,显然空间单元 i 是其自身近邻的近邻,即自身的二阶近邻,W^2 的对角线上的元素都不为零,它对它的邻居的影响会反作用于它自身。一般认为 $S_k(W)$ 对角线上的元素表示直接效应,非对角线上的元素表示间接效应。而实际分析中,我们研究直接效应和间接效应通常是为了分析某个空间单元上的观测值的变化所产生的影响。所以一般计算平均直接效应和平均间接效应。平均间接效应由平均总体效应(由 $S_k(W)$ 全部元素和的平均值来定义)与平均直接效应的差来定义。所以,Lesage(2009)给出平均直接效应和平均间接效应的公式如下:

$$\overline{M}(k)_{\mathrm{direct}} = n^{-1}tr(S_k(W)), \overline{M}(k)_{\mathrm{indirect}} = \overline{M}(k)_{\mathrm{total}} - \overline{M}(k)_{\mathrm{direct}}$$

其中 $tr(S_k(W))$ 表示 $S_k(W)$ 的迹,即 $S_k(W)$ 对角线上的元素之和。$\overline{M}(k)_{\mathrm{direct}}$,$\overline{M}(k)_{\mathrm{indirect}}$,$\overline{M}(k)_{\mathrm{total}}$ 分别表示平均直接效应、平均间接效应和平均总体效应。

（四）面板数据空间线性回归模型

目前的空间计量经济学模型使用的数据集主要是截面数据,只考虑了空间单元之间的相关性,而忽略具有时空演变特征的时间尺度之间的相关性,这显然美中不足。Anselin(1988)也认识到这一点。当然,大多学者通过多个时期截面数据变量计算多年平均值的办法来综合消除时间波动的影响和干扰,但是这种做法仍然会造成大量具有时间演变特征的经济行为信息的损失,从而无法科学和客观地认识和揭示具有时空二维特征的经济行为的真实机制。

面板数据(panel data)计量经济模型作为目前一种前沿的计量经济估计技术,由于其可以综合经济变量时间尺度的信息和截面(地域空间)单元的信息,同时集成考虑了时间相关性和空间(截面)相关性,因而能够科学客观地反映受到时空交互相关性作用的经济行为的特征和规律,是定量揭示区域经济相互作用关系的有效方法。但是,限于在所有时刻对所有个体(空间)均相等的假定(即不考虑空间效应),面板数据计量经济学理论也有其美中不足之处,具有很大的改进空间。

鉴于空间计量经济学理论方法和面板数据计量经济学理论方法各有所长,把面板数据模型的优点和空间计量经济学模型的特点有机结合起来,构建一个综合考虑了变量时空二维特征和信息的面板数据空间计量经济模型,则是一种新颖的研究思路。以下根据空间计量经济模型和标准的面板数据模型的建模思路,提出空间面板数据(spatial panel data model,SPDM)模型的建模思路和过程。

用分块对角矩阵 $W_{NT} = I_T \otimes W_N$ 代替截面空间权重矩阵 W_N,如此将横截面数据空间计量模型扩展到面板数据空间计量模型上。其中,W_N 是 $n \times n$ 阶的空间权重矩阵,也就是 n 个机构或地区之间相互关系网络结构的矩阵,即前文提到的空间权重矩阵 W;I_T 为 $T \times T$ 阶的单位时间矩阵;$\otimes$ 为克罗内克积,可以用于两个任意大小的矩阵间的运算。

在面板数据空间计量经济模型中,

空间滞后因变量 $Wy = W_{NT}y = (I_T \otimes W_N)y$

空间滞后自变量 $WX = W_{NT}X = (I_T \otimes W_N)X$

空间滞后随机干扰项 $W\varepsilon = W_{NT}\varepsilon = (I_T \otimes W_N)\varepsilon$

面板数据空间权重矩阵形式为

$$W_{NT} = diag(w_N, w_N, \cdots, w_N)_{NT*NT} = I_T \otimes W_N$$

因此,空间面板滞后模型可以表示为

$$y = \rho(I_T \otimes W_N)y + X\beta + \varepsilon \tag{9.4.15}$$

空间面板误差模型可以表示为

$$y = X\beta + \varepsilon$$
$$\varepsilon = \lambda(I_T \otimes W_N)\varepsilon + u$$

即

$$y = X\beta + (I_{NT} - \lambda * I_T \otimes W_N)^{-1}\varepsilon \tag{9.4.16}$$

空间面板杜宾模型可以表示为

$$y = \rho(I_T \otimes W_N)y + X\beta + \gamma(I_T \otimes W_N)X + \varepsilon \tag{9.4.17}$$

其中,ε 为随机干扰项向量,$\varepsilon \sim N(0, \sigma^2 I_{NT})$。随机干扰项可从时间和空间维度将其分解为时间效应和空间效应,即 $\varepsilon=\omega_i+\delta_t+v_{it}$,$i,t$ 分别为空间维度和时间维度。

面板数据模型可分为固定效应和随机效应两种,在利用面板数据进行实证分析时,回归时如果样本局限于一些特定个体时(如中国的省级区划单位),采用固定效应模型效果更好。因此,本章只考虑空间面板固定效应模型,此模型很好地控制了空间固定效应和时间固定效应。设 sF 和 tF 分别为空间固定效应的 N 维列向量和时间固定效应的 T 维列向量,

$$sF=(\bar{\omega}_1,\bar{\omega}_2,\cdots,\bar{\omega}_N)' \qquad tF=(\delta_1,\delta_2,\cdots,\delta_T)'$$

则对应于每个观测值的空间和时间固定效应列向量为

$$\omega=one_T\otimes sF \qquad \delta=one_N\otimes tF$$

其中,one_T 和 one_N 分别为 T 维和 N 维全为 1 的列向量。

则用于空间面板计量分析的固定效应模型分别转化为

空间面板滞后模型:

$$y=\rho(I_T\otimes W_N)y+X\beta+\omega+\delta+v \tag{9.4.18}$$

空间面板误差模型:

$$y=X\beta+\omega+\delta+(I_{NT}-\lambda*I_T\otimes W_N)^{-1}v \tag{9.4.19}$$

空间面板杜宾模型:

$$y=\rho(I_T\otimes W_N)y+X\beta+\gamma(I_T\otimes W_N)X+\omega+\delta+v \tag{9.4.20}$$

二、空间线性回归模型的估计及检验

(一) 空间线性回归模型的估计

空间影响的存在对回归系数的估计和检验产生显著的影响。当存在实质性的空间影响时,空间滞后项与随机干扰项相关,甚至当随机干扰项是独立同分布的时候依然相关,此时使用 OLS 是有偏的和不一致的,因此,空间滞后项一定要当作内生变量来处理并且考虑适当的估计方法;而如果模型中遗漏了空间滞后项,回归系数 β 的估计将是有偏的,这是与遗漏变量相关的标准回归问题的一个特例;当存在空间误差相关但忽略了这种相关时,尽管 OLS 保持无偏,但如果模型估计是侧重基于估计量的显著性检验和拟合度检验的统计推断时,OLS 估计将是不可靠的。除此之外,再加上空间相关的双向或多方向性质。因此,标准计量经济技术不再适用,不能将具有滞后因变量的模型或系列误差相关的模型的 OLS 估计特性直接移植到空间情形。

20 世纪 60 年代至 80 年代,经济计量学对空间计量经济学研究的焦点是模型估计,开始寻求合适的非线性优化程序来估计空间滞后模型和空间误差模型的回归系数或空间参数,从而将空间相关正式地合并到观测值的联合概率密度中。Besag(1974)、Ord(1975)、Mardia(1984)分别讨论不同空间自回归模型的估计问题。80 年代以后,最大似然估计(ML)成为文献中主流估计方法。因此,对于空间计量模型一般使用极大似然法(ML)进行估计。另外,当空间权重矩阵的维数很大时,此时矩阵特征值很难准确估计,即使使用 ML 估计仍然存在一定的问题。目前一个可以利用的解决方法是,用蒙特卡罗方法近似模拟极大似然函数中雅克比行列式的自然对数(Barry、Pace,1999)。最近几年其他估计方法如:Anselin(1990)、Kelejian 和 Prucha(1999)等提出工具变量法(IV)、广义矩估计(GMM)引起了理论界的重视。

(二)空间线性回归模型的检验

在引入空间变量或者经过空间过滤的空间计量模型建立之后,其效果的好坏还需要通过空间相关检验进行判断,一般可通过对真实值和模型估计值之间的残差进行空间相关性检验实现。如果参数经过检验在空间上没有表现出相关性,则表明在引入空间变量或者考虑了空间效应后的模型已经成功地处理了空间相关性。

空间滞后模型与空间误差模型是最为常用的两种空间线性回归模型,到底采用哪种模型用来检验空间相关性呢。为了解决这个问题,学者提出了能区分两种模型的检验方法——空间滞后和空间误差的拉格朗日统计量(LM)。其中,Burridge(1980)提出 LMErr 检验,Anselin(1988)提出了 LMLag 检验。

LM 检验空间误差模型的统计量为

$$LMErr = \frac{(e'We/\sigma^2)^2}{T} \tag{9.4.21}$$

其中,$\sigma^2 = \frac{1}{n}e'e$,$T = \text{trace}(W'W + W^2)$,该统计量服从 $\chi^2(1)$ 分布。当样本容量很小时,Moran's I 统计量较 LM-Error 检验功效更好,但是当样本容量比较大的时候两者不能区分开。

LM 检验空间滞后模型的统计量为

$$LMLag = \frac{(e'Wy/\sigma^2)^2}{R\tilde{J}} \tag{9.4.22}$$

其中,$R\tilde{J} = T + \frac{(WX\hat{\beta})'M_X(WX\hat{\beta})}{\sigma^2}$,$\hat{\beta}$ 为原假设中模型参数的 OLS 估计。该统计量服从 $\chi^2(1)$ 分布。

Bera 和 Yoon(1992)对 LMErr 检验进行了改进,提出稳健性统计量(LR-LMErr)。Bera 和 Yoon(1992)进一步改进了 LMLag 检验,提出了稳健性统计量(LR-LMLag)检验。该统计量分别为

$$LR-LMErr = \frac{(e'We/\sigma^2 - T(R\tilde{J})^{-1}(e'WY/\sigma^2))^2}{T - T^2(R\tilde{J})^{-1}} \tag{9.4.23}$$

$$LR-LMLag = \frac{(e'Wy/\sigma^2 - e'We/\sigma^2)^2}{R\tilde{J} - T} \tag{9.4.24}$$

LR-LMLag 和 LR-LMErr 也都服从 $\chi^2(1)$ 分布。最大似然 LMErr 检验及最大似然 LMLag 检验是针对不同形式的空间计量模型方程做出的,并不存在互相矛盾性,实际检验时需要同时进行这两种检验。同时,这些统计检验方法不仅可以用于空间自相关性的检验,还可以用于诊断所估计的空间计量模型结果。

以上四个检验统计量分别对应着空间计量经济学模型 LM 检验的四种情况:

(1) LMErr 统计量——不存在空间自回归时空间残差(随机打扰项)相关的 LM 检验。

不存在空间自回归时,空间残差相关检验的原假设是模型残差不存在空间相关。备择假设表示残差存在空间效应,残差的空间效应又包括空间残差自相关和空间残差移动平均两种情况。

$$H_0: y = X\beta + \varepsilon, \varepsilon \sim N(0, \sigma^2 I); \quad H_1: \varepsilon = \lambda W\varepsilon + u \text{ 或 } H_1: \varepsilon = \lambda W\varepsilon + u$$

（2）LMLag 统计量——不存在空间残差相关时空间自回归效应的 LM 检验。

不存在空间残差相关时，检验的原假设和备择假设分别为

$$H_0:y=X\beta+\varepsilon \quad H_1:y=\rho Wy+X\beta+\varepsilon,\varepsilon\sim N(0,\sigma^2 I)$$

（3）LR-LMErr 统计量——存在空间自回归时空间残差相关的 LM 检验。

存在空间自回归时，空间残差相关检验的原假设仍然是模型残差不存在空间相关。备择假设情况同上。

$$H_0:y=\rho Wy+X\beta+\varepsilon,\varepsilon\sim N(0,\sigma^2 I) \quad H_1:\varepsilon=\lambda W\varepsilon+u \text{ 或 } \varepsilon=\lambda Wu+u$$

（4）LR-LMLag 统计量——存在空间残差相关性时空间自回归效应的 *LM* 检验。

当模型存在空间残差相关性时，检验模型是否存在空间自回归效应，检验的原假设和备择假设分别是

$$H_0:y=X\beta+\lambda W\varepsilon+u,u\sim N(0,\sigma^2 I) \quad H_1:y=\rho Wy+X\beta+\lambda W\varepsilon+u$$

（三）空间计量模型的判别准则

由于事先无法根据先验经验判断这些假设的真伪，有必要构建一种判别准则，以判定哪种空间模型更加符合客观实际。根据 LM 的四个统计量构建判别过程及准则为：先进行 OLS 回归，得到回归模型的残差，再基于残差进行 *LM* 诊断。计算标准的 LMErr 和 LMLag 统计量（即非稳健的统计量形式），如果这两者都不显著，保持 OLS 的结果，这种情况下 Moran 指数与 LM 检验统计量发生了矛盾，一般是由于异方差性和非正态分布导致 Moran 指数计算失真；如果其中之一显著，当 LMErr 显著时，则选择空间误差模型，当 LMLag 显著时，则选择空间滞后模型；如果是两者都显著，则进行稳健的 LM 诊断，这时需要计算 Robust LMErr 和 Robust LMLag 统计量 LR，如果 LR-LMErr 显著，则选择空间误差模型，如果是 LR-LMLag 显著，则选择空间滞后模型。

显然 LM 主要给出了空间误差模型与空间自回归模型的选择方法，而对于其他空间计量模型的选择并不能有效解决。所以必须进一步寻找其他的空间计量模型选择方法。而在非空间模型中我们常见到使用对数似然函数值（Log likelihood，LogL）、似然比率（Likelihood Ratio，LR）、赤池信息准则（Akaike information criterion，AIC）、施瓦茨准则（Schwartz criterion，SC）等进行模型选择，在空间计量中检验原理相同，但是计算上更加复杂。除此之外，还可以利用贝叶斯后验概率、马尔科夫链蒙特卡洛方法对空间计量模型进行选择。具体判别准则可参考陶长琪和杨海文发表于 2014 年第 8 期《统计研究》的文章"空间计量模型选择及其模拟分析"。

第五节 空间计量的实证例子

随着国际上有关空间计量经济和新经济地理的研究不断地深入，空间计量经济学已广泛应用于基于中国问题的区域科学、城市和房地产经济学、经济地理等领域中。如以我国在改革开放条件下的新的空间数据为基础，进一步实证区域经济增长的空间相关性（包括空间集聚模式和空间依赖性），分析区域经济增长在空间上的分布模式及其影响因素，研究区域经济的空间溢出（包括知识溢出）、增长趋同等问题，对传统理论尤其是对新经济地理学理论大范围地进行证实或证伪，以实现理论上的重大突破，从而更好地指导区域经济的发展实践。

目前国内制约空间计量经济学发展的主要障碍仍然较多,如缺乏成熟的中文版的相关教材;缺乏现成的可以直接应用在实证研究中的空间计量经济软件。目前常用的可以做空间计量的软件有 ArcGIS、Matlab、Stata、R、GeoDa。本章首先运用 GeoDa 软件对空间计量经济学做一个入门的介绍,随后采用 Stata 软件对空间计量经济学做一个拓展性的介绍。

一、GeoDa 软件介绍

GeoDa 是 Anselin 为了空间数据分析和空间回归分析而开发的一个软件,目前常用的版本为 GeoDa™0.95i,可以从网址 http://geoda.uiuc.edu/downloadin.php 免费下载。

GeoDa 软件安装后,双击桌面图标启动 GeoDa,就会出现一个欢迎界面。在 File 菜单中选择 Open Project,或单击 Open Project 工具按钮,如图 9-5 所示。工具栏中只有两项是可用的,第一个是用于打开一个项目,另一个项目是关闭项目。

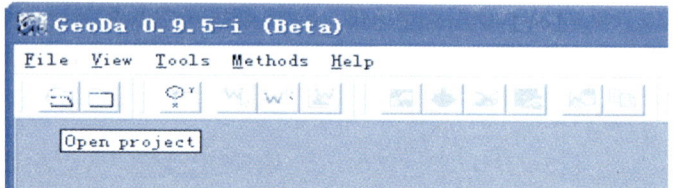

图 9-5　GeoDa 软件的启动界面

打开一个项目之后,熟悉的 windows 对话窗口要求输入 shape 文件的文件名及可用的关键字。shape 文件是描述空间数据的几何和属性特征的非拓扑实体矢量数据结构的一种格式,一个 shape 文件包括一个主文件(＊.shp)、一个索引文件(＊.shx)、一个 dBASE 表文件(＊.dbf)和一个空间参考文件(＊.prj)。关键字是每一记录(observation)的唯一标识,它是一个整数值,如各个省市的简称或人口数等。

在出现的文件对话框中选择 shape 格式的中国地图(地图来自 Lesage(2005)附带的中国地图文件,没有显示重庆市)作为 Input Map,关键字默认为 Code。也可以键入 shape 文件的完整路径,或在 Windows 文件结构中查找,直到出现文件名(对话框中只显示 shape 文件)。最后点击 OK,载入地图,如图 9-6 所示。

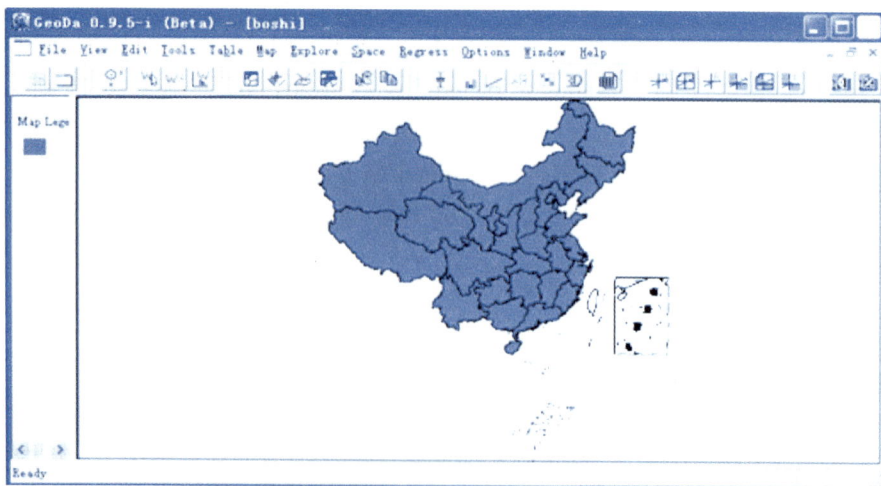

图 9-6　载入中国地图后的界面

可以在地图窗口中左击选择颜色(背景,阴影等)属性来改变底图设置,及改变选择工具形状。例如,底图默认为绿色,将其改变为其他颜色,单击 Color＞Map,从标准 Windows 颜色面板中选择一种新的颜色。

载入一个 shape 文件之后,所有的菜单和工具栏都变为可用。菜单栏由 11 项组成,4 项是标准 Windows 菜单:File(打开和关闭文件)、View(选择要显示的工具栏)、Windows(选择或重新排列窗口)、和 help(软件属性的介绍),其余 7 项是 GeoDa 特有的有 Edit(控制地图窗口和图层)、Tools(空间数据处理)、Table(数据表格处理)、Map(制图和地图平滑)、Explore (统计图表)、Space(空间自相关分析)、Regress(空间回归)和 Options(特殊应用选项)。

工具栏由 6 组按钮组成,从左到右分别是:打开和关闭项目、空间权重计算、编辑功能、探索性数据分析、空间自相关、等级平滑和制图。

要关闭所有窗口,单击工具按钮中的 Close all windows,或选择 File 菜单中的 Close All。

二、GeoDa 软件的空间相关分析功能

空间权重矩阵是空间计量经济学区别于传统计量经济学的关键因素。GeoDa 软件提供了空间权重矩阵的几种确定方式。

单击菜单 Edit 按钮中的 Weight>Creat,出现构建空间权重矩阵的界面,如图 9-7 所示,上面显示了基于邻近和基于距离的空间权重矩阵确定方式。首先,在出现的文件对话框中选择 shape 格式的中国地图作为 Input File,并将空间权重矩阵的命名和输出路径作为 Save Output。其次为该空间权重矩阵选择一个关键变量作为标识(可利用默认值)。最后选择权重确定方式,在邻近权重确定方式中,GeoDa 提供了"车"邻近(rook contiguity)和"后邻近" (queen contiguity)两种方式,并可定义邻近阶数;在距离权重确定方式中,区域间的距离为根据质心的 X 坐标和 Y 坐标计算出的欧式距离,因此,输入的 shape 文件中必须具有各个地区的 X 坐标和 Y 坐标信息,根据区域间的欧式距离,GeoDa 提供了有限距离和 K 值最邻近两种方式确定空间权重,门槛距离和 K 值可根据需要自行设置。选择好空间权重确定方式后,单击 creat 按钮,即可在输出路径中发现生成的空间权重矩阵。

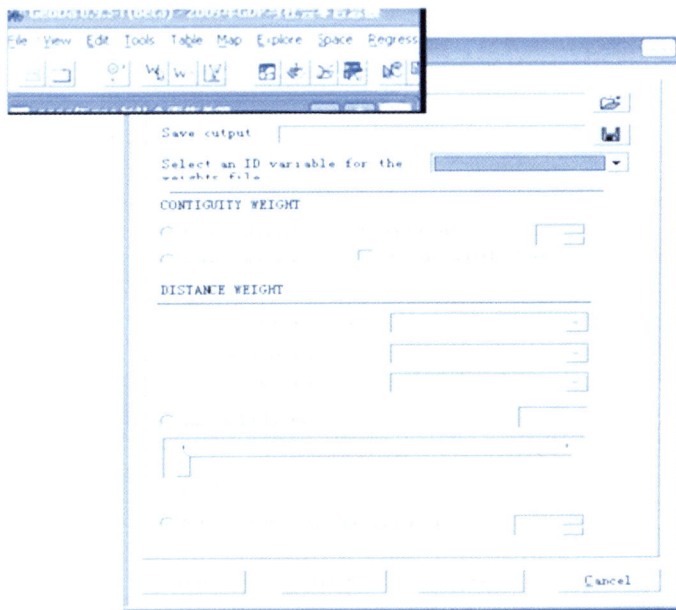

图 9-7　空间权重矩阵的确定界面

　　根据生成的空间权重矩阵,可进一步进行空间相关性分析。本章以一阶"车"相邻规则生成了空间权重矩阵,并以此计算我国 2009 年人均 GDP 的 Moran's I 指数,以判断我国区域是否存在全局空间自相关性。由于 Moran's I 统计量等于 Wy 对 y 进行线性回归的系数,全局空间自相关也可以在 Moran 散点图中得到显示,Moran 散点图共分为四个象限,分别对应四种不同的局部空间联系。2009 年人均 GDP 的 Moran's I 指数和 Moran 散点图如图 9-8 所示。从中可知,我国区域经济的空间相关性高达 0.408,区域间的经济相互影响显著;Moran 散点图中穿过一、三象限的直线斜率也表示中国 2009 年全局空间自相关数值,通过观察中国各省市位于哪个象限可以判断该省市与邻近地区的空间联系。

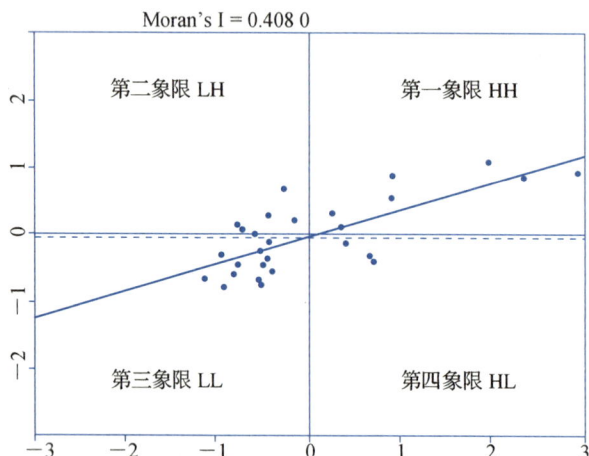

图 9-8　2009 年我国人均 GDP 的 Moran's I 指数

　　Moran 散点图表示了单个地区与毗邻地区的关系,但不能显示局部空间自相关的显著性。而 GeoDa 提供了空间联系指标(LISA)中局部 Moran's I 指数的显著性,将 Moran 散点图与 LISA 的显著性相联系,可以得到所谓的 LISA 聚集地图。该图同时表明了各地区在 Moran 散点图中所处的象限以及 LISA 指标的显著性。图 9-9 是 2009 年中国人均 GDP 的 LISA 图。

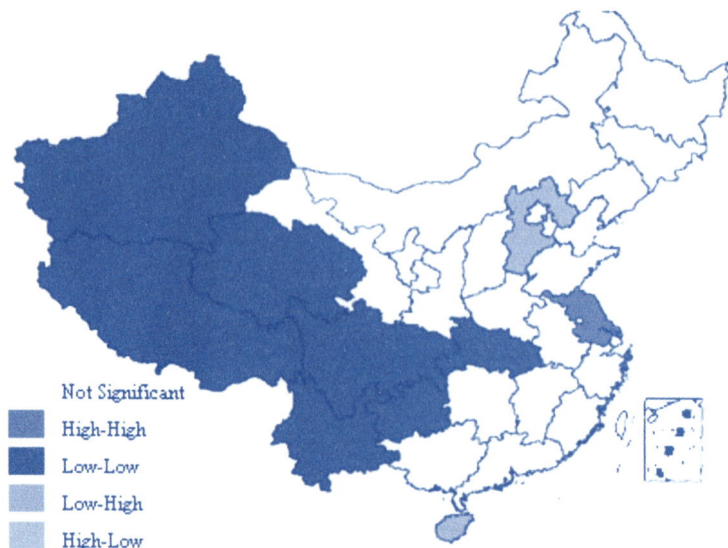

图 9-9　2009 年中国各省市人均 GDP 的 LISA 图

从图 9-9 可知,中国区域经济尽管显示出较强的全局自相关性,不过大多数地区仍然不存在显著的局部性自相关。因此,全局自相关主要源于部分地区的局部自相关,而且局部自相关主要表现在贫困地区聚集在我国西部。中国区域经济发展水平以空间交错分布为主,即富裕省份的周围有落后省份,落后省份的周围有富裕省份,局部空间相关只在少数贫困区域存在。

三、中国省域研发创新的空间计量分析

创新的空间集群是区域创新一个异常明显的现象。如美国硅谷和波士顿 128 号公路两个著名高新区,就是产业集群和创新空间集群的典型案例。创新空间集群通过知识溢出有利于区域创新能力的提升,但由于区域创新数据具有空间依赖性或空间自相关性,因此,本书将根据中国 2000—2013 年 31 个省市的创新投入与产出数据,将知识生产函数和空间计量经济学的三种主要模型结合起来,估计研发投入对地区创新产出的影响。

由于 GeoDa 软件只能计算横截面空间滞后模型与空间误差模型,因此,本章将利用 stata 14 软件中的 xsmle 命令估计面板数据空间计量模型。选取我国各省市研发人员全时当量和研发经费为自变量,分别记为 rdp、rd,选取各省市的专利申请授权量为因变量,记为 $inno$。基于空间滞后模型、空间误差模型以及空间杜宾模型的表达形式,建立如下空间计量模型分析研发投入对创新产出的影响。

空间滞后模型:$inno=C+\rho Winno+\beta_1 rd+\beta_2 rdp+\varepsilon$

空间误差模型:$inno=C+\beta_1 rd+\beta_2 rdp+\varepsilon$;$\varepsilon=\lambda W\varepsilon+u$

空间杜宾模型:$inno=C+\rho Winno+\gamma_1 Wrd+\gamma_2 Wrdp+\beta_1 rd+\beta_2 rdp+\varepsilon$

以上三个模型中的空间权重矩阵是基于是否共享边界而构建的,并进行了行标准化处理,估计结果分别如图 9-10、图 9-11、图 9-12 所示。通过比较空间滞后模型、空间误差模型、空间杜宾模型的总拟合优度 R^2、对数似然函数值发现,空间误差模型更适合用于区域创新的空间计量分析。空间误差模型结果证实了研发投入对区域创新具有巨大的推动作用,空间自相关系数通过了 5‰ 水平下的显著性检验,表明区域创新存在显著的空间相关性。

```
R-sq:    within  = 0.8689
         between = 0.8800
         overall = 0.8654

Mean of fixed-effects = -3.6437

Log-likelihood =    -91.3709
```

lninno	Coef.	Std. Err.	z	P>|z|	[95% Conf. Interval]	
Main						
lnrd	0.3311729	0.0616402	5.37	0.000	0.2103603	0.4519854
lnrdp	0.3928226	0.0858892	4.57	0.000	0.2244829	0.5611623
Spatial						
rho	0.417312	0 .048729	8.56	0.000	0.3218049	0.5128192
Variance						
sigma2_e	0.0853174	0.0058726	14.53	0.000	0.0738072	0.0968276

图 9-10　我国研发创新的空间滞后模型结果

```
R-sq:    within  = 0.8527
         between = 0.9319
         overall = 0.9128

Mean of fixed-effects = -4.8793

Log-likelihood =  -117.8675
```

lninno	Coef.	Std. Err.	z	P>|z|	[95% Conf. Interval]	
Main						
lnrd	0.6711056	0.0524368	12.80	0.000	0.5683313	0.7738798
lnrdp	0.4160365	0.0956208	4.35	0.000	0.2286232	0.6034498
Spatial						
lambda	0.1813056	0.060254	3.01	0.003	0.0632099	0.2994014
Variance						
sigma2_e	0.1000156	0.0068099	14.69	0.000	0.0866685	0.1133628

图 9‑11 我国研发创新的空间误差模型结果

```
R-sq:    within  = 0.8732
         between = 0.7136
         overall = 0.6910

Mean of fixed-effects = -3.0349

Log-likelihood =  -72.2517
```

lninno	Coef.	Std. Err.	z	P>|z|	[95% Conf. Interval]	
Main						
lnrd	-0.0391132	0.0836735	-0.47	0.640	-0.2031103	0.1248839
lnrdp	0.471994	0.086086	5.48	0.000	0.3032687	0.6407194
Wx						
lnrdp	-0.3311706	0.1333541	-2.48	0.013	-0.5925398	-0.0698015
lnrd	0.5677868	0.093534	6.07	0.000	0.3844635	0.75111
Spatial						
rho	0.3445654	0.0551464	6.25	0.000	0.2364805	0.4526504
Variance						
sigma2_e	0.0793105	0.0054429	14.57	0.000	0.0686427	0.0899783

图 9‑12 我国研发创新的空间杜宾模型结果

复习思考题

1. 空间计量经济学与传统计量经济学、空间统计学的联系和区别。

2. 空间效应的分类及空间相关性的来源,基于邻近的空间权重矩阵有什么缺点? 如何修正?

3. 探索性空间数据分析的两大工具是什么? 尝试运用全局 Moran's I 指数和局部 Moran's I 指数、Moran 散点图等 LISA 指标,分析我国区域经济的空间相关性及其时间演变趋势。

4. 空间线性回归模型的通用及其特殊表示形式,并说明在什么情况下会出现特殊的空间计量模型。

5. 说明三大空间计量模型——空间滞后模型、空间误差模型、空间杜宾模型的参数估计方法及模型的判别准则。

6. 探索性空间数据分析可以探索各地区的空间联系,但是不能清晰地反映出各地区增长速度的差异。可运用空间经济计量学方法对中国各地区人均GDP的增长速度做进一步分析,以验证地区收敛是否存在。尝试运用各种不同的空间计量模型研究改革开放以来中国各省份人均GDP增长的收敛性,并判断各种空间计量模型的好坏。

表 9‑7　全国各省、直辖市 2013 年城镇居民可支配收入、人均消费数据表

地　区	2013 年城镇居民人均消费	2013 年城镇居民可支配收入
北京市	26 274.9	40 321.0
天津市	21 711.9	32 293.6
河北省	13 640.6	22 580.3
山西省	13 166.2	22 455.6
内蒙古自治区	19 249.1	25 496.7
辽宁省	18 029.7	25 578.2
吉林省	15 932.3	22 274.6
黑龙江省	14 161.7	19 597.0
上海市	28 155.0	43 851.4
江苏省	20 371.5	32 537.5
浙江省	23 257.2	37 850.8
安徽省	16 285.2	23 114.2
福建省	20 092.7	30 816.4
江西省	13 850.5	21 872.7
山东省	17 112.2	28 264.1
河南省	14 822.0	22 398.0
湖北省	15 749.5	22 906.4
湖南省	15 887.1	23 414.0
广东省	24 133.3	33 090.0
广西壮族自治区	15 417.6	23 305.4
海南省	15 593.0	22 928.9
四川省	17 813.9	25 216.1
贵州省	16 343.5	22 367.6
云南省	13 702.9	20 667.1
西藏自治区	15 156.1	23 235.5
陕西省	12 231.9	20 023.4
甘肃省	16 679.7	22 858.4
青海省	14 020.7	18 964.8
宁夏回族自治区	13 539.5	19 498.5
新疆维吾尔自治区	15 321.1	21 833.3

数据来源:《中国统计年鉴(2014)》

统计分布表

附表 1 相关系数临界值表

注:$P\{|r|>r_{a(f)}\}=a$,其中 a 表示显著性水平,f 表示自由度,$r_{a(f)}$ 为临界值。

f	a				
	0.10	0.05	0.02	0.01	0.001
1	0.993 44	0.996 92	0.999 507	0.999 877	0.999 998 8
2	0.900 00	0.950 00	0.980 00	0.990 00	0.999 00
3	0.805 4	0.878 3	0.934 33	0.958 73	0.991 16
4	0.729 3	0.811 4	0.882 2	0.917 20	0.974 06
5	0.669 4	0.754 5	0.832 9	0.874 5	0.950 74
6	0.621 5	0.706 7	0.788 7	0.834 3	0.924 93
7	0.582 2	0.666 4	0.749 8	0.797 7	0.898 2
8	0.549 4	0.631 9	0.715 5	0.764 6	0.872 1
9	0.521 4	0.602 1	0.685 1	0.734 8	0.847 1
10	0.493 3	0.576 0	0.658 1	0.707 9	0.823 3
11	0.476 2	0.552 9	0.633 9	0.683 5	0.801 0
12	0.457 5	0.532 4	0.612 0	0.661 4	0.780 0
13	0.440 9	0.513 9	0.592 3	0.641 1	0.760 3
14	0.425 9	0.497 3	0.574 2	0.622 6	0.742 0
15	0.412 4	0.482 1	0.557 7	0.605 5	0.724 6
16	0.400 0	0.468 3	0.542 5	0.589 7	0.708 4
17	0.388 7	0.455 5	0.528 5	0.575 1	0.693 2
18	0.378 3	0.443 8	0.515 5	0.561 4	0.678 7
19	0.368 7	0.432 9	0.503 4	0.548 7	0.665 2
20	0.359 8	0.422 7	0.492 1	0.536 8	0.652 4
25	0.323 3	0.380 9	0.445 1	0.486 9	0.597 4
30	0.296 0	0.349 4	0.409 3	0.448 7	0.554 1
35	0.274 6	0.324 6	0.381 0	0.418 2	0.518 9
40	0.257 3	0.304 4	0.357 8	0.393 2	0.489 6
45	0.242 8	0.287 5	0.338 4	0.372 1	0.464 8
50	0.230 6	0.273 2	0.321 8	0.354 1	0.443 3
60	0.210 8	0.250 0	0.294 8	0.324 8	0.407 8
70	0.195 4	0.231 9	0.273 7	0.301 7	0.379 9
80	0.182 9	0.217 2	0.256 5	0.283 0	0.356 8
90	0.172 6	0.205 0	0.242 2	0.267 3	0.337 5
100	0.163 8	0.194 6	0.230 1	0.254 0	0.321 1

附表 2　标准正态分布表 $\left(\Phi(z)=\int_{-\infty}^{z}\dfrac{1}{\sqrt{2\pi}}\mathrm{e}^{-\frac{u^2}{2}}\mathrm{d}u=P(Z\leqslant z)\right)$

z	0	1	2	3	4	5	6	7	8	9
0.0	0.5	0.504 0	0.508 0	0.512 0	0.516 0	0.519 9	0.523 9	0.527 9	0.531 9	0.535 9
0.1	0.539 8	0.543 8	0.547 8	0.551 7	0.555 7	0.559 6	0.563 6	0.567 5	0.571 4	0.575 3
0.2	0.579 3	0.583 2	0.587 1	0.591 0	0.594 8	0.598 7	0.602 6	0.606 4	0.610 3	0.614 1
0.3	0.617 9	0.621 7	0.625 5	0.629 3	0.633 1	0.636 8	0.640 6	0.644 3	0.648 0	0.651 7
0.4	0.655 4	0.659 1	0.662 8	0.666 4	0.670 0	0.673 6	0.677 2	0.680 8	0.684 4	0.687 9
0.5	0.691 5	0.695 0	0.698 5	0.701 9	0.705 4	0.708 8	0.712 3	0.715 7	0.719 0	0.722 4
0.6	0.725 7	0.729 1	0.732 4	0.735 7	0.738 9	0.742 2	0.745 4	0.748 6	0.751 7	0.754 9
0.7	0.758 0	0.761 1	0.764 2	0.767 3	0.770 3	0.773 4	0.776 4	0.779 4	0.782 3	0.785 2
0.8	0.788 1	0.791 0	0.793 9	7 967	0.799 5	0.802 3	0.805 1	0.807 8	0.810 6	0.813 3
0.9	0.815 9	0.818 6	0.821 2	0.823 8	0.826 4	0.828 9	0.831 5	0.834 0	0.836 5	0.838 9
1.0	0.841 3	0.843 8	0.846 1	0.848 5	0.850 8	0.853 1	0.855 4	0.857 7	0.859 9	0.862 1
1.1	0.864 3	0.866 5	0.868 6	0.870 8	0.872 9	0.874 9	0.877 0	0.879	0.881 0	0.883 0
1.2	0.884 9	0.886 9	0.888 8	0.890 7	0.892 5	0.894 4	0.896 2	0.898	0.899 7	0.901 5
1.3	0.903 2	0.904 9	0.906 6	0.908 2	0.909 9	0.911 5	0.913 1	0.914 7	0.916 2	0.917 7
1.4	0.919 2	0.920 7	0.922 2	0.923 6	0.925 1	0.926 5	0.927 8	0.929 2	0.930 6	0.931 9
1.5	0.933 2	0.934 5	0.935 7	0.937 0	0.938 2	0.939 4	0.940 6	0.941 8	0.943 0	0.944 1
1.6	0.945 2	0.946 3	0.947 4	0.948 4	0.949 5	0.950 5	0.951 5	0.952 5	0.953 5	0.954 5
1.7	0.955 4	0.956 4	0.957 3	0.958 2	0.959 1	0.959 9	0.960 8	0.961 6	0.962 5	0.963 3
1.8	0.961 1	0.964 8	0.965 6	0.966 4	0.967 1	0.967 8	0.968 6	0.969 3	0.970 0	0.970 6
1.9	0.971 3	0.971 9	0.972 6	0.973 2	0.973 8	0.974 4	0.975 0	0.975 6	0.976 2	0.976 7
2.0	0.977 2	0.977 8	0.978 3	0.978 8	0.979 3	0.979 8	0.980 3	0.980 8	0.981 2	0.981 7
2.1	0.982 1	0.982 6	0.983 0	0.983 4	0.983 8	0.984 2	0.984 6	0.985 0	0.985 4	0.985 7
2.2	0.986 1	0.986 4	0.986 8	0.987 1	0.987 4	0.987 8	0.988 1	0.988 4	0.988 7	0.989 0
2.3	0.989 3	0.989 6	0.989 8	0.990 1	0.990 4	0.990 6	0.990 9	0.991 1	0.991 3	0.991 6
2.4	0.991 8	0.992 0	0.992 2	0.992 5	0.992 7	0.992 9	0.993 1	0.993 2	0.993 4	0.993 6
2.5	0.993 8	0.994 0	0.994 1	0.994 3	0.994 5	0.994 6	0.994 8	0.994 9	0.995 1	0.995 2
2.6	0.995 3	0.995 5	0.995 6	0.995 7	0.995 9	0.996 0	0.996 1	0.996 2	0.996 3	0.996 4
2.7	0.996 5	0.996 6	0.996 7	0.996 8	0.996 9	0.997 0	0.997 1	0.997 2	0.997 3	0.997 4
2.8	0.997 4	0.997 5	0.997 6	0.997 7	0.997 7	0.997 8	0.997 9	0.997 9	0.998 0	0.998 1
2.9	0.998 1	0.998 2	0.998 2	0.998 3	0.998 4	0.998 4	0.998 5	0.998 5	0.998 6	0.998 6
3.0	0.998 7	0.999 0	0.999 3	0.999 5	0.999 7	0.999 8	0.999 8	0.999 9	0.999 9	1.000 0

附表 3　t 分布表 $(P\{t > t_\alpha(n)\} = \alpha)$

α $\backslash$ n	0.25	0.10	0.05	0.025	0.01	0.005
1	1.000 0	3.077 7	6.313 8	12.706 2	31.820 7	63.657 4
2	0.816 5	1.885 6	2.920 0	4.302 7	6.964 6	9.924 8
3	0.764 9	1.637 7	2.353 4	3.182 4	4.540 7	5.840 9
4	0.740 7	1.533 2	2.131 8	2.776 4	3.746 9	4.604 1
5	0.726 7	1.475 9	2.015 0	2.570 6	3.364 9	4.032 2
6	0.717 6	1.439 8	1.943 2	2.446 9	3.142 7	3.707 4
7	0.711 1	1.414 9	1.894 6	2.364 6	2.998 0	3.499 5
8	0.706 4	1.396 8	1.859 5	2.306 0	2.896 5	3.355 4
9	0.702 7	1.383 0	1.833 1	2.262 2	2.821 4	3.249 8
10	0.699 8	1.372 2	1.812 5	2.228 1	2.763 8	3.169 3
11	0.697 4	1.363 4	1.795 9	2.201 0	2.718 1	3.105 8
12	0.695 5	1.356 2	1.782 3	2.178 8	2.681 0	3.054 5
13	0.693 8	1.350 2	1.770 9	2.160 4	2.650 3	3.012 3
14	0.692 4	1.345 0	1.761 3	2.144 8	2.624 5	2.976 8
15	0.691 2	1.340 6	1.753 1	2.131 5	2.602 5	2.946 7
16	0.690 1	1.336 8	1.745 9	2.119 9	2.583 5	2.920 8
17	0.689 2	1.333 4	1.739 6	2.109 8	2.566 9	2.898 2
18	0.688 4	1.330 4	1.734 1	2.100 9	2.552 4	2.878 4
19	0.687 6	1.327 7	1.729 1	2.093 0	2.539 5	2.860 9
20	0.687 0	1.325 3	1.724 7	2.086 0	2.528 0	2.845 3
21	0.686 4	1.323 2	1.720 7	2.079 6	2.517 7	2.831 4
22	0.685 8	1.321 2	1.717 1	2.073 9	2.508 3	2.818 8
23	0.685 3	1.319 5	1.713 9	2.068 7	2.499 9	2.807 3
24	0.684 8	1.317 8	1.710 9	2.063 9	2.492 2	2.796 9
25	0.684 4	1.316 3	1.708 1	2.059 5	2.485 1	2.787 4
26	0.684 0	1.315 0	1.705 8	2.055 5	2.478 6	2.778 7
27	0.683 7	1.313 7	1.703 3	2.051 8	2.472 7	2.770 7
28	0.683 4	1.312 5	1.701 1	2.048 4	2.467 1	2.763 3
29	0.683 0	1.311 4	1.699 1	2.045 2	2.462 0	2.756 4
30	0.682 8	1.310 4	1.697 3	2.042 3	2.457 3	2.750 0
60	0.679 0	1.296 0	1.670 0	2.000 0	2.390 0	2.660 0
120	0.677 0	1.289 0	1.658 0	1.980 0	2.358 0	2.167 0
∞	0.674 0	1.282 0	1.645 0	1.960 0	2.326 0	2.576 0

附表 4 χ^2 分布表$(P\{\chi^2 > \chi_\alpha^2(n)\} = \alpha)$

α n	0.99	0.95	0.90	0.75	0.25	0.10	0.05	0.025	0.01	0.005
1	—	0.004	0.016	0.102	1.323	2.706	3.841	5.024	6.635	7.879
2	0.020	0.103	0.211	0.575	2.773	4.605	5.991	7.378	9.210	10.597
3	0.115	0.352	0.584	1.213	4.108	6.251	7.815	9.348	11.345	12.838
4	0.297	0.711	1.064	1.923	5.385	7.779	9.488	11.143	13.277	14.860
5	0.554	1.145	1.610	2.675	6.626	9.236	11.071	12.833	15.086	16.750
6	0.872	1.635	2.204	3.455	7.841	10.645	12.592	14.449	16.812	18.548
7	1.239	2.167	2.833	4.255	9.037	12.017	14.067	16.013	18.475	20.278
8	1.646	2.733	3.49	5.071	10.219	13.362	15.507	17.535	20.090	21.955
9	2.088	3.325	4.168	5.899	11.389	14.684	16.919	19.023	21.666	23.589
10	2.228	3.94	4.865	6.737	12.549	15.987	18.307	20.483	23.209	25.188
11	3.053	4.575	5.578	7.584	13.701	17.275	19.675	21.920	24.725	26.757
12	3.571	5.226	6.304	8.438	14.845	18.549	21.026	23.337	26.217	28.299
13	4.107	5.892	7.042	9.299	15.984	19.812	22.362	24.736	27.688	29.819
14	4.66	6.571	7.790	10.165	17.117	21.064	23.685	26.119	29.141	31.319
15	5.229	7.261	8.547	11.037	18.245	22.307	24.996	27.488	30.578	32.801
16	5.812	7.962	9.312	11.912	19.369	23.542	26.296	28.845	32.00	34.267
17	6.408	8.672	10.085	12.792	20.489	24.769	27.587	30.191	33.409	35.718
18	7.015	9.39	10.865	13.675	21.605	25.989	28.869	31.526	34.805	37.156
19	7.633	10.117	11.651	14.562	22.718	27.204	30.144	32.852	36.191	38.582
20	8.26	10.851	12.443	15.452	23.828	28.412	31.410	34.170	37.566	39.997
21	8.897	11.591	13.240	16.344	24.935	29.615	32.671	35.479	38.932	41.401
22	9.542	12.338	14.042	17.240	26.039	30.813	33.924	36.781	40.289	42.796
23	10.196	13.091	14.848	18.137	27.141	32.007	35.172	38.076	41.638	44.181
24	10.856	13.848	15.659	19.037	28.241	33.196	36.415	39.364	42.980	45.559
25	11.524	14.611	16.473	19.939	29.339	34.382	37.652	40.646	44.314	46.928
26	12.198	15.379	17.292	20.843	30.435	35.563	38.885	41.923	45.642	48.290
27	12.879	16.151	18.114	21.749	31.528	36.741	40.113	43.194	46.963	49.645
28	13.565	16.928	18.939	22.657	32.620	37.916	41.337	44.461	48.278	50.993
29	14.257	17.708	19.768	23.567	33.711	39.087	42.557	45.722	49.588	52.336
30	14.954	18.493	20.599	24.478	34.800	40.256	43.773	46.979	50.892	53.672
40	22.164	26.509	29.051	33.660	45.616	51.805	55.758	59.342	63.691	66.766
45	25.901	30.612	33.350	38.291	50.985	57.505	61.656	65.410	69.957	73.166

附表 5　F 分布表（$P\{F > F_\alpha(n_1, n_2)\} = \alpha$）

$\alpha = 0.05$

n_2 \ n_1	1	2	3	4	5	6	7	8	9	10	12	15	20	24	30	40	60	120	∞
1	161.4	199.5	215.7	224.6	230.2	234	236.8	238.9	240.5	241.9	243.9	245.9	248	249.1	250.1	251.1	252.2	253.3	254.3
2	18.51	19	19.16	19.25	19.3	19.33	19.35	19.37	19.38	19.4	19.41	19.43	19.45	19.45	19.46	19.47	19.48	19.49	19.5
3	10.13	9.55	9.28	9.12	9.01	8.94	8.89	8.85	8.81	8.79	8.74	8.70	8.66	8.64	8.62	8.59	8.57	8.55	8.53
4	7.71	6.94	6.59	6.39	6.26	6.16	6.09	6.04	6.00	5.96	5.91	5.86	5.8	5.77	5.75	5.72	5.69	5.66	5.63
5	6.61	5.79	5.41	5.19	5.05	4.95	4.88	4.82	4.77	4.74	4.68	4.62	4.56	4.53	4.5	4.46	4.43	4.40	4.36
6	5.99	5.14	4.76	4.53	4.39	4.28	4.21	4.15	4.10	4.06	4.00	3.94	3.87	3.84	3.81	3.77	3.74	3.70	3.67
7	5.59	4.74	4.35	4.12	3.97	3.87	3.79	3.73	3.68	3.64	3.57	3.51	3.44	3.41	3.38	3.34	3.3	3.27	3.23
8	5.32	4.46	4.07	3.84	3.69	3.58	3.5	3.44	3.39	3.35	3.28	3.22	3.15	3.12	3.08	3.04	3.01	2.97	2.93
9	5.12	4.26	3.86	3.63	3.48	3.37	3.29	3.23	3.18	3.14	3.07	3.01	2.94	2.9	2.86	2.83	2.79	2.75	2.71
10	4.96	4.1	3.71	3.48	3.33	3.22	3.14	3.07	3.02	2.98	2.91	2.85	2.77	2.74	2.7	2.66	2.62	2.58	2.54
11	4.84	3.98	3.59	3.36	3.2	3.09	3.01	2.95	2.90	2.85	2.79	2.72	2.65	2.61	2.57	2.53	2.49	2.45	2.40
12	4.75	3.89	3.49	3.26	3.11	3.00	2.91	2.85	2.80	2.75	2.69	2.62	2.54	2.51	2.47	2.43	2.38	2.34	2.3
13	4.67	3.81	3.41	3.18	3.03	2.92	2.83	2.77	2.71	2.67	2.60	2.53	2.46	2.42	2.38	2.34	2.3	2.25	2.21
14	4.60	3.74	3.34	3.11	2.96	2.85	2.76	2.7	2.65	2.60	2.53	2.46	2.39	2.35	2.31	2.27	2.22	2.18	2.13
15	4.54	3.68	3.29	3.06	2.9	2.79	2.71	2.64	2.59	2.54	2.48	2.40	2.33	2.29	2.25	2.20	2.16	2.11	2.07
16	4.49	3.63	3.24	3.01	2.85	2.74	2.66	2.59	2.54	2.49	2.42	2.35	2.28	2.24	2.19	2.15	2.11	2.06	2.01

续　表

n_1 / n_2	1	2	3	4	5	6	7	8	9	10	12	15	20	24	30	40	60	120	∞
17	4.45	3.59	3.2	2.96	2.81	2.7	2.61	2.55	2.49	2.45	2.38	2.31	2.23	2.19	2.15	2.10	2.06	2.01	1.96
18	4.41	3.55	3.16	2.93	2.77	2.66	2.58	2.51	2.46	2.41	2.34	2.27	2.19	2.15	2.11	2.06	2.02	1.97	1.92
19	4.38	3.52	3.13	2.90	2.74	2.63	2.54	2.48	2.42	2.38	2.31	2.23	2.16	2.11	2.07	2.03	1.98	1.93	1.88
20	4.35	3.49	3.1	2.87	2.71	2.60	2.51	2.45	2.39	2.35	2.28	2.20	2.12	2.08	2.04	1.99	1.95	1.9	1.84
21	4.32	3.47	3.07	2.84	2.68	2.57	2.49	2.42	2.37	2.32	2.25	2.18	2.10	2.05	2.01	1.96	1.92	1.87	1.81
22	4.3	3.44	3.05	2.82	2.66	2.55	2.46	2.4	2.34	2.3	2.23	2.15	2.07	2.03	1.98	1.94	1.89	1.84	1.78
23	4.28	3.42	3.03	2.8	2.64	2.53	2.44	2.37	2.32	2.27	2.2	2.13	2.05	2.01	1.96	1.91	1.86	1.81	1.76
24	4.26	3.40	3.01	2.78	2.62	2.51	2.42	2.36	2.30	2.25	2.18	2.11	2.03	1.98	1.94	1.89	1.84	1.79	1.73
25	4.24	3.39	2.99	2.76	2.6	2.49	2.40	2.34	2.28	2.24	2.16	2.09	2.01	1.96	1.92	1.87	1.82	1.77	1.71
26	4.23	3.37	2.98	2.74	2.59	2.47	2.39	2.32	2.27	2.22	2.15	2.07	1.99	1.95	1.90	1.85	1.8	1.75	1.69
27	4.21	3.35	2.96	2.73	2.57	2.46	2.37	2.31	2.25	2.2	2.13	2.06	1.97	1.93	1.88	1.84	1.79	1.73	1.67
28	4.2	3.34	2.95	2.71	2.56	2.45	2.36	2.29	2.24	2.19	2.12	2.04	1.96	1.91	1.87	1.82	1.77	1.71	1.65
29	4.18	3.33	2.93	2.70	2.55	2.43	2.35	2.28	2.22	2.18	2.1	2.03	1.94	1.9	1.85	1.81	1.75	1.7	1.64
30	4.17	3.32	2.92	2.69	2.53	2.42	2.33	2.27	2.21	2.16	2.09	2.01	1.93	1.89	1.84	1.79	1.74	1.68	1.62
40	4.08	3.23	2.84	2.61	2.45	2.34	2.25	2.18	2.12	2.08	2.00	1.92	1.84	1.79	1.74	1.69	1.64	1.58	1.51
60	4.00	3.15	2.76	2.53	2.37	2.25	2.17	2.1	2.04	1.99	1.92	1.84	1.75	1.7	1.65	1.59	1.53	1.47	1.39
120	3.92	3.07	2.68	2.45	2.29	2.17	2.09	2.02	1.96	1.91	1.83	1.75	1.66	1.61	1.55	1.50	1.43	1.35	1.25
∞	3.84	3.00	2.60	2.37	2.21	2.1	2.01	1.94	1.88	1.83	1.75	1.67	1.57	1.52	1.46	1.39	1.32	1.22	1.00

$\alpha=0.01$

n_2 \ n_1	1	2	3	4	5	6	7	8	9	10	12	15	20	24	30	40	60	120	∞
1	4 052	4 999.5	5 403	5 625	5 764	5 859	5 928	5 982	6 022	6 056	6 106	6 157	6 209	6 235	6 261	6 287	6 313	6 339	6 366
2	98.5	99.00	99.17	99.25	99.3	99.33	99.36	99.37	99.39	99.4	99.42	99.43	99.45	99.46	99.47	99.47	99.48	99.49	99.5
3	34.12	30.82	29.46	28.71	28.24	27.91	27.67	27.49	27.35	27.23	27.05	26.87	26.69	26.6	26.5	26.41	26.32	26.22	26.13
4	21.2	18	16.69	15.98	15.52	15.21	14.98	14.8	14.66	14.55	14.37	14.2	14.02	13.93	13.84	13.75	13.65	13.56	13.46
5	16.26	13.27	12.06	11.39	10.97	10.67	10.46	10.29	10.16	10.05	9.89	9.72	9.55	9.47	9.38	9.29	9.2	9.11	9.02
6	13.75	10.92	9.78	9.45	8.75	8.47	8.26	8.1	7.98	7.87	7.72	7.56	7.40	7.31	7.23	7.14	7.06	6.97	6.88
7	12.25	9.55	8.45	7.85	7.46	7.19	6.99	6.84	6.72	6.62	6.47	6.31	6.16	6.07	5.99	5.91	5.82	5.74	5.65
8	11.26	8.65	7.59	7.01	6.63	6.37	6.18	6.03	5.91	5.81	5.67	5.52	5.36	5.28	5.2	5.12	5.03	4.95	4.86
9	10.56	8.02	6.99	6.42	6.06	5.80	5.61	5.47	5.35	5.26	5.11	4.96	4.81	4.73	4.65	4.57	4.48	4.40	4.31
10	10.04	7.56	6.55	5.99	5.64	5.39	5.2	5.06	4.94	4.85	4.71	4.56	4.41	4.33	4.25	4.17	4.08	4.00	3.91
11	9.65	7.21	6.22	5.67	5.32	5.07	4.89	4.74	4.63	4.54	4.40	4.25	4.10	4.02	3.94	3.86	3.78	3.69	3.60
12	9.33	6.93	5.95	5.41	5.06	4.82	4.64	4.50	4.39	4.3	4.16	4.01	3.86	3.78	3.7	3.62	3.54	3.45	3.36
13	9.07	6.70	5.74	5.21	4.86	4.62	4.44	4.30	4.19	4.1	3.96	3.82	3.66	3.59	3.51	3.43	3.34	3.25	3.17
14	8.86	6.51	5.56	5.04	4.69	4.46	4.28	4.14	4.03	3.94	3.80	3.66	3.51	3.43	3.35	3.27	3.18	3.09	3.00
15	8.68	6.36	5.42	4.89	4.56	4.32	4.14	4.00	3.89	3.8	3.67	3.52	3.37	3.29	3.21	3.13	3.05	2.96	2.87
16	8.53	6.23	5.29	4.77	4.44	4.20	4.03	3.89	3.78	3.69	3.55	3.41	3.26	3.18	3.1	3.02	2.93	2.84	2.75
17	8.40	6.11	5.18	4.67	4.34	4.10	3.93	3.79	3.68	3.59	3.46	3.31	3.16	3.08	3.00	2.92	2.83	2.75	2.65
18	8.29	6.01	5.09	4.58	4.25	4.01	3.84	3.71	3.6	3.51	3.37	3.23	3.08	3.00	2.92	2.84	2.75	2.66	2.57

续 表

n_1 / n_2	1	2	3	4	5	6	7	8	9	10	12	15	20	24	30	40	60	120	∞
19	8.18	5.93	5.01	4.50	4.17	3.94	3.77	3.63	3.52	3.43	3.3	3.15	3.00	2.92	2.84	2.76	2.67	2.58	2.49
20	8.10	5.85	4.94	4.43	4.10	3.87	3.70	3.56	3.46	3.37	3.23	3.09	2.94	2.86	2.78	2.69	2.61	2.52	2.42
21	8.02	5.78	4.87	4.37	4.04	3.81	3.64	3.51	3.40	3.31	3.17	3.03	2.88	2.8	2.72	2.64	2.55	2.46	2.36
22	7.95	5.72	4.82	4.31	3.99	3.76	3.59	3.45	3.35	3.26	3.12	2.98	2.83	2.75	2.67	2.58	2.50	2.40	2.31
23	7.88	5.66	4.76	4.26	3.94	3.71	3.54	3.41	3.30	3.21	3.07	2.93	2.78	2.7	2.62	2.54	2.45	2.35	2.26
24	7.82	5.61	4.72	4.22	3.9	3.67	3.50	3.36	3.26	3.17	3.03	2.89	2.74	2.66	2.58	2.49	2.4	2.31	2.21
25	7.77	5.57	4.68	4.18	3.85	3.63	3.46	3.32	3.22	3.13	2.99	2.85	2.70	2.62	2.54	2.45	2.36	2.27	2.17
26	7.72	5.53	4.64	4.14	3.82	3.59	3.42	3.29	3.18	3.09	2.96	2.81	2.66	2.58	2.50	2.42	2.33	2.23	2.13
27	7.68	5.49	4.60	4.11	3.78	3.56	3.39	3.26	3.15	3.06	2.93	2.78	2.63	2.55	2.47	2.38	2.29	2.20	2.10
28	7.64	5.45	4.57	4.07	3.75	3.53	3.36	3.23	3.12	3.03	2.9	2.75	2.60	2.52	2.44	2.35	2.26	2.17	2.06
29	7.60	5.42	4.54	4.04	3.73	3.50	3.33	3.20	3.09	3.00	2.87	2.73	2.57	2.49	2.41	2.33	2.23	2.14	2.03
30	7.56	5.39	4.51	4.02	3.70	3.47	3.30	3.17	3.07	2.98	2.84	2.70	2.55	2.47	2.39	2.3	2.21	2.11	2.01
40	7.31	5.18	4.31	3.83	3.51	3.29	3.12	2.99	2.89	2.80	2.66	2.52	2.37	2.29	2.2	2.11	2.02	1.92	1.80
60	7.08	4.98	4.13	3.65	3.34	3.12	2.95	2.82	2.72	2.63	2.5	2.35	2.20	2.12	2.03	1.94	1.84	1.73	1.60
120	6.85	4.79	3.95	3.48	3.17	2.96	2.79	2.66	2.56	2.47	2.34	2.19	2.03	1.95	1.86	1.76	1.66	1.53	1.38
∞	6.63	4.61	3.78	3.32	3.02	2.80	2.64	2.51	2.41	2.32	2.18	2.04	1.88	1.79	1.70	1.59	1.47	1.32	1.00

附表 6　Durbin-Watson 检验表

$\alpha=0.05$

n	$k=1$		$k=2$		$k=3$		$k=4$		$k=5$	
	d_L	d_U	d_L	d_U	d_L	d_U	d_L	d_U	d_L	d_U
15	1.08	1.36	0.95	1.54	0.82	1.75	0.69	1.97	0.56	2.21
16	1.10	1.37	0.98	1.54	0.86	1.73	0.74	1.93	0.62	2.15
17	1.13	1.38	1.02	1.54	0.90	1.71	0.78	1.90	0.67	2.10
18	1.16	1.39	1.05	1.53	0.93	1.69	0.82	1.87	0.71	2.06
19	1.18	1.40	1.08	1.53	0.97	1.68	0.86	1.85	0.75	2.02
20	1.20	1.41	1.10	1.54	1.00	1.68	0.90	1.83	0.79	1.99
21	1.22	1.42	1.13	1.54	1.03	1.67	0.93	1.81	0.83	1.96
22	1.24	1.43	1.15	1.54	1.05	1.66	0.96	1.80	0.86	1.94
23	1.26	1.44	1.17	1.54	1.08	1.66	0.99	1.79	0.90	1.92
24	1.27	1.45	1.19	1.55	1.10	1.66	1.01	1.78	0.93	1.90
25	1.29	1.45	1.21	1.55	1.12	1.66	1.04	1.77	0.95	1.89
26	1.30	1.46	1.22	1.55	1.14	1.65	1.06	1.76	0.98	1.88
27	1.32	1.47	1.24	1.56	1.16	1.65	1.08	1.76	1.01	1.86
28	1.33	1.48	1.26	1.56	1.18	1.65	1.10	1.75	1.03	1.85
29	1.34	1.48	1.27	1.56	1.20	1.65	1.12	1.74	1.05	1.81
30	1.35	1.49	1.28	1.57	1.21	1.65	1.14	1.74	1.07	1.83
31	1.36	1.50	1.30	1.57	1.23	1.65	1.16	1.74	1.09	1.83
32	1.37	1.50	1.31	1.57	1.24	1.65	1.18	1.73	1.11	1.82
33	1.38	1.51	1.32	1.58	1.26	1.65	1.19	1.73	1.13	1.81
34	1.39	1.51	1.33	1.58	1.27	1.65	1.21	1.73	1.15	1.81
35	1.40	1.52	1.34	1.58	1.28	1.65	1.22	1.73	1.16	1.80
36	1.41	1.52	1.35	1.59	1.29	1.65	1.24	1.73	1.18	1.80
37	1.42	1.53	1.36	1.59	1.31	1.66	1.25	1.72	1.19	1.80
38	1.43	1.54	1.37	1.59	1.32	1.66	1.26	1.72	1.21	1.79
39	1.43	1.54	1.38	1.60	1.33	1.66	1.27	1.72	1.22	1.79
40	1.44	1.54	1.39	1.60	1.34	1.66	1.29	1.72	1.23	1.79
45	1.48	1.57	1.43	1.62	1.38	1.67	1.34	1.72	1.29	1.78
50	1.50	1.59	1.46	1.63	1.42	1.67	1.38	1.72	1.34	1.77
55	1.53	1.60	1.49	1.64	1.45	1.68	1.41	1.72	1.38	1.77
60	1.55	1.62	1.51	1.65	1.48	1.69	1.44	1.73	1.41	1.77
65	1.57	1.63	1.54	1.66	1.50	1.70	1.47	1.73	1.44	1.77
70	1.58	1.64	1.55	1.67	1.52	1.70	1.49	1.74	1.46	1.77
75	1.60	1.65	1.57	1.68	1.54	1.71	1.51	1.74	1.49	1.77
80	1.61	1.66	1.59	1.69	1.56	1.72	1.53	1.74	1.51	1.77
85	1.62	1.67	1.60	1.70	1.57	1.72	1.55	1.75	1.52	1.77
90	1.63	1.68	1.61	1.70	1.59	1.73	1.57	1.75	1.54	1.78
95	1.64	1.69	1.62	1.71	1.60	1.73	1.58	1.75	1.56	1.78
100	1.65	1.69	1.63	1.72	1.61	1.74	1.59	1.76	1.57	1.78

注:n 是观测值的数目,k 是解释变量个数(不包括常数项)

$\alpha = 0.01$

n	k=1		k=2		k=3		k=4		k=5	
	d_L	d_U	d_L	d_U	d_L	d_U	d_L	d_U	d_L	d_U
15	0.81	1.07	0.70	1.25	0.59	1.46	0.49	1.70	0.39	1.96
16	0.84	1.09	0.74	1.25	0.63	1.44	0.53	1.66	0.44	1.90
17	0.87	1.10	0.77	1.25	0.67	1.43	0.57	1.63	0.48	1.85
18	0.90	1.12	0.80	1.26	0.71	1.42	0.61	1.60	0.52	1.80
19	0.93	1.13	0.83	1.27	0.74	1.41	0.65	1.58	0.56	1.74
20	0.95	1.15	0.86	1.27	0.77	1.41	0.68	1.57	0.60	1.74
21	0.97	1.16	0.89	1.27	0.80	1.41	0.72	1.55	0.63	1.71
22	1.00	1.17	0.91	1.28	0.83	1.40	0.75	1.54	0.66	1.69
23	1.02	1.19	0.94	1.29	0.86	1.40	0.77	1.53	0.70	1.67
24	1.04	1.20	0.96	1.30	0.88	1.41	0.80	1.53	0.72	1.66
25	1.05	1.21	0.98	1.30	0.90	1.41	0.83	1.52	0.75	1.65
26	1.07	1.22	1.00	1.31	0.93	1.41	0.85	1.52	0.78	1.64
27	1.09	1.23	1.02	1.32	0.95	1.41	0.88	1.51	0.81	1.63
28	1.10	1.24	1.04	1.32	0.97	1.41	0.90	1.51	0.83	1.62
29	1.12	1.25	1.05	1.33	0.99	1.42	0.92	1.51	0.85	1.61
30	1.13	1.26	1.07	1.34	1.01	1.42	0.94	1.51	0.88	1.61
31	1.15	1.27	1.08	1.34	1.02	1.42	0.96	1.51	0.90	1.60
32	1.16	1.28	1.10	1.35	1.04	1.43	0.98	1.51	0.92	1.60
33	1.17	1.29	1.11	1.36	1.05	1.43	1.00	1.51	0.94	1.59
34	1.18	1.30	1.13	1.36	1.07	1.43	1.01	1.51	0.95	1.59
35	1.19	1.31	1.14	1.37	1.08	1.44	1.03	1.51	0.97	1.59
36	1.21	1.32	1.15	1.38	1.10	1.44	1.04	1.51	0.99	1.59
37	1.22	1.32	1.16	1.38	1.11	1.45	1.06	1.51	1.00	1.59
38	1.23	1.33	1.18	1.39	1.12	1.45	1.07	1.52	1.02	1.58
39	1.24	1.34	1.19	1.39	1.14	1.45	1.09	1.52	1.03	1.58
40	1.25	1.34	1.20	1.40	1.15	1.46	1.10	1.52	1.05	1.58
45	1.29	1.38	1.24	1.42	1.20	1.48	1.16	1.53	1.11	1.58
50	1.32	1.40	1.28	1.45	1.24	1.49	1.20	1.54	1.16	1.59
55	1.36	1.43	1.32	1.47	1.28	1.51	1.25	1.55	1.21	1.59
60	1.38	1.45	1.35	1.48	1.32	1.52	1.28	1.56	1.25	1.60
65	1.41	1.47	1.38	1.50	1.35	1.53	1.31	1.57	1.28	1.61
70	1.43	1.49	1.40	1.52	1.37	1.55	1.34	1.58	1.31	1.61
75	1.45	1.50	1.42	1.53	1.39	1.56	1.37	1.59	1.34	1.62
80	1.47	1.52	1.44	1.54	1.42	1.57	1.39	1.60	1.36	1.62
85	1.48	1.53	1.46	1.55	1.43	1.58	1.41	1.60	1.39	1.63
90	1.50	1.54	1.47	1.56	1.45	1.59	1.43	1.61	1.41	1.64
95	1.51	1.55	1.49	1.57	1.47	1.60	1.45	1.62	1.42	1.64
100	1.52	1.56	1.50	1.58	1.48	1.60	1.46	1.63	1.44	1.65

附表 7　ADF 分布临界值表

模　型	n	a							
		0.01	0.025	0.05	0.10	0.90	0.95	0.975	0.99
无常数项无趋势项	25	− 2.66	− 2.26	− 1.95	− 1.60	0.92	1.33	1.70	2.16
	50	− 2.62	− 2.25	− 1.95	− 1.61	0.91	1.31	1.66	2.08
	100	− 2.60	− 2.24	− 1.95	− 1.61	0.90	1.29	1.64	2.03
	250	− 2.58	− 2.23	− 1.95	− 1.62	0.89	1.29	1.63	2.01
	500	− 2.58	− 2.23	− 1.95	− 1.62	0.89	1.28	1.62	2.00
	∞	− 2.58	− 2.23	− 1.95	− 1.62	0.89	1.28	1.62	2.00
有常数项无趋势项	25	− 3.75	− 3.33	− 3.00	− 2.63	− 0.37	0.00	0.34	0.72
	50	− 3.58	− 3.22	− 2.93	− 2.60	− 0.40	− 0.03	0.29	0.66
	100	− 3.51	− 3.17	− 2.89	− 2.58	− 0.42	− 0.05	0.26	0.63
	250	− 3.46	− 3.14	− 2.88	− 2.57	− 0.42	− 0.06	0.24	0.62
	500	− 3.44	− 3.13	− 2.87	− 2.57	− 0.43	− 0.07	0.24	0.61
	∞	− 3.43	− 3.12	− 2.86	− 2.57	− 0.44	− 0.07	0.23	0.60
有常数项有趋势项	25	− 4.38	− 3.95	− 3.60	− 3.24	− 1.14	− 0.80	− 0.50	− 0.15
	50	− 4.15	− 3.80	− 3.50	− 3.18	− 1.19	− 0.87	− 0.58	− 0.24
	100	− 4.04	− 3.73	− 3.45	− 3.15	− 1.22	− 0.90	− 0.62	− 0.28
	250	− 3.99	− 3.69	− 3.43	− 3.13	− 1.23	− 0.92	− 0.64	− 0.31
	500	− 3.98	− 3.68	− 3.42	− 3.13	− 1.24	− 0.93	− 0.65	− 0.32
	∞	− 3.96	− 3.66	− 3.41	− 3.12	− 1.25	− 0.94	− 0.66	− 0.33
$t_{(\infty)}$	$N(0,1)$	− 2.33	− 1.96	− 1.65	− 1.28	1.28	1.65	1.96	2.33

注：表中数据为统计量 τ 值，n 为样本容量，α 为显著性水平。

附表 8　协整检验临界值表

N	模型形式		α	φ_∞	φ_1	φ_2
1	无常数项	无趋势项	0.01	−2.565 8	−1.960	−10.04
			0.05	−1.939 3	−0.398	0.00
			0.10	−1.615 6	−0.181	0.00
1	有常数项	无趋势项	0.01	−3.433 6	−5.999	−29.25
			0.05	−2.862 1	−2.738	−8.36
			0.10	−2.567 1	−1.438	−4.48
1	有常数项	有趋势项	0.01	−3.963 8	−8.353	−47.44
			0.05	−3.412 6	−4.039	−17.83
			0.10	−3.127 9	−2.418	−7.58
2	有常数项	无趋势项	0.01	−3.900 1	−10.534	−30.03
			0.05	−3.337 7	−5.967	−8.98
			0.10	−3.046 2	−4.069	−5.73
2	有常数项	有趋势项	0.01	−4.326 6	−15.531	−34.03
			0.05	−3.780 9	−9.421	−15.06
			0.10	−3.495 9	−7.203	−4.01
3	有常数项	无趋势项	0.01	−4.298 1	−13.790	−46.37
			0.05	−3.742 9	−8.352	−13.41
			0.10	−3.451 8	−6.241	−2.79
3	有常数项	有趋势项	0.01	−4.667 6	−18.492	−49.35
			0.05	−4.119 3	−12.024	−13.13
			0.10	−3.834 4	−9.188	−4.85
4	有常数项	无趋势项	0.01	−4.649 3	−17.188	−59.20
			0.05	−4.100 0	−10.745	−21.57
			0.10	−3.811 0	−8.317	−5.19
4	有常数项	有趋势项	0.01	−4.969 5	−22.504	−50.22
			0.05	−4.429 4	−14.501	−19.54
			0.10	−4.147 4	−11.165	−9.88

N	模型形式		α	φ_∞	φ_1	φ_2
5	有常数项	无趋势项	0.01	−4.958 7	−22.140	−37.29
			0.05	−4.418 5	−13.641	−21.16
			0.10	−4.132 7	−10.638	−5.48
5	有常数项	有趋势项	0.01	−5.249 7	−26.606	−49.56
			0.05	−4.715 4	−17.432	−16.50
			0.10	−4.434 5	−13.654	−5.77
6	有常数项	无趋势项	0.01	−5.240 0	−26.278	−41.65
			0.05	−4.704 8	−17.120	−11.17
			0.10	−4.424 2	−13.347	0.00
6	有常数项	有趋势项	0.01	−5.512 7	−30.735	−52.50
			0.05	−4.976 7	−20.883	−9.05
			0.10	−4.699 9	−16.445	0.00

注：（1）临界值计算公式为 $C(\alpha)=\phi_\infty+\phi_1 T^{-1}+\phi_2 T^{-2}$，其中 T 为样本容量。

（2）N 表示协整回归式所含变量个数，α 表示显著性水平。

（3）$N=1$ 时，协整检验即转化为单变量平稳性的 ADF 检验。

参考文献

[1] [美]达摩达尔,N. 古扎拉蒂. 计量经济学基础[M]. 第五版. 费剑平,译. 北京:中国人民大学出版社,2011.

[2] [美]J. M. 伍德里奇. 计量经济学导论[M]. 费剑平,林相森,译. 北京:中国人民大学出版社,2003.

[3] [美]魏武雄. 时间序列分析[M]. 易丹辉,等,译. 北京:中国人民大学出版社,2009.

[4] [美]威廉·H. 格林. 计量经济分析[M]. 第六版. 张成思,译. 北京:中国人民大学出版社,2011.

[5] [美]巴蒂. 巴尔塔基. 面板数据的计量分析[M]. 白仲林,等,译. 北京:机械工业出版社,2010.

[6] 李子奈,潘文卿. 计量经济学[M]. 第四版. 北京:高等教育出版社,2015.

[7] 李子奈,叶阿忠. 高级应用计量经济学[M]. 北京:清华大学出版社,2012.

[8] 庞皓. 计量经济学[M]. 北京:科学出版社,2006.

[9] 张晓峒. EViews 使用指南与案例[M]. 北京:机械工业出版社,2007.

[10] 张晓峒. 应用数量经济学[M]. 北京:机械工业出版社,2009.

[11] 高铁梅. 计量经济分析方法与建模[M]. 第二版. 北京:清华大学出版社,2009.

[12] 孙敬水. 计量经济学[M]. 第三版. 北京:清华大学出版社,2014.

[13] 沈根祥. 计量经济学[M]. 上海:上海人民出版社,2010.

[14] 黄浩,白鸿钧. 计量经济学[M]. 厦门:厦门大学出版社,2008.

[15] 靳庭良. 计量经济学[M]. 成都:西南财经大学出版社,2011.

[16] 潘省初. 计量经济学[M]. 第五版. 北京:中国人民大学出版社,2015.

[17] 陶长琪. 计量经济学教程[M]. 上海:复旦大学出版社,2012.

[18] 陶长琪. 计量经济学[M]. 大连:东北财经大学出版社,2011.

[19] 白仲林. 面板数据的计量分析[M]. 天津:南开大学出版社,2008.

[20] 王燕. 应用时间序列分析[M]. 北京:中国人民大学出版社,2005.

[21] 王黎明. 应用时间序列分析[M]. 上海:复旦大学出版社,2009.

[22] 沈体雁. 空间计量经济学[M]. 北京:北京大学出版社,2010.

[23] 安虎森. 空间经济学原理[M]. 北京:经济科学出版社,2005.

[24] 李新忠,汪同三. 空间计量经济学的理论与实践[M]. 北京:社会科学文献出版,2016.

[25] 高远东. 中国区域经济增长的空间计量研究[M]. 北京:科学出版社,2014.

[26] 叶阿忠,吴继贵,陈生明. 空间计量经济学[M]. 厦门:大学出版社,2015.